ある哲学者の軌跡

古在由重と仲間たち

岩倉博［著］

花伝社

生協会館でのゼミナールにて（1978 年頃）

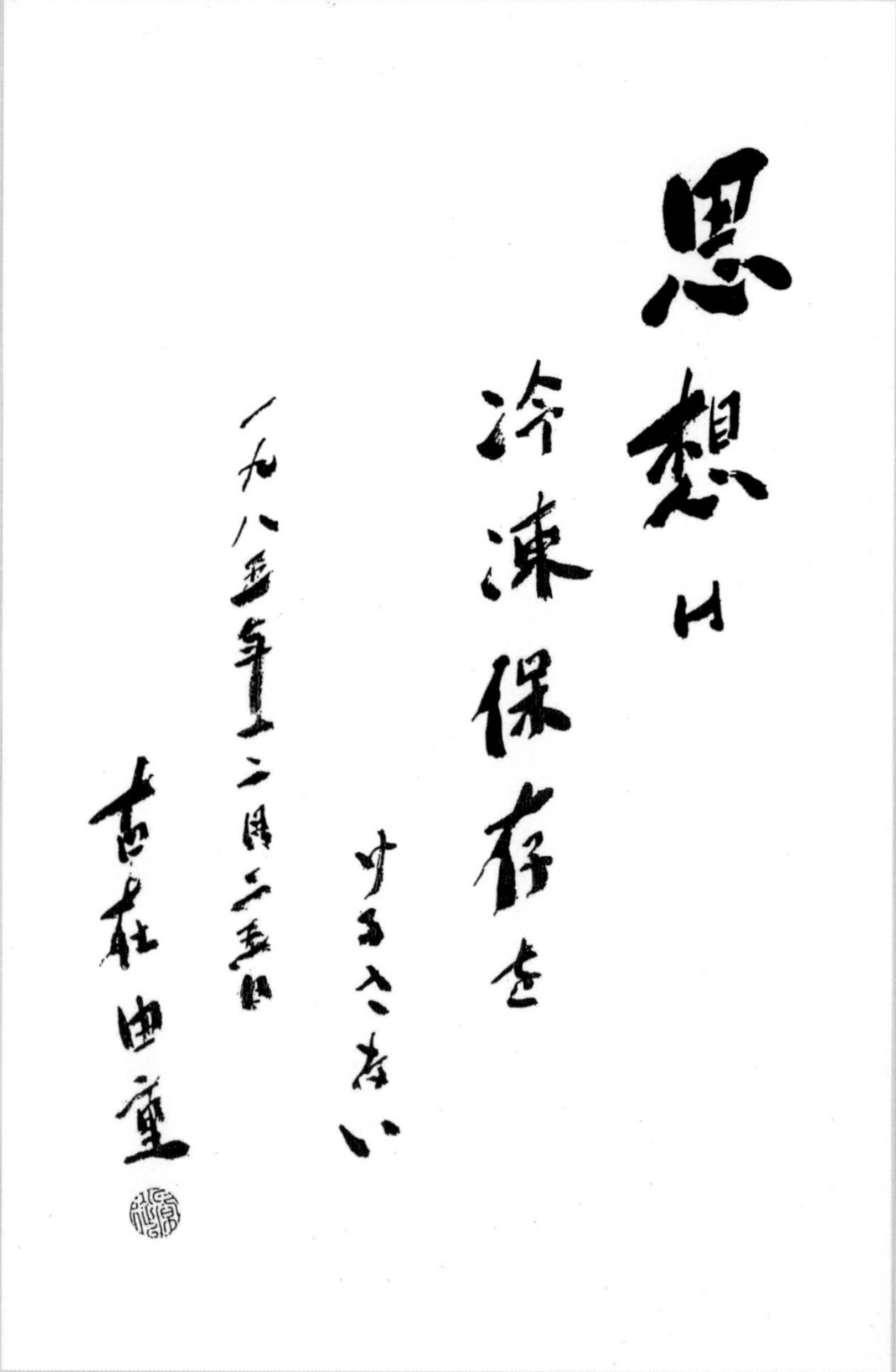
思想は
冷凍保存を
ゆるさない
一九八五年十二月二五日

本書 642 ページ参照

ある哲学者の軌跡——古在由重と仲間たち◆目次

戦前編　ファシズムに抗して

第1章　少年時代　一九〇一～二〇年　13

第2章　哲学彷徨　一九二一～二三年　43

第3章　唯物論者誕生　一九二四～二九年　72

第4章 「非合法活動」 一九二九～三四年 116

第5章 唯物論研究会 一九三四～三八年 147

第6章 保釈と開戦 一九三八～四一年 184

第7章 敗 戦 一九四二～四五年 217

第8章　獄死を超えて　一九四五年　255

戦後編　平和求めて

第9章　民主化運動　一九四六〜四八年　277

第10章　平和への意志　一九四八〜五〇年　307

第11章　自由大学サークル　一九五一〜五七年　344

第12章　安保前後　一九五八〜六〇年　378

第13章　分裂と共同と　一九六一〜六六年　408

第14章　格闘する思想　一九六六〜六九年　439

第15章　ベトナム支援　一九七〇〜七三年　473

まえがき

唯物論哲学者古在由重《こざいよししげ》といっても六〇代以上の方はともかく、若い人にはなじみが薄いかも知れない。その親しい仲間たち、吉野源三郎、松本慎一、戸坂潤、尾崎秀実、粟田賢三、村井康男、中野好夫、高桑純夫などの人々についても、同じことが言えるだろう。

この書『ある哲学者の軌跡——古在由重と仲間たち』は、二〇世紀の戦争と平和の時代を、これらの仲間たちとともに歩んだ古在由重の八八年にわたる全生涯の記録である。

＊

古在由重（一九〇一年生〜一九九〇年没、八八歳）は生涯を通してこれら多くの仲間たちとともに、実践的ヒューマニスト、民主主義者、マルクス主義者として反戦・平和・民主主義を一貫して求め続け、闘い続けた戦闘的唯物論哲学者である。

足尾鉱毒事件を科学者の良心をもって支えた古在由直（のち東京帝大総長）を父に、自由民権運動に身を挺した清水紫琴（豊子）を母にもつ古在は、青年期の学問と仲間たちとの交友を通じてカント哲学から唯物論哲学に到達し、戦時中二度治安維持法違反で捕えられ、獄にくだった。一度目は、「非合法」下の日本共産党に資金を提供し、その機関紙『赤旗《せっき》』を援助したことによって、二度目は、戦時下の唯物論研究会で活動し、軍需工場の青年たちの反戦組織を援助したことによって。

そして戦後、古在は平和と民主主義を心から希求する知識人の一人として、家永教科書裁判支援、ベトナム人民支援、美濃部革新都政の樹立、原水爆禁止運動の統一のために、先頭に立って奮闘しつつ、市井の人々・

労働者たちとの学習組織「古在塾」(自由大学サークル、版《ばん》の会など)を四〇年余も継続し、不屈のヒューマニスト、強靭な民主主義者としての生涯を貫いた。

古在とほぼ同世代の、『世界』編集長・吉野源三郎、政治評論家・松本慎一、哲学者・戸坂潤、ジャーナリスト・尾崎秀実、哲学者・粟田賢三、法大教授・村井康男、評論家・中野好夫、原水禁事務局長・高桑純夫などの仲間たちもまた、それぞれの立場から戦時中はファシズムに抵抗し、戦後は平和と民主主義のために、国民共同の思想と運動に積極的に関わってきた人々である。

＊

その古在由重と仲間たちの、戦前と戦後の軌跡を今明らかにするのは、戦後ようやく掴《つか》みかけた「平和と民主主義」が岐路にたたされている現在、「どう生き、闘い、連帯するか」を模索するうえで、戦争と平和の二〇世紀を闘い抜いた古在とその仲間たちの軌跡をたどることは、大きな意味をもつと考えたからである。

とはいえこの書は、表題・副題にみるようにいわゆる「評伝」ではなく、まして古在由重の哲学を体系的に語るものでもない。

筆者の関心は、哲学者古在由重がひとりの同時代人として、戦争に突き進み拡大する戦中、そして平和と民主主義を希求する戦後のなかで、何を学び、考え、仲間たちとどう交遊・談話し、どう生き闘ったかということ、やや堅苦しく言えば、哲学者古在由重という人物とその仲間たちの実践と思想を、その時代と歴史のなかに位置づけて見ることにあった。

＊

この書は、戦前編・戦後編の二部、全二〇章で構成した。

戦前編の八章では、古在由重の誕生から青年期の思想形成、「非合法活動」を含む仲間たちとの「ファシズムへの抵抗」、そして仲間たちの刑死・獄死をこえて、戦後民主化運動をスタートさせるまでを描いた。

戦後編の一二章では、民主化運動の息吹、朝鮮戦争時の平和運動、自由大学などの学習運動、安保闘争と運動組織の分裂、家永教科書裁判、ベトナム人民支援、革新都政実現、徐勝《ソスン》・徐俊植《ソジュンシク》兄弟救援、原水禁運動の統一と再分裂などを跡づけ、最後に日本共産党の除籍処分と古在の死を描いた。

古在由重の交友関係の豊かさから、いささか登場人物が多くなったが、末尾に「人名索引」と「関連年表」を付した。また煩雑をさけるため、わずかな点を除き記述のひとつひとつに典拠をあげることはしなかった。巻末の「古在由重主要著作一覧」「参考文献」を参照いただければ幸いである。

二〇一二年、唯物論研究会創立八〇周年の秋に

筆　者

戦前編　ファシズムに抗して

第1章　少年時代　一九〇一～二〇年

誕生　一九〇一～〇八年

一九〇一年（明治三四年）五月一七日、古在由重《こざいよししげ》は、東京帝国大学農科大学[1]の駒場（荏原郡目黒村）の官舎で、父由直、母豊子[2]の次男として生まれた。上には八歳になる兄由正がいた。

父・古在由直は由重誕生の前年に農科大学教授となり、誕生の翌一九〇二年には政府の第二次足尾鉱毒調査委員会委員に任命されて、多忙な日々を送っていた。母・古在（旧姓清水）豊子は『女学雑誌』[3]編集長を経て結婚、結婚後もしばらく書き続けていた評論と小説の筆を断って、その頃は家事に専念していた。

古在由重（以下、古在）は生後七ヵ月を迎えた年末、急性肺炎のため入院し、呼吸困難におちいって皮膚と粘膜が青紫色になるチアノーゼの症状が出た。医者たちは「もはや明け方までもつまい」とサジを投げたが、豊子はわが子を守ろうと、必死で乳房をそえ続けた。赤児がかすかに吸い始めた朝、医者が奇跡的と言うような回復ぶりで一命を取り留めることができた。父由直の健啖ぶりに似て、古在の胃腸は強かったらしい。豊子は一月下旬、『女学雑誌』の主宰者巌本善治に、その苦悩と息子全快の喜びとを書き送った。「夜は明くる迄の寿命迚《とて》も六か敷と申事に医師数名より断言せられ如何《いか》に成行可き一夜を千々の苦悩に刻まれ申候共《もうしそうらえども》不可思議のいのち繫がれ夫《それ》より后の只今此節は充分快気の望みに届き候て日ならず退院相待候」。

一歳になった初夏、母豊子がせまい部屋に置かれた長火鉢の前で、「おいなはい!」(京言葉で、おいでなさい)と古在を呼んだ。古在が乳房をもとめて母の膝にあがると、いきなり眼の前に墨くろぐろと胸一杯に描かれた鬼の顔が現れた。いかめしい角、つりあがった眼。びっくりして乳を飲むどころではなかった。乳離れを早めようとする、母親の知恵であった。

古在が二歳になった一九〇三年秋、父由直が農事試験場(のちの農業技術研究所)の場長となったため、農事試験場のある豊多摩郡滝野川村西ヶ原の官舎に引っ越した。すぐ弟由良《よしろう》が生まれ、ついで日露戦争が始まった一九〇四年(明治三七年)の年末、妹静子が生まれた。豊子は子どもたちと、由直がかかえる書生たちの世話のために、蹄鉄商の娘まちを雇って家事を切り盛りした。

その頃だろう、おしっこに起こされた冬、古在は両脚を母豊子に支えられて、星降るような夜空を見上げた。すると空の右手に、不思議な密集したような金色の光線を見つけた。「あれ! おかあちゃん」と指さすと、「重《しげ》ちゃんすごいね、よく見つけたね。ほうき星だよ、きれいだね」と教えられた。母に支えられた太ももの感触とほめられたことが、古在の懐かしい記憶、「星への記憶」として残った。

古在は記憶力がいいというより、印象の強いものが情景として浮かんでくる質《たち》である。泣くとよく農事試験場に連れて行かれ、ブリキ缶に入ったモルモットを見せられて泣きやんだが、そのモルモットの姿形もはっきり覚えていた。

一九〇五年(明治三八年)元旦、旅順のロシア軍が降伏を申し入れ、日本軍は黒溝台会戦でロシア軍を撃退した。その翌月二月、一歳半の弟由良が脳膜炎で死んだ。そしてアメリカのポーツマスで日露講和会議が始まった八月、由良の死から半年もおかずに九ヵ月の妹静子が、風邪のため大事をとって入院した東大病院(東京帝国大学医科大学附属病院)で、チブスに罹《かか》り息を引き取った。

静子が死んだとき、古在ははじめて母豊子が泣くのを見た。病院の白い壁にうずくまって母は泣いた。あとにも先にも、母の泣いた古在の記憶はこれだけだった。父由直は早逝した二人の子を忘れようと、その子らの話になりそうになると「黙れ！」とよく話を遮《さえぎ》った。古在は四歳になる前と後に、「死」という悲しみの感情を幼いなりに経験した。

古在は入学前から、漢字を覚えた。母豊子が相撲好きで、古在は二、三歳の頃から回向院や国技館で相撲を一緒に見せられ、やがて総ルビの番付表をみるようになって、当時の横綱常陸山《ひたちやま》と梅ヶ谷などから、山や谷などの簡単な漢字は自然に覚えた。後年古在は歌舞伎的な美を感じて相撲を好んだが、きっかけは母の影響だった。

はじめて英語単語を覚えたのも、入学前である。父由直と夕暮れどき畑道をそぞろ歩いていると、父が枝にかかるシャクトリムシを見付け「ミミクリ」と言った。古在は発音の珍しさに「耳」と「栗」を連想して、擬態＝mimicryという英単語を知った。

父由直は二人の子どもを亡くしたあとも仕事に忙殺され、たまには枕投げや相撲の相手になってくれたが、古在には父親不在があたりまえだった。由直は農事試験場長の仕事のほかに、一九〇六年（明治三九年）に糖業改良技師や韓国統監府勧業技師兼務を命ぜられ、沖縄や韓国への出張が続いた。韓国では綿花栽培などを助言し、併合前の韓国農業の発展に寄与した。一九〇七年には東京勧業博覧会審査部長をつとめ、翌年には伊国《イタリア》羅馬《ローマ》で開催された万国農事協会総会にも参加する多忙の身だった。

一九〇八年（明治四一年）四月、古在は村立滝野川尋常高等小学校に入学した。官舎から学校までは走れば三分ほどの近さで、学校の隣には村役場があった。

小学校に上がった古在は、「農事試験場のインテリ家庭の息子」にもかかわらずボロの服を着て、餓鬼大将よろしく野原を駆け回り、小川ではフナやカニとりに熱中した。雑木林ではY字の形のいい小枝を探してパチンコを作った。虫取りは自分で作った吹矢でセミを落とすのが得意で、うまく羽だけを射るとセミは生きたまま落ちてきた。これが古在の自慢だった。切出しナイフを使って、竹とんぼ、竹馬、凧など、何でも作った。神社のケヤキの木から、傘《からかさ》にぶらさがって飛び降りることも平気で、好きな凧にゴンドラをつけて空にのぼるのが、古在の夢になった。

しかし遊びほうけていた割に、成績は良かった。二年生からはほぼ毎学年ごとに「学業成績優等ナルヲ以《もっ》テ此《こ》ノ賞状ヲ授与《じゅよ》ス」という賞状が増えていった。ただ「農事試験場長の息子」というのがいやで、そのことが終始肩身の狭い思いとしてまとわりついた。弁当を開いても、他人《ほか》は黒味がかった黄色い南京米の弁当が多いのに、古在の弁当は白米のうえ、さらに黒い海苔が敷いてあった。みんなの弁当に海苔がついた場合でさえ、せいぜい青い海苔なのである。高学年になって「将来の希望」を黒板に出て書かされたときも、三十数人のクラスの半分が軍人と書き、あとは家業を継ぐ車屋とか鍛冶屋《かじや》とか書いた。古在も家業を継ぐ意味で「学者」と書いたが、他人《ひと》と違うのがやはり恥ずかしかった。

農芸化学者の父・由直

少年の古在は知る由もなかったが、大好きな父由直と母豊子は、社会的に大きな役割を果たした両親である。由直は農芸化学者として足尾鉱毒のたたかいを科学的に支え、豊子は地を這うような自由民権運動の活動家だった。

一八六四年（元治元年）生まれの柳下由直が古在姓を名乗ったのは、一八七三年（明治六年）に古在家の養子となったからだが、父柳下影由は近世陽明学の泰斗《たいと》春日潜庵の高弟で京都所司代の与力を務めたあと、漢学塾を開いていた。その子だけに古在由直は神童の誉れ高く、中学生の時謝絶したものの京都府海外留学生に選抜された。中学卒業後は「力試し・運試し」のつもりで受験した駒場農学校に三番の成績で入学、学業優秀のため官費生となり、二年後には普通科から農芸化学科に移った。由直はぼさぼさ頭に赤ら顔、目つき鋭い

「蓬頭赭顔眼光炯々《ほうとうしゃがんがんこうけいけい》」のうえ「言動また奇抜放縦」で酒もめっぽう強く、学生からも職員からも畏敬される珍しくまれな人材だった（山田登代太郎「古在先生と私」、安藤圓秀『古在由直博士』傳記編纂会刊）。同期には本田幸介（のち九州帝大学長）、長岡宗好（のち農科大学助教授）などがいた。駒場農学校農芸化学科を卒業すると、一八八七年（明治二〇年）四月から駒場農学校と東京山林学校が合併してできた東京農林学校の助教授となり、その三年後の六月、二五歳で帝国大学農科大学助教授となった。

一八九一年（明治二四年）五月、古在由直は渡良瀬川流域の農民・早川忠吾の訪問を受けた。早川の用向きは、足尾鉱毒の原因調査のことであった。

古河市兵衛が明治一〇年に買収した足尾銅山の生産量は、明治一三年の年間九二トンから一〇年後の明治二三年には五八四六トンと六〇倍に急増した。それと並行して、製錬用の薪炭《しんたん》（燃料）確保・乱伐による禿《は》げ山化、煤煙による山林の枯死、農作物の生育不良・枯死、家畜の斃死、渡良瀬川の魚類の死などが拡大し、鉱毒被害への農民の怒りが高まっていた。一八九〇年（明治二三年）八月の大洪水は鉱毒被害をさらに深刻化させ、栃木県吾妻村は「製銅所採掘停止」を栃木県知事に求めるなど、鉱毒反対の運動がようやく本格化しようとしていた。

反対運動を広げ、農民の要求を実現するためには、鉱毒の原因究明が何より必要だった。誰もがその原因を、足尾銅山の精錬にともなう亜硫酸ガスの排出や、坑内の酸性廃水と有毒重金属を含んだ鉱泥・廃石などの渡良瀬川への垂れ流しにあると考えたが、科学的な確証を握っているわけではなかった。

早川忠吾は初見の古在由直に対し、高等師範学校の大内健に「学理に依《よ》り公平無私《こうへいむし》情実に流れず精密の調査をなす学士」だと紹介されてあなたを訪ねてきた、と前置きして日に日に迫る被害農民の苦しみを訴え、素直にその用向きを話した。すでに栃木県庁が農商務省に依頼して実地調査に着手しているが、現地は公平無私、情実に流されない先生の精密な調査を望んでいる、ぜひ調査をお願いしたい、と。

由直は一瞬躊躇した。すでに同僚の長岡宗好助教授が県庁・農商務省の依頼で実地調査に入っていたからだ。しかし政府・県庁とは別に、農科大学として客観的・科学的に分析することが大事だと考え、「分析の労は厭わないが、君は分析結果を農民に報告する責任は持てるのか」と確認した。早川は必ず責任を持つと答え、現地調査の実施を強く望んだ。しかし由直は大学の予算には制限があって出張は無理だからと、早川が持参した足利郡吾妻村と梁田郡梁田村の澱土を預かった。

それから一ヵ月後、由直は土壌分析結果を早川に送った。「過日来御約束の被害土壌四種調査致候処《いたしそうろうところ》、悉《ことごと》く銅の化合物を含有致し、被害の原因全く銅の化合物にあるが如《ごと》く候」。これはごく簡単な事実確認にすぎないように見えるが、同様の依頼に対して農商務省地質調査所が「右分析の儀は当所に於いて依頼に応じ難く候」と返答したのとは、雲泥の差である。由直の報告を手にした早川ら農民の喜びは、たとえようもないほどだった。早速農民たちは由直の分析表を頼りに鉱山側に迫ったが、鉱山側は「分析土壌は渡良瀬川沿岸の一部にすぎない」と取り合わなかった。

栃木県選出衆議院議員田中正造が「足尾銅山鉱毒ノ儀ニ付質問書」をはじめて提出したのは、その年一二月の第二回通常議会である。田中正造は鉱毒被害への政府の緩慢な対応を批判し、「既往ノ損害ニ対スル救治ノ方法如何《いかん》」と迫ったが、田中にも原因が銅の化合物にあるという確信はまだなかった。農商務大臣陸奥宗光も、被害の事実は確認するものの、原因には定説がないと突っぱねた。

由直は、足尾の現地調査に踏み切った。古河鉱業側からは土壌の採取作業への妨害や、採取土壌そのものの奪回などを受けたが、翌一八九二年（明治二五年）二月、三〇頁にのぼる「渡良瀬川沿岸被害原因調査ニ関スル農科大学ノ報告」（栃木県内務部印刷）と「渡良瀬川沿岸耕地不毛ノ原因及其《その》除去法」（長岡宗好との共同執筆、官報掲載）を発表した。さらに研究の客観性を保持するため八月には、農学研究の最高の発表誌『農学会会報』に四二頁にのぼる「足尾銅山鉱毒ノ研究」を発表した。

この論文は、鉱毒事件が大きな社会的政治的な事件となるなか、詳細な科学的土壌分析に基づいて被害原因を銅の化合物にあると明確に指摘した画期的なもので、鉱山側科学者の誤魔化しと政府答弁に痛撃を与え、農民側をさらに勇気づけるものとなった。田中正造は由直の研究を引用しつつ、この年三度にわたって、「採掘ノ事業公益ニ害アルトキハ農商務大臣ハ既ニ与エタル許可ヲ取消スコトヲ得」という日本鉱法第十款第三項を根拠に、なぜ傍観座視するのかと政府に迫った。農民の運動と田中正造の追及に、政府は原因が足尾銅山にあることをしぶしぶ認めたが、操業を停止すべき程度ではないとして、粉鉱採集器設置などの対策と被害民と古河との示談を勧めた。

由直のこうした足尾鉱毒被害地の現地調査敢行と徹底した分析・論文発表は、のちの東大総長小野塚喜平次が評したように、「資性豪放ニシテ而《しか》モ思慮周到」「義ニ勇《いさ》ミ、情ニ篤《あつ》シ」という由直の面目の、遺憾ない発揮だった。大蔵省醸造試験場長だった若槻禮次郎（のち首相）は由直を「学者で仙人、禅坊主で俗人」と評したが、由直の人柄は、有情《うじょう》細心、情に篤い点、誰も及ばないものだった。

民権家の母・豊子

清水豊子（戸籍上はトヨ）は、王政復古なった一八六八年（慶応四年・明治元年）、勤王思想の強い備前国和気郡（現岡山県備前市）に生まれた。父貞幹は家塾（習字所）を開いており村民の信望も厚く、年貢半減を説く官軍の勝利を喜んで、豊子が二歳のとき、京都府の書記に出仕した。豊子は学業・品行ともに優秀で、一八七七年（明治一〇年）天皇が京都に行幸したとき、姉崎正治（のち東京帝大教授・宗教学）とともに代表に選ばれ、御前朗読を行ったが、一八八一年（明治一四年）京都府女学校小学師範諸礼科を卒業すると、両親は当たり前のように、美貌と才気を兼ね備えた豊子が「早く縁付く」ことを望んだ。しかし両親の生活を見ると「夫妻てふ《という》は主従と異名同義」のように思われ、自分の「嫁ぐ定め」が厭《いと》わしく、一五歳の豊子は花嫁修業に従うものの「嫌《いや》です」の一点張りで縁談を断り続け、「読書と写本」の日々を送った。

そのころ自由民権運動の波が京都にも押し寄せ、四条北演劇場での女子学術演説会に二千人が集まり、祇園の芸妓たちが自由懇談会を開くなどすると、頼山陽『日本外史』や洒落と風刺を得意とする江戸期の狂歌師大田蜀山人を好んで読んでいた豊子も、中江兆民訳『民約訳解巻之一』を手にするようになった。

豊子は父の勧めで一八八五年（明治一八年）、奈良県の代言人（弁護士）で新進の民権家岡崎晴正と結婚し、女性解放をめざして活動を開始した。二年後の秋には、二千人が集まった奈良県瓦堂劇場での演説会で、夫晴正とともに岡崎豊子もまた「女学校の設立を望む」と題し、夫婦ともども聴衆に訴えた。翌年（明治二一年）四月下旬には大阪、京都を経て奈良にやって来た植木枝盛との懇親会に晴正とともに参加した。植木枝盛の日記には「岡崎晴正並に其妻とよ子外一両名来会」（『植木枝盛集⑧　日記2』岩波書店刊、明治二一年四月二三日の項）と記され、その夏豊子は、「十九世紀社会の問題は女子の問題なり、十九世紀文明の歴史は女権拡張の歴史なり」と書き出す処女論文を、植木枝盛著『東洋之婦女』の序文として寄せた。

豊子の民権家との交遊と活動が広がるようになった。その秋豊子は、京都に来た植木枝盛と再び会った。「雨。岡崎とよ子女史に会す。南禅寺に往観、同処山上疎水工事をみる、永観堂に紅葉を見る」（『同』、明治二一年一一月一三日の項）。運動の中のわずかな気分転換、自由党党友としての付き合いだったろう。翌明治二二年一月には、植木枝盛、土佐出身の女流民権家富永らくの三人で中江兆民にも会い、植木枝盛、富永らく、石田たかと会合して大阪の高麗橋中村で記念の写真を撮り、一月末には京都祇園の大市座で「女権伸長の方策」「敢て未婚紳士および令嬢に望む」と題する二つの演説を行った。

そうした活動と交遊の中で、豊子は明治二二年二月上旬、岡崎晴正との離縁を決断した。活動を認め互いに高めあった仲だが、岡崎には愛人があり、岡崎の二重生活の解消をねがって来たが、もはや限界だった。あまり望まなかった豊子の結婚生活は、労多く幸薄い悲哀の四年間だが、鍛えられ、飛躍し、成長した四年間でもあった。それは岡崎晴正への個人的憎しみだけではなく、家長権と妻の隷属、性差別を当然とする社会構造への挑戦の意志表明でもあった。

解き放されたように、豊子の活動と執筆は増えた。景山（福田）英子とは同郷のよしみもあり、姉妹のように親密になって党友としての会合を重ね、一緒に政談演説会に出掛けるかたわら、豊子は三ヵ月ほどの間に、「敢て同胞兄弟に望む」（『興和之友』）、「日本男子の品行を論ず」、「謹んで梅先生に質す」（いずれも『東雲新聞』）などを書き続け、活動では一二〇名余の賛同者をえて、元老院に「一夫一妻建白書」を提出した。この建白は、妻の姦通を知った夫が妻とその相手を殺傷した場合の罪を問わない当時の刑法を、男女同権の視点から夫の姦通を知った女性にも適用するよう法改正を求めるものだった。

一八九〇年（明治二三年）五月、豊子は二三歳で上京し、巖本善治主宰の『女学雑誌』社に入社、巖本が教頭を務める明治女学校で教鞭をとるかたわら、婦人記者の草分けとして、翌月から毎土曜日発行の『女学雑誌』に、女子教育をテーマにした訪問記事を一三回にわたって掲載し、政論も書いた。山県有朋内閣が七月に「集会および政社法」を公布して政党の連合や支部結成を禁止、第四条と第二五条で女子の政談集会と政社への参加を禁止すると、「何故に女子は政談集会に参聴することを許されざる乎《か》」を書き、教育勅語が発布され初議会が翌月に迫った一〇月、豊子は女性の国会傍聴禁止案（衆議院規則案百六十五条「婦人は傍聴を許さず」）を見て、痛憤をもって「泣いて愛する姉妹に告ぐ」を書きあげた。「さきには政社法改正の不幸あり」「今また、かくの如き規則案」「もともと国会てふものは、何の為に開かるるものか」「人々個々の権利を重んじて、一国の大事を、相談せらるるにはあらずや、しかるに今もし、国会はひらかれたるも女性は、自己の代表者を国会に差出しあたはざるのみか、女性の頭上にも被《こうむ》るべき、一般の国家の利害得失に関する議事をも、傍聴することを得ずといふ」「万機を衆議に決すといひ、至善至美なる立憲の政躰をしくといふも、誰か首肯するものあらんや」と、その撤回に向けた女性たちの奮起を促した。

清水豊子

豊子は入社から暮れまでの七ヵ月間で四一回も筆をとり、秋には主筆兼編集責任者となり、誌面充実のため時事風刺欄「笑い草」、読者との交信欄「問答」、手作り童話欄「児藍」を新設した。中島（旧姓岸田）俊子ら七人の女性記者と川合信水など五人の男性編集社員を擁しながら、豊子は多忙をきわめた。いずれの企画も、通念にだまされず、現実の表皮を剥いで恐れずに実態を摘出しようとする、事実認識最重視の精神によるものだった。

一八九一年（明治二四年）新年号に、豊子は初の短編小説「こわれ指輪」を「つゆ子」という筆名で発表した。それは、「離縁して自立する」という決意として自らの意志でこわした結婚指輪を、破婚と自立の象徴として描いた小説で、隷属を断ち切って人として自立する、豊子自身の独立・人権宣言でもあった。

しかし風刺時評、小説、評論などに八面六臂《はちめんろっぴ》の活躍をつづけていた豊子の筆が、この年一八九一年（明治二四年）四月突然途絶えた。「父の病重し」の知らせに急遽帰省したところ、その京都で思わぬ自分自身の懐妊を知り、その後豊子本人が病気となったためである。予想だにしなかった懐妊の相手は、自由民権運動の闘士・大井憲太郎である。大井は大阪事件で入獄中不幸にも妻を亡くし、出獄後親しくなった景山英子とも疎遠となっていた。大井は運動の中で知り合った豊子の顔立ち、見識、意志の強固さ、大胆さに強く惹かれていた。

しかし懐妊した豊子に、大井憲太郎を責める気はなかった。この「一時の蹉跌」は、すべて自分の責任だった。大井と結婚するつもりはないが、新しい命は守ろう。そう決意した豊子は一旦上京、巌本善治と川合信水など信頼できるごくわずかの人に事情を話し『女学雑誌』社を休職した。しかし京都に戻ってひとりになると「悔悟するの念も熾《さか》んに相成《あいなり》」、「精神殆《ほとん》ど恍惚《こうこつ》といたし」「精神喪失致居《いたしお》る」（川合信水への書簡）状態となった。

心配した父貞幹は、生まれ故郷備前片上で暑さを避けじっくり養生しながら考え直すことを勧めたが、豊子はその片上で一八九一年（明治二四年）一一月末、無事男児を出産し、家邦と名付けた。豊子の休職・休筆は翌一八九二年（明治二五年）九月まで、一年半続いた。

両親結婚　一八九二年

その豊子が、その年一八九二年（明治二五年）一二月、古在由直と再婚した。「端麗楚々《たんれいそそ》」たる豊子二四歳、「蓬頭魁梧《ほうとうかいご》」たる由直二七歳である。きっかけは前年秋、豊子の兄清水謙吉が帝国大学農科大学の助手となり、同じ官舎住まいのうえ由直の化学実験室に配置され、鉱毒分析などを由直と共に進めるようになったことだった。

豊子は大井憲太郎との子、清水家邦出産後まもない一八九二年（明治二五年）の正月、病はまだ癒えていなかったが、兄謙吉の誘いで由直も参加する「かるた会」に同席した。会が終わったあと、若者同士の雑談が始まり、「結婚」も話題の一つになった。由直が「女教師などやっていないで、早く結婚すれば」とけしかけると、豊子は結婚への強い疑問の気持ちを抑えて、お付き合い程度に「信頼できる人なら」と応えた。

そのころ大井憲太郎が、豊子宛の手紙を誤って景山英子に送る事件が起きた。景山は二年前、大井憲太郎の子を産み、その少し前から疎遠となっていた大井に対し結婚を迫っていた。景山は、同志かつ親友の豊子がこともあろうに大井の子を産んだことをその手紙ではじめて知り、憤怒のまま大井憲太郎と清水豊子それぞれに詰責《きっせき》の手紙[4]を送った。

正月過ぎから麹町の力水病院に入っていた豊子は、とうに大井憲太郎をたのまず自立して生きていこうと決心してはいたが、蝦夷地（北海道）移住を考えるほど「私交の軋轢」に苦しみ続けていた。小康を得て一旦退院したものの、四月からは赤十字病院に再び入院した。

この豊子を励ましたのは、巖本善治や川合信水ら『女学雑誌』の同僚たちと古在由直である。由直は清水謙吉と連れだって、しばしば見舞いに出かけた。豊子の頭痛が激しいときは会わずに帰ることもあったが、気分の優れたときには豊子の「御高見を承《うけたまわ》り大いに新知識を加え申候《もうしそうろう》こと深く貴嬢に謝」することもあったし、「男子敗徳の弊」や「私交の軋轢」、「落魄の極《きわみ》」、「離婚の不幸」（いずれも『紫琴全集』所収の由直の豊子宛書簡。以下同じ）も豊子の口から直接聞いた。

　由直もまた率直に自分の考えと想いを豊子に伝えた。北海道移住については「其勇まことに男子に優る」が、「社会の弊風を払ひ悪習を除くの大志を有するものの為すべき事に非《あら》ず」と再考を促し、やりとりを繰り返すうち「不知不識《しらずしらず》遂に真に貴嬢を敬するにいたり」、「自から卑下することを止めんことを熱望」して、ついには「最愛最親、最敬の女友たる貴嬢よ」と呼びかけ、「一日千秋の思ひ」で豊子の退院を待った。

　そして退院が近づいたその年の晩夏、由直は「大勇を奮《ふる》い」豊子に求婚した。それは「新しい女」への好奇心や憐憫、義侠心ではなく、豊子に関して「従来種々評説ありしを耳に」したが「全く捏造の説と断定」し、豊子に一人の人格を認め、すべてを了解したうえでの求婚だった。離婚経験者のうえ婚外子の家邦があり、新聞が「京都の女壮士」と呼ぶ清水豊子との結婚は、時代を考えれば、古在由直の実にあっぱれな決断であった。

　豊子ははじめ躊躇した。こんな私を？　由直は本気なのか？……。友人を通じて由直が真剣なのを確認して、豊子は承諾した。由直は歓喜を押さえつつ、早期の結婚を強く望んだ。到底三年も五年も待てない、「結婚実行の時期、一歩を譲って小生の説に御同意を乞《こ》ふ」と伝え、結婚後の豊子の執筆や家事問題についても話し合った。そして一二月、巌本善治・若松賤子夫妻の媒酌で、今で言う「会費制結婚式」を挙げた。

　豊子は退院後の一〇月から『女学雑誌』に復帰し、筆名「生野ふみ子」なども使いながら、小説「一青年異様の述懐」や「小むすめ」、家事・家政評論「主婦の秘訣一則」や「嫁と姑」などを書いた。それはこれまでのような政論や真っ向から人権や女権を論ずるものではなかったが、具体的な生活の場で実質的な改革・前進をめざす豊子自身の闘いであった。小説「一青年異様の述懐」は由直を思わす「一青年」の、官能の愛とは別次元の、人格主義的恋愛観を描いたわずか四頁の短編である。

時代は、条約改正問題にともないかつての自由民権論者を巻き込んで、国家主義・国権主義的な風潮が強まっていた。「女権」についても、豊子が望んだのとはまるで反対に、ボアソナード起草の民法典が保守派の抵抗にあい、強大な戸主権・夫権、妻の法的無能力を織り込む民法が公布施行されようとしていた。

権利意識を忌み嫌い「家事は女の天職論」が蔓延する時代、「母親が変われば社会が変わる」とでもいうように、家事家政の創意工夫が女性を内から変えるという信念を貫いて、豊子は書き続けた。豊子の執筆は結婚しても、翌一八九三年（明治二六年）秋に長男由正《よしまさ》が誕生しても、夫由直が一八九五年（明治二八年）春から五年間洋行・留学しても、その間姑・良子と京都花園に同居しても、執筆回数の減少はあったがとぎれることなく続けられた。

帰国と擱筆　一九〇〇～〇一年

古河鉱業と鉱毒被害農民との示談交渉は、結局わずかばかりの示談金で、一八九三年（明治二六年）六月から三年間は異議を唱えないことで決着した。被害農民の運動は封じ込まれ、その翌年政府が仕組んだ日清戦争の開始もあって、世間では足尾鉱毒問題は一段落したかのように見えた。

由直が留学を命ぜられ欧州に発ったのは、日清戦争が七ヵ月を経てようやく休戦条約調印を控えた直前、一八九五年（明治二八年）三月である。由直はベルギー、フランスを回ってドイツに入ったが、ベルリン大学は「来てみれば左程でもなし富士の山／釈迦や孔子もかくやあるらん」だった。しかし教授たちの学問への熱意には大いに感心し、「研究こそ生命《いのち》」と考えていた由直は、三年の留学期限が過ぎ農科大学が講座をあけて待っていたにもかかわらず帰国しなかった。どうせ帰国しても貧弱な研究費に苦しむなら、ドイツに残って研究を深めようと、自ら休職の道を選んだ。結局留学は五年間に及んだが、その間由直は息子由正の成長に気をかけ、母良子・妻豊子を気遣い、西洋の珍しい贅沢品を送ったり、ベルリンやライプニッツの様子などを細々《こまごま》と手紙で伝えた。

豊子は由直のそうした「西洋事情」を楽しみながら、長男由正の育児経験を踏まえた「花園随筆」（断続連載）や家政家事評論、小説「野路の菊」「したゆく水」「移民学園」などを、『女学雑誌』や雑誌『太陽』、『文芸倶楽部』に書き続けた。豊子は「野路の菊」（明治二九年）から、筆名に「紫琴《しきん》」を使った。一八九九年（明治三二年）の「移民学園」は部落問題を扱った異色短編だったが、『文芸倶楽部』の版元博文館は一四円七〇銭の稿料を出した。その少し前、文壇を驚かした樋口一葉の『たけくらべ』の稿料が「破格」の二五円だったことを考えれば、小説家「紫琴」への版元の期待は大きいものだった。

しかし「紫琴」こと古在豊子の作品・評論は、由直が一九〇〇年（明治三三年）七月帰国した後、翌一九〇一年一月の「夏子の物思い」（『女学雑誌』）が最後となった。由直が豊子の創作執筆を好まなかったこともあったが、周辺事情の変化が豊子の執筆時間とその意欲を奪ったのである。

由直は一九〇〇年七月に帰国して東京帝国大学農科大学教授となり、豊子は姑の良子をともなって一家四人、京都花園から駒場の官舎に引っ越し、翌一九〇一年（明治三四年）五月、次男由重を生んだ。その直後、実家清水家の没落ため父貞幹が豊子の婚外子・清水家邦をつれて、豊子のもとに一時身を寄せた。清水家の没落は、豊子の兄謙吉が家邦を養子として入籍した一八九八年（明治三一年）、化学実験中の事故で失明し、余病も併発して一九〇一年（明治三四年）七月、三九歳で没したこと、九歳の家邦が家督を継いだが、清水本家が赤穂塩田事業の失敗で財を失ったことに起因していた。

節約を第一にした豊子の家事の切り盛りは、一挙に増えた。そのうえ没落した実家を誠実に支援する由直にたいする感謝とすまないという思いが、執筆したいという自分の思いを強く抑え込んだ。

それでなくとも帰国後の由直の仕事は多忙をきわめた。大学で農産製造学講座を担当するかたわら、茨城県の野鼠駆除の嘱託を引き受け、由重誕生後には日本酒醸造改良及講習場設置調査委員嘱託にも応じ、さらに一九〇二年（明治三五年）政府の第二次鉱毒調査委員も応諾した。

　足尾鉱毒事件は示談によって一旦収まったように思われていたが、由直が留学した翌年一八九六年（明治二九年）の二度にわたる未曾有の大洪水を機に、運動が再燃していた。大洪水による鉱毒被害が、栃木・群馬の二県にとどまらず茨城、埼玉、東京、千葉にも及び、田中正造らは被害地の農民や町村長の有志を中心に、今度は「対政府鉱業停止」に照準をさだめて大運動を展開した。翌一八九七年（明治三〇年）、「押出し」と称する数千人規模の「大挙上京請願運動」を展開し、足尾鉱毒事件は一挙に社会問題化した。政府は第一次鉱毒調査委員会を設置して、古河鉱業には鉱毒予防工事命令を出し、農民には明治三一年から地租軽減措置をとったが、被害民は妥協せず、運動は先鋭化するばかりだった。政府は一九〇〇年（明治三三年）二月、四回目の「押出し」に対して凶徒聚集罪を適用して中心的活動家六八名を捕らえて（川俣事件）反対運動を押さえ込んだ。翌三月には田中正造（筆名＝悟毒海居士）の「鉱毒被害惨状の悲歌《こうどくにがいされしきわみにかなしきかづかづ》」を掲載した『女学雑誌』を新聞紙条例違反に付して六ヵ月間の休刊に追い込み、世論の沸騰を阻もうとした。しかし田中正造は屈せず、由直らの研究報告を根拠に国会で政府追及を続けていたが、とうとう衆議院議員を辞《や》め、翌一九〇一年（明治三四年）一二月、天皇直訴に及んだ。世論は沸騰し、学生たちを巻き込んで被害者救済運動が開始された。由直はその渦中に帰国した。

　政府の第二次鉱毒調査委員となった由直はさっそく「沿岸一帯の実状調査」を主張した。しかし委員会はこれを受け入れず、ついに「実状調査が年月と経費が甚だしくて困難ならば私がやって見せる」と宣言した。由直は一高に出向き、「諸君も国家に食をはむの一人である。今国家は重大事件に遭遇してゐる。農民は今や死活を目前に血ににじむ騒ぎをやらうとしてゐる。これを救ふのには諸君の力を借りねばならん」と訴えた（「足尾銅山鉱毒調査の始末」、『古在由直博士』所収）。「義に勇む」一高や帝大の学生たちは由直の訴えに応え、

「測量器を肩に、草履ばき」で、栃木・群馬・茨城・埼玉四県にまたがる調査に着手した。

由直と学生たちは古河側の脅迫や妨害にも屈せず、実現不可能と言われた調査を二ヵ月で終了させた。由直はその調査の分析表を委員会に示し、「かゝる分析表に接して、同時にかくの如く付近一帯の土地が鉱毒の害を受けてゐるという立派な実証に面して如何とする」と迫り、鉱毒解決の曙光を開いた。後年由直は「あのときほど多忙な時はなかった。十分《じゅっぷん》でもいいから休息をしたいとおもった」といい、豊子は「あの時は古河家あたりから、誘惑や脅迫も随分あったんだよ」と古在に語った（「父の追憶」、『古在由重著作集』③所収）。

由直は翌一九〇三年（明治三六年）一月から四ヵ月間、ジャワとスマトラの糖業調査に出向き、九月農事試験場長を命じられて、西ヶ原（東京府豊多摩郡滝野川）の官舎に移転した。翌一九〇四年二月から日露戦争が始まった。

豊子は時に執筆の気持ちを抑えられず、由直と「目にいっぱい涙をためていいあいっこを」することもあったが、再び筆を執ることはなかった。それはひとりの女性の力を超える、時代と社会の厚い壁であった。明治以来の女性の地位を縛った条件は、その時代に生きた豊子の不幸であり、擱筆は豊子の弱さに帰すことの出来ないものだった。まして時代を超え真の愛情によって結ばれた由直が「暴君」だったからではない。家父長制下の明治の家庭では、夫との「いいあいっこ」さえ普通ではなかった。豊子に自責の念はあったろう。由直も苦しかったに違いない。だから「いいあいっこ」は、威圧的でも命令的でもなく、いくたびか繰り返された。

だが銘記すべきは、一二年という短期間に発表した小説一四編、評論・随筆約一四〇編を通じて、人間の平等性を主張し、性差別に挑戦し、人権思想の実現を図ろうとした豊子の実践が、かの有名な平塚らいてうの『青鞜』より二〇年余も先んじていたことである。父由直も母豊子も、明治という時代が刻印した社会的課題に情熱をもって挑戦し、十二分にその役割を果たした先駆者同士であった。

多感な少年　一九〇九〜一二年

当然にも、そんな父や母のことは殆ど知らないまま、古在は成長した。一九〇九年（明治四二年）古在が八歳、尋常小二年生の時、千葉県夷隅《いすみ》郡長者町《ちょうじゃまち》の森鴎外の別荘「鴎荘《かもめそう》」から一キロばかり離れた砂地の芋畑に、父由直が別邸を建てた。父の別邸といっても、眺望のいい丘の上の「鴎荘」とは違って、前方に夷隅川のアシがそよぎ、松林が海風をさえぎる間口五間ばかりの粗末な民家である。房総のそのあたりは周辺にわずか三軒しか家がないため、三軒屋と呼ばれていた。官舎住まいの由直がここに家を建てた動機は、「いい歳をして自宅もてないのか」と息子をなげく老母良子を、安心させるためであった。

長者町は、九十九里浜の南端、房総半島が太平洋側にふくらみ出たような真ん中、大原町の四キロほど北にある。千葉県で最大の流域をもつ夷隅川は、房総の丘陵、清澄《きよすみ》山から太平洋に注ぐ唯一の川でもある。河口付近にある三軒屋の家の少し先には太東《だいとう》岬があり、葦原ではよしきりが囀《な》く穏やかな地域だった。

長者町では、数枚の原稿用紙と思われる紙切れを手にして海を眺める森鴎外や、在野の歴史家・山路愛山をよく見かけた。ずんぐりで下ぶくれの愛山はよごれたもも ひきの出で立ちで船頭に小舟をあやつらせ、夷隅川河口や和泉浦で投網をうってはクロダイ・イナ・シタビラメなどを採っていた。その姿は古在の目には、あまり格好のいいものには写らなかった。父もまた「愛山もハゼのような顔をしてるな」と言った。

一九一〇年五月、三年生の古在は西ヶ原官舎の垣根のそばで、母や近所の人たちと一緒にハレー彗星を見た。「草ほうき」のようにみごとな尾をひいているのを見ながら、母は古在に言った。「重さん、もしあんたが長生きすればもう一度このほうき星がみられるよ。八十六までいきていさえすればね……」と。ハレー彗星の周期は七六年である。母は乳児期に一命を取り留めた古在の長寿を願ったのだろうが、古在にとって八六という数字がとほうもない印象として残った。

その秋、父由直が書いた「農政と那翁《ナおう》一世」を掲載した雑誌『学生』が届けられた。「ナポレオン号」と銘打たれた特集号で、胸をはり肩章をつけた美丈夫のナポレオンの肖像が、そのころ珍しい色刷り表紙を飾っていた。古在はその表紙に引きつけられて雑誌を手に取り、口絵や写真をながめ、歴史家や自然科学者、軍人や政治家が書いた文章を読むにつれ、英雄ナポレオンに心をすっかり奪われてしまった。古在は表紙のナポレオンの顔を丸く「めんこ」型に切り抜いて厚紙に貼り、一種の「おまもり」としてふところに入れて持ち歩くようになった。

四年生になった一九一一年（明治四四年）七月三一日、一〇歳違いで弟由信《よしのぶ》が生まれた。母豊子、四三歳の出産だった。父由直は四六歳、東京帝国大学総長濱尾新（のち枢密院議長）の推薦をいったんは断ったが二日間にわたる説得に根負けして、この二月から東京帝国大学農科大学長に就任していた。

翌一九一二年（明治四五年）七月、ストックホルムで第五回オリンピックが開かれた。日本が初めて参加し期待が大きかった陸上競技は、短距離の三島弥彦が予選落ち、マラソンの金栗四三は途中棄権で、まったく振るわず、前の年から走ることに興味を持ち始めていた古在少年をがっかりさせた。

金栗は当時、東京高等師範（のち東京教育大、現筑波大）の学生で、嘉納治五郎校長に「日本スポーツ界の黎明の鐘になれ」と送り出されたが、地下足袋はやぶれ、足は血マメだらけ、真夏のレースで暑さにやられ、二七キロ付近で意識を失って倒れた。金栗は日記に「大敗北後の朝を迎ふ。終生の遺憾のことで心がうずく「恥をすすぐために粉骨砕身して、マラソンの技を磨き、もって皇国の威をあげむ」とつづった。日露戦争の勝利で「一流国」になったと思っていただけに、オリンピックでの惨敗に国民のショックは大きかった。

陸上競技に興味があった古在の悔しがりようは、人並み以上だった。古在はクラスの徒競走ではたいがい一〇番目くらいだが、「よし自分がランニングで速くなってやろう」と決意し、朝晩ランニングの練習をはじめた。毎日一、二キロ、中学になってからは一〇キロ走るランニングは、それから三、四年も続いた。パンツには例の「めんこ・ナポレオン」が、「おまもり」として縫いつけられていた。

古在は多感だった。数年前にライト兄弟が初飛行に成功し、古在は入学前から紙飛行機や模型飛行機を作って遊んでいたが、三年生になったときに、代々木練兵場で陸軍大尉がたった四分間だが三千メートルの飛行を成功させ、日本中を興奮させた。それからは所沢の飛行場からプロペラ機が滝野川小学校にもよく飛んできたが、小学五年生のときに陸軍の飛行機が墜落して中尉二人が死亡、その一ヵ月後には京都の深草練兵場で民間飛行家の墜死事故があった。「寧丸挫滅」の記事が古在にはショックだった。よし！　絶対に落ちない飛行機を俺が造ってやろう。そう決意した古在は、胆嚢炎で高熱を出して寝ていた母に、将来は飛行家になると告げた。「重《しげ》さんかえ？　やりたいことはやりなはい」とのあっさりした返事に、古在は心をはずませた。

古在はもちろん知らないことだったが、当時は日露戦争後で、独占資本や寄生地主制が確立し、三年生になった一九一〇年（明治四三年）には韓国併合や大逆事件などの政治的事件が続いた。こうした「冬の時代」に対し、石川啄木は評論「時代閉塞の現状」を書き（当時は公表できず）、東京市電の六千人が大ストライキを打ち、呉海軍工廠や海員組合のストライキが続いていた。

一九一二年（明治四五年）七月三〇日天皇（明治天皇）が逝去し、年少の皇太子嘉仁《よしひと》が践祚《せんそ》して天皇（大正天皇）となり、九月の大葬の日に乃木希典《のぎまれすけ》が殉死した。父由直と母豊子は世間とは違って、明治天皇の死にも乃木の殉死にもさして強い関心を示さなかった。この年はまた、大日本労働総同盟の前身「友愛会」が組織される一方、軍部大臣現役武官制を切り札に軍備拡張を迫る軍部と山県有朋ら四元老による専制政治への反発が議会を中心に高まり、第一次護憲運動が始まっていた。

古在の小学生時代は、ほぼこうした政治的社会的事件とともに過ぎようとしていた。

中村常三先生　一九一三年

一九一三年（大正二年）、六年時の担任は三〇歳を少しすぎた中村常三先生だった。先生は千葉県の自作農の次男で、小学校卒業後すぐ働きに出され、独学で教員免状をとって教職についたが、なお弁護士か歯科医師を志し勉強を続けていた。和服姿の中村先生は、いつもふところに教科書を無造作に入れて教室にやって来た。日露戦争に一兵卒として参加したせいか武骨らしい感じがあり、動作も言葉もてきぱきしていた。

当時は日露戦争の余韻がまだ残っており、メンコに描かれる絵柄は東郷平八郎元帥や乃木希典大将など軍人ばかりである。雨の日の体操の時間、古在たちは先生によく追憶談をねだった。中村先生は「思い出しても身の毛がよだつよ」と言って、間《ま》をとるのがいつものことで、つぎの言葉がでてくる数秒間が、古在たちのもっとも緊張する時間だった。

先生は自分が体験した沙河《さか》の会戦、戦友から聞いた二〇三高地や鶏冠山《けいかんざん》の闘い、ときには桜井忠温中佐（作家）の『肉弾』や他人の書いた戦闘記録を読み聞かせた。地雷敷設の有無を確認するため、生還を顧みない決死隊がざっくざっくと進む段になると、古在らは歓声をあげた。先生は自分の体験を挟んで、戦争というものの酷《むご》さを伝えようとしたのだろうが、古在らはもっぱら軍人の勇ましさや戦闘の激しさに胸をはずませた。放課のベルとともに「休戦！」と言って教室を出て行く先生が恨めしかった。

それにもかかわらず、古在らは中村先生が大好きだった。戦争の話はもちろんだが、国語の時間に先生が読む独特の節回しもおもしろかった。厳しくはあったが不正を憎み正義を愛し、なにより優しい先生である。敵の帽子を奪い合う帽子取り遊びで、くんずほぐれつしているはずみでガラス戸を倒して粉々に砕いたことがあったが、そんなときでも中村先生はゆっくりした口調で、「すんだことはしかたがない。これからはよく気をつけるんだね」と言うだけだった。

その中村先生が「裁縫と唱歌」の山高ひで先生と職場結婚した秋、中村先生はひで先生と一緒に学校を辞めた。「みなさんにいっておきたいというにはほかでもない、私はきょうかぎり、みなさんと別れねばならない」。突然の中村先生の別れの言葉に、古在ら四〇人ほどのクラス全員が泣いた。ガキ大将もいたずらっ子も、教科書を包む風呂敷で顔をおおって泣いた。そして先生を追うように教室を抜け出し、運動場と地つづきの農園にみな集まった。やめる理由が少しもわからなかった。

代表が同僚の先生に聞いてきた理由は、剛直な中村先生と校長の折り合いの悪さだった。学校の隣の役場の人に聞いても、校長に味方するだけである。あとでわかったことだが、理不尽なことに「職場結婚」を理由にした異例の解雇事件だった。監督責任をとって老校長も辞めた。現在の道徳観とはまったく違う時代の出来事であった。

しかし古在ら生徒にとっては理由はともかく、大好きな先生が教室から消えるのは納得できるものではなかった。だれ言うとなく「もう学校の授業にでるのをやめよう」という声が出て、それが農園で話し合った古在らの結論になった。

それから三、四日間、新任教師の授業には出ず、生徒全員が農園に立てこもった。同盟休校、ストライキなどという言葉さえ知らない、ごく自然な行動である。何人かの先生が説得に来た。しかし古在らの気持ちは説得で収まるどころか、説得にあえばあうほどますます反抗心が燃えあがった。古在は級長のバッジをもぎ取られ髪をつかんで倒されたが、抵抗をやめなかった。髪をきれいに分けた新任教師の「しゃれもの」ぶりも気にいらなかった。子ども心に正義感がほとばしった事件だった。

中村先生が担任した半年間に、古在らが学んだのは「人生は努力じゃ」という先生の烈々たる気概である。チョークで粉だらけにした先生はいつも「私は、一介の書生じゃよ」と言い、授業の合間によく本を読み、学校が引けるとどこかの図書館で勉強を続けていた。たまたま古在の官舎近くに貸本屋があって、中村先生は書名を書いた紙切れを渡し、本の借り出しを古在にまかせた。その紙切れに幸田露伴著『努力論』があり、貸本屋で分厚い本を手にしたとき、先生はこんな本を読むのかと、どういうわけか強烈な感銘をうけた。

卒業式の日、生徒二、三〇人で新婚の先生の小さな借家に押し掛けた。先生はまだ職にも就かず在宅していた。かわるがわる勝手にしゃべり出す古在らの話を、先生夫妻は余り口をはさまずほほえんで聞いた。

中村先生はその後念願の歯科医師の免許をとり、千葉県市川市で開業し、一九五六年七四歳で亡くなった。

後年古在は、『毎日新聞』の「めぐりあい」（一九八一年五月一八日付）に、「心に響いた『人生は努力じゃ』」と題して中村常三先生のことを書いた。記憶に残る先生だった。

中学時代　一九一四〜一八年

一九一四年（大正三年）四月、古在は小石川原町の私立京北《けいほく》中学校に入学した。両親は古在の進学にはほとんど無関心で、学校選びも入学手続きも全部古在一人でやった。文京区原町の東洋大学の構内にあった京北中を選んだのは、兄由正が通い、西ヶ原の官舎から一番近いというのが唯一の理由だった。

同級生のうち中学校に進学したのは三十数人のうち三、四人にすぎなかった。尋常小学校は八年制とはいうものの、はじめの六年間だけが義務で、二年間の高等科への進級または五年制をとっていた旧制中学への進学は任意である。京北中が官舎から一番近いというものの、それでも歩いて三、四〇分はかかった。古在は五年間、歩き通学を通した。

中学校ではランニングや野球、相撲などに興じながら、飛行家へのあこがれから製図用の道具をそろえてグライダーや飛行機の設計図を書き続けた。三年生のとき『飛行界』という雑誌に、当時複葉式の多いグライダーを単葉式に変えようという古在の提案が掲載されたときは、飛び上がるほど嬉しかった。

古在は食虫植物にも興味があったが、飛行機の設計や研究のために、数学や力学、物理を勉強したいと考えるようになった。尊敬するナポレオンには数学的才能があり、周辺に何人かの数学者たちがいたことも、古在の数学好きを高じさせたし、幸いなことに京北中学には、秋山武太郎とか関口鯉吉など有名な数学の教師がそろっていた。秋山武太郎はのちに旧制武蔵高等学校の教授となり『わかる代数学』とか『わかる微積分』という「わかるシリーズ」を著し、関口鯉吉はのちに太陽研究の権威として神戸海洋気象台長となり、『太陽』『天体物理学』（岩波書店）など多数の著書を残した。

『飛行界』に投稿した三年生のとき、その秋山武太郎が古在の担任になり、平面幾何学のおもしろさも知った。秋山は「幾何学は難しくない。犬でもわかる」とユークリッド幾何学を説明した。犬はエサを取りに右に行ってから左に折れては行かない、一直線に走る。三角形の一辺は他の二辺の和より小さいのを知っているからだ、と。説明は明快で、数学史のエピソードもふんだんに話してくれた。

古在は、秋山の授業で次第に数学とくに幾何学そのものに興味をもちはじめ、飛行機への関心が次第に薄らいでいった。日曜日などには友達と一緒に淡路町の秋山宅を訪ね、授業では聞けない数学の話を聞き、「空間の神秘」に大きな興味を持った。また五年生のときには、秋山の処女作『幾何学つれづれ草』の校正を友達と手伝うこともあった。古在は円周率を五〇〇ケタまで書いたり、当時二〇ぐらい紹介されていたピタゴラスの定理の解法を徹夜で全部書いたこともあった。「右成績特ニ優等ナルヲ賞ス」という賞状を毎年もらうほど、成績もよかった。

古在は、秋山先生に数学者の道を選びたいと二、三度告げたが、先生は「数学者の道はきびしいぞ」と言うだけで、賛成はしてくれなかった。成績がいいとはいえ、古在は一年後輩の河口商次という男の後塵を拝していた。河口商次は四、五年生をあわせた年一回の数学コンクールでいつも満点をとり、のち大学院生時代に「河口空間」と呼ばれる理論を発見し、国際的に知られる数学者になった優れ者だった。河口の優秀な片鱗は古在にも見えてはいたが、秋山先生の判断になにか割り切れない気持ちだけが残った。

中学時代の由重少年

その間も古在は、相撲や草野球を楽しみ、小学校以来のランニングを続けていた。そのせいか短距離も速くなり、毎日一〇キロ近く走っていた中学三年のとき、五年生もいれた陸上競争で、百から千五百メートルまでの五種目全部で優勝することができた。しかし余程身体に負担がかかっていたと見えて、翌日から心臓がおかしくなり、半年ほど学校を休むはめになった。運動のやりすぎで、不整脈のひとつ結滞に罹《かか》ったのだ。無事進級はしたもののそれから一年、運動はやめざるを得なかった。

成績もよく東京帝大農科大学長の息子だというのに、操行[6]はいつも「乙」と「丙」を行ったり来たり、ときには滅多につかない「戊《ぼ》」をもらうこともあった。古在は相変わらずクラス一番のボロ服を着て、屈託のない天衣無縫さで自由な行動をとり、あきれるほどのガキ大将ぶりを発揮していた。ただ古在の腕白は覇権というものではなく、強いものに対する反骨精神のようなものがどこかに潜んでいた。校庭での泥だらけの相撲でも、古在はいつも勝ち残った者に、負けても負けても挑戦した。

体操や軍事教練では、「気をつけ！」の姿勢が悪いと何度も注意を受けた。軍人上がりの体操教師は、その罰として泥土《どろつち》の付いた霜柱を無理矢理口に押し込むことがあった。多くの生徒が首を振って拒絶するのに、古在は平然としてそれを飲み込んだ。その「絶対服従」がかえって教師の反感を買い、蹴飛ばされ、級長も辞めさせられた。それが尾を引いたか、四年生のときには軍事教練をせせら嗤ったということで、ひどく殴られたうえ、停学三日を喰らった。しかしそうした古在の態度が、級友みなの信頼を集めた。その停学について父由直は、「君を停学させる学校なら、たいしたことはない」と言っただけで、母豊子もまた同じ意味のことを言った。

古在の中学時代も、世界は激しく動いていた。中学入学の一九一四年（大正三年）には第一次世界大戦が始まり、日本陸軍は中国山東省に侵入、翌一五年には中国全土を日本の支配下に置こうと「二一ヵ条の要求」を突きつけた。ロシア革命に乗じてその翌一八年（大正七年）にはシベリアに出兵、戦争による物価高騰・米の買占め・売り惜しみなどが国民を苦しめ、米騒動が全国に広がった。卒業した一九一九年（大正八年）には、パリ講和会議の開始、コミンテルンの創立などがあり、東アジアでは朝鮮独立をめざす三・一運動、中国の民族運動「五・四運動」などが起こり、日本の侵略的植民地政策に反対する運動が強まった。国内では吉野作造の民本主義の主張とロシア革命の影響で労働運動や社会主義運動が高揚し、河上肇が『社会問題研究』を創刊、初の教員団体「啓明会」や平塚らいてうらによる「新婦人協会」が結成されるなど、大正デモクラシーの波が起こっていた。

一高入学　一九一九年

高等学校への進学では、優等生二、三人が一橋（東京高等商業学校）や慶応義塾に推薦されたが、操行乙丙、ときには「戊《ぼ》」をもらい、「不良」の群れの一人と見られていた古在には、推薦入学は無理であった。「不良」仲間とは、どうせ落ちるなら一橋や慶応よりももっと難しい学校にしようと、第一高等学校を受けることにし、数学への興味を断ち切れない古在は、一高の理科甲類[7]を受験することにした。本郷向ヶ岡（いまの文京区弥生）にあった一高は、官舎のある西ヶ原から一番近いし、なによりの魅力はスポーツが強いことだった。

一九一九年（大正八年）三月に京北中を卒業すると、古在は七月の入学試験まで三ヵ月間、麹町富士見町の東京高等予備校に通い始めた。この受験校でも古在の数学は満点で、答案が廊下によく張り出されたが、総合模試ではトップクラスとはいかなかった。この受験校の模擬試験には全国から七百人ほどが参加したが、ある時の模試（第三六回模試）には、志賀義雄（萩中）二〇番、中谷宇吉郎（小松中）二一番、和達清夫（開成中）三五番、渡辺一夫（暁星中）六八番などと有名中学出身者が上位にずらりならんだ。自分では京北中を「田舎中学」と思っていたが、古在はなんとか二四番に食いついていた。

夏の入試の前夜、古在は車エビの寿司にあたって七転八倒した。薬のパンポポンで激痛だけは止め、翌朝医者から新たな薬をもらって受験に臨んだ。運良く合格したのは、数学と作文の成績がよかったからに違いないと思った。好きな数学はともかく、作文のテーマが「わが尊敬する人物」というのが幸いした。迷うことなくナポレオンを取り上げ、最後に「まなびの海に棹さして、われは学界のナポレオンたらん」と書いたのがよかったのかも知れない。実際聞き取り《ディクテーション》のあった英語は、ほとんど歯が立たなかったのだから。

どんな学校でもいいと考えていた親は、一高に合格してもさほど喜んだ様子はなかった。しかし「不良」どもが、優等生を尻目に「不良仲間」の古在だけが合格したと、祝宴を開いてくれた。

九月に、三百余人が向ヶ岡にあった一高（いまの東大農学部キャンパス）に入学した。一八歳だった。同期には、理科甲類に粟田賢三（のち哲学者、以下括弧内同じ）、桂寿一（東大文学部教授）、川野昌美（地球物理学者）、乙類に和達清夫（地球物理学者・気象庁長官）、木村重三郎（東大図書館司書、三〇歳半ばに肝臓癌で早逝）、文科甲類に志賀義雄（日本共産党幹部）、村井康男（法政大学国文学教授）、一高で二年留年していた吉野源三郎（『世界』編集長）、乙類に松本慎一（政治評論家）、尾崎秀実（朝日記者、評論家）、河東涓《かとうけん》（日本大学教授）、篠田英雄（翻訳家）、高橋健二（ドイツ文学者）、丙類に渡辺一夫（フランス文学者）などがいた。

進学率が二〜三パーセントだった当時、旧制高校に在籍しているというのは何らかの意味で特権的な身分だが、とりわけ一高には全国の中学校から秀才たちが集まっていた。宇和島中学始まって以来の秀才といわれ、村の篤志家、菊池武帍《たけとら》の学資援助で入学した松本慎一も、台北中学を出て品川の柘植咲五郎宅に寄留して受験した尾崎秀実も、そして私立京北中卒業の古在も優秀には違いなかったが、いずれにも上には上がいた。

一高は東・西・南・北・中・朶《だ》・明・和の八棟からなる全寮制をとっていた。寮には、食堂、自習室などがあり、寮室には理系と文系が入り交じって一室に八名から一二、三名が入った。古在は中寮で、四歳年上で文科乙類の篠田英雄や文科丙類の桜田佐（のち仏文学者）と同室になった。桜田の父は父由直と留学時代からの知り合いで、母親同士も同じ明治女学校卒業という不思議な縁があった。そのうえ互いに課業に汲々とせず、スポーツを愛好する共通点があった。

理科甲類二組二番入学の粟田賢三とは部屋一つか二つ隔たっていたが、入寮翌日に入試の幾何の問題の解き方を披露しあって、すぐに親しくなった。粟田は理性的かつ徹頭徹尾学者的で、フランス語もエスペラント語もよくでき、数学も愛していた。古在は話すほどに好ましく思ったが、粟田には、いつも地下足袋をはいている古在が野暮ったく写った。

少年の頃からごく自然に天衣無縫な行動をとっていた古在は、寮を訪ねる友人が窓下から大声で「古在!」と呼ぶと、「おー」と答えて二階から兵児帯《へこおび》のようなものを垂らして降りることもあった。大声で歌いながら寮に帰ってくる古在はなんども目撃された。人好きのする明朗な性格が寮生から愛されていた古在だが、寮生活を通じて文学や哲学に疎い自分の弱点を強く感じ始めた。

古在が一高に入ったのは、死者一千万・負傷者二千万人といわれる第一次大戦が終わった翌一九一九年の秋である。日本にとっては傍観者的で「楽な」戦争だったが、戦争の中で自然科学が発達する一方、資本主義の発展にともなう矛盾も激化していた。戦争成金が幅をきかす一方、貧富の差が広がり、道徳の退廃も進んだ。その結果戦後は人生観や世界観への関心が青年の間に広がり、文学や哲学が力を得た時代である。その六年前の一九一三年(大正二年)に創業した岩波書店が、夏目漱石の小説や「哲学叢書」全一一冊などを刊行して「文学と哲学の書肆《しょし》」として名をなし始めたのもこのころだった。

寮生のほとんどが夏目漱石や白樺派、芥川龍之介やロシア文学などに親しみ、同室の篠田英雄などはデューイの『哲学における再建』やベルグソンの『創造的進化』などを読んでいた。中学四年からいきなり一高に入ってきた北山富久次郎(のち台湾大、学習院大経済学部教授)などは、古在の目の前にコップを置いて「コップは実在しているか」と質問して、まごつく古在に「君はショウーペンハウアーの『意志及び表象としての世界』を読まなきゃだめだ。こんど持ってきてやる」と言って、古在を驚かせた。中学時代、スポーツと数学に明け暮れ、夏目漱石ひとつ読んでいなかっただけに、古在は大きなショックと引け目を感じた。

自信のあったスポーツでさえ、勧誘された野球部を断って入った陸上部には、短距離の百メートル走で古在を超える一一秒台が三人もいて、ならば草野球で鍛えた「強い肩」を生かそうと槍投げを選んだが、そこは大柄な者がおおく、身長五尺四寸（約一六四センチメートル）ほどの古在がトラックに出ると、「小さいなぁ」とよく言われる始末だった。

文学でもスポーツでも、古在は青年期特有の引け目、劣等感に悩んだ。

劣等感　一九二〇年

一九二〇年（大正九年）一月、第一次世界大戦後のベルサイユ講和条約にもとづき、国際連盟が発足した。国内では普通選挙制度を要求する数万人の普選大示威行進があった三月、株価が大暴落して「戦後恐慌」が始まり、上野公園で開かれた日本初のメーデーでは、八時間労働制や失業防止等の要求が掲げられた。翌六月からは高畠素之訳『資本論』（大鐙社）の刊行が始まり、無政府主義の影響も広がるなか社会主義者の統一をめざして、年末には山川均らが「日本社会主義同盟」を結成した。日本の資本主義経済が急速に発展、矛盾も激化して、インテリ層には人生観的な懐疑が生まれる一方、労働運動や社会主義運動が強まろうとしていた。

大学に進学して理学部に進もうと考えていた古在は、青年期特有の劣等感を抱えながらも、数学や科学の勉強を熱心に続けた。六月から始まった約三ヵ月間の夏期休暇では、長者町の海岸で槍投げに十分な時間を取りながら、熱心に読書を続けた。サーモン『解析幾何学』や河野徳助『最近微分積分学精義』、科学の本質を知るためにポアンカレ『科学の価値』や『科学と仮説』、さらに天文学者ヤングや、数学者で哲学者のバートランド・ラッセルなどなど……。

その中で当時一九歳の古在がもっとも強い影響を受けたのは、田辺元の『科学概論』だった。古在はこの本ではじめて観念論についてのまとまった解説に接し、数学や物理学の理論的基礎が哲学に通じているのを知った。そして田辺元が参考図書に掲げた西田幾多郎の『善の研究』を購入し、そのころのほとんどの寮生が読んでいた倉田百三『愛と認識の出発』、阿部次郎『三太郎の日記』なども読み始めるようになった。古在はこれまで客観的な世界だけに眼を向けていたが、主観とか主体とかいう新しい世界を知り、それらにも心惹かれるようになった。

古在はどちらかと言うと、評論や小説を書いた母豊子よりも農芸化学を専門とする父由直からの影響を強く受けていた。いつも顕微鏡をのぞく父の背中から、科学は現に「あるもの」「存在するもの」を的確にみることだということを強く学び、空想とかフィクションというもの、ひいては小説や文学におよそ興味を持つことがなかった。母が若いころ断髪姿でルソーの『民約訳解』を読んだという話を聞いても、家事を終えた母が夜ひっそりと『アンナ・カレーニナ』や『戦争と平和』を読んでいるのを見ても、それは変わらなかった。そんな古在が西田幾多郎や倉田百三、阿部次郎を読み、文学や哲学にも眼を開いたのは、大きな脱皮だった。

二年生に進級した一九二〇年の秋、父由直が五五歳で東京帝国大学総長に就任し、滝野川の官舎から本郷区真砂町（現文京区春日町）の借家に転居した。山川健次郎総長のあと一八〇余名の教授による公選制で総長に選ばれ、元総長濱尾新が「公選の結果はぜひうけたまえ」と就任を望まない由直を、農科大学学長就任時と同じように再び徹夜で説得した。

由直は研究生活への思いを断ち切るように、文献のすべてを処分した。農事試験場に寄贈したあと手元に残った文献は、古在に掘らせた便所脇の穴に埋めさせた。残ったのは、専門外の『ヘレン・ケラー全集』などの文学書だけであった。「これで学問とはさよならだ。これからは学校の小遣いになるんだ」。そのとき父が言った言葉に、古在は学問への未練を断ち切ろうとする父の激しさと、新たな仕事に就く厳しい構えを感じた。

大正デモクラシーの風潮の中で、東京帝大の学内には左翼と右翼の団体が角逐しあい、対立の雰囲気が充満していた。二年前の一九一八年（大正七年）に吉野作造らの後押しで社会主義学生の思想団体「新人会」が結成され、これに対抗するように翌一九年春、天皇主権説を唱える上杉慎吉の肝いりで国家主義団体「興国同志会」が結成され、四、五百人の会員を擁した。法学部の憲法講座では、上杉慎吉と同じ天皇主権説をとる穂積八束《やつか》が第一講座を担当していたが、父由直の総長就任三日前には、天皇機関説をとる美濃部達吉の第二講座が始まるという状況だった。

古在の家にしばしば左右の学生がやってきて、総長への激しい糾問を繰り返した。国粋団体は、吉野作造や美濃部達吉ら赤い教授をなぜ罷免しないかと詰め寄り、なかには罷免に同じない由直を「殺す」と脅す右翼もいた。由直は「私を殺すというなら、殺してみたまえ」と少しも動じなかったが、古在が自宅に居合わしたときは、「父の大事」を阻止するため、いつでも飛び出してやろうと隣の部屋に身構えたこともしばしばだった。

父由直が総長に就任した一九二〇年（大正九年）は、ベルギーのアントワープでオリンピックが開催され、内外でスポーツ熱が高まった。古在も槍投げに力を入れつつ、新聞のオリンピック報道、特に陸上競技を熱心に読んだ。大戦後の軍縮運動に参加していたイギリスの選手兼監督ノエル・ベーカーが千五百メートル競技で銀メダリストになったのがなぜか印象に残った。その秋、古在は夏期休暇の鍛錬の成果か、運動会（のちの学友会）主催の陸上競技大会の槍投げで優勝した。当時のアマチュア標準記録（大日本体育協会）三六・五〇メートルを大きく超える四二・九〇メートルを記録した。さらに三年生に進級した翌一九二一年春には[8]、四四・四〇メートルを投げてインターカレッジの記録保持者になり、古在は極東オリンピック大会（極東選手権競技大会）への出場を打診される実力者となった。

運悪く蕁麻疹《じんましん》のためにその極東選手権競技大会には出場できなかったが、その記録と極東大会への打診そのものが、人間というものは努力すればある程度のことは達成できる、という中村常三先生の教えが実感となり、文学と陸上短距離で味わっていた劣等感から、古在はようやく解放された。

第2章　哲学彷徨　一九二一～二三年

進路　一九二一年夏

一九二一年（大正一〇年）一月、父由直が脳溢血で倒れ、総長辞意を表明したが受け入れられず、続投となった。翌二月、政友会の「平民宰相」原敬が普選要求を「不穏なる思想」として葬ったにもかかわらず、山川菊栄、伊藤野枝らが社会主義婦人団体「赤瀾会」を結成、原敬は「今後は思想問題解決の一事あり」として、山川均などの日本社会主義同盟を禁止し、一年後には「赤瀾会」も弾圧された。こうした事態に、大杉栄らの無政府主義、直接行動主義が影響力を増し、社会主義の潮流に無政府主義（アナーキズム）か共産主義（ボルシェビズム）かをめぐって、「アナ・ボル論争」が起こった。

一九二一年の春、古在の高校生活は残り一年間となった。人生観や哲学にも興味を持ち始めた古在に、当初抱いていた「理学部進学」に迷いが出始めていた。

古在は、粟田賢三、川野昌美、大岡実（のち建築美術史家）らと、人生の真髄、友情や愛の本質、寮生活の意義、進路などをよく語りあった。場所は本郷の喫茶店「青木堂」やしるこの「梅屋」、ときには寮室で議論のまま朝を迎えることもあった。

そんな折り、和達清夫からチェホフを勧められ、古在は、新潮社の青い表紙のロシア文学を手に取るようになった。トルストイはもちろん、ツルゲーネフ『初恋』、アルツイバーシェフ『最後の一線』など、社会主義と無政府主義との区別はつかなかったが、視野が開ける思いがした。特に強く印象に残ったのは、主人公である哲学青年ルージンが失恋後革命に参加して死んでゆく、ツルゲーネフ作『ルージン』だった。

古在は、悩みや思索を書き留めるノート「感想録」を用意し、そこに「妥協を排せよ」と何度も書いて自分を勇気づけ、田辺元の『科学概論』で紹介された西田幾多郎の『善の研究』のことや、フェノメノロギー（現象学）という思想に偶然出会《でくわ》した喜びなどを書き付け、二〇歳《はたち》の夏休みはいつものように長者町で過ごした。

読書、水泳、槍投げ、ランニング。美しい太東《だいとう》岬には毎日一人で出かけ、砂浜では腹這ったり横たわったりしながら、砂に思いつくままに字や単語を書き、それらが風に埋もれていくのをぼんやり眺めて、日々を過ごした。最大の悩みは進路だった。進路を物理にするか哲学にするか……。

古在は進路に迷いながら微分や積分、平面幾何学の勉強だけは続け、数学に強く反骨精神に富む菅原正夫（のち東京教育大教授）との付き合いも続けていた。菅原とは、因習的形式的で真理への憧憬より点数への欲望がまさるような学校生活に嫌気がさし、その典型と思われた化学の講義と実験の中止を教師に申し入れ、教師とのわだかまりを大きくした仲である。しかし菅原と付き合ううちに、菅原と比較して自分に数学の素質がないこと、数学の成績がよかったのは猛勉強という努力の結果だということに気づかされた。その素質の差は動かしようがなかった。ちょうどそのころ読んだカジョリの『数学史』で、パスカルやガロア、アーベルなど大数学者はみな二〇歳前後で数学の大発見をしているのを知り、自分の才能のなさに落胆して、数学者、科学者への夢が急にしぼんでいった。

もはや一高卒業まで半年しかなかった。波が風に埋もれた文字を完全に消し運んだそのとき、突如として決心が固まった。やはり哲学をやろう、それに一生を捧げよう！

結局進路問題では、粟田賢三と「共謀」して理学部志望をやめ、哲学を専攻することにした。和達清夫は、

「科学なしでは哲学はその材料を失う。将来哲学の完全をめざすために俺はまず科学を専攻する。古在もそうしろ」と忠告してきた。しかし古在は、自分の哲学体系を作り出すことに突進したい、何を選択するかは結局個性の問題だと割り切ることにした。川野昌美は植物学専攻をいったんは決めたものの、陸上部の友人石田啓次郎と一緒に依然迷いつづけていた。

古在の哲学専攻に難色を示していた両親も、秋には理解してくれた。難色を示されたときは、自分の親も世俗並に「偉い人」だけを望む「子への偏愛」から抜けきれないのだと不満をもったが、今はそんな自分が恥ずかしかった。

哲学への道　一九二一年秋

一九二一年（大正一〇年）九月、父由直の駒場農学校入学以来の無二の友人、本田幸介（農科大学畜産学教授）が、九州帝国大学学長として福岡に赴任することになった。本田幸介は朝鮮の水原農事試験場長時代「韓国土地農産調査報告――咸鏡道」を執筆し、農商務大臣などを務めた牧野伸顕とも親交があった。古在が「本田のおじさん、おばさん」と呼ぶ本田夫妻には華子、博子、近子、弥太郎（弥太さん）の姉弟たち四人があり、古在兄弟と年齢が近いこともあって、家族ぐるみの付き合いが続いていた。

その赴任の日、古在は授業を休んで本田一家を東京駅に見送った。本田家の三女、近子に別れを告げるためだった。古在は中学二年生のときから近子に思いを寄せ、一緒に西ヶ原から荻窪辺りまで遠出をしたり、手紙の交換を続けていた。それが突然断ち切られることになって、古在は言い尽くせぬ淋しさに襲われた。それだけでなく、女子学習院での華やかな学校生活を断念して九州に行く近子が不憫でもあった。古在はこの悲しい別れを機に、大学ノートに日記[1]をつけ始めた。

古在は心を奮い立たせるように、哲学を本格的に学び始めた。一高では、倫理学教授・安倍能成のブルーノ講義や、心理学教授・速見滉のヴィンデルバント『プレルーディエン（序曲）』の講義などを聴き、寮の自習室では、コーエンの『純粋認識の論理学』に挑戦した。さらにリッケルトの『認識の対象』を二度読み、カント研究のために『純粋理性批判』もひもとき、その参考にと桑木厳翼東大教授の『カントと現代哲学』などを読み進めた。[2]

しかしコーエンやカントの理解は難しく、辟易することの連続である。風邪のために読み続けられなくなると、努力だけが他人と互せる必須条件なのにと嘆き、哲学や哲学者につまらなさを強く感じることもしばしばだった。そんなときには寮室に戻って、ロシア文学やゲーテ『詩と真実』、西田幾多郎『自覚に於ける直感と反省』や倉田百三『愛と認識との出発』、阿部次郎などを読むと少しは気分が落ち着いた。『愛と認識との出発』の「三之助の手紙」にある「哲学者は淋しい甲蟲《かぶとむし》」という言葉に出合ったときは、よしそれなら「甲蟲」をめざしてやろうじゃないか、と新たな意気込みが湧いた。そのことを本田近子に手紙すると、彼女も『愛と認識との出発』を手に取り、「三之助の手紙」を読んだと返事をくれた。

そのころ古在は体調の優れない日々を送っていた。槍投げでインターカレッジの記録保持者になった春以降、その直後の蕁麻疹《じんましん》やかつての結滞、肺炎が影響したか不調が続いていた。秋の「帝大運動会」[3]は四年ぶりに一高が優勝はしたものの、古在は競技に参加できず応援にまわるだけであった。全校生徒が参加する小田原までの秋の行軍予行演習にも参加できず、「身体の方では俺は敗残者である」とやや自嘲的に、その悲哀を日記に書いた。

一一月下旬、古在は期末試験に備えるため、自習室の愛読書を全部抱えて、真砂町の自宅に帰った。寮はホコリが多く、ノドをすぐ痛めるのだ。しかし試験勉強というのは「真理への憧憬」にほど遠く、「思想の飛躍」は全くなく、あるのは「点数への欲望」だけで、古在にとっては苦痛そのもの、可能なら投げ出したいシロモノである。

試験準備の空腹を満たすため、古在はある晩、大岡実と宝寿司に向かった。そのとき陸軍大演習の夜襲飛行に出合った。大岡がその飛行機を金星と見まちがい、古在には、その「金星」の光のあとを轟音が追いかけ、やがて消えていったのが、妙に愉快に思われた。

翌日は陸軍大演習に参加した兵士五人が、古在の家に泊まった。玄関に置かれた背嚢《はいのう》や靴、厳然と立てかけられた銃や飯盒《はんごう》などが、戦争気分を象徴していた。ロシア革命に干渉する日本のシベリア出兵はまだ続いていた。戦いは忌むべきで銃は野蛮の象徴だと思い、古在はその日の日記に「矢張り日本は軍国主義だ」と書いた。日記には、原敬首相が東京駅で刺殺された一一月初め「現首相の暗殺に驚く」と書いたこともあるが、古在の社会・政治問題への関心はそれ以上ではなく、時代の刻印とも言うべき大正デモクラシーの影響はほとんどなかった。

試験が終わると、哲学への道を決心していた古在は、カント著『純粋理性批判』など四冊をドイツ語原書で注文した。まだ十分に理解できるわけではなかったが、思想界の主潮「新理想主義」に一応は満足しながらも、一方ではそれが余りに性急すぎて古代からの哲学を切り捨てているようで不満もあった。さらに、神の概念でデカルトを離れ、ロックや西田幾多郎、田辺元[4]に惹かれ、リッケルトの認識論に物足りなさを感じる、という哲学的彷徨を何度か繰り返した。

そして一二月、古在は「自分は哲学なる天地に於て始めて自己の命懸けの仕事を見付けたような気がする」「人は、……学問を研究する人は、……結局哲学なる天地に自己の飛躍の檜舞台を見いだすのではなかろうか」「哲学は万学の女王なり」と日記に書き留め、哲学への道、哲学科専攻の決意をいよいよ固くしていった。

旧制一高三年生、二〇歳の古在由重にとって、「哲学」を歩き始めた一九二一年（大正一〇年）は、満足できる一年となった。

第一高等学校卒業に当たって。前列右から３人目古在、４人目粟田賢三（1922年３月２日）

東大哲学科　一九二二年早春

一九二二年（大正一一年）の正月を家族とともに長者町で過ごしたあと、古在は学校に戻った。しかし授業は相変わらず千篇一律、機械的でつまらない。皆が楽しむ寮の記念祭にしても、放歌乱酔、先輩の横行闊歩、浅薄な喧噪だけが支配していて、古在にはまるで意味のないシロモノだった。篠田英雄は大学ではしっかり学ぼうと言ってジェームズ[5]の『プラグマティズム』を貸してくれ、古在は記念祭の盛り上がりを尻目に、寮を抜け出し家路についた。道々、俺はやはり異端児だなと思ったが、寂しくはなかった。粟田賢三や川野昌美に言わせると、俺は優越欲が強いらしいが、人間というものは例外なく認識し、意欲し、情感する主観なのだ、俺はそれを尊重し実践しただけに過ぎないじゃないかと考え、自分を納得させた。

二月末から、一高最後の試験が始まった。しかし試験勉強には全く身が入らなかった。アインシュタインの『相対性原理』を読み、リッケルトの認識論を考える方が楽しかった。何の因果で試験などという詰まらぬことをやるのか、愚痴るのさえ浅ましく思えた。

化学の構造式は覚えるのも嫌で、試験は白紙のまま提出、試験終盤の得意な微積分さえ風邪を引いたため全くだめだった。心配した粟田賢三が、数学担当の黒河竜三教授に古在の落第防止策を打ってきたほどである。古在は、恥辱的ではあるが「人生は高尚でないことも、必要な時はある」と観念し、粟田に感謝した。及第判定の前日には一緒に黒河教授を訪ね、大丈夫だろうと言われはしたが、古在の心配は消えなかった。判定当日粟田から「成功！」という電話があって、古在ははじめて緊張と不安が解け、やっと安心することができた。

三月半ば大学入試が始まった。和達清夫や川野昌美ら理系の仲間は一難去ってまた一難だったが、古在と粟田が選んだ東京帝国大学文学部哲学科は定員割れか、試験がなかった。

和達や川野らには気の毒だが、古在は布団や荷物を家に送り、三年間世話になった寮を出た。寮生活そのものは悲惨だったが、それでも幾分かは人生に触れ、人間というものを知った。向ヶ岡（向陵）での寮生活は、自分の一生にとって独特な色彩を放つ一つの輝きだった。帰りに四方堂で、ルナン著『イエスの生涯』とカントの第三批判『判断力批判』を買った。『イエスの生涯』は、せっせと手紙をくれる真摯なクリスチャン本田近子理解のため、カントは第一批判『純粋理性批判』、第二批判『実践理性批判』に続いて「批判三部作」すべてをそろえるためだ。古在にとって畏敬する理想の人物は、いまやカントひとりだった。

古在は三月下旬の一〇日間を、粟田賢三を誘って長者町で過ごした。三軒屋の「民宿」で食事をとることもあったが、毎度というわけにはいかず、砂糖をなめて空腹をしのぐこともあった。ケラーの『村のロメオとユリア』やトゥルゲーネフの散文詩などを読み、土手を走り槍ジャベリンを投げる気ままな生活は、ランプ生活の不便さはあったが、心落ち着く別天地の生活だ。川野昌美や柴崎音次郎（一九二五年病死）、寮で一緒だった淵脇済《わたる》などもやってきて、雑談に花を咲かせるのも楽しかった。淵脇済は頭の大きい方だが、古在も大きいと言われ、カントもナポレオンも日本じゃ桂公爵（桂太郎元首相）も漱石も大きい、外見はどうでもいいんだ、と古在は笑いながら言い返した。

もちろん遊びや駄弁《だべ》り、気ままな読書だけでなく、真理というもの、またそれに付随する必然性、普遍性、妥当性等々について、「哲学的思索」にも挑戦した。しかしいずれも難しい課題で特に「普遍性」について明答は出ず、自分の認識論をはっきりさせるため、今後の学習計画を立てるに止まった。それはバークリー、ヒューム[6]をまず理解し、それらに批判を加えたうえ、カントから新カント学派に進もうというものだった。

一九二二年（大正一一年）四月一日、一高に出向いて卒業証書を受け取り、栗田、川野と神保町をぶらついた。高校生活と縁が切れて、気持ちが晴れ晴れした。夜は本郷に行き、鳥打ち帽子と万年筆を買った。

バークリーも計画どおり読み始めた。しかし、バークリーは抽象概念を排斥し拒否するが、思考というものはこの抽象概念なくしては一歩も進むまい、と古在は思った。そう思って思索の疲れにダヌンツィの『犠牲』やゴーゴリの『検察官』などを読み始めると、バークリーの究明よりも小説の方が断然おもしろくなった。

本田近子は自宅にも長者町にもよく手紙をくれた。卒業記念にカントかルソーの肖像を送りましょうとか、大学の帽子は角帽ですかなどと聞き、栗田さんにもよろしくと書いてきた。家族が誤って開封したことを不快に思ったことはあったが、古在は出来るだけ、間を置かずに返事を書いた。

古在は一高時代同様、大学の講義にも余り期待はもたなかったが、入学前に大学に行って文学部学生便覧をもらい、ドイツ文学の教科書としてゲーテやシラーの本を買い、哲学的思索を記録するため、日記帳とは別に一冊のノートを用意した。そのノートに詩作の衝動にかられて入学直前、「思索の国へ」という五連の詩をはじめて書いた。哲学に挑む古在の決意だった。

変転著しい世相の中、「絶対」を捉《とら》えようと苦しんだが、眼前に突如光が見えた、「立ちなんいざ／涯《はて》しなき旅路に／疲れたる足をばおこし／荒れたる土を踏めば／響きはたかく／虚空《こくう》に木魂《こだま》して」。

友人たち　一九二二年春

大学は四月半ばから始まった。哲学科の主任教授は、桑木厳翼博士である。古在は大学を決めるとき、総長が父由直なのを気にしながらも、京都帝大の西田幾多郎とは何となく肌合いがあわないような気がして、西田よりドライなものを感じる桑木厳翼のいる東京帝国大学を選んだ。その桑木厳翼が主任であることも、はじめて聴いた講義が鹿子木員信《かのこぎかずのぶ》講師のプラトン[7]に関する活気ある講義も、期待以上のものだった。古在は鹿子木のギリシャ語の講義にも出て、プラトンを深く理解しようと決意した。土曜日の大島正徳講師[8]の「経験派の哲学」も有益で、読んだばかりのヒュームの『人性論』からも、経験論・懐疑論の論破なしには批判哲学も意味がないと感じさせられた。ただ桑木教授の「十九世紀哲学史」はフィヒテ[9]の講義から始まったが、自分の理解力と興味の両面から桑木の講義は将来聴くことにした。

一九二二年（大正一一年）五月三日、古在は五時半起きして、本郷区役所に向かった。前年一一月末までに二〇歳になった「帝国臣民」は、翌年一月に本籍地に「徴兵適齢御届」を出し、その春に徴兵検査を受けなければならなかった。軍国主義は呪わしいものと観念はしていたが、やはり軍医がやる徴兵検査、特に身体・構造検査は嫌なものだ。徴兵忌避は一年以下の重禁錮・三〇円以下の罰金という厳しい罰則が科せられていたが、当時でも徴兵を遁《のが》れるため密かに体を毀損したり疾病を作為したりする者があり、徴兵を嫌って「逃亡失踪」する者は減ったとはいえ、毎年二千人にのぼっていた。甲種合格となって現役にでも徴集されれば、収入の道はたたれ兵営生活のために家族が仕送りせねばならぬという二重三重の経済的損失を覚悟しなければならなかったからだ。古在ら学生には徴兵猶予制度があったが、卒業すれば猶予期間は終わり、やはり「帝国臣民」として徴兵に応じる義務はあった。

本郷区の検査会場には京都帝大の経済学部に行った友人も来ていた。古在は子どものころの肺炎の影響で肺に陰があり、第二乙種となった。合格者は徴募区ごとに甲種、乙種の順で徴集されるが、第二乙種は第一乙種のあとの徴集になるので、古在は一安心した。別会場の粟田賢三と、大阪で検査を受けた石田啓次郎は甲種合格となった。

気分的に開放された古在は、性格も思想も相容れないところがあったが和達清夫の誘いにのって、中野区堀之内の和達別邸でテニスに興じるようになった。素質には自信があってわりに早くコツは覚えたものの、やはり石田啓次郎、川野昌美、和達ら経験者にはかなわなかった。しかし体を動かすと気分が壮快になって猛烈な意欲が湧き、ときには一日一三時間の読書も苦にならなかった。宿題とはいえシラーの戯曲『メッシーナの花嫁』のあらすじをドイツ語でなんなく書くことができたし、リッケルト『哲学体系《ジステーム》』、ナトルプ『プラトンのイデア論』、プラトンの『ソクラテスの弁明』『プロタゴラス』、コーエン『論理学』、バークリー『ハイラスとフィロナウスとの対話』などを、次から次に読むことができた。それは中学五年生から一高一年生にかけて、幾何学・代数学に寝食を忘れて没頭したとき以来だった。哲学的思索が心から楽しかった。

読書に疲れた夜、二一歳になった古在は近くのおでん屋に入ってみた。そこには一日の労働を終えた筋肉労働者が一本の燗酒に舌鼓を打っていた。終わったばかりの今日の労働をほほえみながら肯定しつつ、明日の厳しい労働を思っているのだろう。古在はそんな労働者の姿と生活に不思議な魅力と共感を感じて新たな力が湧き、五度目になるリッケルトの『認識の対象《ゲーゲンシュタット》』は、これまでの抄訳ではなく、原書をノートにとりながら丁寧に読もう、そんな思いに満たされた。

しかし友人関係では悩みも多かった。和達清夫は一面非常に「純」だが優越感が強く、性格も思想も露骨に出して、他人の意志を左右しようとする。洒落も言うが、無味乾燥な無駄話も多かった。友人関係に、生命《いのち》の真髄に触れるエトワス・何かを求める古在には不満が大きかった。もっとも「まことの友」栗田賢三にしたところで、理論的透徹に優れ、古在の数歩も前にいるものの、学識をひけらかす衒学的で利己的なところがあり、古在は他人《ひと》を馬鹿にする驕慢な態度に反感をもつこともあった。川野昌美はその点、いくぶん保守的で突進主義を欠くが、自分を一番理解してくれる気がして、中渋谷の川野のもとをよく訪ねた。石田啓次郎は賢くて行動的、実際的な手腕に優れているが、それ以外これと言った特徴はなかったが、六月に知り合った村井康男（のち法政大学国文学教授）には好印象をもった。論理的な面はあまり感じないが、ニーチェのような詩人・哲学者を思わせる詩人タイプで、純真な美しい性格のように感じられた。

もっとも古在自身、彼らに言わせれば優越欲が強い一方、他人に左右され支配されることが多いらしく、自分でもすぐ羨望してほどなく嫌悪するなど、感情に左右されがちなのは反省すべきだと感じてはいた。

好悪相半ばして、古在の交遊は続いた。

長者町の夏　一九二二年夏

七月初め、大学生初の二ヵ月の夏休みが始まった。粟田賢三は本を行李一杯に詰めて佐賀県唐津に帰り、和達清夫は川野昌美と大島に泳ぎに行き、柴崎音次郎は茨城から便りをくれた。和達と川野は七月半ばには東京に戻ってきて、にぎやかな交遊が再開したが、粟田の不在は古在に精神生活上一抹の淋しさを感じさせた。

古在は七月中にはリッケルトの『認識の対象』のノートを終えるつもりで、一日六時間の労働を自分に課したが、丁寧に読めば読むほど難しく、つい他のものに手が出た。すぐ手が出るのは、一高時代乱読した『代数学及び幾何学の基礎概念』などの数学本、ラッセルの『数理哲学概論』や『老子』、雑誌では『哲学雑誌』、『国際連盟』などで、『国際連盟』に掲載されたアナトール・フランスの平和を望む論文には、燃えるような情愛を感じ、この文豪のすごさに驚嘆した。そこには、第一次世界大戦の敗戦国ドイツへの賠償金要求について「不可能にして不当なるが如き莫大な償金を要求する忽《なか》れ」という主張がつづられていた。興味は拡散し続け、結局『認識の対象』の読了は延び延びになった。

八月の初め、本田近子が福岡から東京に帰ってきて、麹町の近子の家で一ヵ月ぶりの再会を果たした。外見上は変わらぬようだが内面の変化は知りようがなく、古在は想像と現実の惨《いた》ましい背馳だけを印象づけられた。

それからすぐ古在は長者町に向かった。七月末母と弟由信が先発したあと、女中も不在で男所帯も気楽でいいと思ったが、父と兄由正の三人で作る不恰好な料理にはすぐ飽きが来たし、なにより海が恋しかった。一人で波に乗り、砂に腹ばい、愛用の槍ジャベリンを投げ、波間に見え隠れする子どもたちの赤や白の帽子を眺め、西さんが網を打って一尺五寸の黒鯛を仕留めるのを見たりすると、気分は爽快になる。夕方は隣の五歳の和ちゃんとお話し、「あしたまたあそんであげるからね」の幼い言葉を残して帰ったあとは、涼み台に仰向けになって星を眺めた。

身体は強健になったが、読書と思索を離れた精神生活は惨めなものだ。七月読了を誓ったリッケルト『認識の対象』はほとんど手が着かなかった。多少の慰めは、一高の後輩で長者町に病気静養していた町田実（東大在学中早逝）と物理や論理、哲学を論じあったこと、父を訪れる教授や知人たちと、母も交えて教育問題などを語ったことぐらいだ。あまり過去のことを話さなかった母が、珍しく『女学雑誌』編集長時代のことや、その編集部にいた宗教思想家、川合信水のことを話してくれたのは、その夏の予期せぬ僥倖だった。

古在はその夏も、気分と感情で行動する自我、それを批判的に見る自我、その共存が自分の「慢性病」だと反省はするものの、本田近子が弟の弥太（郎）さんと一緒に泊まりにやってきたりすると、すぐその反省は反故になった。

そんな古在の目覚ましは、やはり粟田賢三だった。唐津に着いてから一週に一度ぐらいの頻度で葉書をくれたが、粟田は午前中古在と同じように唐津の海で泳いでも、午後はしっかりとリッケルトの『認識の対象』を読み進めていた。「今はとにかく渾身の力をリッケルトに注いでいる」とか、「はっきりとまだその核心がつかめないでいる」と書き継いできたが、とうとう八月半ばに「昨夜一時にやっとリッケルトを読み終えた。四月以来だから思えば長いアルバイトであった」と書き出す便せん四枚の手紙が届いた。そこにはリッケルトの論理をうまく把握できなかった悔しさがにじんでいたが、粟田の奮闘ぶりは頂門《ちょうもん》の一針となって古在をおそった。奮起した古在が読了し要点を書き留めたノートを閉じたのは、八月三一日になっていた。

一足先に帰京していた母が送付してくれた『改造』一〇月号（一九二二年）で、古在は大杉栄の自叙伝と片山潜[11]の会見記を読んだ。その「自叙伝（五）」に大杉栄の非凡さを印象づけられたが、日本を追われてロシアにいる片山潜もまた「熱性なる思想家、豪放なる反抗児、鋭利なる手腕家」（日記）なのを強く感じた。その夜、月夜に浮かべた船で酉さんが歌った民謡も心に残った。「♪金を溜《た》めるな、溜めるな金を……鈴木弁蔵に金さえなけりゃ、山田憲にトラン首とはならないものを♪」。高利貸しの鈴木弁蔵が山田憲という男に殺されてトランク詰めされた悲惨な事件を歌ったものだが、「それはプロレタリアの悲壮なる諦めと怨恨の叫びである。そして同時に現代の世相に於ける余りに惨《むご》らしい真理の具現ではないか」と、古在は日記に書きとめた。

加藤一夫の『自由人の生活意識』（春秋社）も強烈だった。古在はすぐ日記に感想を書いた。三十代半ばの加藤はトルストイに心酔し、やがてアナーキズムの色彩を強めた詩人・評論家だが、

……自由人たろうとする彼《かれ》加藤は、哲人の生命である言論を抹殺され、官憲から傍若無人のあらゆる圧迫をうけた。しかし暴力と暴虐でいったん鎮《しず》まった正義の火は、いつかまた猛烈な炎となって燃え上がるだろう。不正義と欺瞞を疾走させるのは権力と金力だが、彼らのその力が永久の勝利者になり得ないのは自明のこと、それは彼らの最も恐れる革命によって証明されるだろう。私は望まないが、革命の種子は特権階級の横暴という肥料が膨らましているのだ……、と。

長者町の夏は、現実に対する柔らかく鋭敏な感性が芽生え始めた夏でもあった。

哲学も芸術も　一九二二年秋

九月上旬、古在は新学期に備えて帰京した。粟田賢三と二ヵ月ぶり、川野昌美と一ヵ月ぶりに会ったその足

で、古在は新たに加藤一夫の『無名』『幻滅の彼方へ』を買った。加藤一夫はいまや古在にとっては「先駆者」となっていた。

大学が始まると、古在はいよいよカントの『純粋理性批判』[12]に再挑戦することにした。一年前の一高時代は忍耐力も理解力もなく途中で投げ出さざるを得なかったが、思索的経験を少しは積み、つまらない学科試験にも煩わされず、徹底して「哲学」に専念できることが嬉しく、九月末にはその「第一部門　超越論的感性論」を読み終えた。

鹿子木員信講師の講義が『テアイテトス』対話篇に入り、彼の熱烈な口調と透徹した論法がますますプラトンへの関心を高めた。のちにファシストになる鹿子木だが、そのころは講義中に「隣国のソビエト・ロシアを見たまえ、あそこではプラトンの理想国が実現している、あれこそ哲人政治だ」とレーニン[13]を評価していた。その熱っぽさが若い古在には魅力だが、古在は「鹿子木プラトン」への興味を押し殺して、『純粋理性批判』を毎日読み続けた。しかしカントの難解さは「決意」だけで解決するものではなく、粟田と一緒に神田に出かけてコーエンの『純粋理性批判注解』を買い、一〇月半ばには「第二部門　超越論的論理学」の序論までなんとか終えることができた。読みを開始して一ヵ月、これまでは厳密さより大まかな理解でいいと思ってカント思想の展開を追ってきたが、やはり曖昧さを残さぬ「徹底的で厳密な読み」の必要を感じざるをえなかった。古在はもう一度最初の「序言」「序論」から読み直すことにしたが、古在の『純粋理性批判』への挑戦は結局ここで中断した。

ちょうど上田整次教授のドイツ文学の講義がシラー詩集に入り、関連して北村透谷の詩集選集を読み、古在は心が洗われるような、不思議で蠱惑《こわく》的な旋律に完全に魅了されてしまった。詩には人生のあらゆるものが踊っている。歓喜、苦悶、焦燥、享楽、嫌悪、驚嘆、憧憬、陶酔……。『泰西《ヨーロッパ》名詩名訳集』を求め、島崎藤村詩集も『春』も『破壊』も読み、ヴェルレーヌに導かれて、古在は詩を書き始めた。

「哲学は我が最初の恋人であり、詩は我が第二の恋人である」(日記)。古在はそう確信し、喫茶店青木堂での議論が「哲学者か人間か」で湧いたとき、次のように言い切った。

……俺は孤立した理論の人より第一に意欲し行動する人間でありたい、知識と感情・意欲とは不可分なんだ、頑迷な主知主義を抜け出し、あらゆる人間的欲求を認める生活こそ大切と思う、俺は哲学はするが、枯渇した思索、徒《いたずら》な概念遊び、空虚な議論を排して、知的思索と情的創作を融合して生きたい、それが俺の生活革命だ、と。

……俺は亀のように水陸両世界に生きよう、亀は水陸の統一し調和した世界を悠々と歩み、長寿かつ平静に生きているではないか、俺は亀のように芸術と哲学の野を静かに歩こう、理論的要求と芸術的要求を統一し、ゆっくり且つじっくり充実した毎日を送ろう……。古在はそう日記に書き付け、そうした自分の思いと決意に深く満足した。

それからというもの古在は、雑誌『詩聖』、『日本詩人』、野口米次郎の詩集、シラー、ホイットマンの詩集、チェーホフ短編集、オッツ・ダントン「エイルウィン物語」、アルツィバーシェフ「労働者セヰリオフ」、クロポトキン「ロシア文学の理想と現実」など、詩や小説、文学書を集中して読み続けた。

一九二二年(大正一一年)一一月二五日、アインシュタインが東大の八角講堂にやってきた。「熱烈火の如き真理の探究者、偉大なる科学界の革命児」(日記)。そのアインシュタインに、古在は一生わすれることのできない厳粛な感激を味わった。迎えた総長の父も、ほっとしているだろう。粗雑だが西南ドイツ学派批判の小論を書いて一休みしている古在に、父がドイツ語会話の本が必要だと言うので、粟田の家に借りに走ったのはアインシュタイン訪学の前の晩だった。総長の父も、今回ばかりは緊張していたのだ。

一二月に入って、古在はゲーテ『若きヴェルテルの悩み』やゴーリキー『わが旅仲間』などを手に取りつつ、哲学ではフッサール[14]に取り組んだ。古在は日本橋白木屋で求めた『論理学的研究』をその夜から読み進め、その論理的透徹さ、思想の明快さに心が躍った。フッサールの現象学にある種の期待感があり、ちょうど年明けからは、得能文講師の講義がフッサールを取り上げることになっていた。「時機は到来した。戦いは開かるべきである。力を尽くせ。然らば遂に戦いは勝たるべきであろう」、そう古在は決意し、一ヵ月ぶりにノート「哲学的思索の断片」を開いて、論文のポイントを書き始めた。

冬休みはフッサールが古在の主要な仕事になった。朝から晩までフッサールと格闘した。よくやって来る粟田が思索のヒントをいくつかくれたが、フッサールも第二巻に入ると、暗礁に乗り上げることが多くなった。しかし気分転換に神田に出かけても、やはり買ってくるのはリッケルトの『ヴィルヘルム・ヴィンデルバント』や波多野精一（京都帝大教授、宗教哲学者）の『宗教哲学の本質及其根本問題』などの哲学書だった。

年末ぎりぎりの二九日、二年間住み慣れた本郷区真砂町（現文京区春日町）の借家から、小石川区駕籠町（現文京区本駒込六丁目）の「新築」の家に移った。「新築」とは言っても、さる成金の屋敷を引っぱってきた家だが、そこそこ新しく広い家に満足した。古在は四畳の書斎に落ち着き、好きな紅茶を沸かして煙草を吸いながら、新たな一年に思いを馳せた。

研究課題　一九二三年早春

一九二三年（大正一二年）元日、古在は朝湯につかり初煙草をゆっくり吸ってから、フッサールとリッケルトに取りかかった。半月前一端見切りをつけたエミール・ラスクが、フッサールやボルツァーノなどの独墺学派（ブレンターノ学派）に呼応しているのを感じ、再びラスクの『判断論』を読み始めた。

一方、固く決意した「哲学と芸術の両立」の追求も、おろそかにはしなかった。川野昌美に借りた国木田独歩集や、駕籠町停留場近くの本屋で買った『野口米次郎詩論』『新潮』『新興文学』『国本』などという雑誌も読んだ。「蘆川の死因」と「お祭り」を発表した新井紀一は、プロレタリア作家として注目に値する清新味と力を持っているが、新井も前田河一郎同様、狭い階級意識と一時的な憤激がきつすぎるような気がした。芸術的価値は普遍なはずで誰が書いても真理は真理、美は美だから、プロレタリア文学はそこを超越しないことには意義あるものにならないはずだと、古在は思った。

しかしもっと違和感を感じたのは、『国本』誌掲載の蓑田胸喜という慶応大学教授の論文である。蓑田は西田幾多郎などへの反論を試みているのだが、全編これ挙げ足取りの論文で浅薄さだけが印象に残った。蓑田のような「無知なる独断家」「狂犬の如き者」（日記）が大学教授なのは芳しいことではないと、古在は強く感じた。それが、後年古在自身が強く批判することになる「日本精神主義」を煽る狂信的国粋主義者・蓑田胸喜の第一印象であった。

古在はあと二年の大学生活で何を研究するかを思案しながら、一月半ばから桑木厳翼教授の哲学史講義や大島正徳講師のゼミ、得能文講師のフッサール講義（「純粋現象学および現象学的哲学への考察」）に出席し始めた。講義のあとは例の如く、粟田賢三、川野昌美、木村重三郎、村井康男などの常連で青木堂にいりびたり、ときどきは渋谷青山女学院近くの川野の家に遊びに行った。神楽坂に住む粟田は訪ねても不在が多く、川野の家によくたむろしていた。大きな下駄とそこに刻印されている真っ黒な足跡で、粟田がいるのはすぐわかった。粟田は自分の欠陥を意識しているようだが、なかなか傲岸不遜な態度が改まらない一方、川野は素直なロマンチストであり、村井は北村透谷や国木田独歩などに親しみ、相変わらず美しい感情を持続させていた。

一九二三年（大正一二年）一月下旬、古在はラスクの『判断論』を読み終えて四ヵ月ぶりに床屋に行った。帰る道々、寒くなった頭に手をやりながら、今後の研究課題を考えた。西南ドイツ学派、マールブルク派、独墺学派の根本思想を正確に理解し、認識論の研究を深めよう、そのために今後は、自分の思想整理のための論文執筆、桑木講義とヴィンデルバントによる哲学史研究、ナトルプの心理学とフッサールの現象学の研究、この三つを進めようと考えた。特に哲学史は、桑木教授が様々な立場の哲学者を公平に扱っていたし、「君たちが勝手に新しい理論を考えても、たいていのものは過去の哲学史にあるよ」と哲学史の大切さを指摘していたからだ。古在はその足で日本橋の大同洋行にまわって、ナトルプの『批判的方法による一般心理学』を求め、家に帰ってからは、奮闘を期して拇指《おやゆび》の爪に十字架をほった。

本田近子がその母と姉博子の三人で、駕籠町の新居を見に来た。昨秋兄由正と一緒に本田家を訪ねたときは、上流階級・ブルジョアと言われる人々の「暇潰《ひまつぶ》し」に急に退屈と淋しさを感じて、兄を残して古在だけが中座したことがあったが、この日は寂しかった駕籠町の古在家の庭にも樹や石が置かれ、それを眺めながらゆっくりお茶を飲むことができた。弥太さんが一高を受験するらしく、古在は願書の提出を引き受けた。弟由信もこの春は五中の受験で、古在は自分の頭休めに「算術」を教えていたから、少しは受験の大変さを理解していた。その後古在は、父の脳出血の全快祝いに来た「本田のおじさん」(本田幸介)から、近く本田家も古在の新宅から二〇間《けん》(約三六〇メートル)ばかり離れた土地に家を建てる話を聞いた。当時の駕籠町あたりにはまだ野原があり、郊外の趣を残していた。

二月に入って古在は、父の雑誌整理を手伝い片付いた六畳間に自分の書斎を移して、研究計画を着々と進めた。哲学史は桑木講義とヴィンデルバントの『哲学史教程』、波多野精一『西洋哲学史要』、フォールレンデル(フォールレンダー)[16]『西洋哲学史』を使った。ソクラテスに芽吹き、プラトンで花咲き、アリストテレスで実を結んだ哲学の歴史は、カントに発しフィヒテ、シュリングを経てヘーゲル[16]に至る近世のロマンティックな偉観に匹敵すると思った。

古在にとって、世界大戦(第一次)後の破局的インフレの影響で安くなった独逸《ドイツ》の書籍はありがたく、ハインリヒ・バルト『プラトンの哲学における霊魂』やミュンスターベルク[17]『価値の哲学』などを丸善から入手し、二月末には鹿子木員信講師に提出する小論を、「プラトンに於ける理想主義の基礎」として一八頁の論文に仕上げた。

古在はその論文執筆中に村井康男を誘って、江戸川橋の鹿子木宅を訪ねたことがあった。鹿子木は年度が改まると外遊し、その後は東京帝大から九州帝大に行くことになっていて、もう熱烈な講義を聴く機会はなく、古在にはそれが残念でならなかった。古在はその日、論文の概要を話して鹿子木からお墨付きをもらったが、先客の木訥な七、八人の青年たちと鹿子木とのやりとりが印象的だった。彼らはまじめな態度で社会・農村問題の意見を尋ね、鹿子木が理想をはらんだ目的実現の道を熱く説いていた。その姿に、古在はアルツィバーシェフの革命小説の雰囲気を感じ、日本も急激に「醗酵」していることを実感した。

三月は試験とレポート提出に過ぎた。ラテン語は出来が悪くて答案を出さずに教室を出たが、ドイツ語の試験に向けては『若きヴェルテルの悩み』をぶっ続けに読んで臨んだ。今福忍講師（論理学）へのレポート「断定論に於ける根本問題」はうまく捗《はかど》らず、得能文講師へのレポートも一度は「西南学派と独墺学派との思想の比較研究」にしようと考えたが、書けずに変更せざるを得なくなった。自分の思想の貧弱さもあるが、誤魔化しや不徹底さは大嫌いだ。結局十日間もかかってしまったが、ナトルプの「再構成」の思想の優越性を論じ、「主観化と客観化の相関性について」と題して提出した。これは思わぬ力作になった。

哲学科二年　一九二三年春

三月半ばに大島正徳講師の経験派に関する試験と桑木厳翼教授の哲学史の試験が終わって、春休みに入った。大島講師の試験は前日にノートを読んだだけだったが、桑木教授の哲学史には丸三日間全力で準備し、試験当日も朝六時まで頑張った。試験の全日程が終わった日、眠気に堪えて古在は粟田賢三、木村重三郎、村井康男らに付き合い、神田のパウリスタで昼飯をとり丸善でヴィンデルバント『論理学の諸原理』を買って、いつものように粟田の家に近い飯田橋まで歩いてから、電車で帰った。駕籠町の家に着くと、急に眠気が来た。

春休みは決心どおり哲学にも芸術にも親しんだが、講義のある日ほどの緊張感はなく、頭もゆるんだ。そのせいかラスクの論理思想を衝くピックの『価値の超対立性』を読んだりすると、少々頭が混乱した。久しぶりに数学なども読みたくなり、ドイツの数学者デデキント『数とはなんであり、なんであるべきか』を開くと、その厳密な論理に魅了され、数学的概念なしには哲学的思索は進行しないと思ったりする。また、独歩の息子で京北中同級の国木田虎雄の詩集『かもめ』を本屋の店頭で見た日は、自分で詩を二つ書いてみたり、川野昌美の油絵に刺激されて、鉛筆画だったがトルストイの肖像を描いてみたりした。

四月初めの一週間は弟由信と弥太さん（本田弥太郎）などと長者町で過ごした。ワラビを採ったり、疾《はや》い春の落潮《おとしお》に無謀にも船を出して古老にしかられたり、槍や円盤投げを楽しんだ。本は夏目漱石を少し読んだだけで、総じて春休みは、課題にしたフランス語の勉強以外は実にのんびりしたものになった。

ただ残念だったのは、弟が五中の「検定試験」に合格しておきながら「選抜試験」で不合格となり、弥太さんも一高受験に失敗したことだ。二人の受験には教えたり願書を出したりして古在もかかわっただけに、自分のことのように悔しかった。

大学二年目になる四月半ばの新学期開始前日、粟田賢三、木村重三郎と一緒に大学に行き時間表を写した。古在は興味ある講義に丸印をつけていった。月曜日は吉田静致教授の「倫理学概論」と木村泰賢教授の「印度哲学概論」、火曜は桑木教授の「哲学概論」と演習、青山作樹教授の「教育学概論」、水曜は得能文講師のフッサール講義、宇野哲人教授の東洋哲学史、吉田熊次教授の教育学、木曜は姉崎正治教授の宗教学、金曜は伊藤吉之助講師のドイツ哲学、友枝高彦助教授のカント倫理の演習、土曜は「易経」などである。

支那と印度思想を採るのは、真の哲学思想は欧州哲学の理性的精緻と東洋の実践的深奥の上に築かれると信じるからであり、桑木教授や得能講師は昨年からの関心の続きで、伊藤吉之助講師の講義は、当面の古在の課題であるマールブルク学派と独墺学派との止揚までの経路解明を期待したからである。

伊藤吉之助は三年間のドイツ留学で新カント派（マールブルク学派）を研究して帰国したばかりで、慶応大学教授兼任のまま新任講師として母校東京帝大で教えることになっていた。その伊藤さんの初回講義「ドイツ唯心論」も二回目の「新カント学派の発展」も、整頓された言句や精密な論理展開に学者的素質を感じさせ、古在は桑木教授が讃《ほ》めるのも当然だと思い、伊藤さんの講義に期待がふくらんだ。

そうした古在の意欲は本となって机に積み上げられていった。リヒャルト・クローナー[18]『カントの世界観』『カントからヘーゲルまで』、カッシーラー『カントの生涯と学説』、ヴィンデルバント『範疇体系論』『近世哲学史』、宇野哲人『支那哲学史講話』、カント『単なる理性の限界内部の宗教』『永久平和のために』『心情の力について』、メッサー『認識論入門』、プランク『物理学的全景』[18]……。白木屋の番頭とは一高以来のなじみで、丸善や南光堂の店員も親切だった。金がなくなれば不要の本を売り払って、買った。読まないくせに本だけがたまると反省もしたが、そのうち読むだろうし悪い道楽ではないと、自分を納得させた。丸善に行って本の匂いを嗅ぐと木村重三郎は頭が重くなると言うが、古在は便所に行きたくなる質《たち》である。そんな妙な癖があったが、それでも書店通いは止まらなかった。

青木堂での常連の駄弁り・論争・雑談も続いていたが、時間の空費と考えたときは、つまらぬ他人への義理立てを止めることにして、途中で退席した。形式的で因習にとらわれた大岡実の結婚式出席も避けたかった。所詮結婚というものは「無反省な現実への服従」でおおいに疑問であった。懇願されて結局は川野昌美と栗田賢三と出席したが、大岡実が「眉目秀麗《びもくしゅうれい》」と紹介されたとき思わず噴き出したら、女性たちに詰《なじ》るように凝視され、やはり来るんじゃなかったと悔やまれた。五月の学生大会も失敬した。なにしろ思索の時間が欲しかったのだ。

『純粋理性批判』研究　一九二三年夏

メッサー『認識論入門』を読んでコーエンの学説にさしかかると、コーエンに大きな興味が湧いた。コーエンのロギーク（Logik der reinen Erkenntnis）は難解で有名だが、是非挑戦しようと思った。しかし桑木教授の演習がカントの『判断力批判』に入っていたことに刺激され、昨秋から中断していた『純粋理性批判』を優先させることにした。

開始したのは満二二歳の誕生日前日の五月一六日、三度目の挑戦になるが、この日は一、二頁しか進まなかった。原語による読書は、読書というより「研究」に近い。コーエンの『純粋理性批判注釈』も参考にしたが、この「注釈書」自体が容易ではなかった。それでも連日継続し、五月末には「第一部門　超越論的感性論」を終えることができ、「研究」に張りが出てきた。すでに四月末に誓った「一一時就寝・六時起床、冷水摩擦に朝夕の運動・散歩」は風邪のためすでに挫折していたが、粟田賢三の勧める就寝前の静座と、半時《はんとき》かかる徒歩通学は挑戦し続けていた。「人は努力を誓うときのみ、希望を持つことを許される」、古在は日記にそう書いて自分を励ました。

しかしそのあとの「第二部門　超越論的論理学」の「第一部　超越論的分析論」、その「第一篇　概念の分析論」の第二章「演繹」からは、同じ頁との睨み合いの日が多くなった。それでも古在は、桑木教授の「仕事が偏しないように」との忠告にしたがって、松本亦太郎教授の心理学講義に出たり、ハンチントン『気候と文明』などを読み、来日したノルウェー国立大教授の講演「動物の心の諸問題」などを聴いたりした。それは一種の気分転換にもなった。また桑木教授に勧められて「哲学科二年の会」に出たことがあったが、残念ながら形式的・因習的で、青木堂での気の置けない連中との談笑のほうが気が利いていると思った。例えば「神と人格性」について青木堂で議論となったときなどは、古在が「二つを離しては、考え得ず」と主張し、粟田はこれに反対した。主知主義的色彩の濃い粟田の論鋒は鋭かったが、自分の主張に破綻はないと思った。そんな実質的議論こそが思想を鍛えると古在は考えていたから、せっかくの桑木教授の勧めだったが、以後「哲学科二年の会」に顔を出すことはなかった。

そんな中でも、古在の『純粋理性批判』研究は続いた。六月に再び風邪を引き、健康にいいと聞いて、就寝前の静座に加えて葡萄酒を少量飲むことにした。難儀な「演繹」をなんとか通過し、第一部「第二篇　原則の分析論」に入ったのは、夏休みに入る直前となった。

大学二度目の夏休みに入った七月上旬、珍しいことに篠田英雄が古在を訪ねて来た。普段から篠田は、カントを読むときが最もフィロゾフィーレン、哲学できるときだと言っていたが、古在も同感だった。この日もカント哲学とその周辺の話になったが、カントその人に美と崇高とを感じ始めていた古在は、眼前の篠田に「小カント」を見る思いがした。

七月半ば、徴兵検査第二乙種[19]の「補充兵古在」に、簡閲点呼の案内が来た。簡閲点呼は補充兵や予備役などの在郷軍人を召集して点検・査閲する制度で、その「予習」のため古在はある夜、近くの林町小学校に行った。敬礼や「気を附けーぃ」のあと、老中尉のくだくだした笑うことも出来ない二時間余の話が続いた。それはありふれた軍国主義の宣伝にすぎず詰まらんとは思ったが、義務ゆえに一週間後、朝六時起きして今度は正午までの正式な簡閲点呼に出席した。

この夏は、三四、五度の暑い日が続いた。庭の手入れを頼んでいる植木屋さんが、志《し》のぶに吊した風鈴をもってきた。チリンチリンと鳴る音は懐かしいが、蚊とたたかいながらのカント研究は、ひと苦労だ。カッシーラーの『カントの生涯と学説』と並行して「研究」は続き、七月下旬には第一部「第二篇　原則の分析論」を終え、「第二部　超越論的弁証論」に入った。粟田がカントの英訳本をもってきてくれ、一日四頁は稼げるようになった。これなら一〇月一杯で「第二部門　超越論的論理学」は完了し、ようやく「Ｉ　超越論的原理論」が終わる。少しは先が見えて、古在はひと安心した。

古在は思い立って、長者町に「避難」する前に、新築のため泉岳寺に一時移った本田幸介一家を訪ねた。そこは赤穂浪士を祀る泉岳寺から流れてくる線香の香りが絶えず、四十七士《しじゅうしちし》は果報者だなと思ったが、本田のおばさんは「蚊遣《かや》り線香ならいいのにね」と笑わせた。夕方帰ってきた近子と弥太さんを交えて、夕食をご馳走になった。おばさんは古在の好物をよく知っていて、それを用意してくれるのでいつも恐縮した。一一時過ぎに帰宅した古在は、近子と弥太さんの姉博子さんにもらった煙草の「ハッピイ・ヒット」を一本吸ってから床についた。楽しい一日だった。

長者町では、ほぼ毎晩酉さんがやってきた。酉さんはいろいろな話をして楽しませてくれた。御輿《みこし》をつくるための村人会議や青年団の話に、古在は村人たちの純朴さを感じ、富士登山や西瓜《すいか》栽培の話では全く新しい世界を知った。話は戦争や社会主義にも及んだ。多弁というより木訥な話と議論が、青木堂での議論より幾倍も優れているような気がした。「余、この種の純情を強く愛するなり」、古在は日記にそう書き、新たな意欲を感じた。

関東大震災　一九二三年秋

カントを読んでは、毎日海に出た。体は黒くなり、力もつき、気分も爽快だった。太東岬は一番好きな場所だ。二年前の夏、哲学への道を決心した場所でもあった。朝、岬に登れば道々に蛍草があり、クモ糸がそよ風に揺れる。夕に登れば、夕日に光る海、残光の雲、そして星。ゲーテの「ミニヨン」やシラーの「騎士の歌」が、ごく自然に口をつく。自然の呼吸、静かな調和。なぜ人は星や夜光虫の光より、両国の花火を好むのか、なぜ自然より劣る人工美が好きなのか……、思いは果てしなく宙を舞った。

勝浦に大岡実、近くに北山富久次郎、三軒屋に知り合ったばかりの英文科の美甘巌夫などが来て居て、同年配との付き合いが全く断たれたわけではなかった。古在はカント「研究」以外に、この夏も阿部次郎、夏目漱石、国木田独歩、トルストイ、ハイネ、シラーなども読み進め、大岡とは宗教について議論し、美甘とは文学の話に興じた。それは今までの交際では得られない刺激だった。

八月末に母豊子が東京に戻り、『改造』九月号を送ってくれた。室伏高信の「死についての感想二つ」は全く気にいらなかったが、大杉栄の「無政府主義将軍ネストル・マフノ」は痛快だった。

一九二三年（大正一二年）九月一日昼、関東大地震が古在を襲った。古在は冷静にも屋根瓦が落ちきるのを待って、足の不自由な父由直を背負って、松林に逃げた。

「過ぎし三日は慌しく行きぬ。極端なる不安は三日の間余が胸を満たしぬ」「激震、地を襲える也。余も父を扶けつつ戸外に飛び出しぬ。而して家々の瓦落ち、壁砕くる様を驚愕の内に瞠《みは》りぬ」「海鳴り、地轟きて、悽愴の気、称《いや》が上にも天地を圧しぬ」（日記）。古在は四日たってようやく日記を書くことができた。しかし強い余震は、その後も続いた。

震災初日、余震の静まるのを待って、松林から三軒屋の家に戻った。翌朝、庭にはおびただしい紙片の燃えかすが散乱していた。西風が運んだ東京大火の証だ。昼には前日より激しい「房総地震」[20]が地を揺らした。津波警報がさらに不安を高めた。在京の母を案じながら、避難先の西さんの庭先に敷いた蓆《むしろ》で、それからの二日間を送った。村人の差し出す芋と茶がありがたかった。東京からやってきた避難者は口々に「東都灰燼、死屍累々」、さらに「不逞鮮人の暴動」を異口同音に話した。

九月四日、再び三軒屋の家に戻ると、消防団がさっそく「不逞鮮人の暴動」警戒を触れ回ってきた。五日に兄由正が来て、東京帝大の消滅と、朝鮮の人々に対する言語に絶する残虐行為を伝えた。兄本人も朝鮮人と誤認されて憲兵隊に捕まったが釈明して放免されたと、自分の体験を話し、翌日には東京に帰っていった。「何たる暴虐ぞ！　余は憤激す」、古在は強い憤りを日記に残した。

古在、父由直、中学浪人中の弟由信の三人は七日、帰京のため大混雑する列車に乗った。古在は右片足が不自由な父を気遣って、途中大網駅から車に乗り換え、さらに四時間かけて都心に入った。途中の千住、上野の惨状は想像を超えていた。大学前で父を下ろしたが、総長としての大学再建が無事に行くかどうか不安になった。

駕籠町の家は無事だった。近所で被災した人には申し訳ないほどだ。桂寿一と浜田和雄（のち生物学者・登山家）は焼け出されたが、神楽坂の粟田賢三と深川の大岡実は無事だった。西ヶ原の官舎にいた年少からの友人波多野三夫が自転車で米五升を運んでくれ、焼け出された親類の山本さんが避難してきた。

落ち着かない生活の中で、今後どう生きるべきかという思いが、新たに古在を襲った。日記用ノートを新しく調達し、カント「研究」を再開したものの、心身の疲労のせいか、ゴーゴリ『死せる魂』やチェーホフ『かもめ』、ドストエフスキー『虐げられた人々』は読めるのだが、哲学的思索は無理であった。

そういえば一八世紀のリスボン大地震はカントとヴォルテールを動かし、彼らは『カンディード』などの作品で、神の摂理をたたえる目的論的な世界観や天災を神罰とする迷信を批判した。震災に際し天才は天才として動いたように、俺のような凡人は凡人として、哲学から人生観、論理から芸術に進んでもおかしくない。そう考えて、古在は湧きあがる創作意欲に圧《お》され、創作ノート「影坊子」（ママ）を用意し、短編「Ｋの入院」や中村常三先生を主人公にした掌編「高村先生」、詩「唾棄と蟻」などを書いた。

「哲学人たらん乎《か》、文人たらん乎」は、昨秋からの古在のディレンマだった。プラトンは「天才」を最高の価値とは認めなかった。幸か不幸か自分にその「才」はない。「天才」は所与のもの、「努力」は一つの「創造」であって、天才は努力を伴うときのみ尊く美しい……。古在の思索はめぐりはするが、しかし肝心の人生如何に生きるか、どの道を行くか、その答えはなかなか出そうになかった。

九月下旬、古在は新聞で甘粕《あまかす》事件を知った。甘粕正彦という憲兵大尉が、無政府主義者大杉栄を甥と妻の伊藤野枝ともども、憲兵隊内で扼殺《やくさつ》したのだ。震災の混乱に乗じた朝鮮人の虐殺と、南葛労働者川合義虎ら一〇人を軍が殺害した亀戸《かめいど》事件に続く事件であった。

震災直前、雑誌『改造』で大杉栄を読んだばかりの古在は、快男児、熱烈な反抗児との印象をもっていただけに、衝撃は大きかった。古在は「国家権力」というものを初めて感じた。呪わしい暴力の行使、国家主義も反国家主義も一つの思想にすぎぬが、個人の生命は絶対的ではないのか、思想に対する暴力は人間に於ける獣性の暴露で絶対に許されない、古在はそう確信した。そして一〇月、甘粕事件の公判が始まると、思想が現在の国状に合致しないとして殺害されたのが大杉栄だけでないのを知り、社会に対する煮え切らない自分の態度から一刻も早く脱却しなければならないと強く感じるようになった。

大学再開　一九二三年秋・冬

古代ローマの廃墟を思わせる学舎倒壊のため東京帝国大学は休校のままだったが、古在は一〇月から本格的に『純粋理性批判』の「研究」を再開した。しかし一週間ほどでアンティノミイ（二律背反）の章を終えると、午前をカント研究に当てれば月内には完了できると踏んで、またも文学と並行させることにした。何しろ古在にとって「哲学、芸術――之余が不朽の愛人たり」（日記）で、一方への偏愛は許されないのだ。

『鷗外訳文集　巻一　独逸新劇篇』、楠山正雄『近代劇十二講』、ゲーテ『ファウスト初稿』、シャトブリアン『アタラ』、メーテルリンク『青い鳥』、モーパッサン『太陽のもとへ』……、一貫するものに欠け悔恨の思いもときにはあるが、それでも古在は褞袍《どてら》をはおり、万年床に足をつっこんで、「並行研究」を続けた。もちろん粟田賢三はしょっちゅう来るし、たまには川野昌美を訪ね、神田や本郷の本屋にも行った。

一〇月二二日、「Ⅱ　超越論的方法論」を除くが、とうとう『純粋理性批判』を読破した。震災で遅れたものの、ともかくも五ヵ月間で「Ⅰ　超越論的原理論」はすべて終えた。この読破は今後の哲学一般、そしてカント思想の包括的把握に役立つことは確かだ。ゲーテは「たえず努力しつつ労苦する者、その者をわれわれは救済することができる」と言ったではないか、そのとおりだ。静かな満足が、古在を満たした。次はカントの第三批判『判断力批判』を本格的に読み始めなければならない。

総長の父由直ら大学当局の努力の結果、急造のバラック小屋の利用を含めて一〇月半ばから一一月にかけて順次学部ごとに講義が再開し、同時に青木堂での議論も始まった。

再開した講義で、大島正徳講師は自身の震災体験を話した。近くの厚木で今福忍先生が圧死し、自分は偶然外出していて助かったが、家族五人はみな死んだ、と。さらに大島講師は朝鮮人虐殺について、国際的人道心の欠如が噴出したもので、教育における排外主義は「甚だ偏狭なる国家思想の鼓吹」だから改めなければならない、とつけ加えた。大島講師は当時ドイツ哲学主流の哲学科のなかで、珍しく英米哲学を担当し、国際主義の立場から「世界的良心、世界的理性」を日頃から強調していた。古在は今福先生と大島講師の家族の死を悼み、虐殺問題を考えながら、同時に「偶然」の問題は考えてみるべき哲学の問題だ、と思った。

松本亦太郎教授の心理学を聴いた木曜日、常連が青木堂に集まった。「俺の行動すべてが、心理学の説く自然法則に縛られているなんて、反対だな。俺にはつむじ曲がりな所がある」と古在が言うと、粟田賢三が「それは人間として当然の、自由主張の現れだな」と評価した。粟田が他人《ひと》を評価することは、全く珍しい。粟田がひとりで古在の家に来るときは、カントの『批判』三部作の関連などごくまじめな議論になるが、他の者が居合わすと粟田の話はすぐに脱線した。先《せん》だってもある翻訳小説に「古在」という探偵が出てきたなどと言って、話を詰まらぬ方向に飛ばしてしまった。

青木堂での議論は楽しいものだが、雑談に走って余り時間が取られるのは、反省すべき点である。……すくなくとも時間の使い方では篠田英雄に学ばなければならない、篠田が貸してくれた本の栞はピカソの絵葉書だが、俺の栞はせいぜい「バット」（たばこ）箱の千切れたものだ、「小カント」篠田には及ばぬが、日に一一時間は思索にあてよう……。それが古在の新たな決意になった。

書店渉猟も再開した。丸善や国際書房で、ライプニッツ『人間知性新論』、ジンメル『カント』、カント『論理学』、メッサー『カントの純粋理性批判の注釈』、ブヘナウ[21]『純粋理性批判の根本問題』、郁文堂ではラスク

『フィヒテの観念論と歴史』、新カント派の雑誌『ロゴス』などを買い、机に並べた。さらに父が珍しくくれた金で、ナトルプ『精密科学の論理的基礎』、ボルツァーノ『知識学』、プラトン『ティマイオスとクリティアス』を求め、国際書房には『ラスク全集』を注文した。

やがて青木堂でも火鉢を囲む寒さになったが、「他人は他人、俺は俺」と割り切り、青木堂滞留を削って読書に没頭した。クローナー『カントからヘーゲルまで』、ラスク『フィヒテの観念論と歴史』、冬休みに入る前日には『判断力批判』の「第二部　目的論的判断力の批判」を読了、年内には不明箇所は多いがともかくも、「俺に於いて遂に偶像に近い」カントの第三批判『判断力批判』を読破することができた。

一二月二七日、日本橋で生まれて初めて社会鍋（慈善鍋）に金を入れ、丸善から須田町、神保町を抜け、国際書房でプラトン『パルメニデス』などを買って、飯田橋まで歩いた。そのとき古在は号外で、摂政宮（のちの昭和天皇裕仁《ひろひと》）が狙撃された（虎の門事件[22]）ことを知った。

関東大震災があった一九二三年が去ろうとしていた。支那蕎麦の哀笛と除夜の鐘を聞きつつ、命長らえ、かつ労力に値する思索の進歩があった一年に、古在は感謝した。

第3章　唯物論者誕生　一九二四〜二九年

吉野源三郎　一九二四年春

古在は一九二四年（大正一三年）の正月を、粟田賢三や川野昌美、村井康男など友人たちの訪問を受けながら、読み残していたカントの第一批判『純粋理性批判』の「II　超越論的方法論」と、第二批判『実践理性批判』を読んで過ごした。この年の四月は、カントの生誕二百年祭にあたっていた。

ちょうど「II　超越論的方法論」の終盤にかかった一月半ば、青木堂の常連四、五人で火鉢を囲みながら駄弁っているとき、古在は吉野源三郎（のち岩波書店、戦後『世界』編集長）をはじめて知った。吉野は一高時代、野球部の遊撃手で一番バッター、校友会雑誌に論文「ストウリンドベルグの悲劇について」[1]を書いていたから、古在は顔だけは知っていたが話すのははじめてだった。話せば、その性格、思想とも、古在たちには無い何かを持っていると直ぐにわかった。彼の額には不屈という文字が刻印されている、それが古在の第一印象となった。

吉野源三郎は一八九九年（明治三二年）、兜町《かぶとちょう》に店をもつ株取引所の仲買人の息子として生まれた。中学時代に祖母の聖書を読んで内村鑑三を知り、トルストイに心酔して社会問題にも関心を持つ多感で早熟な青少年期を送った。吉野は受験雑誌に写真と記事が出るほどの好成績で一高に入り、一高では英語専攻の文科甲類に属した。北欧やロシアの近代文学を手当たり次第に読みまくる一方、英文でレーニンの『帝国主義論』を読み、社会主義への関心をも抱《いだ》く秀才だった。しかし吉野は、授業に出る時間を惜しんでひたすら読みふけり、出席日数が不足して一高に五年間在籍したため、ふたつ年下の古在と一緒の卒業生となった。校友会雑誌に「ストウリンドベルグの悲劇について」を、上「序論」、中「作品の解剖」、下「悲劇の精神」と三回にわたって書いて評判になったのも留年していたころのことである。

古在と吉野の一高時代は大正デモクラシーの勃興期にあたり、河上肇[2]が『社会問題研究』を出して社会主義の啓蒙に努め、労働運動も本格的に始まっていた。吉野は『社会問題研究』やクロポトキンの『青年に訴う』を読み、労働運動や無産者解放運動に共感を抱くようになった。一九二二年（大正一一年）大学に行くにあたって、吉野は経済学部にするか文学部哲学科にするか迷ったが、経済学部にいったんは入学した。リッケルトの方法論に依拠して経済学の方法を論じたレポートが、一高講師河合栄治郎の目にとまり、経済学部を強く勧められたからである。しかし入ってすぐ、経済学など社会科学や社会問題を研究するにしても、哲学的な基礎を固めることが必要だと思い直して、哲学科に移った。そこに古在や粟田賢三が在籍していた。しかし入学から二年弱、古在はファイヒンガー[3]による『純粋理性批判』の注釈書を小脇にかかえて構内を歩く吉野を見かけてはいたが、一高時代同様言葉を交わしたことはなかった。

青木堂で三度四度と会い、吉野が打ち込んでいたストリンドベリの小説の話を詳しく聞くうち、性格が強く精悍であり道徳観が強いなど、古在にも吉野の輪郭が徐々に見えてきた。「我が友人、吉野源三郎はわが党の士なり」。古在は日記にそう書いて、よい友達を与えてくれた「青木堂の偶然」に感謝した。

青木堂では週二、三回、古在、村井康男、吉野源三郎、粟田賢三、木村重三郎ら常連たちが、理想と現実、霊魂の不滅、哲学徒の社会的意義などについて、口角泡をとばし、時間も忘れて議論した。概念の遊技かも知れないが、若き哲学徒たちに話題が尽きることはなかった。

吉野を知った翌二月は試験準備や小論作成に時間をとられた。つまらなくて二、三度しか聴講しなかった倫理学のノートを木村重三郎に借りたが、意味なく写すのは苦痛だったが、「バークリーの目的論的自然観」と「王陽明の理想主義」をテーマにした小論作成の方は、案外うまく仕上がりそうな気がした。

初めて雑司ヶ谷の酒屋の二階に訪ねたとき、吉野は褞袍《どてら》を着て煙管《きせる》を吸っていた。その姿にずいぶん人間味を感じたが、試験後ゆっくり話すことにして、ほどなく帰った。試験明けの春休みが楽しみだった。

試験がすんで古在を訪ねてきた吉野は、しきりに「歴史の尊重」を強調した。それはもっともな主張であるが、古在が一番驚いたのは吉野の郷里が千葉県長者町、しかも父の粗末な家と吉野の家とが数丁(一丁は約一一〇メートル)しか離れていないことだった。ここ十余年夏の休暇には必ずその家で過ごしていたから、吉野と一度も顔を合わせなかったのが不思議なくらいだった。距離の近さはいっそう吉野を近しく感じさせ、春休みに一緒に長者町へ行くことを約束した。

試験が終わった三月半ばから、粟田賢三と分担して運輸業務に関するドイツ語書『運輸大経営における経営経済組織』を訳し始めた。お門違いの分野のため知らない単語や術語が多く学問的な魅力は全くなかったが、二人分の報酬六〇円は大卒初任の基本給一ヵ月分ぐらいにあたり、独力で金を得るのも初めてで、それがなによりの魅力だった。

古在は、この翻訳を三月中に終わらせて四月初めには長者町に行くと決めたが、吉野からは「用事ができて帰れない」との葉書が来てしまった。行くかやめるか迷ったが、弟と父のことを考えて、一週間ばかり長者町に滞在することにした。弟由信はこの春ようやく五中入学が決まり、父由直はこの半年間右足麻痺のまま大震災後の大学再建に取り組んでおり、その二人の慰労のつもりもあった。しかし、長者町はなお震災の爪痕が生々しく、数日後には「吉野に替わって」と粟田がやってきて、落ち着かない滞在となった。

吉野は約束を反故《ほご》にした詫びのつもりか、一度に三枚の葉書をよこした。歯痛に苦しんだことなど主に近況報告ではあったが、末尾に友情を感じさせる一文があった。「僕は最近君達のグルッペ（グループ）に親しくなったことを次第に深い喜びと感じて来てゐる」「どんなに小さくとも僕達は『地の塩』になるべきだ」「恐ろしいのは唯、塩がそのカラさを失うことだ」。

マールブルク学派　一九二四年夏

四月はカントの生誕二百年にあたっていた。古在はカントの研究をさらに進めた。『思想』四月号の左右田喜一郎（東京商科大教授）「カント学説に対する一疑問」、バウフ[4]の『イマヌエル・カント』、そしてカントの第三批判『判断力批判』。それらの要旨と感想を読書ノート「読んだ本の中から」に書き付け、初翻訳の報酬でカントの『書簡集』（カッシーラー版）などを買った。カントの第一批判『純粋理性批判』を前年五月から読み始め、第二批判の『実践理性批判』、そして第三批判まで一年強かかったが、もっとも尊敬する哲人を生誕二百年の年に読み終えたのは、何ものにも代えがたかった。二百年祭では桑木厳翼教授の「カントの物自体論に就いて」を聴き、夜の「カントの夕べ」では大塚保治教授の「第三批判に就いて」を拝聴した。

古在はカントについての論文をまとめるため、「誓ってあなたを背かない」とカントの肖像を机に置き、早速「カント哲学に於ける自然の概念」と題して書き始めた。参考になったのは河東涓から借用したアウグスト・シタードレル[5]の『カントの目的論とその認識論的意味』で、これを読んでカントについての自分の考えが案外的《まと》を射ていることを確認し、五〇枚に仕上げることができた。六月には吉野源三郎、粟田賢三の三人で幡ヶ谷の伊藤吉之助講師を訪ねて、古在は論文の一部を披露し、「おもしろい試みだね」と励まされた。しかし「明日より、緊褌一番、思索せむ」と決意して夏休みに入った七月だが、すぐに行き詰まってしまった。

古在はそれまで新カント学派の西南ドイツ学派の説に従っていた。しかしこの学派は、自然科学に弱点があるように思えてきた。自然科学概念の構成論において「歴史の論理」を鮮やかに説くには、マールブルク学派の考えが妥当なのかも知れない。そう考えて古在はマールブルク学派のカッシーラーを悪戦苦闘しながら読み始めた。西南ドイツ学派からマールブルク学派への重点移動は、自分の思索生活に小さな革命を及ぼすかも知れない。しかし真理への挑戦、戦闘では好戦的な方がいい。そう思って古在は吉野と一緒になんどか伊藤吉之助を訪ねては遠慮無く疑問をぶつけ歓談した。桑木厳翼教授は尊敬できるが、権威のためか年齢のためか距離を感じてしまい共感というものが持ちにくい。その点、ドイツ帰りの若き伊藤（吉之助）さんは違った。師たるべき人だった。

それから八月の長者町行きまで、友人たちの訪問と年に一度の簡閲点呼に行った以外は、集中して読書を続けた。右目に結膜炎を起こすほど、それは猛烈なものになった。

台風で予定が一日延びたものの、八月に入ってすぐ川野昌美と長者町に行った。先に帰省していた吉野源三郎をさっそく訪ねて、この好学の士と久しぶりに哲学を語り合った。話が卒論に及んで、古在がカントの目的論を書くつもりだというと、吉野もカントを書くという。栗田は自由意志について書くらしいので、これで三人ともカントに関わることになった。

長者町にいた一〇日間は国木田独歩とトルストイを少々読んだが、ひたすら泳ぎ、虫の音を聞き、星を眺め、涼み台で語り合う毎日が続いた。

帰京してからもう一度西南ドイツ学派のロッツエ、[6]マールブルク学派のコーエン、ナトルプを読み、思索を続ける落ち着いた生活が戻った。近視に少しばかり乱視が混じっていることがわかり、眼鏡も用意した。卒論は平凡でもしっかりしたものを書きたい、しっかりしたものにはオリジナリティがあるはずである。古在はここ一年一日も欠かさず続けていた就寝前の深呼吸のほかに、毎朝の冷水浴を加えることにした。

卒論　一九二四年秋

九月半ば、父の友人本田幸介（当時九州帝大学長）宅の上棟式がすぐ近所であり、兄由正の結婚式があった。兄は古在と八つ違い、東京帝大工学部を出て鉄道院で技師として働いていた。相手は幣原喜重郎の兄坦《たいら》とタエ夫妻の二女・澄江《すみえ》だった。

卒論の準備は夏から気になっていたが、古在が卒論のテーマと構成を本格的に考え出したのは、秋になってからだ。伊藤さんの力に満ちた火曜日の講義がヘルマン・コーエンに入り、金曜の伊藤演習（ゼミ）では、哲学科にいるぞ！　という充実した気分になった。講義や演習のあとは常連と青木堂に集まって駄弁《だべ》る。ときには二《ふた》グループに分かれて、自由論などのテーマを決めて議論を闘わす。帰りは方角が一緒の吉野源三郎と雑司ヶ谷まで歩きながら、さらに議論を続けた。それが火曜日と金曜日のパターンとなった。

このころ古在は読むべきものを、コーエンとバウフに定めた。この二人を読んでカントを考え、吉野や粟田と話すことで疑問や不明点解明のヒントにした。古在の哲学は講義はもちろんだが、青木堂の二階と街路での議論で鍛えられたようなものである。友は実にありがたい。彼らとは一生涯、内面的なつながりをもつだろうと感じた。

いよいよ卒論を書くため、バイオレットのインクを新しく用意した。テーマを「カント認識論に於ける目的概念の発展」とし、工程は一一月第一稿、一二月最終稿とした。自分の思想の一貫性を重視し、一個の哲学徒の巣立ちにふさわしいものに仕上げたいと強く思った。

しかし実際に書き出すと、思索はもつれて壁にぶつかり、煙草をくゆらし、ペンをとりペンを置く、その繰り返しとなった。一週間のあいだ、ほとんど進まないときもあった。そんなときは、弟由信とキャッチボールをしたり、散歩や床屋に行って気分を変え、吉野を訪ねては夜中まで議論した。議論でなんらかのヒントを見つけ出すと、お互いに真理への情熱が新たに湧き、勇気が凛となって再挑戦の気力が満ちてくる。それでも解明できない点は、一緒に伊藤さんを訪ねて教えてもらった。

調子のいいときは、夜中の一時になっても二時になっても平気で、虫の音も月の光も美しく感じられた。しかしそんなときに限って、木村重三郎や村井康男、村井と同人誌『新思潮』をやっている田中俊吉などが暇つぶしに来ては古在の邪魔をした。村井などは、吉野のいる酒屋の二階に引っ越すから机を貸してくれないかなどと言ってきた。余った机を貸しはしたが、友人らの暇潰しに漫然と付き合った翌日には、朝の冷水浴を二倍にしたり、これからは強く自己主張しようなどと反省した。

卒論は最終的には五章で構成する「カント認識論に於ける目的の概念」とし、ドイツ語文も併記することにした。一二月に入って日に一三時間も書き続け、月半ばになってようやく清書できるところまで来た。すこし余裕ができると、近所に新築したばかりの三階建ての本田幸介の家に毎日のように顔を出した。同年代の博子、近子、弥太郎（弥太さん）姉弟と、紅茶などを飲みながら話し込むのが卒論作業の息抜きにもなった。とはいえ最後の追い込みでつまずくと、機械どおりに進む本田姉妹の編み物が、急に恨めしくなったりした。

卒論の仕上げは年末ぎりぎりになった。構想から半年弱の仕事となったが、喜びより気が抜けてしまった。七、八〇頁の論文に仕上げるのがこれほど困難だとは思わなかった。古在は、哲学的真理を索《もと》める者の苦しみをたたきつけられた思いだったが、時間がたつにつれ、大仕事を成し遂げた解放感、満足感が大きくなった。

大学に卒論を提出した一二月二七日は、青木堂で粟田賢三が待ちくたびれていた。村井康男も木村重三郎も、長者町に帰省していた吉野源三郎もやって来て、卒論の苦労話に花が咲いた。そのとき吉野はいつもながら、「判断力」の大切さを強調した。人間にとって判断力というものは非常に大切で、一般的な理論に留まっているばかりではだめだ、個別的な事件や事例をどう一般的なものにつなげて理解するかが問題なんだ、と。吉野の話は、古在に鮮やかな印象を残した。原敬首相の刺殺事件や虎の門事件、大震災時の朝鮮人虐殺などは日記に書いたが、それを哲学の分野や一般的な問題として考え抜いてはこなかった。吉野にはキリスト教の影響があるためか、まま異質なものを感じて、粟田賢三とは「坊主主義」と陰口を言っていたが、吉野に学ぶところは実に大きかった。

吉野、粟田の三人で神田丸善に寄り、九段下のおでん屋「赤鬼」で祝杯を挙げ、その足で本田幸介の家に寄った。睡眠不足で目がくぼんだままの古在を見た本田近子は「西洋人のよう」とびっくりしたが、それでも風呂をもらい紅茶とリンゴのご馳走にあずかると、疲れが和らぐような気がした。

大晦日には、丸善で粟田と落ち合い、久しぶりに京橋、銀座を歩いた。パウリスタで珈琲を三杯も飲んで、渋谷の川野昌美を襲った。来春はいよいよ卒業を迎える。家路につくころ除夜の鐘が聞こえた。

自立の道　一九二五年春

一九二五年（大正一四年）の正月を迎えると、古在たちの話題が卒論から進路に変わった。吉野源三郎は暮れぎりぎりに再び長者町に帰ったが、粟田賢三や村井康男がよく古在の家にやってきた。正月祝いに猪鍋をつついても、話は卒業後の進路、生活の糧をどうするかだった。小正月に戻ってきた吉野とも、遅くまで話し合った。停電の夜はローソクをつけて話しこんだ。

古在は進路を考えると、粟田の親父《おやじ》さんが言った「賢三は割の悪い哲学をなぜ選んだのか」と嘆く言葉が忘れられなかった。実際古在にしたところで、大学での哲学専攻を一度は両親に反対され、次男坊のためかやっと許されたその身を考えざるを得なかった。

幸い卒論の評価は悪いものではなかった。古在は二月になって吉野と二人で、一年ぶりに桑木厳翼教授を訪ねた。吉野と粟田の論文への簡潔な批評のあと、古在の論文は左右田喜一郎の影響が強いが、プランを隠し見せながら進ませてあると評価してくれた。桑木教授が自分の意図を汲んでくれたのがなにより嬉しかった。さらに桑木教授は歴史的・心理的な面からもいくつか論評をくれた。ゼミ指導の伊藤吉之助は卒論の論理の欠陥を指摘しつつ、しかし全体ではいい評価をくれ、励ましてもくれた。

そんなこともあって、古在は哲学を断念する気は全くなかった。すねかじりを止め、哲学で早く自立したい。その思いは強かった。……プラトン、カント、ヘーゲル、コーエン、フッサール、バウフ。同志には吉野源三郎と粟田賢三がおり、師には『哲学雑誌』（哲学会編集・岩波書店発売）の編集にかかわる精悍無比の伊藤さんがいる。問題は、脛齧《すねかじ》りの屈辱に耐えて大学院に進むか、仕事と大学院の両立か、それとも仕事の余暇に学ぶか、である。学び研究するということ、それはその日の糧を得るために全エネルギーを使わなければ生きて行けぬ人々の群れ、労働者や西さんなどを思うと、済まない思いがするのだが……。

古在は「卒論労働」の疲れがなかなか取れないまま、ぼんやりとなすべき仕事を考えつづけた。一つは認識論を中心にした哲学的思索、二つは絵画、詩などの芸術の鑑賞・創作、三つは社会に関する考察、四つは自然科学の基礎概念の確保、……。

これらすべてを満たすのは進学か、悪くても東京近郊での教師、あるいはその両立、それ以外にはないだろう。そう大枠の方向を決めると卒論の疲れが和らぎ、読書し思索する気力がよみがえってきた。

ホイットマンの詩を読み、啄木全集をひらき、高畠素之訳のカウツキー『資本論解説』を買い、河上肇の本をひもといた。河上肇の『社会組織と社会革命』『唯物史観研究』は、学問的厳密さとわかりやすさが同居しているだけでなく、古在に初めて社会問題への理論的な眼を開かせた。道徳問題も一歩考えを進めれば、社会と経験の論理に入らざるをえない、そしてまた経済の基礎的問題の解決には哲学的思索は欠くことができない。河上肇からはそんなことも学び、河上肇の著作を勧めてくれた吉野源三郎に感謝した。

問題は卒業である。三月の試験対策として、複数の友人から宗教学や社会学などのノートを借り、吉野源三郎、村井康男、木村重三郎らと分担して写した。試験直前にはその梗概を互いに述べあって備えた。しかし興味のない学科はすぐに飽きが来る。飽きると吉野にマンドリンを教わったり、腕相撲、座り相撲などのどたばたが始まる。腕力は古在が一番強かった。

こうしてなんとか試験をクリアし、最後に卒論の口述試験が終わると、古在はヘーゲルを読み始めた。伊藤吉之助の斡旋で、卒業後の四月から吉野と粟田の三人でフォールレンデル（フォールレンダー）の『西洋哲学史』の翻訳に着手することになったからだ。

フォールレンダーの哲学史は二冊あり、これを三つにわけて古代から中世までを粟田、近代初頭からカント以前までを吉野、カント以降ドイツ唯心論を経て現代にいたるまでを古在が担当することになった。古在の担当部分は現代哲学が入るだけに、一番やっかいなところだった。

しかし古在にとって新しい生活の始まりが哲学史の翻訳になるのは、大きな喜びだ。哲学史一般の見識を豊かにしながら、新しくフィヒテ、シェリング、ヘーゲルの重要なテキストを読んでいきたい、一日一時間を目標に力の限りやろう、古在はそう決意を固めた。

三月末、桑木厳翼、伊藤吉之助、出隆《いでたかし》、大島正徳、紀平正美《ただよし》の諸先生が出席して、哲学科の謝恩会が本郷の燕蘂軒《えんらんけん》で開かれた。桑木が謡《うた》い、紀平が詩吟を朗し、和気藹々《あいあい》とするなか、出席者は誰もがいよいよ卒業だとの感を深くした。卒業後も週に一度ぐらい集まって、古典を読もうとの声も上がった。

翻訳生活　一九二五年春

一九二五年（大正一四年）三月三〇日、伊藤吉之助の骨折りによって神田松住町の「末はつ」で、「哲学書肆《しょし》の岩波」を取り仕切る岩波茂雄（岩波書店店主）を紹介され、フォールレンダー『西洋哲学史』の翻訳刊行が本決まりとなった。岩波茂雄の狭い額、光る眼、敏活な動作が印象的だった。

東京帝大哲学科を卒業し安倍能成などを友人にもつ岩波茂雄は、古在の先輩でもあったが、大学を問わず哲学科の優秀な学生に早くから目をかけていた。哲学者三木清の三年間のドイツ留学も岩波茂雄の支援によった。一高の寮で古在と同室だった篠田英雄などはすでに大学時代から岩波茂雄に誘われ、一緒に天竜川下りを楽しんだり、関東大震災直後には雑誌『思想』に執筆の機会[7]を与えられていた。今回の『西洋哲学史』翻訳も古在、吉野、粟田ら若き哲学者たちへの、岩波の支援事《ごと》の一つだった。

その夜、古在はカントの夢を見た。講義を受けて質問すると、カントは「そんなことを聞くものではない」と応えた。目覚めてから、他人を頼るな、自力で解けという暗示なんだと思った。

その後、ロダンのトルソを真ん中においた岩波書店での茂雄との打ち合わせで、毎月二五日に原稿と引き替えに五〇円を受け取ることになった。当時公務員の初任基本給が七五円ほどだから、これである程度自立できると、古在は喜んだ。原稿用紙を買い込んで早速翻訳を開始した。少しずつたまった翻訳原稿は吉野とお互いに吟味しあった。他人の目が誤訳や脱字を発見する。テキストと引き比べて肯首できぬ点もある。古在は吉野の原稿を五〇枚預かることもあった。

岩波書店に初めて原稿を届ける四月二五日、古在は神田のカフェーで粟田と、神保町の停留所で吉野と落ち合い、三人そろって岩波書店に行った。しかし会計担当が不在で期待したお金は受け取れなかった。がっかりしたが気を取り直し、予定どおり笹塚の小林弘宅に向かった。哲学科の謝恩会のときから狙上に上っていた古典学習の相談会があり、伊藤吉之助や河東涓などが既に集まっていた。相談の結果、毎週土曜の午後一時、当面フィヒテの“Grundlage”(『全知識学の基礎』)の講読から始めることになった。

古在はこれで大学院進学はもはや必要ないと思った。しかし母は将来の出世のために必要と言い、父はそれだけでは由重は納得しないだろうと言う。かつて清水豊子として自由民権運動などに身を挺し、執筆活動に邁進した母が年とともに普通の母となり、猜疑に固まってゆくのが、古在には悲しかった。出世名声などはどうでもよく、大学院のために親に金を出させるのも、自分の零細な報酬から授業料を支払うのも、古在には無駄のような気がしていた。

しかしこれは一時の気の迷いに終わった。九州から来た父の教え子、片山外美雄(九州帝大教授)や桑木厳翼教授、「本田のおばさん」（本田幸介の妻、近子の母）に説得され、桑木教授が印鑑をくれるという段になって、ようやく大学院への入学を決め、手続きをすませた。すぐ五月になろうとしていた。

フィヒテの土曜読書会が終わると、古在は栗田賢三と一緒に円タク（一円で走るタクシー）などで吉野源三郎を訪ね、翻訳の検討、打ち合わせを続けた。五月二一日夜、漸くカントの部分が終わった。しかし吉野訳の原稿は疑問点が多々あって、手直しは二五日朝までかかってしまった。吉野の下宿で三人して再び訂正をくわえ、午後そろって岩波書店に出向いた。今度は会計係も在席、手当も得て、風月堂で珈琲を飲み丸善で本を買った。自分の労働でえた金を使うのは、やはり気分がよかった。

カント以後は、ラインホールトやマイモン[8]の翻訳に移った。この部分は歴史的にも論理的にもカントからドイツ観念論への過渡を示していて、古在にも興味があるところだった。

カッシーラー、フィヒテなど辟易するほど難解なものにぶつかると、愛用の槍ジャベリンを投げたり弟由信に買ってやったミットでボール投げをやり、夜は近所の本田幸介宅で近子さんとクロスワードなどをして気分転換をはかった。

松本慎一　生い立ち・一高・東大

そんなある日、古在は吉野源三郎と市電に乗り合わせた。つり革にぶら下がりながら、外を見ているとツルハシを振るう労働者の姿が見えた。吉野は考え込むようにして、「自分たちの青木堂での議論や哲学が、汗みどろの彼らとどう関わるのだろうか」と言った。古在は吉野の何気ないその言葉にはっとした衝撃を受けた。翻訳自体は苦しくもあり楽しくもあるが、その哲学が自分の生き方や労働者、そしてあの長者町の西さんとどう関わるのか、余り深く考えてはこなかった。吉野の言葉は、根本的な問いかけのように思えた。

その後しばらくして、吉野源三郎は出版労働者の松本慎一を古在に紹介した。松本は古在と同じ一高卒だが、松本が文科乙類、古在が理科甲類だったため、親しく話したことはなく、古在には並はずれた長身で剣道の大将、田舎風の秀才という印象しかなかった。大学も同じ東京帝大だが松本は法学部で学部が違ううえ、古在は自宅通学、松本は下宿生活なので、まったく接点がなかった。しかしその後松本は、古在の「もっとも信頼すべき同志」（古在「松本慎一氏の想い出」、『哲学者の語り口』所収）となった。

松本慎一は古在と同い年一九〇一年一一月八日、愛媛県西宇和郡三瓶町《みかめまち》（現・西予《せいよ》市）で生まれた。材木屋の長男、上に姉、下に妹ふたり、弟ひとりの五人兄弟である。松本慎一は小さいうちから物覚えがはやく、年寄りたちはおもしろがって将棋を教え、十二世名人小野五平が弟子に欲しがるほどの上達ぶりを示した。勉強の方も小学三年で六年生の教科をひとりでやった頭のいい子どもで、将棋に続いて囲碁の上達も早かった。しかし進学については両親が「材木屋を継ぐのに学問はいらぬ」と反対した。

その親を、のち三瓶町長になる菊池武乕《たけとら》が説得した。菊池は大学までの学資を自分が出すからと、松本慎一を宇和島中学校に入れ、さらに旧制一高に入学させるため、一九一九年（大正八年）松本を、手織縞の筒袖に袴姿で上京させた。

松本は一高で多くの友人をえたが二年生のときには、当時寮委員長として食事改善運動に取り組みのちにゾルゲ事件[9]で刑死した尾崎秀実《ほつみ》や、のちカントなどを翻訳した篠田英雄と東寮二番室の同じ部屋になった。

松本慎一は堅実に勉強を続けていたが実家の倒産を機に小説を書き始め、三年生のときは『校友会雑誌』に短編を発表した。一高卒業後は文学部に進みたかったが、郷里の零落と支援者菊池武乕の期待とを思い、松本は尾崎秀実と一緒に高等文官に一番近い東京帝大法学部政治学科に入り、それぞれ下宿屋に移った。同室だった篠田英雄は文学部宗教学科に入ったが講義に落胆して、次の年には古在と同じ哲学科に移籍した。

しかし松本は法学部に入ったものの、高等文官試験にも立身出世や尾崎秀実たちの栄達談義にも全く関心がなかった。将棋を通じて面識をえた作家山本有三と親しくなってさらに小説にのめり込み、長短編の小説ばかりを書いていた。

関東大震災で松本は下宿を焼け出され、早稲田穴八幡の尾崎秀実のもとに転がり込んだ。そこは尾崎の兄秀波《ひでは》・英子夫妻（英子は、一九二七年に秀波と離婚後、秀実と再婚。届出は一九三〇年）の借家だが、秀波は軍の予備役に召集され英子が台湾の尾崎の父母のもとに身を寄せていたため、粗末な棟割《むねわり》長屋は若者たちの自由なたまり場となっていた。

関東大震災は、古在に「国家権力」の存在を感じさせたように、社会にも青年たちの思想にも大きな影響を及ぼした。震災後まもなく、尾崎秀実の一軒隣に住み農民運動に関わっていた社会主義者森崎源吉・知恵夫妻とその娘まりが、住民の投石と罵詈雑言を浴びながら警官に引き立てられていった。松本も尾崎も、社会主義者たちに対する弾圧と朝鮮人虐殺事件を見聞きし、これまでの人生観や社会観が大きく揺さぶられた。

松本慎一はのちに作家広津和郎の『女給』のモデルとされる西野光子と渋谷で同棲生活を送り、それを知った菊池武凕から当然のように送金を打ち切られた。松本はやむを得ず、自活のために語学力を生かして三省堂で辞書編集の手伝いを始め、法学士となって大学を卒業したあと正式に採用され、出版労働者として働いていた。

松本慎一と付き合い始めた古在は、のちに松本の気風について「春風のように暖かい、ちっとも窮屈なところのない人」だが、「内部には烈々たる闘志をひそめていた」と語り（「戦争とファシズムの嵐のなかで」『古在由重著作集⑥』）、早稲田穴八幡をたびたび訪問して尾崎秀実に弁証法などを教えたという山崎謙（当時浪人中。哲学者）も、「松本の野放図は有名で、よその試験場で悠々と答案を書き、あとで友人から注意されて気がついた」と書いているほど、悠揚迫らざる人物だった（山崎謙『紅き道への標べ』）。

「好読会」　一九二五年夏

古在は翻訳生活と平行して、大学院生として東京帝大山上御殿での哲学会に出席したり、クレスレル講師によるプラトン著『パイドン』（ソクラテスの愛弟子）講読を続けていた。

六月半ば、尾高豊作という見ず知らずの人から、理想的な出版をやりたいので上野精養軒で会いたいとの手紙が舞い込んだ。吉野源三郎、粟田賢三と一緒に精養軒に行くと村井康男なども来ていた。文化に貢献したいという尾高は、すでに「尾高書店」の名で人文社会に関する出版を手がけていたが、今後毎月一回の学術談話会「好読会」を開き、季刊雑誌や翻訳書を出版したいのだと言った。古在らに会った後、尾高豊作は「尾高書店」を刀江書院と改名した。

七月はじめ、さっそく第一回の「好読会」が開かれた。集まったのは、古在、吉野、粟田、村井、河東涓、桂寿一、北山富久次郎ほか数人で、粟田が、マールブルク学派から脱して実在論的立場に転じたニコライ・ハルトマン[10]の論文「観念論と実在論との此方」を解説した。七月末の二回目の「好読会」では、古在がバウフ論文「カントと現代の哲学的課題」について報告することになった。古在は『西洋哲学史』の翻訳を少し休んで、伊藤吉之助が勧めるこの論文を、興にのって訳し始めていたが、その一部を報告することにした。ただ残念なのは、「好読会」に木村重三郎を誘えないことだった。木村は三月の卒業と同時に志願兵となって赤坂の歩兵第三連隊に入隊し、今は病を得て衛戍《えいじゅ》病院に入っていた。

バウフ論文を読みつつ、『西洋哲学史』を再開したのは八月中旬、一年ぶりの長者町で、月明かりのない畑道を提灯を借りて吉野源三郎を訪ねてからである。

長者町に来てからの古在は、波乗りをして砂上に腹這ったり、土手でジャベリンを飛ばし百メートルを一二秒半で走ったり、涼み台で八歳になった隣の和ちゃんとおしゃべりしたり、ときには母と話して衝突する、そんな毎日だったが、吉野は相変わらずフォールレンダーの翻訳で机に向かっていた。吉野の姿に刺激されてからは、翻訳が意外にはかどり、ヘルバルトまで訳して一〇日ぶりに帰京した。[11] そのとき預かった吉野の原稿はなかなか骨だったが、約束の二五日には上京してきた吉野と一緒に「月給」を取りに岩波書店に出かけた。九月になって古在は日課を壁に貼り、カントの写真をはった。伊藤吉之助はカントを主観的に解釈してはならないと強調していたし、カントやコーエン、バウフを理解し思索することは、古在の闘いだった。

吉野から借りたハルトマンを読んで、改めて思索する緊張感を取り戻した。ハルトマンは新カント派だが、その認識論の限界を新カント派内部から指摘する客観的リアリズムの立場にたっていた。読み返し、書き抜いて、ハルトマンはかなり理解することができた。ハルトマンはマテリアリズム（唯物論）とは言えないが、客観的リアリズムの立場をとっていたから、古在が唯物論へ進む下準備のようなものになった。

『西洋哲学史』の翻訳はショーペンハウアーに入っていたが、[12] 小石川駕籠町の古在のもとをわざわざ訪ねてきた伊藤さんから、ドイツの哲学者ツィーグラー[13] 仮訳の訂正を依頼された。伊藤さんが友人のように接し、細かいところまで注意をくれるのが嬉しかったが、I氏の仮訳は Beurteiler（批評家）を人名と読み違えるなど、面食らうほどの誤訳だらけで、新たに訳した方が早いと思うほどのものだった。この仮訳の訂正に一ヵ月もつきあっていると、中断しているフォールレンダーが恋しくなった。

吉野も長者町で同じ仮訳訂正を進めていたが、一〇月はじめに上京して来て一緒に訂正原稿を伊藤さんに届け、ようやく解放された。こんな仕事はもうご免だと思った。

古在はこの仮訳訂正のためしばらく会えなかった友人たちに「閑《ひま》になったぞぉ」と連絡して、桂寿一や川野昌美に青木堂で会い、神保町などを歩き回った。肝心のフォールレンダー『西洋哲学史』の翻訳の方は、ショーペンハウアーの部分から再開し、一〇月半ばにはその部分を終えた。

「好読会」では、九月に北山富久次郎が「貨幣価値理論の発展論」を、一一月には尾高鮮之助が「シラー雑感」を話した。順調のように見えた「好読会」だが、秋口から参加者の間に、尾高書店（刀江書院）との関係が問題となり始めていた。尾高豊作をまじえた青木堂での相談では、継続できないものは終わりにして可能なら新しいものを打ち立てようという意見が大勢を占めた。折しも一二月からは吉野、粟田、川野、河東らが徴兵制度の志願制によって、入営することが決まっていた。吉野は世田谷の近衛野砲兵連隊、粟田は鴻之台（現・市川市国府台）の騎砲兵連隊である。彼らが学問研究をいったん断ち切ってまで入営するのは、通常の常備兵役が三年間のところ、志願すれば一年間に短縮されるからだ。「中等以上の学歴と自弁、二六歳まで」が一年志願制の条件で、この制度は高学歴者・高収入者への優遇措置ではあったが、条件があるなら活用しない手はなかった。徴兵検査結果が第二乙種の古在には現役徴集の心配はなかったが、甲種合格の吉野は、志願制の年齢限度ぎりぎりになっていた。

正式な好読会の中止・解散は、入営二日前の一一月二九日、燕欒軒で開かれた吉野、粟田、河東らの入営送別会の席上だった。たった四ヵ月間のあっけない「好読会」ではあったが、彼ら若い研究者たちの意欲が消えたわけではなかった。伊藤吉之助を講師とするフィヒテ『全知識学の基礎』を読む土曜読書会は、なお続いていた。

吉野入営　一九二五年暮

一二月一日、吉野源三郎の入営の日が来た。古在は六時すぎに起きて省電（鉄道省営の電車、現在のＪＲ山手線）の渋谷駅で吉野を待ち、玉電（玉川電車、現東急田園都市線）の三宿《みしゅく》駅で降りた。車中は入営する者と見送る人で一杯だった。軍服姿の吉野が営門から消えるのを見届け、古在は預かった着物を包んだ風呂敷を抱えてひとり帰った。この日は、川野昌美、河東涓、粟田賢三も兵営に向かったはずだ。『西洋哲学史』の翻訳もカント解釈の話し相手も、これで居なくなった。寂しさが胸を突き上げた。

しかし意外にも粟田が、肺尖カタルのため入営延期を宣告されたと鴻之台から古在のもとにまっすぐやってきた。病気は心配だが、嬉しさがこみ上げた。さっそく碁を打ち、それが一段落してから翻訳続行を誓い合った。

一二月半ばに、伊藤吉之助からツィーグラーの仮訳訂正の仕事が再び回ってきた。全く乗らない気分で始めたが、今度の仮訳は前のI氏とは違ってあまりひどい誤訳はなかった。岩波書店が支払った前回の翻訳校正料計三百円を、関わった五人（古在、吉野、粟田、篠田、河東――筆者推測）で按分比例にした。古在は年明けからラテン語に挑戦するつもりで、取り分の一部三二円を奮発して羅独辞典二巻を買った。入営した吉野の校正料は、京橋の太陽生命ビルで吉野のお兄さんに渡した。

一二月も押し詰まって、結婚後一年余同居していた兄由正・澄江夫妻が近くの借家に移った。古在は荷を運び車を押しながら、早く自分も独立したいと思った。翌日、空いた兄の部屋に移った。暗くて隣家が騒がしかった場所から、小さいが午後には光がさす明るい部屋に満足した。

大晦日、入営後すぐ衛戍《えいじゅ》病院に入院した川野昌美を見舞い、床屋に行ってさっぱりした。振り返れば、四月からの翻訳を中心とした新しい生活、『西洋哲学史』の原書を二百頁、バウフの論文も訳し、ツィーグラーの仮訳を訂正した生活。ドイツ語に強くなり、親友の吉野らが入営した年。二五歳になる来年は「現象学」、カントからヘーゲルにいたる哲学を自分の課題にしよう、古在はそう決意した。

一九二六年（大正一五年）の正月は歌留多をよくやった。古在は一番歌を知ってはいたが、モーションが遅くて負けてばかりいた。近所の本田幸介の家でも、兄の家でも同じことだった。

決意したラテン語を開始したのは、三日からになった。元日を期してと決めていたが、一一月から読み続けていたハルトマンが面白くてその魅力に負けてしまった。難所にぶつかった三日が、ラテン語挑戦への転機となった。動詞変化表を壁に貼り、簡単な文章を読めるようになると希望がわいた。その後はハルトマンと平行してラテン語を学び、大学院ではさらにギリシャ語も聴講することにした。

このころ本田幸介の家では、一浪後一高に入った弥太さんの大学専攻が関心事になっていた。「本田のおばさん」が父由直に相談をもちかけたりしたが、弥太さんの決意、理系から心理学への希望変更の意志は動きそうもなかった。古在は本人次第と割り切って、弥太さんと一緒にヴント（ドイツの心理学者、哲学者）の『心理学概説』[14]を毎晩読み進めた。それは弥太さんの一高の卒業試験のため一時中断したが、試験が終わるとブレンターノの心理学もあわせて読むことにし、三月半ばからは朝八時からの二時間に変更し、二人だけのこの「読書会」は、弥太さんの大学生活が軌道に乗るまで続いた。

『西洋哲学史』訳了　一九二六年夏

一方伊藤吉之助が持ち込むツィーグラーの仮訳訂正は、その間も続いていた。吉野源三郎には年明けに前回翻訳の残金一五円を送ったが、今回は入営中の吉野を頼りにすることはできず、伊藤さんを岩波書店や自宅に訪ねて翻訳の相談をすることもあり、古在の負担は大きかった。伊藤さんからは電話はもちろん速達が日に二回届いたり、ときには早朝の速達便でたたき起こされることもあった。

この間『西洋哲学史』の翻訳はほとんど進まず、三月二五日には岩波書店に遅延をお詫びし、手当の受け取りを断らざるをえなかった。古在は、伊藤さん自身が一日も早くこの嫌な仕事から解放されることを願った。ツィーグラーの上巻の仮訳訂正が終わったのは、四月下旬となった。前年の秋と、暮れから今日までの二回、半年にわたる気乗りのしない翻訳作業だった。

古在はすぐフォールレンダー『西洋哲学史』の翻訳を再開した。急いで遅れを取り戻さなければならない。なんとかあと二ヵ月ぐらいで担当した箇所は完了させたい。

四月になって、一年間続いた伊藤吉之助とのフィヒテ土曜読書会のメンバーの多くが、各地の高等学校などに赴任していった。一年志願兵を終えた木村重三郎は長野県の高等学校に発ち、逆に大岡実は妻を残して入営した。嬉しい誤算は、川野昌美が病気を事由に除隊してきたこと、心配していた共訳者粟田賢三の再入営が正式に免除されたことであった。

しかし岩波書店からの翻訳手当を断っていたので、古在は必要な本も買えず、不要不急の本を風呂敷に包んで換金したが、古在の懐は「真冬」状態が続いた。心配した篠田英雄が五月半ば、東洋協会大学（現・拓殖大学）のドイツ語教師の話をもってきた。大学には歩いて二〇分、古在には渡りに船である。古在は日を置かずに大学に出向き、斎藤という理事者に会って、時間割も決め、南江堂に寄って教材に使うオットーの文法書を買って帰った。

東洋協会大学でのドイツ語講義は、その五月からすぐ始まった。鈴が鳴り出席簿をもって教室に入り、教務係から紹介されて教壇で挨拶し講義を始めた。大きな声を張り上げ、着物を白墨だらけにして二時間話し続けた。教えるのは困難で責任も重い。しかし、何かを人に与えるのは喜びでもあった。初講義は意外にうまくいった。

六月はじめ、河東涓が入営前に訳したヴィンデルバントの『プレルーディエン（序曲）』上巻（岩波書店）を送ってきた。下巻は篠田英雄が担当するので、古在にとってはこの二人の仕事がいい意味での刺激になった。六月は日記をつける間も惜しんで、『西洋哲学史』の翻訳に集中した。洋行する桑木厳翼教授の送別会や、土曜読書会の講師伊藤吉之助への返礼の会などがあったが、七月中旬にマルクスとエンゲルスの部分「社会主義の哲学」を訳し終え、ようやく月内訳了が見えてきた。翻訳原稿も一三〇〇枚になった。

マクス・シティルネルで少しつまずいたが、ニーチェ[15]を一気呵成に訳して一日で原稿用紙三〇枚の新記録を作り、七月末にはついに訳し終えた。昨年四月から実に一年半弱を要した。大きな重荷を、ついに下ろすことができた。

翌日、半日かけて部屋を掃除し、本棚を片付け、雑然と散らばった本をきちんと整理した。風呂に入り、ひと煙はいて、世田谷の近衛砲兵にいる吉野源三郎に訳了の便りを書いた。あとは、年内に訂正すればいいだけだった。

講師生活　一九二六年秋～

古在は一九二六年秋から、帝国女子専門学校（当時小石川区大塚町。現・相模女子大学）でも教え始めた。前任者の中村克一が九州に転任することになり、彼の紹介で野口副校長と会い、授業を引き受けた。古在にとって女子校はもちろん初めてである。古在はこの春東京帝国大助教授に昇任した伊藤吉之助に、心理学と哲学概論の講義手順や、感覚と現実との関係、バウフ論文の不明箇所などを相談しながら、講義の準備を始めた。

一一月一日、中村克一の別れの辞のあと、古在は短い就任の挨拶をした。多くの女性の前で話したことは初めてだが、案外堂々としていて自分の度胸のよさに満足した。そして一週間後の初講義のために、一〇頁ばかりの講義ノート「歴史の本質に就いて」を用意した。

当日は、筆記は無用と言って話し続けたためか、三〇分ほど時間が余ってしまった。古在はその時間を使って学生への希望を話して初講義を終えた。二度目の講義では、現実の概念について、現実の特異性と不可反復性を説いた。学生から二つの質問が出た。一つは意見の一致は現実の特異性と矛盾しないか？　もう一つは池に咲く蓮と泥に咲く蓮はなぜ同じ蓮といえるのか？　というものである。的を射た質問に、古在は自分の講義が理解されている手応えを感じ、一週間に一度のこの哲学概論の講義を、自分の研究にも役立てようと考えた。

東洋協会大学では少し不愉快なことがあった。古在は少数ではあるが、意欲のある学生のためドイツ語の科外授業を実施していた。若い学生たちの知ろうとする精神の力を感じ、嬉しかったからである。そんな古在の努力をかったのか、秋になって理事者から論理心理学の講義依頼があった。古在はすぐ了解し大学側と合意もできたが、翌二七年一月になって、後補者を探したからと辞退をほのめかしてきた。

これはだれが考えても不当な話である。古在はこの「捨て去られるパンくずのような扱い」に怒りを感じ、翌日大学に出かけて論理心理学の講義担当を自ら断った。古在は、個性とは自由な「存在」の自己表現であり、人間の意志力の発揮だと帝国女子専門学校で教えたばかりだったから、わが講義にウソはないと、むしろさっぱりした気分だった。

翌二月、伊藤吉之助から依頼された『岩波哲学小辞典』への執筆準備をしているところに、新たに創設される女子文化高等学院の森本厚吉という人から書信が届いた。伊藤吉之助を通じて高橋穣（戦後、成城大学長）が古在を推薦したという旨が書いてあった。高橋穣は岩波書店で開かれていた「ヘーゲルの会」の一員で、伊藤とともに雑誌『思想』の編集にたずさわっていた。さっそく伊藤と相談して講師を引き受けることにして履歴書を送ると、すぐ学院雑誌『文化』三月号に古在が紹介された。活字になった自分の名前が、妙にくすぐったかった。

女子文化高等学院での論理学の講義は、一九二七年一一月から始まった。学生が活発に質問する順調な滑り出しだったが、半年もたたない翌年三月になって突然、森本厚吉から「当分休講してほしい」との手紙が届いた。理由は主任教師を採用するためとあった。理由にならない理由だけに不愉快だった。東洋協会大学といい女子文化高等学院といい、学校当局はなぜこうも簡単に約束を破るのか。古在は返事さえ出さず、それ以後は女子学院の門をくぐることはなかった。

講読会　一九二七年

古在は翻訳と講師活動のそうしたさまを兵営の吉野源三郎に書き送り、吉野もまた訓練先の千葉県下志津（現千葉市若葉区）や富士裾野から便りを送ってきた。たまの休日に吉野がひょっこり訪ねて来ることはあったが、あまり時間がとれず、眉を寄せ手を振り上げて議論するかつての吉野を見ることはできなかった。それが古在の大きな不満だったが、その分を埋め合わせるように、粟田賢三とは頻繁に会い議論した。

一九二七年の元日に吉野が古在を訪ねて来た。この日は夜一〇時までゆっくりと昨秋見直し終え『西洋哲学史』の不明箇所を調べ、「主観」と「客観」を分ける決定的根拠はなにかなどを議論して、有意義な時間を過ごした。ゆっくり吉野と議論できる春の除隊が待ち遠しかった。

古在は二月、粟田賢三、篠田英雄と相談して、高円寺の篠田の家を会場に古典の講読会を始めることにした。開くのは毎週木曜日として、まずデカルトの『精神指導の規則』から始めた。古在は吉野が春に除隊したら是非参加させようと思い、除隊を前にした三月、休日にやって来た吉野を連れ、篠田の家で吉野の今後を相談した。除隊後吉野を長者町に帰させず東京に留まらせて勉学できる条件をどう整えるか？　それが問題になった。その解決には都内で仕事を見付ける以外にない。篠田英雄が三省堂で独和辞典編集を企画しているはずで三省堂はどうかと言ったが、どう三省堂に吉野をつなぐかが問題だった。そのとき運良く、三省堂勤務の松本慎一が顔を出した。即座にみなの意見が一致し、松本は翌日さっそく三省堂にその話をつないだ。

一九二七年（昭和二年）四月一日、吉野源三郎は私服姿で除隊してきた。吉野は牛込に仮住まい先を決め、松本慎一の口利きが功を奏した三省堂で『大英和辞典』の編集を手伝い始めた。篠田英雄が言う『独和辞典』ではなかったが、吉野は仕事を得たのがなにより嬉しかった。しかし今で言うアルバイトのため手当は安く、五月にはどうしようもない生活環境の悪化を手紙で告白してきた。古在は翌日、粟田、篠田とのデカルトの講読会を終えたあと、吉野と長野の高校教師を一年で辞めて東京に戻っていた木村重三郎にも来てもらい、別途にヘーゲルの『精神現象学』の講読を五人で始めることにした。古在のヘーゲルへの関心もあったが、生活の窮状をかかえる吉野を励まし哲学的真理探求を断念して欲しくなかったからだ。

古在は午後からのデカルト講読を終えると、篠田の家の近くを流れる小川までぶらぶら歩き煙草を吹かしたりヘーゲル『精神現象学』を読んだりして、夕方までの時間をやり過ごした。夕食後、木村と吉野がやって来て、ヘーゲル講読は夜九時過ぎまで続いた。帰りも停車場まであれこれ話が続き、夜道も楽しいものとなった。この四月には伊藤吉之助に頼まれた『岩波哲学小辞典』の項目原稿の大部分を渡し、気分は爽快だった。ヘーゲルは拒みがたい魅力を持っていた。カントからヘーゲルへ至るロゴス（論理）の発展は、やはりこれからの自分の中心テーマになる。そう古在は予感した。

「ヘーゲル頗《すこぶ》る難解にして漸く三頁進みしのみ」という日もあったが、「この書は現在自分にとって最も魅力に満ちた書である。根気、根気」（いずれも日記）と自分を奮い立たせて挑戦しつづけた。篠田英雄に子どもが生まれたときは会場を古在の家に変更したり、誰かの都合で曜日をずらすことはあったが、着実に会を重ねた。

古在らはさらに、梅雨が明けた七月からゲーテの『ファウスト』講読も始めた。このファウスト会は毎週土曜日の夜、会場は牛込から雑司ケ谷に越してきたばかりの吉野の下宿、メンバーは古在、吉野、木村重三郎、松本慎一の四人でスタートした。しばらくしてメンバーが七、八人となって定例日を月曜日に変え、一二月には早くも第一部を終えることができた。

小事件三つ　一九二八年

吉野源三郎や粟田賢三と顔を合わせれば当然、吉野入営とツィーグラー仮訳訂正で遅れた『西洋哲学史』の翻訳が話題になった。古在は二七年秋になって、『西洋哲学史』の自分の訳稿を再び取り出し、暇をみては手を入れはじめた。作業が進むにつれ、なんとか来年には出版に漕ぎつけたいという思いが強くなった。吉野と「認識論」などで意見を交わしながら、古在は原稿訂正を年末から二八年の年始にかけて連日続けた。

その年末年始に小さな事件があった。

年末に伊藤さんが西田幾多郎の娘との結婚話をもってきた。しかし古在は、家族ぐるみとはいえ付き合いのあった本田近子とのことも考え、全くその意志がないことを告げると、伊藤さんはすぐに了解してくれた。どうやら伊藤さんは、西田幾多郎門下の山内得立（哲学者・東京商科大教授）に頼まれて来たらしく、それ以上強くは勧めなかった。古在は、自分の自由意志を尊重する伊藤さんの態度が嬉しかった。その後も西田幾多郎の娘との結婚話が別ルートで二度もあったが、古在の意志は変わらなかった。

一九二八年（昭和三年）の正月は、父由直が休養をかねて母と長者町に行き、古在は弟由信と二人で駕籠町に残った。父由直は、新人会と右翼結社七生社《しちせい》との対立激化など大学の思想問題で苦慮していたが、父と母の不在を奇貨としてか、女中のはるが図々しさを遺憾なく発揮しはじめた。はじめは黙っていたが、はるがきよを巻き込み嘘を言って夜更けまで帰ってこないことがあった。古在の怒りが飽和を超え、暇を出すと告げるとはるは薄笑いを浮かべた。「冗談じゃないぞ！」と大声を出したがすぐ冷静になって、当月分の手当を渡し長年の奉公に礼を言って、その日のうちに引き取ってもらった。月末にはきよが暇を請うてきたのでこれも受けた。その数日前に弟の引き出しから金がなくなっていた。

三月もイヤな月になった。優秀だった東洋協会大の学生斉藤君が召集されて旅順に行った。兵営に試験問題を送って進級させることにしたが、その一方古在の厳密な採点で一〇名ぐらいは落第者が出そうである。大学は何かを言ってくるし、不勉強な学生に限って及第懇願に押しかけて来る。文化女子学院の不愉快な解職もあった。

そんななかでも続けていた『西洋哲学史』の翻訳見直しが、四月にようやく第二巻を終え、第三巻に入ることができた。第三巻もシェリングまでは順調な作業になったが、ヘーゲルのところに来てまたおおきな壁となった。作業途中で腹がへり、夜の雨をおしてそば屋に走って腹を満たして作業を続けたこともあった。春は再び父の静養のため母も長者町に行っていたし、女中はやめさせたままだった。夏になって粟田賢三が第一巻の訳稿を仕上げて岩波書店に渡したときは大いに焦ったが、それでも「ヘーゲル的用語の訳、なかなか困難」

と日記に書く状況が続いた。

東洋協会大学（拓殖大）の独語二年生はよく勉強した方だが、この年の一年生は実にひどいものだった。彼らとつきあうのは今年だけ、来年はご免被りたいと考え始めた秋、彼らが「古在講師排斥事件」を起こした。「運動会のために休講を」という要求を古在が拒んだ翌日、学生たちは一時間目は教科書を出さず、二時間目の授業開始と同時に全員が退室した。そのうえで大学側に「古在講師更迭」を求めたのだ。理由は、休講拒否の件には触れないまま、授業の進行が早く試験採点が厳しい、というのだ。古在は自分が信ずることをして排斥されるなら、この「不潔な場所」を辞めてもよいと腹を決めた。

しかしこれは明らかに学生たちが不当で大学当局も古在を支持、学生たちとの話し合いの結果「排斥要求」も撤回された。古在は学生たちに対しては、「厳しすぎて漫《たる》み欠乏症」という指摘は甘んじて受けるが君らに迎合するのではないと釘をさし、その一方で斎藤予科長には学生の処分は穏便にと伝えた。全面解決は結局、年末までかかった。

総長辞任　一九二八年一二月

父と母の頻繁な長者町行きは、父由直がようやく医者と周囲の勧めに従って、本格的に静養するためだった。ここ十年来、持病の萎縮腎（糖尿病）のため蛋白が出、血圧も二〇〇に近い状態が続き、その結果脳溢血を患って手足の不自由をかかえながら、それでも総長の重責を担ってきた。そのうえさらに脳溢血の再発に見舞われていた。

由直は農芸化学の権威で学者としても優れていたが、総長としてもまれに見る優れた行政手腕を発揮した。私人としては極端な清貧に甘んじた由直だが、公人としては「財政家」のようで、行き詰まっていた大学経済の建て直しをはかった。まず山川健次郎前総長が果たせなかった懸案事項の教授定年制を、原敬首相との三度にわたる折衝の末に実現し、その一方で退職教授を優遇するための財源を捻出、さらに年末手当の支給制度も創設した。演習林の経営刷新でも成果をあげ、新設した富士演習林の一画はその功績を賞して誰言うとなく「古在が原」と呼ばれた。

しかし由直が総長として苦労したのは、関東大震災後の大学再建と「左右」学生たちの衝突問題であった。関東大震災による大学の被害は甚大だった。煉瓦造りの多くが倒壊し、火災によって建物坪数三万六千坪の三分の一、主要な建物の多くが失われた。最も被害が大きかったのは図書館だった。創設以来五十年余にわたって蒐集した蔵書七十余万冊が灰燼に帰し、大学の心臓部・頭脳部が失われた。由直は、政府に一〇年間の継続事業として四四〇〇万円の巨額予算を計上させる一方、図書館再建のためにただちに三学部長を含む七名からなる図書館復興委員会を組織し、自ら会長に就任して図書館の復興運動を開始した。

外務省を通じて世界各国政府に対し図書の寄贈を要請し、大学独自には世界の主要大学図書館に寄贈を呼びかけ、震災の翌一九二四年には欧米に担当教授二人を派遣した。その結果、徳川頼倫侯爵家からは南葵《なんき》文庫十万冊、ロックフェラー財団からは図書館建設資金四〇〇万円の寄贈など、内外の協力が陸続と寄せられた。

そのころ教授で医師の眞鍋嘉一郎は由直に盛んに静養を勧めていたが、由直は全く意に介さず「静養して一年や二年寿命を延ばしたところで無為に送れば徒《いたずら》に命を永《なが》らえるばかりで、社会の為には何等益するところもない。たほれて後やむのみ」と、職責全《まっと》うを優先した。眞鍋はその超人的な働きぶりに感嘆しつつも、「君の言ふところは当たらないよ」という由直に、「一生懸命にやらないから」と皮肉を返し、ついには「総長の身体はとても微妙な人身病理や人体医学ではその律にあわない。これからは獣医にでもかゝつた方がよい」とまぜっかえすほどだった。

だが眞鍋は、ロックフェラー財団からの図書館寄贈を受けることには反対した。外国の金を仰いで帝大図書館を復興するのは精神衛生上も学生思想上もよくない、すべて国費を以てやるべきだと、由直に真剣に進言した。しかし由直は「学問は国際的なれば外国の寄付差支えなきではないか。君は古武士道的主張をするが、自分は農学博士で百姓であるから武士道はわからぬ。君はいつまでも国粋論者で大学の神風党である」とその進言を入れることはなかった。神風党は明治維新後の攘夷派・神風連の謂《いい》で、それ以後、眞鍋は「神風党」と綽名された。

それから三年たった一九二八年一二月、東大図書館は竣工した。本の背をいくつも並べたような外観の図書館は地下一階地上三階（中央部のみ五階）、七層からなる書庫をもつ延べ五千二百坪弱の堂々たるものだ。由直はこのほか、安田財閥からの寄贈による大講堂建設（安田講堂は一九二五年夏完成式挙行）、地震研究所の創設（一九二五年秋）、一高との土地交換による農学部の本郷移転の解決（移転完了は一九三五年）など、「偉大なる焼け太り」（山田三良法学部長）を主導した。由直は震災復興にあたっても、いたって現実主義的にことを処した。

苦労したのは学生の思想問題だった。一九一八年に社会主義学生の思想団体「新人会」が結成されると、翌年には興国同志会ができ、二二年に社会思想研究団体「学生連合会」ができると、対抗して七生社、経綸学盟など国家主義団体が結成された。そして一九二八年一月末学友会をめぐって、右翼学生集団七生社と「新人会」が大学始まって以来の流血乱闘事件を起こした。事件後七生社はなおも、「吾人本来の所信に従ひて断呼《ママ》として左傾分子を排撃せんのみ」との声明を出した。

由直は静養していた長者町から急遽帰京し、総長室に学生監安藤圓秀と法学部長の中田薫を呼び、事件の顛末を聞いたうえ、東大では前例のない「総長告諭」の発表を決断した。従来の大学首脳部の無定見や因循姑息とは異なり、大学がとるべき根本方針を鮮明にしたいとの強い思いがあった。

由直は、その起草を大正デモクラシーの主導者吉野作造に依頼した。吉野は一九二四年に東大教授を辞めて朝日新聞社に入ったが、枢密院の政治干渉を批判、その廃止論を主張して結局三ヵ月で退社、その後は東大法学部講師を務める一方、自ら組織した明治文化研究会で『明治文化全集』の編集に携わっていた。由直は中田薫法学部長の進言を入れて、その吉野を、思想問題の顧問にかかえていた。

「告諭」は七百字程度の簡潔なものだが、断固としたものだった。……意見の違いは憂えず論争はとがむべきものではないが、執るべき方法・手段は公明正大でなければならない、「暴力に訴へ或は陰険なる手段を弄するが如きは学府の尊厳と名誉との為に断じて之を許さざらんと期す、此点に於て自ら謬《あやま》り而《しか》も之を悔ゆること知らざるものあらば之を処分するに於て一歩も仮借する所なかるべし」「予は此の事件の突発に直面し誠心誠意之が善後の良策を講ず」「諸君予が誠意を諒とし虚心坦懐予の意志を扶《たす》けられんことを」と結んだ。この「告諭」に対し某教授から数十頁の激越な詰問書が出されたが、由直は再び吉野作造に反論文を依頼し、この教授に反論書を手交して初志を貫いた。

こうして名総長ぶりをあらゆる場面で発揮した由直ではあったが、脳溢血の病状は悪化するばかりで、会議中でも絶えず激しい眩暈《げんうん》（めまい）に襲われ、周辺からの勧めにしたがって、この「告諭」発表の翌三月には小野塚喜平次を総長代理にたて、由直は長者町で静養に専念することにしたのだ。

そしてその三月、日本共産党弾圧の三・一五事件[16]で新人会から志賀義雄などの検挙者が出て、文部省は学生運動の取り締まりを本格化させた。四月、小野塚総長代理は新人会[17]の解散を評議会にかけ、法学部長中田薫の反対論はあったが、可決された。

由直の病状は、長者町での静養にもかかわらず好転しなかった。そして一二月、東大図書館の竣工式が古在由直総長の実質的な告別となった。総長在職八年、由直の正式辞任、依願免官は一二月二二日となった。翌一九二九年一月九日「親愛なる学生諸君に告ぐ」を発表して、総長古在由直は学生に別れを告げた。

由直はその月に正三位を、七月には勲一等瑞宝章を叙されたが、その後も病躯をおして赤門近くの農学部本郷移転事務室によく顔を出した。

古在は父の健康を気遣いながらも、由直が息子の自分に振る舞うように「父は父」と静観して、翻訳と講師活動の日々を送った。

講読会終焉　一九二八〜二九年春

ファウスト会では「本尊吉野」と呼ばれることもあったが、徐々に「本尊」の欠席が続き、古在が吉野源三郎の部屋で待っていても、誰も来ないことがあった。吉野は金融恐慌のあおりを受けた実家の倒産のために借金をかかえ、三省堂でアルバイトをしているとはいえその生活の困窮が精神的衰弱にまで及んでいた。その間台湾の高等学校への就労の話もあったが、吉野には海を渡る決断ができなかった。

古在は吉野の窮状を見かねて一九二七年の暮れには四〇円ほどを融通したり、吉野の定職を考えて吉野の履歴書を本田幸介に預け、近くに住む山田珠樹（仏文科助教授・司書官）に東大図書館への就職を頼み込んでもらった。翌二八年一月には古在と吉野は本田弥太郎（弥太さん）にも同道を願って、就職促進のため山田珠樹を訪ねた。心おきなく話が進み、はては浮世絵やボティチェリの神曲の絵におよんで、午前一時になってようやく山田の家を辞し、就職はすぐにもうまく行くだろうと期待がふくらんだ。しかし東大図書館はまだ再建中で、勤務はすんなりとは決まらず、吉野の生活上の困難はなおしばらく続いた。

吉野の経済と精神の苦境は、古在にも苦しいものだった。古在は売れそうな本を度胸を決めて出そうじゃないかと、吉野に提案した。実際『哲学雑誌』に載る愚劣な学術論文より、たとえば「新しき道徳」というテーマで、階級的憎悪にもはっきりした道徳的意味と位置があることを説く、その方が教授連の説く「倫理学」を蹴散らすことになるのではないか……。吉野は、それならマルクスの「経済学批判」にならって「倫理学批判」がいいな、と応じたが、それは話だけに終わった。

一九二八年五月一日の晴れわたった日、吉野源三郎は松本慎一とともに大手町にある三省堂編集局の二階から、陸続と押し出してくる労働者たちのメーデー隊列を見ていた。顎ひもをかけた警官の夥しい数、ひるがえる組合旗、騎馬巡査の緑のズボン、興奮した労働者の汗ばんだ顔。二ヵ月ほど前に三・一五共産党弾圧事件があったばかりで、吉野も松本も労働者たちの示威行進に深い感動を受けてはいたが、何か遠くを見ているような表情だった。二人は眼前の行進とは別に、行進の向こう側にこれからの自分たちの生活と人生を見つめていた。吉野源三郎と松本慎一は互いの影響から、次第にマルクス主義の文献を手に取るようになり、その実践をも考えるようになっていた。

一九二八年一〇月、諦めかけていた東大図書館への吉野の勤務が一転して決定した。東大図書館はまもなく竣工式を迎えようとしていた。古在は就職祝いのつもりで、一〇月半ばに三省堂のアルバイトを辞めた吉野を日本青年館での新交響楽団演奏会に誘った。就職が決まると吉野は現金なもので、創作作家になろうかなどと言い出し、訪ねても不在が続くなど、精神も行動も明るく活発になった。

『ファウスト』講読会はこの秋、第二部第四幕に入った。会場は古在のところに移っていた。その日は修学旅行の付き添いで夜上野を発つ村井康男（当時成城高等学校教師）も来て、松本慎一、木村重三郎などメンバー七人全員が集まり、年末には最後の第五幕をついに終えることができた。開始して一年半、芸術的作品としてばかりではなく、当時の絢爛たる文化の圧縮図として、メンバー全てがドイツ精神の偉大さにうたれた。精神にも活力を得、大きな達成感があり、年明けからは引き続きゲーテを読むことにした。

しかし正月に予定したゲーテの戯曲「ゲッツ・フォン・ベルリヒンゲン」[18]は皆の集まりが遅く流会となり、吉野だけが元気に芸術論や抒情詩論などをまくし立てた。そんな状態が続いた二月、古在は「これは潰れるかもしれない」と覚悟した。三月に入って、来たのは木村重三郎だけになり、吉野は訪ねてもあいかわらず留守が多くなった。長く続いた「会」に、ようやくダレが来たのだ。

四月一日、たまたまこの日は粟田と吉野も来た。古在は覚悟を決め、皆には気の毒だがこの会は抜ける、と切り出した。はじめの目的を達成し熱意が消えて形骸化した講読会に、もはや未練はなかった。四月から古在は東京女子大学で教壇に立つことが決まり、忙しくなることもあった。こうして二年弱続いた講読会は終わりを迎えた。

翻訳と論文 一九二七〜二九年

一九二七年から二九年までの二年間に、古在は大学などの講師を務めながら、翻訳のほかにいくつかの論文を書いた。

二七年八月、北山富久次郎が雑誌『経済研究』(日本評論社)一〇月号に、「哲学者としての左右田喜一郎博士」(『古在由重著作集』⑥所収)を書けと言ってきた。古在が卒論で大いに参考にした左右田博士が一週間前に亡くなったばかりで、「自分如きが」と最初は思ったが、各人なりの見方があって当然なのだから自分なりに書けばいい、北山の頼みでもあるしと考え直し、引き受けることにした。

『ファウスト』講読会のあとなどに吉野源三郎が種々指針をくれたが、書き出すとやはり苦しくて投げ出したくなるが、北山は「締め切りを延ばして待っている」とプレッシャーをかけてきた。意を決してリッケルトなどを読み直し、吉野と議論して勢いをつけ、九月始めにようやく一三枚を書き上げた。最終日は徹夜になった。他人にはにわか作りの「作文」のように見えようが、多くを読み考えたのは収穫である。その日は夕方まで寝て、夜のヘーゲル『精神現象学』の講読会に出席した。

ちょうど同じ一〇月号の『思想』(岩波書店)が、左右田博士追悼と「新進哲学論文」の二本立ての特集を組むというので、古在も誘いを受けた。しかしどちらの特集に書くにしても、時間がたりず応えることはできなかった。古在は日記に「岩波の小林勇氏見え、論文催促。止むを得ず断る」と書き留めた。

岩波書店は翌一九二八年二月、新カント学派を中心とした哲学論文の翻訳からなる「哲学論叢」一九冊を一括して刊行した。翻訳者は若い哲学者たちが中心で、この「哲学論叢」の一冊目に置かれたのは、古在訳のバウフ『カントと現代の哲学的課題』だった。

古在がバウフを訳し始めたのは一九二五年七月、岩波の「論叢」企画に関わった伊藤吉之助の勧めがあって、その原本を手にしてからである。読み出すと思想が再生していくような希望を感じ、翌日から早速訳し始めた。バウフにはフォールレンダーとは違う新鮮さを感じ、ときには睡眠一時間という日を含めて一〇日ばかりで訳し終えた。その成果の一部を、第二回の「好読会」で報告した（八六ページ）が、その後急いで仕上げたこの翻訳訂正を、伊藤吉之助の意見も聞きながら二度も手直しして、二七年三月にようやく手を離した。

一九冊が予定通りにそろうまで時間はかかったが、その秋岩波書店の「小僧さん」がやって来て、古在は訳者として初めて、初刷り千冊の奥付に印税のための判を押した。

この「哲学論叢」は、吉野源三郎、粟田賢三、桂寿一、伊藤吉之助がそれぞれ一冊を担当、篠田英雄が三冊を担当した。そのため古在は、自分の翻訳担当を終えた二七年四月から六月にかけて篠田の翻訳原稿の点検を引き受けた。ちなみに、篠田がヴィンデルバント『範疇の体系に就いて』、ブレンターノ『天才』、同『悪――詩的表現の対象としての』、吉野がマルック『マールブルク学派に於ける認識主観論』、粟田がハルトマン『観念論と実在論との此方』を訳刊した。判型は菊判、古在のものが最も薄く三四頁で定価三〇銭、最も厚いものは粟田のもので、一二四頁定価九〇銭となっていた。

この作業と平行して、古在は二七年二月から五月にかけて伊藤吉之助編集の『岩波哲学小辞典』（三〇年二月刊）の項目執筆も担当した。項目のそれぞれの分量は少なかったが、古在にはかなり重い仕事になった。

あまり気乗りしなかったのは、文明評論家田中王堂の『現代文化の本質』の書評（『著作集』⑥所収）だった。二九年四月、岩波書店の編集者渡部良吉から『思想』五月号に掲載したいと依頼があった。このときは断るのが面倒で簡単に引き受けたのだが、あとで聞けば吉野源三郎が先に断って古在にまわってきた原稿だった。

このころの吉野は図書館勤務が落ち着き、レーニンに感激したなどと言ってくるばかりで、古在は自分の迂闊さを悔いた。

田中王堂の書名はちょっと気を引くが中味の空しさは呆れるほどで、どう書くか大いに困惑した。しばらく手をつけず放っておいたが五月に入った晩に渡部良吉がやって来て、明朝取りに来ると言い残して帰っていった。意を決して机に向かい、「著者と私との間に存する単なる空間的距離を思う外なかった」と末尾に書いてペンを置いたときは、夜が白々と明け始めていた。

フォールレンダー『西洋哲学史』は、古在たちの翻訳作業がもたついていた一九二七年、ドイツで五年ぶりに改訂版が三冊本として刊行された。日本版刊行には当然旧訳との照合が必要となった。改訂は現代哲学部分を中心としていたから、刊行は粟田賢三担当の古代・中世の第一巻を先行させることになり、古在は二九年二月から旧訳の訂正を開始した。

しかし翻訳権獲得のためにドイツの版元フェリックス・マイネル社に出した吉野の手紙が届いていないことがわかり、古在が翻訳権獲得のために日独文化協会に足を運ぶことになった。なんどか通ううち、協会のグルデルト氏が翻訳権請求の手紙を出してくれることになり、四月にようやく翻訳権を得ることができた。

こうして五月に粟田賢三訳の第一巻が発刊された。古在は自分の担当をなんとか夏まで仕上げようと、七、八月は八年間書き続けてきた日記を完全に中断して、新版との照合と訂正に没頭した。完了は九月になった。古在担当の第三巻が刊行されたのはそれから一年半後の一九三一年五月、吉野と協力した第二巻は、吉野の再入営、逮捕・陸軍刑務所入獄（一三四ページ参照）が影響して一九三五年の九月となった。

古在とカント

古在が大学生活を終え、このような翻訳・論文作成、講師生活に入った一九二〇年代後半は、大正デモクラシーが退潮期に入り、政治的状況は反動の時代を迎えていた。

一九二二年に日本共産党が誕生、翌年には関東大震災と朝鮮人と革命的労働者の虐殺事件があり、その暮れに虎の門事件が起こった。一九二五年には普通選挙法が成立する一方、「国体変革」や共産主義結社の組織化やその援助を禁じた治安維持法が成立した。また蓑田胸喜が右翼結社「原理日本社」を結成し、東京帝国大学には「七生社」ができ、一一月には軍事教練反対のビラを貼ったとして京都帝大学生が逮捕された。この逮捕は治安維持法適用第一号となる京都学連事件の発端になった。

一九二六年には日本労働組合評議会（評議会）が指導する浜松日本楽器の一〇五日に及ぶ大ストライキがあり、二七年には金融恐慌の激化にともなって若槻禮次郎内閣が倒れ、後を継いだ田中義一内閣が中国山東省に出兵させた。一九二八年の総選挙で共産党の合法政党・労農党から山本宣治が当選したが、三月一五日には共産党の大弾圧があり、評議会は解散、七月に特高警察新設、九月に学生の思想善導機関として学生課設置と続いたが、労働者たちは評議会にかわる日本労働組合全国協議会（全協）を結成、ストライキと小作争議の増加にともなってその検挙者も増え続けた。翌一九二九年には「日本プロレタリア」を冠した、美術家同盟、映画同盟、演劇同盟、作家同盟、音楽同盟が次々に結成されたが、治安維持法の改悪に反対した衆議院議員山本宣治が暗殺されて、四月一六日には再び共産党弾圧事件があった。

古在はこうした政治状況のなか、いわばアカデミックな哲学研究に没頭していたが、これらの状況に無関心なわけではなかった。関東大震災時の弾圧・虐殺には「国家権力」というものの存在を感じ、朝鮮人を保護した「本田のおばさん」が表彰されて新聞記事になると、それを長者町の知人に喧伝した。翌一九二四年に十余年前の大逆事件で刑死した幸徳秋水の関連記事が出たときは、「同朋の血は一滴も流さないのが最上」と日記に書き、その年の虎の門事件の難波大助死刑判決に関しても、「現今の法律が公平・客観的かは疑わしい」「いかなる悪を犯した人間でも、俺は死刑反対論者だ」と書いた。また、治安維持法が貴族院で可決されたときには「新聞は吾が国の無政府主義者捕縛を報ず」と嘆いた。しかしこれらの反応はいまだ良質のリベラリズム、ヒューマニズムの範囲にとどまっていた。

もともと古在が哲学を専攻した動機は二つあった。一つは基礎理論、純粋理論の問題。これは一高時代にめざした数学や物理学の基礎的な方法、考え方を明確にしたいという思いから発していた。もう一つは、人生観的な世界観の要求、どう生きるかという問題で、これは誰しもが青年期に一度は通らねばならない問題だった。

当時東京帝国大学哲学科はほぼ新カント派が主流を占めていた。この新カント派は、歴史科学、文化科学の方法の確立に主力を注ぐ西南ドイツ学派と、自然科学に結びつくマールブルク学派とに大きく分かれていた。どちらかというと日本では西南ドイツ学派が力をもっており、古在もはじめは西南ドイツ学派に関心をもったが、学び思索を重ねるにつれ、新カント派主流（西南ドイツ学派）の認識論に不満が募るようになり、科学的方法論の見地を重視してマールブルク学派へ比重を移した。新カント派主流は、自然科学を思索外に置き、しかも人間を単に抽象的な「理性」とか「認識主観」と考えるだけで、人間を一つの存在としてとらえることがなかった。

古在は伊藤吉之助からマールブルク派に属するヘルマン・コーエンを学び、コーエンがいつも「歴史的かつ体系的に」と主張し、哲学者として数学や物理学に密着していることに共感を覚えた。コーエンはユダヤ人で社会主義的、コスモポリタン的な考えをもっていた。このコーエンの門弟で、ドイツ社会民主党の綱領作成に参加した『西洋哲学史』の著者カール・フォールレンダーは『カントとマルクス』を著し、カント主義とマルクス主義をつなごうと試みる社会民主主義者の哲学史家だった。また『唯物論史』の著作をもち労働問題を論じてカール・マルクスとの文通もあったF・A・ランゲも、カッシーラーもマールブルク派に属した。

その意味で、古在の理論的到達点は新カント主義のただ中にあり、共産主義と無政府主義の区別さえ曖昧で、まだ唯物論やマルクス主義に到達していたわけではなかったが、マールブルク派を通じて、社会民主主義的な思想家への理解は深まりつつあった。

古在に学問的に大きな影響を与えたのは、桑木厳翼と伊藤吉之助で、この教師二人はそろって、なにかを絶対化することを許さず、いわゆる「坊主」も大嫌いだった。桑木厳翼は、余り論文を書かない伊藤吉之助に困ってはいたが信頼は厚く、一九二六年には助教授に推薦、その四年後には文学部教授に推薦した。しかし桑木は教授推薦にあたって学問的業績を示す伊藤の論文を挙げるのに窮し、出版予告があったばかりの伊藤吉之助編『岩波哲学小辞典』を伊藤の力作として推奨したうえ、「学位論文も近々提出されるはず」と教授会を説得した。教授昇進の決定は、ちょうどその春伊藤吉之助が二つの講演をこなしたことも力になった。ブリュッセルで開催される万国哲学会に参加していた桑木厳翼に替わって、伊藤吉之助は三月にブレンターノの夕べで「ブレンターノとその時代」（学士会館）、四月にはカントの夕べで「観念論と実在論の彼方」（山上御殿）を講演していた。

伊藤吉之助は「絶対者」を実体化することを認めず、絶対化への反感・反撥が強いだけに、その批評眼は厳しかった。九鬼周造の『「いき」の構造』は「殿様藝にすぎん、哲学の邪道だ」と酷評し、狂信的国粋主義者蓑田胸喜などは軽くいなしていた。少しあとの話になるが、満州事変の始まるころ、慶応大学で予科の論理学を担当していた蓑田胸喜が、論理学はそっちのけでマルクス主義攻撃に熱を挙げていた。蓑田がある日の講義で、道元禅師をハイデッガー（ハイデッゲル[19]）と比較して、「ハイデッゲルの『存在と時間』の説は、すでに道元が『有時《うじ》』の説で道破している」と大見えを切って道元をほめちぎったが、横で聞いていた伊藤が、「君！ちょっと問うがね、道元は、ハイデッゲル程度の男かい？」と、皮肉な反問をあびせた。さすがの蓑田もこれには困惑を隠せなかった。なにしろドイツ留学中、三七歳の「教授Ｋ《プロフエッサー》・伊藤」は、フッサールの紹介でそのころまだ実績のなかった若い哲学者ハイデッガーをドイツ語教師にしていたことがあったからである。

古在とヘーゲル

この二人の教師からカントの批判精神を学び、さらに新カント主義の限界を知った古在が大学を卒業する時期、日本の哲学界はドイツ哲学に追随するように、カント主義からヘーゲル哲学に移行しようとしていた。カントの認識論を卒論に書いた古在は、卒業後はバウフとフォールレンダーを訳し、さらにコーエンに深く入り、フィヒテ、シェリング、ヘーゲル、レッシングなどを読み、思索を深めた。[20]

カントの場合、その批判精神はよしとしても、人間にとっての価値は多様で価値には序列があるはずなのに、倫理的価値は最高の「善」と単純だった。フィヒテの自然哲学は息苦しく、それに比べるとシェリングの自然観は実にみずみずしかった。そう感じつつ歴史哲学を学び出してからは、ヘーゲルの『歴史哲学講義』に大きな共感をおぼえた。

ヘーゲルは、歴史が個人的意識や計画的な行為だけで進むとは考えず、むしろ歴史の意志・理性は、決して個人に自覚されないまま、複数の個人の無自覚的行動いわば激情に身をゆだね、そのような個人を通して歴史は突進し実現すると考えていた。いわゆる「理性の狡智」である。これはカントの目的論的な史観と比べると、より「現実」に接近しているように古在には思えた。

現実の動き、歴史の姿をつかむためには、道徳的世界観のカント的見地ではなく、ヘーゲル的な歴史哲学まで行かなければならない。とくにヘーゲルが言う「理性の狡智」、いわば盲目的な情念、激情、ライデンシャフトをとおして「理性」が貫徹するというのは、古在にとっては新しい視点であり、全く新鮮な主張だった。

古在はヘーゲルと同時にレッシングの『人類の教育』の思想にもひかれた。レッシングによれば、人間というものを捉えるためには、超歴史的な人格としてではなく歴史的な存在、歴史の中で意欲し行動するもの、と見なければならない。また、民衆や民族の歴史には個人の場合と違って、諸法則が支配している……。古在はレッシングに「歴史の各時代の課題と解決の連続性」を教えられた（古在・丸山真男対談「一哲学徒の苦難の道」、『暗き時代の抵抗者たち』所収)。

こうした思索の一方で、目の前ではするどい歴史が動きつつあった。階級闘争の激化、国家権力による弾圧、右翼的思想の台頭、自由主義思想への干渉など、なまなましい目の前の光景、現実の歴史の群れ群れ、これらは古在のアカデミックな観念論に風穴をあけるほどに強いものだった。

しかし古在が依拠しようとしたのは、弁証法的ではあるが観念論としてのヘーゲル哲学、その歴史哲学である。目の前のこの現実をなんとかして、このヘーゲルの体系に組み入れられないか、それが当時の古在の最大の関心事であった。

……確かに歴史は自然発生的に進んできた。その意味では「激情は理念がのびひろがる腕」であろう。ライデンシャフト、激情。この激情を背景・土台にした歴史をいろどる闘争、血なまぐさい暴力と戦争、膨大な死とすさまじい破壊の数々、そして革命。

……確かにカントからヘーゲルまでドイツ観念論は見事に発展してきた。イギリスの産業革命、フランスのすさまじい政治革命の爆発、後進国ドイツへのその波及、おくれているドイツ精神界での突然のざわめき。そこには激情の息吹がある。七〇歳のカントさえフランス革命に深い同情をしめし、青年フィヒテは専制政府の倒壊に熱狂の声援を送り、ヘーゲルはジャコバン党精神にあふれた演説をした。現実の社会からの刺激と影響こそ、書物よりはるかに深刻な印象をひとの精神に刻みつける。哲学、そして現実……。

しかしカント主義を深く学び、その倫理観を深く受け入れてきた古在にとって、いまだに闘争、暴力、革命は、反理性的なもの、「道徳的な世界秩序」に反するとしか思えなかった。古在は、カントからヘーゲルまでのドイツ古典哲学、そのアカデミックな世界のまったただ中を、悩みながらもひたすらに歩いていた。

マルクス主義接近　一九二八年

にもかかわらず古在には大学教授になることや学位取得に全く興味はなかった。むしろ「職業としての哲学」には疑念や失望があって、憂鬱な気分が抜けきれずにいた。哲学はこれでいいのか……。

アカデミー界の外、現実というものが、やはり強烈なものとして古在に迫っていた。翻訳をやり講師として教壇にたち、ドイツ哲学を研究しヘーゲルに共感はしていても、社会的な事件や政治的事件と何らつながらない自分の存在は、不安なものだ。東京帝国大学総長の息子、長者町に粗末とはいえ別邸を持ち、二人の女中がいた恵まれた環境、まともな職業に就かぬままでの哲学研究。そこには社会や労働者に対し、何かすまないという気持ち、逆転された劣等感があった。

これまでの翻訳・講師生活、研究活動によって、哲学専攻の動機の一つ、理論性・科学性の徹底的追究はある程度達成したが、どう生きるかはほとんど解決せず、哲学専攻の二つの動機は、古在のなかで依然として分裂したままだった。

この時代に、どう生きるか？　それは高校教師の村井康男と粟田賢三、大阪朝日新聞社勤務の尾崎秀実、三省堂にいる吉野源三郎や松本慎一にとっても、同じだった。

並製本の『現代日本文学全集』を改造社が一円で売り出して円本時代が始まるなか、印刷・出版界でも労働争議が起こっていた。三省堂では蒲田工場で、「工場法の実行、紙取り工の最低賃金を日給三円に、手洗い場にお湯を」などの要求を掲げて、なし崩し的に二〇日ばかりのストに入り、警官二〇人が出動した。

吉野や松本はこの争議や日本労働組合評議会の「出版労働組合テーゼ」[21]を出版現場で意識しながら、古在らと講読会（ファウスト会など）を続け、メーデーの隊列に刺激を受けるような日々を送っていた。松本が「素朴な愛国者」とよぶ尾崎秀実さえ、高等文官試験をめざして大学院に進んだものの、愛する祖国日本が富と権力を持つ一握りの支配者と無権利で窮乏にあえぐ被支配者に分裂している階級社会であることを知り、日本労働組合評議会のオルグで「非合法」の地下活動家、冬野猛（のち獄死）と付き合い、ときには友人の山崎謙尾崎は断ったとはいえ冬野に「党員への道」を勧誘されていた。朝日新聞社に入社するころ、尾崎（のち哲学者）と門前仲町の「宮川」などで冬野猛を励ますこともあった。

一九二八年七月吉野源三郎がそのころ会ったばかりの村山知義の話を、古在に聞かせた。村山知義は一高の一年先輩で、前年秋に蔵原惟人と前衛芸術家同盟を結成、この四月にはナップ（全日本無産者芸術連盟）を結成していた。その話を聞いて古在は、三・一五共産党大弾圧事件に一高の同期生志賀義雄の名があり、社会正義をめざす彼らの運動に漠然とした同情を感じたことを思いだした。社会主義者だけがライデンシャフトをもち、その激情が現実を動かそうとしている。翌日から古在は河上肇の『レーニンの弁証法』、マルクスの"Lohnarbeit und Kapital"（『賃労働と資本』）を読んだ。ヘーゲルの思想がマルクスにどう作用したかという哲学的な関心が湧くと同時に、自分を取り巻く社会構造の輪郭をはっきり理解することができた。

その八月、古在は木村重三郎と松本慎一を誘って長者町で一週間の夏を過ごし、エンゲルスの『フォイエルバッハ論』を読み始めた。帰京すると、毎晩のように吉野が来て議論を交わした。夏休みが終わるころ、村井康男が古在の家に四泊したが、吉野が来合わせると、話題は唯物史観やプロレタリア文学、はては社会革命などがテーマになった。古在が吉野に経済的苦境・窮乏脱出のために「倫理学批判」を書けと勧めた（一〇一ページ）のはこのころのことだ。

文学も力になった。秋に初めてバルザックを読むと、吉野が「実存主義の本質」について語り、バルザック小説の梗概を説明してくれた。また古在はロシア文学を読み、ツルゲーネフとトルストイは社会生活を小説の対象にし、ドストエフスキーは社会運動を対象にしていると考えたりもした。さらに古在は、エンゲルスの『反デューリング論』から唯物史観こそリアリズムであることを確認し、革命論についても理解できるように感じた。……無産者革命の担い手は自己主張する労働者階級である、革命成就は新たな経済組織、政治組織、文化組織を招来するだろう……。日記にはヘーゲルばりに「生産力発展は我が前に展《ひろ》げられたる世界史の大絨毯《じゅうたん》の経《たていと》であり、階級闘争は其の緯《よこいと》である」と書いた。しかし労働者階級の台頭が「幼きために、未だ広き価値展望を許さない」と記すのも忘れなかった。

このころになると、ドイツ観念論を貫く論理展開も歴史的には十全ではなく、客観的リアリズムを教えてくれたハルトマンも「歴史的官能」に欠け、ヘーゲルの史観さえも透徹しているとは思えなくなった。カントの「純粋理性」にしてもヘーゲルの「絶対理念」にしても、いきいきとした人間の存在が感じられない。愛情と憎悪、歓びと痛み、執着や憤怒などをかかえながら日々を生きる人間や労働者たちの意欲・関心・行動が、彼らからは抜け落ちている。激情によって歴史が動くとしたヘーゲルでさえ、ナポレオンなどのような英雄や天才の行動が歴史の理念を実現するという考えで、歴史の奥底《おくそこ》で生き苦しむ民衆が歴史を動かすというのではなかった。

経済の分野はともかくやや疑問のあった哲学の分野も、エンゲルスを読んで理解が深まり、古在は次第にマルクス主義に寛大になり、じりじりと接近し始めていた。

唯物論到達　一九二九年

一九二九年（昭和四年）の正月は、本田近子・弥太郎の姉華子の小さい子どもが死んだこと以外は穏やかだった。年賀状の返事を書き、病気のため前年暮れ総長を辞めた父由直の代理として近所の年始回りをしただけで、あとは読書をして過ごした。思えば昨年は東洋協会大学（拓殖大）で思わぬ講師排斥などを経験したが、講読会、翻訳、講義を続けるなかで唯物論、マルクス主義の理解も大分進んだ。しかし新たな年に将来を考えると、東洋協会大、帝国女子専門学校の講師だけで自立した生活を送るのは難しく、桑木厳翼教授や伊藤吉之助助教授に新たな就職口を依頼した。

二月になって常磐大定氏から父由直を通して、石神井にある勧学院智山専門学校の哲学講師の話があった。

いきさつはよくわからなかったが父の手前もあり、引き受けることにした。その後常磐氏から知人の娘との結婚話が持ち込まれて、なるほどそういうことだったかと思ったが、この哲学講師の話には伊藤吉之助の配慮が働いていたことをあとで知った。

さらに三月に入ってすぐ、東京女子大で教鞭をとる高橋穣が会いたがっていると篠田英雄が速達と電話で伝えてきた。早速、千駄ヶ谷の高橋穣宅を訪ねると、自分は東北帝国大学に行くことになったので東京女子大の倫理学担当を受け継いでやってくれないか、という。さらに高橋穣は「君はいわゆる思想問題や最近の赤化の風潮をどう思うかね」と尋ねた。古在は一瞬どう答えるか迷ったが、「自分としてはすべてのものに対して批判的です」と答えた。高橋は古在の答えに安堵した様子だった。

勧学院も東京女子大も講師ではあったが、仕事先が増えるのは気持ちを明るくさせた。東京女子大講師の話は、三月末に西荻窪に安井哲子学長を訪ねて正式に決まった。安井学長は沈着冷静で印象はよく、手当は週二時間で六五円と過分なもので、東洋協会大の週八時間で六〇円前後を思えば、大いに満足だった。勧学院智山専門学校の方は四月になって、学校長・権中僧正《ごんのちゅうそうじょう》平沢照尊名で「文学士古在由重、本校講師ヲ委嘱ス」の辞令が出た。その後持ち込まれた静岡高等学校の話は、住居変更を伴うのでさすがに断った。

一九二九年四月半ば、吉野がなにやら感動の面持ちで、古在のところにやってきた。ちょうど前年から続いていた吉野源三郎らとの文学や価値意識、唯物論問題での議論にいっそう脂がのってきたころである。ミューラーの『レーニン伝』に強く打たれたと言って、吉野はその内容を夜中の一時まで熱っぽく説明した。……レーニンの全生涯の活動にあるのは道義だ。レーニンはヘーゲルが遊離させた世界史的なものと道義的なものを抱合させ、「世界精神」の自覚的実現をロシア革命で実現したのだ。倫理学はこの感情を正しく取り扱わなければならない……、などと。

古在は前年の夏、河上肇の『レーニンの弁証法』を読んだあと、価値意識と価値序列、そしてその転逆を考えたことがあった。その時ニーチェの「超人的なもの」はレーニンのような人物にこそ感じるべきだろうと考えたことを思い出した。同時にこの三月山本宣治が暗殺されたとき、大きな衝撃とともに逆に歴史への確信のようなものを感じたことも甦った。その日古在は日記に「暗殺の記事を読み大いに刺激された。ぐずぐずしてゐられないやうな気がする。人類の史的展開は何と言ふ惨《いた》ましい犠牲を要求するのだらう？　併《しか》し乍《なが》ら、自ら慰め得るのは、斯《か》かる尊き犠牲を通して徐々にロゴス（理性）が自らを実現してゐると云ふ確信である」と書いた。古在は吉野の話に、唯物論にこそ理論と生き方の統一があり爽快さがある、そう強く感じたのだ。

五月に入って、前年暮れに発表された小林多喜二の「一九二八年三月一五日」に続き、雑誌『戦旗』[22]に発表されたばかりの「蟹工船」や河上肇の『資本論入門』を読み、吉野とはドイツの革命家リープクネヒトや階級的意識などを語り合った。六月には『反デューリング論』を再読、新たに『家族・私有・財産および国家の起源』を読み、『資本論』第一巻など十数冊を買い込んだ。

古在のなかでもつれ合っていた観念論と唯物論、古いものと新しいもののぶつかり合いは、ようやく勝負がつきかけようとしていた。長年進めてきたフォールレンダー『西洋哲学史』の翻訳・照合もようやく終わろうとしていた。

観念論の着実な積み重ねから唯物論に到達した古在は、いまや不可逆の位置にいた。残されたのは、現実とのかかわり、「実践」だけであった。

第4章「非合法活動」　一九二九〜三四年

東京女子大　一九二九〜三〇年

古在由重が教えることになった東京女子大学（当時の制度上は、専門学校）は、理事長オーガスト・カール・ライシャワー（元駐日米大使の父君）、学長新渡戸稲造、学監安井哲子のもとで一九一八年（大正七年）に開校したプロテスタント系の学校で、創立当時から自由主義的な雰囲気をもっていた。関東大震災の翌一九二四年に現在の杉並区善福寺に移転したが、当時としては珍しく耐震の考え方も取り入れた鉄筋コンクリート建て、三畳ほどとはいえ日本初の個室女子寮[1]があり、新しい考えをもつ若い女学生のあこがれの大学だった。

時代を反映して、この大学もまた他の大学と同じように左翼グループの運動が活発に展開されていた。一九二八年の三・一五事件では波多野操などの逮捕者を出し、のちに志賀義雄夫人となる渡辺多恵子なども社会科学研究会（社研）で活動していた。当時古在は全く知らなかったが、帝国女子専門学校（現・相模女子大）にも社研があり、戦後その教え子たちの来訪を受けて、古在はその存在をはじめて知った。

こうした学生の「赤化」、共産主義思想への感化を「善導」するために、文部省はこの年学生課を設置、この設置を受けて東京女子大が倫理学講座を設け、東京帝国大学では「新人会」解散が大学評議会で決議された。「思想善導」のために、マルクス主義に確信をもつ古在が採用されたのは、時代の皮肉だった。

一九二九年四月、高橋穣教授の後任の倫理学担当講師として、古在は東京女子大に着任した。古在は四月一八日、朝六時に起きて講義ノートを点検し、九時前には善福寺にある女子大のよく整った教室に入った。女子ばかりのまえで、ややうつむき加減だったが、「吟味されざる生は併《しか》し人間に取って生きるに値しない」（『ソクラテスの弁明』）とギリシャ語とともに板書して、倫理学の講義を始めた。

当時の学生には、野呂栄太郎[2]夫人となる塩澤富美子（当時下田姓）、やがて村井康男と結婚する江沢福子、松本慎一と結ばれる大津敏子、息子葉山峻が藤沢革新市長となる村上ふゆ子、古在にレポート満点をもらい「非合法活動」のきっかけを与える宮崎哲子、満鉄調査部に勤めゾルゲ事件で検挙された高橋ゆう、そして古在の妻となる田中美代たちが学んでいた。

いきいきとして熱気が伝わる古在の授業は人気があり、階段教室はいつも満員になった。「生に対するソクラテス的情熱、刹那に対するニーチェ的情熱、それらは道徳的パッションなしには成立しない」、そんな古在の講義は、道徳的価値論から歴史哲学にも及んだ。しかし講義は楽な仕事ではなく、毎週その準備に追いかけられる日々が続いた。古在は猛烈な勉強で講義ノートをつくり、吉野源三郎のまえでいったん試してみてから、講義本番にのぞんだ。そして一九三〇年二月末、ほぼ一年にわたるこれまでの講義を八項目にまとめ、「真理への探究ならいつでも援助するよ」と最後に言って、この年度の講義を終えた。

社研メンバーの村上ふゆ子と宮崎哲子は、この三月ともに高等学部を卒業した。村上ふゆ子は、東郷平八郎と親交のあった舞鶴の金物商・村上虎雄の娘だが、三木清から弁証法哲学を教わったことがあり、同期の宮崎哲子にエンゲルスの『空想から科学へ』を勧めたことがあった。大地主宮崎滔天《とうてん》[3]の姪にあたる宮崎哲子は、その『空想から科学へ』を読んで「目の奥がパッと開い」て社研に入会し、以来ひそかに活動を続けていた。

そのころの日本共産党は三・一五と四・一六の弾圧事件にもかかわらず、新しい活動家たちが次々に生まれて党組織の再建にあたり、一九二九年七月には弾圧事件でストップした日本共産党の「非合法」機関紙

『赤旗《せっき》』も復刊され、村上と宮崎はその数少ない読者でもあった。二人が卒業するころの『赤旗』は「インテリは弱く、労働体験をして鍛えなければならない」という趣旨の主張を繰り返していた。

宮崎哲子はその『赤旗』の主張に共感し、卒業すると「朝田まさ子、一七歳」になりすまして豆電球の工場に入りこんだ。しかし日給四七銭では生活が苦しく、ガラス作業の暑さもあって、五月には専売局タバコ工場に転職した。宮崎はここで、のちに獄中結婚することとなる安東義雄を知った。安東は当時、『無産青年』新聞本社の組織部にいて、東京城南地区を担当していた。

一九三〇年春、「駆け出しの労働者」朝田まさ子こと宮崎哲子が、古在を訪ねてきた。「先生は授業で理論と実践の統一を言っていたが、マルクス主義に賛成かどうか」。「賛成、同意する」と答えると、「お願いがある。革命的な政治組織があり、ひどい弾圧があって犠牲者がたくさん出ている。その国際的な救援組織モップルに協力して欲しい」。

古在はどんな協力も拒否する理由はないと思ったが、かなりの危険は予想された。吉野源三郎に一度相談しようと考え、「一晩待って欲しい」と言って、宮崎を帰した。

実践へ　一九三〇年夏〜秋

そのころ吉野源三郎は、古在と一緒に読んだばかりのジョン・リード著『世界をゆるがした十日間』に大きな衝撃を受けていた。自分たちが一高にいた時代に起きていたロシア革命、何億という人類に重大な影響をもつ大きな出来事。いかに長い間「自分の生きていた時代について倒錯した意識の中で生きてきたか」(吉野『同時代のこと』岩波新書)、自分たちの生活と同時代の現実との大きなズレ！　それはやりきれないほどの衝撃だった。

時代ははげしく動いていた。一九二八年から二九年にかけて、三・一五事件、山東半島に出兵していた日本軍と中国軍とが衝突した済南事件、張作霖の爆殺、山本宣治の暗殺、四・一六弾圧事件、ニューヨーク・ウォール街での株価大暴落に始まる世界恐慌、一九三〇年には、ロンドン軍縮条約を契機にした右翼の台頭、過激さを増す東洋モスリンの労働争議、一家心中、中国での日貨排斥、陸軍青年将校「桜会」や井上日召の「血盟団」結成、浜口雄幸首相狙撃事件などが続いた。

もはや学問の世界だけで、のどかに生きていくことはできなかった。吉野はこれまで学んだ歴史哲学から、マルクス主義的方法の優秀さを確信していた。特に、世界恐慌以来の政治経済の分析力で鋭さを増していたコミンテルン[4]の輝かしい歴史は尊敬できるものだ。そう認めた以上政綱上に多少の疑問はあっても、無産階級、前衛の結合体であり、コミンテルンの日本支部である日本共産党の活動に加わるべきではないか。そんな真剣な思いを、吉野はかかえていた。

そんな折りの古在の相談に、吉野は迷うことなく、マルクス主義の正当性を信じる以上断る理由はないと言った。二、三日後、答えを聞きに来た宮崎哲子に、古在は「引き受ける。具体的にたのみたいのは？」と聞くと、宮崎は資金提供と集合場所のめんどうを見て欲しいと答え、読んだらすぐ処分して欲しいと、『第二無産者新聞』[5]を置いていった。古在はこのとき宮崎哲子が共産党の活動に参加しているのを確信したが、再び相談した吉野は「やるべきだろう。ただ気負ってはだめだ。散歩するような落ち着いた気持ちで……、よし！最初は、俺が引き受ける。自分の所を提供しよう」と言った。当時古在は小石川区駕籠町（現文京区本駒込）に家族と一緒に住み、東京帝国大学の図書館司書をしていた吉野は間借りの一人住まいであった。

その後吉野は、「山科」を名乗る宮崎哲子になんどか会った。ほどなく吉野の家でモップル日本支部の中央委員会か何かの会合が開かれ、吉野は治安維持法違反容疑で捕まった。一九三〇年夏のことであった。

治安維持法は一九二五年（大正一四年）に制定され、その三年後には早くも改正されて、国体変革の結社つまり共産党などを組織した者、その役員・指導者は死刑か無期または五年以上の懲役、「情ヲ知リテ結社ニ加入シタル者又ハ結社ノ目的遂行ノ為ニスル行為ヲ為シタル者ハ二年以上ノ有期懲役ニ処ス」と定められていた。本富士警察署での取り調べで、吉野は古在の名も出さず、「女子学生」の名も知らぬと突っぱねて、日ならずして帰ってきた。

その後吉野は宮崎哲子を通し共産党技術部[6]との連絡ができたからと、古在に資金援助を頼み、さらに定期的に『第二無産者新聞』、不定期に『無産青年』や『労働新聞』を届けてくれた。吉野は、古在の一歩先に「実践活動」に入っていた。

その夏、古在の教え子高橋ゆうが「左翼事件」で検挙され一ヵ月余の勾留後、起訴保留で釈放される事件があった。高橋は群馬県前橋市の書店「煥乎堂《かんこどう》」の娘で、リベラルな思想をもつ父清七の影響をうけて育ち、東京女子大でもなかなか優秀な学生だった。父清七は在野でスピノザを研究し、家父長制という家制度に批判的で、女子寮の高橋に「昔の親の情とは違つて居るかもしれない」が「もっとliberalなnaturalの気持ちで居たい」と手紙を送り、草野心平や萩原朔太郎など自由主義的な詩人たちを保護・支援していた。

この春先、古在は松本慎一から「三省堂で人手を欲しがっている」と言われ、高等部の高橋ゆうを紹介した。その高橋ゆうが検挙され、保釈後帰郷して病床に伏したことは、古在にとって無視できぬ決定的な事件となった。

一九二一年九月から八年間書き続けてきた古在の日記は、二九年秋に一時中断したまま三〇年秋突然、次のようなたった数行の記述をもって、完全に途絶えた。

「学校方面の多忙が此の日記を暫《しばら》く中絶せしめた。そして其《そ》れに続いたところの生活態度の変更及び確立（一二月末）、周囲の事情の変化（四月以降）、思想の明確化（就中《なかんずく》、本年初夏の倫理学講義）等は此の中絶を長びかせた。〔此の間に於ける他の記すべきもの——町田実君、本田幸介氏の逝去〕此の一年間は思想的にも亦《また》私にとって一の長足の進歩を齎《もたら》したのである。一九三〇・九・三　記」。

このころ古在が長い間つきあってきた本田近子に突然結婚話がもち上がった。古在はあわてて結婚を申し込む長い手紙を書いたが、そのまま送り返されてきた。それは絶縁の手厳しい意思表明である。古在がマルクス主義の道に入りつつあったことが背景にあった。これまでは家族ぐるみの付き合いで、いわばプラトニックな恋愛だったが、古在はショックのあまり、一週間ろくな食事もとらず寝込んでしまった。吉野は事情を知ってか知らずか、東京帝国大学図書館からの帰り毎日立ち寄っては、失恋とは別の話をさりげなくして帰ることを続けた。

この失恋は別にしても、「思想の明確化」とその「長足の進歩」をとげた古在にとって、自分の内側の思想と外側との交流・交渉を書きとめる日記は、もはや危険なものとなっていた。

三木清と戸坂潤　一九二九〜三〇年

一九二九年、ドイツからヨハネス・クラウス神父が来日した。新進の経済史家で哲学にも造詣が深く、『スコラ哲学・ピューリタニズム・資本主義』の著者でもあった。クラウス神父は翌年上智大に教授として迎えられると、プラトン・アリストテレス協会というわずか一〇人ばかりの小さい集まりをもった。どういう機縁かここに古在も参加し、そこではじめて哲学者三木清、戸坂潤と顔を合わすことになった(「クラウス神父のこと」『著作集』⑥)。古在は月一回の研究会でプラトンの対話編『国家』を報告したことがあったが、なにより嬉しかったのは、あまり年齢差のない二人の哲学者、三木清と戸坂潤の知遇を得たことだった。

三木清は一九一七年、一高から東京帝大へという既定ルートに乗らず、京都帝大文学部哲学科に入った。その哲学科で、西田幾多郎、田辺元らに学び、谷川徹三(哲学者、文芸評論家、法政大総長)、林達夫(哲学者、評論家、平凡社『世界大百科事典』編集長)らとつき合い、卒業後は岩波書店創業者・岩波茂雄の支援で三年間ドイツ、フランスに留学した。

三木はハイデルベルクに留学していた羽仁五郎（歴史家、当時森姓）、大内兵衛（経済学者）、久留間鮫造（同）らと交流し、カール・レヴィット[7]との親交から「西洋マルクス主義」の系譜と繋がりをもった。しかしドイツ哲学が新カント主義から生の哲学、実存主義に移行するなか、ハイデッガーの解釈学的現象学の立場から、「生の存在論」、人間学を志向して、古在が大学を卒業した一九二五年の秋に帰国した。

群を抜いた優秀さゆえに西田幾多郎の後継者と目されていた三木は、帰国後、京大後輩の戸坂潤、樺俊雄（のち社会学者・中央大教授）、梯《かけはし》　明秀《あきひで》（のち哲学者・立命館大教授）らとアリストテレスの『形而上学』を講読、また西田幾多郎の勧めで河上肇のためにヘーゲル弁証法の研究を指導した。しかし当然視されていた京大教授就任は、学問とは無関係の私的交情を理由に教授会が賛同せず、三木は一九二七年春に上京して法政大教授に就任、岩波書店の仕事にも関与して、小林勇[8]と昵懇の仲になった。

三木清が帰国した当時、日本では福本和夫のマルクス主義哲学が影響を拡大していた。三木はそれへの対抗心もあって、「生の哲学」「生の存在論」、人間学と史的唯物論とを結合させて哲学界に打って出ようとした。個人的な野心もあったが、マルクス主義に人間学的解釈を施すことで、資本主義社会での意識、観念を問題にした『唯物史観と現代の意識』を二八年に刊行し、当時の学者・学生に強い影響を与えた。

さらに三木は羽仁五郎と一九二九年から発行し始めた雑誌『新興科学の旗のもとに』（鉄塔書院）に、「唯物論とその現実形態」「形式論理学と弁証法」などの論文を毎号のように発表し、それらの論文を集めた『社会科学の予備概念』『観念形態論』などを上梓、三木はマルクス主義哲学を日本の哲学界に定着させるうえで大きな力になっていた。

「三木清の影響で左傾した恐らく最初の一人が私かも知れぬ」という戸坂潤（戸坂「三木清と三木哲学」、『戸坂潤全集』⑤所収）は、古在の第一高等学校時代の一年先輩だった。戸坂潤は開成中学で村山知義（のち劇作家・演出家）と同級で、中学時代から進化論や国家・政治について興味をもち、「進化論上の国家観」とか「愛国心漸衰《ぜんすい》の兆《きざし》あるか」などを校友会雑誌に発表していた。高校進学時には自然や科学への興味を断ち切れず、一高第二部乙（理学志望）に入った。

その戸坂も大学進学にあたっては、古在同様、あらゆる学問の基底には必ず哲学があることに気付き、「三木清に影響されて」京大哲学科に進んだ。「三木の影響」というのは、戸坂得意の反語と幾分か皮肉の混じった後年の述懐だが、戸坂は数理哲学を専攻して「空間論」を研究、卒業後はヴィンデルバントの『意志の自由』を翻訳、また卒論に手を加えて「物理的空間の成立まで――カントの空間論」を京大哲学雑誌『哲学研究』（二〇六号、二四年）に発表した。戸坂が一年志願兵で鴻之台（現市川市国府台）の野戦重砲隊に入隊していたときのことで、戸坂は空間を「存在論」的につかみ直すことを通じ、カント主義を克服して唯物論の立場に到達していた。

その後戸坂は同志社女子専門学校などの講師を務め、三木らと『形而上学』を講読、一九二七年六月原隊に再召集され、陸軍砲兵少尉となってその暮れに除隊した。

一九二九年から大谷大学で哲学を講じるかたわら、甘粕（見田）石介ら数名の学生とマルクス主義の読書会を自宅で開き、六月には「空疎な興奮でもなく、平板な執務でもなく、生活は一つの計画ある営みである」という有名な文句で始まる『科学方法論』（岩波書店）を刊行した。戸坂はこの本のなかで、現在不可欠なこととして、科学の合理性と論理性が人間の生活経験と知識に統一されるべきこと、そして学問が問題の解決力と実践性をもたなければならないことを強調した。またその秋にプロレタリア科学研究所（プロ科[9]）が発足すると、三木清とともにそのメンバーとなった。この研究所は、三木らの『新興科学の旗のもとに』と蔵原惟人らの『国際文化』を合併して、月刊『プロレタリア科学』を発行した。

そのころ戸坂潤は関西学院の学生西村欣治郎（一九三一年獄死）を通じて地下活動家と接触し、三〇年四月、共産党幹部田中清玄を自宅に泊めたことを理由に検挙され、一週間で釈放されたものの「天皇制権力」というものを身をもって体験していた。

三木慰問　一九三〇年秋

古在と知り合った三木清が一九三〇年五月、共産党シンパサイザー事件[10]で検挙された。プロ科で知りあった小川信一に頼まれて提供した金が、共産党への資金だというのが理由であった。三木は数日後にいったん釈放されたが、七月には起訴されて豊多摩拘置所に収監、すべての職を失った。

古在が三木清を意識したのは大学卒業後である。三木の処女作『パスカルに於ける人間の研究』につづく、『唯物史観と現代の意識』や雑誌の三木論文のまじめな読者ではなかったが、アカデミー哲学の世界から最初にマルクス主義に接近した三木の実績は知っていた。

その三木の検挙は、「思想的に長足の進歩」（日記）を遂げていた古在の未来を暗示させたが、それゆえに古在は三木に強い親近感をもった（古在「三木・戸坂・尾崎　三人への回想」『革新』一九四八年三月号）。

しかし入獄という苦境に立たされた三木清に対し、同じプロ科仲間から手ひどい批判が浴びせられた。すでに『思想』五月号は服部之総（歴史学者）の「観念論の粉飾形態——三木哲学の再批判」を掲載、三木は次号に「唯物論は如何にして観念化されたか——再批判の批判」を寄せて反論を試みたが、七月号は服部の「唯物弁証法的世界観と自然——三木哲学における弁証法」、栗原百寿（農業経済学者）の「相対主義の浮浪的弁証法——三木哲学批判」を掲載した。学問的批判ではあるが、「粉飾」した「浮浪的弁証法」というのは、すでに幽閉されて充分に反論する条件のない三木には断罪に等しいものである。さらにプロレタリア科学研究所そのものが「哲学にたいするわれわれの態度——三木哲学に関するテーゼ」を発表して、追い打ちをかけた。

一九三〇年一一月半ば、三木清は懲役一年、執行猶予二年となって釈放された。古在はその直後、高円寺の三木の家をはじめて訪ねた。そのとき三木は和服姿のまま小さい庭で草いじりをしていた。どこかにやつれと失意、そして寂しさが感じられた。治安維持法違反で逮捕釈放された〝アカ〟を訪ねる人間はあまりなく、三木は古在の二時間ばかりの訪問を非常に喜んだ。その後三木はしばらく、長野県の別所温泉で静養した。別所温泉には旧知の高倉テル（作家）が住んでいた。

しかし釈放後の三木清は、時代の精神を敏感にうけ止めそれを理解する力が十分にあったにもかかわらず、それまでもっていたマルクス主義的な主張を著しく弱めた。考えてみれば、唯物史観や唯物論を主張し大きな影響を与えたときでも、三木自身はマルクス主義者ではなかった。三木の知性が、「マルクス主義という知性」を受け入れただけで、古在にはその後の三木が西田幾多郎の歴史哲学まで後退したように感じることがたびたびあった。しかし三木との交友を変えることはなかった。戸坂潤がのちに「三木清氏と三木哲学」に書いたように、「この自由主義者は他の自由主義者のおおくの者とはちがつて、相当抵抗力のある進歩主義者」に違いないからである。

一九三一年二月、ヘーゲル百年忌を記念する国際ヘーゲル連盟の設立にあわせて日本支部ができ、三木清が日本支部代表になった。そして四月、三木逮捕・失職後の後釜として法政大の要請をうけて講師となった戸坂潤が上京し、プラトン・アリストテレス協会に顔を出すようになった。しかし協会はいつの間にかヘーゲル連盟日本支部のような形になり、協会編集の『ギリシャ・ラテン講座』（鉄塔書院）を刊行後、活動は休止状態になった。

その間、古在は三木に依頼された短い原稿を二、三度は書いたが、『イデオロギー論』（理想社刊）への「イデオロギーとしての道徳」の寄稿要請にも、何度か誘いのあったヘーゲル会への参加にも、なかなか応えることができなかった。古在はそのころ、「非合法の新たな仕事」についていたのだった。

「非合法活動」 一九三一年～

日本共産党は一九二二年七月に創立したが、翌年には市川正一、徳田球一ら幹部ほか八〇人が検挙、その後も弾圧されては再建するという困難な闘いを強いられ、そのころは幾分混乱も生じていた。四・一六弾圧事件のあと再建された指導部にはのちに右翼に転じる田中清玄などがいて、一九三〇年には竹槍をもって行進する「武装メーデー」を指導、冒険主義的な極左路線をとって、多くの労働者と国民から共産党を孤立させていた。

しかし共産党指導部は一九三一年一月、モスクワ帰りの風間丈吉、病気保釈中の岩田義道らによって再建され、「武装メーデー」後停止していた『赤旗《せっき》』も、機関紙担当の岩田の手で再刊されていた。

岩田義道は古在の四歳年長で京都帝大経済学部で河上肇に学び、一九二八年の三・一五事件での検挙は免れたものの八月に逮捕され、二年余の入獄のあと、一九三〇年一〇月に病気を理由に保釈され、出獄するとすぐ地下活動に入って、共産党再建にあたっていた。

一九三一年六月、河上肇の弟子でのちに『赤旗』編集責任者になる三村亮一が代々木八幡に住む村井康男をたずねた。村井は東京帝大を卒業してから成城高等学校（現・成城大学）に勤務し、そのころはすでに東京女子大学を卒業した江沢福子と結婚していた。そのとき村井康男は三村亮一から、重要人物を預かって欲しい、と依頼された。古在や吉野源三郎らとの交流もあって、村井康男もまた「革命運動に対し次第に同情の域を超えるようになっていた」（村井「岩田義道のこと」、『歴史文学』第三号）。

村井夫妻は「安全」を最大限考慮して南青山に二階建ての借家を借り、その重要人物こと岩田義道・安富淑子夫妻と共同生活を始めた。岩田は偉丈夫でがっしりした体格、ふくよかな顔、人なつっこい目、静かな話しぶりで、一見して信頼できる貫禄をそなえていた。将棋はヘボだったが、当時の中年男としては珍しく音階がしっかりしていて歌がうまいうえに、苺が食卓にでると「イチゴ（一期）の思い出にうんと食うか」などと冗談を飛ばすような好男子だった。

しかし病気保釈中の岩田義道は、今度つかまれば生きて帰れないと何度も口にした。岩田は口癖のように「ロシア的革命情熱、アメリカ的実務精神」と言っては、二階の八畳間に置いた小さい机に白熊のような大きな体をすえて、『赤旗』論説、中央委員会の討議草案、パンフ原稿などを精力的に書いた。村井は帰宅後時間があれば、カーボン紙を入れて4Hの鉛筆で清書・複写する作業を手伝った。

岩田義道の業績のひとつは、『第二無産者新聞』を『赤旗』と併合させ、これまでの謄写版から活版印刷に変えて紙面の充実と大衆化をはかったことである。数百部にすぎなかった『赤旗』は、「非合法」の機関紙にかかわらず、一九三二年四月には夕ブロイド判六頁、発行部数七千部となり、満州事変後の日本の中国侵略とそれに抵抗する中国・朝鮮の人々の闘いを伝えた。

村井康男が岩田義道をかくまったころ、古在は、吉野源三郎と一緒に小石川伝通院のそばで聞いた河上肇の、戦争阻止の烈々たる気迫の演説に強く動かされた。古在が吉野に共産党への資金援助だけではおもしろくないと話すと、吉野は「文化的な仕事もあるだろうから、考えておく」と答え、しばらくして街頭で三村亮一を紹介した。古在は何度か会ううち、三村がマルクス主義哲学や文学に造詣が深く、啓発されることが多いことを知った。

接触の度が増えたとき、三村は古在が自費で『コムニスティシェ・インテルナチオナーレ』(共産主義インターナショナル)や『ベルリーナ・ターゲブラット』(ベルリン新聞)などの外国・国際文献を読んでいるのを知り、『ローテ・ゲゼルシャフト』(国際赤色労働組合)や『ローテ・ファーネ』(赤旗)を取り寄せて欲しいと言ってきた。古在は三村の頼みは日本共産党の要請だろうと受け止め、語学力を活かせることもあって、全面的に応えることにした。資料代月六円は、自腹を切った。それから古在は月二、三種の論文を訳し、ときには場所を変えながら定期的に二、三人での討論を経て、原稿用紙三〇枚くらいを毎月三村に渡し、共産党の国際資料として『赤旗』などに活用された。三村亮一との関係は三二年秋の熱海事件で三村が検挙されるまで続いた。哲学や唯物論の研究よりも、現下の中心問題、中国への侵略戦争阻止の具体的行動を優先させたいというのが、古在の気持ちだった。

それが古在の「新たな仕事」だった。もちろん東洋協会大、帝国女子専門学校、東京女子大、智山専門学校での講義とその準備の合間をぬってのことだから、一種の二重生活であった。しかし古在は講義準備も講義も手を抜かない一方、学内での活動は合法・非合法とも意識して控えた。

ヌーラン事件 一九三一年六月

一九三〇年の秋、東京帝大図書館に勤務する吉野源三郎は全く偶然に、学習院高等科文科の学生菅豁太《かんかつた》[11]や本田良介（戦後、ジャパンプレス社創設）らのグループ「哲学研究会」の面々に出会った。菅らはその後東京帝大に入った学生たちで、吉野源三郎は菅豁太らの青年らしい溌剌とした心情と生活感とに刺激され、その研究会の講師役を引き受けた。

吉野が講じたのはマルクスの歴史哲学、史観で、古在も吉野に誘われて講師役を引き受けた。会場は荻窪の岡邦雄（科学史、のち唯物論研究会事務長）の家で、古在はそこで菅豁太や岡邦雄を知った。

吉野は東京帝大図書館勤務と研究会の講師を務めながら、「山科」こと宮崎哲子が紹介した共産党技術部の山本某から「実際運動」の資料提供を受けていた。吉野は山本某との接触面談を続けるうち、一一月になって、海外からやってくる渡来者との連絡係を依頼された。来日した者が図書館に連絡を入れ、吉野がそれを山本某に伝えるのが役目で、そのときに使う合言葉も伝えられた。しかし吉野は三一年七月から予備役の演習召集を受け、陸軍野戦砲兵学校に入ったため、この「役目」は実行にいたらず、菅豁太らとの哲学研究会もまた一年足らずの短い期間で終わった。

この時期松本慎一もまた吉野や古在と同様に、共産党の「非合法活動」を始めていた。三省堂時代の吉野からの影響、ファウスト会メンバーや尾崎秀実らとの交遊、そして松本慎一自身の唯物史観の学習などの結果だった。

一九三一年五月、岩田義道とともに共産党再建のために活動していた風間丈吉が、コミンテルン極東部との連絡のため日本郵船会社「龍田丸」で上海に向かった。そのとき風間はなぜか、船客名簿に「東京市神田区駿河台下　三省堂　雑誌記者　松本慎一」と書き、極東部との連絡先も「三省堂編集部　松本慎一」としていた。

六月一五日、コミンテルン極東部の組織代表ヌーランが、夫婦ともども上海の共同租界警察に検挙される、ヌーラン事件[12]が起きた。上海当局は、コミンテルン極東部が、朝鮮・台湾を含む日本、支那、菲律賓《フィリピン》、海峡植民地《マレーシア》、南印度諸島《インドネシア》、印度支那《ベトナム、ラオス、カンボジア》など各国の共産党を指揮してその赤化を企てている旨、日本政府に通報してきた。内務省警保局は即座に国内での調査を開始し、「其ノ関係範囲ノ広大ナル誠ニ驚クベキモノアリ」として、国内での検挙に踏み込んだ。

六月末のある朝、松本慎一が数人の刑事に踏み込まれ、生活を共にしていた西野光子の目の前で連行された。しかし松本は、風間が勝手に自分の住所氏名を使った事実もその事情も全く知らないため、数日で釈放された。

翌七月半ば、予備役召集中の吉野源三郎が憲兵隊に逮捕された。内務省警保局は「日本共産党トノ間ノ連絡ヲ示セル最モ重要ナル Van Dur Cryssen《バンデルクルイセン》」のメモを重要資料として入手していた。Van Dur Cryssen《バンデルクルイセン》は、「汎太平洋労働組合秘書庁並共産国際極東局ノ責任者」として当局に把握されていた人物で、そのメモにはドイツ語で、「我等ハ此ノ紳士ヲ訪問シテ問フ。貴方ハ吉野サンデスカ」、また電話連絡のときは「我等ハ『本郷二四七三』（此レハ大学ノ番号）ヲ呼ンデ」さらに「校内四三七（此レハ図書館ノ番号）ヲ呼ブ」と書かれてあった。逮捕後吉野は、憲兵隊のきわめて厳しい取り調べを十数回にわたって受けた。

マクス・ビカートン　一九三一年秋～三二年秋

古在が三木清とともに加わっていたプラトン・アリストテレス協会に、河合栄治郎門下の法学士近藤俊二が出入りしていた。古在は近藤にジョン・リードの『世界をゆるがした十日間』は面白いと話したことがあったが、そのとき近藤は、その本に感激して三晩眠れなかった外国人がいる、引き合わそうと言った。近藤は丸善で偶然そのイギリス人、マクス・ビカートンを知ったという。近藤と一緒に駿河台下のビカートンの間借り先を訪ねたのは、一九三一年秋のこと（古在「マクス・ビカートンの回想」、『人間讃歌』所収）で、すでに吉野は逮捕され、満州事変が起きて、ひとつながりの拡大過程をたどってやがて太平洋戦争につながる「一五年戦争」の口火が切られていた。

ビカートンは古在とほぼ同年齢で、在日七年目の一高英語教師、日本語もうまく機知にも富んでいた。小林一茶の研究からプロレタリア文学にも興味が広がっているようで、部屋に『戦旗』が積み上げられているのが印象深かった。

そのあと古在がひとりで訪ねるようになると、『戦旗』には英語で書き込みがしてあり、小林多喜二や中条（宮本）百合子、中野重治らが好きで、発行元の戦旗社には資金カンパをしていることもわかった。それから二人は意気投合して急速に親しくなり、自転車に乗って荒川堤でバーベキューをしたり、翌年には辻堂の海で泳いだり、『資本論』や『日本資本主義発達史講座』を一緒に読むほどの仲になり、ほどなく古在は岩田義道にビカートンを紹介した。以来、ビカートンは月収の三分の一をカンパするなどして共産党を支えた。

ビカートンとの付き合いが深くなるころ、世界は激しく動いていた。一九三二年一月には上海事変が勃発、中国での抗日運動が激化し、国内では二月と三月に血盟団による前蔵相井上準之助などの要人射殺、五月には青年将校による犬養毅首相の射殺事件（五・一五事件）、六月には国会が満州国を承認するなど、政治的事件が続いていた。

一九三二年五月、コミンテルンが「日本における情勢と日本共産党の任務にかんするテーゼ」（三二年テーゼ）を決定した。岩田義道は恩師の河上肇に翻訳を依頼し、七月に全文を『赤旗』に発表した。テーゼは日本の社会機構を、強力な封建制の要素と独占資本の著しい発展が絡み合い、そのうえに絶対主義的天皇制が存立していると分析し、侵略戦争反対と天皇制打倒という当面の課題を明確にした。それは一九二七年と三一年の共産党政綱の弱点を正すものでもあった。

古在と一緒に「三二年テーゼ」を読んだビカートンは、天皇制とイギリス王室との違いがよくわかる、「この『テーゼ』、ベリ・グッドです」と言った。古在も絶対主義的天皇制の分析が鮮やかで、日本資本主義の特殊性がはじめて明らかになったと感じていたので、ビカートンの言葉が強く印象に残った。

岩田義道がなんどか古在の家にやって来た。上等らしい背広、きれいに磨かれた靴、一見瀟洒な紳士風の装いは、特高刑事の目をくらます工夫だった。父親の由直も岩田義道を古在の同僚学者と思ったらしく、議論がすむと「学者たちにご馳走してやれ」と訪問を喜んでいた。古在はすまないと思いつつ、訪ね来る「友人」たちとの「議論」を静かに続けた。

古在が『赤旗』の付属部員のような仕事を始めたのは、哲学だけをやっていては申しわけないという気持ちが高じていたからだが、岩田義道は「哲学というものは非常に大事なものだ。どんな別のことをしていても、君はあくまで哲学を捨ててはいけない。哲学とロシア革命史だけは忙しくても一生懸命勉強したまえ」と忠告した。学問などやっている時期ではないとせっぱ詰まっていた古在の、小市民的な急進性をしっかりたしなめる共産党幹部の実に冷静な一言であった。

唯物論研究会発足　一九三二年秋

一九三二年の春、古在は「非合法」の連絡場所に銀座を使った。春の夕暮れ、古在との連絡を担当した漆畑茂という一人の青年と喫茶店「アトラス」で会った。警戒のために周囲に気を配っていると、ピンクの服を着た堂々とした婦人が入ってきた。古在はその婦人にさりげなく注意を払った。

どうも中条（宮本）百合子のようだ。古在は百合子の弟中条国男と中学時代の同級生で、いたずらのために一緒に停学処分を受けたことがあったが、姉の百合子は写真などで知っている程度だった。

意外な人の出入りに、漆畑茂は話を急いだ。「アトラス」を早く出て、一網《ひとあみ》に検挙される危険をさけようとの気持ちのよう見えた。まもなく百合子のもとにたくましげな男が近づき、話し始めた。それを機に古在と漆畑は「アトラス」を出た。古在は「あの男は宮本顕治かな？」と聞いたが、[13]知ってか知らずか漆畑は黙ったままだった（「ピンクの服」、『著作集』⑥所収）。

梅雨に入った頃、旧知の岡邦雄が古在の所にやってきた。岡は唯物論研究会というのを始めたい、ついては創立者の一人になって欲しいと言って、そのいきさつを話した。

「この二月、マルクス主義の理論活動をつづけていたプロ科（プロレタリア科学研究所）がほとんど壊滅状態になった。三月には犬養毅内閣による文化活動家四百人の検挙があり、もはや文化運動は不可能な状態になった。そんな折りプロ科のメンバーで、反宗教運動の団体『日本戦闘的無神論者同盟』を組織していた川内唯彦（社会運動家・翻訳家）が自分をたずねて来て、新たな発想で唯物論の研究会を合法的に作ってみてはどうか、と言ってすぐに去っていった。『非合法活動』もやっていた川内は、弾圧による組織壊滅から唯物論者たちの離散を防げないかと考えていたらしい。自分も無神論者同盟の一員だからその意味をすぐ了解して、さっそくドイツから帰ってきたばかりの三枝博音（日本思想史）に相談し、戸坂潤の力を借りることにした。戸坂の『科学方法論』に感心し魅了されていたし、出版社が見つからずにダメにはなったが雑誌『アンシクロペディスト』の出版を戸坂と相談したことがあった」と岡は言った。

そう説明した岡は、「三枝と戸坂の三人で結成の意志を固めたので今賛同者・発起人を募っている、できれば幅の広い文化戦線上の統一的な研究会にしたい、君にぜひ加わって欲しい」と言った。

古在は大きな力を注いで講義してきた東京女子大を、三月いっぱいでやめていた。古在は学内での啓蒙活動は控えていたが、担当クラスから高橋ゆうなど検挙される学生が出て、学校当局が古在の担当講座を廃止したのが背景にあった。だからまえより少し時間は取れそうだし研究会結成の意味も理解できたが、結局古在は断ることにした。岩田義道の「哲学の勧め」はその通りだが、国際資料の翻訳や『赤旗』の仕事があったし、気持ちとしてはやはり哲学や唯物論の研究よりも、現下の中心問題、中国への侵略戦争阻止の具体的行動を優先させたいと考えたのだ。

結局唯物論研究会[14]は四〇人の発起人を集め、一九三二年一〇月、銀座の建築会館で創立大会を開いた。それは、戦前の暗黒時代に抵抗する「反戦・反ファシズムの精神的よりどころ」として六年間もつづく、世界に例のない組織「唯物論研究会」のスタートだった。

政府の弾圧は厳しさを増すばかりで、不安と危機感は大きかったが、それでもなお非合理的な風潮や対外的な武力行使、対内的なファシズムには賛成できない、健全な道理を踏まえた思想や研究を擁護したいという知識人は健在だった。初代幹事長は自由主義者で著名な評論家・ジャーナリスト長谷川如是閑、事務長には岡邦雄がついた。幹事には長谷川如是閑、岡邦雄のほか三枝博音、戸坂潤をはじめ林達夫、小倉金之助（数学者）、富山小太郎（理論物理学者）、小泉丹（生物学者）、羽仁五郎（歴史学者）など、会員には永田広志（哲学者）、寺田寅彦（物理学者）、宮本忍（医学者）、野上巖（翻訳家・文芸評論家。映画『母べえ』の「父べい」。筆名新島繁）など、参加者の専門分野も多岐にわたっていた。会員で目立つのは哲学と自然科学者たちで、社会科学者は比較的少なかった。彼らにはまだ雑誌『歴史科学』や『経済評論』という発表の場が残されていたからである。

唯物論研究会の規約は「現実的な諸課題より遊離することなく、自然科学、社会科学及び哲学に於ける唯物論を研究し、且つ啓蒙に資するを目的とす」と定め、機関誌『唯物論研究』を発行、研究会は唯物論者の団体ではなく、唯物論を研究する学術団体として出発した。事務所は内幸町の木造三階建ての古い「東北ビル」の二階に置かれた。

その一週間後の一〇月三〇日、日本共産党は「三二年テーゼ」に基づく活動推進のため、全国代表者会議を熱海で開いたが、スパイM（松村）の手引きで参加者全員が検挙される熱海事件が起こった。同じ日、岩田義道も街頭連絡場所の神田で捕らえられ、その日の夕方岩田をかくまっていた村井康男・福子夫妻も、特高六名に踏み込まれて逮捕された。

岩田は逮捕四日後の一一月三日、拷問により虐殺された。三四歳だった。大腿部と胸は紫色に腫れ上がり、逆さ吊りにされたのか足と手には肉に食い入った鎖の跡が残っていた。東京帝大付属病院の検視結果は、警視庁発表の肺結核・心臓衰弱説をことごとく否定していた。

軍法会議　一九三二年一一月

吉野源三郎が憲兵隊によって逮捕されたのは、「非合法の日本共産党とコミンテルンの連絡に関わった」という治安維持法違反容疑である。しかし今回吉野が留置されたのは、予備役召集中の逮捕のため、警察署ではなく代々木の陸軍衛戍《えいじゅ》刑務所だった。この留置は、吉野を社会と友人たちそして活動から完全に切り離し、これまでの実践と理論を追考し自省する機会となった。

吉野はマルクス主義に確信をもって、古在より一足先に「非合法活動」に加わったが、自分の政治的な未熟さは自覚していた。しかし無産階級と結合し、その熱情と努力に学び、共産党の指導に従うことで、自分の弱点は克服できると考えていた。

吉野は、そこに自分の飛躍と同時に過失を感じた。飛躍と過失というのは、弾圧が強まるなか「非合法活動」に飛び込んだのは勇気ある行動だが、共産党の政綱と政策・方針に感じていた疑問の解明を省略したことだ。実践に踏み込むには、一般的なマルクス主義の政治理論とは別に、慎重な実証的研究と的確な判断によって、革命政党の政策・方針を納得していることが必要なはずだ。しかし吉野はそこを深く究明しないまま、「非合法活動」を決断していた。

吉野は、前衛党の指導を受け国家権力と抗争するからには、いかなることが自分に降りかかろうと、自若としてそれを引き受けるつもりでいた。しかし陸軍でつづく十数回にわたる厳しい取り調べに、体力と気力が急速に衰え、古在や松本慎一、宮崎哲子や「山本某」など友人・同志たちへの信義を完全に果たしていく自信を失った。

吉野は苦しみ抜いた末、とうとう信義を守り通すために死を決意し、粛然として実行した。しかし幸か不幸か刃《やいば》はわずか数ミリのところで頸動脈に達せず、十日ばかりの危篤状態をつづけた。それから半年、咽喉の傷がなおっても呼吸困難がつづき、少しの歩行や入浴でも、俯《うつぶ》せになって咳が消えるのを待たなければならない状態がつづいた。

死にきれなかった悔恨が、吉野をはげしく苦しめた。しかし不思議なことに時間が経つにつれて、いったん死に損なった以上こんどは逆に生きられるだけ生きよう、そう覚悟が湧いてきたのだ。

熱海事件があり岩田義道が虐殺された一一月、軍法会議が始まった。自殺をはかったことを考え合わせれば罪は軽くはない。治安維持法には日本共産党の目的遂行に協力した者は「二年以上ノ有期懲役又ハ禁錮」とあるから、懲役三、四年は考えなければならない。弁護側の執行猶予請求が拒否されたとき、吉野はそう覚悟したが、主張すべきものは断固主張しようと決意した。

そうして臨んだ軍法会議での吉野の陳述は、判士（武官の裁判官）や多くの軍人たちの間で評判になった。吉野は「あなた方はもし敵軍の捕虜になったとき、敵の取り調べに対して喋るだろうか。軍人の誇りを守るために、喋らないだろう。私もそれと同じだ。喋るわけにはいかない」と言って判士を詰まらせたあと、ガリレオを引いて「あなた方がなんと言っても、地球が太陽のまわりを回るように、世の中は社会主義に向かって進むのだ」と陳述した。たった二回の公判で吉野は懲役三年を求刑されたが、予想に反して判決は懲役二年に執行猶予四年を付し、吉野は一九三二年一二月に釈放された。

しかし失業状態が、再び吉野を襲った。

古在由重、粟田賢三と翻訳してきたフォールレンダー『西洋哲学史』(全三巻)の未刊は、古在と二人で担当している第二巻だけになっていた。しかし釈放されたとはいえ、吉野にはすぐに取りかかるほどの体力も気力も戻らなかった。それどころか吉野は一年半弱の陸軍刑務所幽閉中、経済恐慌で財産を失い借金をかかえこんだ父を亡くしていた。息子の陸軍での栄達を望み、検挙を悲しんでいた母の絶望を思うと身を切られるようだった。

かつて吉野源三郎を三省堂に世話し、同じ職場ゆえに吉野から大きな思想的影響をうけた松本慎一も、今回は吉野求職の力になれなかった。ヌーラン事件での逮捕が数日ですんだため三省堂は首にならなかったものの、西野光子は松本のもとを去っていき、松本自身本格的な「非合法活動」、共産党技術部の活動に深くかかわっていた。

松本慎一は吉野源三郎の働き口を、作家の山本有三に期待した。一時は作家を志望し東京帝大在学中から広津和郎や山本有三とのつき合いがあった縁で、一九三〇年の暮れ、松本慎一は古在と吉野の二人を山本に紹介し、以来吉野は入営・逮捕まで山本のよき話相手、小説構想の議論相手となっていた。そんな関係もあって吉野が陸軍刑務所に入っているあいだ、古在は吉野に替わって週に一回ずつ山本を訪ねた。一緒に『ドイツ・イデオロギー』や『フォイエルバッハについてのテーゼ』などを読み、「ベビーゴルフ」を楽しんだこともあった。古在は山本の希望で革命的労働者を紹介し、逆に古在は山本の紹介で、一九三二年六月から明治大学専門部政治経済科の哲学講師を務めていた。山本有三こそプロレタリア作家が扱うテーマを国民の目で書ける国民作家になりうるし、保釈後の吉野の力になるはずだった。

しかしその山本が三三年六月、『女の一生』連載中に、日本共産党への資金提供の容疑で検挙され、連載が中断、一週間とはいえ毛利基《もとい》特高課長の取り調べをうけた。もはや山本有三に吉野の仕事斡旋を期待することはできなかった。吉野の失業状態はなおしばらく続いた。

逮捕、母の死　一九三三年夏

一九三三年二月、スパイ三船留吉の手引きで小林多喜二が検挙され、その日のうちに虐殺された。ドイツでは三月にナチス政権が成立、四月には本郷の仏教青年会館で開かれた唯物論研究会の第二回演説会が、戸坂潤の開会宣言のあと長谷川如是閑が開会挨拶を始めるとすぐ解散させられ、五名が逮捕された。成城高校理科一年の湯川和夫（のち法政大教授・哲学）は逃れ、一高生丸山真男（政治学者）は検束された。五月には京大滝川事件[15]が起き、翌六月共産党幹部佐野学、鍋山貞親らの転向声明が発表された。岩田義道亡きあと、野呂栄太郎、山本正美らが三たび共産党再建をはたしたが、その秋から冬にかけて野呂栄太郎や宮本顕治らが立てつづけに検挙された。ファシズムは自由主義者を襲い、共産主義者を完全にねじ伏せるまで凶暴化しようとしていた。

あまり論文を書いてこなかった古在が、この状況に押されるように「革命と暴力[16]」をまとめた。学生時代から悩み考えてきた「理想と現実」、かつて虎の門事件では吉野源三郎の難波大助擁護に驚いた古在が、いま「暴力支配なき社会建設のために暴力を行使する」という矛盾に答えを出そうとしていた。トルストイの非暴力は自己信念に忠実ではあるが、それでも現に暴力は残存している。この暴力に満ちた現実をなくすには、「必死の力をしぼって」抵抗する以外にない。それがこの時点での古在の結論であり、新たな決意だった。

だが一九三三年六月二三日早朝、古在は自宅で検挙された。古在の容疑は「結社ノ目的遂行ノ為ニスル行為ヲ為シタ」治安維持法違反だった。古在はこの検挙によって、東洋協会大（現・拓殖大）、帝国女子専門学校、智山専門学校、明治大学、四校すべての職を失った。

古在への差入れは、兄嫁澄江の仕事になった。たまに気の進まない顔をすると、姑の豊子に「重《しげ》さんは吉田松陰のような、時代に先駆けた人なのだから、今は罪人扱いだが恥じることはない」と何度か言い聞かされた。しかし幸いなことに、この気の重い差入れ通いはひと月ほどで終わった。古在がパラチフスにかかったため、処分保留となって七月二一日に富坂署から釈放されたのである。

父由直は息子の活動を、うすうす感じてはいた。それは母豊子も同じだった。岩田義道や小林多喜二が虐殺されるなど弾圧と拷問がひどくなるばかりだったから、心配でないわけがない。それでも二人はなにも言わなかった。それどころか母は古在が検挙されたとき、「重さんも楽にばかり育ってきたから、いい経験でしょう」と言った。息子を吉田松陰に比す一方、逮捕もいい経験というのは、若き日に自由民権運動に身をささげ夢破れて家庭に入ったあとも、プロレタリア文学や大塚金之助（マルクス主義経済学者）の論文、「重さん」が訳した『西洋哲学史』を読んでいた母にして言えることだろう。自宅に戻った古在に、母は「重《しげ》さん、あんたはあせっているけれど世の中はあんたが思っているほど、簡単にかわるものではないよ」と、ひとことだけ言った。

その母豊子が頂き物の鮎を数えているうちに突如脳溢血に襲われて重篤となり、七月三一日自宅で死んだ。六三歳だった。葬儀は八月二日、青山斎場で仏式をもって営まれた。自分の検挙が母親の死を早めたようで、古在はたえがたい思いに襲われた。

葬儀には『女学雑誌』のかつての同僚川合信水や大井憲太郎との子、四一歳になる清水家邦も参加した。清水家邦はそのとき、「叔父《おじ》さん」と呼んでいた由直から「遠因はお前、近因は由重」と言われた。清水家邦は慶応大学を卒業し、豊かな才能を生かして一時はチェコスロバキアで外交関係などの職についたが、生活は落ち着かず、母豊子の心配は尽きなかったのだ。そのとき清水家邦は隣の古在の顔を見ながら、この重さんの逮捕がなければ母の死は全部自分の責任になる、その半分を重さんに助けてもらった、としみじみ思った。[17]

由直は清水家邦にそう言った後、今度は長年気にしていたことを川合信水に尋ねてみた。「あれは結婚後の生活をなんといっておりましたか？」。川合はためらうことなく「非常に幸福だと、いくたびかわたしにいわれました」と答えた。由直の顔がおおきな安堵の色に染まった。川合信水の即妙の返事だったにしろ、古在もまた安堵し、川合に感謝した。

正規には小学校しか出ていない母が、若いときに断髪姿でルソーの『民約訳解』やスペンサーの『社会平等論』を読み、いくつかの作品を書いた話は聞いていたが、古在はあまり母のことを知らなかった。母が再婚だったことも、死の直後に父から聞いただけで、関心をもったのは、翌三四年に相馬黒光が雑誌『婦人之友』に報告小説の第二回として「紫琴女史のこと」を書いてからだった（単行本『黙移』は一九三六年に女性時代社が刊行）。

葬儀が一段落してようやく落ち着いたころ、父由直は「君は理論をやったらどうだね。第一線は無理なんじゃないかね」「転向すれば軽くすますらしいが、転向したらどうかね」と言った。息子の命を懸念して、せめて第二線で、いやいっそ「非合法活動」からの完全撤退をと、父として揺れたのだろう。しかし古在が「今の転向は同志たちのことを話さなければ認められない。同志との信義と約束は守りたい」と応えると、「いっぺん約束したものは破れんな」と言い、なお説得しようとした兄由正を制した。古武士的精神か西洋の契約観念からかはわからないが、父親として感ずるところがあったのだろう。ファシズムが荒れ狂うなか、その時代には全く珍しい信頼関係が古在親子にはあった。

「転向書簡」一九三三年暮れ

吉野源三郎には、釈放されてから知った菅豁太の検挙がひどくこたえた。自分の講義が有能な若者の人生観、世界観に影響を与え、その人生の方向さえも決定づけたのではないか。失業状態がつづく吉野の苦しみは、深まるばかりだった。

一九三三年一〇月、吉野は前月に起訴猶予となって釈放された菅豁太と三年ぶりに会った。吉野は話すべきことが多々あったが、このときは活動を自重して大学課程を了えて欲しいという希望だけを伝えた。そのとき吉野は、いずれ父の借金や自分の生活が落ち着いてくればゆっくり話し合える機会はあるだろう、と考えていた。

しかし翌一一月、吉野は三たび検挙され、菅もまた再検挙された。

不安と悔恨が吉野をはげしく襲った。……厳しい追及に耐えうる体力はまだ戻っていない。執行猶予中の逮捕だから実刑は免れず、拘留は長引くだろう。若い菅豁太を獄にとどめ、自分もまた三〇代の大事な時間をムザムザと奪われかねない。ようやく再開した哲学と理論究明も不可能になる。今はなんとしてもそれを避け、獄外にいて、満州事変後一挙に進む軍国主義化の風潮を押しとどめる具体的な力にならなければならない。肝要なのは獄を出る、そのことだ……。

吉野源三郎はその決意のもとに、菅豁太宛に長い書簡[18]を送った。

「先月君と会ってから間もなく僕は——予想してゐた事ではあるが——検挙された。そして留置中、君も亦検挙されて再び取調べを受けてゐる旨を係官から聞知した」。そう書き出された便箋八四枚からなるこの書簡は、「或る転向者の書翰」と題されていた。

この「転向書」なるものの核心は、国家と民族論だった（以下、要旨）。

曰く……。社会現象に関して、法則的認識を可能にしたマルクスの功績は大きい。しかし、いつどのように生産力が生産関係を破壊し、いつ新たな社会建設に移りうるかは、客観的な条件のほかに主体的な条件が加わる故に、誰も予測しがたい。

自然科学は仮説―実験―再仮説―再実験の繰り返しによって認識を広げていくが、社会科学の場合、社会政策、社会運動がそれらに当たる。しかし日本共産党の政策と運動の実態は、大森ギャング事件[19]に見られるように、共産党から大衆を遊離させ、少数の陰謀団体に党は傾きつつある。問題は日本共産党の国家観と民族のとらえ方にあるのではないか。

たしかに国家は支配階級の利益に奉仕する。しかし同時に各種の文化を生み出し社会を管理するという、いわば超階級的な側面も国家にはあるはずである。民族がもつ気候風土、地理的条件は「運命共同体」的であり、その意味で人類一般はなく、個別、特殊と規定される民族こそ最も具体的である。人類はそうした与件、伝統のもとに、おのおのが歴史を展開し、世界史を形成してきた。

もともとマルクスの資本主義社会の分析は、思惟の抽象によって洗いだされた「純粋資本主義」の分析であり、本質は説明するがそのまま実在するものではない。普遍的性格を付与されたプロレタリアも同様である。現実のプロレタリアは、民族、国籍、階級的利害の三つの組み合わせに制約されて存在し行動する。歴史を創造する主体は、単に階級性のみをもって尽くされるものではない。この三つの合力、特に民族問題を考慮しない国家観は再検討されるべきで、それなしには日本革命は成功しない。

とりわけ日本では、強固な民族的統一の長い歴史をもつだけに民族の意義を看過してはならず、国家をしてもっぱら階級的機関とするのは誤りである。尊皇攘夷のスローガンで達成された明治維新は、民族的な愛国運動として展開され、わずか六、七〇年前に維新を成功させ、世界史上前例のない発展をとげている。そのあと異常な速度で進んだ日本の資本主義化、そしてアジアで唯一の独立を保持しえた力は、国際情勢を機縁とはしているが、「民族」のカテゴリーがきわめて重要なことを示している。

この民族のもつ強力な生産力、高度な文化は、次の時代の社会建設にとっての基盤、条件となり、日本資本主義の機構の変革もこの条件を弱めては成功しないだろう。その意味で、民族と無産階級とを反発させる現在の日本共産党の政策・運動・指導では、強力な大衆運動は全く望めない。その意味で、もはや日本共産党はプロレタリアの正しい結合体でも大衆の代表でもない……。

「僕は君を駆って運動に赴かせた動機を尊重する。それ故にそのモティーフを抛棄《ほうき》しろなどとは云わない。寧《むし》ろ君のモティーフを尊重すればこそ、又、君の才能や性格を高く評価すればこそ、『革命的ロマンティーク』を脱してガッシリと生きて行く事を希望するのである。

勿論、此処に説いて来た問題が、プロレタリア的関心から生まれて来てゐるものではないといふ事は、僕自身よく知つてゐる。それ故に、階級的でないといはれても、僕はもとより否定しない。のみならず僕はマルクス主義的党派性をも固執する気はない。我々にとつての課題は、自己の原本的な価値意識に忠実である事、現実を能ふ限り正確に認識する事、そしてこの認識と自己の価値意識との結合から生ずる必然を男らしく遂行して行く事の外ないと僕は考へてゐる者だ。僕達が、僕等の階級に属する事は、僕等の意志からは独立した必然的な関係による。出発点がそこにある事は恥ではない。寧ろマルクス主義のイデオロギーによつて、自己否定的な繊弱な感情に陥る事こそ、僕等の如き立場にゐる者の大きな危険である。それからは、か弱いが外観に於ては極めて革命的な行動が生じるばかりであり、それは恐らくプロレタリア運動にとつてすら災であろう。僕は今日の自分が現に迫りつゝある非常な情勢に対して全く手足をもがれた様な状態でゐる事、又為すなくして大衆の窮迫を見過さねばならない事に一頃随分苦痛を感じ、無力の感に襲はれたが、然しそれにも堪えてゆく事を学んだ。僕等は焦燥せず、落着いて自分の課題として受け取つたものを解いてゆき、日々に自己の義務を果し、生涯を通じて、正しい歴史の進行の線に沿つた一生を実証すべきだと思ふ」（以上、書簡まま）

吉野源三郎は、菅谿太が吉野の真の意図を組み入れてともかくもいったん拘留から逃れ、その後を「正しい歴史の進行」に与することを強く望んで、獄中から獄中への書簡を閉じた。一九三三年一二月のことであった。自ら「転向者」というものの吉野のこの「転向書簡」は、決して「転向そのもの」ではなかった。転向が反権力という原則を棄て去ることだとするなら、吉野は転向者ではありえない。いわゆる「偽装転向」であり、その後の吉野源三郎と菅谿太の生き方がそれを見事に証明していく。

父の死　一九三四年六月

古在が逮捕されたとき、ビカートンは「帰国」中だった。一九三三年四月から九月まで「賜暇帰国」を得た機会に、ビカートンはアメリカ、モスクワ、ベルリン、ロンドンと回り、ハリ・ポリット英共産党書記長に会うなどして、国際連帯のために働いていた。帰国時には、入手困難なコミンテルン関係の文献をもち帰っただけでなく、その後も継続して入手できる道をつけてきた。

釈放されたとはいえ、古在には再収監の恐れがあった。そのため古在は、日本に戻ったビカートンのことを「ひとりの友人にだけはつげておいた」(「ビカートンの回想」、『人間讃歌』)。その「友人」松本慎一は一九三三年の暮れ、古在の教え子大津敏子と結婚したばかりだったが、松本もそのころは共産党の情報部員として活動していたため、決して安全とはいえなかった。

翌一九三四年一月末、警戒を怠らず、慎重に行動していた松本慎一だが、街頭連絡のために出向いていた赤坂溜池の喫茶店で検挙され、赤坂表町署に連行された。そしてその夜、四谷仲町の自宅で松本の帰りを待つ敏子もまた家宅捜査をうけ、そのまま四谷署に留置された。

その二ヵ月後の三月三一日、ビカートンが茅ヶ崎の自宅で逮捕された。自宅といっても、一年前にたった二千円で建てた粗末な小屋である。ビカートンは特高にシナイで両股を殴りつけられながら、資金カンパと『赤旗《せっき》』配布の流れ、それと松本慎一との関連を繰り返し追及された。「大津敏」(松本敏子)にも面通しされたが、知らぬことだし、知らぬ女《ひと》だとシラを切りつづけた。
同じころ、武蔵高校教授粟田賢三・てる子夫妻も逮捕された。容疑は共産党への資金提供と党文書作成配布、『プラウダ』記事の翻訳提供である。漆畑茂がさらに翻訳者を探していたため、古在が粟田を漆畑に引き合わせたのが遠因になっていた。

記事解禁となった五月、『東京日日新聞』(『毎日新聞』の前身)は「海外左翼と連絡／英人の参画／元一高教師、知的加入／最初の外国党員」との見出しで、ビカートンは「古在を介して」『戦旗』、『プロレタリア科学』などを「片っ端から読んだ」と書き、「目星《ママ》しいシンパ」として、粟田賢三を顔写真入りで報じた。『朝日新聞』は「シンパの人々／変り種・外人／一高講師ビカートン」と同じく写真入りで報じた。『朝日』の記事内容は、ビカートンが賜暇帰国の旅費から「三百円を懇意な間柄で当時党のシンパとして暗躍してゐた元東大総長古在由直氏の息由重を通じて党活動資金に提供」、「同人に後事を託されてゐた党員三省堂店員法学士松本慎一」に月百円を手交、野呂栄太郎らに渡していた、と詳細に報じるもので、ご丁寧にも「暗躍」の文字は、大きさ四倍角のゴシックになっていた。

ビカートンは、英大使館の抗議もあって、はげしい拷問は控えられ、非転向のまま釈放された。そして七月には監視の目をくぐって日本を脱出、ロンドンに帰ったあと、英紙『マンチェスター・ガーディアン』に「日本における拷問」を書き、日本の特高警察を国際的に告発した。

そのビカートンが日本脱出直前の夜、特高の目をさけて古在をたずね、一夜を語り明かした。だがこのとき古在は、父由直を亡くしたばかりだった。

父由直は一九二八年一二月に総長を辞めて名誉教授となったが、その後も病躯をおして駒場の教官会議室や本郷赤門近くの古ぼけた営繕課の一室によく顔を出した。その六、七年前、文部省が農学部実科の廃止を打ち出したとき、由直は原敬首相と二週間連日交渉して実科廃止を撤回させたが、その農学部が本郷に移転することになり、赤門近くの営繕課に「本郷移転特別事務室」を設けた。由直は滅多に写真に収まらなかったが、この特別事務室で、由直の風貌に魅せられていた彫刻の鬼才高田博厚の胸像作成に応じた。間にたった那須皓教授が、なぁに小一時間私と話をしていればいいのだからと、説得した。高田博厚は由直の天衣無縫、豪宏な精神が躍動する見事なブロンズの胸像を、二回の特別室訪問で仕上げた。

由直危篤の知らせで、駕籠町の自宅に近親者が集まったのは一九三四年六月一五日、門司鉄道局勤務の兄由正も駆けつけた。

由直はいったん小康を得、安藤圓秀（元東大学生監）が一七日の晩に病床を訪れたとき、「今、これらに死ぬときの練習をさしてをるんや」と、手をあげて古在と弟由信の方に半円を描くように動かし、ほほえんだように見えた。安藤圓秀は少し安堵し一礼して帰ったが、由直は翌一八日朝急変して息を引き取った。満六九歳、一三年におよぶ脳溢血の後遺症との闘いが終わった。家督をついだ由正が、遺言にしたがって遺体を解剖に供し、執刀した長與《ながよ》又郎（のち東大総長）は解剖後、各臓器の変化を説明したあと「よくもこんな身體で……」と絶句した。

六月二〇日、由直は、青山墓地の母豊子の隣に手厚く葬られた。

晩年の父、由直

晩年の由直は、その清潔さと直情径行のために人格者・教育家に数えられたが、古在にとってはなによりも実際家、科学者であった。由直は「紙に書かれたこと」「人の言ったこと」への偏重をなによりも戒《いまし》めた。足尾鉱毒事件の調査で発揮した精神は、科学者精神そのものだった。生前母が「古河家あたりから誘惑や脅迫もずいぶんあったんだよ」ともらしたのが、古在には忘れられない。母との結婚にあたって、父が「文筆活動の禁止」を言い渡したかどうかは知らないが、それが仮に事実としても、父は母の自由民権運動時代の身辺の人々との接触を望まず、結婚前を思いださせるすべてのものを避けたかったのだろう。それが自由民権運動に情熱を傾け、岡崎晴正との不本意な結婚を解消し、大井憲太郎の子を産んだ母との再婚の条件だったのだろう。

古在がさらに思いだすのは、両親の全く自由無干渉な教育法である。進路選択にも余りこだわらず、最後はすべてを自分に任せてくれた。両親をまじえた夜更けまでつづく、自然現象や人間生活などについての会話、談論も楽しいものだった。

まさに民主主義的な、当時としては特異な家庭環境のなかで、古在は三十数年を生きてきた。古在は相次ぐ母と父の死に、今日まで両親から受けた愛に感謝の念をいだかずにはいられなかった。

しばらくして、那須皓から高田博厚作「K氏の肖像」が届いた。総長のブロンズ像を造るのは東大の慣わしだが、父のブロンズ像は、意志の強さと気魄がにじんで風格があった。

第5章　唯物論研究会　一九三四～三八年

吉野再起　一九三四年初夏～三五年春

吉野源三郎から菅豁太《かんかった》への「或る転向者の書翰」送付後、まもなく二人は釈放され、菅は吉野の希望どおり三四年三月に無事東京帝国大学を卒業した。

ちょうどそのころ、山本有三が「獄中の吉野君に捧げる」と古在に話していた小説『不惜身命《ふしゃくしんみょう》』が、雑誌『キング』の一九三四年一、三月号に発表された。

「不惜身命」は、主人公の石谷十蔵が武勲の祝いにもらった古い指物に書いてある言葉である。十蔵はその指物ですぐにでも存分の働きをしたいと逸《はや》るが、柳生又右衛門は、「不惜身命」の真の意味を十蔵はわかっていない、おのれ一人の不惜身命の華々しさを超えた向こうのものを見ていないと嘆き、十蔵を諭《さと》すのである。多くの人命を生かす「惜身命」、その向こうの「不惜身命」。ただただ命を惜しまぬのでは、真に懸けるべき大事には働けない。

そういうメッセージを山本有三は吉野に伝えたかったのだろう、『不惜身命』を読んだ古在の、それが感想だった。

吉野にとってありがたかったのは、この小説のメッセージばかりではなかった。山本が新潮社での仕事に誘ってくれたのだ。

山本有三は長男有一が成城高校尋常科[1]に入学したとき、少年少女の読み物を出版することを思い立った。凶暴な弾圧が思想にも及ぶ時勢は子どもたちをも巻き込み、読ませるべき書物は少なかった。山本有三自身一度は検挙され、その後の小説『女の一生』が反軍的だと干渉を受けて、小説執筆さえ窮屈になっていた。

すでに満州事変前の『コドモアサヒ』（三一年春入学号）は西条八十《さいじょうやそ》の詩「新日本のうた」を掲載していた。「のびるよ、のびるよ、日本の国は、／北には樺太、南は台湾、／両手をひろげて、両足のばして、／のびるよ、のびるよ、日本の国は」と歌いあげていた。事変後は『大阪朝日新聞』が「在満将士慰問のため」に小学生から作品を募集し、「満州を我が物顔にふみにじり、無残にもわが日本人を殺したりする支那人は、決して人間とは言へないと思ひます」という作品を、入選・佳作に選んでいた（『朝日新聞』二〇〇八年二月六日付、「新聞と戦争　子どもから少国民へ」）。

山本有三はせめて子どもたちを時勢の悪い影響から守りたい、偏狭な国粋主義や反動的な思想をこえた自由で豊かな文化のあることを伝えておきたいと考えていた。山本がこの思い実現のために声をかけたのは、吉野源三郎のほか文藝春秋社を辞めたばかりの石井桃子、児童文学者で明大文藝科教授の吉田甲子太郎、吉野と一高同期生でドイツ文学者の高橋健二、山本自身の教え子大木直太郎だった。

山本有三の誘いに吉野はずいぶん迷った。受ければ、大学以来兵営にあっても執着し続けてきた哲学研究の道が狭まるかも知れない。しかし失業状態からの脱出も、時代への抵抗も、火急の課題だ。吉野は思案の末ようやく意を決して、「こうなってはもはや、次の時代を代表するはずの少年たちに向けて、正論を述べるほかない。社会、歴史、その中での我々の生き方を告げておくしかないのだ」と、古在に言った。

作業が始まったのは一九三四年の六月からで、吉野が編集主任となり、出版は新潮社が引き受け、編集室も社屋の四階に設けられた。吉野たちは前後五、六〇回も打ち合わせを重ね、『日本少国民文庫』全一六巻の構成を決めた。テーマを「人類の進歩」におき、人間の歴史を中心に、世界の見方、生き方、科学とスポーツ、名作選などを盛り込むことにした。

吉野は決めたからには放置できない性分で、それから三年のあいだこの仕事に没頭した。

一方、検挙によって一年のあいだにすべての仕事、そして両親《ふたおや》をも失った古在は、一九三四年秋から翌三五年春まで、静養をかねて千葉県夷隅《いすみ》郡長者町で暮らした。古在は昨夏に母を亡くしたあと、急性心内膜炎と右側肺尖加答児《カタル》の症状が悪化し、その秋には神経衰弱が加わった。「神経衰弱ヲ併合シ心悸亢進不眠症ヲ訴フ」（診断書）という状態に加え、この六月父の死に直面したのだ。

長者町に来てからは解放された気分で天気のいい日は、よく三門《みかど》から大原までの海岸線を自転車で走った。気分が乗れば、さらに南の浪花《なみはな》まで、往復二〇キロ弱に汗を流した。そうした暮らしの中で体力も気力も回復しはじめると、これまでのこと、これからのことがさまざまに思い起こされた。

共産党のシンパ（同調者）として「非合法活動」に踏み込むとき、古在は病気の父や母、家族のことを考え、自分の信念と覚悟をなんどもなんども確かめた。「非合法活動」はシンパ活動とはいえ、治安維持法下にあっては、命を懸け世を捨てるほどの覚悟が求められた。それでも決意し、活動開始三年目に逮捕され、短いとはいえ拘禁の日々を送った。勾留一ヵ月での病気釈放は、司法上層部が元東大総長の父の立場を配慮した結果かも知れない。にもかかわらず父は自分を信じ、非転向を理解してくれた。いま日本共産党は国民の視界には入らないほど極めて少数の勢力になり、ファシズムの嵐はすべての分野で荒れ狂っている。これからも弾圧、検挙、拷問は一層強まるだろう。しかし、反戦反ファシズムというこの時代の「根本課題」と正面から闘わない思想は、生きた思想とは言えまい。現実に切り込まない思想は意味がなく、思想の冷凍保存は許されない。この非常時に自分の思想を秘蔵し、嵐が去ればその思想を生き返らせるという「至芸」は自分にはできない。もはや迷惑をかける親はない。三度目の検挙入獄から帰ってきた吉野源三郎は、新たな意義ある仕事に復帰した。

帰国したビカートンも約束通り国際文献を送ってきている。松本慎一も、村井康男も、そして粟田賢三も、囚われはしたが、みな屈せずにいる……。

そんな思考を繰り返した末、一九三四年、古在は日本共産党に正式に入党した。[2]

前年六月の佐野・鍋山転向声明以後、一年間で五四八人が転向（『特高月報』）し、古在がかかわってきた『赤旗』は一九三五年二月に一八七号で停刊、翌三月初め袴田里見（戦後、日本共産党副委員長）が検挙され、共産党中央委員会の指導的機能は完全に停止に追い込まれた。古在が入党を決意したのは、このような逆風激しい時期だった。

決意を固めると古在は、虐殺された岩田義道が言った「哲学の勉強は革命のために必ず生きる」という言葉を思い返し、哲学そのものをもういちど基本からとらえ直そうと決心した。

一九三五年春、古在は充分に元気を回復し、東京にもどった。弟由信は三高から東京帝大経済学部に進みこの春卒業したが、職が決まらずにいた。同級生藤本武（のち経済学者、労働科学研究所社会科学研究部長）たちとの学生運動が影響していた。左翼には就職はおろか、活動の場さえごくわずかしか残っていなかった。

古在に幸いだったのは、以前プラトン・アリストテレス協会を組織したクラウス神父から、辞典を編集するので是非手伝いに来ないかと、誘いを受けたことだ。辞典は上智大のドイツ人司祭たちが始めた『カトリック大辞典』[3]である。

わずかな手当でも手に入るのは、精神的な余裕を生む。古在は喜んで承諾し、四谷にある上智大の片隅に置かれた編纂室に、駒込の自宅から自転車で通った。編纂室ではすでに三木清が働いていた。仕事は項目原稿を翻訳する機械的な仕事だが、クラウス神父は古在の思想傾向は全く問題にせず、古在にとってそこは気のおけない別天地となった。

仲間たち　一九三四年夏〜三五年暮れ

夫慎一と同じ日に検挙された松本敏子は、三四年五月に起訴留保となって釈放された。敏子は長引くだろう松本慎一の勾留を考え、東京女子大で学んだ英語の復習と自立のために英会話の夏期講習に通い始めた。

松本慎一が起訴されて豊多摩刑務所に移監されたその夏、敏子は神田の喫茶店ではじめて尾崎秀実に会った。尾崎は一高・東大を通じて松本慎一とは昵懇の間柄（八四ページ）で、法学部を卒業したあと朝日新聞東京本社に入り、翌二七年大阪に転勤となった。その大阪で大原社会問題研究所の細川嘉六（政治学者・ジャーナリスト）と知り合って中国問題の研究会を重ね、二八年から四年間上海支局に勤務した。その間尾崎は、中国と日本の政治・経済・軍事・外交など多様な情報を収集し、それを批判的に分析した記事を日本に送った。この上海時代に知遇をえたのが、魯迅（中国の作家）やアグネス・スメドレー（アメリカの作家）、スメドレーを通じたリヒァルト・ゾルゲらだった。『新ドイツ帝国主義』などの著書を持つゾルゲはコミンテルンの情報部員であり、一九三〇年からはベルリンの『社会学雑誌』社の通信員として上海で活動していた。情報部員といってもジャーナリストの活動とあまり差はなく、ほどなく尾崎とゾルゲは互いに信頼しあうようになり、国民政府を中心にした支那情報を交換するようになった。しかし一九三二年二月、尾崎が大阪本社に再配属されたため、二人の関係は中断したが、その二年後の一九三四年夏、尾崎は来日したゾルゲに奈良で再会し、拡大する戦争を阻止し社会主義国ソビエトを守るため、諜報活動への協力を改めて求められたばかりだった。

尾崎秀実はじめて会った松本敏子に、ビカートンの逮捕を惜しみ「あんな人はもっと大事にしなくては。今時なかなか居らんですよ」と言ってから、敏子の生活をあれこれ心配した。九月になって尾崎が東京転勤になったのは、敏子にとって幸運だった。朝日新聞社は緊迫したアジア問題の総合的調査研究のため、東京本社に東亜問題調査会を設置、尾崎をそこに配属したのだ。それ以来尾崎は、目黒区上目黒の借家から足を運び、敏子の生活をあらゆる面で援助した。

白川次郎の筆名でスメドレー著『女一人大地を行く』（改造社）を訳刊したばかりの尾崎秀実は、あるとき、敏子にも翻訳料を得させようと、スメドレーの“Red Flag Over China”の翻訳を勧めた。しかし敏子が仕上げた訳は逐語訳のようで、尾崎に「いい訳とは言えないね」と言われ、出版するまでにはいたらなかったが、敏子には尾崎の気づかいが嬉しかった。

松本敏子はその秋、三井銀行本店の筆頭常務・池田成彬《しげあき》（のち日銀総裁）の私設秘書だったドリス・ロージャーという英国人宅の住込み家政婦となった。敏子はドリスの家から、夫慎一のために差入屋との交渉をやりながら、警察、裁判所、刑務所通いをつづけた。

この時期の敏子を物心両面で支えたのは、尾崎秀実のほかに松本夫妻の仲人役をつとめた篠田英雄（翻訳家）と古在である。古在は処分保留の釈放中の身、しかもビカートン、松本慎一とも深く親交していただけにかなり危険な立場だが、長者町での静養中も松本夫妻への援助を可能な限り続けた。敏子はのちに、「友人たちの援助は相当危険を冒してなされるもので余程の誠意と確信がなければ、そうたやすく誰でも出来ることではない」と感謝の意を書いた（松本敏子「追憶」、『回想の尾崎秀実』所収）。

松本慎一は三五年一一月二六日、釈放された。正月を迎えると、新年会をかねた「松本出所歓迎会」が四谷の牛肉屋「三河屋」で開かれた。集まったのは、古在、村井康男・福子夫妻、篠田英雄、菅豁太ら一〇人ほどで、その席上松本は、久しぶりに粟田賢三に会い、はじめて菅豁太を知った。

三四年はじめ逮捕された粟田賢三も二年弱の拘禁生活を終えて、松本と同じ晩秋に釈放され、阿佐ヶ谷の借家に落ち着いたばかりだった。その筋向かいには唯物論研究会の戸坂潤が住んでいた。慎重な粟田賢三に外国資料の翻訳という「実践活動」を勧めた古在は強く責任を感じ、共産党との橋渡しをしていた漆畑茂と相談して、粟田に偽装転向を促した。それに応じて釈放された粟田を、古在はクラウス神父に紹介し、粟田も『カトリック大辞典』で働き始めていた。粟田は数ヵ国語を読みこなす語学達者で、クラウス神父は「うまれつきの大学教授！」と言って喜びを隠さなかったが、粟田はしばらくして岩波書店への入社が決まった。[4]

村井康男は岩田義道逮捕にからんで三二年秋に検挙されて成城高校を辞め、釈放後原宿の安アパートに移り、三四年から平凡社の『大辞典』の編集に従事した。しかし三五年一月に大喀血したため、妻福子の実家で静養したあとやや回復した春、古在が紹介した長者町の渡辺始平方で一時静養した。古在と松本慎一はたびたび見舞いに行き、退屈する村井に囲碁を教えた。村井はその後も喀血をなんどか繰り返し、三六年の二・二六事件の日も病床で事件を聞いた。

松本慎一は釈放後しばらくは義弟安澤（慎一の妹清子の嫁ぎ先）宅の二階に厄介になっていたが、思い切って阿佐ヶ谷に一軒家を借りた。近所には篠田英雄と粟田賢三が居た。翌三六年八月この家で長女が生まれ、松本は古在の教え子高橋ゆうの名にちなんで、裕子と名付けた。高橋ゆうはこの春、四年ばかり病床にあったがようやく回復して、故郷の前橋から神奈川県鎌倉町に移り住んでいた。

一軒家を借りたのはいいが松本に定職はなく、一時は自動車会社の広告取りのような仕事もしたが生活は大変だった。見かねた篠田英雄が松本の古巣三省堂から独和辞典の仕事を用意したり、篠田と粟田の斡旋と激励で『フランクリン自伝』（岩波文庫、一九三七年）の翻訳や原稿書きでしのぐ毎日が続いた。仲間それぞれが苦しい日々を送っていたが、相互の支え合いで、くじける者はなかった。

菅谿太　一九三五〜三六年

唯物論研究会は三三年春の演説会解散命令以来会員が減り続け、創立一年で早くも困難に直面していた。すでに幹事長の長谷川如是閑、創始者のひとり三枝博音、服部之総など多くの会員が会を去るか、沈黙に陥っていた。寺田寅彦（物理学者）は「虎や狼が出るとき銀座などとても歩けない」と言って、脱会した。

しかし、研究会活動と月刊研究誌『唯物論研究』は健在だった。夏と秋には、広く参加を呼びかけた「東京科学ゼミナール」を本郷で開催し、一九三三年秋の唯研第二回大会で岡邦雄幹事長・戸坂潤事務長の体制となった。新たに事務長となった戸坂は早速一一月から、『唯研ニュース』を月二回発行し始めた。この『唯研ニュース』は研究誌『唯物論研究』ではカバーできない、会員の消息・親睦、そして迅速に伝えるべき会員への報告など、「会員にとっての日記であり、新聞であり、又手紙でもある」と位置付けられていた（戸坂潤「創刊の辞」、『戸坂潤全集』別巻所収）。

当時の研究会活動は、かなり高度なテーマをあつかう週一、二回の研究会、啓蒙のために適宜開催して多くの学生・労働者を集めた「レクチャー」、そして機関誌紙『唯物論研究』『唯研ニュース』発行とシリーズ「唯物論全書」の刊行が中心だった。「唯物論全書」も戸坂が事務長になってから企画実行されたもので、戸坂はいつも積極策をとった。会員の反対論を説得して踏み切ったこの「唯物論全書」の刊行は、財政が逼迫していたときの英断で、印税の一部を会に入れる仕組みも戸坂が発案した。この刊行によって財政が潤ったばかりでなく、研究の進展・普及がいっそう進み、なによりも「唯物論全書」刊行が戦時中の思想史に刻んだ意味は大きかった。

古在がまだ長者町で静養していた三五年三月、岡邦雄から研究誌への寄稿を依頼された。古在は帰京後それに応えて、唯物論の諸原則を扱った「講座・唯物論の原則について」[5]を五回にわたって『唯物論研究』（五月号から九月号）に発表した。筆名は山田鉄夫、哲学者古在由重の戦前の学問的峰の一つであり、古在の唯物論研究会活動のスタートとなった。

五月になって古在のもとを、同じ唯研会員の菅豁太が久しぶりに訪ねてきた。菅の目的は、パームダット著『ファシズム論』の翻訳を急いで手伝って欲しいという懇願だった。古在が菅を知ったのは、「哲学研究会」の講師として吉野に紹介されてからだが、その一年後の三一年秋、古在は信頼できるこの若い青年に『赤旗《せっき》』翻訳団に加わってもらった。菅はそのあと検挙・釈放を繰り返し、三四年の再釈放からは翻訳でなんとか生計をたてながら、最近では『唯物論研究』二月号の《誤訳》と題された小特集に「『フォイエルバッハ論講』第三の翻訳に就いて」などを発表していた。

古在は『赤旗』翻訳団に引き込んだ借りを返すつもりで菅の依頼を快諾し、さっそく序論二〇頁ばかりを訳した。菅は古在が訳した序論を受け取り、ようやく六月刊行にこぎ着けて、版元叢文閣との約束を守ることができ、面目をはたした。そのあと古在は、植民地の搾取状況を統計資料で論じたボーチャン著『イギリス帝国主義下に於けるインド』(二一月刊)も、中途のところを三〇頁ばかり手伝ったが、二冊とも菅の筆名「松原宏」訳として刊行された。古在は菅の生活を考え、この二点とも稿料は全く受け取らなかった。

菅谿太は生活確保と思想的啓蒙の意味もあって、翻訳・著作活動に熱心だった。菅は当時岡邦雄から頼まれて「唯物論全書」の一冊として『唯物論通史』執筆を引き受けていたが、締め切りが迫っているのに序論しか出来あがっておらず、三たび古在の支援を仰いだ。古在は菅の窮状に、『唯物論研究』誌に連載した「講座・唯物論の原則について」をすべて提供し、内容統一のため菅が書いた序論にも手を入れた。

そんな事情から『唯物論通史』は「共著」となるはずだったが、版元の三笠書房に手違いがあって、菅の筆名「松原宏」単独著書として定価八〇銭、初刷り一五〇〇部で、三六年一月に発行されてしまった。その後三者の話し合いで、印税の三パーセントを唯研が、約一割の一一六円を古在が受け取り、菅は増刷以降の印税を受け取ることになった。菅はこのあと「唯物論全書」の一冊として『民族論』をこの年に上梓した。

そうしたつき合いが続いていた五月のある日、菅は同級生の信夫《しのぶ》清三郎らを入れて研究会をやりたいと言った。古在はすぐ賛成して、不得意の経済学克服のため『金融資本論』(ヒルファーディング著)をやろうと提案したが、菅は信夫との相談ができていたのか、信夫が日本資本主義の歴史的発展を研究しているので、山田盛太郎著『日本資本主義分析』をやりたいと強く主張した。古在はその若い意欲に譲歩し、その月から『日本資本主義分析』研究会が始まった。メンバーは古在を除くと、菅谿太、信夫清三郎、弟古在由信を中心にした若い友人たちで、上田作之助（のち龍谷大経済学部教授）、藤本武、経済史に詳しい森喜一、安村重正（のち中央大商学部教授）らも加わった。週一回か隔週に開き、会場は駒込の信夫清三郎と湯島新花町の菅豁太の家を交互に使った。秋には個人の研究発表をやることになり、「青蛙会」と称して「臨時研究会」ももった。会場は、菅が学士会会員だった縁で学士会館を使った。一二月の「青蛙会」では古在が「現代哲学」を、岡邦雄がモラル問題と島木健作批判を報告し、このときは村井康男も顔を出した。喀血を繰り返す村井が、研究会に出られるほど回復したのを参加者みなが喜んだ。

しかし『日本資本主義分析』研究会は、テキストが難解なため、朗読・疑問提出・討論といういわゆる輪講式を取って、三六年二月まで続いたが、前年暮れの弟古在由信の産業組合中央会中央金庫への就職、安村重正の南米への渡航就職、上田作之助の京都帰郷などが重なって、二・二六事件の翌月三月には自然消滅した。

田中美代　一九三五年秋～三六年春

一九三五年八月、父の家督を継いでまだ一年が過ぎたばかりの兄由正が、父由直と同じ脳溢血で倒れ、鉄道院を休職となった。妻の澄江《すみえ》は病の夫と一一歳の由子を頭に、由秀（七歳）、春子（五歳）、由昭（三歳）、葉子（ゼロ歳）の五人の子どもの世話に追われることになった。二年後には休職期間も切れて由正は退職となり、生活は一層厳しくなった。

兄由正が倒れた翌九月、古在は父由直の実家がある京都で、田中美代と再会した。古在が東京女子大を辞めて三年半、美代が東京女子大英語専攻科を卒業して二年半がすぎていた。

田中美代は一九一二年（明治四五年）二月二四日の生まれで、大阪の上本町小学校を卒業、「新聞に出るような人になりたい」という才気煥発な子ども時代を過ごした。関東大震災後、父忠三郎の東京転勤にともなって上京し、一九二四年（大正一三年）東京女子学院に入学した。父忠三郎は、関東大震災による三越本店の再建のため、大阪副支店長から東京転勤となり再建の陣頭指揮にあたっていた。

美代が東京女子学院を卒業して東京女子大に入学したのは、古在が講師に就任したのと同じ一九二九年（昭和四年）四月のことである。美代は東京女子大在学中から多くの学園で高まっていた左翼運動に参加し、古在が講師を辞した翌三三年英語専攻科を卒業したあと東京市役所外事課に勤務した。しかしまもなく日比谷の交差点で街頭連絡中に逮捕され、美代は失職した。三越を退いてその三年前に「二幸」（現・アルタ）を創業していた父忠三郎は、娘の思想犯連行を理由に「二幸」を辞め、釈放された美代とともに京都伏見区の日野に帰った。美代は恩師で活動を続ける古在宛に、逮捕・帰郷の顛末を書き送っていた。

再会した二人は、比叡山、琵琶湖湖畔、大津、山科を一緒に歩き、二年半のそれぞれを語りあった。美代はそのころようやく忠三郎に上京を許され、東京で求職活動を始めたばかりだった。

二人が東京に戻ってからは、頻繁なデートと手紙のやりとりが続いた。古在は駕籠町、美代は雑司ヶ谷と同じ小石川区内なのだが、古在は毎日日記のように手紙を書き、二、三日分をためては投函し、約束した日に会うと、その晩からまた書くという熱いものだった。たとえば、九月二六日の夜にしたためた手紙は、こんなふうな出だしだった。

「今日の午後にだした手紙はまだあなたのもとにとどかないだらう。それは、明日の朝にならねば、とどかないだらう。いまは十一時だ。一日の仕事をおはって床につかうとおもつたけれども、すこし時刻がはやすぎるので、なにかあなたに書くことにした。昨日ながく一緒にゐたばかりだし、今日も手紙をだしたので、格別かくこともないのだけれど。それでも、それでもなにか話しかけたい。話しかけずにはゐられない。あなたは、それをゆるしてくれるでせう、ね」（原文まま、以下略）

幸福感に満たされていた古在だが、二つの不安があった。ひとつは美代が就職できないまま京都に帰ってしまうこと、もうひとつは自分の「階級的任務」と愛との葛藤である。古在にはかつて長年つき合い結婚まで考えた女性・本田近子がいたが、食えない「哲学」を職とし左翼思想に傾斜したため破局を迎えた苦い経験をもっていた。今はそれ以上に運動に深入りし、美代には遠地からとはいえ忠三郎の監視の目が光っていた。

しかし古在に「階級的任務」での揺らぎはなかった。一〇月下旬、古在はその決意を美代に伝えた。

「自分自身つねに至難な将来を痛感せずにはゐられない。自分自身をたしかめてみるとき、ただ『あとへはひかぬ』といふ自信あるのみである」「人間一生の仕事に自己をささげるには、まことによくよくの情熱と決意と力とが要求され」「いつも自己の至難な将来をおもひうかべざるをえない」「しかし結局において、あなたに対する個人的愛情よりも我々の階級的任務に対する執着の方がなほ強いことも、また事実である」「そのうへでもしあなたが従来のコースをゆくならば、僕は恋々となどせずに別個の方針をたててゆくであろう。この点に対する『同情』は、いくどかいつたやうに、無用である。そんなものはいらない」と伝えた。ひたすらまっすぐな古在だが、「ただ両者が両立するかぎり、この二つの感情は合流しうるのだ」と本音を付け加えるのも忘れなかった。

古在はこの手紙を書いてやや不安と焦燥感が消え、数日後には落ち着いた気分で「よりおほくあなたに世の中の客観的な運動について語ることにしよう」と、活動と生活そして恋愛の両立のために努力しようと書き送った。

古在はこの熱愛中もほぼ連日午前二時か三時になるまで、例の『唯物論通史』の手直しを続けていた。すでに古在はカントの影響を実践的に克服していたが、この仕事は理論的にも、カントや観念論を克服する作業となった。刊行された『唯物論通史』の広告には、「弁証法的な唯物論は過去の全世界にわたる人類の思想的努力の精髄の決算とみなされるべきであろう。本書は人類の文化史に重大な意義をもつ唯物論の何たるかを把握する、著者苦心の手引き書である」とあった。

この著作活動のため古在からの手紙が減ったことに美代は少し不満を感じたが、年の暮れには就職も決まり、翌一九三六年一月から外務省の外部団体「日本国際協会」に通い出した。手紙ばかりか会う回数も減ったが、古在の二つの不安は解消され、美代との結婚を具体的に考え始めた。

しかしここでも問題はふたつあった。左翼運動を心配する忠三郎の了解、そして古在の経済的条件である。左翼運動との関わりは第三者をたててでも説得する以外にないが、経済的条件はすぐには解決しようもない。父由直の残した少しの財産はあるが古在に定職はなく、原稿料は不安定で美代との収入を合わせても、当時の公務員初任給七五円を少し上回る一〇〇円、ないしは高校教師とほぼ同額の一二〇円程度しか見込めない。ここはあわてず環境の改善をはかる以外に方法はない、古在は焦る気持ちをおさえてそう覚悟を決めた。

『唯物論通史』を一段落させた三六年春、前年秋に保釈された松本慎一の慰労をかね、松本夫妻と古在の三人で千葉県勝浦のお仙ころがしに遊び、参加できなかった美代に、古在、松本、敏子の三人が連名で絵はがきを送った。そのひとり松本慎一は「時に噂がでます。一ぱいになってゐるものが、抵抗できなくなって溢れるといった風」と書いた。古在の話題は、やはり「美代」のことだけだった。

名船長戸坂潤　一九三五年夏〜三七年春

古在が『唯物論研究』に寄稿し、田中美代と付き合い始めた一九三五年は、中国への侵略戦争が拡大し、軍国主義の暗雲が国全体を覆い始めていた。二月、美濃部達吉の天皇機関説が国会で攻撃され、三月には国体明徴《めいちょう》決議が満場一致で可決された。神聖不可侵の天皇をいただく日本固有の「国体」の跋扈が始まろうとしていた。

弾圧も一層激しくなるなか、唯物論研究会を名実ともに指導したのは戸坂潤である。戸坂は法政大学を思想不穏を理由に一九三五年八月に免職となり、それ以来唯研の活動と著作活動に専念していた。

一九三六年、戸坂に次女月子が生まれた翌二月、二・二六事件が起き、全都に戒厳令がしかれた。戸坂は身の危険を感じ、大谷大学時代の教え子で唯研事務局員の本間唯一《ゆういち》と相談し、唯研会員光成秀子の広島県の実家に二週間ほど身を潜めた。

この日、美術史が専門の沼田秀郷（筆名、武田武志）は、週一回の『ドイツ・イデオロギー』の共同研究のため、古在の家に向かっていた。市電で皇居前をすぎるとき、一群の兵が雪の上に腹ばいになって機関銃を市民に向ける異様な光景を目撃した。すぐには事態が飲み込めなかったが、古在の家で青年将校らの「反乱」を知った。「帝都」は緊張し、混乱した。三木清も「帝都の騒擾を避けるために、一時」妻（東畑喜美子）の実家がある三重県に避難した。この事件で軍部はいっそう力を強め、日本型ファシズム支配が一気に日本を覆い始めた。

古在が岡邦雄の推薦で正式に唯物論研究会の会員となったのは、二・二六事件の二ヵ月後である。事件のためすべての研究会が休止され、ようやく四月から再開されようとしていた。すでに唯研の中心的幹事、活動家は一〇人あまりになっていた。古在入会と同じころ沼田秀郷なども加わり、いまや会は唯物論を研究する団体というより、最後まで踏みとどまった唯物論者たちの団体になりつつあった。だが前年秋、「不死」の象徴フェニックス（不死鳥）を「唯研マーク」に決定し、岩倉政治（筆名、巌木勝、作家）が「唯研の歌」で「不死鳥の高き羽搏きを聴け／唯研は新しき文化のとりでぞ／進歩へのおゝ　この旗と共に守り進めよ」と歌ったように、唯研に残ったメンバーたちの意気はなお高かった。

古在は森宏一（本名、杉原圭三）が責任者をつとめる哲学部会に属した。森宏一は古在と同じ年齢にかかわらず、一高でも帝大哲学科でも一学年上であった。父親が歳をひとつ鯖読みして、小学校に入学させたからだ。森は一高時代、「白樺派」やトルストイに惹かれ、武者小路実篤に会いに行くほど行動的だったが、古在は在学中は森を知らず、『哲学雑誌』に載った卒論を読んで初めて森の名を知った。森の卒論は、アカデミックかつ美文調で、フィヒテの思想を扱っていた。卒業後は中学の教師をやりながら、二、三年フィヒテを読み続けた。その後三年間闘病生活を余儀なくされたが、その間の読書で初めてマルクス主義の本にふれ、回復したあと三枝博音のヘーゲル弁証法研究会に参加した。そして一九三〇年代はじめの切迫した政治文化の状況に、アカデミズムを脱して唯物論の陣営に急速に進み、唯物論研究会には初期のころから参加していた。古在が入会したころ、森は中心的な活動家になっていた。

　古在は正会員になっても、唯研の事務所にはあまり足を運ばなかった。たまに顔を出すと、事務局には月二、三〇円の少ない手当で奮闘する本間唯一、刈田新七、石原辰郎の三人がいつもいた。研究組織部、機関誌部など組織運営関係で七部、研究専門部が自然科学部、社会科学部、芸術部、哲学部の四部だった。事務局員も会員も、そして研究会[6]や「レクチャー」と呼ばれた全体研究会への参加者もみな若かった。四七歳の岡邦雄を筆頭に、三〇歳半ばの戸坂や古在は年長者の部類だった。

　三六年一一月唯研第五回大会直前、古在のもとに幹事推薦状が届いた。しばらく放置していたところ、月末の大会で古在の幹事推薦が確認され、『唯研ニュース』（第六一号、一二月一五日号）に古在の幹事就任が発表された。

　研究誌『唯物論研究』などの読者は全国にいた。三六年の夏、戸坂潤は森宏一と堀真琴（政治学者）の三人で、新潟県高田と直江津（現上越市）の読者の頼みで演説会に出かけた。地方ならまだ演説会も可能かも知れないと期待したのだが、やはり「その筋」は許さなかった。もはや「戸坂潤」の名があるだけで、それは禁止の対象だった。やむなく宿屋山栄旅館での「懇談会」に切り替えて、形だけはつけた。終わると宿屋のカミさんが、記念にするからと色紙をもってきた。戸坂はカミさんの侠気に感心し、躊躇なく「おけさほど唯物論はひろがらず」と書いた。この嘆きとユーモア、諧謔が混じり合った、しかし唯物論を広げたいという思いのこもった句は、前年の夏法政大解職の慰安もかねて、本間唯一の案内で岩倉政治夫妻と佐渡に行ったおり、本間の実家で望まれて残してきた「一句」でもあった。

戸坂潤はいつも、唯物論者は朗らかでなければならない、ゆとりがなければ耐久性はないと言い、ユーモアのセンスを大切にした。真下信一（同志社大学予科教授、のち名古屋大学教授、多摩美術大学学長）の筆名に、ドイツ語で扇動者を意味するアギタトールをもじって秋田徹とつけ、法政大学で教壇に立ったときには、「権力者は城をつくって示したがる、そこから『しろしめす』という言葉が生まれた」と学生たちを笑わせた。自らはポーランド生まれの女性革命家ローザ・ルクセンブルクをもじった俳号薔薇亭華城《しょうびていかじょう》（ドイツ語でローザは薔薇、ルクセンは華美、ブルクは城を意味した）で、ユーモアあふれる句を数多く作った。

戸坂はまた、人生を楽しむ達人でもあった。官憲からは怪しまれたが、唯研として春秋の年二回、ピクニックも実施し、野球[7]もよくやった。茶話会なるものも事務所で始め、メークもアクションもなく戯曲を読むだけのレーゼ・ドラマを強引に計画し、嫌がる事務局員を端役に担ぎ、いよいよ上演になると自分は監督だからと客席に回った。歌をうたえば、必ず箸をふって指揮をとった。好奇心も旺盛で、映画、展覧会などにもよく行き、のちにはスキーまで楽しんだ。

しかし戸坂潤がなによりも腐心したのは、政治運動ではない文化運動としての唯物論研究会の「合法性の獲得」だった。そのために一部の会員からは「なまぬるい」との批判を浴びたが、動じなかった。これを貫くことこそ、組織としての活動、研究・啓蒙、それらを通じた時勢への抵抗を持続させうると考えたからである。事実、「戦闘的」組織はプロレタリア科学研究所（プロ科）をふくめ、ほとんどすべてが当局の弾圧によって壊滅させられていた。

戸坂はまた、普通の人間の問題を扱うのが哲学の課題だ、常識の科学的処理、検討、批判こそ哲学の仕事だと言い、厳密な哲学的研究を土台に、文芸、道徳、教育、時局、時事問題を各種の新聞、雑誌に書き続けた。それはおどろくほど多方面にわたり、美術、娯楽、風俗、ジャーナリズム論[8]にも及んだ。その意味で戸坂の仕事は、唯物論を独自に駆使したきわめてクリエイティブなものだった。

ともかくも戸坂潤は大げさな振る舞いをせず、ただ当然の仕事として、おそいかかる野蛮と暴虐に、静かにしかし力強く抵抗した。天皇のためにいさぎよく桜花のように散れという教学精神、やがて猖獗《しょうけつ》をきわめる「国家精神総動員」に対し、「科学的精神」を対置させ、唯物論の浸透とそのひろがりを願って、闘い続けた。教学的な皇道精神に対して、戸坂が科学的精神を主張したとき、日本の唯物論ははじめて地に足をつけることができた。戸坂はあらゆる意味で組織者であり、真下信一に言わせれば、反ファシズムと闘う「銀鞍白馬《ぎんあんはくば》にまたがった若武者」であり、古在に言わせれば「ファシズムの嵐のなかを航海する名船長」だった。

「コンミュニスト・グループ」 一九三六年春〜三七年

古在の経済学への関心は『日本資本主義分析』研究会が一九三六年三月に頓挫したあともなお持続していた。お仙ころがしに遊んだ翌三六年五月、ふらりと遊びに来た松本慎一が、未決にいるころドイツ語でゲーテなどを読んだがせっかく回復した語学力は落としたくないな、と言った。古在は、なら一挙両得だから『資本論』を原書で読もうか、と応じた。その話がひとり歩きし、ドイツ語に強い菅豁太や村井康男も賛成し、粟田賢三も加わって、古在と菅の家を会場に隔週一回の『資本論』研究会が始まった。

「資本論研究会」は毎回原書五頁ほどを読み上げて翻訳していく忍耐のいる研究会だが、三、四回やったところで進行のスピードを上げるため、高畠素之訳と対照しながら進めることになった。しかし「商品」の章が終わった一二月、松本慎一がまた体調を崩して寝付いたため、中断してしまった。『日本資本主義分析』そして『資本論』。いつも意欲だけは先行するのだが、なかなかやり遂げる条件がそろわなかった。

この年は年末に四谷の「三河屋」で忘年会を開き、回復した松本慎一が妻の敏子と一緒に参加した。古在と美代、村井夫妻、粟田、篠田、菅、初顔として東洋協会大の教え子で東亜研究所に勤務していた松成義衛など一三名が、「情勢」を肴に飲み、論じた。

田中美代一家とともに。右から古在、美代、田中忠三郎、田中穣

翌一九三七年四月三日、古在は京都円山《まるやま》公園の料理屋「さあみ」に親族を招いて、結婚披露宴を開いた。古在三五歳、美代二五歳である。さわやかに晴れた、夜桜の美しい日だった。兄嫁の父幣原坦《たいら》（当時、台北帝国大学総長）も台湾から出席した。その後東京で開いた披露宴には、吉野源三郎、粟田賢三、篠田英雄、松本慎一・村井康男両夫妻、伊藤吉之助東大教授、岩波茂雄、クラウス神父など四〇名ほどが出席して、二人を祝した。

義父忠三郎が満足したかどうかはわからないが、古在はこの結婚までに、「唯物論全書」として『唯物論通史』と『古代哲学史』[9]の二冊を刊行、『現代哲学』を執筆中で、多少の印税を手にできるようになっていた。美代は結婚を機に日本国際協会を退職し、後任に村井福子が入った。

結婚一ヵ月まえの三月、古在が菅豁太、本田良介、佐藤重雄（菅の友人・同盟通信記者）らと学士会館で夕食をともにしたとき、雑誌記事を誰かが報告して懇談する「時事問題懇談会」を開くことになった。春は学士会館で二、三回、梅雨時は千駄ヶ谷に移った菅の家で一、二回、最後が古在の家が会場となった。メンバーは古在、松本慎一、村井康男、菅豁太、本田良介、佐藤重雄、森喜一、松成義衛らで、最後の一、二回には粟田賢三も顔を見せた。話題は林銑十郎内閣の経済政策、ファシズム問題、人民戦線などと多岐にわたり、世に言う四月の「食い逃げ解散」による総選挙問題では、何が何でも日本共産党ということではなく、反ファッショ勢力のために選挙権を行使すべきだというのが皆の結論になった。

一九三七年七月七日に支那事変（盧溝橋事件）が起き日中戦争が本格化すると、支那事変を知りたいという希望が多く出て、松本慎一の斡旋で尾崎秀実を講師に「支那の現状を聞く会」を開くことになった。尾崎は前

1936 年秋のハイキング行。前列左から、今野武雄、沼田秀郷、粟田賢三、古在、菅轄太。後列左から一人おいて、堀江邑一、一人おいて戸坂潤、沼田睦子。後列右から二人目、古在美代

年一一月に発足した昭和研究会[10]のメンバーで、一二月の西安事件[11]に際し、「張学良クーデターの意義」（『中央公論』三七年一月号）を発表、蒋介石の生存と国共合作のいっそうの進展を予測、日本は増大する抗日勢力との対峙を余儀なくされると分析して、論壇で注目を集めていた。三月には昭和研究会のなかに支那問題研究会を発足させ、林内閣総辞職のあと近衛文麿内閣（第一次）が六月に発足すると、昭和研究会は自らの研究成果・政策の実現の期待を近衛内閣にかけて、いっそう熱心に活動を進めた。そこに起きた盧溝橋事件だったから、尾崎は松本の依頼に応じる時間がなかなかとれなかった。

　秋になって尾崎の日程がようやく取れ、古在の家で松本、村井、粟田、沼田、森、菅、松成らに高橋庄治（哲学者、唯研会員）が加わって「支那の現状を聞く会」が開かれた。尾崎はそのころ書き進めていた「敗北支那の進路」（『改造』三七年一一月上海戦勝利記念増刊号）の要旨を中心に報告した。尾崎の見方は、日中戦争が全面化すれば国民政府は敗北するが、高まる抗日闘争は中国の統一を促進し、中国の非資本主義化の可能性が高くなるだろう、というものだった。

　こうした様々な古在の交友は、研究会活動ばかりではなかった。唯研メンバーや古在たちの研究会グループが入り交じって、

よくピクニックにも行った。三六年秋秩父へのハイキングには、古在と美代、沼田夫妻、松本、菅、村井、粟田のほか、戸坂潤や堀江邑一(経済学者、戦後日ソ協会顧問)、今野武雄(数学者・戦後専修大教授)など二〇名ほどが参加した。「資本論研究会」のメンバーは、軍需産業を『資本論』の再生産表式のどこに位置付けるかなどを議論したり、沼田秀郷などはスケッチしたり、それぞれが秋の一日を楽しんだ。集合した写真は、官憲の手にでもわたれば「証拠写真」に悪用されて危険なのだが、この日は楽しい気分に水を差すまいと考えたのか誰も止めず、みなが写真に収まった。その後も古在たちは大垂水・与瀬方面や高水三山、多摩聖跡巡りなどで親密度を高め、互いに就職も斡旋しあった。松成義衛の東亜研究所勤務は古在・松本が堀江邑一に紹介した結果決まり、その松本と堀江の尽力で菅豁太の外務省入省も実現した。

古在の多くの友人たちが中野区と杉並区に住んでいた。中野区天神町には村井康男がおり、区を接した杉並区阿佐ヶ谷には粟田賢三や篠田英雄、松本慎一や戸坂潤が住んでいた。古在はそのあたりによく出掛け、阿佐ヶ谷の松本の家ではたびたび碁を打った。松本の囲碁はかなりなもので、当時木谷実プロ(六段)に四、五子置けば十分に勝負できる力があった。実際古在は松本が三子おいて前田陳爾プロ(同六段)に勝った場面を見ているし、敏子は夫が黒石を持って碁を打っているのを自宅では見たことがなかった。五、六歳のころから始めた将棋も、これまた七段のプロ棋士に角落ちなら十分させる力があった。

古在が訪ねれば必ず「一番いこう」と声がかかり、パチパチ始まると古在の「ワッハッハ」という大きな笑い声と、「ハハハ」という松本のしわがれた笑い声が聞こえた。そして一番終わると、二人ともごろんと横になって時局談義に移った。

これらの交友関係は古在の大きな精神的財産だった。しかし特高たちはこうした「付き合い」を、「コンミュニスト・グループの暗躍」と見て警戒していた。

新書企画　一九三七年秋

一九三五年一〇月、吉野源三郎編集主任のもとで『日本少国民文庫』の第一回配本、山本有三編『心に太陽を持て』がでた。「心に太陽を持て／あらしが吹こうが、／雪がふろうが、／天には雲、／地には争いが絶えなかろうが！／心に太陽を持て、／そうすりゃ、何がこようと平気じゃないか！／どんな暗い日だって／それが明かるくしてくれる！」。胸にひびく内外の二〇の話を集めたこの本は、暗さを吹き飛ばす向日性に満ちていた。『日本少国民文庫』はそれ以降、ほぼ毎月一冊が刊行された。

吉野は三六年秋、第九回配本の恒藤恭著『人間はどれだけの事をして来たか』を岩波茂雄に贈った。時間に制限がある編集作業だが、これまで刊行した八冊に比べ、比較的よくできた本で、夏に岩波の招待を受けた返礼の意味もあった。

一一月になって吉野は最終巻『君たちはどう生きるか』の執筆に取りかかった。『君たちはどう生きるか』は山本有三が執筆する予定になっていたが、山本は一月に眼底出血に見舞われ、連載中の『真実一路』も口述で続けざるをえない状態で、新たな執筆は無理であった。

吉野は、この本を雑司ヶ谷の酒屋の二階で書いた。たくさんの書物のほかに、若いときに親しんだストリンドベリの肖像画がかかっているだけの殺風景な部屋である。恋愛に悩みながら執筆する吉野を、古在がときどき訪ねては、励まし意見を言った。

吉野源三郎が最末尾に「そこで、最後に、みなさんにおたずねしたいと思います。――君たちは、どう生きるか」と書き、ペンを置いたのは三七年五月、本になったのは七月だった。吉野は不朽の名作となった『君たちはどう生きるか』で聡明な少年「コペル君」を世に送り、コペル君の日常生活を通して、どう社会を認識しどう生きるかという問題を、「少国民」たちに投げかけた。編集者としての苦労はあったが、吉野はこの仕事を通じて哲学研究とは別の、ひと味も二味も違う仕事のおもしろさを知った。

吉野は古在や菅谿太ら「コンミュニスト・グループ」の研究会には殆ど出ることができなかったが、古在が結婚し『日本少国民文庫』の完結が見えてきた三七年四月から、明治大学で論理学と思想史を教え始めた。明治大学文藝科科長を務めていた山本有三が、哲学研究をなお望んでいる吉野のためを考え推薦した。『君たちはどう生きるか』の執筆の山が見え、週二回の明大での「文芸思潮史」「論理学」「哲学及び哲学史」などの講義の合間をぬって、吉野はようやく古在との共訳・フォールレンダー『西洋哲学史』第二巻（三七年九月刊）も仕上げ、八月には岩波茂雄の誘いに応じ岩波書店に入った。

岩波書店にはすでに粟田賢三が居た。岩波茂雄が吉野を誘ったのは粟田同様、吉野の力を信じかつ生活を心配してのことで、さし迫った仕事があってのことではなかった。岩波茂雄は哲学を学んだ優秀な二人を確保したのを心から喜び、二人を連れて鎌倉の西田幾多郎を訪れ、優秀な人間を二人も獲得できたのは治安維持法のおかげです、と挨拶した。

吉野には、盧溝橋事件で浮き足だった新聞を読んで岩波茂雄に報告するだけの、単調な日々がしばらく続いた。しかし明大と岩波の二つの職でようやく生活が安定した吉野は一二月、村山智重子と結婚した。哲学研究と自分の思想のため家庭など持つまいと考えていた吉野にとっては、大英断、大転換であった。

吉野源三郎は激流のように進む、神がかりで偏狭な国粋主義や軍国主義に対して、せめて国民のなかに世界的視野と科学的な見方を伝えようと、イギリスで刊行されていたペリカン双書をヒントに、「岩波新書」を企画し始めた。それまで検閲は内務省警保局図書課が行っていたが、盧溝橋事件後は陸軍と海軍の報道部が検閲に加わり、岩波文庫の社会科学系、とくにマルクス主義のもの全部に対し「自発的絶版」を命じていた時期でもあった。吉野が自ら企画したこの初仕事に、粟田賢三、小林勇、三木清が心強い共働者になった。

三木清はこの間、マルクス主義的な主張を弱め、昭和研究会で活動していたが、時代へのある種の抵抗は続けていた。三木は、強烈なナショナリスト蓑田胸喜らが言う「カンナガラノミチ」「コトノハノミチ」式の日本精神主義を看過しておくことはできなかった。三木は、蓑田らの主張は「日支共存共栄の原理としては不十分である」、日本の特殊性のみを力説するのは日支親善、日支提携の基礎にならないと批判し、今は世界の道義と中国の民族解放が必要だとして、「東亜協同体」論を展開した。簑田らの言う日本精神主義は日支提携、共存共栄の原理・基礎にはならず、ヘレニズム文化のような世界的意義をもつ東亜文化を創造することが東亜協同体の使命でなければならないというのが、三木の「東亜共同体」論であった。

三木の意図は、近衛内閣の宥和政策を代弁しつつファシズム独走に歯止めをかけようとするものだが、既成事実の承認と美化に通ずる側面もあり、古在には「諸刃の剣」のように思えた。しかし吉野が考える「岩波新書」の編集企画には、三木の力は必要だった。

『現代哲学』——一九三七年

唯物論研究会の啓蒙的な「レクチャー」は、戸坂が『反デューリング論』『ドイツ・イデオロギー』などを講義し、マルクス主義の研究者ばかりでなく若い学生・労働者にも人気があった。

一九三七年三月、その「レクチャー」に中条（宮本）百合子を招いた。会場は広くはなかったが立錐の余地がないほどで、百合子の話は若者の生き方にもおよんだ。「左翼運動にかかわったから失業していると考えてはいけない。みな失業している世の中だというのをよく考えなさい」などと、集まった若者たちを心服させる話術と内容だった。百合子はその日の日記に、「唯研にて七時より『今日の文学の有様』二時間余話す。いろいろの話が出て、戸坂その他のひとびとの話しかた、ものの見かたに自分は深く感じるところがあった」と書いた。百合子は唯物論研究会の意義を評価しつつも、労働者たちと戸坂たちとの、努力してもなお埋まらない溝のようなものと「空気のゆるみ」とを感じとっていた。翌月『唯物論研究』に、その日の百合子の話が「今日の文学の鳥瞰図」として掲載された。

古在は百合子の話を聞けなかったが、五月の定例研究会で「ドイツ古典哲学の二重性について」を報告した。ドイツ古典哲学がもつ観念論の側面と、マルクス主義の三つの源泉として継承すべき弁証法という二重の側面に着目して、ドイツ哲学の歴史的条件とその意味を解明しようとした。この報告をもとに古在は、『唯物論研究』五月号から三回にわたって、同名の論文を掲載した。

翌六月、唯研事務所が日比谷内幸町の東北ビルから岩本町の市場ビルに移った。三、四〇坪あった東北ビルは全く陽のささない老朽化した木造ビルで、周辺の開発計画のため、夏までに取り壊されることになっていた。新しい事務所となった岩本町市場ビルは五階建ての雑居ビルだが、四階に喫茶室があり、最上階の事務所は陽当たりが良く、部屋からは国会議事堂やニコライ堂も見え、屋上に上がれば浅草・両国はては江東の工場地帯の煙突までも見えた。古い事務所に愛着をもっていた本間唯一もすっかり気に入り、七月には屋上で両国の花火（戦前最後の花火挙行）を楽しんだ。

ちょうどこのころ、一八世紀フランスの『百科全書』にならって一冊ではあるが「百科事典」を作ろうという話が持ち上がった。古在が編集長におされて、会員以外の人の協力もえて、戸坂潤、岡邦雄らとすぐ掲載項目の選択を開始した。書名案も「新百科全書」「新百科事典」など様々でたが、盧溝橋事件が起きて日中戦争が本格化すると、唯物論研究会への警察の出入りが激しくなり、この企画は沙汰止みとなった。

そのぶん古在は書き進めてきた『現代哲学』の執筆に集中した。街の方々から、兵士を送る万歳の声が何度も聞こえた。古在はその絶望的な万歳の声に、逆に奮起して書き続けた。そばには新妻の美代がいた。

『現代哲学』（三七年九月刊）は、マルクス主義の立場から当時の「現代観念論」を素描し、それを批判するものだった。古在はこの本で、ドイツ古典哲学の正当な継承者としてのマルクス主義哲学の歴史的位置を明らかにしたうえ、「生の哲学」など帝国主義時代の観念論哲学、「ファシズムの哲学」の機能や役割を浮き彫りにし、その国別形態とくにアメリカ的形態とドイツ的形態の区別と関連とを分析した。それは国際的にも高水準で貴重な論文となった。

書き始めたときは、紀平正美や西田幾多郎、さらに蓑田胸喜までの、戦争そのものを煽るような「日本精神」、日本主義批判を主に意図していたが、日中戦争が激しくなり抑圧もいっそう強くなってそれが難しくなり、ハイデッガー哲学などドイツのナチス的なものを批判する間接的な形に切り替えざるをえなくなったが、それでも検閲当局は、「日本的なもの」を論じた部分の削除を命じた。

しかし当時東大法学部助手となったばかりの丸山真男が『現代哲学』を読み、戦後「痛快だった」と語ったように、古在の批判と熱意が充分に伝わるもので、吉野源三郎も「非常な力作だ。日本に出た哲学的文献の上では画期的なものだ」と賛辞を書き送ってきた。若き鶴見俊輔もまた強く印象づけられた一人で、鶴見は三八年渡米しハーヴァード大学の哲学科に入る前に『現代哲学』を読み、ラッセルやカルナップ[12]を知ったが、ハーヴァード大学の教室で二人が教壇に立つのを見て、ああ！　その人だと驚いたことがあった（鶴見俊輔『期待と回想——語り下ろし伝』）。

刊行後の一〇月三〇日、生まれたばかりの長女由美子が寝入っているのを見届けてから、古在は新しい唯研事務所に向かった。定例の研究会で『現代哲学』をもとに「現代哲学について」を報告しなければならなかった。

定例の研究会は専門性をもったもので、ときには激しい論争にもなった。たとえば、理論の党派性について、理論の党派性は外から持ち込まれるにすぎないという加藤正（哲学者）と、真理自体が党派的であり真理の内面的規定だと主張する真下信一とが対立した。そのような論争は哲学の分野だけではなく、進化論やアジア的生産様式など経済問題にも及んだ。

研究会にはいつも、万世橋署の特高刑事大田某が立ち会った。日時がたつにつれ顔なじみになり、威圧感も消えて、ついには将棋をさすようになった。あまりに研究会が専門的なものだから、仕事とはいえ「メモ」をとるのも苦労だろうなどと、いらぬ同情も生まれた。

唯物論研究会は、そうした研究会や『唯物論研究』を通じて、全体として気ちがいじみた反動理論の暴露と批判、反動イデオロギー批判を続けた。批判はかつての自由主義者たち、たとえば西田幾多郎、田辺元、和辻哲郎などの侵略戦争の賛美、屈服などにも及んだ。古在は『唯物論研究』三八年一月号に「西田哲学の根本性格」(『著作集』③所収)を寄稿し、客観的真実を語らない西田哲学の歴史的・社会的性格を厳密に批判した。永田広志などは、このような天皇制イデオロギーの人々こそが、唯物論を含む日本思想の遺産をねじ曲げているとして批判論文を書き続けた。古在、永田らのこうした批判と闘争は、唯物論研究会の大きな功績の一つとなった。同時に唯物論研究会はイデオロギー批判ばかりでなく、マルクス主義的な自然科学・社会科学の基礎理論、現代唯物論の研究とその紹介も続けた。会員が減ったとはいえ、まだ自然科学者の比重は高く、『司法研究』(司法省調査部、四〇年三月発行)は、「マルクス主義の立場における人民戦線活動と認められる」と警戒していた。

こうして唯物論研究会は、暗黒の三〇年代に天皇制権力讃美の哲学、思想とたたかう一条の光だった。哲学者久野収が書いたように、この唯物論研究会なしには、一九三〇年代の日本の哲学と思想の歴史は、恥辱を残しただけだったろう。まさに戦時下の総動員体制とそれを支える観念論に対する唯物論者たちの命がけの闘いであった。

『学藝』我らが城　一九三八年

一九三七年一一月、矢内原忠雄(東京帝国大経済学部教授)が『中央公論』九月号に発表した「国家の理想」が反国家的・反戦的だとして教授会で問題にされ、一二月に辞職に追い込まれた。この矢内原事件の半月後、こんどは人民戦線事件が起きた。国体変革、私有財産制度の廃止をめざしているとして、加藤勘十、荒畑寒村、大内兵衛など労農派の理論家や教授五百人弱が、翌三八年二月までに治安維持法違反で逮捕された。盧溝橋事件に端を発した日中全面戦争後、自由主義者への弾圧もいっそう苛烈になり、四月には国家総動員法が公布された。

一九三七年一二月半ば、出版業者と検閲官庁との「出版懇談会」が開かれ、「好ましくない執筆者」の名前が挙げられた。そこには宮本百合子、中野重治はじめ、『都新聞』の匿名批評欄「狙撃兵」で痛烈な批評を続けていた戸坂潤と岡邦雄ら、七人[13]の名があった。ほとんどは唯物論研究会の会員で、唯研会員の検挙もにおわせた。出席していた日本評論社編集部長石堂清倫と校正部員・赤羽寿（筆名、伊豆公夫）は、この話をその日のうちに戸坂潤に知らせたが、結局年も押し詰まった暮れに「好ましくない執筆者」七名が執筆禁止令にあった。

唯物論研究会も合法組織とはいえもはや安泰ではないと、誰もが覚悟した。事実、内務省警保局は唯物論研究会を「自然科学、社会科学、および哲学を研究発表し、共産主義運動の基礎的理論を啓蒙普及し、もって、その基本組織体たる日本共産党、およびコミンテルンの拡大強化に資するものたるの疑い、きわめて濃厚なるをもって、その動向厳重注意中なり」（『社会運動の状況』昭和一二年度版）として監視を続けていた。

その年の忘年会は、向島の「雲水」で開かれた。時代が悪く給仕人は小坊主の格好で、酒は般若湯《はんにゃとう》と言わなければ出てこなかった。出席した古在、戸坂潤、岡邦雄、沼田秀郷、粟田賢三、菅豁太らの話は戦況の話もあったが、もっぱら唯物論研究会の存続問題だった。おおかたは、継続は難しく解散もやむを得ないと考えていた。暗くなりそうな雰囲気を感じた菅豁太は、いきなり連句をやろうと言い出した。俳諧に強い者は少なかったが、菅が「墨堤《ぼくてい》の夜に集まる同志どち」とやり出すと、誰かが「綺談、珍談荷風も知らず」と続けた。そのころ永井荷風の『墨東綺譚』（『朝日新聞』連載、三七年八月刊）が評判になっていたが、連句遊びはそう長くは続かなかった。

唯物論研究会の解散問題は、年が開けて激論となった。執筆禁止令にあった戸坂潤と岡邦雄は年明け早々それぞれ事務長・幹事長を退き、論議はあとくされなき完全解散論と、現行のままの「続行論」とが激しくぶつかった。古在の意見ははじめ解散論に近かったが、沼田秀郷と伊豆公夫の意見を聞き、会の性格を変えて継続する第三の「改組継続論」に傾いた。解散論は活動の「非」を認めることになるし、解散しても会員の逮捕・弾圧は避けられないのだから、形を変えてやれるところまでやろう、そう考えたのだ。古在は戸坂潤にその意見を伝え、「適当な改組」を要求した。

公式非公式にさまざまな角度から意見がでたが、結局古在らのいう「改組継続論」が大勢を占め、一九三八年二月一二日の幹事会で、唯研解散、出版社化による雑誌と全書の刊行継続が決まった。完全解散論の岡邦雄は「往生際が悪い」と言って、その後事務所にも顔を出さなくなった。

結局唯物論研究会は学術研究団体から「学藝発行所」に衣替えし、研究集会のための場所が不用となったので、同じ岩本ビルの三階の狭い部屋に移った。三月号（第六五号）が終巻となった研究誌『唯物論研究』は、四月号から『学藝』となった。その「発刊の辞」は、『学藝』は文化全般にわたる学術雑誌だが、科学と芸術を貫徹する合理的精神を、国民全般、社会全般の標識にしたいと、ファシズムの非合理精神への抵抗の本音を「奴隷の言葉」でつづっていた。雑誌の「学藝」という朱色の題字の上には、その抵抗の意志を示して「『唯物論研究』改題」と印刷し、第一号ではなく、通巻号数の第六六号とした。『唯物論全書』も版元の三笠書房の名前をとって『三笠全書』として継続し、『唯研ニュース』はB5判三二頁の『ダイジェスト』という小冊子に変えたが、「ブックレビュー」などのシリーズ物はそのまま残し、筆者をやや広げたほかは、ほぼ以前の『唯研ニュース』の内容を踏襲した。違いは『ダイジェスト』が、戸坂潤の積極策によって一部一〇銭で駅売りされたことぐらいだった。

古在は雑誌『学藝』によく登場した。創刊四月号には「論理学と認識論――その相互関係の史的究明」を発表、八月号に「現代における認識論の意義」（いずれも『著作集』②所収）を書き、一〇月号では学藝談話会（座談会のこと）「認識論の現代的意義」に出席、同じ号のブックレビューで桝本セツ著『技術史』（三笠全書）を評し、翌月もローゼンベルク著『二十世紀の神話』を論じた。

「学藝談話会」に一緒に出席した沼田秀郷は、古在の言葉が一番勘所を押さえ、『技術史』書評もこう書かなければならぬという本筋を押さえた点で近来にないものだったと、手紙を送ってきた。

雑誌『学藝』には多くの人が執筆した。一九三八年九月号の小特集「アメリカ女流作家作品の研究」には、壺井繁治「パアル・バックについて」とともに、松本敏子の「『女一人大地を行く』のスメドレー」が掲載された。

古在には唯物論研究会を実質的に継続させた責任があった。古在は駕籠町、秋には転居した巣鴨駅近くの自宅（現・豊島区駒込四―一四―六）から、毎週一、二回の『学藝』編集会議には自転車をとばして必ず出席した。編集会議には古在のほか、戸坂潤、伊豆公夫、沼田秀郷、新島繁、伊藤至郎、本間唯一、森宏一が毎回出席した。古在には忘れることのできない、疲れを知らぬ全力投球の日々だった。財政と仲間の検挙・拘束だけは苦しいが、明日の弾圧をもおそれぬ不可分な連帯と友情の日々。緊張感はあったが、やはり楽しいものだった。みな若く、体力も食欲もあった。よく食べ、よく論じ、よく勉強した。ファシズムの嵐が強まるなか、その事務所だけが、「我らが城」、心落ち着く場所となった。

「京浜労働者グループ」　一九三八年春

失業状態だった松本慎一がようやく一九三七年六月、尾崎秀実の紹介で日本外事協会（麹町区内幸町大阪ビル）に入った。昭和研究会で知り合った小沢正元が企画院（経済企画庁の前身・現内閣府）に転出したその後釜だった。松本は日本外事協会発行の『国際評論』の編集や『コンテンポラリー・ジャパン』への執筆活動に力を入れはじめた。特に七月の盧溝橋事件後は、戦火拡大を阻止するため、中国の抗戦力の過小評価を戒めるなど、戦争拡大にブレーキをかける論文を発表し、そのかたわら軍需工場の青年グループの反戦闘争援助に力を入れた。

当時、日本共産党やその指導下にあった全協(日本労働組合全国協議会)の中央部が弾圧で壊滅したあと、検挙を免れた党員や同調者が全国各地で様々な小さいグループを作り、生活擁護や反戦平和、共産党再建に向けて活動を続けていた。そのひとつに、品川鮫島にあった軍需技能を訓練する「東京機械工養成所」(東京府立職業訓練所)の卒業生を中心にしたグループがあった。三六年はじめに組織されたそのグループの核になっていたのは中西篤と企画院の役人・芝寛だった。

中西篤は農村の窮状と兄中西功(戦後参議院議員、評論家)の影響で社会改革を決意し、三重県から上京して東京機械工養成所に三五年六月に入所した。中西篤は卒業するまでの六ヵ月間に十数名の仲間を組織し、各地の大工場に就職したその仲間とともに活動を広げていた。芝寛は上海の日本人のための高等教育機関、東亜同文書院在籍中に中西功から浅川謙次(北京大卒、読売新聞記者)を紹介され、その浅川謙次宅に中西篤・三洋兄弟が寄宿していた縁で、帰国後そのグループに加わっていた。

グループの青年たちは川崎の三菱重工(中西篤、吉田寿生、大窪満ら)や東京蒲田の東京計器(村上庄蔵ら)、東京芝浦電気堀川工場(中西三洋ら)などの大企業を足場にしていたため、検察当局はこれを「京浜労働者グループ」と呼んでいた。これらの軍需工場には陸海軍の監督官が常駐していたが、東芝にいた中西三洋などは、職場の青年たちと勉強会や築地小劇場観劇会などを組織し、活版刷りの同人誌『白樺』を発行、驚くべきことに五千人の従業員の半数近くが読者になる隆盛ぶりであった。東京計器の村上庄蔵らも同人雑誌『萌草』を発行、同人は三〇〇人を下らなかった。

「京浜労働者グループ」に綱領的なものはなかったが、他組織・グループとの共同闘争の推進、日本共産党の組織があればグループを発展的に解消し、なければその再建母体になること、逮捕されたら偽装転向してでも闘争を継続すること、中国侵略から手をひかせる反戦運動を重視すること、などを申し合わせていた。

松本慎一がこの労働者グループと関わることになったのは尾崎秀実の依頼だった。中西篤と芝寛がグループの講師・指導者を探していたところ、満鉄（南満州鉄道）勤務の白井行幸（一九四二年ころ豊多摩刑務所で獄死）が尾崎を紹介したが、尾崎は多忙を理由に松本慎一を推薦した。尾崎はそのころ、昭和研究会の支那問題研究部会の責任者をつとめ、第一次近衛内閣の書記官長を務めていた風見章の強い信頼を得ていた。その後尾崎は風見章の強い勧めに応じ、三八年七月朝日新聞社を辞めて近衛内閣の嘱託となった。

松本慎一がある晩、古在に相談を持ちかけた。古在にとっては忘れもしない結婚一周年の記念日、一九三八年四月三日である。一周年を祝う会がはねてみなが帰ったあと、松本は、「京浜地区の軍需工場で反戦活動をしている二〇代の青年たちがいる、彼らが学習会の哲学講師を探している、やってくれそうな奴はいないか」と言った。

唯一の活動の場である唯物論研究会も「学藝」という雑誌発行所に看板を塗り替え、限られた活動に押し込められていた古在は、青年たちの勇気ある行動に驚き、感動した。すぐに「俺ではだめか」と応じると、松本は「その言葉を待っていた」と嬉しそうに握手を求めてきた。

そのあとすぐ菅谿太の家で二回目の「支那の現状を聞く会」が開かれた。古在ほか一回目の参加者と、吉野源三郎、岡邦雄、桝本セツ、本田良介、高橋ゆうなどの新たな参加者が、尾崎秀実の話を聞いた。尾崎は南京虐殺事件があった三七年の暮れからこの三月にかけて上海・香港を視察してきたばかりで、日本軍のすさまじい破壊の現場や便衣隊（ゲリラ）虐殺の実態をなまなましく報告した。殺害するため「便衣隊」を運ぶ日本軍のトラックに向かって、二、三〇人の中国人が「打倒日本帝国主義！」とうめくような声で言ったという尾崎の話に、古在は強い印象をもった。尾崎が帰った後、尾崎の話は新聞記者的・現象的で社会的・経済的な分析が不十分だという感想もでたが、古在は、尾崎の話は中国の抵抗の強さに注意を促したことに意味があり、社会的・経済的な分析などは他の論文を読めばいいのだ、と思った。

文字通り「類は友を呼ぶ」ように出獄した連中が、危険を知りつつさまざまな機会によく集まった。研究会やピクニックだけではなかった。やれ松本慎一の日本外事協会への就職祝いだ、やれ古在の結婚一周年記念だなどと理由はなんでもよかった。集まり、話すのが互いの無事を確認するだけでなく、時代への抵抗を鼓舞する場にもなった。

研究誌『唯物論研究』に寄稿していた渡部義通（古代史家、戦後民科事務局長）を通じ、古在は横田喜三郎（国際法学者、戦後最高裁長官）ともよく碁を打った。渡部義通が幹事をしていた「文人囲碁会」の一九三八年春期大会には古在も松本も顔を出し、文人たちと一局交えた。場所は日本棋院の大広間で、時勢の鬱屈さを囲碁で紛らすように、文人たちの春期囲碁大会は盛況だった。三木清や坂口安吾、川端康成や石川達三、高倉テルや大内兵衛なども参加していた。

チューター　一九三八年夏

一九三八年四月戦時法制のひとつ国家総動員法が公布されると、やにわに産業報国運動の声が上り、政府は各事業所での産業報国会設置を奨励した。職場では労働組合の産報化か組合解散かが迫られるようになった。「京浜労働者グループ」は対応策を検討し、職場に産業報国会ができた場合、グループ全員が加入して内部から闘うという「トロイの木馬戦術」をとることにした。

古在は講師要請を引き受けたものの、なかなか声がかからなかった。松本慎一の依頼を引き受けてほどなく、名古屋の社会主義思想グループが一斉に手入れされ、そのあおりで名古屋から上京して中島飛行機に入っていたメンバーのひとり竹島芳雄が検挙されていた。事件の真相と広がりを見極める必要があり、グループが二ヵ月間ほど活動を自粛していたのだ。

六月下旬、松本慎一は事件の波及はないと判断して、神保町のレストラン柏水堂で、古在を芝寛に引き合わせた。夕食の席上、芝が本名を名乗り『レーニン主義の基礎』を勉強したいと言った。古在は考えてきた偽名「山崎」に加えて本名も名乗り、その本は哲学以外も含んでいるが既に読んでいるので、初歩の人たちなら字句の説明ぐらいはできるだろうと、謙虚な思いでチューターを引き受けた。

七月中旬の土曜日、ようやく「東事《あずまこと》・松本慎一」が紹介する「山崎事《こと》・古在由重」がチューター活動を開始した。参加者は弾圧を警戒し、芝寛、中西篤、大窪満、吉田寿生、大益宏平ほか一、二名の少数に抑えられていた。気休めにすぎなかったが、特高たちがいつ踏み込んでもカモフラージュできるように、机上にビール瓶を転がした部屋に、チョビ髭を生やした「山崎」がすわった。参加者はすべて偽名を使い、「新田事《こと》・中西篤」はのちに逮捕されるまで、「山崎」が哲学者古在由重であることを知らなかった。古在にとってはこのときが初めての労働者との接触だった。[14]

テキストの『レーニン主義の基礎』はまだ書店で入手できるものの伏せ字が多く、「革命」や「独裁」などは××となっているところがあちこちにあった。古在は参加者の熱意に応えようと、仏文テキストで伏せ字をチェックし、会場である蒲田区道塚の芝寛の家に通った。

勉強会は古在が伏せ字を埋めながら朗読し、要点説明、疑問への回答、討議してまとめるという形で進められた。各章ごとに参考図書として『カール・マルクス』や『帝国主義論』、永田広志著『弁証法的唯物論講話』などをあげ、その内容もそれぞれ説明した。古在は意識して時局の話はしなかったが、第五章「農業問題」では、関連して天皇制問題に触れざるをえなかった。ロシアのツァーリズムと日本の天皇制は違うのか、天皇制打倒は現実的課題になりえるのか、打倒を下ろせば「社民」（社会民主主義者）と異ならないではないかなど、議論は熱を帯びた。

「東事・松本慎一」は、張鼓峰で日ソ軍の大規模衝突があった三八年七月、鶴見三ツ池の林の中で、集まったグループメンバーに、中国情勢を話した。日本軍の占領は点と線に過ぎず、広大な中国大陸では英雄的な抗日戦が続いている、ある中国人捕虜は日本軍の戦闘目的の使役に使われるのに反抗して、自ら岩に頭をぶつけて自殺したほどだ……。松本慎一の生々しい報告は、芝寛や中西兄弟（篤と三洋）、大窪満らを興奮させた。われわれも犠牲覚悟で軍需工場での反戦闘争を強化しなければならない……。

八月初旬、古在が思いの外進行の遅い学習会の様子を松本に伝えると、松本は「一度彼らに会おう」と言ったあと、「人民戦線のいい資料はないだろうか」と訊いてきた。古在はビカートンから届いた資料が菅豁太のところにあるし、菅がいる外務省にあるかもしれないと答えた。

松本慎一はほどなく、コミンテルン第七回大会のディミトロフ報告「反ファッショ人民戦線[15]」の翻訳したものを入手した。中西篤らは暑い夏、窓を閉めカーテンをおろした部屋で、汗を噴き出しながら三、四人で翻訳文のガリを切り、謄写版で印刷した。表紙はカモフラージュのため、外務省調査部発行のような体裁にした。一週間ばかりで一冊のパンフにしあげると、松本を講師にディミトロフ報告の学習会をもった。会場は奥多摩の鳩ノ巣の丘の上だった。誰かの家でやるより原っぱの方が見晴らしがきき、防衛上も安全である。この日はピクニックを装い、みなリュックを背負って三々五々集合した。

社会民主主義者とも修正主義者とも反ファシズムで統一しようというディミトロフ報告は、闇夜の灯火のように仲間たちを励ました。スペインやフランスのように日本でも人民戦線政府をめざそう！　参加者はみな、新たな希望をもった。「非合法活動」を重視する中西篤らとは少し違って、親睦会での合法的活動を重視していた東京計器の村上庄蔵にはこの「青空学習会」への声は掛からなかったが、あとでディミトロフ報告の冊子を読んで、自分の正しさが証明されたようで嬉しかった。

だが、ディミトロフ報告の学習会はこの一回だけで終わった。古在の気迫ある『レーニン主義の基礎』学習会も青年たちを大いに励ましたが、六回目を実施した九月初旬、芝寛が近々転居するからと一時休止となった。松本慎一に聞けばメンバーに異常があったらしく、「京浜労働者グループ」の学習会はそのまま中止になった。

一網打尽　一九三八年秋

古在が「京浜労働者グループ」でチューター活動を開始した七月、警視庁の内偵は最終局面に来ていた。九月になって、『特高月報』が「引き続き研究会を開催しつつある事実判明せるをもって、本月二七日井戸寅吉ほか四名を検挙目下取調中なり」(一九三八年九月分)と記したように、中西篤(二五歳)、大窪満(二六歳)、井戸寅吉(二五歳)・武志(二〇歳)兄弟の四名が検挙された。

三菱重工の吉田寿生(二七歳)は中西らの逮捕を知ると転々と居所を変え、やがて東芝電気の中西三洋(二〇歳)と一緒に群馬県太田市に逃れた。しかし吉田は一〇月一七日に捕えられ、警視庁に身柄を引き渡された。芝寛(二五歳)は蒲田のアパートを出て、山中湖畔の一高寮にひとり潜伏した。しかし孤独感と恐怖感でなんども嘔吐を繰り返すなか、一〇月一八日になって逮捕された。結局検挙はグループのほぼ全員三〇名に及んだ。

芝寛は松本慎一を「京浜労働者グループ」に紹介した人間を厳しく追及された。しかし内閣嘱託(顧問)の尾崎秀実と言う訳にはいかず、拷問のなか苦しまぎれに、同じ企画院勤務を経て上海陸軍部に出向していた小沢正元の名を出してしまった。芝寛の自宅から小沢正元送別会の写真が押収され、この写真をもとにやがて和田博雄、勝間田清一、岡倉古志郎らが逮捕される企画院事件(四一年四月)が仕立てられた。

吉田寿生は西神田署で、ディミトロフ報告の入手経路、「山崎」、「東」の正体を追及されたが、経路も「正体」も知るよしはなかった。その後特高が一枚の写真を見せて、「これが山崎だろう。正体は元東大総長の次男古在由重だ」と得意げに言った。吉田はこのときはじめて、「山崎」が古在由重なのを知った。

一九三八年一一月二〇日、吉野源三郎や粟田賢三らが一年余準備してきた「岩波新書」が、二〇冊同時に発売された。吉野は発刊の辞を書いたが、岩波茂雄は満足せず自ら書き改めた。岩波茂雄本人の署名が入った「岩波新書を刊行するに際して」は、軍部や政治家に対する厳しい批判を含んでいたため、右翼から激しい攻撃を受けた。しかし中国への正しい理解をはかるため[16]『奉天三十年』上下二冊を新書の劈頭に置いた一冊五〇銭のこの新書群は、たちまち初刷各二万部を売り切り、狂信的なファシズムに眉をひそめる心ある国民に歓迎された。

「岩波新書」の近刊予告（『図書』三八年一一月号）二三冊の中に、「一二月中旬予定」として松本慎一著『独裁政治の三巨頭』があった。その紹介文には、ムッソリーニ、スターリン、ヒットラー三人の忽然《こつぜん》とした登場とその権力掌握までの道を、「科学的な立場」と「新人の冷静な史眼」とで綴る「新しい評伝」とあったが、松本の『独裁政治の三巨頭』は、結局、日の目を見ることがなかった。「岩波新書」二〇点の一斉刊行後の一一月二九日、古在由重と松本慎一の二人のチューターに官憲の手が及んだからだ。

その日はどんよりした日だった。古在は朝起きてトイレにいこうと襖を開けたとたん、刑事に踏み込まれた。三週間ほど前に生まれたばかりの次女重代が、激しく泣いた。

同じ日、唯物論研究会、学藝社の中心メンバー戸坂潤、石原辰郎、本間唯一、刈田新七、森宏一、伊藤至郎、沼田秀郷、新島繁、伊豆公夫、永田広志、石井友幸（唯研幹事・生物学）などのほか、「往生際がわるい」と会を去っていた岡邦雄も逮捕された。朝六時の一斉検挙で、松本は三度目、古在は二度目、東京・大阪・千葉を中心に三五名が検挙された（第一次唯物論研究会事件）。戸坂、石原、本間、刈田、森の五人は、高田馬場近くの「ボロ馬車」を引き払って池袋の立教大学近くに引っ越した刈田新七の家で、引っ越し祝いを深更までやって逮捕の数時間前に別れたばかりだった。

製本が完了していた『学藝』一二月号は、製本所で官憲に押さえられ、事務所に届けられた見本本二冊[17]だけがかろうじて残った。

古在が力を入れた唯物論研究会、学藝発行所、「京浜労働者グループ」のそれぞれが、吹き狂うファシズムの嵐と凶暴な弾圧によって、ことごとく壊滅させられた。

第6章　保釈と開戦　一九三八～四一年

監房の日々　一九三八～三九年

一九三八年一一月二九日、古在が留置された巣鴨警察署には三五人の未決囚たちが、三畳半の七つの房に収容されていた。古在は石井友幸とともに、一号房に入れられた。

留置場は新陳代謝が速い。泥棒も来れば、浮浪者も的屋《てきや》（香具師《やし》）も、詐欺師も来た。通常勾留は二九日が最長で、大部分は一週間もすれば出て行く。そんな人たちが出たり入ったりした。池袋に巣くう「コヒバリ一家」の若衆四人が入ってきたときは、「裏街人生」や「国境の町」を歌ったり腕相撲をしたりやけに賑やかだったが、「二九日」で出て行くと実に淋しくなる。古在たちのような思想犯だけが、懲罰のように一年も二年もとどめ置かれた。手続きは「検蒸し」、つまり毎日「検束を蒸し返す」という形が取られた。

四角い豚箱（留置場）の三方は板壁で、金網を張り巡らした鉄格子側に、めざしのように頭を並べ、やぶれ毛布にくるまって寝た。留置場に風呂はなく、蚤も虱も南京虫も多く、不潔で皮膚病があたりまえ、なかでも厄介なのはヒゼンダニが皮膚の浅い部分に寄生する疥癬で、陰部・脇下・臍回りなどに粟粒大の水疱を作り、激しい痒みのため夜も眠れず、気力と体力を激しく奪った。そこに栄養失調が重なると腎臓病になり、最悪死にいたらしめた。

箱弁（食事）は量もカロリーも全く足りず、差入れか自費買いする弁当で補給する以外に手はない。それなのに用便だけは一日四回と回数も時間も決められ、互いの談話も体を動かすことも基本的には禁止だった。ほどなく古在と石井との接触を避けるため、石井は四号房に移された。

冬は寒く、夏は風がそよとも吹かぬ房内は、夜でも三五度になる生き地獄である。

そこに長くとどめ置かれる思想犯は、その惨憺たる状況に肉体的にも精神的にも苦しんだ。耐えかねて精神に異常をきたす者もあった。古在は頻繁に風邪で発熱し、歯も腸も痛め、医者を手配してもらうこともあった。しかし看守たちは、思想犯いわば「恒常的住人」に知的にも人間的にも一目も二目もおいて接し、様々な便宜をはかることが多かった。抜け目のない看守は、自分たちの仕事を肩代わりさせたり、夜になると文学論や法律、経済の話などを聴きに来ることもあった。

古在の悔いと心痛は、自分の逮捕は覚悟のこととはいえ、妻子を不安の深淵に落としたことである。逮捕されたとき、妻の美代は二六歳、長女由美子は一歳になったばかり、次女重代は生まれて三週間がたったところだった。出産あけの美代に生活のやりくりはもちろん授乳や幼い娘たちの世話だけでなく、子連れでの差入れを強いることになった。

しかし監房にいて頼れるのは妻だけで、必要な差入れだけでなく、戦時下の社会の様子も友人たちの消息も、美代を通じてはじめて知ることができた。

ある日古在は、面会に来た美代に『物の本性について』の差入れを頼んだ。それは古代ローマの唯物論者で、「宗教は数々の罪悪をもたらす」と喝破したルクレティウスの不朽の名作である。美代は驚いた。留置場での本の差入れはまだ許されていなかったからだ。だが活字に飢えていた古在は、禁を破る取っておきの方法を考えていた。その方法はレクラム版[1]を二、三枚ずつにほぐして、差入れの衣類や弁当に忍び込ませるというやり方である。古在は驚く美代に、ドイツのレクラム版は岩波文庫のような小さな本だから大丈夫だ、と諭すように言った。問題は読んだあとの始末の方だ。古在は監房内の「捜検」つまり抜き打ち検査を警戒し、一列になって用便に連れ出されるたびに読み終わったページを「黄金の壺」に落して、それをクリアした。古在はこうして獄内でローマの詩人で哲学者のルクレティウスに出会い、用便のたびにひらひらと落ちて行くルクレティウスと別れた。

家族　一九三九年

獄外に残された家族たちの生活維持は、監房生活とは別の苦労があった。

岡邦雄と一緒に暮らしていた桝本セツは、「うるさいから二、三年帰ってこなくていいのよ」などと強がりを言っていたが病身の弟を抱えていたし、美代の金銭的支援が必要なほど入院費に事欠く仲間もいた。

松本敏子はなんとか秘書の仕事に就けそうだったが、幼い裕子がいるからと就労を躊躇していた。美代は見かねて、「お互い様だから、裕子ちゃん預かるわよ」と言ったが、敏子は遠慮深かった。しかたなしに家政婦を折半負担で雇うことにしてようやく敏子は納得したが、就労は結局子持ちを理由に断られてしまった。敏子はその後しばらくして、下宿人をとった。

美代はそう頻繁ではなかったが、阿佐ヶ谷の敏子を訪ねた後、戸坂潤の留守宅を見舞った。母堂の久仁子は戸坂のように体格のいいお婆さんで、戸坂の友人たちの傾向をよく知っていた。息子の逮捕にあっても弱ったところは全くなく、逆に特高に対しては「くだらん奴らがなにをして居《お》る！」といった調子で、意気軒昂だった。

美代にとってやっかいなのは、昔の街頭連絡時の検挙を理由に、保護観察所に呼び出されることだった。[2]応対するのは保護観察所の所長と、元「左翼」で仏教徒の保護司の二人で、偶然にも所長は、一九三三年の古在検挙のときの担当検事だった。所長は、お前の旦那には病気を理由にうまく逃げられたと、ひどく憤慨してみせた。この所長は美代本人のことは割合簡単にすませたが、古在のことでさんざん説教した。保護司の方はねちねちした説教を四時間も繰り返し、転向して「更正」したという雑用係が、保護司の話に調子を合わせた。美代はわき上がる反抗心をグッとこらえたが、結局また保護観察に付された。

一九三九年三月、菅谿太が検挙された。菅は前の晩、中野区天神町の村井康男を訪ねたばかりだった。村井は病気回復後、篠田英雄の紹介で三八年四月に三省堂に入り、金田一京助と辞典『辞海』の編集にたずさわっていた。八月に長男茂男が生まれ、妻の福子はその出産を機に、美代の後釜に入った日本国際協会を辞めていた。

菅逮捕を美代に伝えに来た森喜一は、「イヤになる」とかなり落胆した様子だった。頼りになる人間がだんだん少なくなっていくのは、美代にとっても寂しいことだが、「古在が、残っている人にはがんばってもらわねば、と言っていましたよ」と言うと、森は恐縮しきった。

脳溢血のため一九三七年に休職期間満了・自然退職となった兄由正は、不自由な足に鍼治療を受けたあとなどに、付き添いの妻澄江と一緒に美代を見舞った。由正は縁側に腰を掛け、「重さんは煙草をまだのんでますか」と、古在の健康を気遣った。

仙台勤務の弟由信は、古在の投獄を機に東京転勤を希望していたが、ようやく三九年四月はじめ願いかなって東京転勤となり、駒込の家に美代たちと同居した。しかし配属先の業務課の仕事が不満で、由信は機嫌がわるく、家の雰囲気はかえって暗くよどんだ。

その由信が、四月末になって召集令状を受け、あわただしく京都に向かうことになった。

美代はその準備を理由に古在の一時釈放を巣鴨署と本庁に掛け合ったが、本庁では古在に感情を害しているらしく、担当は「他《ほか》なら考えるが、古在はいかん」と憎々しげに言い放った。美代からその話を聞いた古在は「受けがいいようでは仕方がない」と言い、一緒に別れの挨拶に来た由信に「はじめは周りに合わせて、よく人間を観察したらいい」と餞別の忠告をした。

町内会の見送りを受けた翌日、由信は美代が頼んだ吉野源三郎に付き添われ、七組の応召者とともに「燕」で京都にむかった。由信と見合いしたことのある娘が新婚旅行で同じ列車に乗り合わせたのは不幸な偶然だったが、意外なことにその三日後、由信は「不合格になった」と美代のもとに戻ってきた。

取り調べ　一九三九年春〜

古在の取り調べは収監後四ヵ月放置されたあと、一九三九年三月から始まった。担当した最初の警部補とテロ係の二人の刑事は「おまえは誠意がない。転向は認められぬ」とはじめから悪態をついたが、一週間ほどで警視庁特高第一課の警部補片岡政治[3]に代わった。片岡はこれまた偶然にも、三〇年に美代が検挙されたときの担当刑事だった。

片岡はまず、一日おきに五、六時間、三〇回ほど調べる、と宣言した。そして、若い学生をつかまえると必ずおまえらの雑誌や本をもっている、と責めるように言った。古在らの検挙と同じころ、慶応大学の「日本経済事情研究会」で二四名、東京農業大学の「農業史研究会」で一〇名が、「唯研」指導のもとに研究会を左翼理論の研究宣伝機関にしようとしたとして検挙されていた[4]。特高にとって、「唯物論全書」や『学藝』を読むような人間は、もはや「臣民」ではなかった。朝鮮や台湾からの留学生たちは「おまえらは人民か、臣民か。人民をやめて臣民になれ」などと拷問で責め立てられた。

古在は沼田秀郷が自宅で学生たちを指導しているのを知っていたが、このとき改めて唯物論研究会が若い学生や労働者に与えた影響の大きさを知った。雑誌『唯物論研究』は当時で部数二、三千部、後継誌の『学藝』を合わせて七三号まで刊行されたが、この数は時代を考えれば決して小さな数字ではなかった。またシリーズの「唯物論全書」も後継の「三笠全書」を含めると、六六冊が出ていた。

一回目の取り調べでは、ひととおり本籍から家族状況、学歴、職業経歴、読んできた主な文献などを問いただされた。それから八月まで、片岡が言うほどの頻度ではなかったが取り調べが続いた。古在は片岡が理解するかどうかはともかく、唯物論哲学理解の推移については比較的正直に語った。しかしマルクス主義やその実践的意義、日本共産党との関係では、もっぱら哲学的研究の立場から左翼思想に接近したことを強調した。

そしてほぼ月一回、訊問内容をまとめた片岡の「聴取書」に署名と拇印を求められた。聴取書は、思想推移の過程、共産党とコミンテルン認識、唯物論研究会との関係など、彼らの関心あるテーマごとにまとめられた。しかし古在らに対して、政治犯の労働者に対するような拷問はなかった。思想犯、特に哲学関係者には、誘導して手記を書かせるというのが彼らの基本方針のようだった。

古在は一九三九年の五月ころから同房者が寝静まったあと、メモを書き始めた。それは毛布をかぶったまま、高い天井のほのぐらい光だけをたよりにする根気のいる作業だった。美代に頼み込んで差入れ物に紛れ込ませた鉛筆の芯や、取調室から窃取したうす紙を使った。取り調べが続き、活字に飢え、自分の命の先が見えないなか、書くことでいくらかは気持ちが落ち着くのを感じた。

しかし情報は乏しかった。新聞はなく、読むことのできる「官本」さえ当たり障りのないものだけ、唯一の材料は新たに入ってくる博徒や看守たちの話だけだが、メモには、ときには拘置所に移されれば許される差入れ本の希望一覧を書き付け、ときにはその夏の独ソ不可侵条約締結をめぐる克明な情勢認識を書き残した。

そこでは帝国主義間の矛盾が先鋭化しているこの時期こそ、世界史の諸法則は比較的に純粋透明な姿で自己を貫くにちがいない。「それゆえにかかる時期には片々たる日々の新聞にまどわされることなしに、もっぱら大局的見地にたつ原則的な洞察と展望とがなによりもまず要求されはしないか」と再確認し、そうした考えがメモを通じて、美代にも伝わることを願った。

また学生時代に親しんだ詩や短歌をつくり、子や同志たちへの思いもつづった。

監房の窓べにつもる雪のかさ　子らは炬燵にぬくもりいるか
子の病おもしときけば監房の　熱暑にわかにたえがたくなる
くらき房へまいいる風のさわやかさ　若葉のかおり胸にしみいる
「にくしみのるつぼ」はよろし看守めの　まわりこぬまに三つくさりうたう
隣房にインタナショナルつたえれば　友はスチェンカ・ラージンをかえす
隣房の同志やまいにうちふす日　インタナショナルひとりでうたう
頬はこけ肉はおつとも紅の　プロレタリアの旗にしたがわん
爪をもて壁にきざまん世界地図　人づてにきく欧州戦乱
街を吹く「国の鎮《しず》めに」布しろき　遺骨の小箱おもたげにゆく

うすい美濃紙に書いたメモは、釈放されるヤクザやバクチ打ちにたのんで自宅に届けてもらった。彼らは律儀にその仕事をこなした。

監房総長　一九三九年夏〜秋

古在が「監房総長」と呼ばれるようになった一九三九年の夏、杉並署にいた男が再犯で巣鴨署に回され、戸坂潤のことを話してくれた。戸坂は看守の手伝いや雑役を理由によく房外を出歩き、俳句も楽しんでいるという。あとで聞いたことだが、杉並署には藤井という俳句好きの巡査部長がいて、藤井が泊まりの晩は、気晴らしの句会がもたれたという。

句会では互選で得点の多い句が読み上げられ、天地人、秀逸などが決められ、そのあと作者が名乗り出るという形で進められた。薔薇亭華城《しょうびていかじょう》を俳号とする戸坂はこれを楽しみ、「蒸せ返える青葉祭りや猿の村」が天をとった。地は「氷」の題に「出稼ぎの漁夫氷山をじつと見る」、人をとったのは「唐辛子」の題に「唐辛子赤くなるころ嫁の来る」だった。賞は取らなかったが「川越や一味徒党を芋づるに」には、戸坂のユーモアのセンスが生きていた。芋で有名な川越のバクチ打ち連中が、芋づる式に一斉手入れされて留置場にやって来た様子を描いたものだ。

麹町署からきた男は、岡邦雄と中西篤の様子を聞かせてくれた。「同志」の無事を知るのはうれしく、頑張ろうという気持ちが新たに湧いた。

取り調べと面会、便所掃除の雑役はあったが、「監房総長古在」の日々は単調であった。看守が見えなくなれば唄をうたったり、特別に許された一本の「バット」(煙草)を回し飲みしたり、看守が見えればシラミや南京虫つぶしに精を出した。

古在が豚箱で強烈な印象をもったのは、朝鮮生まれの崔奉天《チェボンチョン》という二九歳の青年である。彼は穏健な思想をもっていたが、烈々たる民族的感情をうちに秘めていた。崔の話は強烈だった。

……祖父は日韓併合以前に憲兵に射殺され、父はそのとき六歳で手のひらを打ち抜かれた。たった一人の兄は、五年間の囚人生活のあと死んだ。日本政府の土地掠奪もひどかった。その方法は、たとえば地主に金を貸し付けたうえ返済前に警察に検束させ、不払いの状態にして取り上げる、たとえば警察が小作人たちを扇動して土地を奪取させ、わずかばかりを小作人に渡して残りのほとんどをせしめる、というふうだ。朝鮮の歴史は、中国と日本による支配の歴史だが、歴史資料は日本政府に没収され消却された。自分は旧家に残る資料を発掘し、朝鮮史を書き改めたい……。

崔の話は、古在の朝鮮への関心を促した。多少とも進歩的な朝鮮と朝鮮史の文献を集めるよう美代に依頼した。

取り調べは九月から本格化した。ほぼ隔日に行われた取り調べの中心は、具体的な活動内容に置かれていた。特高片岡らの関心はやはり、共産党への資金提供と彼らが「コンミュニスト・グループ」と見なした古在たちの種々の研究会活動にあった。片岡らは、「共産党再建」を疑っていた。

古在が警戒したのは、今度の検挙を三三年の嫌疑内容と関連づけられることだった。前回は資金カンパ、翻訳活動など直接的な共産党支援活動だったが、今回は共産党の弾圧・壊滅後、分散孤立する仲間たちを結集し、少しでもその理論水準を強化しようと思ったもので、日本共産党再建やそうしたものとの組織的繋がりは全くなかった。資金提供は正直な話、一九三五年以降は共産党中央が壊滅させられていて提供しようにもできなかったし、松本慎一や菅豁太らと開いた様々な学習・研究会活動も、参加者に思想的共通性はあったが、組織的方針のもとに何かを統制することはなく、友情による自主的で好学的な集まりだった。まして「コンミュニスト・グループ」として共産党の再建をねらうことなどは考えもしなかったから、そう陳べるほかはなかった。

取り調べによる「聴取書」は、九月は毎週一、二本、総計一四本になり、一〇月はじめにすべての取り調べが終了した。そして古在は手記を求められた。

偽装転向　一九三九年秋

古在は以前から、釈放を確実なものにして可能な限り具体的な活動を試行するのが、戦時下の最良の道と考えていたし、美代をつうじて吉野源三郎が「転向書」を書くよう勧めているのを知っていた。実際書く段になるとためらいもあったが、一九三九年秋、古在は手記「現在の心境と将来の方針」を提出した。

その概要は次のようなものだった。

……今もなお、学者として立ちたいとの思いは変わらない。他の人と違って、自分がマルクス主義に達したのは三〇歳と遅く、しかも純理論的な検討からだ。しかし理論と実践の必然的関連は、純学究的な生活を許さなかった。理論的支持と感情的合意とを、党への同情的活動という形で表現せざるを得なかった。

しかし逮捕後の両親の死、その直後の兄の病臥は、大きなショックだった。その混乱から回復したとき、マルクス主義の一般理論を放棄することはできないが、今後はその公式的直訳的な共産党の運動に関係せず、自分の弱点である経済学を学ぼうと考えた。にもかかわらずマルクス主義への執着は捨てきれず、少しでも理論的に貢献しようと、研究会、講師・執筆活動を続ける結果になった。

しかし自分のこうした理論的活動は、まぎれもなく実践的活動だった。今はあらゆる意味に於けるマルクス主義は、放棄すべきと考える。実践を回避して理論に従事するのは不可能なことである。もともと実践中も懐疑な気持ちはあった。特に天皇問題は、民族的な最高の倫理的統一の表徴で、唯物論では説明できない。また当初侵略的外観をもった支那事変（盧溝橋事件）も、現在は「東亜協同体の建設」という歴史的課題となりつつある。マルクス主義の理論はこうした現勢に、もはや適応しない。

獄窓から聞こえる英霊ラッパは、世界的事業に倒れた尊い犠牲だと感じるようになった。東亜協同体の盟主は日本民族をおいて他にない。そのことは明治維新と支那事変に示されている。日本民族の統一の中心は天皇であり、今や一人の日本人として、階級闘争説に基づく唯物史観を支持することはできず、放棄しなければならない。これに代わるものは、民族の立場からする一つの理論でなければならない。

以上は理論的に整備されたものではないが、二〇年従事してきた西洋哲学とその哲学史は、今後の研究課題、日本精神史・日本思想史研究の有力な背景になると思う。今後はこれまでの蓄積を生かし、日本民族を不動の基調とした新しい哲学的世界観の確立に努力を集中したい。私は家庭と書斎に帰って、再出発したい。……

この古在手記は、吉野の「或る転向者の書翰」同様、日本民族論と天皇制問題が核となっていた。しかし吉野「転向書簡」以後の、盧溝橋事件・日中戦争全面化と国民精神総動員という時代の「進み」は、その内容をより具体的で直接的なものにし、古在手記の「天皇制への完全な拝跪と侵略戦争の全面肯定」という装いは、時代の深刻さそのものの反映だった。そうした表現をもって「転向」は、はじめて「効果」をもつことができた。

特高の片岡政治は一一月になって、東京地方第三刑事部に意見書を提出した。片岡の肩書きは「警部補」から、司法警察官「警部」となっていた。片岡は古在の「犯罪事実」を詳細に整理したあと、次のようにまとめた。「わが国重大時局の下長期間にわたり巧妙なる手段方法をもって取締を避けつつ共産主義勢力の増大とその運動の勃興を企図しつつ活動し来たれるの犯情なんら酌量の余地無きところなり、しかして被疑者は検挙後過去の行動を反省し、一応転向を表明しつつあるも、一層これを促進し強固たらしむるの要あるをもって厳重処分の上熟慮の機会あたうる要ありと思料す」。

この意見書提出後、片岡は松本敏子に対し「古在は求刑五年、松本は四年」と明言した。松本慎一本人は執行猶予がつくと自信たっぷりだったが、美代は古在の方が心配でせめて執行猶予がとれるよう、亡義父由直の信頼厚かった元東大学生監安藤圓秀に弁護士選任を一任した。しかし、年内に担当検事は決まらず、唯研メンバーの勾留はまた年を越しそうだった。

「差入れ女房」　一九三九年冬〜四〇年

一九三九年秋、由美子は二歳、重代は一歳になった。美代が巣鴨署に差入れに行くときは、近所の高橋庄治(通称ハゲさん)・富士子夫妻や村井福子、松本敏子に娘二人一緒かどちらか一人を預けた。ハゲさんは、筆名「高村英夫」として『唯物論研究』誌に「インテリゲンチャ問題の検討」などの論文を寄せていた唯研の仲間である。

友人たちの都合がつかず娘二人を連れて行くときは、由美子をおぶるか歩かせ、重代は乳母車に乗せた。帰りは洗濯物、許可されてからは宅下げの本が増えた。その大きな荷物を乳母車に乗せると、重代は荷物を嫌がって泣いた。仕方なしに片手で荷をかかえ片手で乳母車を押すと、手も足もちぎれそうになる。そんなときに限って由美子も眠いとぐずり、仕方なしにおぶって帰り、ヤレヤレと下ろしたとたんに、またぐずる。苛立って尻をたたくと、「おかあちゃん、おこっちゃ、メッですよ」というかわいい抗議を受ける。そんなことがしばしばあった。

一二月はじめにこれまで同居していた由信が引っ越したあと、美代はいくらかの生活費の足しに、松本敏子にならって下宿人をとることを考えた。しかし相談した古在は、雑用に追いまくられて一二、三円を取るより語学力を活かして翻訳でもやったらいい、と賛成しなかった。美代もどうせなら知的な仕事がいいと考え直し、翻訳仕事を岩波書店の吉野源三郎に頼んでみた。吉野はさっそくホブスンの『富の科学』など六冊を持ってきて、いい訳ができたら出版すると言ったが、ホブスンは難しく、吉野の親切に応えることができなかった。美代はかわりに家事の合間にできるカード書きの仕事をはじめた。それは一枚四厘で一時間でせいぜい五〇枚、一日三時間やってやっと月二〇円程度だが、何もしないよりはマシだった。

一二月中旬、結核を患っていた栗田賢三の妻てる子が死んだ。医師はすでに春ごろからダメを出していたが、栗田は献身的な看病を一〇ヵ月間も続けていた。牛込の傳久寺で行われた葬儀では、長い看病に疲れ切り、落胆激しい栗田の姿が印象的だった。葬儀には岩波書店の小林勇、吉野源三郎、三木清、『カトリック大辞典』のクラウス神父、村井康男なども参列し、美代は久しぶりに篠田英雄夫人、高橋ゆうと顔をあわせた。

暮れが押し詰まって、美代は由美子と重代をつれて、一年のご挨拶に阿佐ヶ谷の松本敏子を訪ねた。敏子は、五月に逮捕されていた堀江邑一が釈放されたこと、芝寛と中西篤が起訴されたことを手短に教えてくれた。その日は子ども二人の機嫌がよく、その足で戸坂潤の家にも寄った。母堂の久仁子は相変わらず元気だったが、年内に裁判が片付くと考えていたイク夫人は、唯研関係者の勾留がまた年を越してしまうと肩を落とした。

二度目の、古在のいない大晦日がやってきた。美代にとってこの一年は、責任の重い、しかししっかり度胸のついた一年でもあった。

一九四〇年の年明け早々、阿部信行内閣が陸軍の支持を失い、米内《よない》光政内閣に替わった。翌二月民政党の斎藤隆夫が、衆議院で戦争政策を批判して議員除名処分となった。片山哲（戦後・社会党委員長、首相）らは斎藤除名に反対したが、社会大衆党は逆に斎藤除名に反対した片山哲らを除名処分にした。もはや戦争批判は、議会や合法政党の中でさえ許されなくなっていた。

正月二日、この年最初の面会は、看守のはからいで一年ぶりの親子対面となった。古在は娘二人を膝にのせ一緒にパンを食べたり風船をついたりして、娘らを喜ばせた。しかし着替えのため裸になった古在は随分と痩せ、美代はまともにみることができなかった。

由美子はその日の面会がよほど印象深かったとみえ、翌日になっても「お父ちゃんのお部屋に行ったよ。風船ついたよ」と一日中繰り返した。美代はその仕草に、家族全員が一緒に暮らせるのはいつだろうと、つい涙ぐんだ。

美代は、発熱・下痢を頻発する娘たちの育児と家事が負担となって、腰を痛め寝込んだこともあった。しかし古在への差入れは夜の読書とともに、美代の数少ない楽しみの一つだった。松本敏子は心ない人に「差入れ女房」と言われて憤慨していたが、週二、三回通うのは「差入れ女房」に違いないと、美代は思った。

一月末、なにかと頼りにしていたハゲさん（高橋庄治）が検挙され、古在と同じ巣鴨署の留置場に入った。最近髪が抜けるとこぼしていた古在だから、ハゲ同士で多少は古在の慰めになるだろうと思うと、少しおかしかった。

しかし美代には悪い予感があった。三省堂に電話を入れてみると、村井康男はやはり「お休み」だった。美代はすぐ中野の村井の家を訪ねた。やはり「ヤスさん」はいなかった。二度目の逮捕で妻の福子は落ち着いていたが、子連れの「差入れ女房」がまた増えてしまったと、美代は思った。妻を亡くしたばかりの粟田賢三も、逮捕されていた。

この一連の検挙は、執筆者などの協力者にも及んだ唯研第二次検挙事件の一環で、この日は、甘粕（見田）

石介（経済学者）、岩崎昶（映画評論家）、高沖陽造（文芸評論家）、本田喜代治（社会学者）、早瀬利雄（同）など一五名が逮捕された。

東京拘置所　一九四〇年春

古在のために綿入りのシャツ、美代と孫のために切り炭を京都から送ってきた父忠三郎は、紀元節の日に「恩赦はなかったのか」と美代に手紙で聞いてきた。美代には恩赦を望む年老いた父の心境が不憫でならなかった。

古在は、不潔な条件のなかで長い留置生活によく耐えてきたが、一九四〇年二月になって全身的な衰弱が目立った。歯も髪の毛もいっそう抜けて、背中には痛みが走り、ついに身体が曲がらなくなった。美代は古在の忍耐強さに感心しつつ、何もできない自分にいらだった。

二月半ば、ようやく吉野源三郎の世話で茂在博士が往診した。肺尖浸潤《はいせんしんじゅん》と脚気の所見で、背の痛みはリュウマチ性のもので、これは心配ないと、茂在博士はオリザニンなどの薬を処方して帰ったという。

美代は古在の反対を押し切って、三菱商事の広瀬義昭を下宿させた。頼りのハゲさんも村井康男も菅豁太も再検挙され、まわりが女所帯だけになった不安もあったし、生活費の「たし」も必要だった。

一九四〇年三月一九日、古在は巣鴨署で担当検事に決まった井本臺吉（戦後、検事総長）の訊問を受けた。担当警部片岡政治が「意見書」を提出して四ヵ月弱がたっていた。訊問は長時間に及んだが、古在は片岡の一四回にわたる「聴取書」を大筋で認め、今はマルクス主義理論を放棄したばかりでなく、今後はその批判と克服に励みたい、と述べた。

井本検事は四月五日、東京刑事地方裁判所の予審判事宛に「予審請求書」を提出した。予審請求書は、古在の活動は「コミンテルン及び日本共産党の目的達成に資した」治安維持法違反にあたるとして、公訴事実を次の三つに括っていた。第一、日本共産党への活動資金を二十数回にわたり計八五〇円[6]を提供し、海外左翼出版物を蒐集・翻訳したこと。第二、病気のため二年間活動を中止したが信念を変えず、松本慎一、菅豁太、芝寛らと共産主義勢力の結集、共産主義意識の高揚、啓蒙をおこなったこと。第三、唯物論研究会に名を藉りて、共産主義の理論水準を昂めその啓蒙を為したこと。

そして翌六日、古在は普通の車で巣鴨署から東京刑事地方裁判所に護送され、予審判事藤島利郎の訊問を受けた。藤島は予審請求書の公訴事実を読み上げ、「之に対して何か陳述することはあるか」と言った。古在は陳述することはないと答え、「訊問調書」に署名して拇印を押した。そのあと古在は、裁判所からそのまま西巣鴨の東京拘置所（巣鴨拘置所）に移送された。

久々の春の外気はすがすがしく、満開の桜に生命の息吹を感じた。古在は読み書き原則禁止の留置場から、独房でしかも読書が可能な拘置所への移監を喜んだ。しかし移監されても、すぐに本を入手できるとは限らない。車が神楽坂にさしかかったとき、古在は坂の途中に本屋を見つけた。無理を承知で「ちょっと、降ろしてくれませんか」と頼むと、意外にも付き添いの特高が「一分なら」と了解した。

古在は特高の計らいに礼を言って、一年半ぶりに書店の本棚の前に立った。懐かしい本のインクの匂いをしばらく楽しんでいたいが、時間はない。吉野と粟田を思い、すぐ岩波文庫を収めた棚の前に立つと、『はるかな国とおい昔』[7]という本の背文字が目を引いた。窮屈な留置場生活だっただけに、その題名に魅力を感じ、さっと棚から引き抜き支払いを済ませて車に戻った。

東京拘置所は二階建ての獄舎が六棟あり、各階の左右両側に三〇ぐらいの房があった。拘置所では本の持ち込みはもちろん、検閲があるとはいえ家族への手紙が書けるし、一日五分の運動、一週一回の風呂[8]もあり、一年半のあいだ一回の入浴もなかった留置場とは雲泥の差がある。ただ、面会だけは特高室などでやる留置場とは違って、拘置所の面会所は小さく仕切られていて、三〇分も待たされたあげく、面会では五分もたてば看守が窓を閉めるという窮屈なものだった。古在が二人の娘を相手に、虚無僧がかぶるような編笠をとったりかぶったり、美代に差入れ品を頼んだりすると、もう終わりですぐに窓が閉じられた。

東京拘置所には、三三年一二月に街頭連絡中に逮捕された宮本顕治がいた。美代が月一回の面会に行くと、宮本百合子と顔を合わせることが幾度もあり、親しく話をするようになった。待合所は野外のよしず張りのような所にベンチが四、五台置いてあるだけで、いつもヤクザやバクチ打ちの妻たち十人ほどが沈んだ面持ちで面会を待っていた。そこにゆったりした姿で百合子が現れると、重苦しい待合所がなにかほっとしたような、くつろいだ気分が流れるのを美代はいつも感じた。百合子は、校正の仕事をするか顔見知りの誰かと話し込んで励ましたり慰めたりして、面会を待っていた。

予審　一九四〇年秋〜四一年春

古在は月に一、二度美代に手紙（封緘葉書）を送った。手紙では差入れ本や、季節に応じた衣類などの注文が中心だが、家族の生活が何より心配だった。二人の娘の様子はもちろん、五月に小野総子《ふさこ》と結婚した弟由信の様子や兄由正の容態、父親の七回忌などをあれこれ聞いた。また美代のやりくりを考えて、駒込の自家と所有地の売却を美代に勧めたり、三歳前の由美子には、カタカナで添え書きもした。「ユミチャン。スベリダイヲカッテモラッテヨカッタネ。オニワデ、イヌヤ、シゲヨチャント　ナカヨクアソビ、オモシロイホンヲタクサン　オヨミナサイ。オカアサンノイフコトヲヨクキイテ、カシコイコニオナリナサイ」。古在はどうせ検閲されるのだからと、わざわざ転向について「もう後戻りはない、心配ない」と書いて送ったこともあった。

六月下旬のある日、安東義雄・哲子（旧姓宮崎哲子）夫妻が、転勤の挨拶に来た。哲子は東京女子大の美代の先輩で古在が「非合法活動」に入るきっかけを作った人だが、この春の来訪に続く、二回目の来訪だった。春の初対面のときは九年の実刑を受けた夫の帰還がよほど嬉しかったらしく、哲子は夫義雄の話ばかりした。今回は、安東義雄が理研（理研工業（株）、現・理研製綱（株））の調査課から長岡工場へ転勤するための挨拶だった。美代は、義雄から九年間の獄中生活の体験談などを直接聞いた。拷問で左目を失明した彼は、獄内で健康を保つにはよく噛むこと、日常生活でも闘志を失わないこと、と言った。帰りしなに安東夫妻は、古在さんに牛乳でもと、三円を置いて帰っていった。美代は夫妻の蟇口に一円しか残っていないのを知っていたが、二人の好意をそのまま受けた。9

重代（一歳半）は七月はじめから扁桃腺を腫らしたり、腎盂炎《じんうえん》で熱が取れなかったりで、吉野源三郎までが心配してカスタードプリンをもって見舞いに来た。東京帝大の向後医師が「もう、大丈夫」と言ったのは七月末で、美代は看護のため夏ばて気味ではあったが、その翌日ひと月ぶりに古在の面会に出かけた。美代は子どものことを報告し、七月二四日に松成義衛とハゲさん（高橋庄治）が保釈されたことを手短に報告した。古在は子どもの様子と釈放された二人の話に安堵した様子だった。

しかし八月、古在は獄房の暑さで完全に弱り切った。入獄二年たらずのうちに歯根が腫れて歯が一〇本も抜け、食欲不振、倦怠、耳鳴りに苦しめられた。そんなとき古在は、長者町でその夏を過ごす美代たちのことを思い、涼しい風が独房に入るたびに、娘たちが広い砂浜で喜んで遊んでいる姿を思い浮かべて、自分を慰めた。

しかし古在の体力は落ちるばかりだった。拘置所の医師の診断で耳鳴りは高血圧が原因とわかり、美代は両親や兄の脳溢血の例があるので、藤島利郎判事に予審を早く再開するよう依頼した。藤島は、努力しようと答えたが、美代の過去と現在の心境を聞いてくる抜け目なさをもっていた。

予審は藤島判事の口約束にもかかわらず、四月の第一回訊問から中断したままで、それから半年たった一〇月三一日になってようやく始まった。藤島は予審を開始すると、脱兎のごとく連日続け、一週間後に一段落させると、翌九日付の「保釈決定書」を美代に送った。そこには「被告人古在由重ノ保釈ヲ許ス。保釈金ハ金参拾円トス」とあった。

こうして古在は、四〇年一一月九日に保釈された。同じ日、松本慎一も菅谿太も保釈された。翌一〇日は皇紀二千六百年祭の中央式典があり、皇居前広場に動員された五万人が、天皇を戴《いただ》く「国体」をたたえ、「肇国《ちょうこく》の精神、八紘一宇」、そして大東亜新秩序建設を声高にさけんだ。祭典は一〇日から一四日まで全国で開かれ、この日は侵略戦争への国民的な思想動員がいっそう固められていくスタートの日となった。この日に合わせて、頭山満が「皇道貫宇宙」としたためた大判の『皇紀二千六百年画史』も刊行された。

古在が藤島判事から最終訊問に呼び出されたのは、その三ヵ月後の翌四一年二月二六日である。藤島は型どおり、従来の供述に訂正すべき点がないかを訊ね、「ない」と答えると、これまた型どおり心境の変化や健康状態を聞き、予審の取り調べすべてが終わった。最後は、実にあっけなかった。

翌三月、対象を拡大した新たな予防拘禁制度が公布された。もともとこの制度は思想犯を「改悛」・転向させるまで当局が意のままに拘禁するという極悪の制度だが、その対象は「罪ヲ犯スノ虞《おそれ》アルコト顕著」な刑期満了者のみに限定されていた。[10] 今回はその対象を、執行猶予者と保護観察下の思想犯（当時二千人強）にまで拡大するものだった。

古在に「予審終結決定」が出たのはそれから一ヵ月後の四月一五日、予審終結決定書が古在の手元に届いたのは五月三日だった。

決定書は、「著述業　山田鉄夫事《こと》　古在由重／右の者に対する治安維持法違反被告事件に付き、予審を遂げ終結決定を為すこと左の如し。／主文　本件を東京刑事地方裁判所の公判に付す」と記載していた。その決定「理由」は、担当検事井本臺吉が予審請求書でまとめた「公訴事実」の文章と寸分違《たが》わなかった。あえて藤島予審判事の独自性を探せば、古在、松本、菅の三人が協議したうえ「コンミュニスト・グループ」を結成した、と書き入れたことだけだろう。藤島判事は、古在らの学習・研究会の意図をなんとしても「日本共産党再建」のためのグループ結成としたかったのだ。

保釈の日々　一九四〇年秋～四一年春

保釈の日、吉野源三郎が迎えに出た。古在はきのう別れた友人のように、「やあ」と言って平然として拘置所を出てきた。

吉野は、出獄後の古在が少しも変わっていないのにまず驚いた。美代からは、髪の毛も抜け、歯もがたがたになったと聞いていたので、ただあっけにとられた。弾圧ですっかりへばる人間と、逆にひどく興奮してしきりに体験を語りたがる人間がいるが、古在はそのどちらでもなかった。まるで二、三日の旅行から帰ってきたような雰囲気をかもし出していた。古在のこの性格は評論家向きではないが、理論家としては恵まれた強みだと、吉野は改めて思った。

戦後吉野は「戦前左翼の一流は？」と質問され、一流は「やあ」と言ってきのう別れたかのごとく平然としていた古在由重、二流は釈放されてはしゃぎすぎ警察に殴り込んだ山辺健太郎、三流は留置場でしょげかえった矢内原忠雄、と答えた。[11]

保釈後、古在は健康回復を第一に考えながら、友人たちとの交遊と体に負担にならない程度の読書を楽しんだ。囲碁も復活した。相手は相変わらず、松本慎一、甘粕（見田）石介、そのころ大磯住まいの高倉テル、そして三木清など文人囲碁会の面々である。松本とは週二、三回手合わせし、七子置いた勝負でときには連勝することもあったが、多くは一勝一敗、たまに連敗などもあった。それでも心おきなく仲間たちと碁を楽しめるのは、このうえない至福の時だ。ある日、菅豁太がやってきて、近く笑子《えみこ》という人と結婚し、佐々木電気工業の栃木工場に赴任すると古在に告げた。それぞれが保釈後の新たな生活にむけて、スタートを切ろうとしていた。

しかし左翼の四〇代しかも保釈中の古在らに、仕事は容易に見つからなかった。ようやく年明けに、上智大のクラウス神父から『カトリック大辞典』編纂室に復帰しないかと連絡があった。古在は健康が回復次第応ずることにし、予審が終結した翌四一年三月から週二日程度出勤し、四月からはほぼ連日、編纂室のある四谷の上智大学まで通い、翻訳に従事した。

しかし松本慎一には、なかなか仕事が見つからなかった。古在は岳父の伝手《つて》を頼りに、松本を岸農政局長に引き合わせたが不首尾に終わった。保釈の挨拶をかねて山本有三に頼んでみようと松本と一緒に訪ねてみたが、これも留守で会えなかった。松本はとりあえず、拘置所で着想していた『中華民国三十年史』の執筆を始めた。印税収入による生活確保のためもあったが、客観的な歴史を書くことで、日本の侵略政策に対する国民の批判精神を刺激したいとの考えもあった。

スムーズに行ったのは古在らより一ヵ月遅れて保釈になった戸坂潤の方だ。四月に古在がクラウス神父に戸坂を引き合わすと、すぐ翌日から月火水金の週四日、『カトリック大辞典』編纂室に通うことになった。その後戸坂は、残りの木土の二日を白楊社（出版社）で仕事をするようになった。

古在はこうして健康も体力も回復し仕事も得たが、歯の回復だけはどうしようもなかった。吉野は古在は少しも変わってないと言ったが、入獄中の粗悪な食事と劣悪な環境のためもあって、残った歯はたった四本になっていた。上智大学からの帰り道、神楽坂の金子歯科医院にいくと、すぐ総入れ歯を勧められた。弱りのひどい歯から順次抜き、ひと月後の四月には総入れ歯になった。自分でも人相が変わったと感じたが、美代に「近衛首相みたい」と大笑いされ、歯の治療代に六九円もかけて戦争政策を進める近衛に似てしまったとは、嫌な思いだった。近衛第二次内閣は、米内内閣の総辞職のあと四〇年七月に発足していたが、すぐ武力での南進政策を決定し、秋には日独伊三国同盟を締結、大政翼賛会を発足させ、内務省令で全国に「隣組」を強制、四一年に入っては「改正」治安維持法や国防保安法を公布した。近衛は「新体制」を標榜しながら、新たなファシズムを強行していた。

予審終結書が届いた五月、古在は四〇歳の誕生日を迎えた。仕事帰りにシュークリームと苺を買って、家族四人でささやかに祝った。二人の娘の笑顔に、つつがなく生きている幸せを感じた。五月末には家族皆で京都に行った。保釈中の古在には旅行許可が必要で、予審判事の藤島を訪ねて、石本裁判長名で許可をもらった。帰れば帰ったで報告を求められるから手間はかかるが、京都行きは大きな楽しみである。久しぶりに日野の岳父や一乗寺の叔母などに会い、美代と自転車で琵琶湖や浜大津、宇治に遊んだ。結婚前京都で再会した二人が、ゆっくり散策した思い出の場所だ。しかし京都滞在中、古在の入獄を心配していた太秦《うずまさ》の伯母が一目会うのを待っていたように亡くなった。

古在は獄にあった二年間の時間を取り戻すように、子どもたちとよく遊んだ。由美子は三歳半、重代も二歳半になり、かわいい盛りだった。地蔵通りの縁日には、綿飴などをよく買ってやった。せがまれてひよこも飼った。松本慎一・敏子の娘裕子ちゃんが泊まりに来たときは、ひよこを土産に持たせたこともあった。

独ソ開戦の夏　一九四一年夏

一九四一年六月二二日、日本政府の「盟友」ドイツが、独ソ不可侵条約を破って突如ソ連領に侵入し、独ソ戦を開始した。第二次近衛内閣は、四月に結んだばかりの日ソ中立条約を破ってソ連と開戦する北進か、対英米蘭への開戦を意味する南進かをめぐって、混乱した。七月二日の御前会議は、「対ソ戦準備、南方進出のため日米開戦を辞さず」という曖昧ではあるが、強硬な「情勢の推移に伴う帝国国策要綱」を決定した。

古在と戸坂はこれらの情勢に促されるように、七月四日上智大学から池袋の文化館に回って、ドイツ映画「勝利の歴史」を見た。この映画はナチスが総力戦に備えて、国民を心理的に教化するため、ドイツ軍事力の無敵さとその「永遠の勝利」を謳《うた》い上げていた。リアリズム的手法をとり叙事詩的印象を重視し、最後はドイツ軍の勇壮で華麗なパリ入城で終わっていた。巧妙に戦争の恐怖や死のイメージを回避しているだけに、古在はこの映画の国内での効果を恐れた。

近衛首相は「日米開戦を辞さず」とする一方、日米交渉打ち切りを主張する松岡洋右外相を更迭するため内閣総辞職を強行し、二日後に第三次近衛内閣を発足させた。

古在が高橋ゆうとともに、目黒の驪山《りざん》荘で尾崎秀実と会食したのは、その第三次近衛内閣が発足した七月一八日の夕方だった。

尾崎秀実は、第一次近衛内閣総辞職によって内閣嘱託を解職になった三九年一月以降、細川嘉六らと赤坂に「支那研究室」を開設、満鉄調査部の嘱託を務めながら、そのころは前年（四〇年）七月に発足した第二次近衛内閣のブレーンとして政策立案に関与し、多くの国家機密に接していた。

一方、高橋ゆうは当時、鎌倉町から大森区田園調布に移り、妹と祖母、従姉妹の明峰美恵の四人で暮らしていたが、松本慎一の紹介で「支那研究室」に入り、尾崎秀実の「支那社会経済論」の執筆などを手伝い、その後四〇年春から満鉄東京支社の調査室に勤務していた。調査室には、尾崎はもちろん、伊藤律、森喜一、浅川謙次らも働いていた。

その日、三人の話は当然情勢問題になった。

対ソ戦開始と日米開戦を阻止するため全力を尽くしていた尾崎秀実は、すでに御前会議の内容を入手してゾルゲに報告する一方、近衛ブレーンの討議では、対ソ開戦、北進論を強く批判するとともに、日米交渉による南進回避つまり日米開戦回避を期待する旨の発言を繰り返していた。しかし古在と高橋ゆうの前では御前会議のことには一切触れず、日ソの衝突は「なくてすむだろう」とだけ前置きして、世界情勢の見方を話した。それは、中東に波及していく英独の抗争がアラブの独立運動を刺激し、同時に日米英の抗争は東南アジアの反帝独立運動を台頭させて中国の抗日戦争と連動するだろう、そうして欧州戦争は日中戦争と関連し世界戦争に拡大するだろう、というものだった。最後に尾崎は、しかし戦争拡大はなんとしても止めねばならぬ、と言った。

会食は尾崎の独演会のようになった。古在は尾崎ほどの情報は持っていなかったが、うすうす感じていたことが尾崎の話で整理されたような気がした。戦争拡大阻止もその通りだった。古在はその夜、落ち着いた気分でダンテを訳した。

古在は八月、上智大学の夏休みもあって『カトリック大辞典』の仕事をしばらく休み、八月上旬、松本慎一を誘って川尻（現・茨城県日立市川尻町）の沼田秀郷を訪ねた。松本は七月から胃潰瘍をひどくして寝込んでいたが、ようやく回復したその気晴らしのためもあった。

古在が沼田秀郷と再会したのは、この四月下旬[12]のことだ。三八年秋の検挙以来二年半ぶりに病気保釈された沼田が、古在を訪ねてきた。その日は懐かしい話に花が咲き、朝方になってようやく床についた。以来奥さんの睦子を交えた親密な交流が再開していた。

古在と松本は上野から常磐線に乗ったが、洪水のため途中の藤代・佐貫間は徒歩となった。ようやく川尻に着くと沼田夫妻は大いに二人を歓待し、古在らは久しぶりにウニ、アワビをたらふく味わい、豊浦で海に入るなどして、二泊の楽しい時を過ごした。

川尻から戻ったあと、古在は家族を長者町に連れて行った。理化学研究所の実習のため京都から来ていた美代の弟田中穣も一緒だった。このとき古在は二泊だけで帰ったが、久しぶりの長者町は実に懐かしいものだった。

東京に戻ると、阿佐ヶ谷から高円寺に引っ越したよと、松本慎一がやって来たり、戸坂潤が『カトリック大辞典』の給料を届けてくれたりした。保護監察下の古在は、巣鴨署に顔を出し、兄由正を見舞ったあと、再び長者町に行くため両国駅から自転車を貨車で送った。

翌日、古在は房総南端の北條（館山）で列車を降り、にわか雨をやりすごしてから、小湊《こみなと》までその自転車を走らせた。途中の九重、江見、和田、鴨川で鯵の干物や餅菓子などの土産を買い、家族を喜ばせた。長者町には偶然村井康男も来ていて、にぎり飯を持って太東岬で連日泳ぎ、壮快に夏を過ごした。

古在は生活のために、とうとう三菱信託を通じて駒込の自宅を売りに出した。しかし見に来る人はあっても買い手はなかなか現れなかった。下宿していた広瀬義昭もこの秋には蒲田の方に引っ越すことになった。古在は生活に少しでも役立てようと慣れない畑仕事を決意し、庭に種をまき人糞肥料を施した。やってみれば、種から芽を出し苗がのびてくるのは、楽しいものである。鶏も飼おうと考え、家族を連れて養鶏農家を訪ねたが、食料事情の悪さのため譲ってもらえず、子どもたちをがっかりさせた。それがその日の、唯一の「成果」だった。

公判準備　一九四一年秋

五月に予審終結決定書が届いてから、古在は公判のことがずうっと気になっていた。弁護士の件で安藤圓秀などに相談を持ちかけていたが、治安維持法違反事件を引き受ける弁護士は少なかった。六月になって高橋庄治が同郷の堀川祐鳳弁護士を紹介すると言って、西ヶ原の事務所に連れて行ってくれた。そのとき堀川は弁護士選択の注意点をあれこれ説明しただけで、九月に入ってからわざわざ小川町の伊藤清弁護士を訪ね、古在に紹介した。伊藤弁護士は快く弁護を引き受け、すぐ「相《あい》被告一覧」を古在に郵送したうえ、予審終結決定書と参考資料が欲しいと書き添えてきた。「相被告一覧」には、古在、戸坂潤、岡邦雄、松本慎一、菅豁太、沼田秀郷、新島繁、森宏一ら二二名の名前があった。古在はこのころ軽微な腰痛を抱えていたため、予審終結決定書と参考資料は美代に直接届けてもらった。なにやら身辺があわただしくなった。

公判準備のため、森宏一や桝本セツを連れた岡邦雄が上智大にちょくちょくやってきた。『カトリック大辞典』編纂室が置かれた建物には外来者用に応接間があり、重厚な調度類や大きな植木鉢が置いてあって、落ち着いて話ができる。古在は森宏一が来ると、戸坂潤を誘って三人で昼飯を食べ歓談した。森がスキー狂の内山賢次（英文学者・翻訳家）と一緒にやって来ると、公判対策の話の後は必ず山やスキーの話になった。

森宏一は古在の自宅にもやって来た。古在が伊藤弁護士との打ち合わせに出かけた日は留守宅で待っていて、公判準備の話が終わると、スキー談義を夜遅くまで楽しんだ。そのとき森が、宮本百合子の弟さんと同級生なら百合子さんのところに一緒に行こうや、と古在を誘った。美代は東京拘置所の面会所で百合子に幾度か会っていたが、古在自身は一回目の検挙の少し前に喫茶店アトラスで偶然百合子を見かけただけで、全くこの著名な作家との面識はなかったが、関心はあった。

一〇月六日、松本慎一が朝早く古在の家にやってきて、自分の公判日が決まったと告げた。さっそく伊藤弁護士を訪ねると、二九日から古在の公判が始まることがわかった。いよいよ闘いが始まる。翌日堀川弁護士と相談して、老練な竹内《たけのうち》金太郎弁護士にも依頼することを決め、ほどなく松本慎一と堀川弁護士と三人で竹内弁護士を訪ねた。竹内弁護士も、弁護を快く引き受けてくれた。

一〇月九日目黒の驪山《りざん》荘で、粟田賢三と八寿さんの婚約(再婚)を祝う会がもたれた。集まったのは古在、吉野源三郎、松本慎一、尾崎秀実ら一〇名ほどの仲間で、参加は少ないが心のこもった会になった。

帰途尾崎秀実と一緒になった古在は、渋谷のハチ公前で日頃の疑念を尾崎にぶつけた。古在は、近衛内閣のブレーンのうえ多趣味・美食家で通り、よく神楽坂で豪遊するような尾崎はだめになったのではないかと、懸念していた。古在は尾崎の『現代支那論』などを思いうかべて、やや婉曲とは思ったが「きみは中国のことをいろいろ書いているが、中国人はどんな気持ちで読んでいるのかね?」と聞いた。尾崎は「そこが痛いところだ」と言ったきり、しばらく黙ったあと「ああ、スメドレーのおばちゃんと一緒に宮城《きゅうじょう》の広場を歩いた日もあったっけ」とぽつりとつぶやいた。古在は、なぜここでスメドレーの話が出てくるのかよくわからなかったが、尾崎が自著に「痛み」を感じているのにひと安心して別れた。尾崎は、スメドレーやゾルゲとの「関係」を、親友とはいえ古在に明かすわけにはいかなかった。それは尾崎秀実の、堪えなければならない孤独なたたかいであった。

一五日古在は、竹内金太郎弁護士に予審終結決定書を届けてから、『カトリック大辞典』編纂室に出勤した。老練な竹内弁護士が弁護に加わることになり、裁判準備を進める古在の気分はようやく落ち着いた。

ゾルゲ事件　一九四一年秋

一九四一年一〇月一五日、古在が竹内弁護士に「予審終結決定書」を届けた日の朝、尾崎秀実が目黒祐天寺の自宅で逮捕された。コミンテルンのゾルゲを中心にした「国際諜報団」の嫌疑（ゾルゲ事件）だが、事件は翌四二年五月まで報じられなかった。

その日は庭に白芙蓉の花が咲き、美しい陽が部屋に差し込んでいた。尾崎が自著『現代支那論』への感想をつづったある戦死者の本に目を通していると、お手伝いが来客を知らせた。尾崎が玄関に出ると、どかどかと十数名の特高が入ってきて、勾引状を突きつけた。

以前から覚悟を決めていた尾崎は落ち着いていた。驚く英子夫人に洋服を用意させて黙って着替え、預金通帳と印鑑を夫人に渡した。

しかしなんの思想的教育もしていなかった妻子の狼狽を見るのは忍びなかった。せめて娘に連行の有様は見せたくないと思い、英子夫人に「楊子はもう学校に行ったか」と聞いた。行ったとの応えに少し安堵し、特高にむかって「めしを食べるから待ってほしい」と言ったが、特高は「食べずに行こう」と玄関まで連れだし、手錠をかけた。自動車に押し込まれるとき、尾崎は申し訳なさから、英子夫人の顔さえ見ることができなかった。残った特高たちの家宅捜査は昼まで続き、リヤカー三台一杯に書籍・書類を押収して引き上げていった。

翌一六日、高橋ゆうから『カトリック大辞典』編纂室の古在に電話があった。高橋は「是非今日、夕方に会いたい」と急き込むように告げた。古在はこれはなにかあると感じ、夕方を待った。

四谷の橋で落ち合うと、高橋ゆうは、けさ英子夫人が支社の調査室に来た、様子から尾崎が逮捕されたようだ、と告げた。驚いた古在は高橋と一緒にその足で、高円寺の松本慎一の家に回った。車中古在は、尾崎と話した最後の言葉、「スメドレーのおばちゃん」の意味を何度も考えたが、結局よくわからなかった。

妻の敏子は体調を崩して寝ていたらしく、松本慎一がちょうど縁側の雨戸を閉めているところだった。話を聞いた松本は、やつの評論活動のためだろうとさほど驚かず、いつものように碁盤を出してきた。確かに尾崎には論文・論説が多数あり、言論人や左翼のだれにも一身上の安全が保障されない時代ではあった。しかし古在は妙に落ち着かず、敏子の容体も気になって碁は一番だけにして高橋ゆうと一緒に帰途についた。途中、古在は第三次近衛内閣総辞職の号外を受け取った。近衛は、「一〇月下旬までに日米開戦準備完了、日米交渉進展なくば開戦決意」という九月の御前会議決定の実行を一任され、内閣を投げ出したのだ。翌々日、陸相兼任のまま東条英機が内閣を発足させた。日米開戦は時間の問題となった。

松本慎一が容易ならざる事態だと直感したのは翌一七日、目黒祐天寺の尾崎宅を官憲の目に注意しながら訪ねたときである。尾崎のひとり娘楊子が「小父《おじ》さん」と呼ぶ松本は、六尺に届かんとする背丈のため鴨居のところですこし頭を下げるようにして部屋に入ると、「連れていかれたのですつてね」と低い声で言った。そして英子夫人から、朝早く拳銃を携帯した十数人の武装警官が家宅捜査のうえ尾崎を連行していった異常な様子を聞いた。松本はこれは普通の「評論家狩り」などではなく、「非合法活動」か何かが標的にされた大変な事態だと直感して、言葉に詰まった。ようやく「ずつと前から続いている事件だつたら、なかなか帰れない」とはき出すように、英子夫人に言った。

翌一八日、東条内閣が発足した日、雨をついて久しぶりに村井康男が古在を訪ねてきた。碁を打っていると、松本がやってきて、前日訪問した英子夫人の様子を話し、尾崎検挙は深刻な事態だ、と言った。古在らは知るよしもなかったが、この日一八日には、ゾルゲ、クラウゼン、ヴーケリッチが、二一日には高橋ゆう（三一歳）、川合貞吉（四一歳）ら、二五日には明峰美恵（三二歳）が検挙されていた。検挙事由はいずれも「外諜干与」(スパイ関与)だった。

上申書　一九四一年秋

尾崎逮捕の模様を松本慎一から聞いた翌日一九日から、古在は尾崎と家族のことを案じつつも、「上申書」を書き始めた。書くのは上智大の大辞典編纂室から帰った夜だけだが、三日後の二二日には書き上げて伊藤清弁護士に届けた。便せんで三三枚になった。

古在はすでに、三九年秋の手記「現在の心境と将来の方針」で「転向」を明確に表明していた。今回の「上申書」は東京刑事地方裁判所第三部宛で、保釈後の一年間の心境の「広がり」と「認識の深化」、つまり「誤れる過去の思想の清算過程の成果及び現在の心境」を書いた。内容的には「現在の心境と将来の方針」のおさらいのようなものだが、今回強調したのは、世界と日本との情勢変化、そしてマルクス主義の哲学的「誤謬」を加えた点である。のちに『思想月報』(四二年七月、第九六号)は古在のこの「上申書」全文を掲載したが、その理由は「哲学的立場よりのマルクシズムの批判を含んで居り、殊に共産主義おける理論と実践との不可分性に言及してゐる点等参考となる」(まえがき)というものだった[13]。

「上申書」の要点は次のようになっていた。

……独伊の蹶起《けっき》と支那事変の不動の目標は、英米仏の金権主義、個人主義、自由主義と支那と蘇《ソ》連の共産主義との闘いに他ならず、この一年の推移は私の再認識の動力となった。英米蘇に支持された重慶政権はいまや一地方の政権にすぎず、共産主義的世界観に浸潤された民族と国家の運命は悲惨なものだ。ある程度妥当性があったファシズム論と人民戦線戦術さえ、我が国に金融資本はあってもファシズム独裁がないがゆえに、人民戦線戦術は大衆に何の反響ももたなかった。これは日本民族と歴史の独自性に由来している。唯物史観は階級闘争による不断の流転、変革を主張しているが、我が国では明治維新を含めていかなる政権争奪も、最後は天皇の御名のもとに収束した。「絶対主義」についての講座派と労農派との論争さえ、「日本型」という超理論的な言葉で落着している。天皇政治はあらゆる政治的実践の最後の道義的源泉であり、その意味で唯物史観は我が国では無力である。

共産主義理論放棄の必然性はいよいよ深い。転向の完成は、過去の理論の遺憾なき克服なしには達成しない。第一回の検挙以後、私が実践を断ち切ろうとしたのは、自分の性格・経歴・境遇が実践に不適当なこと、理論の欠陥というよりその適用方法に誤りがあること、その誤りを克服したあとは理想的な共産主義になると考えていた。そのための理論（哲学及び哲学史）究明はいわゆる「実践」にあてはまらないと考えていたが、そうした主観的な意図とはべつに、研究・著作活動それ自体が社会的な一つの相貌を獲得していることに気づき、今回の検挙後、理論活動と実践とは同一のものであることを明確に認識した。

考えれば、弁証法的唯物論の基本概念＝物質概念には混乱がある。マルクスは物質を言い換えて「人間の存在」「人間の生活」と言ったが、これは暗黙のうちに精神、意識を物質概念に忍び込ませていることであって、物質概念は精神と意識の関与なしに成立しない。エンゲルスはこれを物質と意識の「交互作用」と言ったが、この循環論は弁証法的唯物論、史的唯物論の根本的矛盾である。

唯物史観の歴史の帰結は、暴力による私有財産の廃止であり、それは国内での相克となるが、天皇を戴く日本民族の立場からこれは否定されなければならない。すでに統制経済は資本主義の弊害を除去しているが、このことはマルクス主義の予言し得なかったことだ。社会悪は国家の指導と管理、一億臣民の挙国一致によって漸次改廃されると確信している。

こうした反省と悔悟の念が私の過去の罪を消却することはないが、忠良な一日本国民として、今後を生き抜きたい……。

この上申書の字面を追えば、これもまぎれもない「転向」表明である。しかしこれもまた明らかに偽装転向であった。戦後、転向論研究会の藤田省三（法大教授、思想史）は、防共協定以後の総力戦体制の進行下では、表面的転向書から実質的転向への漸次的移行が増大し、少数ゆえに抵抗集団には疑心暗鬼も発生したが、逆に「相互信頼と自信に満ちた本式の転向書も又相当数生まれて来ていた」として、古在のこの「上申書」をその例にあげた（「『共同研究　転向』中・下巻の総論についての補注」、『藤田省三著作集』第二巻、みすず書房）。藤田は、特に一九三九年・四〇年以後の時期は「『偽装転向』は非転向の唯一の一般形式とな」り、「高度国防国家社会」の成立過程の反映として「『転向調書』なしの非転向はあり得なくなっていた」として、古在が尾崎秀実の救援活動に奔走（二二八ページ以降参照）したことをあげ、「全体的にみて古在由重は紛れもなく本式の非転向であった」と断じた。[14]

その意味で古在の上申書は、本式の転向書だったにもかかわらず、その内実は「本式の非転向」であった。

開戦　一九四一年秋〜冬

急いで「上申書」を書きあげたが、竹内、堀川、伊藤三人の弁護士に松本を交えた「上申書」に基づく打ち合わせは、公判直前の一〇月二六日になった。その翌二七日の晩、古在は森宏一と一緒に、宮本百合子を訪ねた。百合子はその前月にちょうど五年間暮らした目白の家を出て、本郷区林町の弟中条国男の家に移ったばかりだった。

森宏一が百合子に古在を紹介すると、国男も顔を出した。国男とは二十数年ぶりの再会である。話がくだけてきたとき、古在がアトラスでのピンク服の女性の話をすると、百合子は、そうぉ、と感慨深げに応じ、あれが宮本と二人でした最後の食事なのよ、と言った。

この日は文学や政治、当面の情勢や往時の話もあって、古在にも森にもじつに愉快なひとときになった。あやうく赤（最終）電車を逃しかねないほど、話がはずんだ。

古在は翌日、公判準備のため上智大を休んで、調書や「上申書」を読み直した。

公判当日の一〇月二九日、初めて陪審廷で正襟《せいきん》の司法官吏をみたときは、さすがに緊張した。傍聴は誰にも許されなかった。人定質問、検察の控訴事実の朗読、事実の認否、弁護士の意見陳述と進み、次回日程が翌月の一一月二六日午後と決まり、第一回公判は二時間ばかりで終わった。次回第二回公判は、論告求刑の予定だった。

一一月に入って、三木清が古在激励のつもりか、神田の鳥料理店「末はつ」に古在、粟田賢三、吉野源三郎、柳瀬正夢（画家）らを呼んで、ご馳走を振る舞ってくれた。三木は三六年に妻の喜美子を亡くし三九年に小林いと子と再婚、翌年に『哲学入門』や『学問と哲学』を出版し、四〇年一一月に昭和研究会が解散したあとは、創元社から『人生論ノート』を出すなど、思索と執筆の日々を送っていた。

その三木が、一一月二二日軍人会館（戦後、九段会館）で行なわれた粟田賢三の正式な結婚式に顔を出した。古在はこの席で久しぶりに安倍能成、伊藤吉之助、出隆などかつての教師たちに会い、式が終わってからは、中野好夫も誘って創元社に立ち寄り、三木、村井、松本などと碁を打った。四一年六月の独ソ戦開始以来、三木清のヒトラー嫌いはいっそう激しくなり、「ヒトラーは自殺する。近衛には険難の相がある」などと、誰かまわず放言していた。この日の碁でも煙草の灰が着物に落ちるのも気づかず、同じことを繰り返した。碁のあと古在は、村井、松本と一緒に晩飯を食った後、ひとりで伊藤弁護士を訪ね、四日後に迫った第二回公判の打ち合わせをした。第二回公判に向けては三弁護士の日程がなかなかそろわず、打ち合わせが個別になっていた。古在は義姉澄江と岳父田中忠三郎に嘆願書を急いで書いてもらい、岳父には書き直しまで頼んで公判日を迎えた。沼田秀郷が心配して、前日から古在の家に泊まった。

四一年一一月二六日、午後一時から第二回公判が開かれた。特高の片岡政治が「古在五年、松本四年」と明言していたが、検察官の論告求刑は、古在も松本慎一も菅谿太もみな四年だった。古在は予想より一年少ないのを意外に感じたが、その夜も沼田と晩飯を一緒にとり、二人で高橋庄治の家に行って快談した。四年の求刑とはいえ逮捕以来の区切りがひとまずついて、気分は爽快だった。

翌日、第二回公判の結果を弟由信と吉野には電話で知らせ、岳父には手紙を書いた。投函の帰り本屋に寄って数冊買い込み、久しぶりにくつろいだ気分で、夜をトラー著『どっこいおいらは生きている』の読書に費やした。反ナチの詩人・劇作家トラーの、「革命は、君たちを、実に、君を待っているのだ、青年よ！」（瀬木達訳、改造文庫）という言葉が、心に響いた。

求刑でひと区切りついた古在は、自家が売れたあとの家を探すため、帝都線（現・京王井の頭線）の久我山付近を美代と一緒に歩きまわった。余りめぼしい家はなかったが、その帰りに、絞めた鶏を土産に戸坂潤のところに寄った。古在も戸坂も年内には判決言い渡しだった。

そのころ東条内閣は、対英米蘭開戦に向けて、英米蘭支の四ヵ国が日本を包囲しているとして「国防の危機」を喧伝していた。海軍は民間の船舶を徴用し、陸軍は満州に集結した部隊を南方に振り向けていた。古在に求刑があった一一月二六日には、ハル米国務長官が、全中国と仏印からの日本軍撤退を求める「ハル・ノート」を出し、一二月一日天皇（昭和）は、御前会議で軍部に勝利への確信を問いただしたうえ、開戦を裁可した。

そして一二月八日未明、真珠湾攻撃・マレー半島上陸によって「大東亜戦争」に突入した。宣戦布告文は、「自存自衛のため」「東亜の安定勢力たる帝国の地位の擁護」を唱っていた。

古在はこの戦争勃発を上智大の『カトリック大辞典』編纂室の入り口で、戸坂と一緒にラジオで聞いた。ついに来るものが来た、それが二人同時に発した言葉だった。

「ついに」と言うのは、以前に読んだラレンチェフ『太平洋のための戦争』やイヴァーノフ『太平洋上の帝国主義列強の軍事的海軍力』から、日米のアグレッシブな帝国主義がやがて太平洋を舞台に戦争を起こすことを予感していたからだ。三木清に勧められた海軍中将浜田吉治郎の、ナチスは負ける旨の論文（「政策、戦略、戦術」『国防教育』四一年一〇月号）からも同じような感じを受けていた。一方で古在には、日米開戦にほっとしたような気持ちがあった。もし日米開戦ではなく日ソ開戦にでもなれば、権力側が古在ら共産主義者をソ連の「第五列」と目して逮捕しかねないからだ。

しかし翌九日東条内閣は、予防拘禁制度をフルに活用し、宮本百合子を含む四百名に近い左翼運動家、自由・人道主義者を検挙した。古在は、日米、日ソどちらの開戦にしろ、再収監を警戒しなければならなかった。

開戦後東条内閣は戦時体制づくりを急いだ。一二日、戦争の名称を「大東亜戦争」と決定、一五日には言論出版集会結社等取締法を制定、一九日には戦時犯罪処罰特例法を公布した。すべての集会結社は許可制、出版は発禁だけでなく全面的発行停止も可能となり、雑誌や新聞にはこの侵略戦争を「聖戦」と合理化した高坂正顕らの論文があふれるようになった。

こうしたなか古在は判決を前に、始まったばかりの「大東亜戦争」への「決意」を示す極めて簡単な上申書[15]を書いた。

そして一二月二六日、未決勾留一五〇日を参入するとはされたが、古在は懲役二年の判決を言い渡された。求刑より短い懲役刑だったが、期待した執行猶予はつかなかった。古在は直ちに控訴した。同じく懲役二年の松本慎一も菅豁太も、四年の戸坂潤らも、すぐ控訴した。

こうして古在とその仲間たちが反戦活動ゆえに逮捕・投獄、裁判に付されている間に、中国への侵略戦争が太平洋戦争にまで拡大し、一九四一年がすぎた。

第7章　敗　戦　一九四二〜四五年

三木徴用　一九四二年

日本軍は開戦後五ヵ月の間に赤道を越え、南はニューギニア・ニューブリテン島のラバウルから西はビルマまで、東南アジア全域を占領した。緒戦の戦果に国民は興奮し、歌人斎藤茂吉は「この部屋にたちてもゐても身ぶるひす　わがますらをは神にあらじか」と詠んだ。

軍が当初立てた計画はここまでだったが、一九四二年三月の大本営政府連絡会議は「今や攻勢の戦略体制に転じうる機運に」なったとして、陸軍は対ソ戦、海軍はミッドウェー、ハワイ、オーストラリアの占領を計画するまでに増長した。しかし四月には早くもB25爆撃機が東京を初空襲し、六月にはミッドウェー海戦で米海軍に大敗北を喫し、八月には西南太平洋ソロモン諸島のガダルカナル島に米軍の奇襲上陸を許して、「大東亜戦争」の戦局は半年の間に大きく転換した。

一九四二年一月、四六歳の三木清が陸軍の徴用を受けた。発表したばかりの「戦時認識の基調」(『中央公論』掲載、『三木清全集』⑮、『東亜協同体の哲学』所収)が右翼の集中攻撃を受け、軍部の忌避にふれたのだ。

三木清は一回り若い火野葦平(作家)とともに竹橋の兵舎門をくぐり、品川の岩崎邸にひと月ほど留め置かれたあと、報道班員としてマニラに送られた。古在と松本慎一は、三木がマニラに発つまえに送別会を開いたが、逆に三木からは「特高にやられないように注意しろ」と忠告された。

どこか暗いところのある三木はあまり友人には恵まれなかったが、古在や松本、戸坂潤や尾崎秀実などには敬意と愛情をもっていた。古在が二度目に逮捕されたとき残された美代らの生活を考え、そのとき一緒に従事していた『現代哲学辞典』の編集料月五〇円を引き続き日本評論社から出させようと掛け合ったり、尾崎秀実逮捕後は英子夫人の生活のために尾崎所有の絵画を有料で引き取ったり、執筆禁止中の戸坂には自分の仕事の一部を回したりした。三木は哲学者・文化人としては珍しく、「思想問題」にひるむことがなかった。

懲罰的に徴用された三木にマニラでの仕事はほとんどなく、スペイン語を独学して現地の図書館に通い、「比島人《フィリピン》の東洋的性格」や「フィリッピン」という論文を書き、その年四二年一二月には帰国することができた。

古在は勾留中の尾崎秀実や徴用された三木清を気にかけながら、上智大学の『カトリック大辞典』編纂室に通い続けた。編纂室にはドイツ人が三、四人、日本人は古在と戸坂潤のほかは一人か二人だった。古在らの仕事は相も変わらず、本国のドイツ人が書いた原稿を邦訳したり、ほかの人の訳を再訂正する地味なものだった。

『カトリック大辞典』編纂室の責任者はすでにクラウス神父からチトー神父に替わっていたが、神父たちは古在や戸坂の思想や活動を理解していたわけではなかった。戦時中にドイツ語の素養をもつ者は少なく、古在らの語学力を辞典編纂に役立てようとする合理主義からだった。しかし神父たちが「反ナチ」なのは確かで、ヒトラーを「このアドルフめ」とよく言い、神が全人類の試練のために登場させた人物だ、とも言った。

『カトリック大辞典』は一九四〇年にようやく第一巻が刊行され、四二年発行予定の第二巻準備も終盤にかかり、古在らの地味な仕事は一九四二年には全体の三分の二ほどが完了しようとしていた。

ある日古在はクラウス神父から、マックス・ヴェーバーの『ヒンドゥー教と仏教』を訳してみないかと勧められた。古在はヴェーバーの思想に興味があったし、キリスト教にかかわったついでに、ヒンドゥー教と仏教にかかわるのも悪くはないと思い、勧めに従うことにした。原書はドイツ南部の大学都市テュービンゲンで一九二一年に刊行されていた。

尾崎対策　一九四二年春

尾崎秀実は逮捕後目黒署に留置されたが、覚悟のうえの行動ゆえに動揺はなかった。活動を始めたときから、尾崎にとって思想なり主義主張なりは、生半可なものではなく文字通り命がけのものであった。

それはゾルゲにとっても同じだった。ゾルゲが在日の六年間愛し続けた石井花子に、逮捕の二ヵ月前に語った言葉がある。「あなたあとで知ります。ゾルゲなにしましたか？　ゾルゲ利口です。つよいです。あぶないは心配でない。心配しますなら、ひとはいつでもいい働きをしません。ほんとうです……戦争ながい、ひと幸福ありません」「わたし、かあいそう。死にます。しかたない。ひと幸福なりますなら、ゾルゲ死にます」「ゾルゲ死にませんなら、あなた、生きるむつかしいです……わたし死にますなら、日本人あとで幸福あります。ほんとです」（石井花子『人間ゾルゲ』）。

尾崎秀実は体重が二貫目（約八キログラム）も減る半月間の厳しい取り調べと拷問のあと、四一年一一月一日西巣鴨の東京拘置所に移され、ほどなく自宅への私信を許された。

尾崎の一一月七日付の家族宛第一信には「おどろき、悲嘆お察し万感胸に迫り候」とあったが、「来春四月頃までに諸事処理し母娘が一生必要なる数個のトランクに所持品をまとめあげるつもりで整理すること、まず不急品、贅沢品、小生のものなどより始め、大きな道具など一切」などとも書いてあり、尾崎は一生帰って来ないのかと、英子夫人をひどく悲しませた。なにもかも覚悟していた尾崎と、なにも知らない妻子との深い断絶と亀裂が、そこにはあった。

尾崎の私信はそのあと、家族と、思わぬ迷惑となった友人たちへの心の痛みと深い心づかいにあふれ、人生・歴史・死生観、読後感、はては世界の食物考にまで及んで、三年間の間に二四三通が投函された。[1]

東京拘置所では高橋与助警部と玉沢光三郎検事の二十数回に及ぶ訊問が翌一九四二年五月まで続き、尾崎秀実は自己の信念を積極的に話した。

「社会発展の必然的な過程は、われわれマルキストに、今や世界資本主義の崩壊と、これがつぎの社会段階への移行をますます確信させるにいたっている」「すくなくとも私は史的唯物論のうえに私の世界観を打ちたてて以来、世界史の現実は刻々に以上の見解の正しさを実証したものと確信している」（第二〇回検事訊問調書）。

「過剰なる情熱を背負わされた人間としてマルクス主義を学び、支那革命の現実の舞台に触れてより今日にいたるまで、私はほとんどかえりみもせずまっしぐらに一筋の道を駆け来たったようなものでありました」（第二七回検事訊問調書）。

こうした検事訊問が終わり、予審請求となった一九四二年五月一六日、ゾルゲと尾崎らの事件は「国際諜報団事件」（ゾルゲ事件）としてはじめて発表され、翌日の新聞はセンセーショナルに報じた。『朝日新聞』は一面七段を使い「国際諜報団検挙さる　内外人五名が首魁」と大きく報じ、ゾルゲ、ヴーケリッチ、宮城與徳、尾崎秀実、クラウゼン、この五人の一人ひとりの活動状況を紹介した。「尾崎は極めて熱心なる協力者としてゾルゲの絶対的信頼の下にその社会的地位および広汎なる交際範囲を利用し、諸般の情報および資料を多数入手してこれを提供すると共に絶えずゾルゲの相談に応じ内外の重要諸問題につき自己の見解および判断を披瀝して同人を補佐したる等諜報団においてゾルゲと相重要な役割を果し」た、と。

さらに『朝日新聞』の記事は、司法・内務当局の談話として事件の注目点を六点上げたうえ「最近における日本精神の昂揚と屡次《るじ》（たびたび）の検挙とにより共産主義運動が殆ど屏息《へいそく》した情勢の下においてなお尾崎等の左翼分子が依然その信念を捨てずかかる売国的所行に出たことは、その情真に憎むべきものと思料せられるのである」と、激しい憎悪・憤怨をあおった。

松本慎一も古在も、尾崎の検挙が容易ならないことを尾崎逮捕以来感じてはいたが、この新聞発表のあとも、「ゾルゲ組織」のことやその活動内容、尾崎の具体的関与などは知るよしもなかった。だから松本と古在は、最悪一五年の懲役か無期、そのいずれでも満期まで獄中に留め置かれることはなく、何年の懲役であれ三年もたたぬうちに戦争は終わり、一切の政治犯は釈放されるだろう、と考えていた。松本慎一がいくどか「二〇年食ったとしたって、なあに、長くて三年、短ければ二年で、帰ってきますよ」と英子夫人に言ったのは、彼女を励ます意味もあったが、松本自身そう信じていたのだ。「死刑」などは思い及ばなかった。

松本慎一は、尾崎秀実がひたすら恭順の意を表わして当局の心証をよくすることを願い、英子夫人を通じて尾崎に上申書を書くよう強く勧めた。だから松本がとった公判対策は、家族は恐れいった態度をとること、弁護士は私選せず官選でいく、というものになった。夫秀実の思想も活動も全く知らなかった英子夫人は、すべてを松本に任せた。

「京浜労働者グループ」その後　一九三九〜四三年

中西三洋は一九三九年七月処分保留のまま軍に召集され、平壌の第八八飛行連隊に配属された。なぜか前歴は連隊に報告されておらず勤務成績も良かったため、連隊付き人事係や分遣隊長を務めるなどして、兵役の三年間を過ごした。中西三洋はその間わずかな可能性を生かし、いずれは反戦組織にしようと「八八会」なる兵士組織を作った。しかし分遣隊長として古参兵の要望を聞き入れて規則外の外出を許可したり、所持していた左翼本が発見されたりして、分遣隊長を罷免された。中隊長は自分の監督不行届を指弾されるのを恐れて告発せず、中西三洋はそれ以上の処分がないまま、一九四二年七月に除隊となった。

兵役にあった三年間、中西三洋は、一九三四年以来満鉄調査部にいた兄の中西功から、面会のたびに国際情勢の話をよく聞いた。太平洋戦争突入のかなり前に、「日本は一二月一日、ハワイの真珠湾を奇襲攻撃する」と聞かされて驚いたことがあった。結局日にちは違ったが、かなり確度の高い情報は、中西功が尾崎秀実らと親交をもち、中国共産党とも連絡があったからだった。

その中西功が一九四二年六月、三洋除隊の一ヵ月前、ゾルゲ事件逮捕者の供述から上海で逮捕された。それまで三洋は、除隊後日本に帰っても刑務所暮らしが落ちだろうと思い、中国に残って活動しようと考えていた。しかし、逮捕される前に兄・功から何度も諭されていた「革命は外地でやるもんじゃない」との言葉を思い出し、結局帰国することにした。

中西三洋が帰国するとすぐ蒲田署の特高が来て、雑談のあと、週一回蒲田署に顔を出すこと、三日以上の旅行は目的・行き先を届けることなどを厳命して帰っていった。中西三洋は仲間との連絡が難しいことを知った。

吉田寿生は一九三九年一二月、西神田署での取り調べが終わり東京拘置所に送られた。独房は安眠ができ、雑用もなく、勉強以外することがなかった。差入れのドイツ語講座六巻（関口存男）でドイツ語を学び、カントの『実践理性批判』やリッケルトの『認識の対象』などの翻訳本を手にした。ちんぷんかんぷんの哲学書だが、「娑婆《しゃば》」ではできそうもない学習と読書の日々に挑戦した。

吉田寿生は半年間の拘置所暮らしの後、一九四〇年六月に保釈された。その半年後に出された一審判決は懲役二年・執行猶予五年、指導的立場にあった芝寛は執行猶予なしの懲役四年、中西篤は同じく三年、大窪満、大益宏平は吉田と同じ懲役二年・執行猶予五年であった。執行猶予がつかなかった芝寛と中西篤は控訴した。

吉田寿生は一九四一年になって日刊工業新聞社に勤務できたが、保護観察の身であり、大窪満以外のほかのメンバーと会合したり、何かをやり出すのは困難だった。大窪満は日本内燃機械製造蒲田工場のエンジン部門で仕事をしながら、係長を先頭に立てて作業員の要求をまとめ、サボタージュ闘争を有効に使って賃上げ二割増などの成果を上げ、抵抗の意志を貫いていた。

吉田寿生と大窪満の二人は、保釈後は山登りや海水浴と称して松本慎一や古在と、奥多摩や茅ヶ崎海岸でよく会い、情勢や活動の進め方などを相談し指導を受けた。吉田寿生が一番印象的だったのは、一九四二年の夏、長者町海岸で松本慎一と古在の会話を聞いて、日本とドイツの敗北を確信したことだった。

しかし特高の目は厳しく、吉田寿生、大窪満、中西三洋らが試みようとしていた「旧京浜労働者グループ」の再建は困難をきわめた。吉田寿生は次善の策として、中西三洋の弟・五州が大森にある中央工業という軍需工場で組織していた反戦グループと連絡をとったが、その五州が一九四三年七月に検挙されて、これも断念せざるを得なかった。中西五州は朝鮮人学生二人との読書会をもっていたが、読書会そのものが治安維持法違反とされたのだ。

その前後から吉田寿生は特高の尾行に悩まされた。代々木八幡の高橋庄治の家を訪問する途中で、尾行に気づき行き先を変えたこともあった。それからはどこに行くにも警戒のため何度も電車を乗り換える日々が続いた。

グループの再建は、時代そのものが壁になり、全く見通しが立たなかった。

上申四度　一九四三年三月

古在の控訴院判決が、一九四三年五月と決まった。三月になって古在は四度《よたび》、長文の上申書を東京控訴院あてに提出した。曰《いわ》く……。

……今必要なのは、戦争とともに始まった大転換のなか、私一個のための共産主義理論の誤謬追究より、実践において米英と闘い、自由主義・共産主義を征服することだ。なぜなら、国民にとって共産主義の誤謬などはすでに明々白々なことで、自分の職域においてこそ、この偉大な闘いに全力で参加したい。戦争の最後を決するのは思想戦であり、その戦線に参加している身として成果は少ないが、開戦後の私の実践を報告したい。

クラウス神父の勧めで『カトリック大辞典』にたずわり、キリスト教に興味はなかったが、思想史的・文化的現象として観察するのは無用ではなく、久しく仕事を続けるうちに、特にカトリック教が全世界、特に帝国の植民地で強大なことを知り、宗教を等閑視できないことを知った。我が国には悠遠な惟神《かんながら》（天皇のこと）の道があり、これは宗教であると同時にそれ以上のものであるが、日本が対外的・国際的行動を為す場合、他の諸宗教の勢力・伝統・教義を詳細に認識する必要がある。

聖戦の目的は大東亜共栄圏の確立にあるが、それには軍事行動・政治工作・経済建設のほかに、広汎な文化政策、思想戦が要求され、その中心は宗教に他ならない。植民地獲得過程で東亜に宣布したキリスト教（特にプロテスタント教）だが、精密・具体的に研究し、キリスト教（特にカトリック教）の比較的良い面を育成して、その信徒を東亜の統一共栄という大理想に包容していく必要がある。特に、大東亜共栄圏内の回教（イスラム教）、印度教（ヒンドゥー教）、仏教は、移植宗教のキリスト教とは違う東亜諸民族の固有宗教で、膨大な人口を包括し生活に浸透しているのだから、尚更に重要だ。

私は国家のいかなる義務にも挺身する覚悟だが、これまでの哲学宗教に関する研究経歴を生かす上で、この仏教、回教、印度教の研究調査を自分の主要任務にすることを決意してきた。これが真の職域奉公だと確信している。

愚かにも共産主義を信じたのは、国史や東洋一般の歴史への無知ゆえであった。拘禁中の読書によって、国体の無比の尊厳と日本民族の卓然たる優秀性に心打たれ、この立場に身を置くことによって、共産主義の誤謬が実感となり、その批判展開を第一の課題と考えたが、その誤謬が歴然としている現下では、その詳細な批判は意味をもたない。故に私は、現下の国家的必要に応じ、東亜諸民族の生活・文化・宗教の研究・究明によって、聖戦に貢献したいと熱望してきた。

保釈後、民族的な立場から日本の思想史、文化史を学ぶため、記紀、万葉、国学者の著作を読み、成果は弱いが日本精神の神髄に触れた。この研究はさらに継続するが、昨年（一九四二年）春から国策の焦眉の急として、東亜における宗教、特に仏教、印度教（ヒンドゥー教）の解明を開始した。従来の仏教研究は支那の影響が濃厚で、生誕地の印度や仏教諸国を等閑視し、さらに組織や制度など民衆生活の背景を究明した研究はなく、まして印度教（ヒンドゥー教）の研究はほとんどない。この解明のため、固有語（梵語《ぼんご》、巴利語《パーリ》等のサンスクリット）に着手する一方、権威ある文献、マックス・ヴェーバー『印度教（ヒンドゥー教）と仏教』の翻訳を開始し、略々完成し（四百字原稿用紙約千二百枚）、近く綜合印度研究室からの出版準備を整えている。

以上が最近一年余の私のなした仕事であり、今後も更生の道を与えてくれた御上の温情に感謝し、皇国の御恩に報いたいと思う……（以上、要旨）。

この上申書から十日ばかりあと、クラウス神父が「東京控訴院　やすもち　みちのぶ」宛に嘆願書を出した。ドイツ語の嘆願書は裁判所にとって初めてのことだった。

……古在とは長いつきあいだが、はじめの打ち解けない態度から、カトリックの世界観の影響で、今は唯物論の立場ではなく、社交的で社会的・民族的な現実問題を肯定的に受け止める立場に立っている。辞典編纂室での古在の仕事は優れていて、同僚も私も完全に満足している。以前古在に勧めたマックス・ヴェーバーの翻訳もほぼ完成し、今や日本が新たに獲得した南洋地方の研究の開拓者として、彼の天賦の才能と性格が国に貢献できると信じる。この仕事を通じて、過去を償い、彼の生活に新しい価値が与えられると信ずる……。

古在の上申書執筆には、松本慎一に融通してもらった「綜合インド研究室」の原稿用紙が使われていた。このころ松本は獄中で構想した『中華民国三十年史』の執筆を続けながら、一九四一年に設立された綜合インド研究室にかかわり、研究室篇『印度の民族運動』（伊藤書店刊）に「インド及び支那民族運動の性格について」を発表したばかりだった。

『中華民国三十年史』一九四三年夏

駒込の自宅の買い手がようやく決まり、古在は上申書を準備しつつ一九四三年三月、中野区鷺宮（現・鷺宮一の一一の二）に転居した。一年前の二月、三女直枝《なおえ》が生まれ、古在は娘三人（由美子五歳、重代四歳、直枝一歳）の父となっていた。松本慎一、村井康男といっそう家が近くなり、吉野源三郎もこの年には村井の近くに移転してきて、中野駅を中心にした家族ぐるみで助け合う戦時下の生活が始まった。引っ越しの疲れか、翌月美代が猩紅熱《しょうこうねつ》で入院し、六月古在は急性肺炎に苦しんだ。

五月二五日の控訴院判決は一審と同じ、懲役二年だった。ただ望んでいた執行猶予五年がついたのは、大きな前進だ。古在と松本慎一は竹内金太郎、堀川裕鳳両弁護士に深く感謝し、上告しないことにした。二人は思想犯保護観察法によって保護監察下に置かれた。

裁判所からの帰途、古在はようやく落ち着いた気分で、松本慎一と蜜豆を食べ、甘酒とコーヒーを飲んだ。裁判の話が一段落し、話は尾崎秀実のことや戦局に及び、出征した菅豁太のことにも及んだ。最前線でないとはいえ激戦地にいる菅が心配だった。

菅豁太は一九四〇年に保釈された後、結婚して栃木県にある佐々木電気工業所で仕事をしていたが、一審判決後古在らと控訴したまま、一九四二年八月に召集されていた。菅は国内で手榴弾投擲や救急法などの訓練を受け、敗北続きの南海支隊の補充兵として一二月一〇日に宇品を南洋丸で出航、大晦日にラバウルに着いた。ちょうどこの日は、大本営がガダルカナル島からの撤退を決定した日で、南海での戦局は日米完全に逆転していた。菅豁太は第一八軍の参謀部で情報関係を担当し、翻訳や兵用地誌作成、情報収集にあたっていた。

ともかく無事であって欲しい。それだけが古在と松本慎一の願いだった。

裁判が一段落した古在は、夕方になると自転車か、ときには三〇分ぐらい歩いて、松本の家の庭木戸からすーっと入っては、七子置いた碁を楽しんだ。たまには古在が中押し勝ちして、「上達」を喜ぶこともあったが、たいがいは七子置いても勝負にならなかった。ときには二番打って二敗ということもあったが、家が近いのは、なにかと便利だった。

ちょうどそのころ松本は、懸案だった『中華民国三十年史』（岩波新書）を上梓したが、この本は難産つづきだった。獄中で暖めた構想を、四〇年秋に保釈されてから鋭意書き進めていたが、保護観察下のため自分の名前で出版するわけにはいかず、誰かの名義を借りなければならなかった。最初に名義貸しを快く引き受けたのは尾崎秀実だが、尾崎はその直後にゾルゲ事件で検挙され、次に頼み込んだ細川嘉六も「世界史の動向と日本」を掲載した『改造』（一九四二年九月号）が発禁処分とされたうえに検挙され、その細川嘉六が推薦してくれた橘樸《たちばなしらき》（中国問題研究者・ジャーナリスト）がようやく原稿を閲覧して快諾した。ところが一安心する間もなく、今度は出版統制団体の「日本出版会」が出版申請の取り下げを岩波書店の吉野源三郎らに勧告してきた。橘樸が満鉄事件（満州共産党事件）[2]にひっかかりそうだからというのが理由である。

ここに至って松本慎一は他人名義の出版をあきらめ、本人名での出版を決意した。奴隷の言葉を使ってでも、戦争とファシズムの拡大を阻止しなければならない。その思いは強まるばかりだが、松本慎一著ともなれば、当然厳しい検閲を考慮しなければならない。内容は何倍も控えめにせざるを得ないが、いくらかでも当初の目的を果たそうと、できあがった原稿を青年向きに書き換えることにした。『中華民国三十年史』には書かなかった「太平洋戦争勃発後」の一章も新たに書き加え、書名は『西洋の追放——中華民国の歴史』とした。

しかし脱稿したとたん、全くあきらめていた橘樸著『中華民国三十年史』の出版が思いもよらず許可され、奥付に「出版会承認　い１３０４８６号」「二萬部」と付されて、七月に刊行された。この本にも「大東亜戦争」を「高貴」とする奴隷の言葉もあったが、対華二一箇条要求について「反日感情を激成し、永く日支国交の障碍となつた」と書くあたりに、歴史を大観する真の著者松本慎一の力量がみえていた。ちなみに「シリーズ大東亜青年叢書」として、松本慎一著『西洋の追放——中華民国の歴史』が育生堂弘道閣から刊行されたのはそのひと月後の八月だが、戦後この本が松本に大きな災難をもたらすことになることは、知るよしもなかった。

この二冊の本刊行前後、松本慎一は西園寺公一《きんかず》[3]が会長を務める日本国際問題調査会の『世界年鑑』の編集や、育生堂弘道閣の編集部長を務めるなどして、ようやく執筆一本の失業状態を脱し、経済的な落ち着きを取り戻していた。

尾崎死刑判決　一九四三年秋

古在と松本慎一の刑が確定した同じ一九四三年五月、ようやく尾崎秀実公判の裁判長が、一高時代からの友人で河合栄治郎門下の高田正と決まった。また、官選弁護人でいくとはいえ極力いい弁護士を確保するため、松本は司法部内の友人や三輪寿壮（当時弁護士、戦後社会党代議士）へ働きかけるなど苦労したあげく、ぎりぎりになって国粋的思想はもつが人間味のある小林俊三弁護士の承諾を得た。

尾崎秀実は、裁判長として覚悟のほどを聞きに来た高田正に、松本慎一が勧める上申書のことを頼んでみた。高田はすんなり許可を出したが、公判はすぐ五月三一日から始まった。法廷には、裁判官四人、検事二人、書記一人、弁護人小林俊三、被告人尾崎秀実だけで、一般の傍聴は禁止された。尾崎は読み上げられた控訴事実を全く否認しなかった。

上申書執筆[4]は公判と重なったが、尾崎は一週間で仕上げて六月八日付で提出し、「恭順の意」を示した。しかし裁判は「重大事案」にかかわらず、松本や古在らの予想をはるかに超えたスピードで進み、わずか二週間、六月一四日の第五回の審理ですべてが終わった。

そして一九四三年九月一〇日平松勇検事は論告で、死刑を求刑した。尾崎秀実も死刑までは考えておらず、一瞬はっとしたがすぐに自分が直面している現実を冷静に考えることができた。

尾崎は判決日を前に、英子夫人に手紙を書いた。判決では高田裁判長の常識を信じるが、「今は常識以上のものが働いている時代だとおもいます」と、最悪の場合の覚悟を促していた。

古在に待望の長男豊樹が生まれた四日後の九月二九日、尾崎に死刑判決が下された。判決理由書は公開されず、弁護士だけがかろうじて閲覧することができた。

松本慎一に死刑判決を知らせた英子夫人の電話の声は、涙で聞き取れなかった。松本はすぐ祐天寺に駆けつけたが、夫人の顔を見ると涙が出た。父の死刑判決を知った一人娘の楊子がさりげなく振る舞っているのが、いっそうこたえた。松本は、まだ確定したわけではない、上告しよう、と夫人に言った。上告はたいてい駄目だそうですねと、すっかり悲観する夫人に、松本はなんども「上告しよう」と繰り返した。英子夫人はもちろんだが、自分自身を励ますためでもあった。

その日の夜、古在は灯火管制のカーテンのはられた松本慎一の家で、松本の涙をはじめて見た。耐え難い痛恨の情が二人を襲った。自分たちのとった公判対策を悔いた。最初から弁護人を私選し、法理的に争う遷延戦術をとるべきではなかったか、今後死刑判決は動かせないかもしれないが、裁判を延ばすことはできる、来年一九四四年の秋までひっぱろう、たとえ戦争が続いていても、奴らも死刑を執行し殺すことはないだろう、逆に奴らは奴らの危機を左翼を利用して切り抜けようとするかもしれない、とにかく延ばすことだ。それが松本慎一と古在の結論だった。のちに松本は「世界情勢のテンポと、軍閥政府の司法行政の速度とのいわば無心の競争――それに尾崎の生命がかかっている」と書いた(松本「尾崎・戸坂・三木――死とその前後」、『世界評論』一九四八年二月号)。

古在と松本は、二審を私選弁護人で闘うことにし、二人の執行猶予判決を引き出した竹内金太郎、堀川祐鳳両弁護士に頼むことにした。弁護士費用は、ゾルゲ事件に連座し執行猶予となっていた西園寺公一からの多額の援助と、少数ではあったが篠田英雄ら友人たちのカンパによった。七〇歳だが法曹界の長老竹内弁護士、五〇歳で豪放かつ正義漢の堀川弁護士、その二人に期待をかける以外に方法がなかった。

一九四三年一一月、三七歳の西園寺公一に召集令状が来て、松本慎一は越寿雄（編集者）、青地晨（中央公論社）らと別離の宴を開いた。その席で松本は、尾崎の封緘葉書四、五通を披露した。西園寺公一に迷惑をかけた尾崎秀実の詫びの気持ちを、松本慎一はその書簡を通して直接西園寺に伝えたかったのだ。

尾崎ははじめ上告に乗り気ではなかった。上告には相応の弁護士報酬が必要となるし、結果は変わらない、と考えていた。しかし松本慎一と古在ら友人たち、そして竹内、堀川両弁護士の努力を知って、闘う気力を回復した。

戦中日記　一九四三〜四四年

唯物論研究会の会員だった内山賢次は、五〇歳から始めたスキーが大好きで誰彼となくスキーの楽しさを吹聴し、「同好の士」獲得に精を出していた。一九四一年の冬には森宏一がその餌食になった。次の冬内山は、金がないからと躊躇する戸坂潤を、自分が出版企画を立てて金の入る方法を考えるからと、強引に誘った。餌食二年目の森宏一と一緒に、戸坂を上越岩原《いわっぱら》スキー場に連れて行ったのは、一九四二年の冬のことである。

転ぶばかりの戸坂だったが、すっかりスキーに魅せられてしまった。戸坂が書斎でスキー板をつけてフォームを取っている場面に、古在はその後何度も出くわした。酒量多い戸坂が下戸に近い古在にむかって「酒の量を減らして、スキーを買いたまえ」と言うのを聞いて、内山は戸坂の「転向」ぶりにニンマリとした。しかし戸坂の滑りはなかなか上達せず、口さがない者は「あひるが羽根をバタバタさせて、かけているようだよ」と言った。

第二審判決が戸坂潤に懲役三年を言い渡した一九四三年二月、古在と戸坂、森宏一夫妻の四人で、長野の菅平《すがだいら》で二里あまりの「須坂下り」をした。雪模様のなか戸坂は転び転び降りたが、古在はとうとう途中で諦めてスキーを担《かつ》ぎ出した。やっと間に合った終バスも途中でエンコ（エンジン故障）したためバスを押す羽目になり、古在にはさんざんな一日となった。翌日予定通り、古在は帰京し、戸坂と森夫妻の三人は志賀高原にまわった。

そんなある日、弟の由信が相談があると言って古在のもとにやってきた。軍命令による石油調査のために、由信の勤める日本帝国石油会社から六名の人間が南方に派遣されることになっていた。当初由信はその人選には入っていなかったが、人選に入ったうちの一人から「子どももいるので替わって欲しい」と懇願されて、大いに迷っていた。相談を受けた古在は「もしぼくだったら、ゆくよ」と答え、結局由信は、その同僚に替わって行くことを決心をした。

スキー場にて、右から戸坂潤、森宏一、古在

由信の乗った輸送船団は、一隻が途中アメリカの潜水艦に撃沈されたが、一九四三年一二月、昭南島（シンガポール）に無事着くことができた。妻の総子が古在に見せた由信の手紙には、元気な旨とともに上司の赤松要（南方軍政監部調査部長）が兄貴を知っていると書いてあったが、古在はどんな人か思い出せなかった。

古在は一九四四年元日から日記[5]を付け始めた。一九四〇年秋に釈放された後、四一年にメモ風な日ごとの備忘録を小さい手帳に書きつけたが、本格的な日記は「非合法活動」に入って断念した一九三〇年以来、実に一五年ぶりのことになる。古在は元日の最初のページに、風雲をはらんだ環境での日記もおもしろかろうと書いたが、明日の命の保証のない戦時下と保護観察のもと、日記は生きている証そのものだが、特高と保護観察司が毎週来るため、日記の内容は、家族のこと、読んだ小説のことなど当たり障りのないことが中心になった。時局のことに触れる場合でも日本のことは避けて、遠い欧州の東部戦線のことを中心にし、しかも自分の見解はあまり書かず、新聞記事を貼り付ける程度にした。

大日本回教協会　一九四四年春

古在は前年四三年の秋、仕事減を理由に長年関わった『カトリック大辞典』の編纂室を解雇されていた。仲間うちで失業しているのは古在だけで、松本慎一は育生社弘道閣、村井康男は三省堂、戸坂潤と本間唯一が伊藤書店にいて、本間が編集長、戸坂は編集顧問についていた。

松本慎一は失職した古在の生活が心配で、四四年一月半ば、吉野源三郎と粟田賢三に「岩波書店でなんとかならないか」と依頼したが、所詮採用は無理な話だった。岩波書店は戦時下の用紙事情悪化のなか、四三年以降終戦にいたるまで、岩波新書でさえ二冊しか出せない状況に置かれていた。だから、一五年前の訳書フォールレンダー『西洋哲学史』の印税七八〇円が一月に突如入ったのは、古在にとっては干天の慈雨、まったくありがたいことだった。古在は、吉野と粟田の配慮に大いに感謝した。

古在は粟田賢三から、三木清の細君の肝臓癌があまり芳しくないと聞いていた。思わぬ印税が入って、古在はさっそく見舞いのため三木の自宅を訪れたが、病院に行っていたのか三木は留守にしていた。その後古在は、生活のための翻訳やら就職のことやらで、見舞いに行けぬまま日にちが過ぎていった。

三木清は三月ごろから日本医科大に泊まり込んで看病していたが、いと子夫人がとうとう三月二二日に亡くなり、一三歳の娘洋子が残された。古在は見舞いに行けなかったのを悔やんだが、折り悪しく急性肺炎による高熱が続いていたため、弔問は美代に頼んだ。八年前の喜美子夫人に続き、再縁のいと子夫人を亡くした三木清は余りに気の毒だった。

その後も古在は就職活動を続け、松本慎一が関係していた綜合インド研究室に幾度か立ち寄っては相談を持ちかけ、四四年三月になってようやく大日本回教協会に就職が決まった。古在は詳しくは知らなかったが、協会は外務省の外郭団体で、右翼系の人が多いと聞いた。

古在は調査部に配属され、仕事は「東亜共栄圏」の回教徒政策の調査立案が中心だった。戦時下の仕事で贅沢はいえないが、諸手当を入れても二百円程度の安月給のため、古在はのちに、人があまりやりたがらない宿直も積極的に引き受けた。三〇円ぐらいの増収になるし、空襲警報発令がなければ読書に時間がたっぷり取れるのがみそである。

古在が半蔵門の大日本回教協会に通い出して一週間、野原四郎（東洋史学者、当時駒澤大講師、戦後専修大教授）から回教圏研究所に来ないかと誘いを受けた。回教圏研究所の条件は週二回の出勤で月給百円、しかも所長が学究肌の人らしく、全く自由な研究を保障するというので、大いに魅力を感じた。

しかし古在は野原四郎とは一面識しかなかったため、松本慎一の家に相談に行った。その帰り古在は自転車の無灯火で誰何《すいか》され、野方署から数日後に出頭命令をもらった。執行猶予・保護観察の身だから「即収監」を覚悟したが、当日は事情説明だけでことがすみ、野方署を出てから胸をなで下ろした。結局、古在は大日本回教協会のこともあり、回教圏研究所には四月から週一回午後にだけ顔を出すことにした。

大日本回教協会は五月に半蔵門から渋谷の松濤町に移転したが、仕事は結構あった。

三月から西南アジアむけの放送原稿を書く仕事が回ってきたが、この仕事には苦労した。六月には「印度国民軍とアジアの解放」を、七月には「スマトラの老回教徒」をなんとか書き上げたが、放送そのものは聞いたことがなかった。[6] 四月下旬には、大日本回教協会で「印度社会における回教」と題する講演を行なった。このときは古在にも回教を研究する資格と展望がはっきり見えてきて、爽快な気分になった。協会付属の回教学院で学生に「印度の回教徒」を講義したこともあった。回教を教えるとはおかしな巡り合わせだと思いながらも、十数年ぶりの学生への講義に心がはずんだ。また六月には参謀本部に印度回教政策を具申することになり、サイパン島での激戦を聞きながら、その草案を書いた。相当な出来栄えと自負して審議会に臨んだが、参謀本部への提出は見合わせることになった。表現が直截すぎたようである。

疎開　一九四四年春〜夏

解雇はされたが、古在はしばしば上智大の『カトリック大辞典』編纂室に顔を出した。ある日、上智大哲学科を出て母校の講師をやっている高桑純夫（戦後、愛知大教授、原水爆禁止国民会議事務局長）が居合わせた。

高桑純夫は三木清や戸坂潤と旧知の仲である。きっかけは、一時古在も協力した『現代哲学辞典』（日本評論社、一九四一年三月刊）が一段落した秋、三木清が、中世哲学をやっていた高桑に、ユニークな「読める哲学辞典」を企画しているからと声をかけた。企画自体は三木のフィリピン徴用で立ち消えになったが、何回か続いた「読める哲学辞典」の企画会議には戸坂潤も出席していた。高桑は企画会議を通じて戸坂と親しく付き合うようになり、大学校内にある『カトリック大辞典』編纂室にもよく顔を出すようになっていたのである。

そのときの、福島県下で聞いてきたという高桑純夫の話がおもしろかった。列車内での闇物資の監視をかいくぐるため、首からぶら下げた「英霊の白箱」に、白米三升、腹巻きや胴巻きには餅何升《うんしょう》を隠して運ぶというのだ。高桑は「餅は暖かいどころか冷たくて閉口するようだが、『英霊の白箱』には車中の誰もが敬礼し、絶対に捕まえられることはない」と言った。戦争熱にあおられてばかりいるように見える国民は、一方では権力の裏をかくしたたかさをもっていた。古在は感銘深くその話を聞いた。

戦局は工業生産力の大きな格差が顕在化して、米軍が日本軍を圧倒、日本は太平洋上の制海権を完全に奪われていた。そのために戦争目的のひとつ石油確保さえ、施設を無傷で奪ったものの、日本本土に安全に輸送することが出来なかった。国内では航空燃料として松根油採取が奨励され、松木の伐採が進められる有様だった。一九四四年二月にトラック島が攻撃を受け、艦船四三隻が撃沈され、二七〇機の航空機が撃墜された。開戦からこの月までの損害は、南東方面だけで死者一三万人、艦船・船舶一一五隻、航空機八千機というすさまじい数にのぼった。

マーシャル群島で日本守備隊七千人が「玉砕」した二月、古在は食料・燃料など物資不足や空襲にそなえて、疎開を考えるようになった。すでに松本慎一の義兄は愛媛伊予に発っていたし、三月中には敏子と裕子ちゃん、慎二くん親子も伊予に移る予定だ。

古在は兄由正と相談し、三月二〇日までには長者町へ一緒に疎開することにした。姪の由子は精神を病んでいて、兄と姪二人の病人との生活はさわやかではないだろうが、東京への空襲と食料事情を考えれば、ほかに方法はない。古在の長女由美子も四月からは、国民学校入学を控えていたし、疎開したあとの鷺宮の家には、古在と林文雄（美術史家・美術評論家）一家四人が住むことになった。三月半ば竹内金太郎弁護士が古在と松本慎一の家族を呼んで、自宅で送別会をもってくれた。松本本人は参加できなかったが、戦時下の食料事情の悪いなか、古在と松本の子どもたちは、汁粉やウナギに歓声をあげた。

しかし三月下旬になって松本慎一が胸膜炎にかかり、古在の二歳になる娘直枝が猩紅熱で阿佐ヶ谷の河北病院にひと月余り入院して、ふた家族とも疎開を延期した。美代が徹夜で並んで手に入れた長者町行きの切符も無駄になったが、林文雄一家だけは予定通り三月二〇日に古在の家に転居してきた。

直枝は四月下旬に退院したが、翌月今度は腸チフスでふたたび入院した。古在は子どものころ同じ腸チフスで九ヵ月の幼い妹・静子を亡くしていたから、心配は尋常ではなかった。悪いことは重なるもので、五月に岳父忠三郎が大吐血したと電報が入り、美代は七ヵ月になった豊樹を連れて京都に帰った。幸い岳父は持ち直したが、吐血は胃癌によるものだった。美代不在の間、古在が大日本回教協会の仕事を休んで、由美子、重代の面倒を見ながら、病院の直枝に付き添った。直枝の入院は、六月半ばまで続いた。その間、四月から六月末まで、同居していた林文雄の家族三人（奥さんと子ども二人）は、実家の名古屋に帰っていた。

結局、松本慎一の家族（妻敏子、裕子、慎二）が伊予に疎開したのは六月、古在の家族が長者町に疎開したのは八月になった。病気の兄由正一家は豊島区長崎東町に残った。

死刑確定　一九四四年春

戸坂潤、岡邦雄、永田広志、赤羽寿（伊豆公夫）、伊藤至郎の五人の大審院上告の判決が、一九四四年三月八日に予定されていた。古在は、偶然の事情で控訴を棄権してしまった沼田秀郷を含め、この六人は執行猶予もなく結局下獄することになるだろうと考えていた。

当日は昼まで待っても戸坂潤から結果の電話が入らず、古在はしびれを切らして海野普吉弁護士事務所を訪問した。意外にも海野は、判決延期、しかもそのあとの期日も未定だ、と言った。判決も下獄も先に延びるのは大歓迎だった。

一方死刑判決を受けた尾崎秀実は上告に同意したものの、再び上申書を書く気持ちにはなれなかった。しかし竹内金太郎弁護士の熱意と「惻々《そくそく》として人を動かす底《てい》の上申書を書くやうに」という松本慎一と古在の強い勧めもあって、寒い北向きの筆記室で手をかじかませながら、二月一杯かけて上申書を書き上げ、三月四日、大審院第二刑事部裁判長・沼義雄と大審院検事局・平野利検事宛に提出した。二回目の上申書は、生い立ちや国体観、死に直面した死生観、そして戦局認識にまで及んでいた。しかし二つの上申書と竹内・堀川弁護士らの懸命な努力とにかかわらず、政治的にスピードアップされた裁判を引き延ばすことはできなかった。

一九四四年四月五日、大審院は尾崎秀実の上告を棄却し、尾崎の死刑が確定した。

「三月初旬尾崎判決」という当初見通しを一ヵ月引き延ばしただけだが、竹内弁護士は、今年の桜《はな》を見せて死なせるだけがせめての心やりだ、と言った。英子夫人は静かに礼を言ったが、一審のときのようには涙を見せなかった。

古在はその日の日記に「きょうは尾崎の大審院判決の日。のぞみはない」と書き、翌六日には「尾崎、はたして第一審どおり死刑。感慨無量」とのみ記した。特高の目もあって、それ以上書くのは控えた。

尾崎秀実の死刑判決確定の三日ばかり後、大審院は戸坂潤ら五人に対し上告棄却を宣し、[7]戸坂潤には執行猶予の付かない懲役三年が確定した。古在はおもくるしい気分におそわれたが、敗戦が早く来て、尾崎の死刑執行と戸坂らの下獄が止むことだけを願った。

四月九日、松本慎一は英子夫人を伴って竹内弁護士事務所を訪ね、死刑執行時の遺骸引取りについて相談したが、まだ絶望はしていなかった。秋までもってゆきさえすれば、敗戦になりさえすれば、死刑執行はない……。

今日とも明日ともしれぬ命を、尾崎秀実は悠々と過ごした。日々是好日、死刑確定後の尾崎の手紙によく出る言葉である。尾崎は刑務所で広汎な分野の本を読んだ。狭いと感じていた柳田国男の仕事が建設的な学問なのを再認識したり、友人たちの著作もよく読み、その感想を手紙に書いた。

松本慎一訳のネルー『印度の統一』（育生社弘道閣）、『国際投資の諸問題』（日本評論社）、『中華民国三十年史』（岩波新書）などを「時節柄有意義に読み」、松本に伝わることを願って「見事な出来栄え」と英子夫人に書き送った。尾崎は、篠田英雄訳の『タウト全集』（育生社弘道閣）も差入れてもらい、『桂離宮』（第一巻）よりも『日本の建築』（第二巻）をずっとおもしろく読んだ。尾崎は篠田訳『タウト全集』の続刊を楽しみにしていたが、育生社弘道閣の努力にもかかわらず、用紙事情のためかなかなか続刊は出なかった。尾崎は古在たちの『西洋哲学史』全三巻も読み通し、改めて哲学にも興味をもった。

悠々と過ごしていた尾崎秀実ではあったが、「死」の観念からは逃れ切れたわけではなかった。仏書《ぶっしょ》もよく読み、死を前にした中江兆民の『一年有半』や正岡子規の『病牀六尺』『仰臥漫録』にも惹かれた。中江兆民の思想の進歩性、烈々たる憂国慨世の憤り、人柄の東洋的豪傑さに感心し、かなわぬことではあるが、「日本人として到達し得た最高峯」というべき正岡子規と、中江兆民論を闘わせたいと夢見たこともあった。尾崎は獄中の日々を、心静かに送った。

敗戦濃厚　一九四四年夏

古在は、春ごろには欧州東部戦線に重大な転換があるだろうと正月の日記に書いたが、予想通り五月にはドイツ軍が黒海にのぞむ港湾都市セヴァストポリから撤退し、六月には連合国軍がフランスのノルマンディーに上陸、ローマも陥落してムッソリーニのファシズム政権が崩壊した。古在は「やっぱり、とうとうやったか。歴史は急テンポに進むだろう」「世界戦争はついに終幕にちかづいた」と日記に書いた。

古在は新聞とあわせて、米軍の日本語放送をよく聞いた。短波放送を聞くと逆探知されるというウワサがあって、余り信じられなかったが保護観察の身を考え、念のために布団をかぶせた掘炬燵のなかで耳を傾けた。三万人が死んだ六月のサイパン玉砕は、そのラジオでいち早く知ることができた。

古在の戦争見通しは早くから、一九四四年秋ごろに日本は敗戦を迎えるだろうというもので、それは松本慎一や尾崎秀実も同じだった。尾崎はすでに一九四二年四月の検事訊問で、日本は開戦半年は英米の軍事力を圧倒し有利な地歩を占めるが、その後は英米の頑強な抵抗と本土空襲を受け、不利な情勢が発展すると陳述していた（「第二七回訊問書」、尾崎秀実『ゾルゲ事件　上申書』岩波現代文庫）。松本慎一もまた『世界年鑑』の昭和一八（一九四三）年版に「世界政治の展望」を書き、一九四二年夏から英米蘇《ソ》の潜在力が現実化して連合国側（反枢軸国）が反攻に転じ、日独伊（枢軸国）は防御に追いやられ、イタリアの屈服や米英蘇対立が激化し、世界政局に変化が起こる、と論じていた。

その意味でも尾崎秀実の死刑執行や戸坂潤らの下獄は、敗戦までの時間との勝負になっていた。戸坂潤は下獄までの時間を惜しむように仕事に励んだ。伊藤書店の編集顧問として、『唯物論全書』を引き継ぐ「百科全書的なもの」を刊行したい、非合理に対する合理主義、神話に対する科学、戦争に対する平和、そうした出版物こそ今は必要だ、そんな思いにかられていた。しかし時代の様々な圧力と条件、また頼るべき伊藤書店の事情から、それらは実を結ばなかった。

しかし戸坂潤は時代に抗する出版物発行を諦めず、参謀本部とうまく連携し、軍部が出す中国向けの宣伝印刷物に便乗して英文雑誌を発行しようと、伊藤書店の店主伊藤長夫を説得して「東亜文化協会」なるものを作った。戸坂潤はこの協会の発行物を通じて、日本にも合理主義の思想や帝国主義戦争に反対する声が存在することを世界に示そうとした。

参謀本部もそのころは、国粋主義的なイデオローグたちが書く、独りよがりで程度が低く余りに観念的な「書き物」に飽き足らないものを感じ、上海で出されているドイツの宣伝雑誌『トゥエンティー・センチュリー』をしのぐ日本の出版物を欲しがっていた。参謀本部が、戸坂潤や三木清らが深く関与しているのを知りながら、それを大目にみた結果、黄色い表紙に黒の英文字で“GLOBE”（グローブ）と書かれた大判の英文雑誌が、敗戦を迎えるまでの間に五号（高桑純夫説は三号）が刊行された。戸坂潤らが表面に立たず、堀真琴と高桑純夫とが編集を担ったのが功を奏し、中国で抗戦する人々に、日本にも合理主義思想が存在し侵略戦争反対の声があることを狙い通りに伝えることができた。[8]

戦争を主導してきた東条内閣が、一九四四年七月一八日に総辞職した。沖縄に米軍が上陸し、サイパンは奪回され、マリアナ海戦で大半の空母・航空機を失い、ビルマでのインパール作戦は大敗北を喫し、その責任をとらされた形だった。すぐ小磯国昭内閣が発足、「決戦はすでに迫った」として大本営政府連絡会を「最高戦争指導会議」と改称、八月の閣議で「一億総武装」を決定して、兵士不足を補うため朝鮮人に続き、台湾人にも徴兵制を実施した。敗戦は時間の問題だった。

鷺宮　一九四三年春～四四年夏

宮本百合子は開戦翌日予防拘禁を名目に検挙され、その後駒込署から東京拘置所に移されたが、一九四二年七月熱暑病のため人事不省に陥り、執行停止となって出獄した。数日で意識は回復したが、秋になっても呂律《ろれつ》は回らず、ようやく四三年の春、健康をほぼ取り戻すことが出来た。

古在がその春引っ越した鷺宮の近くに、壺井繁治（詩人）・栄（作家）夫妻が住んでいた。壺井夫妻の最寄り駅は、古在が利用する西武新宿線「都立家政駅」の一つ先「鷺ノ宮駅」である。文学者同士のつきあいがあったらしく、宮本百合子は壺井栄と一緒にたびたび古在宅を訪ねて来たが、いつも夜の訪問だった。百合子は執行停止の身、古在は保護観察の身、警戒のためひっそり訪ねて来るのだ。

一九四三年の晩秋、古在は百合子から妹中条寿江子《すえこ》の疎開先の斡旋を頼まれ、長者町のある一軒家を紹介した。そこは近所の百姓たちさえ心配するような、さびしい一軒のボロ屋である。寿江子は年末ぎりぎりにその一軒家に引っ越したが、翌年一月に上京したとき、「気に入った」というので、古在はひと安心した。のちに百合子はこの妹が住むボロ屋の様子を、『風知草』に「こもだれ姫」[9]として描いた。

四四年春、百合子は古在のもとに林文雄一家四人が寄留しているのに驚き、大いに同情したが（『宮本百合子全集』第二九巻　四月三日日記）、古在が言う百合子の「欲張りな知性」と鋭利さは、古在の家でも遺憾なく発揮された。古在が顕微鏡で花粉や細胞を見ていると話すと、「ぜひ見せて」と言うし、囲碁の話をすれば「おもしろそうね。ちょっと習ってみたい」と目を輝かすのだ。ある日林文雄所有のレンブラント画集を繰りながら、愛する女性サスキヤを膝にのせたレンブラント自画像に目を止めると、百合子は「人間、幸福の絶頂に描いた絵なんて、しれてるわね」と言った。それは林に強烈な印象を残した。レンブラントらしくないこの絵の空疎さと上っ調子なところをどう考えていいのか答えの出なかった林の疑問が、その言葉で一挙に解けた。古在は古在で、百合子の鋭くみずみずしい感性に感心した。

七月になって、戸坂潤が古在に電話をかけてきた。「三日に赤羽（伊豆公夫）が下獄した、岡（邦雄）は一〇日ごろ、俺は一五日ごろだ」と。古在は緊張した。世界史転換の兆候は情勢や戦局ばかりでなく、友人たちの下獄、大日本回教協会の同僚古川と隣家の主人吉村の出征など、周囲の変化にも色濃く現れてきた。松本慎一の家族の疎開、古在の弟由信と菅豁太は南方にいる、そして戸坂らの下獄……。世界史の動きがこれほど緊密に個人の生活に繋がっている時代は、ほかにはなかった。

戸坂潤の下獄が七月二〇日一〇時と決まり、高橋庄治が古在と戸坂を招いて一夜の宴をもった。しかし当日になって伊藤書店の本間唯一が、戸坂さんの下獄は延期になったと知らせてきた。

実は戸坂潤は松本慎一の勧めもあって、下獄の延期交渉をしていた。戸坂は上告が棄却になったころ、東亜文化協会から出す英文雑誌『グローブ』の指導を松本慎一に頼んだ。松本は雑誌の仕事は引き受けたが、戸坂には出来る限り下獄を延ばすことを勧めた。戸坂はうまい口実がないとはじめは尻込みしたが、二つの理由をあげて控訴院検事と交渉し、二ヵ月ほどの延期を勝ち取っていた。戸坂が下獄を延期させた理由は、一度目は戸坂本人の歯の治療、二度目は八月から開始された学童の強制疎開の実施である。長女嵐子（一五歳）を勤労動員先の寮に入れ、長男海（一一歳）と次女月子（八歳）を長野県の集団疎開先へ送り、光成《みつなり》秀子との子明美（一〇歳）は、上総《かずさ》一ノ宮で療養する伊藤至郎・光子夫妻のもとに縁故疎開させた。

しかしそのあと戸坂は、先に下獄した赤羽寿（伊豆公夫）や岡邦雄に申し訳ないような気持ちが強くなり、そこで延期交渉を打ち切ってしまった。松本慎一はなお延期することを勧めたが、戸坂潤はもはや動かなかった。敗戦は近い……。

戦局は激動し、空襲は激しく、明日の運命は誰にもわからなかった。

古在一家六人で。右から、古在、直枝、重代、由美子、豊樹を抱く美代（1944年）

古在は家族を長者町に疎開させる二週間ほど前、野方《のがた》（中野区）の写真館で家族六人で写真を撮った。古在四三歳、美代三二歳、由美子六歳、重代五歳、直枝二歳、豊樹一〇ヵ月だった。

長者町への疎開は八月七日、松本慎一も同行した。翌日には松成義衛も来て、弁当をもって家族ともども夷隅《いすみ》川河口に遊んだ。美代の用意した弁当に不満があったわけではないが、古在は三年前、村井康男、高橋庄治と一緒に河口の松林で食べた豊かなご馳走を思い出さずにはいられなかった。食料事情は、極度に悪くなっていた。

家族を長者町に疎開させたあと古在は、鉄道切符を入手する苦労を重ねながら、月二回ほど休日を利用して、両国駅から長者町の疎開家族を訪ね、薪割りをしたり、子どもたちと海で遊んだりしながら、東京での食料不足を補い、友人たちのために馬鈴薯などを持ち帰ることを繰り返した。

昭南島《シンガポール》にいる弟・由信は数ヵ月間スマトラ方面で石油調査に従事していたが、やがてひどい脚気になり、秋には帰国することになった。古在は八月、由信が希望したロシア語講座全六巻を送るよう妻の総子に託したが、届いたのかどうか、それ以来由信との音信がぷつりと途絶えた。

それぞれの日々　一九四四年秋

一九四四年一月、「京浜労働者グループ」の大窪満と中西三洋が再逮捕された。その日はちょうど、二審で刑期が同じになった中西篤と芝寛が満期出獄する前日で、再逮捕には、「京浜労働者グループ」の再結集を嫌った当局の判断があった。

大窪満は荏原《えばら》警察署に拘置され、釈放後三年間の活動を厳しく追及された。特高刑事光永は以前大窪が組織拡大のために作成した「戦略地図」を入手していた。「戦略地図」には、主要軍需工場の戦車や飛行機の生産台数、従業員数なども記載されていた。光永は大窪を後ろ手に縛り、散々殴り、床にたたきつけ、軍靴で頭と身体を踏みつけた。大窪は血だるまになり失神したが、耐え続けて一言もしゃべらなかった。大窪の黙秘で守られた仲間たちは、敗戦を迎えるまで軍需工場のなかでサボタージュ闘争を続けることができた。

中西三洋は厳しい取り調べが済んだその春、巣鴨の東京拘置所で兄の中西功と二年ぶりに再会した。中西三洋の妻フキと兄・功の妻方子《かた》が、湘南の鵠沼に物置小屋のような一軒家を借りて一緒に住み、そこから小田急電鉄などで二時間かけて面会にやってくると、面会のために呼び出された兄弟二人が待合室で顔を合わせ、看守の目を盗んで話することが出来た。兄・功は、予審判事の許可をとって『中国共産党史』を書いていること、敗戦の近いこと、戦術として裁判引き延ばしをやっていることなどを、三洋に話した。

戸坂潤が九月一日、「やがて戦争もすむ。あと一年たったらまたあおう」と古在に言い残して東京拘置所に下獄した。岡邦雄、赤羽寿（伊豆公夫）、沼田秀郷もすでに下獄し、伊藤至郎と永田広志は病気のため執行停止となっていた。

戸坂潤は既決囚の赤い服を着せられ、二舎一階四八房に入れられた。四七房にはゾルゲ事件のマックス・クラウゼンが居り、翌一〇月には「京浜労働者グループ」の吉田寿生が四六房に入ってきた。尾行され続けた吉田はとうとう四三年一一月再び逮捕され、ほぼ一年後に戸塚署から東京拘置所に回されたのだ。吉田が所内の床屋で一緒になったとき、健啖家の戸坂潤は[10]「五等食ではやっていけないので、疥癬に罹《かか》っているのを隠して、(食事量が増える)請願作業についている」と言った。当局は疥癬の伝染を恐れて、疥癬患者には請願作業を許していなかった。

岡邦雄の下獄を見送った桝本セツは九月初旬、疎開のために一歳と三歳の子どもをかかえて伊勢に向かった。古在はいくらかの餞別を出し、桝本セツのリュックを背負い、両手に風呂敷包みをぶら下げて、東京駅まで見送った。

尾崎秀実が松本慎一に会いたいと言づてて来た。その話を聞いた宮本百合子は、小林多喜二の葬式参加者が検束されたことを例にあげ、特高の復讐も考えられるから私情を抑えて思いとどまれ、と言ってきた。松本慎一は百合子の思いもわかるし、当分死刑執行はないと考え、面会を思いとどまった。敗戦という恐怖が支配階級を襲い、かれらは外交手段での回避に傾くだろう、もはや手遅れの外交手段だとしても、それが尾崎を必要とする機会になるかもしれない、松本はそう考えていた。事実松本は、昭和研究会や大政翼賛会など政府筋のごく近いところにいた平貞蔵(元法政大教授)が、対華交渉工作には尾崎のような人物が必要だからぜひ温存するようにと陸軍次官に進言したところ、その次官も拒否しなかったことを聞いていた。しかし松本慎一は尾崎秀実に会う最後のチャンスを逃した。

死刑執行　一九四四年一一月

古在は一九四四年一〇月下旬、松本慎一が家族の疎開先・愛媛伊予に一時帰るというので、松本にリュックを届けた。あとはいつものように七子置いた囲碁となり、この日は見事に勝利した。少し前、古在は実力が上がった気分になって六子にしてみたものの惨敗続きで、もとの七子に戻したばかりだった。

松本慎一が伊予に発ったあと、古在は長者町に二泊して戻ったが、鷺宮の自宅には前の晩、岳父忠三郎逝去(一〇月三一日)の電報が届いていた。古在は長者町にとって返し、家族五人をともなって、東京―京都間を夜行で往復した。葬儀を済ませて、東京駅には一一月八日朝九時に戻ってきた。

尾崎秀実が死刑を執行されたのは、その前日一一月七日、ロシアの革命記念日である。

その日は逮捕された日と同じように、朝から明るい陽が差していた。尾崎は筆記室でいつものように英子夫人に葉書を書いた。英子は五日に、娘楊子の疎開先岐阜から帰ってきたばかりだった。「一一月一日附け、岐阜からの葉書をもらつたのでよく消息がわかりました。お前のおできはどんな風かしら、医者にかゝつて早く癒すことだ。楊子元気の由安心しました。ひとすぢに育ちゆくものの姿はまことに頼もしいかぎりですね」。そう書き出した尾崎は、台湾に帰る英子の父を気づかったあと「近来警報頗る頻々、ますます元気で内外の情勢に敢然対処することを祈つてやみません。寒さも段々加はつて来ます。今年は薪炭《しんたん》も一層不足で寒いことでせう。僕も勇を鼓して更に寒気と闘ふつもりでゐます。英子殿」と結んで、独房へ戻った。まもなく看守長が来て、なにか口ごもりながら、目顔で「出ろ」と合図した。

来るべき日が来た。尾崎秀実は袴をつけ白足袋を履いた。用意していた死装束《しにしょうぞく》である。房室を片付け、三年住み慣れた二舎一階一一房をあとにし、教誨師がすすめるお茶を静かに飲んで、絞首台まで進んだ。尾崎は目隠しをされるのを制し、うしろに並ぶ教誨師たちに「ではさようなら」と挨拶した。午前一〇時、尾崎は絞首刑によって息を引き取った。

一時間後、ゾルゲが処刑された。

この日荏原署の留置場から東京拘置所の四舎二階に移された大窪満は、夕方看守補助者から尾崎が処刑されたことを知らされた。鉄窓の外は、朝の好天が秋雨に変わっていた。

英子夫人は翌八日、二人の弁護士と東京拘置所から遺骸を受け取り、その足で落合の火葬場に赴き、まだぬくもりの残る夫の遺骨を抱いて祐天寺の自宅に戻った。岐阜から帰って、すぐ面会に行かなかったのが返す返すも悔やまれた。

松本慎一は九日の深夜愛媛から東京に戻った。机の上に竹内弁護士からのウナ電が置いてあった。「ケフスンダ　アスヒキトル　タケノウチ」。

松本慎一が翌一〇日の朝に訪れるまで、英子は二日間、一人だけで尾崎の遺骨を守った。松本の顔をみると、「これから、ほんとに、さびしくなりますわ」と言って、涙ぐんだ。数日後、尾崎秀実の最後の葉書が自宅に届いた。

古在は一一月一二日の日記に、こう書いた。「松本きたる。尾崎秀実はこの七日についに死刑を執行されたという。おそらくゾルゲとともに。この日がロシア革命記念日だったことは、もとより偶然にちがいない。しかし、私も一面識のあった彼の刑死は生涯忘れられない記憶を私にとどめるだろう」。古在は保護観察下にあったため、「一面識」などという虚飾を記し、淡々としか書けなかった。それだけに悲しみは深い。尾崎秀実は共産主義者として、日本の戦争政策に命を懸けてたたかったのだ。

一一月下旬から、空襲は激しさを増した。一二月はじめ、鷺宮にも爆弾が落とされ西武線が止まった。そんな折り、夏から音信が途絶えていた弟由信の消息がようやく伝わってきた。由信は九月はじめに帰国のためウラル丸に乗船したが、途中潜水艦と飛行機の攻撃を受けた、しかし幸いにも生存者もいるらしい、と。古在は落胆しつつも、希望を捨てるつもりはなかった。

三木再逮捕　一九四五年春

もはや敗戦は避けられないと判断した近衛文麿は一九四五年二月、早期に和平をはかるよう天皇（裕仁）に上奏した。しかし天皇は、もう一度敵をたたいてからとこれを拒否し、戦争継続をあえて選んだ。すでに米英ソ三首脳がクリミア半島のヤルタ島で会談を開き、ソ連の対日参戦や戦後処理が話し合われていた。三月になって硫黄島で栗原忠道中将率いる日本軍守備隊二万人が全滅し、一〇日早暁にはB29三三四機が東京東部を無差別に空襲し、一晩で二六万の家屋を焼き尽くし、一〇万人を殺戮した。

その東京大空襲の数日前、警視庁に前年一一月から留置されていた高倉テルが脱走した。高倉ははじめ山崎謙のもとに潜んでいたが、山崎が身の危険を感じ、三日ほどたってから高倉テルを三木清のもとに送った。高倉は唯物論研究会にも参加し、古在、松本慎一、三木清らとの囲碁仲間でもあった。

高倉テルが学生だった三木清を知ったのは二〇年ほど前、新村出教授のもとで京都帝大の嘱託をしているときである。三木清が独仏留学を終えて一九二七年に京都から上京すると、二人は一層親しくなった。その後高倉は長野に移り著述と農業で暮らしをたて、農民運動に関わっていた二九年ごろ、高倉が世話人を務める「上田自由大学」の哲学講師に三木を呼んだこともあり、高倉が長野から再び上京してからは、「文人囲碁会」でのつきあいが続いていた。

高倉テルのこの脱走は五〇歳をすぎての「大胆な壮」とも言えるが、軽率な行為でもあった。警視庁本庁からの脱走だけに警視庁の面目をかけた大捜査が始まった。第一次近衛内閣の書記官長・第二次内閣の法相をつとめた風見章も、大内兵衛も西園寺公一も、誰彼となく特高の訪問を受けた。松本慎一も古在も朝から晩まで刑事に張り込まれた。それは三月一〇日の東京大空襲の緊急事態に、全警察の手が取られるときまで続いた。

三木清は妻いと子を亡くした後、九月になって娘の洋子と二人、埼玉県鷺宮の農家の二階で疎開暮らしをしていた。三木は一二畳一杯に本を置き、生活空間は六畳一間だけで、食事も風呂も階下の農家家族六人と一緒の生活だった。

三月一二日の夕方、のっそりと高倉テルが部屋に入ってきた。三木清は岩波書店の用事で外出しており、部屋には勉強中の洋子（一四歳）だけがいた。高倉は防空頭巾で覆面し、冬というのに足袋は片方、外套の下はシャツ一枚という出で立ちだった。いつもと違ってこの日の高倉は、洋子に余り話しかけもせず寡黙なまま三木を待った。終電車で帰った三木は、留置されているはずの高倉テルがいるのに仰天したが、「やあ」と言って外套を脱いだ。脱走後は山崎謙のもとに潜んでいたと告白されたあと、碁を二番打って二人は床についた。

翌朝三木清は、高倉テルに自分の下着やワイシャツを渡し、いくらかの金品とトランク、外套をもたせて見送り、いつものように岩波書店に出かけた。三木は小林勇を廊下に連れ出し、高倉テルの脱走と疎開先への立寄りを伝えた。小林勇は「誰にも言うな」と三木に釘をさした。

高倉テルはそれからまもなく再逮捕された。高倉は取り調べに何も答えなかったが、「みき」と認める洗濯屋の覚え書きが、ワイシャツの首のところに残っていた。当局はすぐ三木逮捕に向かった。

三月二八日一〇時、三木清が小林勇の肩をたたいて「警視庁が来た」と告げ、「子どものことを頼む」と落ち着いた声で言った。そして男二人に左右を守られながら、三木は岩波書店から消えた。

古在は三木逮捕を聞き、東畑精一に三木の身元引受人になるよう頼みに行った。東畑精一が身元引受人になれば釈放すると警察が言っているという話を聞いてのことである。東畑は当時「植民政策講座」を担当する東京帝国大学経済学部教授で、病死した三木の前妻（旧姓・東畑）喜美子の兄である。しかし東畑の答えは「国法に刃向かうようなやつの身元引受人に俺はならん」というものだった（藤田省三「戦後精神史序説」第一回、『世界』一九九八年一月号）。

三木と同じように高倉テルをかくまった廉《かど》で検挙された山崎謙は、まもなく釈放されたが、三木の勾留は続き、六月になって中野の豊多摩刑務所に送られた。

食料不足　一九四五年初夏

もうそのころは、古在の家族が疎開する長者町も安心の地ではなかった。米軍からの艦砲射撃の心配があったし、空襲は地方都市にもおよんでいた。古在は次女重代の入学を前に、家族を長者町から京都日野に移した。由美子は醍醐小に転校、重代はそこに入学した。すでに国民学校では少国民たちが「どんなに短い鉛筆も／どんなに小さい紙片《かみきれ》も／無駄にしないで使ひます／さうです僕たち私たち／欲しがりません勝つまでは」と歌わされていた。食料も衣料品も学用品も、なにからなにまで足りなかった。

東京では開戦前の四一年二月から、通帳制による米の割当配給が始まっていた。それが全国に広まり、肉、魚、野菜が激減すると、四四年からは全食品の綜合配給制がとられ、四五年からは主食の基準配給量が一人一日あたり二合一勺（二九七グラム）に減らされ、押し麦や高粱《コウリヤン》、とうもろこしなどの雑穀が混入され始めた。配給だけでは必要栄養摂取量二四〇〇カロリー（当時の厚生省調査）の半分にも満たなかった。誰もが日々の食料確保のために、買い出しに走った。食料の「買い出し部隊」は東京で一日四万人を超え、交通混乱さえ引き起こしていた。

古在は食料確保のため庭を畑にして、空襲で焼け出されて同居する松成義衛と野菜を作り始めた。松本慎一は伊予に疎開する家族に空腹を訴えたらしく、妻の敏子は「胃にはその方がいいとおもつてゐます」と古在に書いてよこした。胃病の松本もつらいなと、つい口に出た。

喉を痛めた六月、古在は娘らへの土産用に確保していた飴に手をつけた。「子供には可愛さうだが、まだのこしてはある」、六月中旬にはボーナスもはいるから、「さうしたら、なんとしても京都へもいきたい」と、京都日野の美代に手紙を送った。

欧州戦線では、四月にソ連軍がベルリンを陥し、三木清の予言通りヒトラーが自殺、五月七日ついにドイツが無条件降伏し、欧州での戦争が終わった。米英ソなどの連合国軍がファシズム勢力・枢軸国に勝利したのだ。残るは天皇を戴く「大日本帝国」だけとなった。

一九四五年五月二五日、東京はまたも大きな空襲を受けた。古在の家も風呂場と竹垣に火がついた。なんとか消し止めたが、徴用され消息不明の由信の留守宅が焼け、妻の総子は岡山に疎開した。その後数日間、交通機関は動かず電灯もつかず、古在はタバコの代用・モグサを吸うしかすることがなかった。大日本回教協会に出勤したのは五月三〇日になってからだった。

この五月までに東京・横浜・名古屋・大阪・神戸など大都市のほとんどが、空襲で焼き払われた。巣鴨周辺で残ったのは東京拘置所ぐらいになり、懲役囚の地方移監が始まった。戸坂潤は五月はじめに長野刑務所に、六月下旬には吉田寿生が三重刑務所に、大窪満が千葉刑務所に移された。押送《おうそう》する看守たちは、その機会に休暇をとって故郷に立ち寄り、食料を確保して戻るのを唯一の楽しみにした。

六月八日、御前会議は「本土決戦・一億玉砕」を決定した。狂気も沙汰の限りだった。

ポツダム宣言　一九四五年夏

食料もままならず、戦時下の一〇年間、闘病生活を続けていた五三歳の兄由正が、一九四五年六月一〇日に亡くなった。

兄嫁の澄江は、四三年の秋に八歳の末娘・葉子を亡くしてからも女の細腕一本で、心を病む一九歳の由子を筆頭に、食べ盛り四人を食わせてきた。助かったのは長男の由秀（古在の甥。のち国立天文台長）が、陸軍造兵廠に動員されて旋盤工として手に入れる四〇円ほどの給料だった。由秀は三月に府立十四中を卒業し一高入学も決まっていたが、六月までそのまま「決戦兵器」造りを強いられていた。古在は澄江と由秀らの苦労を思うと、ただ頭がさがった。古在はリンゴ箱のような粗末な棺《ひつぎ》を荷車にのせ、落合の火葬場まで運んだ。

六月下旬、古在は水野明善（文芸評論家）の勧めで、埼玉県草加の土蔵を借りて蔵書を移すことにした。資金は美代の弟・田中穣が千円を用立て、由秀が手伝ったが、牛車三台分の本の荷造りは大変だった。箱が足りないので、箪笥の引き出しにも本をつめた。

その荷造りと草加までの往復に、古在はくたびれ果てた。兄の葬儀に続く引っ越しの疲れ、それに空腹もあって、古在は三、四日、大日本回教協会の仕事を休んだ。

ようやく七月になってから、古在は土産の飴をもって京都に行った。ゆっくり家族と過ごして、自分でも少し太って健康が回復したような気がした。京都行きは混雑でひと苦労したが、帰りは大垣付近で米軍の攻撃にやられ、生きた心地がしなかった。列車は進退を繰り返してやっと岐阜までたどり着き、東京には予定より一二時間も遅れて到着した。古在はそんな道中模様を美代に書いて送り、最後に、辺《あた》りが畑の日野でも油断は出来ない、防空壕と避難路を他人《ひと》に頼んでも確保したほうがいい、と付け加えた。七月半ばからは、空襲に加え、釜石、室蘭、日立などでは艦砲射撃を受けるようになっていた。

古在が松本慎一からポツダム宣言のことを聞いたのは、京都から帰ってすぐの七月二七日である。前日二六日に米英中三国の名で発表されたポツダム宣言は、日本軍の無条件降伏と日本本土の占領、軍国主義の除去や戦争犯罪人の処罰、基本的人権の尊重などを要求し、日本に戦争終結の最後の機会を与えていた。敗戦はとうとう目の前まで来ていた。

古在は京都から帰ってまもなく大日本回教協会に退職の意向を伝えたが、思わぬ慰留を受けた。しかし美代には、あと二週間もしたら京都に引き上げると速達で伝えた。

松本慎一は戸坂潤から引き受けた英文雑誌『グローブ』の編集に関わりながら、政府や軍部にいる友人たちから戦争終結をめぐる動きを探っていた。友人の一人は「どうだろう、連合国も少しは和平派の立場を考えてくれるだろうね」と、期待とも質問ともつかない声を松本にかけてきた。

八月六日広島、そして九日長崎に「新型爆弾」が落とされ、同じ九日ヤルタ会談の約束にしたがって、ソ連が対日宣戦の布告を出した。ソ連の対日参戦に、古在は身の危険を感じた。日ソ中立条約で国内の共産主義者たちはかろうじて身の安全を確保していたが、ソ連が敵国になっては、スパイ容疑をかけられかねない。松本慎一は検察当局もガタガタだから心配することはないと言ったが、古在は、陸軍大学でクラウゼビッツの『戦争論』を講じていた篠田英雄のもとに身を隠した。軍関係者の所なら少しは安心できると思ってのことだった。

八月一〇日午前二時、御前会議が国体護持（天皇制維持）を条件にポツダム宣言受諾を決定、政府はすぐ降伏交渉に入った。松本慎一は思いをめぐらした。連合国が「国体」を否定したら万事休す、事態は軍閥の思うままとなり、絶望的な抵抗に全国民が駆り立てられる、抵抗・抗戦と決まればすぐ東京を離れる必要がある。松本はそう考えて八月九日以降、自分の命と友人・国民の命を守るために、情報をもとめて自宅にも戻らない日々を送った。

一〇日夜、阿南惟幾陸軍大臣が「全軍に告《つ》ぐる書」を出して徹底抗戦を訓示し、一二日には米国が「天皇の権限は連合国軍最高司令官の制限の下に置かれる」と回答したため、天皇は動揺した。米軍はこの日、三度目の原子爆弾投下のビラを投下し、日本国民は即刻都市から待避せよ、と威嚇した。

戸坂獄死、敗戦　一九四五年八月

八月一〇日、同じ鷺宮に住む壺井繁治が突然古在のもとにやってきて、戸坂潤の獄死を伝えた。古在に敗戦は予想できても、戸坂獄死は全く考えられなかった。

戸坂のひいでた眉、いきいきした目、酒も菓子をも平らげる健啖ぶり。一緒に泳ぎ、スキーを楽しんだスポーツマンの姿。理論家としてだけではなく、啓蒙家であり組織者だった「名船長戸坂」。その戸坂の獄死を信じることは出来なかった。いや、信じたくはなかった。しかし壺井は、イク夫人が阿佐ヶ谷の新島繁に知らせに来たのだから間違いない、と言った。敗戦後こそ期待される戸坂潤が、敗戦直前に死んだ……。戸坂の最期の心中を思うと無念の極みだった。古在は哀惜の思いと同時に、凶暴な権力への激しい怒りを覚えた。[11]

敗戦情報入手のため駆け回っていた松本慎一が、戸坂の死を知ったのは八月一二日である。夜遅く帰宅すると、留守居の婆さんが、昨日《きのう》伊藤圭郎《(ママ)》さんという人が来て、九日に戸坂さんが長野の「疎開先」で急死した、と伝えた。血色のいい顔、頑丈な体躯、楽天的な性格、死のイメージから一番遠い戸坂潤を思いうかべ、松本もまた、にわかには信じられなかった。翌一三日阿佐ヶ谷の戸坂潤の家を訪れ、賢母と評判の八〇歳ちかい久仁子に会った。すでにイク夫人は長野に発っていた。

九日昼ごろ、「キトク」の電報があり、その三〇分後に「シス」の電報が追いかけて来た、その電報で茶毘《だび》に付すかどうか訊いてきたので、真夏の腐食が心配で茶毘を頼むと返電した、ようやく長野行きの切符がとれてイクが今日出発した、と老母は言った。

間違いはなかった。戸坂潤が予見し待望していた「自由の黎明」がすぐにも訪れようとしているのに……。松本は唇をかみ、黙って立ちすくんだ。

空襲のため列車は遅れたが一四日朝長野刑務所に着き、イクは粗末な骨壺を抱いた。戸坂潤四五歳、イク四一歳、二人の結婚生活は足かけ一四年にすぎなかった。イクは戸坂潤が執筆禁止にあった一九三九年から帝国女子専門学校附設の日本高等女学校家政科（現・相模女子大学）で教え、姑久仁子と三人の子どもたちの生活を支えた。そしてなによりファシズムに抗する戸坂潤の仕事を一番困難な場で支え続けてきた。

死因は栄養失調と疥癬による急性腎臓炎との説明だった。その足で、小県郡《ちいさがた》長久保新町にまわり、海（国民学校六年）と月子（同四年）の疎開先のお寺で、悲しむ二人の肩を抱きよせ、一緒に供養した。

イクには長野刑務所が説明した死因が信じられなかった。一月《ひとつき》前長野に足を運んで面会したとき、戸坂は差入れとして、現金と登山用の服をイクに頼んだ。敗戦で出獄したら、長野の山を歩いて帰郷するのだろうと思ったし、手首裏の白さが気になってわけを聞いたときも「疥癬の治った痕だ」と言っていた。そんな戸坂《ひと》が急死するものだろうか？　しかしイクは結局「死んでしまったものはしかたがない」と、死因への不審は極力忘れようとした。

長野刑務所の同房だった早川辰三郎牧師はのちに、戸坂潤は腎臓を悪くして顔をむくませていたが、最後に医務室に移るときも三等食は全部食べ運動場にも出ていて、すぐ死ぬほど衰弱しているようには見えなかった、当時は出征による看守不足で戸坂は雑役囚に背負われて部屋を出たが、乱暴な扱いを受けたとの話もあった、と語った（稲垣真美「キリスト者とコミュニスト」、『図書』）[12]。さらに早川牧師は、出獄の際の身支度金五百円がイクから戸坂潤に届いたことを知っていた雑役囚の岩田某が医務室に運ぶ途中、戸坂をわざとコンクリートの道路の上に落としたと、光成秀子の問い合わせに答えていた[13]。早川牧師の話を総合すれば、金を無心した岩田某が戸坂潤の拒否にあい、弱っていた戸坂をコンクリートに投げつけた可能性があるが、今になっては事実は闇の中、疑念が残るだけである。しかしいずれにしろ権力は、有能な唯物論者戸坂潤の命を「奪った」。

古在は惜慜《せきびん》の情に沈みながら、八月一三日の昼、東京駅から京都に向かった。すぐ戦争が終わることも知らずに、京都駅周辺ではまだ強制疎開の最中で、家の柱に綱を架け汗みどろで自分の家を引き倒していた。日野の実家に着くと、上の娘二人が栄養失調のため青ぶくれした顔で迎え、美代は懸命に防空壕を掘っていた。古在は後ろから美代の肩をたたき、「戦争はおわったよ」と言った。美代はあっけに取られたような表情を見せたが、すぐ事態を悟った。

翌八月一五日、古在は家族と共に、降伏をつげる天皇の声をラジオで聞いた。

その夜、古在ははじめて電灯の覆いを取り払った。弟由信の消息はなお不明だが、ともかくも家族六人全員が無事に戦争をくぐり抜けてきた。その安堵感が、古在を満たした。

第8章　獄死を超えて　一九四五年

上京　一九四五年九月

一九四五年八月一五日、降伏は無条件、敗北は徹底的だったが、ともかくも戦争は終わった。アジアの人二千万人を殺し、日本人三百万人を死なせ、軍人と民間人あわせて六五〇万人がアジアと太平洋に取り残された。河上肇は「あなうれし　とにもかくにも生きのびて　戦やめるけふの日にあふ」と詠んだが、古在にこみあげるような喜びはなかった。敗戦は早くから予想していたし、慢性的な栄養失調で喜び勇むような体力もなかった。なによりも近しい尾崎秀実と戸坂潤とが国家に奪い殺され、兄由正は病死し、弟由信と萱谿太の消息は依然不明だった。

敗戦後まもなく、京都伏見区日野西大道の古在のもとに、松本慎一から葉書が届いた。簡潔なものだが、松本の思いが伝わった。

「食料問題依然困難なれど、美代子君子供たちを伴ひ、上京するやう取り扱はるべき時期と存じ候　絶対主義の威力にて暴力的混乱はさしたることもこれなかるべく、新日本の建設、まことに重大任務と存じ候」（全文）。

古在は体力が少し上向いた九月初旬、腫物で右肩が痛んでいたが、ひとり東京に戻った。そこは、見渡す限り一面の廃墟である。住居は焼かれ、工場は破壊され、店舗は失われ、蝋《ろう》細工のようにひん曲がった電柱や、腸を抜かれたような車の残骸はそのまま放置されていた。しかし古在は、リヤカーを引く皺だらけの婆さんや、ボロをまとったまま遊び回る子どもたち、大根を陽に干す古ぼけた家々などに、生命《いのち》の輝きを見た。

すでに八月末、連合国軍最高司令官ダグラス・マッカーサーがパイプを咥《くわ》えて厚木に降りたっていた。九月二日米艦ミズーリ号上で降伏文書の調印が交わされ、トルーマン米大統領は六日「降伏後における米国の初期対日方針」を発表、GHQ（連合軍総司令部）は一一日、戦争犯罪人として東条英機ら三九人の逮捕を命じ、一五日GHQ本部を横浜から皇居前の第一生命ビルに移して本格的な占領政策の実行に入った。GHQはさらに、プレスコード（新聞準拠）を出して言論出版が占領政策批判に及ぶのを制限する一方、スムーズな日本統治のために天皇の権威を利用しようと、天皇（裕仁）の身分保障と天皇制維持を決定した。

東京は少しずつ活気を取り戻そうとしていた。近くの食堂の飯には汁と鰊《にしん》などなにがしかの魚がつき、古在はそこで、配給米三〇日分を二〇日間で消費する勢いで、一日四食分を食べた。「やはり東京はいい。新日本の建設は苦しくとも、希望の光にみちみちた道だ。ただ右肩のいたみがこの凛々たる気持ちを邪魔するだけだ」と美代に書き送り、予想以上に低かった戦中の軍事力と生産力を伝える新聞記事を読んで、戦争と戦争終結の本質を小学生の由美子と重代にやさしく説明してやって欲しいと伝えた。

敗戦間際に人一倍走り回り、新日本建設に意欲満々の松本慎一は相変わらず胃腸が悪く、九月八日には少量だが吐血した。古在の腫物より松本の方がよほどやっかいで、古在は鷺宮の自宅に同居させていた松成義衛を松本の手伝いに遣った。

夫慎一の吐血を聞いた敏子は、九歳の裕子を大伯父に預け二歳になったばかりの慎二をつれて、疎開先の四国から急遽東京に戻った。宇高連絡船は大混雑し、ようやく乗った山陽本線も所々で列車が止まった。敏子は慎二を背負って歩き、夜は親切な土地の人の世話になって、翌日ようやく高円寺についた。

古在は少しずつ鷺宮の家を整え、ノートや鋏など娘たちの欲しがる文房具を土産にもって九月下旬京都に行き、一〇月初旬、今度は家族全員を連れて東京に戻った。

三木獄死　一九四五年九月

古在が東京を留守にしていた九月二六日、三木清が豊多摩刑務所で獄死した。死骸は木棺不足のため、俵《たわら》に包まれて刑務所から運び出された。

三木清の逮捕理由は、高倉テルの脱獄逃亡幇助《ほうじょ》容疑だった。一宿一飯とシャツ一枚、少しの金員を与えた「恩義」が博徒の場合と違って犯罪とされたのは、三木がかつてマルクス主義を研究したうえ共産党への資金援助で逮捕され、それでもなお戦争政策批判の言辞を繰り返していたからだろう。その意味で三木清はその「思想故に」捕えられ、「思想犯」であるがゆえに歯を折られるほどの拷問を受けた。しかし三木は「思想犯」として拷問を受けながら、「刑事犯」扱いのため差入れ・面会は厳しく制限され、食事も衣服も官弁・官服だけで雑居房生活を送らねばならなかった。食料事情が逼迫するなか、友人たちのわずかな差入れと、麦飯さえ十分に噛むこともできない状態での豊多摩での獄中生活は、命そのものの削奪の日々だった。

三木は一九四五年六月、巣鴨から豊多摩（中野）刑務所に移され、戸坂潤同様疥癬にとりつかれた。全身のかゆみ、着物に付着する膿、眠れない夜。房室は乾燥した膿汁の粉が飛散して黄色に見えた。睡眠不足と栄養失調が重なり、六〇キロを超していた体重は五四キロに落ちていた。

その三木獄死の翌日、天皇（裕仁）は、戦争責任を問わず天皇制を維持し自分を温存してくれたマッカーサーを表敬訪問した。命永らえてほくそえむ最高権力者と、獄死した抵抗者との、画然とした落差は鮮やかすぎた。

三木清の訃報を伝えに来た森宏一の話を、松本慎一ははじめ冗談だろうと思った。しかし獄死前後の様子を聞くうち、悲しみより東久邇内閣への激しい憤りを抑えることができなかった。三木を殺したのは奴らだ、治安維持法は撤廃せず、民主化も実行せず、山崎巌内務相にいたっては弾圧継続さえ公言した、ポツダム宣言を受諾した以上はすぐにでも治安維持法を撤廃しすべての政治・思想犯を釈放すべきだった、彼らのサボタージュが三木を殺したのだ……。

松本慎一はその翌晩の通夜に集まった人々に、今日《きょう》集まった我々の名においてマッカーサー司令部に政治犯釈放促進を陳情しようと、提案した。しかし占領軍に頼むのは嫌だという人、問題を政治的にしたくないという人たちが多く、結局松本は用意してきた陳情書草案の披露を止めた。大内兵衛が「なんとか君の気持ちの通るように努めよう」と言ったのがせめてもの慰めだった。通夜には吉野源三郎も参列していた。

古在は京都日野と鷺宮との往復のため、敗戦間際に獄死した戸坂潤の告別式にも、三木清の葬儀にも参加できなかった。しかし戸坂と三木、そして尾崎秀実の三人の優れた友人の悲劇を思うと、彼らを死にいたらしめた非人間的な力にたいする激しい憎悪と怒りをどうすることも出来なかった。

……敗戦前年の秋ロシア革命記念日に絞首台の露と消えた尾崎秀実、長崎への原爆投下とソ連の対日宣戦布告の日に獄死した戸坂潤、そして治安維持法撤廃を見ないままの三木清の敗戦後の獄死。いったい何が、この三人の優れた友人たちを殺したのか？　いったい何が、だれが、どんな力が、彼らを奪い、国内外の夥しい貴重な命を奪ったのか？　いまだ南海に不明のままの弟由信、そして異国に遺棄された夥しい同胞たち。再び人類の悲惨を阻止するため、必死の力でそれを防ぎ止めなければならない。生き残った者の、いや俺自身の、それが最大の使命ではないか。俺の全努力を、それに注ごう……。それが敗戦時の古在の強い思いだった。

政治犯釈放　一九四五年一〇月

マッカーサーが「民権自由に関する指令」（「政治的、市民的及宗教的自由の制限除去」と題する通牒）を出したのは三木清の通夜の数日後、一〇月四日である。そこでは特高警察・治安維持法・治安警察法の廃止、全政治犯の釈放、これらに反対していた山崎巌内相の罷免などを要求していた。東久邇内閣はこの「指令」は実行できないとして翌日総辞職し、九日に幣原喜重郎内閣が成立、一〇日までに政治犯約二千五百名が釈放された。

この「指令」があった数日後、府中刑務所に収容されていた共産党幹部徳田球一・志賀義雄らがＧＨＱのハーバート・ノーマンとジョン・エマーソンの公式訊問を受けた。徳田は自らの経歴や進歩的運動が弾圧されてきた日本の歴史を語り、降伏してもなお日本の指導者は、精神的にアメリカと闘い、言論出版の自由にも反対し、天皇は戦争責任を国民に転嫁しようとしていると告発した。二人を訊問したエマーソンは、一八年の獄中生活でいっそう研ぎ澄まされた徳田の精神、政界の主要人物への詳細な知識などに驚くとともに、中国延安にいる岡野（野坂参三）帰国後の、徳田を含む日本共産党の方針、特に天皇制問題に注目すべきだ、とソープ大将に報告した。すでに徳田は出獄にむけて志賀や黒木重徳らと獄内で会議を開き、天皇制打倒を掲げる「人民に訴ふ」を用意し、活版印刷も済ませていた。

三木清が獄死した豊多摩刑務所でも、出獄を前に、中西功や神山茂夫らが刑務所長に認めさせた政治犯集会が四十数名参加のもとに開かれた[1]。その集会で中西は、「人民に訴ふ」は占領軍を解放軍と評価し、当面の中心課題に天皇制打倒を設定するなど、歴史的検証抜きの独断がちりばめられていると、「人民に訴ふ」の問題点を指摘し、参加者に討論を呼びかけた。中西はその日の意見を集約して府中の徳田球一らに伝えたが、徳田らの回答は「日本共産党は現在府中刑務所にある。党籍もない豊多摩刑務所のものには発言権がない」という素っ気ないものだった[2]。

一〇月一〇日、政治犯釈放歓迎人民大会が日比谷で予定されていた。しかしＧＨＱは同じ時刻にＧＨＱ独自の「慰労会」を開くと称して、政治犯の代表が人民大会に出席するのを阻み、豊多摩刑務所前に集まった千人ほどの人々との、門前での交歓だけを許した。それでも解放された「政治犯」たちは、林立する赤旗に涙があふれ、歓迎する人々の顔がかすんでまともに見ることが出来なかった。そこには抑圧され続けてきたたくさんの朝鮮の人たちがいた。門前での交歓会が終わると、釈放された「政治犯」たちは米軍第一騎兵旅団司令部が置かれていた中野の元憲兵学校に移された。

その夜、期せずして一堂に会することになった政治犯たちの間で、「人民に訴ふ」をめぐって激論が始まった。中心は徳田球一と中西功、二人の激論を交通整理するとして三田村四郎と西沢隆二がそこに加わり、白熱の議論が朝まで続いた。テーマはファシズムと今次大戦の性格、情勢の特徴、闘争課題と闘争形態、社会民主主義者を含む統一戦線などについてであったが、双方の意見の食い違いは大きかった。特に統一戦線問題では、三二年テーゼとコミンテルン第七回大会決議への評価に大きな違いがあった。徳田球一はあくまで三二年テーゼの線に固執し、人民戦線綱領に天皇制打倒を入れなければならないと言い、中西功は「それは共産党独自のスローガンだから、入れるべきではない」と主張して、結局議論は平行線をたどった。最後には徳田球一が中西功を右翼日和見主義者と痛罵し、中西功は徳田球一の指導では日本の民主主義運動に重大な損害を与えると断言して譲らなかった。

こうしてその日の午後、政治犯釈放歓迎人民大会は「自由戦士出獄歓迎人民大会」として、「政治犯」代表の参加がないまま田村町の飛行会館で開かれた。雨のため日比谷から変更となったこの会場で「人民に訴ふ」が有料で配布され、参加者は集会のあと、GHQ本部前までデモ行進し、「解放軍万歳」を三唱して解散した。

翌一一日、元憲兵学校にとどめ置かれた「政治犯」たちは、米軍から一人ひとりが別室に呼び出され、姓名、生年月日、本籍地などを訊かれ、午後二時、弁当と毛布などを渡されて全員が釈放された。中西功と三洋兄弟は、まっすぐ中野区鷺宮の古在の家に急ぎ、徳田と志賀らは国分寺の「自立会」(釈放者保護事業宿舎)に入った。

古在はすでに京都から戻った美代と四人の子どもたちを、鷺宮の自宅に数泊させただけで長者町に移していた。長者町の方が少しは食料事情はましだろうし、家族には気の毒だが、釈放された仲間たちに「住まい」を提供する必要もあった。都市部での住宅難は深刻で、空襲による消失家屋は全国で二四六万戸、強制取り壊し家屋は五五万戸に及び、防空壕跡やバラック住まいが当たり前であった。外地に残されていた六五〇万人の引き上げが始まれば、住宅・食料事情がいっそうひどくなるのは目に見えていた。

その一一日、前年すでに満期出所していた中西篤、芝寛などの「同志」や家族たちが、古在宅で出獄者を出迎え、夕方からは二十名ばかりの歓迎宴となった。持ちよった酒を注ぎ、古在が乾杯の音頭をとった。衰弱しきっていた中西三洋は、コップを口元にもっていったとたん気を失って倒れた。医者を呼ぶ騒ぎになったが、三日後中西三洋は「同志」たちのカンパで八ヶ岳が正面に見える山梨県藪ノ湯（現・北杜市）に向かい、医師の指示に従って約一ヵ月間そこでゆっくり養生した。

そんな事件もあったが、ともかくも歓迎宴は解放の喜びに満ちあふれ、誰もが新しい時代への思いを熱く語った。

梁山泊　一九四五年秋〜

一〇数名の「同志」たちはそのまま、古在の家を「梁山泊」にして、それぞれの立場から精力的な活動を開始した。

中西功は妻方子にわざわざ鵠沼《くげぬま》の家から着替えを運ばせ、中西篤、芝寛らと西銀座の焼け残ったビル（焼けビル）に通い詰め、雑誌『人民』の発刊準備に専念した。その「焼けビル」には、高野実らの総同盟準備会、全国学生連合会準備会や、佐和慶太郎らが作った「人民社」があり、様々な傾向の左翼活動家たちの活動拠点になっていた。

尾崎庄太郎（中国問題研究家）は中西功の誘いに応じ、米を担いで郷里徳島から古在の家に寄留して、中西功や浅川謙次らかつて満鉄などで活動した仲間たちと、中国研究の再開をめざして中国研究所設立にむけて走り始めた。

沼田秀郷が食料持参で、元気な姿を見せた。沼田は一〇月八日に釈放され、まっすぐ茨城県川尻に帰っていた。古在にはなにか沼田が太ったように感じた。沼田は「二貫ほど増えた。どうも務所《ムシヨ》の生活が俺にはあってるようだ」と冗談を言った。その夜沼田は、予防拘禁で二度収監されたこと、出所を在日朝鮮人連盟の人々が歓迎してくれたこと、収監中にわが子を一度も抱けぬまま一歳の娘共子《とも》を亡くしたことなどを古在に話した。

数日後、川尻に戻った沼田から葉書が届いた。「困難は巨《おお》きい。しかし時は今です。私は再び、全身を投げだそうと思っています。自分をきたえ、そして七千万をきたえなければなりません」「睦子も頑健ですが、共子の病死ではひどく打撃をうけたようで、私が推察する以上に苦痛をこらえているようです。何とか一日も早く仕事に参加させたいし、本人も心からそれをのぞんでいます」。沼田はこの葉書を投函したあと、「全身を投げだす」覚悟通り、共産党の再建活動に参加するため、とりあえず家族を川尻に残したまま上京した。

そのころ徳田球一、志賀義雄ら「府中組」は、出獄者の仮住居となっていた国分寺の施設「自立会」を足場に共産党再建の準備を進めていた。

その志賀義雄が古在宅に寄留する中西功に連絡を入れてきた。「府中組も君らの『人民』グループもひとつのグループだ。全国のさまざまなグループを統合して党を再建したい。徳田、志賀、黒木（重徳）、宮本（顕治）に、君（中西功）をいれて、党再建準備委員会を作りたい」と。志賀の言うことが本当なら、共産党再建が徳田球一の言っていた「府中刑務所に厳存していた党を拡大強化するのみ」ということではなく、「新たに日本共産党を再建する」ということを意味した。中西は納得した。

さっそく翌一〇月二〇日、『赤旗』が再刊された日、中西功は古在と中西篤、芝寛と一緒に、府中の「自立会」に向かった。徳田は前日開催された大阪の歓迎集会のため不在にしていたが、中西と古在らは、志賀義雄と宮城刑務所を出たばかりの袴田里見と懇談した。ふたりは、『赤旗』の編集発行を手伝って欲しいと要請したあと、前日に社会党に申し入れた「人民戦線」の話をした。中西と古在は戦後初の運動として、いっさいの民主諸団体、弾圧された宗教団体、ブルジョア的反対派などを総結集して「弾圧犠牲者追悼国民大会」を開催するよう提案した。中西と古在らは、戦争を排除し平和を追求するためには、何よりも反戦平和の統一した運動が必要だと確信していた。

その日志賀は中西・古在らの提案に賛意を示し、「弾圧犠牲者追悼国民大会」の実行委員長に中西功が着くことも諒解した。中西はすぐ、社会党や総同盟準備会、長谷川浩（社会運動家）らの民主主義青年会議などにも声をかけ、実行委員会を結成し、まもなく「国民大会」の大要を確認した。

しかし大阪から戻った徳田球一は、一〇月末になって中西功を呼び出し、「国民大会」でなく「人民大会」にすること、開催日をロシア革命記念日の一一月七日にすること、自由党系を排除することなどを要求した。中西功は、実行委員長として総会の確認を勝手に変更はできない、変更要求が「共産党の方針」というなら抗議の意味で委員長を辞任すると言明した。

さらに徳田球一は共産党再建問題では、共産党はすでに存在しているとして、志賀義雄が中西や古在らに約束した「党再建委員会」ではなく、中西功を除外したうえ、新たに神山茂夫、金天海、袴田里見を加えた七人からなる「党拡大強化促進委員会」をスタートさせ、一一月六日、天皇制打倒、人民共和国政府の樹立、ポツダム宣言の厳正実施など一二項目の「人民戦線綱領」を発表した。そして翌日七日、「解放運動犠牲者追悼全国大会」を神田共立講堂で開催し、徳田が「人民解放連盟」結成を提唱した。結局中西や古在らが意図した統一戦線運動とは全く異なる大会となり、中西や古在らが強く願った、統一した「弾圧犠牲者追悼国民大会」は頓挫した。

その後中西功は、一二月一日から三日間渋谷の党本部で開かれた第四回共産党大会から、「君らは関係ない」と外されたが、中西功は冷静にも、動きのあった別党結成には与せず、その一方人民社や古在梁山泊の仲間たちには、再出発した共産党組織への参加を勧めた。

年末になって、古在をはじめ梁山泊や人民社の仲間は、中西功の意を酌んで入党申請書を出した。

「民科」準備　一九四五年秋

だれもが、戦時中とは全く違った時代と情勢を迎えていた。眼のまえには、廃墟の都市があり、経済は混乱し、人々は食うに事欠いていたが、希望だけはあった。

ポツダム宣言やマッカーサーの対日方針は、日本の民主的な変革に希望をもたせるものだった。治安維持法や特高警察が廃止され、政治犯が釈放されると、逆に保守勢力は混乱し、これまでの学界を牛耳っていたボスたちは意気消沈した。民主化の理念がつぎつぎに制度のうえで実現され、かつての権力者たちの力は弱々しくみえた。

梁山泊の主・古在は、「同志」一七、八人を自宅に受け入れるかたわら、戦時中と全く違う状況のなかで、非戦・平和のために進歩的な科学者・知識人たちの再結集と、「科学的精神」「民主主義思想」の啓蒙・普及に努めようとしていた。

ＧＨＱが治安維持法や特高警察の廃止、政治犯の釈放などの指令を出した一〇月四日以降、期せずして科学者や知識人たちの結集が、時をえたように始まっていた。

動きの中心は、かつてプロレタリア科学研究所（プロ科）と唯物論研究会（唯研）で活躍した人々だった。唯研関係者では古在、伊豆公夫、岡邦雄、本間唯一ら、プロ科関係者では小椋広勝、川崎巳三郎、浅川謙次らで、それぞれがかつての仲間たちを中心に、唯物論やマルクス主義に基づく再結集をめざしていた。

しかし古在は、戦中「心ならずも」戦争政策に協力した自然科学者や様々な知識人たちも同じ思いに違いない、プロ科や唯研で活動した一九三〇年代とは全く状況は違うのだ、凍結されていた思想や学問の自由が解き放された今は結集はできるだけ広い方がいい、そう確信していた。

自然科学者たちも動いていた。たとえば脳科学者の柘植《つげ》秀臣は戦時中、時局迎合・戦争謳歌の文章こそ書かなかったが、満鉄調査部の姉妹機関といわれた戦争協力の調査機関「東亜研究所」に籍を置き、ジャワの軍政監部にも籍を置いたことがあった。敗戦後はその反省もあって、日本の民主化と平和のために自然科学者は団結し行動すべきだと強く考えていた。しかし自然科学者の場合、戦時中に唯研のような組織をもたなかったため、かれらに旧グループ・旧組織の再建という考えはなく、柘植は民主的な学界を全く新しく作るために、動物学者の山内年彦や物理学者の武谷三男などと連絡をとりあっていた。

相当体力を落としていた松本慎一は、敏子と慎二が疎開先から帰り、体力もやや持ち直し活動への気力がふくらんでいた。一〇月には、愛媛伊予にひとり残されていた裕子も、叔父に付き添われて上京し、杉並第四小学校に通い始めていた。

松本は戦後直ぐ、古在の京都からの上京を促し、細川嘉六らに対しては「いよいよ我々の時代が来た。この時代こそ全力を挙げて尽くすべきだ」と強い決意を語り、堀江邑一には、徳田球一らの「人民に訴ふ」の方向がどうあろうと自分たちが「日本共産党を再建して、たとい唯だ一人であっても行動を起さなければならぬ」と言って、堀江にもその決意を促していた（細川嘉六「尾崎・松本君理解のために」、堀江邑一「尾崎・松本はなぜ死んだか」、『偉大なる愛情』所収）。

戦時中弾圧と統制をまともに受けただけに、松本慎一にはやりたいことがたくさんあった。尾崎秀実・戸坂潤・三木清を追悼し、その意志をついで日本の民主化のためにつくすこと、特に科学者の結集、出版事業の民主化、労働組合の結成が急務だと考えていた。

松本慎一は、尾崎秀実の追悼と顕彰、そして科学者を結集する相談のために、高円寺の自宅で、柘植秀臣と会った。尾崎と柘植の父親同士（尾崎秀太郎（秀真《ほつま》）、柘植咲五郎）が同郷のうえ近代医学を一緒に学んだ縁があって、一高入学直後、尾崎秀実が松本慎一を、柘植の父咲五郎が経営する品川の品海病院に連れて行って以来、松本と柘植秀臣とは、三十年来の付き合いがあった。

松本は尾崎追悼の相談が一段落すると、柘植に対して、科学者の結集にあたっては古在や渡部義通、堀真琴に会った方がいいと勧めた。松本も古在と同じように、科学者の総結集がベストだと考え、渡部義通も堀真琴も同じ考えをもっているのを知っていた。

松本から柘植の話を聞いた古在は、これは自然科学者と社会科学者を総合した全国的結集組織にする好機だと感じた。古在は、自然科学者のあいだに、社会科学の連中は政治主義的で押し付けがましいとの反発があり、社会科学者らとは分離して別組織にしようとの主張が優勢なのを知っていたからだった。

松本の話をきっかけに、柘植、古在、渡部、堀らの話し合いがなんどかもたれ、科学者総結集は同じ方向を向き始めたが、自然科学者たちの話し合いでは、柘植がたびたび孤立した。しかし徐々に総結集に賛同する自然科学者が増え、ようやく一一月になって、結成後は社会科学・自然科学の各部門が運営面で独自性をもつという条件案が浮上し、すべての民主的な科学者・研究者を統一・結集する方向に意見が集約された。

その結成準備会が「焼けビル」に置かれ、科学者の総結集のための本格的な準備が始まった。年末までには、新組織の名称案も、「日本科学者協会」と「民主主義科学者協会」（民科）の二案に固まっていった。

『人民評論』　一九四五年秋

松本慎一が最も力を入れたのは、戦後すぐ古在とも相談してきた啓蒙的総合雑誌『人民評論』の創刊である。当初は半月刊の計画を立てたが、用紙事情もあって月刊に変更し、創刊号（四五年一一月号）はＢ６判三二頁の小さいものとなった。しかし時代に切り込む意欲あふれる雑誌らしく、冒頭に置かれた「主張」では「日本の民主化と治維法（治安維持法のこと）」を論じ、「編輯後記《へんしゅう》」には「人民の声を反映し、人民と共にある雑誌にしたい」とあった。版元は戦前から戸坂潤や古在・松本らとつきあいのあった伊藤書店、編集責任者には本間唯一が就《つ》いた。

創刊号には森宏一「合理的と非合理的」、松本慎一「第二次大戦の性格とポツダム宣言」などの論文が掲載され、松本はこの戦後初の論文で、第二次世界大戦の性格を分析した。そこでは、帝国主義戦争として始まった戦争が侵略と抑圧・ファシズムに対する世界人民の共同の闘いに発展し、やがては民主主義的自由擁護の共同闘争の性格をもつようになり、その結果獲得されたポツダム宣言は日本の国民に送られた戦利品であるという趣旨を強調していた。第二次世界大戦の性格に触れた戦後すぐのこの論点は、松本の視点の鋭さを示していた。

古在は一二月、翌年二月号の『人民評論』を飾る座談会「恒久平和は可能か」に出席した。この座談会では、民主化がすすむ一方で旧軍人にはなお戦争熱が残り、米ソの対立も懸念され始めるなか、永続する平和のためには何が必要かという点がテーマとなった。

メンバーは古在のほか松本慎一、風早八十二、細川嘉六、堀江邑一の旧知の四名、古在は司会役を務めた。参加者はそれぞれの見地から、膨大な犠牲をともなう戦争を回避し恒久平和を実現する、その可能性を論じあった。

……英米民衆の要求を背景にした占領軍の民主化方針や「全人民の平和意志の成長」があり（松本）、戦争防止のファクターは多く（堀江）、戦争は容易には起こらないだろう。恒久平和を確実にするためには、世界勤労者大衆の国際的連帯が非常に重要で（古在）、敗戦国の労働者階級の役割は大きく（風早）、日本の実質的な民主主義の前進のためにこそ、本当の「大和民族の力」が発揮されなければならない（細川）……。話はそんな進展をみせ、恒久平和実現のためには、民主主義の実現と労働者階級の国際連帯、この二つが不可欠になっていることを強調する座談会となった。

古在は司会役のため発言をごく控え目にしたが、松本は彼本来の鋭い現実感覚から、国際連合の「大国独裁」（米英中ソ仏五大国の拒否権）は民主主義的人民の要求を代表していればあってもいいが、やがて「大国独裁」も軍備も不必要になるだろうし、植民地制度の解放なしに民主主義の完成はないなどと、卓見を随所に述べた。

古在がもっとも危惧したのは、平和にとって不可欠な「日本の民主化」について復古的な「日本的民主主義」の主張が政界に強まっていたことだった。現（明治）憲法は十分に民主主義的だという幣原喜重郎首相や、民主主義的性質を備えている明治憲法の改正は必要ないという吉田茂外相、そして一一月半ばの平沼騏一郎枢密院議長の意見表明は無視できなかった。平沼騏一郎は、「日本的民主主義」という言葉を使って、民主主義の主体を国民にみるのではなく、日本の民主化問題を天皇と国民との関係にだけ求め、「戦中、国政を壟断した夾雑物（軍閥のこと）を一掃して、天皇政治を国民が輔翼（補佐すること）したてまつる日本本然の姿にかえす」と主張していた。

古在は早速、「民主主義の現代的使命」を書いた。遅筆・寡作の古在にしては、戸坂潤・三木清の遺志に背を押されるような、スピード感のある仕事となった。しかしすでに『人民評論』に掲載スペースの余裕はなく、この論文は『自由評論』の四六年一月号の紙面を飾った。

古在はこの論文で、保守勢力の民主主義論の欺瞞を明確に摘出し、民主主義問題を国際的に考えるべきだと主張した。

……彼らが歴史をさかのぼるというなら、なぜ近代日本の三つの民主主義の波浪、自由民権運動、大正デモクラシー、そして現在進行中の民主化運動に眼もくれないのか、自由民権運動と大正デモクラシーを「日本的なもの」の圧力で潰しておきながら、「日本的民主主義」を言うのは、ふるびた残存機構に自己の安住の地を見ているからではないか、と。

そのうえで古在は、民主主義が歴史的に発展したことを跡づけながら、日本の民主化は国際的な民主主義戦線のなかでこそ、自由と平和の希望を持つことができる、と的確に論を結んだ。

松本も明治憲法を擁護する為政者たちの議論を見据え、『人民評論』一月号に「憲法はどう改むべきか」を問答形式で書いた。松本は、英米独仏各国の憲法の歴史と特徴を簡潔に述べたうえ、問題は欽定憲法としての明治憲法の単なる「改正」ではなく、「実質的には新憲法の制定」が焦点なのだ、と説得力ある論を展開した。

その後も松本は『人民評論』に立て続けに執筆した。古在は松本ほど『人民評論』への出番は多くはなかったが、松本と掲載誌を手分けしたかのように、『自由評論』『思潮』『評論』などに寄稿を繰り返して、戦後日本の進むべき道を示そうとした。[3]

『世界』創刊　一九四五年暮

なにしろ雑誌は、敗戦直後から堰を切ったような創刊・復刊ラッシュで、発表の場は豊富にあった。なかには中西功・篤兄弟がかかわった雑誌『人民』のように、第三号で意識的に終刊にしたもの[4]もあったが、敗戦の八月から一二月までの五ヵ月間だけで創復刊誌は七七誌にのぼった（福島鋳郎『新版・戦後雑誌発掘』洋泉社）。

それらの雑誌のなかで最も長寿なのは、吉野源三郎が手がけた岩波書店の雑誌『世界』である。

岩波書店は一九四四年の暮れから用紙も入手できなくなり、開店休業状態になって四五年六月にはいったん解散、吉野や粟田賢三など一三名が残務整理を終え、それぞれに疎開していた。敗戦は岩波書店の新たなスタートになった。

吉野源三郎は、家族の疎開先信州で天皇の「重大放送」を聞いた翌日すぐ、焼け野原の東京に戻った。帰京してまもなく、岩波茂雄は吉野らに対し、新たな総合雑誌を出そうと説いた。それは、日本が高い文化をもちながら「亡び」を阻止できなかったのは、文化が大衆から遊離し、軍部と右翼が大衆をとらえていたからで、もはや大衆の文化を講談社だけにまかせておくわけにはいかない、岩波書店こそ在来のアカデミックな枠を出て大衆と結びつかなければならない、と熱っぽいものであった。

吉野源三郎は岩波茂雄の青年のような理想に共感はもったが、総合雑誌発行は未経験な分野だけに自信がなく逡巡した。しかしその後、安倍能成や志賀直哉、大内兵衛や仁科芳雄などあらゆる分野の文化人が集まる「同心会」が雑誌発行に協力することになり、谷川徹三の提案で雑誌名が『世界』に決まった。決まれば吉野の性格上、未知の分野にもかかわらず全力でまっすぐに挑戦した。

……日本の再建とは国民が人間らしい生活を取り戻すことだ、それには労働者や農民の積極的な参加がなければならず、民主主義とくに自由な言論が必要になる。雑誌『世界』そのものを民主主義の機関にし、実際の編集・発行でこれを貫かねばならない。「文化を大衆に結びつける」と岩波茂雄は言うが、これまでの文化人は文字どおり「文化」中心で、政治や経済への蔑視があり、そこから超然とする態度があった。「岩波文化」に参集した文化人もファシズムに眉はひそめるが、それは学者や芸術家を圧迫するからで、労働者の団結権を奪ったり市民の自由が抑圧されることへの憤りではなかった。だとすれば大衆に対し啓蒙的に文化を普及するだけでなく、文化そのものが大衆の運命を問題にし、学者や思想家が大衆の運命と格闘することが必要ではないのか。この雑誌『世界』を通じ、先人の築いた高い日本の知性を国民の運命にかかわる問題に結びつけること、これなら自分にも出来る。幸い安倍能成や志賀直哉のようなオールド・リベラリストたちは、戦争を止められずに若い人を大勢殺《おおぜい》してしまったという「歴史への責任」を痛感している……。

吉野がそんな思考をめぐらしているとき、東畑精一が三木清の獄死を電話で知らせてきた。言葉も出ない驚きだった。吉野源三郎にとって三木清は現実感覚と理論を兼ね備えた強力な批評家であり、入社以来岩波新書発刊などで大いに知恵を借りた恩人だった。

三木の通夜の帰り、大内兵衛が吉野に言った。『世界』はあまりラディカルなものばかりでなく、落ち着いたものをならべ、「何年かたってみると、戦後の日本の進歩や思潮の本流がちゃんとたどれるようにするんだな」と。吉野は「そうするつもりです」と答えた。新しい時代の到来を声高く叫ぶだけでは、それは、何ひとつ解決されない。大内兵衛のひとことに、吉野源三郎は息の長い努力を覚悟した。

編集長には安倍能成がつき、主任格の吉野源三郎の指示のもとに、中川規矩丸、岡山泰四、松本慎一の紹介で入社したばかりの塙作楽《はなわさくら》(三二歳)が原稿集めなどに従事した。

そして一九四五年の暮れ、『世界』(四六年)一月号が発売された。安倍能成、大内兵衛、美濃部達吉、三宅雪嶺、湯川秀樹、尾崎咢堂ら錚々《そうそう》たる執筆者が創刊号を飾った。岩波茂雄が「発刊に際して」を書き、吉野が「編輯後記《へんしゅうこうき》」を書いた。編輯後記には「開放された公の雑誌として」「特定の一派の機関雑誌たる性格はおびず、思潮の「大きな推移のあとが後世この雑誌によつて辿られる」ことが希望だ、とあった。A5判一九二頁、定価四円の『世界』創刊号は、八万部がたちまちに売り切れた。

民主化始動　一九四五年暮

松本慎一は塙作楽を吉野源三郎に紹介はしたが、実のところ塙との面識は全くなかった。人民社に籍をおいていた伊藤律が、旧制一高の一年後輩だった塙の生活を心配して、岩波書店への世話を松本に頼んだのだ。伊藤律は松本とは年齢が一回りも違うが、満鉄調査部嘱託のとき尾崎秀実から松本を紹介され、戦後は「焼けビル」に出入りする松本慎一と再会していた。

塙作楽は伊藤律から受け取った松本慎一の紹介状をもって、一〇月はじめに岩波書店の面接を受けた。紹介状といっても、松本が自分の名刺に「岩波書店・吉野源三郎兄　塙作楽君を紹介します」と添え書きしただけだが、塙は首尾良く岩波書店に入社した。『世界』への配属が決まると、塙は礼を言うため、高円寺の松本の家を何度か訪ねた。しかし松本は多忙らしくいつも不在で、そのたびに妻の敏子が出てきては気の毒がった。二歳になったばかりの長男慎二が、敏子のかげに隠れて塙の様子をうかがった。

そのころ松本慎一は、『人民評論』の創刊と論文執筆、出版・編集者の組織化や尾崎秀実追悼のことで走り回っていた。

松本が自宅で柘植秀臣と会ったのは、科学者の結集問題もあったが、何よりも共通の友人・尾崎秀実の追悼について相談するのが目的だった。松本にとって今大切なのは「尾崎・ゾルゲ国際諜報活動」の真相を明らかにし、命を懸けて戦争の拡大を阻止しようとした尾崎の精神を国民に正しく伝え、さらに遺族の英子夫人と一人娘の楊子の生活を援助することである（柘植秀臣『民科と私』勁草書房）。

二人が相談した翌月一一月七日、尾崎秀実刑死一周忌の日に、戦時下では果たせなかったささやかな追悼会が祐天寺の尾崎の家で開かれた。松本はそこで、柘植と相談したことを松本なりに整理して、三つの提案を行なった。尾崎の獄中書簡の出版、「尾崎秀実君遺児教育資金募集委員会」の立ち上げ、そして尾崎の追悼記念講演会開催、の三つだった。集まった仲間たちからは、尾崎とゾルゲ二人の伝記も出そうよとの意見もでたが、松本の三提案が大筋で受け入れられ、それぞれが順次実行に移されることになった。

さっそく松本は英子夫人に、尾崎書簡二百余通からの選択を依頼した。英子夫人は「個人的な生活の範囲で出されたものだから」とはじめはためらいを見せたが、「人類の幸福と人間性の擁護」のために命をかけて闘った尾崎の歩んだ道が新しい日本の出発に少しでも役立つならばと、最後は友人たちの勧めに応じた。書簡の選択には松本と風間道太郎（尾崎と一高同級生、のち編集者）とがあたり、版元の世界評論社からは小森田一記、藤枝高志（畑田重夫氏実兄）が担当についた。世界評論社は近々創刊予定の『世界評論』に、尾崎が死刑確定後弁護士の竹内金太郎に託した「遺書」の掲載を予定していた。

松本はまた、遺児・尾崎楊子の教育資金募集のために趣意書を書き、犬養健、西園寺公一など著名人一四名をまわって発起人になるよう依頼した。

古在はこの資金募集は、生き残った者たちができる最良の行動だろうと考え、中西功や松本とともに募集委員の一人となった。また古在と松本は、「尾崎・ゾルゲ事件」の真相をつかむため、中西功、山辺健太郎、伊藤律に声をかけ、五人からなる調査委員会をスタートさせた。

松本はさらに『人民評論』を創刊すると、人民社の中西篤、伊藤書店の岡田丈夫らに働きかけ、一一月には「民主主義編集者同盟」を発足させた。出版界では、戦時中に弾圧と統制をまともに受けただけに出版民主化の思いは強く、経営者たちも民主主義出版同志会をつくり民主的な出版活動への模索が始まっていた。

松本はそうした動きを見ながら、「編集者同盟」の目標を、言論・出版の完全自由化、出版経営の民主化促進、編集者・従事者の社会的地位の向上と生活擁護、言論出版界の戦争犯罪人の摘発と放逐などを、七項目にまとめた。「編集者同盟」のこれらの「目標」は、出版労働者が労働組合運動として担うべき課題も多く、松本は年明けからは、出版労組の結成をめざそうと決意していた。

こうして三者三様ではあったが、尾崎秀実の刑死、戸坂潤と三木清の獄死を超えて、生き残った古在由重、松本慎一、吉野源三郎たちの、平和と民主主義にむけた大車輪の、息継ぐいとまのない闘いが、新しい年に向けて力強く始まろうとしていた。

戦後編　平和求めて

第9章　民主化運動　一九四六〜四八年

「民科」発足　一九四六年一月

空襲も艦砲射撃の心配もない敗戦後初の正月を、古在は家族とともに長者町で迎えた。

敗戦の秋は、親しかった三木清が獄死し、政治犯が釈放され、家族五人を長者町に住まわせて鷺宮の自宅に十数名の仲間たちを受け入れ、松本慎一や吉野源三郎、中西功・篤兄弟たちと日本の民主化のために活動を開始した。

一方「政府の上の政府」GHQは、矢継ぎ早に改革案を打ち出し、婦人の解放や労働者の団結権保障などを含む「人権確保に関する五大改革」を日本政府に要求した。一二月には労働組合法の公布があり、年末までに五〇八組合、三八万人が組織され、農地改革指令のあと、農民組合の結成が相次いだ。教育の分野でも、軍国主義教育の道具「修身・歴史・地理教科書」の使用が禁止され、墨塗りの教科書をもった子どもたちが教室にあふれていた。

そして年が改まった一九四六年元日、天皇の戦争責任追及の国際批判をかわすためか、天皇の神格を否定する「人間宣言」が出され、四日にはGHQが「軍国主義者の公職追放および超国家主義団体の解散」を指令し、八万六千人が追放された。

政治の変化は誰にもわかったが、国民の生活は深刻で、家も食料も仕事もなかった。軍需工場などの解雇者は四百万人、外地からの引き揚げ者を加えると一千万人が失業状態にあった。敗戦間際に減らされた米換算二合一勺の主食配給には馬鈴薯や甘藷が混じり、遅配が全国化して栄養失調はあたりまえ、餓死者も珍しくなかった。弟の由信も菅谿太も、依然消息不明のままだった。

改めて新しい年一九四六年は、日本の民主的で平和な未来を求めて、しっかりした本格的な取り組みを始動させなければならない。古在はそう決意して、長者町から中野鷺宮の自宅に戻った。

一月一二日、古在は渋谷の日本赤十字本社に向かった。この日は古在が、柘植秀臣、渡部義通、堀真琴などと昨秋から準備してきた「民主主義科学者協会」（民科）の創立大会の日である。会場の赤十字本社講堂には二百名の科学者たちが集まっていた。

午後一時、座長の高桑純夫が大会の意義と創立の喜びをのべ、そのあと議長席に風早八十二がついた。戦争中犠牲となった科学者に黙祷をささげ、発起人会からの報告のあと議事に入り、規約、一般活動方針、研究活動方針が活発に議論された。討論では時代を反映して、教科書問題や文教制度の刷新、民主戦線の結成問題まで幅広いテーマに及び、役員選挙[1]を終えて閉会が宣言されたのは、夜の七時をまわっていた。火の気のない寒い会場のためみな外套を着たままではあったが、熱気にあふれる大会となった。

常任幹事（二二名）の一人となった古在は、参加者たちの熱気に、これからの日本民主化の進展を確信した。大会宣言が「科学者が国民と共に活動をする」旨を強調したこともさることながら、一般活動方針が「研究はその成果が発表されて活きた世界に結びつくときのみ一定の意義をうる。科学者は彼の研究がどんな社会的結果を導くかに無関心であることはできないし、あってはならない」と具体的に述べていることに合点がいった。それは戦時中から古在が考えてきたことでもあった。

大会一ヵ月後の常任幹事会で、古在は高桑純夫とともに哲学部会の責任者となり、歴史部会など七つある研究部会の総責任者になった。

民科最初の事務所は愛宕署近くの文化工業会館に置かれたが、資金は乏しく活動はみな手弁当である。しかし民科の結成は、日本の民主化に向けた大きな希望で、民科会員の誰の胸にも将来への希望が大きく膨らんだ。その後民科は、御茶ノ水駅にほど近い政経ビルの四階に事務所を移したが、敗戦直後から十年余のあいだ、学術・教育体制の民主化のために全力をあげ、その時々の政治課題にも鋭くコミットしていった。最盛期には一万人を結集する科学者の集団に成長し、その後の日本学術会議設立に力を尽くした。

古在始動　一九四六年

古在は敗戦後初の民科結成という大仕事に満足しながら、『国民の科学』（新小説社）三月号（創刊第二号）に、「科学的精神と新日本の建設」を書いた。『国民の科学』は、民科とは直接の関係はなかったが、科学的精神の確立と科学知識の普及をめざした雑誌で、柘植秀臣が編集責任者を務めていた。

このころは堰を切ったような雑誌の新刊再刊ラッシュで、論壇は敗戦の原因や日本の新たな課題などが立て続けに論じられていたが、おおくは敗戦の原因を日米の「科学の差」に帰し、故に戦後の日本は「科学立国」であるべきとする論調が主流をしめていた。古在はこれに真っ向から異を唱え、真の科学的精神による民主主義日本の建設こそめざすべき目標だと主張して、「科学的精神」の中身そのものを丁寧に分析した。

……科学の前進や停滞、退歩は社会的・文化的・政治的関係の中に於いて見るべきで、敗戦の真因は内に圧政的、外に侵略的支配体制をしいた財閥・軍部・官僚の専制的支配体制＝ファシズムにこそあった。「終戦」が天皇の詔勅によったように、開戦もまた統帥権による非民主主義的な軍事的独裁、天皇の「宣戦の大詔」によった。このファシズム勢力の支配故に、国民は戦争を熱狂的に支えたのではなかったか。日独伊枢軸国にたいする連合国の勝利は「根本的にみれば、ファシズム体制にたいする民主主義体制の世界的勝利を意味する」

……。

このあたりは松本慎一「第二次大戦の性格とポツダム宣言」(二六七ページ)と同じ視点だが、古在の独自性はその内因にふれた点にあった。

……「科学の国」ドイツの敗北もまた、科学がせいぜい「主犯」ではなく「従犯」にすぎないことを示しており、科学・技術の劣勢は敗因の一つの側面にすぎない。しかも日本の場合、「科学」は自然科学とりわけ軍事科学にのみかたよって全面的発達を妨げられ、まして社会科学はまったく窒息させられた。こうして科学の存在しないところに、「日本精神」がその空虚を埋め、この反科学的な精神が、威嚇と盲従、蛮行と阿諛《あゆ》を内容とするファシズムの精神を拡大横溢させ、結果敗戦に至った。

日本に今要求されるのは、「一切の現実をつらぬき、一切の生活にしみわたる科学的精神の高揚であ」り、それは第一に局部的でなく全面的であるべきで、「自然科学的認識と社会科学的認識はつねに強固に結合されてゐなければなら」ず、第二にあくまで批判的でなければならない。それは社会的諸事件や政治的、法制的、文化的諸問題に対する徹底的な討議と探求を意味し、権威と服従、人的関係による教化・垂訓・随順という「教学的精神」とは全く異なるものだ。しかもそれは傍観者的ではなく、あらゆる矛盾を最後の生活的根源に至るまで追求し、一切の粉飾を摘発するものでなければならない。そしてこの科学的精神は第三に国粋的・民族主義的ではなく国際主義的でなければならず、第四に民衆的でなければならない。民衆的とは本質的に実践的であり革命的なもので、つきつめれば科学的精神は科学的世界観にほかならない……。

科学的精神は一部の専門科学者だけのものとしてではなく、国民多数の所有物になってこそ、日本の民主化ひいては戦争阻止・平和獲得の力になりうるはずだ。古在は日本の民主主義化を根本から望んでいたからこそ、このように科学者と国民とにむかって科学的精神の重要性を強調した。

古在は続いて『思潮』三月創刊号に「明日の哲学」(『著作集』②所収)を書いた。ここでは戦中の代表的な哲学を四つあげ、新たな「明日の哲学」を担うのは唯物論哲学にほかならないことを強調した。……純然たるアカデミー哲学は逃避的に戦争を傍観した。日本主義哲学は日本ファシズム哲学の「でたらめな正体」をさらけ出し、京都学派は哲学的な粉飾をこらした「日本的」世界観の戦時形態に過ぎず、唯物論哲学だけが唯一「ファシズムの強権と暴圧にたえのこった」。この哲学だけが、戦後日本の民主化を保障する「真に民衆的な哲学となる」だろう……。

ここには、戦時中哲学者たちの一切の汚濁を見、自由を抑えつける鉄のような圧政に抗した古在の実感が、なまなましく反映していた。のちに古在は戦争直後の、唯物論だけに価値を置くような「はやる気持ち」と戦後の情勢を「バラ色にえがいた」自分の欠落を反省したが（「戦後史とわたし」『自由の精神』新日本新書所収）、しかしともかくも、哲学者古在由重の新しい年一九四六年は、こうした熱い地点からスタートしようとしていた。

岩波支部　一九四六年春

古在とともに民科幹事に名をつらねた松本慎一は、前年秋「民主主義編集者同盟」結成のあと、印刷労組結成準備会から「統一した印刷出版労組結成」の働きかけがあり、出版労働者の組織化に本腰を入れはじめた。ちょうど「民主主義編集者同盟」で掲げた七つの目標がほぼ日本ジャーナリスト連盟（日本ジャーナリスト会議の前身。四六年一月三〇日発足、会長美作《みまさか》太郎）に引き継がれることになっており、タイミングとしても好都合であった。

松本は一月半ば、日本評論社、改造社、三笠書房、岩波書店、筑摩書房など一八社四〇名の参加のもと、出版従業員組合の第一回準備会をスタートさせた。二月の第三回準備会では印刷労組準備会からの統一の呼びかけに応じることを決定し、松本らは四月七日、印刷と出版が合同した「全日本印刷出版労働組合」を結成した。

委員長・鈴木登（大日本印刷）、書記長松本慎一（人民社）、専従書記に印刷関係から杉浦正男、出版関係から中西篤、芝寛がつき書記局体制は整ったものの、書記の給与は当時の労働者の約半分にすぎなかった（杉浦富美子『三枚の表彰状』）。民主化に向けた意欲だけが、彼らを支えた。[2]

しかし吉野源三郎と塙作楽らが意欲的に挑戦したそのころの雑誌『世界』は、穏健かつ教養主義的な匂いが強かった。それは『世界』が当初、岩波茂雄人脈のオールド・リベラリストたちが結集した「同心会」の会誌として出発したことと関連していた。そのために『世界』は、「金ボタンの秀才のような雑誌」とか「保守左翼の雑誌」と陰口をたたかれ、古在にも松本慎一にも決して満足できるものではなかった。

確かに、創刊号の巻頭論文安倍能成の「剛毅と真実と知恵とを」は戦時中のモラル低下を批判し道義の再建を訴える一方、軍備の撤廃や植民地の喪失を嘆いていたし、四月号の津田左右吉「建国の事情と万世一系の思想」は、皇国史観批判を期待した古在らの思いに反し、逆に天皇制を擁護していた。天皇制問題一つとっても、多くのオールド・リベラリストたちには、その廃止は国の混乱を招くとの思いが共通していた。焦点の憲法問題さえ、四月号までは論文一つ掲載されなかった。

『世界』編集部員の塙作楽は週一回古在と松本慎一に会うたびに、『世界』と吉野源三郎に対する厳しい批判を聞かされた。マルクス主義の立場から急進的雑誌が陸続と刊行され、それらの雑誌に論文を書き続けていた古在と松本には、『世界』掲載の論文が恐ろしく「生ぬるい」ものに映っていた。

塙が毎週古在と松本に会ったのは、三人が日本共産党の同じ集合細胞に属していたからだ。四五年暮れに申請した古在の入党申込みに対し、日本共産党東京地方委員会から「貴下ノ入党ヲ確認ス」との入党決定通知が届いたのは四六年二月になってからだが、塙もまた、岩波書店入社に骨を折った松本慎一と伊藤律から入党を勧められ、同じ二月に入党したばかりであった。日本共産党は前年一二月の第四回大会からこの二月の第五回大会までに党員が六倍化したが、当時の岩波書店内の日本共産党員は塙作楽一人のため、三人の集合細胞が創設されていたのだ。

もっとも吉野源三郎も、古在や松本に指摘されるまでもなく『世界』の弱点は認識していて、可能な限り同心会の「会誌色」を脱したいと考えていた。ちょうどその一月、文相前田多門が公職追放を受け、安倍能成が幣原改造内閣の文相に就任して、『世界』編集の責任は安倍から同じ同心会の大内兵衛に託された。しかし四月になって幣原内閣が総辞職しその結果、安倍文相もたった三ヵ月で野に下ることになった。大内兵衛は安倍の留守を三ヵ月間預かっていただけだからと編集責任者を辞し、安倍は安倍で一旦大内に託したのだからと『世界』編集の仕事には戻らなかった。さらに幣原内閣総辞職と同じ四月に岩波茂雄が死去し、結局『世界』の編集は吉野に任されることになった。

そのころ、内外の政治は激しく揺れていた。四六年三月、国外ではチャーチル前英首相が、激しい反ソ反共の「鉄のカーテン」演説を行い、米ソの対立が鮮明になっていた。国内ではインフレと食糧危機がますます激しくなるなか、明治憲法を踏襲する松本蒸治私案を拒否していたGHQが憲法草案を示し、四月には総選挙が行われて幣原内閣が総辞職、新たな内閣が一ヵ月間成立しない「政治空白」が続いた。五月一日、五〇万人を集めた戦後初のメーデーが「人民広場」（皇居前広場）で復活、これに対して対日理事会アメリカ代表アチソンが「共産主義は歓迎せず」と演説し、半月後に二五万人を集めた「食糧メーデー」のデモ隊が首相官邸をとりまくと、マッカーサーは戦車で威圧したうえ、翌二〇日には「暴民デモ許さず」と警告の声明を出した。その二日後この声明に守られるかのように、吉田茂内閣（第一次）が発足し、翌六月吉田は「社会秩序保持に関する声明」を発表するなど、GHQと日本政府は、国民と民主化に対決していく姿勢を明確にした。

編集長に就いた吉野はさっそく、執筆陣への若手起用を実行した。五月号の巻頭論文に、東大助教授・三二歳の無名の若手・丸山真男の「超国家主義の論理と真理」を置き、同じ号に田中二郎「日本憲法の民主化」、鈴木武雄「朝鮮統治への反省」、中野好夫「ド・トクヴィル『アメリカの民主主義』」を掲載した。丸山の巻頭論文は、大正時代の教養主義的なオールド・リベラリストたちの論文に飽きていた読者に大歓迎され、『朝日新聞』の書評は「論壇のマンネリズムの壁にも漸く穴」があいたと評価した。

五月一日の復活メーデーには、『世界』編集部の吉野源三郎、中川規矩丸、塙作楽らも参加し、吉野はメーデーが終わってまもなく、四六名を結集した岩波書店従業員組合を結成して初の委員長となった。食糧確保のために一月にスタートさせた岩波消費組合が基盤になっていたが、岩波書店従業員組合は八月には、松本慎一が書記長を務める全日本印刷出版労働組合に加盟し、岩波支部となった。吉野、松本の労働運動での見事なコラボレーション、日本民主化への共同作業であった。

赤城自由大学　一九四六年夏

その春、三笠書房から古在著『現代哲学』の再刊話がきた。三笠書房がシリーズ「唯物論全書」を復刊したいというので、古在は年初に岡邦雄らと復刊「再開の辞」を書いてはいたが、自分の『現代哲学』の番になると少しためらいがあった。戦前急いで書いた『現代哲学』は小著のため、現代唯物論の論述を省略したうえで唯物論の立場から当時の観念論を素描したもので、識者の評価が高いわりに、古在には不本意な点を数多く残していた。

しかし復刊シリーズに穴を空けるわけにもいかず、古在は「ファシズムの渦まいていた当時の日本思想界にもこの程度の冷静な抵抗はあったという一例を、ささやかにもせよ」（「新版への序」）示しておくのは、歴史の証明としても、今後の日本の進路を考えるうえでも、意味のないことではないと思い直して、再刊に同意した。

刊行を急ぐ三笠書房の意向にそって、補正は二、三の引用追加と、当時官憲が削除を命じた「日本的なもの」を第四章と第八章に復活させただけで、『現代哲学』は七月末、「唯物論全書」復刊シリーズの一冊として

三笠書房の前で、後列の中央に松本慎一、右から二人目が古在

再刊された。

　高橋ゆうは、群馬県前橋の実家・書店「煥乎堂」で、その『現代哲学』を入手した。入荷が少なく買い損なっている人もいて多少気がとがめたが、この程度の「役得」は許されるだろうと思った。「役得」というのは、高橋ゆうは夫の譲（旧姓磯部）と一緒に、戦災の痛手をうけた「煥乎堂」の再建を手伝っていたからだ。ゆうは二度の入獄（学生時代とゾルゲ事件）で健康が著しくむしばまれ、そのころは結核性脊髄カリエスに悩まされていた。『現代哲学』を簡単に読めるとは思わなかったが、出来るだけ恩師かつ同志の古在の書いた物は全部手元に置きたいと思っていた。『人民評論』（六月号）の「教育の解放」（『著作集』②所収）も、なんとか読み終えていた。

結婚前、磯部譲は一九四〇年春先から半年ほど、田園調布の高橋ゆうの家を会場にした「家族制度研究会」で、エンゲルス『家族・私有財産及び国家の起源』やウィットフォーゲル『東洋的社会の理論』の「支那家族制度に就て」などを講じていた。磯部は鎌倉の裕福な家庭の生まれで、小児麻痺のためすこし口に不自由さを残していたが、日大法文学部を卒業したあと駿河台女子学院の講師を務めながら、「安中茂作」を筆名に歴研(日本歴史研究会)会員として活動していた。磯部は高橋磌一《しんいち》(歴史家)とは気が合う親友だが、高橋ゆう逮捕の半年後、左翼研究会開催の嫌疑で逮捕され、「東京より百キロ以遠」の追放処分となった。

高橋ゆうは、一九四三年ゾルゲ事件不起訴処分で釈放されると磯部と結婚し、「東京より百キロ以遠」の群馬県前橋の実家に帰った。ゆう収監中の四二年五月、群馬県書籍雑誌小売商業組合の理事長を務めた父清七が五八歳で亡くなり、「煥乎堂」は叔父で詩人の高橋元吉が継いでいた。

高橋ゆうは『現代哲学』を入手したものの、古在のこの力作をなかなか読み終えることが出来なかった。脊髄カリエスもあったが「赤城自由大学」の活動が忙しく、また楽しかったからだ。

赤城自由大学は、敗戦で前橋に帰郷していた学生や前橋医学専門学校(医専)の学生たちの研究会「前橋政治経済研究会」が衣更えして、一九四五年秋にスタートした市民の自由な「大学」である。前橋政経研究会が主催した講演会で、同県桐生市出身の歴史家羽仁五郎が、軍国主義や保守政治家批判、政局の話をしたあと、自由な市民が運営するヨーロッパの自由大学を説明して、「日本の民主化のために政治経済研究会などという面倒な名前じゃなく、赤城山の麓なんだから『赤城自由大学』としたらどうか」と言ったのがきっかけになった。以来赤城自由大学は、『空想から科学へ』『賃労働と資本』『共産党宣言』などマルクスやエンゲルスの古典をテキストにした週三回の講義、夏季講座や語学講座などを企画し、主な会場の源英寺には若い労働者、失業者、帰還兵、女性など二百人ほどが集まる盛況ぶりを示した。それればかりではなく、新選挙法による四月の総選挙のときは、赤城自由大学主催で小学校の講堂を借りて「各政党立合演説会」を開き、三百人を集めるなど活発な活動を展開していた。

　こうした市民による自主的な学習組織は、赤城自由大学だけではなかった。戦後の民主化運動にともない、国民主権の政治を実現するため共産党や社会党などが政治学校を設ける一方、さまざまな市民による「大学」が地方にも続出していた。青森市では秋田雨雀校長の政治学校、長野市には「自由懇話会」、上田市には高倉テルらの「上田自由大学」、三島市には庶民大学三島教室、東京では細川嘉六や平貞蔵らの「新民政治学校」などが開校していた。庶民大学三島教室の講師には中村哲（のち法政大総長）や丸山真男、「日本ノ再建ニ挺身セントスル進歩的ニシテ有為ナル人士ヲ養成ス」ることを掲げた「新民政治学校」の講師陣には、古在や松本慎一、中西功などのほかに、有沢広巳（経済学者）、田中惣五郎（近現代史家）、鈴木安蔵（憲法学者）、民科の渡部義通や柘植秀臣ら六四名が名を連ねていた。「新民政治学校」は入学選考にあたっての論文提出（テーマ「日本ノ再建ト青年ノ立場」）と口頭試験を課し、月謝二〇円・教育期間一年間というなかなか本格的なものだった。

　高橋ゆうは、赤城自由大学の企画や講座の打ち合わせに、積極的に参加した。磯部と母と三人で暮らす二間ばかりの小さな家は、打ち合わせの若い人たちで一杯になった。ゆうは部屋の片隅に置かれたベッドに病身を横たえたまま、あれこれ知恵を出した。講座の講師は医専の先生たちや磯部譲、東大の学生今井清一（のち歴史家）などが務め、美人で「尾崎秀実の秘書」と評判の高橋ゆうは、赤城自由大学のカリスマ的、マドンナ的存在だった。しかし高橋ゆうの病状はあまり芳しくなく、この秋の古在への手紙で「自由大学の夏季講座と語学講座を世話し、病状は良くなっていたのに気疲れがでてしまった。この健康状態では一冊読むのも骨が折れる」（要旨）と伝えてきていた。

『愛情はふる星のごとく』一九四六年秋

松本慎一は印刷出版労組を結成して書記長に就任すると、労組を代表して全日本産業別労働組合会議（産別会議）の結成にかかわった。労働組合はこの六月までに、一万二千組合・三六五万人、組織率四一％と急成長を遂げる一方、読売争議などへの占領軍の介入が始まっていた。

四六年八月一日、労働戦線統一の世話人会から抜けていった右派が、神田共立講堂で日本労働組合総同盟を結成した。この大会で総同盟は「戦線の分裂を策する左翼小児病患者の策動を封じて闘う」という方針を確認し、結成準備中の産別会議と日本共産党とは一線を画すことを決定した。

総同盟結成の三週間ほどあとの八月一九日、同じ会場で産別会議の結成大会が開かれた。松本慎一は大会議長をつとめ、二日目には、吉田内閣のもとで労働者と同じように苦しんでいる農民との民主戦線をつくろうという「民主戦線について」の特別提案を行い、一〇名の産別会議幹事の一人になった。

すでに国鉄一二万人の大量整理が吉田内閣のもとで始まっており、都内では車体の横腹に「首切り反対」と大書きした省電（今のＪＲ）が走っていた。六万人余剰と言われた海員組合も九月には四千余りの船を止めるストを打ち、「馘首はおこなわない」と協定させる勝利を勝ち取っていた。

松本慎一はこうした闘いのなかで、自らの産別組織のために、印刷出版の賃金水準の引き上げ、七時間労働制の確立、組合活動の自由と一方的人事権の拒否などを労働協約によって勝ち取ることを、印刷出版労組の基本要求にすえた。そして九月七日を期して「統一労働協約案」を全支部分会が一斉に提出すること、交渉次第では二日間のストに入ることを指示した。東京都印刷産業経営者連盟は、ＧＨＱインボデン新聞・出版班長の発言をバックに「経営権の尊重」を強硬に主張し、交渉は決裂した。松本は交渉が決裂すると間髪をおかず、二日間のスト指令を発した。整然としたストによって、印刷出版労働者は九月半ば、「無修正」の印刷出版業全体にかかわる「統一労働協約」を勝ち取った。さらに産別会議は合理化粉砕と賃上げ要求を軸に、東芝五万人の長期ストを含めた一〇月闘争に入ろうとしていた。

松本は引き続き、企業別の個別協定締結を重視した。岩波書店の労使は「日本の民主主義にとって労働組合の発展は不可欠」であり、両者が社会的な使命をはたすうえで、単なる労働力の売買契約をこえた協力が必要なことを協定に盛り込んだ。松本たちの提起を、岩波書店のなかで組合側の吉野源三郎と使用者側の小林勇が、しっかり受け止めたのだ。[3] 組合結成後の労組の取り組みもあって、岩波書店のなかでも共産党への入党者がふえ、古在ら三人で出発した集合細胞は、その後経営細胞となり、古在と松本はそれぞれ所属細胞を変えた。

松本慎一はこうした活動と並行して、刑死した尾崎秀実の獄中書簡の整理と筆写、編集作業を続けた。英子夫人の「夜明けの近きを信じつゝ――序にかへて」を巻頭においた尾崎秀実著『愛情はふる星のごとく』が、世界評論社から刊行されたのは九月のはじめだった。

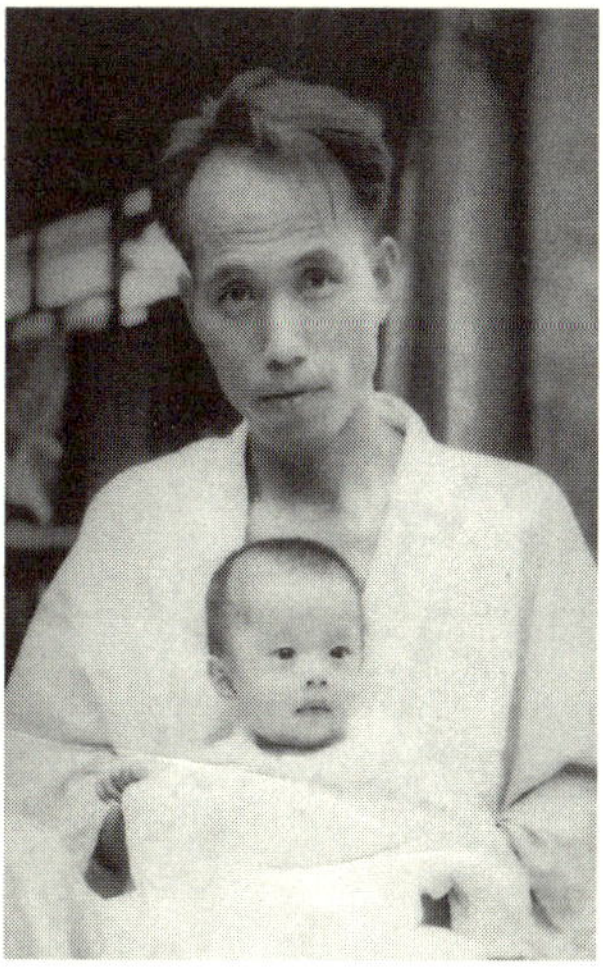

松本慎一と次男礼二

松本は英子夫人と協力して丁寧な註をつけ、巻末には解説として松本の「尾崎秀実について」とともに、宮本百合子の「人民のために捧げられた生涯」とを付した。収録した書簡七三通はどれも、尾崎の政治観、社会観とともに尾崎の高い教養、豊かな人間性、妻子に注ぐ限りない愛情にあふれていた。宮本百合子はそれを、「尾崎氏は、或時代と条件とのもとで、一個の人間が生き得る最も正直な、誇りたかい生きかたを貫かれた。人間中の人間らしい生活者であつた。その美しさがうしほのやうに寸簡の裡にもみちてゐるのである」と評した。『愛情はふる星のごとく』は、戦後の貧困と混乱にあえいでいた人々の心に染みいり、戦後の大ベストセラー[4]として国民に受け入れられた。

英子夫人は多磨墓地にわずかの土地を求めていた。尾崎秀実の遺書には、墓地購入は乏しい所持金ゆえ「断じて無用たるべきこと」と書いてあったが、英子夫人は松本の強い購入の勧めに応じていた。尾崎秀実の三回忌にあたる一一月七日、遺族、竹内金太郎弁護士、松本や古在ら友人たちが見守るなか、尾崎の納骨を漸くすますことができた。西園寺公一の書いた墓標のかたわらに、尾崎の好きだった梅の木が植えられた。

納骨が終わって尾崎の墓地に立った松本は、「一人には一寸《ちょっと》広すぎる。俺も死んだら一緒にここに葬ってもらいたいものだな」とつぶやいた。古在は驚き、松本の顔を振り返ったが、疲れのせいの冗談だろうと考え、聞き返すことはしなかった。

念願の獄中書簡の出版も、納骨もすんだ。しかし古在と松本の無念はただ一つ、三月から始めた遺児楊子の教育募金だけが、敗戦後の混乱期で思うようには集まらないことだった。

参議院選挙　一九四七年春

産別会議は、一九四七年元日、全労働者にむけて「用意はよいか、前進だ。民主主義革命の年一九四七年！」と呼びかけ、一月半ばには六〇〇万人による二・一ゼネスト突入を宣言した。食糧危機のうえ、吉田首相が年頭挨拶で闘う労働者を「不逞《ふてい》の輩《やから》」と罵倒したことに怒りが高まり、都市では至るところに「吉田内閣打倒」のポスターが張り出され、昼も夜も決起集会とデモが繰り返された。

しかし一月三一日午後、マッカーサーはゼネスト禁止命令を発し、伊井弥四郎共闘会議議長に対してスト中止のラジオ放送を強要した。抵抗していた伊井弥四郎は、軟禁状態のままマイクを突きつけられ、ようやく夜になってスト中止指令を発表し、「一歩退却、二歩前進」「労働者、農民、バンザイ、われわれは団結せねばならない」と結んだ。伊井の声は、怒りと悔しさから、ふるえ、とぎれた。

産別会議幹事の松本慎一は悔し涙にくれる組合員を励ましながら、またしても支配階級はマッカーサーに窮地を救われた、今後は民主的昂揚に対する反動反共攻勢がいっそう厳しくなるに違いない、と覚悟した。

古在も今度ばかりは、内外情勢への認識の甘さを痛感させられた。古在は敗戦直後から、戦時中の鉄のような重圧と弾圧を経験していただけに、日本の民主化を掲げる占領政策、また労働組合運動と農民運動の前進などから、明るい解放感を覚え、近い将来の日本民主化と政治変革の実現を信じてきた。だからこそ戦時中に検挙によって退職に追い込まれた大学教師への復帰の誘いも断り続け、家族との別居生活と貧乏暮らしにも耐えて、『人民評論』の編集や執筆、民主主義科学者協会の活動に力を注いできた。

民科会員の多くにも古在と同じように、われわれの時代、民主主義の時代到来という「革命的」な気分が高揚していた。憲法問題でも平野義太郎など十余人で特別委員会を作り、戦争放棄条項こそなかったものの、天皇制の廃止や人民権力の確立、男女の完全な法的平等などの民科独自案を準備した。そうした活動のなかで戦犯の追放運動が急速に高まるなど、民科は次第に運動団体的・政治的傾向を強め、弱まる研究活動の比重に、自然科学者だけでなく、法律部会の川島武宜や政治部会の丸山真男などが古在に不満を漏らした。

しかし占領三年目の冒頭に二・一ゼネストが禁止され、誰もが占領軍の対日姿勢の変化を感じ始めた。古在自身は前年五月末のアチソンによる「少数分子による扇動」排撃演説や、六月のキーナン主席検事（極東国際軍事裁判所）の「天皇を戦争犯罪人として裁かない」との発言に、占領政策の変化を感じていたが、二・一ゼネスト禁止に直面して、占領政策の転換と国内の革新的勢力への過大評価をはっきりと自覚せざるをえなかった。

マッカーサーはゼネスト中止の余震が消えない二月七日、新憲法施行に先だって総選挙実施を吉田内閣に命じた。労働者がゼネスト中止の痛手から立ち直らないうちに、支配体制を固めようという腹である。翌三月にはトルーマン米大統領が社会主義国に対する「封じ込め政策」を発表し、四月には北大西洋条約機構（NATO）が結成された。ソ連はこうした動きに対抗して、一〇月にはコミンフォルム（共産党情報局）を結成、二年後の秋には原爆保有をも発表した。米ソの対立が深まっていた。

マッカーサー指令にもとづく第二三回総選挙と第一回参議院選挙が、四月に実施された。松本慎一は請われて、参議院選挙全国区に日本共産党から立候補した。この選挙には共産党からは中西功や岡邦雄、堀江邑一や中野重治などが、民科からは羽仁五郎、岩間正男（いずれも無所属）、堀真琴、木村禧八郎（いずれも社会党）、細川嘉六（共産党）などが、また西園寺公一や作家の山本有三（いずれも無所属）らが立候補した。[6] 多くが、古在の友人たちである。

四月三日から一五日まで約二週間、古在は芝寛とともに松本慎一の選挙応援のために、夜行で東京を発ち、愛知、滋賀、岐阜、京都を遊説した。松本にとっては、胃潰瘍の薬を飲みつつの選挙戦である。名古屋では愛知産別会議事務所を拠点に全逓や名古屋タイムスの労働者に訴え、岐阜、多治見、大垣、大阪の各市を回り、一一日には京都に入って、太秦《うずまさ》の大日本印刷や島津製作所三条工場の労働者に熱弁を振るった。一三日から一四日にかけては大津市、長浜にも足をのばし、一五日再び京都に戻った。かなり過密な日程だが、大阪では寝屋川の芝寛の実家にお世話になり、木曽川や琵琶湖に咲き誇る桜が一行の疲れを癒やした。

しかし古在は、ある演説会場で出された労働者の質問にたじろぎ、答えに窮したことを忘れることができなかった。その労働者は、「なんで平和革命などできるんだ？　はっきりさせてくれ！」と不信感をあらわにした。彼はゼネスト禁止などを念頭においたかのように、「進駐軍」が陣取っている今の現状で平和革命などあり得るのか、と問いつめて来た。古在は占領政策の民主的な政策推進のかげで、本格的に逆行の兆候が現れ始めているのを痛感していたが、答えに窮した。古在は労働者のこの質問に、あらためて日本の現実の力関係を思わずにはいられなかった。

四月一九日、参議院選挙の最後の晩、松本慎一は中野駅前の広場で、羽仁説子をトラックの陰に呼んで、革新系無所属で立候補している夫・羽仁五郎のために細かい注意を与えた。説子はそこに、夫五郎への親切というより、党派にかかわらない団結によってこそ自由が得られるという松本の確信を強く感じた（羽仁説子「平和のために」、『偉大なる愛情』所収)。

しかし、松本は落ち、羽仁は当選した。選挙を終えた松本は、労組書記の杉浦正男に反省を語った。「組織をもたず自分たちの産別の名だけで闘った。しかし保守の方では地域の人々を平常からシッカリ握っている。これでは勝てっこない。今後の選挙にこの経験を生かすべきだ」と。

参議院選挙でも衆議院選挙でも、小差ではあるが社会党が第一党となり、社会党委員長片山哲は五月、国民に公約した「社会主義的政策」を捨てて、民主党・国民共同党と連立内閣を発足させた。このとき社会党左派と言われた加藤勘十・鈴木茂三郎は自由党に迫られて、「共産党とは一線を画す」という反共声明を出したが、結局自由党は連立政権に加わらず、左派はだれ一人入閣できなかった。反共と左派排除だけが残った。

理論活動 一九四七年夏

古在は松本の選挙支援から東京に帰ると、大学教師への復帰を決意し、週一回ではあったが東京工業大学で教え始めた。それは変化する情勢のなかで、理論活動の充実と生活費獲得を考えてのことである。担当は水曜日の「教養講座」で、音楽評論家の園部三郎と一緒だった。園部は古在より五歳ほど若かったが『音楽評論』の主筆を務めており、講義の終了時間が同じこともあって、二人は講義を終えると近所の喫茶店で話し込むのが慣例になった。園部は日本の子どもの歌や民衆歌謡に強い関心をもっていて、それらの話一つひとつが古在には新鮮だった。

古在は民科七研究部会の総責任者であり、同時に哲学部会の責任者の一人ではあったが、実際に哲学部会を動かしていたのはもう一人の責任者高桑純夫である。高桑は理論活動の充実のために、哲学部会誌『理論』を四七年二月に創刊し、古在はその編集委員となった。著しい用紙不足ではあったが、理論活動強化のため民科各部会の雑誌発行が続き、『自然科学』や『歴史評論』など部会誌は七誌におよんだ。古在は『理論』編集委員で主導的役割を担い、発行を引き受けた日本評論社にたびたび出入りするようになった。その縁があって一年後には日本評論社から、一九三〇年代の五つの論文[7]を集めた『五つの省察』が刊行された。

古在は六月発行の『理論』第五号に、「哲学的精神について」(『著作集』③所収)を書いた。実に短いものだが、ここには「古在哲学」が見事に結晶していた。

……哲学の二五〇〇年間の歴史は、学説から学説への単なる発展ではなく、哲学者・思想家の苦難な生涯の歴史だ。古くは無神論者プロタゴラスの焚書《ふんしょ》・亡命、ガリレオの審問、ブルーノの焚殺《ふんさつ》、カンパネラの獄中三〇年、そして近年のロック、スピノザ、デカルト、ヴォルテール、ディドローたちの思想の自由を求めての亡命、離国、入獄。それらは単なるエピソードではなく、精神の解放とその展開をめざす彼らの苦難な闘いであり、それこそが思想の本質そのものであり、「一歩でも大胆に真理探究の路をきりひらく」「哲学的精神そのものの面目なのである」。わが国の哲学教師は、ガリレイの確信を伝えブルーノの悲劇を教えはしたが、実感の伴わないあくまで「教養」としてにすぎない。日本に狂信的な無思想がはびこり、思想の自由が踏みにじられたとき、その現実に抗した哲学者はいくたりいたか。戸坂潤や三木清の獄死は歴史の圧縮された姿ではないのか。生きた歴史への透察と闘争の決意だけが、過去の歴史に生気を吹き込むことができる。野蛮と暴圧になんらの憎悪と憤怒を感じないでは、哲学精神のかけらも期待できない。問題は「教養ではなく、実践であり勇気である」。「戦争はおわり、狂信は敗北した。しかし真理への勇気と闘争はいまなお必要である」……。実践と結びつかない思弁哲学を戒める、古在の高らかな宣言であった。

五月に入ってすぐ、古在は『人民評論』の再刊打ち合せのため、西神田の伊藤書店に向かった。『人民評論』は四六年秋、九月・一〇月の合併号と一一・一二合併号を出したまま、ゼネストや国政選挙もあって、四七年に入ってからは発行できずにいた。打ち合せでは、六月号再刊として森宏一と内山賢次の論文とともに、松本慎一が「戦闘的民主主義」を書き、七月号以降、古在が「スターリン『弁証法的唯物論と史的唯物論』研究」

の連載座談会を担当することになった。メンバーは古在、松村一人、伊豆公夫、森宏一の四人で、一〇月号まで四回掲載の予定となった。さらに古在が数回随想を書き[8]、経済問題を松成義衛や小林良正などに依頼することになった。

並行して古在は、前年「唯物論全書」を復刊した際に話題のぼっていた『唯物論研究』の再刊準備に本腰を入れた。古在はまず再刊のために、戸坂潤が名実ともに指導した戦前の「唯物論研究会」を振り返ることから始めようと、かつての会員に座談会を呼びかけた。応じたのは、岡邦雄、沼田秀郷、森宏一、新島繁、伊藤至郎、山田坂仁、曾根正哉、本間唯一、伊豆公夫、甘粕石介の一〇名とやや参加者が多いものの、五月に座談会[9]を開き古在が司会をつとめた。話は、創立過程から各研究部会とその研究・活動内容、『学藝』発行の意義から一斉逮捕・壊滅まで、長時間に及んだ。座談会後、『唯物論研究』の年内再刊、さらに戸坂潤を記念する講演会開催が決まった。古在には忙しい夏になりそうだった。

北原文化クラブ　一九四七年夏〜秋

『人民評論』と『唯物論研究』再刊の打ち合わせが続いていた六月五日、長者町の隣太東村の病院で次男が生まれ、四六歳の古在は三女二男の父となった。長男には母豊子の一文字をとって豊樹と名付けたが、次男は尾崎秀実《ほつみ》の名を借り「秀実《ひでみ》」と命名することにした。しかし古在は東京での仕事が立て込んでなかなか長者町に足を運べなかった。初対面は七月になってようやく実現し、母子の元気な姿に一安心した。

初夏に入ると、雑誌『唯物論研究』刊行の準備と戸坂潤を記念する講演会準備とが本格化した。古在と旧唯物論研究会のメンバーらは、この雑誌刊行をそのまま旧唯物論研究会の復活とするのではなく、とりあえず唯物論のまじめな研究者たちの研究発表の場として出発させることにし、創刊第一集には先の座談会「唯物論研究会の足跡」を載せることにした。版元は、経営状況は思わしくなかったが、戦前からのいきさつもあり三笠書房が引き受けた。講演会の方は「戸坂潤追悼記念・現代哲学講演会」として、戸坂が獄死した長野で八月に、一〇月には東京で開催することにした。

九月になって、生死不明だった弟由信が終戦一年前の九月二七日、船もろとも南シナ海に沈んだことが「確報」として伝えられた。三三歳での戦死、しかも遺品はなに一つ戻ってこなかった。

由信が徴用に応じるかどうか迷っているときに、「ぼくだったらゆくよ」と答えたことを古在はずっと悔やみ続け、自分を責め続けていた。そして今、改めて家族・兄弟のすべてを失った深い寂寥感に沈みながら、こんりんざい二度と戦争があってはならない、平和擁護こそこれからの課題だ、と強く胸に刻んだ。古在は一人残された由信の妻・総子と相談し、由信の命日・九月二七日に親戚だけで葬儀をすませ、知人たちにその知らせを書き送った。

一〇月一八日、戸坂潤追悼記念の東京講演を駿河台の明治大学で開いた。古在は八月の長野講演会に引き続き、真下信一など数人の講演のあと「現代哲学の任務」と題した話をした。古在は人間の幸不幸を戦争に関連づけながら、閉ざされたファシズム時代の戸坂潤の思想と闘いから、今後の展望を熱をこめて語った。

古在が演壇を降り廊下に出ると、「わしがだれだかわかるかね」と一人の老紳士に声をかけられた。「わかりますとも」。紛れもなく、小学校の恩師中村常三先生だ。「君もいろいろ苦労したのぅ」、先生は古在の戦前の入獄を知っているかのようにそう言ったが、古在はこの時はじめて、小学校を解雇された先生が苦労の末に歯科医の資格をとって千葉県市川市で開業していることを知った。しかし二人の会話は、ほんの数分で終わった。講演会主催者から呼び戻された古在に、中村先生自身も「急ぐから」と遠慮したのだ。古在はあとあとまで、せめて住所ぐらい聞いておくべきだったと悔やんだ。

その秋、近藤正二（のち中野区議会議員）という学生が四、五人の仲間をつれて、古在のもとを訪ねてきた。自分たちが組織している学習会の講師をぜひお願いしたいという近藤らの話は、ほぼ次のようなものだった。

敗戦の翌四六年、中野区北原小学校の卒業生を中心に北原文化クラブを作った。きっかけは、戦争も終わって仲間の安否を確認しようと開いた同窓会だ。その席上、ＧＨＱの民主化政策の影響や民主化運動の高まりもあって、自分たちも何かやろう！　と衆議一決、歌やレコードの好きな者は「音楽部」を作り、文学好きは文学研究会を作ってロシア文学やフランス文学の勉強会を開いた。「夏期教養講座」（講演会）や「街の美術展」の開催は、クラブ全体で取り組んだが、「教養講座」の講師依頼では苦労が多く、メンバーの多くが社会科学の勉強不足を痛感させられた。勉強不足を補うため学習会を企画して講師を探していたところ、古在さんの家が近藤の家から五百メートルと離れていないことがわかった、と。近藤らは、そう話したあと、ぜひ講師をお願いしたいと頭を下げた。

古在は「京浜労働者グループ」の学習会を思い出して、その場で快諾し、帰り際に近藤らにマルクスやレーニンの本を何冊か贈った。

その後学習会は、毎週一回会員の家で開催したが、学習会での古在のやり方は固い理論学習ではなく、「戦争はどうして起こったと思いますか？」などと聞いては参加者にしゃべらせ、それを踏まえて解明していくというものであった。「一億総懺悔」に話が及んだとき、古在が「懺悔しても天皇制は消えません」といったのが、近藤たちには印象深く残った。

松本急逝　一九四七年秋

二・一ゼネストの準備とそれに続く参議院選挙は、松本慎一の体力をすっかり消耗させた。夏がすぎ秋になって、意外な事件が起こった。一〇月一〇日の『朝日新聞』が、「松本慎一氏教職追放」と報じたのだ。「共産党員で中央労働学園の松本慎一氏は戦時中の『西洋の追放——中華民国の歴史』という超軍国主義的著作を発行したこと、および同氏の戦後の言動と比較して節操を欠くものと認められ」「九月二三日付で教職を追放された。共産党員として教職を追放されたのはこれが始めてである」。

「教職不適格」と判定したのは「中央教育職員適格審査委員会」（宮本和吉委員長）で、追放された中央労働学園は、大正年間に渋沢栄一が設立した財団法人協調会の社会政策学院を受けついで、四六年七月に設立され、大河内一男が代表理事、松本慎一は理事をつとめていた。

問題になった『西洋の追放――中華民国の歴史』は『中華民国三十年史』の出版が暗礁に乗り上げたとき、次善の策として青年向けに改作出版したもので、松本にとっては書名そのものも一つの扮装、策略のつもりだった（二二七ページ）。発刊当時『西洋の追放』[10]を読んだ保護司が、この本は戦争協力の本になっていない、余りに客観的すぎるし、革命を宣伝する武昌挙兵のような箇所にだけ筆者の情熱を感じる、といって松本に警告を発したことがあった。松本からこの保護司警告の話を聞いた古在は、「やっぱり急所へ来るね」と言ったことがあった。

しかし審査委員会は、執筆の条件や執筆意図そして本の果たした役割も見ずに、著作に付け加えた最後の章「第八章　西洋の追放」だけを取り上げて、戦後の民主主義を求める松本の言動を、節操がない、教職失格・追放だと判断していた。日本の民主化政策の一翼を担うべき審査委員会にしては、愚かな判断としか言いようがなかった。

審査委員会が問題にする松本の「戦後の言動」とは、マルクス主義理論による民主主義的行為、産別会議役員や参議選立候補を含む共産主義者としての言動しかない。仮に『西洋の追放』が軍国主義的だとして、審査委員会は戦後も軍国主義的な言動を貫くことを節操ある行為とするのだろうか。「節操」を言うなら、戦中戦後を通した松本の全活動から判断すべきだろう。古在にはそう思えた。

松本慎一は公職追放を通知されてすぐ、委員会の判定に異議を申し立てるため、「節操について」と題する控訴状を「中央教育職員適格審査委員会」に送付した。選挙戦につぐこの事件は、松本をさらに消耗させた。

松本慎一の告別式（1947年11月28日）。最前列右から、栗田賢三、古在と松本次男礼二、敏子夫人と長男慎二、長女裕子、山崎謙、中西篤、服部（育生社弘道閣社長）、塙作楽、二列目（着座）右から、風間道太郎夫人、篠田八重子、小沢正夫、渡部義通、吉野源三郎、尾崎英子、その斜め後に尾崎楊子、篠田英雄、最後列右から一人おいて、風間道太郎、柘植秀臣、芝寛

控訴状を提出した四七年一〇月二五日から五日間、松本はかねてから念願していた「尾崎秀実記念講演会」のために、柘植秀臣、山崎謙、英子夫人の四人で、名古屋、岐阜方面を回った。岐阜の講演会が終わったあと、柘植は「松本をこのままにしておくと死ぬかもしれない」と深い不安にかられたが、所用のためひとり夜行で帰京した。柘植の帰京後も講演会は続き、尾崎秀実の郷里（岐阜県加茂郡西白川村河岐字島）に近い高山でも開催し、松本の講演はトータル一〇数回に及んだ。

東京での講演会は一一月八日、神田の教育会館で開催された。松本はここでも、尾崎秀実の追悼をかね、彼の情報収集活動のきわめて重要な意義について語ったが、このときが英子夫人の見た、松本慎一の最後の姿となった。

一一月二六日早暁、一週間ほど肺炎で伏せっていた松本が急逝した。あとには敏子夫人、満一一歳の裕子、四歳の慎二、一歳半の礼二が残された。

松本慎一は、戦中戦後一貫して戦争反対と民主主義のために、生きぬき、闘い、そして倒れた。その事蹟は広く、深く、鋭い。古在は、松本の死が民主化に殉じた見事な一生だったと思う反面、あまりに突然の早すぎる死が、悔しくてならなかった。

二八日、高円寺の松本の自宅で友人一同による告別式が行われた。読み上げられる弔辞や団体から届いた多くの花輪に、松本の多方面の活動が表れていた。式が一段落して、古在たちは尾崎秀実のときと同じように、「松本慎一遺児教育資金募集」を話し合った。尾崎のときも戸坂のときも敗戦直後の混乱もあって、「遺児教育募金」は二つともうまくいかなかったが、やはり松本の遺児三人と敏子夫人のことを考え、事務局を伊藤書店に置いて一口五拾円の募金に取り組むことにした。募金は翌四八年七月まで続けられた。

堀江邑一はある新聞に尾崎秀実と松本慎一の友情を紹介し、「同志塚」として一緒に葬ってやりたい、と書いた。堀江には「俺も死んだら一緒にここに葬つてもらいたい」というあの松本の言葉が遺言のように思われた。

松本の控訴状「節操について」は、しばらくして遺族のもとに送り返されてきた。

傷心　一九四八年春

尾崎の刑死、兄の病死、そして戸坂、三木の獄死、弟由信に続き判明した菅豁太の戦死、そのうえの無二の親友松本慎一の急逝。古在は敗戦前後のたった四年の間に、かけがえのない肉親と多くの友人を失ってきたが、松本急逝による喪失感は強く深いものだった。松本は実に二〇年来の友人であり、同志でもあった。三〇歳前後で同じように思想的転換をとげ、ともに闘い、ともに捕えられ、ともに裁判に付された。戦後は『人民評論』を出し、民科を作り、選挙も一緒に闘った。松本のめげぬ性格、広い情報収集と鋭い洞察、豊かな見識と果断な行動、それでいて悠揚せまらぬ性格と包容力、そして家族ぐるみの付き合い。古在が教えられ学んだことは実に大きかった。告別式が済むと、古在は気力が急速に抜けていくのを感じた。

しかし年末までにやるべきことは多く、感傷に浸っているヒマはなかった。「スターリン『弁証法的唯物論と史的唯物論』研究」の座談会をきっかけにしたスターリン研究会が週一のペースで続いており、民科では一月下旬の第三回大会に向けて、古在は大会議長に内定していて、規約改正委員会、大会準備委員会、学術体制刷新委員会などの会議を欠かすわけにはいかなかった。『人民評論』一月号には、吉野源三郎、堀江邑一、古在の三人それぞれが松本の想い出を書かなければならず、松本と二人で監修を進めてきた『世界民主革命年表』の編集会議も、松本がいなくなった分責任が重くなった。『潮流』新年号には高桑純夫と真下信一との共同執筆「歴史との対決」をまとめなければならないし、『世界』二月号の座談会「唯物史観と主体性」の準備もしなければならなかった。

古在がゆっくり出来たのは大晦日、家族の待つ長者町に帰ってからになった。

長者町では六ヵ月となった秀実をあやし、子どもらと遊び、社会党代議士猪俣浩三や地区の共産党の人に会ったり、囲碁会で優勝して賞品に草鞋一足をもらったり、歌がるたを楽しんだりした。しかしゲルツェンの『過去と思索』を読んでオガリョフとの固い友情の場面に出くわすと、松本慎一が思い出され、「松本は、もはやいないのだ」と深いため息が出た。

三が日《さんがにち》を過ぎて、前年来の疲れと傷心からか風邪を引き、帰京がずるずると延びた。一一日の松本のための集まりには電報を打って欠席した。上総一ノ宮から伊藤至郎が見舞いに来てモスクワ放送の話をしていったのはいいが、翌一二日には「松本さんのこともあったので、皆心配している」と、芝寛がわざわざ東京から出向いてきた。『人民評論』の編集を切り盛りしていた本間唯一などは、電報で容態を聞いてきた。本間唯一には「心配無用」と葉書を書いたが、松本逝去で古在がひどく傷心しているのを、みなが心配していた。

風邪を除けば時間的にはゆったりした正月であったが、新しい年四八年が厳しい年になるのは、新聞報道やモスクワ放送からも明らかだった。古在はこの年から再び日記をつけ始め、「やがてきたるべきものは共産主義勢力の束縛の強化だろう。ことしは国内的にはわれわれのくるしい一年となるだろう」と年初の覚悟を書いた。

古在の帰京は、一月半ば過ぎとなった。さっそく高円寺の松本慎一の家に顔を出した。敏子夫人は雑煮などでもてなしてくれたが、幼い礼二を膝に抱き寝入った顔を見ると、底知れない悲しみが古在を襲い、涙がこぼれた。古在は敏子が英文タイプライターの仕事を得たことに安堵し、多磨に松本の墓地（二六平米）を買うことをだけを決めて、松本の家を辞した。

そのあと古在は、伊藤書店と民科に立ち寄り、森宏一や村井康男などと「理論の党派性」について議論したが、話題の中心は「唯物論研究所」の設立問題だった。二回の戸坂潤追悼記念講演会や、予定より遅れて創刊した雑誌『唯物論研究』も、名目上「唯物論研究所」を主催者や編集所にしてきたが、組織としての実態は全くなかった。旧唯研のメンバーたちからは、今後の活動を考えて旧唯研の伝統を受け継ぐしっかりした組織が必要ではないかという声が高まっていた。一方、関係者の多くからは、「唯物論研究所」は可能なかぎり早めに設立して、三月ごろにはお披露目会を開いてはどうか、そのために規約と活動方針を準備しようという声が強まっていた。

その後古在は、二四日からの第三回民科大会（日本医師会講堂）で二日間大会議長を務め、一月下旬には早稲田大学商学部自治会の招きで「哲学史の方法」を講演し、御成門にある二〇世紀研究所で「世界観と方法」を話した。早稲田大学では松尾隆という教師が教室の前で待っていて、丁寧な挨拶とともにお礼にと珈琲をくれた。初対面にもかかわらず、これまでに味わったことのない好印象を、古在はもった。

二月になって疲れのせいか、また高い熱が出た。肺炎と思い込んでいたがジフテリアと診断され、古在の活動はほぼ一ヵ月弱完全に止まった。

同居していた中西篤・政子夫妻や、高円寺の松本敏子があれこれ世話をしてくれたが、吉野源三郎と粟田賢三が見舞いに来た日は、口から蛔虫がうねり出てくる有様だった。日本共産党関東地方大会のために吉田寿生や中西三洋が見舞いをかねて泊まりがけでやって来たが、翌一四日の関東地方大会は、警官の入場を拒否したため解散を命ぜられた。古在はその模様を聞き、やはり今年は風当たりが相当強くなるなと改めて感じ、「アメリカ資本主義がくわえる日本への弾圧はつよまるのみだろう」と日記に書いた。

古在は二月下旬になってようやく元気を取り戻し、鴎外やプーシキンを手に取り、二つの依頼原稿を仕上げた。学生評論社には「戸坂潤と唯物論」(『闘うヒューマニスト――近代日本の革命的人間像』学生評論社所収、のち『回想の戸坂潤』勁草書房、に再収録)を、『革新』三月号には「三人への回想――三木・戸坂・尾崎」を渡した。なんとか松本慎一の納骨に間に合わせることができ、古在はやっと一息つくことができた。

松本納骨の日二月二九日は、遺族をはじめ懐かしい友人たちが多磨墓地に集まった。細川嘉六夫妻、吉野源三郎父子、粟田賢三、村井康男、風間道太郎、伊藤長夫(伊藤書店店主)、本間唯一、芝寛、中西篤夫妻とその子どもたち、そして尾崎英子と戸坂イク。少し早めに多磨墓地に着いた古在は、イク夫人と戸坂潤の墓を訪ね、「君のことを、二つ書いたよ」と報告した。それから全員で松本の遺骨を丁寧に葬り、手を合わせ、帰りに皆で尾崎秀実の墓へまわってから、大野屋という茶屋でしばらく歓談した。

鷺宮の家に戻ると、渡部義通が待っていた。渡部の用向きは民科の方針具体化の相談だった。一月の第三回大会で確認した方針、たとえば発足したばかりの日本学術会議への会員参加、民科の班組織確立、学校・研究所での民科班組織化などの話のあと、渡部は民科東京支部長をやってくれないかと言ったが、古在は健康が許し執筆の時間があればいいが、今はやはり無理だ、と答えた。

二人は相談がすむと碁盤に向かった。一勝一敗の勝敗はともかく、碁石を持つとどうしても松本慎一とその棋力を思い出さずにはいられなかった。しかし懸案の松本の納骨がすみ、ようやく気持ちのうえでも一区切りがついた。

高橋ゆう死去　一九四八年春〜秋

しかし三月に入ると、古在は再び発熱を繰り返した。村井康男が五月に伊藤書店から刊行予定の『家族・私有財産および国家の起源』の訳稿の相談に乗ったり、共産党本部のマルクス・レーニン研究所で「ジュダーノフの哲学史」について批判報告[11]をしたまではよかったが、一ヵ月ぶりに長者町に行き、子どもらと積み木遊びをした翌日から高熱を出し、古在は一晩中うわごとを言いつづけた。美代は、たびたび体調をくずす古在が心配で、早く家族全員一緒に暮らせないものかと、ため息をついた。鷺宮の古在宅の寄留者は徐々に減ってはいたが、妻子六人を受け入れるには、まだ手狭な状態だった。

その後も古在は、鷺宮と長者町とをなんどか往復したが、体調は改善されなかった。熱がないときでも、頭のなかはたえずシンシン、ジュウジュウと音が絶えず、集中した仕事はほとんどできず、四月半ばに開かれた「松本追悼囲碁会」(会場・岩波書店)にも参加できなかった。しかし長者町滞留を切り上げて東京に戻ったら、松本のための「仕事」と「唯物論研究所」の仕事だけは、なにがあってもやり遂げようと、古在は考えていた。

東京に戻った古在は、松本の事蹟と思想を残すため、村井康男と一緒に岩波書店の吉野源三郎、粟田賢三、人民社の佐和慶太郎と幾度か会った。吉野と粟田は岩波書店が隠匿用紙の横流しに関わったとの新聞記事に弱っていたが、松本の著作集出版と記念出版を決意し、佐和慶太郎は、松本の「教職追放問題」の原稿を君が書けば雑誌『眞相』[12]に載せよう、と言った。また国際出版社からは、松本の訳書『国際投資の諸問題』を再版する話が舞い込んだ。

松本の著作集出版の相談はほぼ毎週、岩波書店か松本の家で続けられたが、古在の体調は相変わらずすぐれなかった。五月に入ってはいって急性肺炎に罹り、ペニシリン注射を何度も打たれた。耳鳴りや胸の痛みも消えず、いつもより重症だった。松本敏子は伊勢エビを買って見舞いに訪れ、新島繁や戸坂イクも心配してやって来た。宮本百合子からはチーズが、山崎謙からは鶏肉が、ナウカ社からはバターが届いた。バターは、前橋の高橋ゆうからも届いた。ゆう本人が重い病気だから、その心遣いが嬉しくもあり、すまない思いもした。

古在が気にかけていた「唯物論研究所」は、年初に立ち上がったという形にして、この三月半ばにお披露目会を開いたが、雑誌『唯物論研究』発行と「唯物論研究所」の事務所を引き受けた三笠書房が経営不振に陥り、新たに雑誌発行所と唯研事務所の確保が必要になっていた。古在は六月発行予定の『唯物論研究』第二集の編集と自分の掲載論文の校正を行いながら、旧唯研メンバーとの会合や関係者との交渉を続け、ようやく秋の第三集からは「編集兼発行者・本間唯一、発行所・唯物論研究所、発売所・伊藤書店」とすることになった。事務所問題は、戸坂イクが「潤の意志でもあろうから」と自宅を提供してくれ、「唯物論研究所」の規約や活動方針も七月末には成文化にこぎつけることができた。[13]

暑さが残る八月末、民主主義擁護同盟（民擁同）準備会がスタートした。すでにGHQがポツダム宣言を踏みにじり、アメリカ政府は日本単独占領の意図を明確にしていた。二月にはマッカーサーの命令により官公労のストライキ権が剥奪され、団交権を制限する政令二〇一号も出され、民主主義が崩壊の危機にあった。その逆流に抗してこの六月、労組など六一団体、共産党・左派社会党・無所属国会議員八四名が参加して、労農連絡会が組織された。その連絡会の討議では、民主主義を守る「民主主義防衛委員会」のような組織の結成が真剣に検討され、最終的には民主主義擁護同盟として、まずは準備会を立ち上げることになった。この提唱団体には、民主主義科学者協会（民科）はもちろんのこと全日本印刷出版労組や産別会議が構成員の一員となった。

古在は民科を代表して、書記局の倉橋文雄（のち國學院大講師）とともに民擁同準備会に参加し、常任幹事となった。松本慎一が関わり指導した民科や産別会議が、統一戦線運動の中心に入るのを、黄泉の松本も喜ぶだろうと、古在は思った。

しかし古在の体調は結局秋まで回復せず、家族のもとに生活費を送るのに苦労した。東京工業大学をしばらく休講にしたため、一週二時間で一五〇〇円の手当を失ったのが痛手となった。その分体調の許す限り、執筆や雑誌座談会を引き受けた。六月はナウカ社の「史的唯物論講座」[14]を引き受けて二回講演し、七月は早稲田社会科学研究会で三日間連続して「弁証法的唯物論と史的唯物論」を講じた。文化評論社の座談会「哲学の現代史」では、高桑純夫、真下信一、松村一人（哲学者）にわざわざ長者町まで出向いてもらった。一月から断続しながら書き進めてきた古在の思想遍歴「唯物論者になるまで」（『著作集』⑤収録）も、締切りまでに思想と科学社に渡すことができた。原稿料・著作権料だけで家族六人を養うのは、並大抵ではなかった。

古在が体調の回復を感じた一〇月上旬、赤城自由大学主催で高橋ゆうの偲ぶ会が開かれた。高橋ゆうは八月七日、三七歳の誕生日を目前に結核で死亡していたが、古在に知らせが入ったのは、告別式が済んだ八月半ばだった。葬儀に出席できなかった古在は、二回ほど「赤城自由大学」の講師を務めた吉野源三郎を誘って、偲ぶ会に参加した。会場の群馬会館には、高橋ゆうが共産主義青年同盟で活動していたころの同盟事務局長を務めた伊藤律共産党政治局員が顔を見せていた。

古在に印象深かったのは、遺族の話す高橋ゆうの想い出だった。小学校のころ、まだ珍しい洋服を着て登校したのを「お化け」とはやし立てられたが、逆に「お化けだぞう」と逃げる男の子たちを追いかけ回したこと、東京女子大時代、帰省する友人にありったけの金を貸して、自分は前橋駅についてから家に電話を入れて切符代を持ってきてもらったこと、父清七の死亡時、入獄中のゆうが刑事を伴って葬儀に参加したことなど、いずれも高橋ゆうの優しさと強さの挿話だった。古在には、松本慎一に続く高橋ゆうもまた、民主化の闘いに倒れた殉死のように思われ、無念でならなかった。

第10章　平和への意志　一九四八〜五〇年

『世界』の挑戦　一九四七〜四八年

高橋ゆうの偲ぶ会に古在と一緒に参加した吉野源三郎は、そのころ『世界』の編集に全力投球していた。故岩波茂雄は『世界』創刊のころ出版人の仕事を、「文化の郵便配達人」と呼び、吉野は「精神的生産の助産婦」と考えていた。言論機関が本来の機能を喪失して戦争に突入した戦前の経験から、吉野が「助産婦」として心したのは、少数意見の尊重と日々細切《こまぎ》れに伝えられる事実と事実とに脈絡をつけ、その関連の中にひそむ真実を伝えることである。そのため吉野は新聞報道ではむずかしい海外動向を重視し、外務省関係者と都留重人との協力をえて創刊当初から「世界の潮」欄を設けた。しかも占領下でなおも続くGHQの検閲は、原爆報道や中国の内戦、沖縄の記事にも及んでいたから、毎月「世界の潮」の編集会議を開いて細心の注意を払った。さらに吉野は、雑誌編集の仕事というのは、政治家や軍人の場合と同じように、その主観的意図や動機、熱意より「結果」こそが問題で、そこに一切の責任と功罪が生じるのだと考え、必要な努力を惜しまなかった。

『世界』の仕事は毎号たいてい夜中の校了で、それだけに精神的にも肉体的にも厳しい仕事ではあったが、印刷所を出て夜の空気に触れ、ときには星を見上げながら、その日から回る輪転機と新しい事実や見解に接する読者を思うと、それは仕事冥利というものであった。よい読者とよい筆者、それが吉野の力であり宝だった。

戦後、雑誌の過当競争と用紙不足は深刻だった。一時期活況を見せた雑誌は、次々と休・廃刊に追い込まれ、創刊時一九二頁あった『世界』も減頁が続き、ついに一九四七年五月号からは総頁六四頁となった。吉野は本文を一頁でも多くするため、毎号続けていた「編輯後記」の廃止を、その六月号で宣言した。

「後記」の復活は四年後の五一年五月号からになったが、吉野はその間、平和に関する重要な論文や声明を掲載するときは、異例とも言うべき「まえがき」や「巻頭言」を書いた。その最初は、四七年七月号のジュリアン・ハクスリーの「ユネスコ、その目的と哲学」だった。ユネスコ創立につくしたハクスリーのこの論文は、伝統や宗教、世界観を異にする民族や民衆が、世界平和に寄与する文化的協力の可能性を論じていた。吉野は、平和のための民主的統一戦線が必要となっている情勢のもと、日本の知識人の大きな示唆になるとして、これを掲載した。

つづいて四八年一月号で、J・マーシャル「ユネスコにおけるフロイトとマルクス」を載せた。吉野にとってこの論文は学術論文としては緻密さに欠け、常識の域を出ないものだが、戦争をなくすために文化の領域で貢献しようとするユネスコが、対立する世界観あるいは哲学のために成功していないという事実を指摘していて、吉野はそこに注目していた。そこには、「世界観の違いは平和への共同を拒否するのか？」という実践上の問題が含まれていた。

ユネスコでは第一回総会から、「戦争が人々の心の中からはじまる以上、平和の防備が築かれるのも人々の心の中においてでなければならぬ」というユネスコ憲章をめぐって、ユーゴの代表が、ユネスコの哲学は唯物論を排斥し、弁証法的唯物論の科学性を信用していないとして、憲章の批准を拒否した。吉野は、あの表現は必ずしもユネスコが唯物論を否定したのではなく、教育と科学、文化を通じて世界の安全に寄与するというユネスコの性格の表れだろうと考えたが、翌月二月号で、このマーシャル論文をひとつの材料に、古在、真下信一、清水幾太郎、丸山真男、宮城音弥など七名による座談会「唯物史観と主体性」を組んだ。吉野が言う「新進の思想家たち」の座談会は、むずかしい「肩のこる」議論になった。客体の運動法則を最重視するマルクス、対して人間の心理と主体性を重視するフロイト、それらを戦後の不安定な時代の平和の方位決定にどう絡みあわせていくのか、議論ははてしなく続いた。

さらに四月号では「平和の危機に面して」として、アインシュタインの「国際連合総会に対する公開状」とパール・バックの「国際連合よ、民の声に耳を」を掲載し、自ら「まえがき」を付した。その「まえがき」で吉野は、戦争の生々しい記憶の消えないうちに国際連合を作った善意が、わずか二年で沮喪していいものだろうか、そうした情勢の悪化にかかわらず、平和を守ろうとする強い意志と、平和という課題を追って離さない熱意が二つの論文にはみなぎっている、と書いた。

『世界』編集長の吉野にとって、「冷戦」という言葉が聞こえ始めたなかで、日本が緊張緩和の方向で働くのか、逆に緊張拡大の要因になるのかは大問題であった。その別れ目のときに、言論機関の最大の仕事が唯一「戦争への抵抗」にあるのは明らかで、吉野にとってそれは、亡国か否かの別れ道のように思えた。

『世界』の平和擁護への挑戦がはじまってしばらくたった四八年七月、同心会は純然たる同人誌『心』を立ち上げ、『世界』への協力を静かに終えた。『世界』と同心会との協力関係は短期間で終わり、創刊直後の『世界』への「保守左翼」の評価もいつしか消えた。

双星会　一九四八年一一月

高橋ゆうの偲ぶ会から戻った古在は、体調回復の証のように、関西方面での講演と講座を引き受けた。一〇月半ばの京都大学での唯物論研究所主催の「唯物論講演会」には七百名が集まり、この講演会をきっかけに京都に民科哲学部会が結成され、講演した古在、真下信一、原光雄（科学史、のち大阪市立大教授）はもちろん、事務方を務めた本間唯一も大いに喜んだ。一〇月下旬の一週間は、神戸と大阪で文化連盟主催の人民大学があり、それぞれの地で二回ずつ講義した。宿泊は予算不足のため、芝寛の実家や知人宅ですべてをすませた。古在はメインの講義のほかに、京都では「日本文化を守る会」準備会に顔を出して、簡単な挨拶まで引き受けた。

一一月二一日、松本慎一の一周忌を前に、古在、堀江邑一、柘植秀臣ら二〇数名が多磨墓地に集まった。八月には戸坂潤四回忌の墓参を友人たちとすませたばかりで、今度は松本慎一と尾崎秀実二人の合同追悼会で、戦後しばらく続く二人の合同墓参「双星会」の始まりだった。

その六日後の二七日午後、古在たちは明治大学講堂で「尾崎・松本両君追悼記念・反ファッショ講演会」を開いた。細川嘉六、高桑純夫、中西功、堀江邑一、亀田東吾、羽仁説子六人の講演を、多くの学生をまじえた聴衆が聞き入った。講演会では、産別会議の亀田東吾が「民主革命を遂行することが節操高き指導者松本慎一さんに対する唯一の追悼方法かと考えるのであります」と熱く語る場面もあり、松本と尾崎の思想と活動をしっかり伝える講演会となった。その夜は松本の家で、中西篤・三洋兄弟、吉田寿生、芝寛、大窪満らと速記者も入れて「京浜労働者グループ」の回顧座談会を開いた。この日はまた、中国の人民解放軍の進撃が国民政府軍を東北地方から駆逐し、徐州にせまっていることを聞いた日でもあり、講演会開催に骨を折った古在と堀江には、それも含めて満足の一日となった。古在と堀江は、この日の六人の講演速記に遺族・友人の寄稿を加えて、『偉大なる愛情——尾崎秀実・松本慎一の回想』を刊行することを決め、準備に入った。

翌一二月、古在はしばらく休講していた東工大の講義に復帰したが、その折に翌春からの教授就任の話があった。実現すれば、同じ持ち時間数で手取りが一万円となり生活が大分楽になると喜んだが、教授会に反対があって糠喜びに終わった。しかし年末には、過去の記念とも言うべき戦中の論文五本を集めた『五つの省察』(日本評論社)の刊行や、『現代哲学』の重版があり、三笠書房などから計一万円ほどの印税が入って、なんとか年が越せそうだった。

むしろ古在は年末に向かって、松本慎一の残された家族のことが心配で敏子夫人と一緒に、松本が鹿児島に持っていた土地の売却のために朝日新聞社の知人を訪ねたり、吉野、粟田、古在の三人で、二万円ほどのお金を用立てたりした。残された敏子夫人と三人の子どもたちへの、せめてもの心遣いである。大晦日にはひさしぶりに戸坂潤の家を訪ね、イク夫人はじめ海君や月子さんがみな元気でいることに安堵した。

年末、東条英機らA級戦犯七人の絞首刑が、古在が戦中捕えられていた巣鴨拘置所で執行された。時代はあらゆる意味で一つの区切りを迎えようとしていた。

大躍進　一九四九年早春

古在は長者町で、全家族そろって正月を迎えた。一歳半になった秀実とは積み木遊び、五歳の豊樹とはボール投げなどをしながら、ミーチン[1]の講演をロシア語で読み了えることができた。昨年は体調不良が続き仕事らしい仕事が出来なかったが、秋から一日も欠かさずロシア語を復習した成果を感じ、今年はもうすこし論文が書けそうな気がした。

民科哲学部会のために東京に数日戻った折に、東横線に乗って菅豁太の遺族笑子《えみこ》夫人を訪ねた。菅は四五年七月四日ビルマ（現ミャンマー）ペグー山系で戦死し、かろうじてネクタイやノート、写真の遺留品が戻っていた。古在はビルマでの菅の写真を見、戦場からの菅のメモ帳を借り、蔵書を唯物論研究所に寄贈してもらうことにして、夫人の仕事場・料亭「時雨《しぐれ》亭」を後にした。なぜか涙がにじんだ。

街は、年末に芦田内閣不信任案が可決され、総選挙でにぎやかになっていた。民科哲学部会があった夜、古在は中野区北原小学校での立合演説会を覗いた。長者町に帰ったら、古在自身千葉三区から共産党公認で立候補した川崎巳三郎の応援演説に立たなければならない。その選挙運動のために、再開したばかりの東工大での講義を、二週連続で休講にしてもらった。長者町への途上、上総《かずさ》一ノ宮の伊藤至郎の家によって、応援演説予定表を確認した。

最初の演説は一月一八日、木原線（現・いすみ鉄道）国吉駅から二キロほど離れた国吉小学校に農民四〇人ほどが集まっていたが、余りうまくいかなかった。前夜は生イカに当たって眠れなかったうえ、当日は食事もとれず、ふらふらの状態で演壇に立ったのがいけなかった。翌日は長者町小学校で火鉢を囲んだ懇談会形式で参加者はやはり四〇人、その翌日の御宿小ではふるえるほどの寒さの中を予想を超える七〇人、そのまた翌日は勝浦小という具合である。勝浦小では事前に渡部義通（埼玉一区）と沼田秀郷（茨城二区）のラジオ演説を聞いていたのがよかったのか、この日の三〇分間は割にうまく話すことができた。ただ候補者の川崎巳三郎が来ず、候補者本人に聞かせてやれなかったのが心残りだった。

演説は、哲学的ではなく具体的に、はじめは静かにだんだん力強く、そこに身振りを交えてなどと、少ない場数《ばかず》なりに古在にも要領がわかってきた。勝浦小では、こんな話もした。「みなさんは買い物をするときは実物を手にとってよく吟味・観察するでしょう。香具師《やし》の口上だけを信じて買うわけではない。政党選びも同じで、一番大事なのはその政党の実践を確かめることで、口上のだましに惑わされてはいけないのです」。そう話し始めてから、古在は日本共産党の政策を、昭電疑獄など政界の腐敗やワイロまみれの政党と比べながら、最後に「純潔と勇気と情熱の党・日本共産党」への参加と支援を呼びかけた。

近くの床屋では、親父さんが「共産党に天下をとられちゃこまるが、あんまりいまの政治がひどいからね。先生の言うように共産党に入れるよ」と古在の顔をあたりながら言った。古在は今度の選挙の反応の良さを肌で感じてはいたが、それでも固いところ二五〇万票、一五人ぐらいの当選だろうと考えていた。しかし二四日の開票では、なんと二九八万票、一挙に四議席から三五議席に躍進した。沼田秀郷と川崎巳三郎は惜しくも次点となったが、民科幹事長を柘植秀臣に譲って立候補した渡部義通や風早八十二（東京四区）、今野武雄（神奈川二区）は見事当選を果たした。

その日古在は伊藤書店で、編集部の本間唯一らとビールで選挙勝利を祝った。「人民大衆の革命的エネルギーの発揚！　世界民衆もこれを祝福してくれるだろう。これからの進路も決してたいらかではないだろうけれども、このような日を目のあたりにみることのできるうれしさ！　松本慎一や菅谿太やわたしの弟がいたら、どんなによろこんだことだろう！　これら無数の犠牲者たちの屍をふみこえて、このすさまじい前進はえられたのだ」。戦中に刑死した尾崎秀実、獄死した戸坂潤、三木清らがこの瞬間に立ち会えなかったのは無念の極みだが、古在は日記に、喜びをそう表現した。

新制大学・新制高校が一九四八年春からスタートし、旧制第一高等学校が新制大学（東京大学）に吸収されることになった。二月に一高最後の晩餐会が開かれ、古在は招かれて出席した。一高同期で一月の総選挙で当選した志賀義雄（大阪一区）も「先輩席」に座っていた。古在はすでに共産党幹部になっていた志賀義雄に挨拶し、元一高教授マクス・ビカートンの話をした。するとその話を伝え聞いた在学生の一人が古在のもとにやって来て、自分の友人がビカートンの数年前までの消息を知っていると教えてくれ、古在はあとでその友人を訪ねることにした。それから懐かしい寮に回って、志賀義雄や在学生たちと肩を組んで「インターナショナル」を歌った。古在は大声で歌いながら、日本共産党の躍進を喜んでくれるに違いない、イギリス在住のビカートンを思った。

平和擁護　一九四九年初夏

中国の毛沢東軍が前年秋から大攻勢をかけ、北京、奉天、天津など揚子江以北の大部分を解放したのに続き、四九年四月には揚子江をわたって南京を占領、華南に進攻して中国本土を解放した。破竹の勢いだった。

こうした社会主義勢力の前進に対峙するため、四月四日、アメリカなど一二ヵ国が北太西洋条約を締結、NATOを結成して対ソ軍事同盟を固め、同じ日第三次吉田内閣は「占領軍に反抗し、暴力主義的」な団体を禁止・解散させ、政治団体の届出を義務づける団体等規正令を公布、即日実施して、共産党員一〇万余人を法務省に登録させた。その上で吉田内閣は行政機関職員定員法を公布し、三ヵ月間で二四万人を解雇する「行政整理」とあわせて、民間産業労働者三〇万人の「企業整理」に乗り出した。この動きに応じて五〇余りの地方自治体では、六月までに大衆運動を押さえ込む公安条例を制定するなど、国内での弾圧体制を着々と整備していった。反共・反ソの強風が、国内外で本格化していた。

こうした情勢に対応してその二月、ジョリオ＝キュリーや平和擁護国際知識人連絡委員会に結集する一七ヵ国の著名人たちが、「平和擁護世界大会」開催を全世界に呼びかけた。国内でこれに積極的に応じたのは、古在が民科代表として参加する民主主義擁護同盟（民擁同）準備会だった。古在がその後終生深く関わる平和運動への、これがスタートとなった。

民擁同準備会は、三月の総会で七項目の運動方針を決定し、あわせて平和声明を発表した。声明は「戦争の危機を排し、働く人民の手による民主主義が確立されてはじめて、平和はわれわれのものとなることができる」「民主主義擁護同盟は、来る四月二〇日、パリでひらかれる平和擁護世界会議《ママ》を支持し（中略）、こんどこそ全人類がふたたび前の失敗をくりかえさぬため、ファシズムを打倒し、平和擁護の決意をかため、新たな戦争の脅威とたたかうことを決定した」（『平和運動二〇年運動史』大月書店）と宣言した。

しかし世界大会への参加を予定していた大山郁夫など代表二七名は、ＧＨＱと吉田内閣の妨害によって参加を阻まれ、開催地のフランス政府もまた社会主義国代表の入国を拒否して、世界大会の会場はパリとプラハでの分離開催を余儀なくされた。それにもかかわらず、パリとプラハには七二ヵ国・一〇国際組織から二〇〇五人が集まり、大会は常設機関「平和擁護世界大会委員会」（のちの世界平和評議会）を設置して成功裏に終わった。日本代表団は世界大会宛に、吉田内閣のもとで反動政策が続く国内情勢を中心にした「日本代表の報告」を送付し、世界的な統一した闘いの出発に連帯した。

古在は四月二五日、世界大会に呼応して開催された平和擁護日本大会に参加するため、九段の家政学院講堂に向かった。敗戦後四年が過ぎていたが、靖国神社周辺はまだ戦争による痛手をあちこちに残していた。

会場には、一〇一団体の代表者と文化人三〇〇名を含めて一二〇〇人が集まっていた。司会には松尾隆（早稲田大教授）がつき、議長団の選出や報告、大山郁夫、安倍能成、中野好夫らの発言が続いた。古在がほほえましく思ったのは、大きなからだを洋服に包んだ元横綱（第三四代）男女ノ川《みなのがわ》が、「微力を平和擁護にささげたい」と言ったときだ。壇上で控えめに語る大きなからだの男女ノ川は、満場の拍手を浴びた。また長野の南佐久から参加した「未亡人の会」の婦人が生活の苦しさを訴えると、すぐ帽子が回されてカンパが集められた。そんな連帯感のある大会に、古在は統一した大会の力を感じた。平和擁護日本大会は翌二六日、平和綱領[2]を採択し、「日本平和をまもる会」（のちの日本平和委員会）の結成を決議して閉会した。

その大会後、平和綱領に基づく署名運動が全国で展開されるなか、古在が常任幹事を務める民擁同準備会は七月に正式な結成大会を開き、民主主義擁護同盟は構成団体九五団体、構成員一一一三万人という戦後最大の統一戦線組織となった。八月には、平和擁護大会、平和祭、平和擁護人民大会など名称はさまざまだが、各地で平和を求める集会が続いた。

平和擁護日本大会がすんだ二ヵ月後の六月[3]、古在の家族全員が長者町から鷺宮に戻った。家には中西篤一家（政子夫人、てっちゃん、しなおちゃん）、林文雄一家のほか数人がなお寄留しており、いわば共同生活ではあったが、「単身赴任」状態の古在にとって、四四年の疎開以来五年ぶりのことで、家族そろった生活がようやくスタートした。この間、子どもらはみな成長し、由美子は一一歳、重代一〇歳、直枝七歳、豊樹が五歳になり、長者町で生まれた秀実も二歳になっていた。

美代は、長者町の隣家で二ヵ月ほどの転地療養を終えていた宮本百合子の荷物を一緒に持ち帰り、文京区林町に住む百合子に届けた。子どもらが「西瓜《すいか》のおばちゃん」と呼ぶ宮本百合子は元気そうにしていた。懐かしい四方山《よもやま》話のあと、婦人運動のことが話題になった。宮本百合子が戦後直ぐ佐多稲子や羽仁説子らと作った婦人民主クラブは、国際婦人デーや平和擁護婦人大会などに積極的に取り組み、四九年の国際婦人デーでは「一八〇万人の未亡人に仕事と家を」「未亡人に寡婦手当を」などの要求を掲げ、元気に活動していた。前年には主婦連（主婦連合会）も結成され、この四九年には地域婦人団体が全国に次々と誕生し、婦人運動が前進していた。

余り家計のことを気にせず運動に東奔西走する古在に、美代は少し不満があった。しかし男女は平等、子どもらの未来のためにも、自分も婦人民主クラブの運動を始めよう、そう美代は思い直した。

「ラッセルの逆説」　一九四九年初夏

吉野源三郎が編集長を務める『世界』は四九年一月号で、「ユネスコ発表　八社会科学者の声明――戦争をひきおこす緊迫の原因に関して　八人の社会科学者によってなされた声明」を紹介した。吉野は前年夏に発表されたこの声明を読んで、これは広く日本の読者に知ってもらうと同時に、日本での具体化のために指導的学者たちによる集団的検討が必要だと感じた。「戦争の惨苦を身にしみて知った日本人にとっては、戦争と平和の問題は特別の意義をもって」おり、「今後われわれ自身をどの方向に立て直してゆくべきかという、方向決定にかかわる」（吉野執筆、掲載にあたっての「まえがき」）問題であった。

吉野は東京と京都に住む文科、法律、経済、自然科学にかかわる五九名の学者に、この声明の検討を依頼し、その結果まとまった「戦争と平和に関する日本の科学者の声明」を「特輯《とくしゅう》　平和問題」と銘打った『世界』三月号に発表した。ちょうど、世界と日本で平和擁護大会が準備されている最中の発行で、吉野が心強く思ったのは、平和擁護大会が統一した力で準備されていたように、この声明が立場や思想の異なる学者たちの間に「渾然たる協力が成り立つこと、その協力を通じて平和への意志が強く生き生きと表明された」こと、その後この声明の趣旨を実現するため署名者たちが平和問題談話会を組織したことだった。

吉野はバートランド・ラッセルが前年秋に「世界政府の樹立」を強く訴える論文を発表していることも知っていたが、『世界』に紹介する紙幅のゆとりはなかった。なにしろこのころの『世界』は増頁されてはいたが、せいぜい九六頁止まりであった。

三月になって『東京新聞』がラッセルの論文を「人間単位の世界政府」として紹介した。ラッセルはこの論文で、現状のままでは米ソが原子爆弾で武装し、大規模な原子戦争がひきおこされる可能性があり、「それはきわめて破壊的な戦争となろう」と強く警告し、それを阻むために「国家中心の考えかたをやめ」「あらゆる軍隊を単一の司令部のもとに完全に統一する」世界政府の樹立を訴えていた。

古在はラッセルのこの論文を、少し違和感をもって読んだ。ラッセルは、第一次世界大戦でも敢然と戦争反対を唱えて監獄に投げ込まれた平和主義者であり、ベルグソン亡きあとの観念論哲学陣営のすぐれた哲学者である。その論理のするどさ、きびしさは、古在が若いときに読んだ『数理哲学序説』で充分に知っていたし、有名な「ラッセルの逆説」は、集合論の基礎そのものに含まれる逆説的なもの、集合論の根底をゆさぶる二律背反を精密に分析しようとしたもので、古在は当時印象深く読んだ。

しかし今回のラッセルの論文は、世界政府という一つの総体に特定の国家または国家群を意味させるもので、かつてのラッセルの論理の徹底さには遠いものだった。ラッセルはこう書いていた。……NATOは世界政府の種子をひそめており、世界政府が専制的になる恐れもあるが、その場合でもその政府のイニシアをソ連よりもアメリカがもつ方が、恐怖と圧迫は少ない。不幸にして第三次大戦となれば、この第三次大戦をば戦争をなくすための最後の戦争にしようではないか……、と。

古在は民科哲学部会の機関誌『理論』(第六号、『著作集』③所収)に、さっそく「ラッセルの逆説について」を書いた。

……だれよりも「人間」単位でものを考えざるをえない民衆は、国際連合や世界労連に見切りをつけてはおらず、まして第三次大戦を人類最後の戦争にするというラッセルの主張に我慢ならないだろう、今広がりつつある平和への必死の努力をこそ反戦への最後の努力にしなければならない。「日本は戦争をみすてたという。戦争はしかし日本をみすててはいない」。かつて青春の私のともしびだったラッセルは、あの論理の精密さを忘れ、「ある集合のすべての要素をふくむものは、それみずからがその集合の一要素であってはならない」というかれ自身の「悪循環の禁則」まで忘れ去ったのだろうか？……。

古在はラッセルへの失望を、そう率直に書いた。平和への意志は、民衆とともにあらねばならない。それは古在のゆるぎない確信だった。

自由大学構想　一九四九年秋

四九年夏、国鉄をめぐって下山事件、三鷹事件そして松川事件と、立て続けに奇怪な事件が起きた。七月に常磐線綾瀬駅付近の線路上で下山国鉄総裁が轢死体で発見され、その一〇日後に中央線の三鷹操車場で無人電車が住宅につっこみ、八月には東北線の松川・金谷川駅間で貨物列車が転覆した。国鉄当局が二次にわたって計九万三千人の人員整理を発表した直後のことで、第三次吉田内閣はこれらの事件を共産党の破壊工作だとして世論を誘導し、国鉄労働組合と日本共産党に弾圧を集中させた。また七月半ばには、ＧＨＱ最高教育顧問イールズが全国の三〇大学を回り、「共産主義者の教授」と「スト学生」を大学から追放せよ、との演説を繰り返した。アメリカ政府は九月になって、対日単独講和の意志を固め、日本をアメリカの軍事ブロックに固定化する方針を決めた。

民科では、連続する国鉄をめぐる事件や昨秋出された学内での政治活動を禁止する文部省通達とイールズ反共演説とどう闘うかが、幹事会のたびに議論になった。古在は強まる抑圧と弾圧に心穏やかではなく、民科幹事会には率先して出席し意見を述べた。幹事長の渡部義通が国会議員となり、そのあとを引き継いだ柘植秀臣を支えなければならなかった。

まず民科幹事会として記者会見を開き、イールズ演説に抗議し、国鉄をめぐる事件には関連する専門部が対応することにした。その方針に基づいて民科医学部会が下山事件について「下山変死事件の法医学論争に関する公開質問状」を公表したあと、政治的暗殺事件とする見方を発表し、技術部会は三鷹事件の調査を開始した。さらに民科はこれまでの討議をまとめ柘植幹事長名で「学問思想の危機に対処して」と題する声明を発表した。声明は「腕をこまねいているならば、われわれの自由はついに最後の一片までうばいさられるであろう」として、広範な民主勢力の団結を訴えた。

その間古在は、前年から続けていた『偉大なる愛情——尾崎秀実・松本慎一の回想』の編集作業を終わらせ、九月になってかつて松本慎一が在籍した育生社弘道閣から刊行した。冒頭には、堀江邑一と古在とが連署した「はしがき」を置いた。それは中国革命の帰趨が明確になり、やがて朝鮮戦争につながっていく情勢を先取りするかのようであり、残された古在たちの新たな闘争宣言でもあった。

「はしがき」には、こうあった。尾崎秀実と松本慎一ふたりの愛情は家族・友人に注がれただけではなく、彼らの「偉大さはむしろ、虐げられ踏みにじられたる人民大衆への限りなき愛情にある、その革命的実践にある。われわれは決してこのことを忘れてはならない」「彼等は共に人民大衆の幸福のためにファシズムの暴虐と闘い、その犠牲となって倒れた。彼等の犠牲はむなしからず、旧きファシズムは崩壊した。だが、革命いまだならずして、早くも新たなるファシズムが立ち現れた」。「新たなるファシズム打倒のために！　あえて本書を世におくる。一九四九年九月」。

古在はこうした民科や民擁同の平和擁護の取り組みや出版活動に熱心に取り組んだが、哲学の学問的研究の前進にむけた努力も続けていた。

七月半ば、古在は岩波書店に向かった。吉野が便宜をはかり岩波書店の図書室を会場に、天野貞祐（当時京大名誉教授）と出隆《いでたかし》（同東大教授）のよびかけで日本哲学会結成の準備会が開かれた。準備会には呼びかけた出隆をはじめ、和辻哲郎、粟田賢三、高桑純夫、山崎謙など二一名の哲学者たちが集まった。久しぶりに会えると思っていた伊藤吉之助、桂寿一、山内得立、真下信一などは都合で欠席したが、みな結成には賛同しているとの報告があった。この日は日本哲学会の目的や事業内容などを討議したが、古在はその後も、毎月開かれた準備会に参加し、か細い財布から発起人として三〇〇円を拠出した。

そして一〇月二日、学士院講堂に全国から哲学者八四名が参加して日本哲学会が発足した。前日には隣国中国で中華人民共和国の成立が宣言され、三〇年ほど前のソ連の十月社会主義革命につぐ世界史的大事件だけに、参加者に立場の違いはあれ、昂揚した気分があふれていた。古在は、哲学会全体に責任をもつ哲学会委員の一人に選出された。委員は全部で三〇名、出隆、和辻哲朗、伊藤吉之助、務台理作、高桑純夫なども選出され、委員長には天野貞祐が就いた。準備段階で色々骨を折った吉野源三郎も会員となり、安倍能成とともに会計監査となった。

同じ一〇月、民科幹事会が、民科大学の設立を決議した。民科は創立から四年のあいだ進歩的な学術団体として研究活動のほかに、工場や農村、学校や市民のなかに入って科学の啓蒙につとめるなど運動的な側面を強くしながら、いまや専門会員千七百人のほかに地方支部一一四支部、普通会員が八千人をこえて、総勢一万名に近い団体になっていた。そうしたなか、地方をはじめとする多くの会員から、自分たちの理想とする学校を作り、科学の発展と日本の民主化のために貢献しようとの声が上がっていた。民科大学設立決議はその声に応えようとしたものだった。

北原文化クラブで青年たちのあふれるような学習意欲を感じていた古在は、この民科大学構想にすぐ賛同した。北原文化クラブで古在は、毎週学習会に顔を出し、「夏期教養講座」の講師に、野方や鷺宮に住む海後宗臣、福原麟太郎、大河内一男、壺井繁治・栄夫妻など学者や芸術家を紹介しただけでなく、高桑純夫や松尾隆、吉野源三郎や武谷三男、中野好夫や林文雄など親しい友人たちに講師を頼んだ。多くの著名な知識人たちが講師を引き受けたのは、古在の力もあったが「民主主義の確立と日本の文化の進展」を願う近藤正二ら青年たちの熱意によるところが大きかった。彼らは暑さをものともせず、体当たりの直接訪問で講師依頼に汗を流し、「夏期教養講座」は各界名士[4]の話に連夜満員の盛況が続いていた。

古在が民科大学に希望を持ったのは、イールズ旋風のために正規の大学が次第に進歩的な大学教授たちを閉め出し、大学自体が民主的な日本建設から遠ざかっていくのを懸念していたことがあった。敗戦直後から、さまざまな国家規制や固陋な因習に沈んでいる大学の教師には戻りたくないと大学からの誘いを断っていた古在には、「給料は正規の大学の半分でもいい、ぜひとも勤労者の大学をつくりたい」という強い思いがあった。

その後、民科大学は名称を「自由大学」に変更し、高桑純夫を委員長に自由大学設立実行委員会が発足した。もちろん古在は、松尾隆、倉橋文雄、甘粕石介、渡部義通、南博らとともに実行委員会の主力として加わり、日本哲学会設立に骨を折った出隆、吉野源三郎らもメンバーとなった。「趣意書」が「自由大学（仮称）建設提唱者」八名[5]によって発表され、事務局は御茶ノ水駅にほど近い政経ビルの四階に置かれ、南博の従兄弟・又木敏隆青年が専任事務局員となった。又木の最初の仕事は、民科の全専門会員と文化人に趣意書を郵送することで、古在は毎週開かれる設立実行委員会に欠かさず出席したあと、又木の三千通にのぼる郵送作業も手伝った。

こうして古在の歳末は、反共の嵐が強まろうとするなか、一つの希望を抱いて、慌ただしく過ぎた。

設立準備　一九五〇年春

暮れから美代が風邪で熱を出したため、この正月は美代の姉いと子さんに家事を手伝ってもらい、古在は実に久しぶりに、鷺宮での正月を家族そろって過ごした。

松の内が終わろうとする六日、コミンフォルムが論評「日本の情勢について」を突然発表して、日本共産党の政治路線を批判した。論評はまず、日本人民は日米政府の戦争政策に反対して独立・民主・平和を求めなければならないにもかかわらず、日本共産党は米占領下でも平和革命が可能だとしてアメリカを美化していると、占領下における「平和革命論」を批判した。そのうえで論評は、日本共産党と民主勢力に対して「日本の独立、民主主義的平和愛好的日本の建設、公正な講和条約の即時締結、アメリカ軍の日本からのもっとも早急な撤退、諸民族間の恒久平和の保障」などの要求をかかげて立ち上がることを呼びかけた。その内容からいえば、占領軍の撤退や日本の独立、アメリカと国内の反動勢力との闘いなどを主張する積極的なものだが、各国共産党の自主独立性の尊重に反する外部からの突然の批判だったうえに、日本共産党政治局員・野坂参三を名指して、野坂が主導する「平和革命論」は「マルクス・レーニン主義と何の共通点もない」理論であると、一方的に糾弾したものだった。

一般新聞はこの論評を「野坂批判」と書き、『アカハタ』は当初デマ記事だと報じたが、古在は新聞報道の翌日「決して風説ではあるまい。まさに現在の党政策の弱点をついたもの」であり「党全体の批判であろう」と日記に書いた。アメリカの占領政策が帝国主義的性格を明確にしてもなお、民主人民政権の樹立が可能だとする日本共産党の戦略は、占領軍との対決を避け、吉田内閣との国内の闘争だけに解消する弱点をもっていた。そのうえ占領軍の指令で吉田内閣が団体等規正令を公布したとき、所属会員名の報告を求められた民科が名簿提出を拒否したのに、共産党はその規正令に従って、一〇万人の党員を法務府特別審査局に登録していたことも、古在には他人事ではなかった。

だから、共産党政治局が一二日になって、この論評を受け入れがたいとする「『日本の情勢について』に関する所感」を発表したとき、古在は所感発表を知ったその日に「政治局、所感を発表。やんぬるかな」（日記）、もうおしまいだと嘆いた。論評の積極的な意味を理解できず、拒否するだけではどうしようもない。それが古在の実感だった。その後一月中旬に開かれた共産党の第一八回中央委員会は、コミンフォルム論評の意義を認めて国際的批判を受け入れたが、「所感」そのものの撤回はなく、徳田球一書記長の指導はそのまま続き、内部に意見の対立と不団結の大きな火種をかかえることになった。

古在はその後、日本哲学会委員会や岩波書店でのデューイ会で顔をあわす出隆や鶴見和子とコミンフォルム論評を話題にすることはあったが、この論評をめぐって日本共産党がいわゆる「所感派」と「国際派」に分裂するとは夢にも考えなかった（三二八ページ）。

古在はこれまでどおり、自由大学の設立に全力をあげていた。年末に発送した「趣意書」への賛同が続々と集まり、一月下旬には岩波書店を会場に、賛同者と提唱発起人が一堂に会する第一回懇談会が開かれた。この日は五時間にわたる討議で、自由大学の目的と内容、建設の具体的方針、募金の呼びかけなど、取り組みの概要が決まった。

二月になると、古在は高桑純夫と一緒に伊東市や清水市を回って、自由大学設立の意義や募金を訴えた。伊東市での「哲学談話会」には五〇人ほどが集まり、清水市では西高の女生徒一〇人ばかりが熱心に質問をした。古在は若い人の期待が高いことに確信をもつと同時に、ファシズムや戦争に歪められない、すなおなヒューマニズムを「若い友人たち」に感じた。前年秋に古在が出版した『史的唯物論』（ナウカ社）を読んでいた生徒がいたのも、古在には嬉しかった。

清水市から帰った翌日、土産にもらった伊勢エビをぶら下げて宮本百合子を訪ね、居合わせた松村一人、窪川鶴次郎（文芸評論家）らと一緒にその伊勢エビを味わった。話題はコミンフォルム論評に及んだが、宮本顕治は風邪のため床から出てこなかった。

三月からは、五〇〇〇万円を目標にした「自由大学設立募金」が開始され、「自由大学建設特報」（機関誌『科学者』号外）も発行された。そこには夜間部をもつ法人組織とするなどの大学構想や、一階七九坪・二階七三坪の「自由大学眺画図」（設計図）も紹介され、大山郁夫、末川博、都留重人、南博、高桑純夫らの期待に満ちた文章も掲載された。また自由大学を広く知ってもらうために同じ三月、「自由大学第一回学術講演会『学問と思想のために』」を有楽町の朝日講堂で開き、朝日新聞社が後援したこともあって、入場を断るほどの盛況ぶりとなった。高桑純夫が開会挨拶を行い、大山郁夫や中野好夫など六人が講演し、古在はこの日参加できなかった大内兵衛のメッセージを代読した。

東京でのこうした動きに、山陰地方や伊東市など各地の民科支部を中心に、自由大学開講・設立運動が活発化していった。大阪、京都、名古屋はもちろん、岐阜、新潟、長野などでも開講し、事務局は講師派遣のやりくりなどで多忙をきわめた。

古在と高桑は、五月になって鳥取、米子、松江の三都市を巡回する山陰自由大学第一回哲学講座の講師陣に加わった。講義は全一二講座・二特別講義で、第一夜――哲学概説「われわれは何故哲学を学ぶか」高桑純夫、第二夜――哲学史「哲学は如何に発展したか」古在由重、第三夜――「弁証法とは何か」甘粕石介などで、講師は「東京、関西各方面における斯界の権威」（募集の「お知らせ」）一五人があたった。古在は連続した三夜の、講義二時間四〇分、討議一時間に疲れはしたが、気分が高揚するのを感じた。

山陰自由大学の第一回哲学講座は、五月半ばから八月初旬まで続き、出隆の特別講義「世界の青春」で終わった。

平和への意志　一九五〇年春

長者町から家族が合流してほぼ半年たったが、古在家の経済状況はなかなか改善されなかった。急場をしのぐ借金頼みから抜けきれず、河出書房から進行中の『世界思想辞典』（五〇年秋刊行）の編集・執筆料がでても、経営悪化が続く伊藤書店に融通したり、戦時中からネジがゆるんで不安定だった椅子を回転椅子に買い換えると、跡形もなく消える。美代にも子どもたちにも「すまない」とは思うのだが、古在にとって椅子は生産手段そのもの、伊藤書店は生産関係の要のようなものである。そんな状態だから、戦前訳刊したフォールレンダー『西洋哲学史』の重版印税四万円弱が入ったときは、一ヵ月分の生活費にあたる金額だけに、干天の慈雨のように有り難かった。この春には、長女由美子の女子学院入学も決まっていたので、胸をなで下ろす思いだった。

そんな生活の窮状をかかえながら、古在の活動は続いた。月曜は自由大学設立実行委員会、水曜日は民科哲学部会、木曜夜は北原文化クラブ、週末には岩波書店でのデューイ会、それらをぬって伊藤書店、ナウカ社、河出書房、日本評論社にかかわる仕事があった。

一九五〇年はスタートから、戦争前夜を感じさせる情勢が続いていた。マッカーサーは年頭の挨拶で、日本国憲法は自衛権を否定しないと表明、口裏を合わせるように吉田首相も「戦争放棄は自衛権の放棄ではない」と明言し、国務長官アチソンはアメリカの防衛線はアリューシャン・日本・沖縄を結ぶ線と言明、一月半ばには米韓相互防衛援助協定が結ばれた。さらに一月末、トルーマン大統領が水素爆弾の製造を米原子力委員会に命じ、二月に入ると、米極東外交委員会は「韓国で共産主義が勝利すれば日本はおびやかされる。日本は今やアジアにおけるアメリカの重要拠点である」と結論づけ、GHQが沖縄に恒久的な基地建設の開始を発表すると、吉田首相は占領下の軍事基地承認は日本の義務だ、と国会で答弁した。前年からのアメリカ政府と吉田内閣の一連の動きは、誰の目にも危険なものに映った。

吉野源三郎は、『世界』三月号に「講和問題に関する平和問題談話会の声明」を掲載した。吉野は前年秋、アメリカ政府がソ連をのぞく対日単独講和の意志を明確にしたときから、日本はポツダム宣言を受諾して全連合国に対して降伏したのだから、全連合国との平和的関係を築く全面講和が当然で、講和問題は今後の日本の運命を左右する重大問題だと考えていた。また平和問題談話会は一年前の「声明」(三一六ページ)の趣旨実現のために継続して活動しており、講和問題でも東京と京都での予備討議を重ね、年末の総会を経て一月半ばには声明文案を確認していた。五六名の著名な科学者たちが署名し、『世界』三月号が掲載した「講和問題に関する声明」は結論として、①講和は全面講和以外になく、②単独講和では日本の経済的自立は望めず、③講和後は中立不可侵、国連加盟を欲し、④いかなる国にも軍事基地を提供してはならない、との四点を明確に主張していた。

全面講和、軍事協定・軍事基地提供反対、中立化を主張する、この「声明」の反響は大きかった。吉野はさらに四月号を「特集　世界平和と講和の問題」として発行し、七〇頁ほどの別冊付録「三つの声明」[6]をつけた。吉野の思いは、薄いブルーの表紙のこの別冊付録の「読者へ訴う」にあふれていた。

「人間が人間らしく生きてゆけるための、なくてはならない条件としての平和」を実感をしたばかりなのに、「戦争の黒い影がまた地球を脅かしはじめている」「およそ、われわれ自身道理に訴えて承服できることだけを承服し、道理に訴えて納得できない事柄に対しては率直に抗議すること――こういう気骨ある精神をわれわれ民衆が備えることこそ、民主主義の根本的な前提ではないだろうか」「いま、われわれを再び戦火の中に巻き込むかもしれない世界的危機に臨み、われわれの民族の運命を一世紀――いや、数世紀にわたって決定するかも知れない講和の問題に直面して、やはりこの原則的態度をほじしようではないか」。

吉野の願いは、「三つの声明」が一つの答えではあるが、読者に一つの結論を強いるのではなく、「三つの声明」を材料に国民の間で、平和と講和の問題で活発な討議が行われることにあった。

古在も吉野と同じような思いで、平和擁護の運動に取り組んでいた。四七年秋の戸坂潤追悼記念「現代哲学講演会」で強調したのは、窮乏や不幸、戦争の危機とその可能性があるときに、哲学がこうした現実の問題と力強く結びつかなければ「生きた哲学」にはならない、ということだった。この思いはその秋に弟由信と菅豁太の戦死を知ってから、いっそう強固なものになっていた。

古在は、四九年春の平和擁護日本大会で決議した「平和を守る会」[7]の正式結成にむけて、秋から参議院会館会議室で大山郁夫らと何度も会合を重ね、五〇年二月末、四五〇名の個人会員と約一〇〇の団体で正式に「平和を守る会」を発足させた。「平和を守る会」はのちに「平和擁護日本委員会」を経て「日本平和委員会」と改称するが、日本の平和運動を担う組織のスタート時点から、古在はその書記局メンバーとして活動することになった。

そうした積み重ねのうえに、古在は四月の民科第五回大会で、平和問題と国民・労働者の啓蒙活動に重点を置く、次のような活動方針を書記局員として提案した（要旨）。

……前第四回大会の基本目標はファシズムとの闘いだったが、この一年間はなおいっそう戦争準備がすすみ、脅威は深まっている。ファシズムとの闘いの上で、われわれの目標は平和のためのたたかいという一点に集中されなければならない。戦争準備をあおり、迎合しようとするすべての好戦的、俗物的、隷属的な傾向、言論、思想、教育、宣伝と闘わなければならない。注意すべきは、公式的なスローガンだけでなく、すべての人々にわかるような説明、すべての人々の気持ちに直接触れるような啓発に努力することだ。先般の破滅的な戦争は、科学者たちがどういう形で非人道的な戦争に奉仕させられてゆくかを眼のあたりに教えた。科学は自主性なしに、文化と平和に奉仕できない。科学研究の自主性をうちたてることは、ただちに日本民族のできるだけ早い独立という課題に結びついている。啓蒙の努力はこの点に結びつけられる必要がある。具体的には、広範な科学者たちの協力体制が必要なこと、戦争反対、平和擁護の闘いは労働者階級・勤労大衆の運動と結びつかなければならず、さらに国際的連帯に広げること、大衆の生活のなかから科学者の研究テーマを引き出すこと、啓蒙活動では自由大学の運動を強力にすすめることだ……。

古在は提案の最後に、民科財政の健全化のために計画的な措置をとることを訴え、壇上を降りた。戦争阻止に強い意志を示した報告となった。「大会の雰囲気は戦争反対と平和の声でみなぎ」（柘植秀臣『民科と私』）

り、会員の総意で「平和のための呼びかけ」が決議された。この大会で古在と吉野はともに、評議員に選出された。

朝鮮戦争　一九五〇年六月〜

しかし、古在と吉野そして多くの国民の願いに反して、戦争準備は着々と進められた。

「平和と独立を闘いとれ」「全面講和の促進」などを掲げ、全国で二五〇万人が参加した第二一回メーデーが終わった二日後、マッカーサーは憲法記念日の声明で、共産党を非合法化することを示唆した。吉田首相が、全面講和を主張する東大総長南原繁を「曲学阿世の徒」と非難したのもこの日だった。

六月に入ると、二日警視庁は都内での集会デモを禁止し、六日マッカーサーは共産党中央委員二四名の公職追放を命じ、二二日マッカーサーと協議したジョンソン国防長官は「極東において積極的行動に出ることを決定」し、二三日在日米軍戦闘機部隊を北九州に集結させた。

そして六月二五日、朝鮮半島で戦争が勃発した。米軍司令部は東京に置かれ、戦闘機も軍艦も日本から出動し、米陸軍は日本を中継補給基地とした。開戦二週間後、マッカーサーは七万五千人の警察予備隊（現自衛隊）創設と海上保安隊八千人の増員を命じた。警察予備隊は「警察」と称するものの軽歩兵四個師団に匹敵し、しかも装備は米軍のもの、指揮の実権も米軍事顧問団がにぎった。

開戦とともに反動の嵐が吹きまくった。開戦翌日マッカーサーは、朝鮮戦争の反米報道を理由に共産党機関紙『アカハタ』を発行停止にして、編集幹部一七人の追放を命じた。

すでに日本共産党は、コミンフォルム論評をめぐって、「政治局所感」は撤回されたものの「政治局所感」を支持する「所感派」と国際批判を受け入れる「国際派」に分裂し、意見対立と不団結状態のまま、書記長の徳田球一は四月の第一九回中央委員会を途中で打ち切って、一部の幹部だけをあつめて、非公然組織の準備を始めていた。そして公職追放と『アカハタ』の発行停止を受けると、徳田球一は正規の中央委員会も政治局会議も開かずに、意見の違う宮本顕治や蔵原惟人ら「国際派」を排除したまま、共産党中央委員会を解体し、一方的に臨時中央委員会を国内に設けて、地下に潜って連絡を絶ち、その夏には中国にわたって「北京機関」なるものを作った。

戦争と反動の嵐が始まった肝心要の時期に、日本共産党はいわゆる主流派（所感派）と反主流派（国際派）とに完全に分裂した。

分裂のきっかけになったコミンフォルム論評の意味を、発表時点から理解していた古在は、どちらかといえば「国際派」の立場に近かった。古在は二〜三ヵ月間、三河島近くの水野明善の家で開かれた「国際派」の会議に参加した。会議参加は、宮本顕治、蔵原惟人、窪川鶴次郎、武井昭夫（全学連委員長）、松本正雄（文芸評論家）など六、七人で、テーマは党分裂への対応策だった。古在は議論の過程で出た別党結成論に、「アンチとして別党を作ってもうまくかない」と言って反対した。そのとき、全学連の初代委員長を務めていた武井昭夫は古在を指さして、（中西功を中心にした）団結派の回し者、と非難した。所感派、国際派、中間派、団結派。分裂状態のため、相手を呼称する言い方はいくつもあった。古在には、その決めつけと非難合戦が悲しかった。

そして七月になると新聞報道機関、政府機関、重要産業部門から共産党員を追い出す「レッドパージ」が強行され、一万二千人が職場を追われた。

民科評議員の岡邦雄はパージは受けなかったものの「占領軍政策違反」容疑で逮捕され、三井鉱山ではパージ対象基準に民科会員をあげ、一時は民科会員のなかに少なくない動揺が生まれた。レッドパージ反対闘争を呼びかけた全学連も一斉捜査を受け、八月には二・一ゼネストをきっかけに結成された全労連（全国労働組合連絡協議会）がＧＨＱから解散命令を受け、古在が常任幹事を務めていた民擁同も解散を余儀なくされた。日本の多くの産業は米軍の需要に応えるためにフル動員され、日本経済は戦争景気に湧き、不景気に悩んでいた資本家たちは、この朝鮮戦争を「天佑神助」と言って歓迎した。

こうして戦争放棄と思想・言論の自由を謳った日本国憲法は、仮死状態に追い込まれた。

しかし大衆的な平和擁護運動は、朝鮮戦争に世が染めあげられるなかでも、いくらかの問題をかかえながらも休むことなく続けられた。

朝鮮戦争勃発前の三月、スウェーデンで開かれていた平和擁護世界大会委員会が総会決議として、核兵器禁止を求めるストックホルム・アピール[8]を発表した。しかし日本では、平和を守る会や民擁同などが講和促進運動委員会を結成して、四月からは全面講和署名運動を中心に三ヵ月の月間に取り組むことを決定していた。そのために当初、ストックホルム・アピールの日本での受け止めは弱く、講和署名の数項目の一つに、「原子兵器禁絶」（核兵器禁止のこと）を加えておけばいい、それが日本の実状にあった運動だという雰囲気があった（内野竹千代「日本における平和運動の出発」、『平和運動二〇年記念論文集』所収）。しかし世界大会委員会から、「原子兵器禁絶」というアピールに基づく世界的規模の運動に日本も積極的に参加するよう二度にわたって勧告され、平和を守る会は五月に入って総会を開き、署名用紙を作り直して新たな運動を進めることになった。

ちょうどこの日は米子市で開講した山陰自由大学の講義があって、古在は総会に出席できなかったが、このストックホルム・アピール署名運動の提起で、占領下と朝鮮戦争のさなかにかかわらず平和擁護運動は一挙に燃え広がった。全面講和署名にストックホルム・アピールを付け足した以前の署名は、一晩かかっても署名は三、四人が精一杯だが、ストックホルム・アピール署名に切り替えてからは、署名運動は飛躍的に前進した。署名数は七月一七〇万、八月二五〇万、九月三六〇万と月を追って増加し、一〇月半ばの「平和投票デー」を経て、一一月には五八七万に達する勢いとなった。書記局メンバーの古在は、明確で具体的な要求が国民を捉えたときの大衆の力に、圧倒される思いだった。

しかし古在が力を入れていたもう一つの自由大学設立計画は、困難に直面していた。三月から開始した五〇〇万円の設立募金は締切りの七月になっても一〇万円を超える程度、九月に開催した自由大学第二回学術講演会「人権問題について」は、会場の生命保険協会ホール（丸の内）に十数名しか集まらず、大失敗となった。設立実行委員会の事務局長に替わったばかりの新島繁は、就任早々から苦況に立たされた。実行委員会は毎週月曜日の午後から開かれていたが、このころの実行委員会では理想論と現実論が火花を散らし、午後からはじまった会議が夜に及ぶこともしばしばだった。議論はいわば目標通りの大学建設推進派と当面講座開催派に意見がわかれ、法律学者の山之内一郎と哲学者の高桑純夫とが、互いに立ち上がって睨み合うことさえあった。出隆は文字通りソクラテスのような痩身正眼だが、議論に熱中し空腹になっては貧血を起こし、会議中もよく倒れた。そのたびに事務局員の又木敏隆青年は、パンを買いに走った。

設立募金は締め切りを一〇月末まで延期しても、目標の一割にも満たない二二万円余にとどまり、朝鮮戦争は自由大学設立運動にも、黒い影を落とした。

百合子急逝　一九五一年一月

朝鮮戦争、一万二千人のレッドパージ強行、警察予備隊創設による再軍備、民擁同に続く全労連の解散など、憲法の空洞化が進む一九五〇年が暮れ、一九五一年があけた。米軍司令部は東京にあり、空軍も海軍も日本から出動して北朝鮮を攻撃したが、中国の人民義勇軍の参戦もあって、五一年に入ると戦線は三八度線で膠着状態になった。日本の軍需関連産業だけが「特需」に潤っていた。

古在は暮れから体調をくずして一枚の年賀状も書けず、美代は風邪と二ヵ月来の足の腫れ物で寝たり起きたりの正月になった。古在はこの元日も、ここ二年間二、三ヵ月で中断している日記帳を開き、「一九五一年は世界も、日本も、そしてわたし自身の生活もおおきく変化するだろう。さしあたって、くるしい年だろう。元気でいきぬこう」と書いて、自らを励ました。

一月二一日夜、由美子と重代をつれて銭湯から帰ると、美代がいきなり「百合子さんがなくなった」と告げた。にわかには信じられなかった。夕刊をみると、確かに急性紫斑病で午前二時死亡とあった。古在は黒のソフト帽をかぶって、都立家政駅に急いだ。駅前で近所の地域学習会に来ている宇田川宏（のち日本福祉大学教授）にあったが、「百合子さんがなくなったので、これから行くんだ」と、急ぎ足で改札口に入った。

百合子は焦げ茶のかすりの着物にあずき色の羽織をまとって、二階の部屋に静かに横たわっていた。すでに蔵原惟人、中野重治、壺井繁治・栄夫妻、水野明善などが居り、遅くなって佐多稲子（作家）が駆けつけてきた。

古在は夜を徹して百合子を悼んだが、翌二二日は美代と交替した。美代は婦人民主クラブの手伝いの人たちと一緒に沢山の弔問客に応対し、百合子の遺骸が解剖のため運び出された後、祭壇を二階に整えた。草野信男（病理学者、のち原水協代表委員）医師の病理解剖がすみ、夕方六時ごろ、花に包まれ安らかに眠る百合子が、宮本顕治に付き添われて自宅に戻ってきた。

古在は二五日の告別式に、美代と一緒に参列した。千人ほどの会葬者を前に、江口渙、蔵原惟人、野上弥生子などが挨拶に立ち、壺井繁治が自作の詩「私の花束」を読んだ。「あなたは、岸辺から／静かに海を眺める人ではなかった。／むしろ海そのものであり、常に現実の岸辺にむかって／波を打ち寄せた人」（略）。その詩に、古在は涙を抑えることが出来なかった。翌日の出棺にも美代と一緒に出掛け、古在は百合子の棺を霊柩車まで運んだ。

百合子の追悼記事がいくつか新聞にでた。平林たい子「宮本さんを悼む」（『読売新聞』）はまだいいが、東大助教授滝崎安之助の「宮本百合子さんを悼む」（『朝日新聞』）は憤激と同時に軽蔑さえ感じるものだった。

そこには、百合子の離婚も再婚もそして社会運動への参加もみな、「自分を育てるためのものだったらしい」、私はいつでも批判者の側だったが、「宮本さん自身の反駁を聞かないうちに死なれてしまったのは、かえすがえすも心残りである」とあった。ゆがみ且ついい気になった滝崎「助教授」を丸出しにした、俗物のする追悼文だった。

ありのままに付き合ってきた古在にとっての百合子は、「階級的良心のきびしさ。それとともにきわめてヒューマンな感性と包容力。そしてあらゆるものへのむさぼるような好奇心、探求力。これらすべてをひとつに統一した人」（古在「宮本百合子の記念に」『哲学者の語り口』所収）である。若い百合子がソ連に渡って革命的作家ゴーリキーに会ったとき、その印象を「かれは歴史の断面をつねに変わらぬ努力と誠実をもって生き抜いた一個の人間チャンピオンである」と書いたが、それは百合子にそのままあてはまるものだ。古在にとっては、百合子の美しい作品はもちろん、冬のような厳しい時代を人間らしく生きぬき、戦後の民主化運動に身体をはった生き方そのものが、人間百合子の真骨頂である。弔問にくる「所感派」を追い返していた水野明善に、「宮本百合子は、かりになにひとつ小説や評論をかかなかったとしても日本女性のもっともすぐれた人だ」と古在が語ったのは、そうした意味を込めてのものであった。

ともかくも、五一年間の苦難に満ちた、しかし輝かしい百合子の生涯は終わった。葬儀の疲れから、古在はその後しばらく原稿に集中できず、美代は胃を悪くして日大病院に通い始めた。

運動分裂　一九五一年春

五一年に入っても、日本共産党は分裂状態を克服できず、依然として組織的にも運動的にも混乱が続いていた。二月には徳田派（所感派）が大会に準ずるものとして「第四回全国協議会」を開催して極左冒険主義の方針を打ち出したうえ、宮本顕治ら「国際派」の粉砕を強調し、四月実施の東京都知事選では社会党の加藤勘十推薦を決定した。

その日本共産党の分裂と混乱は、大衆運動にも波及した。美代が会員として活動していた婦人民主クラブも、徳田派から「婦民は反動的で日本の民主化を阻害する」「有害なプチブル団体」などと非難され、『婦人民主新聞』の購読ボイコット運動が始まっていた。美代の所属する鷺宮細胞はこの春、共産党中野地区委員会から解散命令を受け、美代は党籍を失っていた。

平和擁護運動も混乱した。

朝鮮戦争によって世界平和が脅かされ、核兵器の使用が危ぶまれるなか、ストックホルム・アピールは最終的には国内で六四五万、世界で五億余万に達し、日本と世界との「平和への意志」の強さを示した。しかし平和を守る会の役員のなかには、平和擁護世界大会委員会が朝鮮戦争開始後の八月に出した、朝鮮への武力干渉反対を中心とした五項目のプラハ・アピールに対して、それは平和運動を狭くしかねない、平和擁護世界大会委員会とは「関係なし」にしようとの意見があり、現に起こっている朝鮮戦争に反対する国際的な運動への共同闘争に消極的な面があった。

それは、五〇年九月に平和を守る会が平和擁護日本委員会に改組しても、一一月にワルシャワで開かれた第二回平和擁護世界大会が、朝鮮戦争中止など九項目の「国連への提案」と世界平和憲章を採択し世界平和評議会の設置を決めても、なかなか改まらなかった。日本の平和擁護運動の主要な役員たちにとっては、ストックホルム・アピールは国民に支持され、五一年初めに産別会議や民主団体が結成した「全面講和愛国運動協議会（全愛協）」が呼びかける全面講和署名もそこそこに進んでいるから、それで十分という認識であった。

そうしたなか、朝鮮戦争反対や世界平和憲章の普及を重視する全学連や婦人民主クラブなどの求めに応じて、五一年二月二日、平和擁護日本委員会の総会が開かれ、古在も重大な関心をもって参加した。

総会では「世界平和憲章支持とその普及」の方針が提起されたものの、戒能通孝（早稲田大学教授）から平和擁護日本委員会の改組論が飛び出し、それらをめぐって議論は百出した。戒能の意見は、世界平和憲章の普及は、原水爆禁止を求める平和擁護日本委員会の目的変更にあたるから、取り組むならば改組してからやるべきだというもので、それに対して全学連の代表は、平和擁護日本委員会の改組は不必要で強化こそ必要だと主張した。産別の代表は、改組論も強化論も根は一つ、実行こそ先だと論じ、なお食い下がる全学連代表に「青二才黙れ」と発言を制する場面もあった。常任委員の平野義太郎（世界平和評議会評議員、中国研究所所長）は、それらの激昂する議論を受けるように、平和擁護日本委員会を二つに分割する案を提起した。第一委員会は原水爆禁止のみの運動賛成者で構成し、第二委員会は世界平和憲章とくに「国連への提案」支持者の組織とする、というものである。

古在はそうした議論を聞きながら、ストックホルム・アピール署名も全面講和署名も、それぞれの団体がその要求と力・条件に応じて取り組むべきだが、当面は平和擁護日本委員会として世界の平和運動の中心・朝鮮戦争中止に全力をあげるべきだろうと考えていた。そのためには平和擁護日本委員会の組織の改編や分割などは有害だと思った。

議論はその後も続いたが、結局「世界平和憲章支持とその普及」は決めたものの、戒能通孝の改組案も平野義太郎の二分割案も採択されないまま、総会は終わった。古在は総会後、総会に参加できなかった松尾隆の家に寄り、古在のそうした考えを話した。

日本での平和運動のあり方が議論になった同じ二月、「平和擁護世界大会委員会」を改称して発足したばかりの世界平和評議会が、日本とドイツの再軍備に反対する決議とあわせて、朝鮮戦争の平和的解決のために、米・英・仏・ソ・中五大国の平和協定を要求する署名運動を提起するベルリン・アピールを発表した。

このベルリン・アピールをめぐっても、三月二七日の平和擁護活動家全国代表者会議が紛糾し、二五〇人余りの参加者のうち七〇余名が退場する事態になった。全国代表者会議は退場者をかかえたまま、世界平和憲章とベルリン・アピールを決議して、差し迫った四月の地方選挙では世界平和憲章とベルリン・アピールを支持する候補者を推薦することにした。しかし退場したグループは翌日「全国代表者会議の継続会議」を独自に開き、不幸にも平和活動家たちは、ベルリン・アピール重視の「平和懇談会」と講和署名と全愛協運動を重視する「日本委員会」の二つに分裂する事態になった。朝鮮戦争と講和問題が時代の最大の焦点になるなか、日本の平和運動は統一した力を発揮できなかった。

一斉地方選挙　一九五一年春

古在は百合子の葬儀が終わった翌二月に入って、「モーリス・J・ショーア『ソヴェート教育・その心理学と哲学』」（『思想』四月号）を書き上げてから、宮本百合子追悼文の構想をねった。戦中に喫茶店アトラスで偶然百合子を見かけたこと、古在の家で百合子とナチス侵入を語り合ったこと、長者町小松旅館での百合子滞在のこと、そして妹寿江子さんのこと。あれこれの想い出を短い文章にするのは難儀だが、懐かしくもあり楽しくもあった。

この二月は『思想』の原稿料八千円が入ったうえ、美代の病気を心配してナウカ社から五千円、出隆の幸子夫人が届けてくれた哲学会有志の見舞い金五千円など、合計一万八千円という滅多にない実入りがあり、古在は少しばかり気分が落ち着いた。芝寛や山田坂仁（哲学者、旧唯研会員）と久しぶりに互角の囲碁を楽しみ、風間道太郎宅での碁会には重い碁盤を担いで参加して、村井康男や高桑純夫ら一〇人ほどの参加のなか、準決勝まで勝ち進んだ。三月には、昨年の長女由美子に続き、次女重代の女子学院入学が決まった。

ある日、全銀連（全国銀行従業員組合連合会、四七年結成時、五三組合一〇万人）の書記局にいた高田佳利（のち総評オルグ）が、芝寛に連れられて古在の家にやって来た。高田と芝の勤務先は同じビルにあり、運動の悩みを聞いた芝が古在のもとに案内してきたのだ。高田は、レッドパージで組合リーダーを失った青年労働者たちの力で、労働組合を再建したい、労働学校の講師を引き受けてもらえないでしょうか、と言った。古在はいつものように青年の話に身を乗り出し、飾らぬ話し方で初対面の高田を安心させ、労働学校の講師を引き受けることにした。それ以来古在は、自由大学地方公開講座とともに、鎌倉の建長寺、成田の新勝寺、芝の増上寺などを借りた、二泊三日の合宿を原則とする全銀連青年部の労働学校の講師を務めることになった。

しかし古在が力を入れてきた肝心の自由大学設立構想は、行き詰まったままであった。古在は「大学設立はやはり士族の商法だったか」と落胆したが、それが無理なら引き続き地方での「自由大学講座」の開催に力を入れようと考えていた。事実、地方・地域での自由大学公開講座は案外に順調で、東京でも前年秋の「第一回自由大学文芸講座」が成功していた。文芸評論家・荒正人が企画するこの「文芸講座」の講師陣は、当時のベストセラーの著訳者、『月と六ペンス』の訳者中野好夫や『夕鶴』の木下順二、『抵抗の文学』の加藤周一など一五人が居並ぶ錚々たるメンバーで、神田での月水金週三回の講義の人気はいつも上々だった。そうした成功例にも励まされ、古在は三月末から高桑純夫とともに自由大学新潟教室に赴き、三ヵ月のあいだ夜の哲学科講義に臨んだ。古在には、制約が多く非民主的な大学より労働者の学習意欲に直接応える方が張り合いがあった。一年前に教授就任の話もあった東京工業大学で、この春は逆に古在排斥の動きがあり、大学側は新しい教師を迎えたものの、結局受持時間数を減らすだけで古在排斥に成功しなかったことが、いっそうそうした気持ちを強くさせていた。

そのころ古在は、北原文化クラブの『ドイツ・イデオロギー』の学習会で、一橋大院生の長洲一二(のち横浜国大教授、神奈川県知事)や早稲田の学生藤本正利(小繋村の農民支援者、のち編集者)などの優秀な青年たちを知った。週一回の夜の読書会参加者は、他の学習組織と同じように退潮気味で五、六人のときもあったが、それでも古在は可能な限り都合をつけて、青年たちの学習と談話にくつろいだ気分でつきあい続けた。大学のようないわゆる「講義」があまり得意でない古在には、青年たちに接し、その話を聞く方が楽しかった。

その北原文化クラブの中心にいた東大文学部の学生近藤正二が、五一年春の一斉地方選挙で中野区議会議員に立候補する話が持ち上がった。相談を受けた古在は、学生でも悪くはないねと応え、クラブの若者たちも応援することになって、近藤は無所属で立候補した。スローガンはクラブの青年たちみなが知恵を出し、「平和を守り、文化を高める」に決まり、青年のための文化施設・施策の充実を訴えた。当時はなにをやるにも適度な公的施設は少なく個人宅を借りての学習会のため、当初古在の家を会場にしたときは、美代が秀実のおむつを取り替えながら話に加わる状態だった。近藤正二にはそれが気の毒で、民主主義と文化発展のために施設を造り、その便宜をはかるのは自治体の仕事であろう、立候補が文化クラブの活力アップにつながればさらにいい、と考えたのだ。

古在は応援を高桑純夫に頼むなど可能な支援に努力し、意外にも近藤正二は当選した。この当選がクラブ員の刺激になり、北原文化クラブはその後見事に退潮傾向を克服していった。それは会員に区会議員がいる便利さというより、当選させた青年たち自身が、自分たちの持つ「力」に気付いたからである。

近藤正二議員誕生の一週間後、都知事選挙があった。都知事選には、古在の恩師かつ「同志」の出隆《いでたかし》が、東大教授の職を辞して無所属で立候補していた。

出隆は若いころ『哲学以前』を刊行して一躍有名になり、東大教授となってギリシャ古典哲学を研究していた。しかし、学徒動員されたまま満州で病死した長男、侵略戦争に対する大学の便乗と逃避、そこに強い責任を感じて、戦後は古在らとともに民科や日本哲学会でともに活動してきた仲である。その出隆が三年前「熟柿が枝から落ちるように」（出隆本人の言葉）共産党に入党して周囲を驚かせた。出隆は平和擁護運動でも、国際連帯を重視したベルリン・アピールを支持し、朝鮮戦争に反対する反戦運動こそ当面の最大の課題だと考えており、徳田派の加藤勘十支持は徳田派の無原則な幅広主義に思われ納得していなかった。

古在は『哲学用語辞典』（青木文庫）の編集や、行き詰まりつつあった自由大学設立問題のこともあり、出隆とはよく会い、よく話す機会があった。古在は、出隆が決して政治家向きでないのを知っていたから、初めは出馬取りやめを忠告しようと考えたが、出隆の学者としての誠実さと一徹さを考え、最後は出支持を決意した。出支持が、松村一人、甘粕石介と対立し、共産党内の議論も深刻さを増すだろうと思ったが、古在は東大で開かれた出隆の送別講演会で「平和運動と知識人の課題」と題して演壇にたち、出支持の立場を公にした。

しかし選挙結果は、現職の安井誠一郎が一四三万票で当選し、加藤勘十は八一万、出隆は四万四千票で惨敗した。徳田派の共産党臨時中央指導部は、出隆の党除名に動いた。

窮乏生活　一九五一年初夏〜

二月は思いがけない収入があって一息ついたが、一斉地方選挙があったこの春は、唯一の定収だった東京工業大学の持ち時間数が減り、古在の生活はピンチが続いた。新制東京大学自治会で全面講和に関する講演や明大で「平和の哲学的考察」と題する講演を引き受けたが講演料はわずかで、依頼原稿の方も、『読書新聞』(「わたしの読書遍歴」)、『三田新聞』(『アメリカ思想史』四巻の「書評」)、ナウカ社『現代思想十二講』の一部(序講、十一講「毛沢東」、「むすび」)に過ぎなかった。大いに期待をかけた三笠書房の『現代哲学』の新書版化の印税も前借金があると言われて、ほとんど収入にならなかった。

古在はやむなく、『唯物論全書』シリーズや戯曲全集、『ヴァルガ年報』、ロシア語の『父と子』『ボカチオ』など当面不用な本を売り払い、吉野源三郎には金策を頼んだ。吉野は二千円を用立て、さらに恒常的な仕事として仮訳原稿訂正の仕事を用意してくれた。それでも五月半ばの五〇歳の誕生日には、茶葉も紅茶も切らしたまま補充さえできなかった。美代の胃病はようやく回復したが、悪いことに豊樹と秀実二人が一緒にハシカに罹り、健康保険証は伊藤書店に面倒をみてもらっていたが、やせ細った家計を再び医者代が直撃した。

そんな状態でも、七時間ばかりかかるものの自由大学新潟教室に行くのは楽しみだった。五月半ばのときは夕方新潟駅に着き、すぐ労働会館に行って「近世ヨーロッパ思想史」を話した。次の日は夜の講義までの時間を使って市内を歩き回った。大和デパートの横丁に一杯四〇円はするがうまいコーヒー屋をみつけたり、子どもたちに笹飴を買ったりするのは気分転換にもなり楽しみでもあった。その夜の「ベーコンとデカルト」の講義を終え、翌日の夜帰宅すると、案の定子どもたちはまだ起きていて、土産の笹飴に躍りかかって来た。古在は小学二年の豊樹が「あの子のお父さんはアカだから」と遊んでもらえないのを知って不憫に思っていただけに、地方講演で土産を持って帰るのはせめてもの罪滅ぼしでもあった。

五月末、民科第六回大会が早稲田大学で開かれた。ちょうど全く同じ日程で日本哲学会総会があり、古在と高桑は日本哲学会総会の方に出席したが、二七日夜に開かれた民科の懇親会には顔を出し、そこで民科大会の様子を聞くことができた。

大会では民科の重点課題について「平和運動か研究活動か」で意見が分かれたが、「研究と創造」「科学の普及」「研究条件の整備」の三つの重点を生かしながら、平和擁護運動にも努力することになったと聞いて、古在は一安心した。分裂した平和擁護日本委員会も世界平和評議会からの数回の助言・勧告を受け入れて、ベルリン・アピールによる署名運動強化に方針を改めていたが、平和擁護運動と同じように意見の違いで民科が分裂したのでは、元も子もないと思っていたからだ。

ただ大会議長を務めた渡部義通から、出隆が副会長をやめ評議員になったことを聞いたときは落胆した。渡部義通によれば、共産党の使者が会場にやって来て、渡部を廊下に呼び出し、出隆の民科からの除名を処理しろと言われ、渡部が除名提案が提出されても大会議長として俺は否決を呼びかけると応じると、使者は帰って行った、とのことだった。共産党の除名と民科からの除名とは全く別問題で、古在には渡部の対応は適切だと思ったが、それでも出隆の副会長辞任は譲歩しすぎのように思えた。

出隆の知事選出馬に関連して、もう一つ事件があった。出を支援し同時にベルリン・アピール署名に熱心な学生一六名が逮捕されて、軍事裁判にかけられたことである。学生たちは飯田橋駅頭で、「青年よ武器をとるな」というプラカードをもってベルリン・アピール署名を訴えていたが、プラカードの内容が占領違反（政令三二五号違反）であり、「候補者出隆」の名前を書いたビラを撒いたというのが、検挙理由になっていた。検挙学生一六人の中には、窪川鶴次郎と佐多稲子の息子も含まれていた。

出隆と松尾隆が勾留理由開示の公判で、学生一六人の利害関係者として陳述した。出は、私は戦争に反対し平和を守り抜くために立候補した、その私の願いを理解し平和擁護の運動に立ち上がった学生一六名は、新憲法の大本《おおもと》にそって行動したのだ、しかもビラ配布の事実はなく、不当に起訴した検察側こそ新憲法を犯しているのだ、ゆえに裁判官は学生たちを無罪釈放すべきだ、と述べ、松尾隆は、戦争放火者は今後も平和擁護闘争に弾圧を加えるだろうが、真理は弾圧・迫害によっても滅びず必ず勝利するだろう、「私を焚殺《ふんさつ》する汝等こそが不安と絶望に充たされているのだ」というジョルダーノ・ブルーノーの言葉をもって私の陳述を終わりたい、と感銘深く結んだ。しかしこの公判の直後、学生たち一六名は軍事裁判に移された。

古在は学生たちと出・松尾の熱い陳述を知っていただけに、なんとか国際世論に訴えてでも、この裁判を動かし釈放を勝ち取りたいと考えていた。古在は自由国民社の『人名辞典』の仕事のおり高桑純夫に、世界平和評議会に裁判支援を呼びかけてはどうかと提案した。しかし高桑は、近々の釈放を信じてか、余り積極的ではなかった。古在は着想がすこし出し抜けだったかと自問し、心残りではあったがそのまま「人名選定」の仕事に移らざるをえなかった。その後学生たちは五月に一三名、六月には残る一名と執行猶予付重労働六ヵ月の二人も、無事釈放された。

六月下旬、一〇戦一〇勝の連勝を続け、七つの新記録を出した「名馬トキノミノル」が、突然の破傷風で死んだ。この「名馬」の死を、ラジオも新聞も大きく報道した。新聞を読んでいた美代が顔をあげ、突然古在に話しかけてきた。「ふたりの博士が看病してペニシリン注射などをやったけれど、だめだったそうよ」。古在は、馬が大事にされた戦争中を思い出しながら、「そうか、人間以上だな」とさりげなく応えた。美代はさらに続けた。「それにね、いままでだけで四百万円もかせいだんだってさ。馬でもずいぶんかせぐわね」。「馬でも？なにいってるんだ。馬だからそんなに金をかせぐのだ。人間というものはそんなにかせぐもんではないんだ」。古在は、内職や無尽講でやりくりに苦労する美代に常々から感謝していたが、このときばかりは思わず強い調子になった。

朝鮮戦争と弾圧、それをきっかけにした日本共産党の分裂と長引く窮乏生活、その逆風のなかで、古在の気がかりは『唯物論研究』の停刊が今なお続いていることだ。戦後出隆らと発行した『唯物論研究』は、戸坂潤を追悼記念する「現代哲学講演会」をきっかけに四七年に設立した唯物論研究所が編集し、発売を伊藤書店が引き受けていたが、左翼ジャーナリズムと出版社の衰微は伊藤書店も例外ではなく、深刻な経営不振のなかで、五〇年春の第七号をもって停刊したままだった。古在がかかわる民科哲学部会の雑誌『理論』も、同じ年に停刊に追い込まれていたから、古在の新哲学雑誌発行にかける思いには強いものがあった。唯物論が、朝鮮戦争などの現実がもたらす諸課題から遊離せず、真理の隠蔽と真実の一切の歪曲と闘ううえで、唯物論をその闘う武器として鋭く高いものに鍛えあげ、普及することこそ重要なのではないか……。

古在はそんな思いでこの一年、後継誌の発行を本間唯一や森宏一らと話し合ってきた。その結果、テーマの現実性、内容の前進性、現実把握の科学性などは従来通りとしても、『唯物論研究』誌の単なる継承ではなく、唯物論本来の大衆的・客観的・現実的性格を重視し、日本の唯物論陣営の結合と発展を目指して、誌名を『唯物論者』、編集人を古在、発行人を本間唯一とし、「学芸社」から発行することにした。読者と緊密な交流をもつため、ガリ版刷りではあったがＢ４判・一枚の読者交流紙「プリズム」を毎月付録としてつけることも決めた。

古在が慣れない毛筆で誌名をしたため、巻頭論文「革命的現実主義の立場」（『著作集』②所収）を書いて、

『唯物論者』八月号（A5判、三二頁。定価三〇円）を創刊したのは、五一年七月だった。小さい雑誌に掲載できたのは、古在の巻頭論文と森宏一の「ブルジョア死すとも、自由は死せざるか」の二本だけ、学習案内として「国家論の研究方法」を取り上げ、末尾に「シカゴの平和擁護大会」を紹介すると、誌面はもう一杯になった。ただ、唯物論研究会組織の再興ではないにしても、念願の「『唯物論研究』の後継誌」を発行できたのは大きな喜びだった。

その夏、小学生の豊樹が、「栄養失調および脊椎湾曲」と書かれた通信簿を持ち帰り、心配した美代が、無断で古在の蔵書を売って換金した。不満を募らせる古在に、「お父さん、子どもは霞を食っては生きていけないんですよ」と美代が言った。豊樹はその後何度も父に対する母の同じセリフを聞いた。古在一家の窮乏生活は、その後もあまり改善されることはなかった。

第11章　自由大学サークル　一九五一〜五七年

講和条約　一九五一年秋

日本は朝鮮戦争によって軍事・経済・政治のあらゆる面で、アメリカへの従属を強めたが、その最後の仕上げが単独講和問題である。

すでにトルーマン大統領は、朝鮮戦争開始の三ヵ月後に対日講和七原則を示し、米軍が講和成立後も日本に駐留することを示唆して、翌五一年一月からダレス国務省顧問を担当者に任命して日本政府との予備交渉にあたらせた。『ウォール・ストリート・ジャーナル』は、「ダレスが対日講和を急いでいるのは、朝鮮戦争によって変化したアジア情勢に対処するためだ。いまや再軍備された日本のみが中国に対する攻撃の拠点としてアメリカに残された唯一のものだからだ」と論評した。アメリカ政府が狙う講和条約は、社会主義国となった中国を念頭に、「戦争から平和状態への復帰」という通常あたりまえの講和条約ではなく、新しい戦争準備に日本を巻き込もうとするものであった。日本を対ソ・対中国包囲網に組み入れるものと見たソ連や中国は、対日講和条約に反対し、インド・フィリピン・オーストラリアも米軍駐留と日本の再軍備を厳しく非難した。しかし経団連などは単独講和を歓迎し、米軍の日本駐留、必要な基地の提供、日本の再武装などを内容とした「講和条約に関する基本的要望」をダレスに提出する「従順さ」を示した。

講和問題に大きな関心を寄せ、『世界』誌上で全面講和条約締結の論陣を張ってきた吉野源三郎は『世界』一〇月号で「特集　講和問題」を組み、発売日を一週間繰り上げて九月一日に発売した。百余人の有識者が意見を寄せた『世界』一〇月号への反響は大きく、雑誌としては全く珍しいことに、四回の増刷を重ねた。

吉野源三郎は特集の巻頭文「読者へ訴う」で、「事はわれわれ八千万の人間の運命にかかわる重大事であり」「この草案を呑むにせよ、拒むにせよ、国民としての先決問題は、まずその真実の意義を知り、その怖るべき帰結をよく承知することである」「われわれの家庭、われわれの子供たち、われわれのつつましい幸福や一切の人間らしい希望が、またも戦火に曝されるかも知れない危険を賭して、一つの重大な決定がいま行われようとしているのである」と書いた。

吉野の無念は、満州事変から盧溝橋事件を経て太平洋戦争にいたる一五年間というもの、国民が何ら真実を知らされず、暴力的な中国侵略も「防共の聖戦」、太平洋戦争も「白人からのアジア解放」と信じ込まされたことにあった。その結果が、アジアの人びと二千万人を殺し、大陸の奥地や南海の海に多くの同胞を死なせ、国民を空襲や飢餓、恐怖と窮乏におとしめたのだ。『世界』編集長吉野にとって単独講和問題は、その条約に賛成にしろ反対にしろ、将来もたらす結果を国民がよく知ることこそ先決問題だった。

古在は吉野の呼びかけに応え、その「特集　講和問題」に寄稿者の一人として、わずか一頁だが「今こそ卑屈な沈黙を捨てよう」を寄せた。

……今回の講和条約草案はどう読もうとも、「ソヴェートおよび新中国を仮想敵とみなす前提のうえにたって」「アメリカ軍の半永久的な駐屯および日本人軍隊の大規模な再建をもたらし」『「共産主義による侵略の脅威』という理由づけのもとで第三次世界大戦の準備を大きくすすめるとともに、日本をこのために隷属的な地位におくものです」と述べ、最後に「これは日本民族を破滅へつきおとし、世界の平和をおびやかす草案である。いまこそ沈黙をすてよう。平和憲法の明文にしたがつて、世界の人民とともに、いまこそ平和への念願をはっきり言葉と行動にあらわそう。勇気と確信をもつて」と訴えた。

しかし『世界』発売後すぐの九月八日、サンフランシスコで「対日講和条約」と「日米安全保障条約」は調印され、翌五二年四月両条約が発効した。日本は、この二つの条約によって占領状態を脱することはできたが、沖縄と小笠原の主権は奪われ、日本全土に膨大な軍事基地を提供する義務を負い（全土基地方式）、軍事・外交・金融などの面でも制限を受けるという、真実の独立にはほど遠い、アメリカ一国に従属する国となった。のちに首相となった若き中曽根康弘は、当局から米軍の活動経費の日本負担や関税免除、米兵犯罪の裁判権放棄などを定めた「日米行政協定」について説明を聞き、「要するに、この協定は日本を植民地化するものですナ」と周囲にもらしたが、講和条約、安保条約、行政協定（のちの地位協定）によるアメリカへの従属は、中曽根らを含む為政者たちの明確な判断と選択だった。

単独講和に反対し全面講和論を主張し続けた『世界』は、それ以来「左翼雑誌」呼ばわりされるようになった。しかし吉野源三郎は『世界』一二月号の「編輯後記」に、編集者としての気概を書いた。敗戦直後の革命的気勢があふれるなかで『世界』は「反動呼ばわり」され、今は「赤呼ばわり」される、しかし公の言論機関として創刊以来一貫した方針を変えずにいるだけで、変わったのは全般的状況の方だから、「赤呼ばわり」されることを恐れない、と。編集長吉野源三郎の励みは、感想や意見を『世界』に寄せる勤労青年たちの手紙だった。この雑誌が、潜在的な青年たちのエネルギーをさらに蓄積し発動させることに役立てば、日本人の自主性は将来必ず取り戻せるはずだ。吉野の強い確信だった。

「逆コース」　一九五一年秋〜五二年

その秋一一月、衆議院に続いて参議院でも講和・安保の両条約が承認された。翌一九日の『朝日新聞』には、参議院の与党議員の控え室をまわって「お礼の挨拶」をする吉田首相の写真が載った。尊大で気むずかしい吉田茂が片手を上衣のポケットにつっこみながら、この日はめずらしくも腰をかがめて満面に笑みをたたえていた。

吉田の写真に、誰のための、何のための笑顔かと、古在はいぶかった。不愉快だった。

……国会審議が終わろうとする日も、組合旗をなびかせて参議院に向かって行進する労働者の隊列があったではないか。国民は笑顔を見せるどころか、怒っている。読売新聞の一〇月の世論調査でも、安保条約が日本の安全を保つと考えるのは三割、危険あるいは不明と答えたのは七割に近かったではないか。戦争と軍備を放棄した新憲法を持つ国が、アメリカの巨大な戦略網に組み込まれ、再軍備を強いられ、独立も平和も保障されない国にされようとして、一国の首相はそれでも微笑むのか……。

吉野源三郎は『世界』五二年一月号で、ちょうど創刊満六年を経過したこと、日本の運命に決定的な意味をもつ講和条約が結ばれた、という二つの意味を込めて、「特集　新しい出発のために／民族の運命と講和後の民主化」を組んだ。吉野は、南原繁の「祖国再建に捷径《しょうけい》（近道）はない――講和締結に際し学生諸君に与う」などの主要論文のほかに、識者にいくつかの問いを発して答えてもらう「講和後の日本に民主主義を確立するために」を企画し、期日までに回答した古在を含む二三名分を掲載した。すでに「民主化」に替わって「逆コース」という言葉が定着しようとしていた。

古在はそのアンケートに答えて、気になった吉田首相のあの「笑顔」を描写したあと、要旨次のように書いた。

……民主主義の確立は国民の基本的人権確立にほかならないが、朝鮮戦争の特需にかかわらず、国民は戦争経済や治安費・軍事費の重圧にあえぎ、民主主義の最低条件――生きる権利すら奪われかねない状態にある。国民は闘わざるをえないし、闘いは民主主義擁護という性格を帯びざるをえない。政府は国民の闘いを予見して、破壊活動防止法、ゼネスト禁止法、検閲法を立案、警察予備隊や海上保安庁、特別審査局（公安調査庁の前身）などを強化し、戦犯追放の全面的解除さえ実施した。今は右翼復活の兆候があちこちに見られる。マクマホン・ボールが「今日の日本を支配する人々は、満州や中国やパール・ハーバーへの攻撃を計画した人々と基本的には同じ世界観、同じ利害関係をもつている」（『世界』前月号）というように、民主主義確立の障害は、まさにここにある。憲法一二条が言うように、「自由及び権利は国民の不断の努力によってこれを保持しなければならない」。今必要なのは、国民の、とりわけ民主勢力の、この「不断の努力」である、と（古在「平和と独立への努力」、『世界』一九五二年一月号）。

古在には、他国の戦略網の中での日本再軍備の進行という問題にこそ、日本の民主主義の死活がかかっており、この排除のための「不断の努力」が、今後日本国民に求められてくる最大の課題だ、との強い思いがあった。しかも、講和条約をめぐる闘いのなかでレッドパージからの痛手を克服し、戦闘性を取り戻しつつある労働者への、確かな信頼・連帯の気持ちがあった。

一九五二年元日、共同通信社の求めに応じ、ソ連首相スターリンが「日本の独立達成を希望する」との日本国民へのメッセージを伝えたが、二月には日本国内のどこにでも米軍基地を設定でき、その米軍人・家族の治外法権を認めた日米行政協定が結ばれた。三月には団体等規正令に替わる破壊活動防止法（破防法）案の国会提出が決まり、四月二八日にはサンフランシスコ講和条約が発効して、アメリカに軍事・経済・政治面で従属する「独立国日本」が誕生した。

しかし前年秋から、労働協約改訂や越年手当要求を掲げ、闘争することによって力をつけてきた労働者たちは、五二年春には女子の深夜労働制限の緩和や公益事業のスト制限を狙った労働法改悪案反対とあわせて、破防法反対を果敢に闘っていた。四月半ばには、炭労・私鉄・海員・電産など一〇七万人の労働者がストに入り、国会での論戦もあって破防法の成立は難航した。

そして五月一日、血のメーデー事件が起こった。四〇万余の労働者が、「講和・安保両条約反対」「四月二八日を忘れるな」「破防法粉砕」などのプラカードを掲げて、明治神宮外苑に集まったが、デモ隊の一部が皇居前広場（人民広場）に進んだとき、武装警官が拳銃と催涙弾、棍棒をもって襲いかかり、千数百名が死傷した。デモ隊の怒りは、裁判所の使用許可の判決を無視して、政府が皇居前広場の使用を拒否したことにあった。しかし破防法成立を狙う政府は、千二百余人を逮捕し、二六一人を騒擾罪で起訴した。起訴されたなかには、花田圭介（のち北大教授）や芝田進午（のち法政大教授）とともに出隆のもとで開かれていたヘーゲル研究会に出席していた高田求（のち労働者教育協会常任理事）も含まれていた。松尾隆が教鞭をとる早稲田大学では、警察がメーデー参加の学生を逮捕するため、抗議する座り込みの学生に殴りかかり、多数の負傷者が出るなか二六人を検束した（早大事件）。

戦後の民主化から「逆コース」への転換点にあったこの年は、アメリカの占領下から講和・「独立」への移行期でもあり、日本の進路をめぐって自由党のなかでも激しい対立があり、総選挙さえ政争に利用された。秋には、戦犯追放を解除されて政界に復帰した反吉田派の鳩山一郎と吉田首相の角逐のため、吉田が先手を打って抜き打ち解散を強行し、第二五回総選挙が実施された。吉田はこの選挙でかろうじて過半数をこえる二四〇議席をとったが、党内に六四人の反吉田派をかかえることになった。分裂状態のただなかで、火炎ビン闘争など極左冒険主義的な戦術をとっていた日本共産党は、この選挙で国民の不信と批判を受けて三五議席すべてを失いゼロとなった。

自由大学サークル出発　一九五二年秋

五一年夏以降、古在はあまり積極的な活動ができずにいた。日本共産党の分裂に加え、古在が書記局員をつとめる平和擁護運動も混迷し、そのうえ依然として続く「窮乏生活」があり、一年余発行してきた『唯物論者』の維持問題もあった。

「窮乏生活」は、出隆と編集した『哲学用語辞典』（青木文庫）を知事選後の昨年五月に出版したあと、引き続き青木書店の哲学講座全五巻[1]の編集の仕事を得ても相変わらずの状態、一方の『唯物論者』はこの夏、学芸社の事情から発行が危ぶまれる事態に陥っていた。しかし『唯物論者』は『唯物論研究』の後継誌として、かなりな力を割いてきただけに、簡単に断念するわけには行かなかった。ともかくすぐの廃停刊はさけ、リニューアルの工夫をこらして再挑戦しなければならない。古在は本間唯一らと相談を重ねて、現行三二頁を思い切って八〇頁に増やし、新誌名を『真理のために』と決め、『唯物論者』一〇月号（通算第一五号）に、学芸社の社告として一二月号から実施することを発表した。しかし発表はしたもののその時点で、新雑誌『真理のために』を引き受ける出版社は確保できていなかった。古在にはそれが最大の不安だった。

……戦後の『唯物論研究』は伊藤書店の事情で第七集を出したところで廃刊になり、『唯物論者』もまた一五号を出したところで、学芸社の事情のために再出発を余儀なくされている。レーニンの『唯物論と経験批判論』や中断した日本評論社の『小林多喜二全集』などを引きつぐなど堅実にだった学芸社でも、維持することができなかった。引き受ける版元はあらわれるのだろうか。少しは脈がありそうな富士出版社も、返事はまだだし……。

困難に突き当たり再出発しなければならないのは、この雑誌だけではなかった。三年前から高桑純夫などと努力してきた自由大学設立構想の次善の策、「自由大学地方公開講座」もこのころは完全に活気が失われていた。東京の講座さえ「第一回自由大学文芸講座」はまずまずの成功を収めたが、実行委員の手弁当の活動にもかかわらず、聴講料一回三〇円としたため、講師謝礼と会場費を払うと足が出る状態が続いた。そのこともあって第二回の「自由大学講座」からは千代田区の後援をとって五一年から毎年春と秋に開いてはきたが、後援者の千代田区側には講座内容と講師選定に大きな不満があった。たとえば五一年三月の開講記念講演が中野好夫「文学雑感」と都留重人「経済の話」、五二年春の講座は「哲学」を古在が担当、「第三ヒューマニズムについて」を務台理作、「明治維新」を遠山茂樹が担当した。こうした状況があって実行委員長の高桑純夫と図書館長とが怒鳴りあうようなやり取りもあったが、結局会場にしていた千代田区立駿河台図書館の移転が重なって、この夏の第四回を終えたところで「自由大学講座」は閉講となった。一年半ばかり続いたこの自由大学講座の聴講者数は、著名な講師陣にもかかわらず毎回三〇人から五〇人の間に留まっていて、それもまた千代田区側の意欲をそいだようだ。こうして「自由大学設立」はもちろん、それに替わる次善の策「公開講座」もとん挫した。

しかしすべてを終了させるには、まことに惜しい「自由大学構想」である。高桑と古在らは思案の末、各講座別にサークルを作り、引き続き学びあうことを関係者に呼びかけた。これまでの講座参加者と講師陣には、学ぶ意欲も教える意欲も衰えてはおらず、提案は学生たちにも多くの講師陣にも積極的に受け止められた。

この秋から、さっそく各講座が「自由大学サークル」として、聴講生と講師の自主的運営で開始することが決まった。「自由大学サークルニュース」第一号は、「自由大学サークルは、真面目に生きようとする民衆に、自由な学問への道を開いた〝自由大学〟の趣旨に共鳴した人々の集いである」「われわれは、人間が幸福になり、明るい平和な社会を築くための科学を互いに力をあわせて研究する」と宣言し、事業としてゼミナール、講演会、親睦レクリエーションの実施を掲げ、月会費三〇円、その都度の会場費として二〇円を集めることなどを知らせた。各サークルには責任者がおかれ、サークル全体の運営委員会も設けられて、月一回のニュース発行、隔月に機関雑誌『虹』を発行することになった。

自由大学サークルの記念すべきスタートの講座は経済学サークルで、九月一日、宇佐美誠次郎が宮川実著『経済学入門』をわかりやすく解説した。会場は駿河台にある雑誌記念館で、その後同じ会場を中心に、小林良正の「経済史サークル」、高桑純夫の「哲学サークル」、南博の「心理学サークル」、猪野謙二の「文学サークル」、沼田稲次郎の「法律サークル」、計六つの自由大学サークルが、それぞれほぼ月二回の割で開かれた。

学生のなかには掛け持ちで複数のサークルに参加する者もいたが、サークル員は全部で七〇名程度、多くは十代後半から二十代の若者たちであり、ほとんどのサークル員は、昼は働く若い労働者たちであった。時代は「逆コース」、反動化がいっそう強まっていたが、青年たちはなお抵抗の意志と同時に新生日本建設への息吹を持ち続けていた。

古在は自由大学サークルの出発を心から喜んだが、大詰めに入った青木書店の哲学講座編集の仕事があり、すまない気持ちながら哲学サークルは当面高桑純夫に任せることにした。

平和共存　一九五三年春

五三年の正月、古在家にとっては珍しいことに風邪や病気で伏せる者がなく、家族全員そろって雑煮を食べることができた。昨年一年間は「稼ぎ」に精を出したつもりだが、窮乏脱出はなお遠い話で、年末に河出書房から『世界思想全集』の企画料が入ったものの、借金返済の義理を果たすのがやっとだった。雑煮の餅さえ山崎謙の差入れ、気の置けない者だけの新年会では、会費を後日払いにして参加したこともあった。

これまで何度も借金を頼んだ吉野源三郎が松の内がすぎたころ、以前からやっていた『世界』に掲載するアンドリュー・ロスの仮訳校正の仕事のほかに、「篠田英雄が進めている『西洋人名辞典』の仕事を週三回手伝ってくれ、毎月三万円ほどは出せる」と言ってきた。さらに全逓（全逓信従業員組合）からは、週刊新聞に哲学入門講座「わたし達の哲学」の連載依頼があり、二月からのスタートにかかわらず一〇回分の稿料が前払いされた。古在は執筆の苦労を覚悟しつつも有り難く受け取り、その稿料で長女由美子のオーバーを質屋から取り戻した。この間井上正蔵（東工大助教授）らが骨を折ってくれた東工大教授任命の話は、陽の目を見なかったものの、そんなスタートを切った新しい年は、生活の面で希望が持てるように思えた。

さっそく一月半ば、岩波書店で篠田英雄から『西洋人名辞典』の進行状況を聞いたあと、夜の「平和連絡委員会」の新年会に顔を出した。朝鮮戦争や講和条約をめぐって、平和懇談会や日本委員会などに分裂していた平和擁護日本委員会も、ようやく一本にまとまる機運が高まっていた。会場には三百人ほどが参加していて、活気と気勢に満ちていた。古在にはそれが、アメリカへの従属状態とはいえ一応独立を勝ち取り、運動によって「真の独立国日本」を達成しようとする意気込みのように感じられた。修練を積んだ西崎緑（日本舞踊家、一代目）の見事な踊りを「学者のいい加減な論文など足もとにも及ばない」と感心して見ていると、壇上で何か隠し芸をやれという伝令が回ってきた。古在は阿部行蔵（都立大教授、のち立川市長）、帆足計（左派社会党国会議員）、細川嘉六などを誘って、「春は春は」という「ボートの歌」を歌い、おしまいの方は参加者も唱和して大合唱となった。夜半、古在は美代のために大阪寿司の土産を買って帰った。気分のいい一日だった。

この春は確かにいいことが続いた。年賀の挨拶に出隆宅を訪ねたときも、四〇度の熱で出は床に伏せっていたが、暮れに小菅拘置所から釈放された二十代半ばの高田求に出くわし、「血のメーデー事件」で被告となった高田の特別弁護人を引き受けることにした。「逆コース」に反撃し、民主主義を一つひとつ勝ち取っていくためには、具体的な問題を避けるわけにはいかない。その正義の闘いの一画に加わることを躊躇なく決断できたことが、古在の気持ちを明るくした。生活費のめども当面はたって、長い間金欠のため購入を控えていた本、ルカーチ（ハンガリーの哲学者）やガモフ（オデッサ生まれのアメリカの理論物理学者）の本、そしてなにより嬉しかったのは獄中で読んだ『はるかな国とおい国』の原本を新版で買えたことだった。

古在は三月になって、『世界』五月号のための座談会「恐怖から共存へ」に出席した。古在は昨年から資本主義と社会主義、「二つの体制の共存問題」を考え続けており、この一月には民科での報告「二つの体制の平和的共存について」を皮切りに、北原文化クラブの研究会でも三回にわたって、その考えを述べてきた。『世界』の座談会は、これまでの考察を公にするいい機会になった。

古在は四年前の「恒久平和のために」（『著作集』②所収）では、戦争をたくらむ階級との闘争こそ恒久平和の道だと、階級闘争を強調していたが、「二つの体制の共存問題」を考え出してからは、平和運動は戦争を防ぎ止めようとするもので、体制やイデオロギーの違いを超えて協力できるはずだと、考えるようになった。この点はすでに『世界』一月号の座談会「民主主義をめぐるイデオロギーの対立と日本」で明らかにしたが、五月号の座談会ではこの間さらに深めてきた論点を披露した。

……確固とした恒久平和は資本主義体制が社会主義体制に変わるときに保障されると考えるが、人類を脅かす戦争の阻止は、原子兵器の禁止（ストックホルム・アピール）や五大国の平和協定（ベルリン・アピール）を要求するまでになった世界数億人の平和勢力・平和組織の成長と、ソ連など社会主義諸国の平和政策の推進によって可能となった。二つの体制の平和共存を可能にするには、体制の違いで二つに分けられた世界市場を、通商と貿易によって単一市場に回復することが必要で、それが平和共存の基本的条件になると思う。ネール首相は米ソに組みしない「第三勢力」を言ったが、世界各国の多様性を互いに尊ぶというのであれば、日本を含むすべての民族の独立が必要になる。今必要なのは、基本は通商による世界市場の再建だが、政府でも民間でもあらゆる部面での自由な交流を通じ、断絶と敵視を打破していくことだろう……。

丸山真男（東大教授）と都留重人（一橋大学経済研究所長）とのこの座談会は、冷戦はなぜ始まり、アメリカ支配層の基本的立場をどう見るか、国際政治の多元性尊重をどう確保し、共存を可能にする現実的諸条件はなにかなど、テーマは多岐にわたった。

『世界』五月号発売後三ヵ月ほどして朝鮮休戦協定が結ばれ、いよいよ「二つの体制の平和共存」が試される時代に入った。

サークル一周年　一九五三年春〜秋

平和共存問題で古在の最初の報告の場となった民科はそのころ、国民的科学運動と民科支部や民科班での活動を重視していた。それは、民科が単なる学会とは異なり、大学や学会ではできそうにもない「科学の創造を共同で行う」という民科の性格から、強調されていた。昨五二年には研究者と学生一千名が共同で農民の実態調査に取り組み、この六月には台風一三号による風水害被害の実態調査を実施し、その対策の研究を始めていた。

古在は民科の支部・班重視の方針にそって、この四月から週一回東京工業大学の講義を終えた日の夜、民科早稲田班哲学部会の学習会のため、早稲田大学に通うことになった。民科早稲田班の部屋は文学部（五号館）の地下にあり、五坪ほどの部屋には裸電球がぶら下がり、四角いテーブルと長椅子が並ぶだけの殺風景な部屋である。学生は一〇人から一五人、ゼミ形式の人数には手頃な人数で、テキストは一年前に青木書店から刊行した古在編『哲学講座第三巻　弁証法的唯物論』である。

一年前に早稲田の文学部哲学科に入った及川孝《こう》（のち三井銀行従組書記、食品労連書記）は、高校時代に『哲学用語辞典』を買って、編者の出隆と古在由重の名前だけは知っていた。その古在が講師で来ると知って、この学習会に参加することにした。学内はメーデー事件のあと警官が突入して学生を逮捕する早大事件があったばかりか、内灘闘争[2]や山村工作隊[3]に参加する学生たちが多く、落ち着いて授業にでる雰囲気ではなかった。及川はたまに開かれる正規の授業は休んでも、古在講師の学習会にはほぼ欠かさずに出席した。

古在は痩せてはいたが骨太のがっちりした体躯に帽子をかぶり、古ぼけた革鞄を提げ修理のあとが残る靴をはいてやって来た。当番にあたった学生が『弁証的唯物論』の要旨を説明し、そのあと古在が講義する形だが、及川には随分難しい学習会だった。しかし講義途中の喫煙タイムで、「新生」などを吹かしながらさりげなくする古在の話が、とても楽しくためになった。ほとんど欠講も遅刻もない古在への謝礼が、それにもかかわらず一回二、三百円と聞いて、及川には気の毒に思えたが、及川にとってこの学習会は、古在と終生親交を重ねる機縁になった。

古在はこの学習会の前後に、早稲田大学近くの裏長屋のような松尾隆の家に立ち寄るのが楽しみで、あまり謝礼の多寡を気にしたことはなかった。当時松尾隆の家は、政治に対する「抵抗者たちのたまり場」になっており、そこで出隆などを交えてあれこれ議論するのが楽しかった。古在はそこではじめて吉田嘉清（のち原水協代表理事）を知った。吉田は早大全学委員長として反レッドパージ闘争を指導して逮捕され、除籍処分を受けた若き活動家だった。

朝鮮での休戦協定が締結された七月、国分一太郎（児童文学者）と丸岡秀子（社会評論家）の編集で『教師生活』が新評論社から刊行された。前年五月には、児童憲章の完全実施を求めて「日本子どもを守る会」が、秋には全国ＰＴＡ協議会が結成されるなど、教育運動が高まりを見せていた。美代もまた、高校一年の由美子、中三の重代、小六の直枝、小四の豊樹そして入学前の秀実をかかえ、地域で子ども会運動や教育問題に熱心に取り組んでいた。

美代は五人の子どもをもつ母親の一人として、『教師生活』に「わたしのねがい」と題して、六年生の「母親学級」に参加して感じたことを率直に書いた。

……「母親学級」では、子どもの勉強を見てやるよう強調されたが、生活に追われる親の何人が可能だろうか。金額の多い子が表彰される「子ども貯金」は預金高競争に子どもを追いつめ、子どもを「妙な虚栄心のとりこ」にし、表彰されない子どもの心に傷だけを残すのではないのか。望むのは、流行や校長の指示で「母親学級」や「子ども貯金」をやるのではなく、自分のすること言うことにしっかり責任のもてる子ども、「豊かな強いヒューマニティーの子どもに育ててほしいということです」「先生は教育という尊い勤労によって生きていられる勤労者です」「どうか勤労者の誇りを持って、勤労者の立場から、子どもに対し、社会に対し、政治に対し自覚と批判をもってください」。私たち父兄は先生に何の贈り物もできない貧しい勤労階級ですが、「たった一つの贈り物をもっています。無責任の根源である現在の政治に対して、いっしょに腕を組んでたたかってゆく。これがその贈り物です」……。

美代は、再軍備が進み運動会で「軍艦マーチ」が流され、「教育勅語の普遍の真理」のかけ声が出始めるなか、子どもたちの平和で美しい魂が成長することをねがって、先生たちに率直に呼びかけた。

その秋、自由大学サークルは発足一周年を迎えた。この一年間、各サークルがテキストにしたのは、『経済学入門』（宮川実著）、『日本資本主義発達史』（守屋典郎著）、『労働法』（磯田進著）、『西洋哲学史』（シュヴェーグラー著）、『心理学概論』（大脇義一著）、『真空地帯』（野間宏著）などで、『自由大学サークルニュース』は七〇部ほどだが七号まで、サークル誌『虹』は四号までを発行してきた。そこには学ぶ喜びも、人生の悩みも、そして各サークルの様子も正直に表現されていた。

一〇月三日の夜、雑誌会館で五〇人余が参加して、「自由大学サークル一周年記念会」が開かれた。古在はサークルの担当講師ではなかったが、楽しみに参加した。講師陣の参加は、小林良正や高桑純夫ら八名で、代表して高桑が挨拶した。つづいて文学サークルと経済サークルが一緒に、サークルのなかで成長する女性を描いた「構成詩　自由大学サークル一周年に寄せて」を朗読した。「若者よ」のハミングをバックに、「みんな元気か／自由大学の仲間よ／私たちはこゝに一周年を迎える」と始まり、『美しい祖国のために』をバックに「平和を求め／真実を求め／夜毎に集まる自由大学の仲間よ／今こゝに一周年を迎える／新しい前進のために／新しい前進のために」と唱和し、古在もまた若者たちの輝く笑顔にほほえみ返しながら、一緒にハミングした。

古在が余興に歌った「ボートの歌」が終わると、数人の学生たちがやって来て「先生、先生に哲学の講義をぜひお願いしたいんです」と手を合わせて懇願した。哲学担当の高桑純夫は来春まで『西洋哲学史』を講義する予定だが、最近は平和と憲法擁護闘争が忙しくなり「休講」が何度かあったようだ。古在は全逓への哲学講座連載もあと数回で終わることも考え、「来年からなら、いいよ」と快諾した。一周年記念会はそのあとも和気藹々《あいあい》と進み、最後に『世界をつなげ花の輪に』を合唱して終わった。青年たちの溌剌とした姿は、古在にとって「日本の宝」のように思えた。

情勢変化　一九五三〜五四年

だが情勢は、内外とも大きく変化しようとしていた。

一九五一年七月に始まった朝鮮戦争休戦会談は、その会談中でさえ少しでも有利な条件を得ようとするアメリカの水豊ダム（朝鮮・中国国境）爆撃などもあってスムーズには進まなかった。しかしイギリスの催促もあってアメリカはようやく一九五三年七月、休戦協定の調印に応じた。

三年にわたる朝鮮戦争での敗退は、アメリカの極東戦略を狂わせたかに見えた。しかしアメリカは韓国への米軍駐留を確保するため「米韓相互安全保障条約」をむすび、日本に対しては対外援助法に基づく「経済援助」と再軍備を強く求めてMSA協定（日米相互防衛援助協定）を結んだ。五三年秋に行われた池田・ロバートソン会談では「教育と広報によって、日本に愛国心と自衛のための自発的精神を成長」させると、教育の軍国主義化も確認された。

吉田首相はそれらを受けて、一二月に憲法改正による再軍備をめざすため自由党のなかに憲法調査会を設置し、翌五四年の通常国会には、陸海空三軍からなる自衛隊を成立させる防衛庁設置法と自衛隊法のいわゆる「防衛二法案」、防衛秘密を守るための「秘密保護法案」、愛国心教育と教師の政治活動を制限する「教育二法案」、中央集権的警察をめざす「警察法改正案」などを矢継ぎ早に提出した。

一方朝鮮戦争休戦とMSA協定は日本国内に、「合理化と技術革新」をめざす首切りと労働組合の分裂攻撃、そして不況とをもたらした。戦車工場の日鋼赤羽工場では二千三百人、三井鉱山では六千人の首切り提案、日産自動車では組合分会の破壊を狙うロックアウトなどが続いた。翌五四年四月には、総評を脱退した海員組合や全繊同盟が「左翼労働組合主義との対決」をめざして総同盟と合流し、全日本労働組合会議（全労会議）を結成した。七月には日鋼室蘭工場で九百人の首切り攻撃があり、組合は家族・地域ぐるみで一九三日に及ぶストライキを決行したが、全労会議が分裂組織を作り敗北させた。

こうした労働運動が激しく闘われていた五四年三月、アメリカが南太平洋のビキニ環礁で水爆実験を強行し、立入禁止区域の外で操業していた「第五福竜丸」の乗組員二三名が「死の灰」をあび、無線長久保山愛吉が死亡した。原爆の威力を超える水爆の破壊力は、広島・長崎の記憶を甦らせたが、岡崎勝男外相は「アメリカの水爆実験に協力するのは当然」と国会で答弁し、国民の大きな怒りが一挙に広がった。広島では婦人団体や医師会が中心になって原水爆禁止広島市民大会を開き、杉並区の主婦たちが始めた原水爆禁止の署名運動が、燎原の火のようにあっという間に全国に広がった。

だが吉田首相はこうした国民の怒りをよそに、造船疑獄事件では指揮権発動によって佐藤栄作自由党幹事長を逮捕から救い、五月には「偏向教育」キャンペーンを繰り返しながら教育二法を、六月には警官隊二百名を議場に引き入れて警察法を強行可決、その数日後には防衛二法を通過させた。

だが強行採決を含む悪法の連続可決と朝鮮戦争後の不況は、吉田内閣の強さではなく逆に国民・財界との矛盾を深める弱さの表れだった。労働者の闘いが高揚するなか、一〇月には経団連や日経連など経済四団体が共同して吉田内閣の退陣を要求して自由党が分裂、自由党内の反吉田派は改進党と合同して、鳩山一郎を総裁に日本民主党を結成した。そして一二月、内閣不信任案が可決され、六年余も続いた吉田内閣はとうとう退陣に追い込まれた。

そのあとを引き継いだ鳩山民主党内閣は「対米協調」を掲げたが、国民の平和要求や対ソ・対中国貿易を求める財界の要求を満たすため自主外交も掲げ、日ソ国交回復や日中貿易改善をはかった。その一方、「独立の完成」のためと称して、自衛体制の確立、再軍備のための憲法「改正」を強く打ち出した。しかし日本での憲法「改正」や再軍備の動きは、世界での平和を求める動きに逆行するものだった。

五四年五月、ベトナムではディエンビエンフーのフランス軍が壊滅し、[4]六月には中国の周恩来首相とインドのネール首相が会談して、主権尊重・領土不可侵・内政不干渉・平等互恵・平和共存の平和五原則を発表し、七月には米英中ソ仏など九ヵ国がジュネーブで会談してインドシナ休戦協定が締結された。協定では、ベトナムに外国基地を置かないこと、北緯一七度線以北のベトナム民主共和国の主権を認めること、二年後には南北ベトナムの統一選挙を実施することなどが確認されたが、アメリカはこのジュネーブ協定への調印を拒否した。アメリカはその後も東南アジア条約機構（ＳＥＡＴＯ）や米台安全保障条約などを結んで軍事同盟を強化し、一二月には北大西洋条約機構（ＮＡＴＯ）が核武装化を決定した。しかし世界平和評議会が間髪を入れずに核戦争の準備に反対するウィーン・アピールを発表し、全世界に署名運動を呼びかけて五億をこえる署名を組織するなど、平和への逆流を許さなかった。

哲学サークル　一九五四年

こうした情勢は、自由大学サークルにも影響を与えた。

自由大学建設の構想時点から一貫してその運動の中心にいた高桑純夫は、五三年暮れから翌年一月にかけて、哲学サークルを二、三回「休講」にし、二月にはとうとう代理を立てざるをえなくなった。高桑は、五三年夏に結成された「平和憲法擁護の会」に関わり、この一月にはその「擁護の会」を発展解消させた憲法擁護国民連合（護憲連合、片山哲議長）の幹事を引き受け、その運動で多忙をきわめていた。高桑なりの情勢変化への対応だった。『自由大学サークルニュース』は、ほぼ毎号各サークルの活動を紹介していたが、三月の『ニュース』（第一二号）では、「哲学――不景気なサークル」と題し、一時は三〇数名に及んでいた参加者が、最近は十人弱に減っていると報告していた。

サークル参加者の不評は、学生たちの熱い学習意欲の裏返しで、高桑自身も申し訳ない思いに駆られ、少し経済状態が落ち着いてきた古在を引き入れようと決意した。「落ち着き」というのは、古在がこの四月一日、「教授を委嘱する」という専修大学長鈴木義男名の辞令をもらったからだ。古在が哲学サークルを担当し、高桑の講義の穴を埋めてくれれば、これ以上ありがたい話はなかった。

高桑純夫はとりあえず四月に「哲学講座」と銘打った講演会を開くことを古在に持ちかけた。この「哲学講座」は、各サークルが持ち回りで主催する講演会の一環で、三月は法律サークルが松川事件の主任弁護士大塚一男を呼んで「松川事件の公判について」を終えたばかりだった。

古在はともに自由大学設立をめざしてきた高桑の窮状と平和・護憲運動の意義を察し、昨秋のサークル員たちとの約束もあり、即講演を引き受け、高桑の演題を「知性の頽廃について」、古在の演題を「友情について」と決めた。学生たちが作った古在講演の予告には、武者小路実篤や志賀直哉の友情論、そしてマルクス・エンゲルスの友情から現代青年の友情を掘り下げる、とあったが、古在は現在の課題と絡めて「友情」を語った。

……戦後平和回復とともに「人間」の自由、幸福、友情が大いに語られたが、再び人類が戦争に脅かされている今、「人間の問題」、友情の問題を考えるのは有意義なことだ。社会の組織・制度は「人間の問題」を抜きにしては考えられず、平和擁護もまた同じだ。恋愛はより多く感性的だが、友情には知的な要素が働く。人と人との結びつきは共通の目標、共同の営みの中で生まれ、人類や歴史の課題に結ばれたときにはじめて、恋愛や友情は大きな広がりと深さを持つ。現代の課題は平和を守ることであり、今日の真の恋愛と友情は、この課題と結びついたときに生まれ、育つのだ。ローゼンバーグ夫妻[5]とブロック弁護士の友情はまれな美しさで感動させる。非人間的なものとの闘い、平和擁護の闘いの中でこそ、人間の美しさ、友情の美しさが表れるのだ……。

古在のこうした話を聞いた哲学サークルのメンバーは、古在を中心に新たなサークルの発足を考え、古在に打診した。五月になって古在は二回、四谷の心法寺に哲学サークルのメンバーたち三〇人ほどに集まってもらい、メンバーたちの希望を聞き、古典を読む態度や「イデオロギー論」についても話した。そして若い人に入りやすい毛沢東『文芸講話』(国民文庫)をテキストに決めて、七月から毎月第一・三水曜日に講義することにした。これで若い学生・労働者たちとの学習会は、全銀連の労働学校と早稲田の民科哲学講座、それに北原文化クラブを入れると四つになったが、この自由大学哲学サークルがそれから四〇年も続くとは、だれも思いもしなかった。古在はただ若人の学習の熱意に応えながら、若い人に学ぼうとしただけだった。

六月下旬、古在は第四銀行従業員組合青年婦人部の組合学校のために、そのころ全銀連調査部にいた松成義衛と一緒に、二年ぶりに新潟に向かった。戦時中戦災で家を失って古在宅に寄留していた松成は、戦後は経済復興会議や政治経済研究所の調査部員となって財政・金融政策の調査研究に従事し、一九五〇年から全銀連で働いていた。

古在は新潟に着いた日の夜、「働く者のもの〻見方、考え方」と題して一時間半の話をした。

……社会の中で私たちが経済的にも政治的にも縛られているのはわかりやすい。給料や教育二法・破防法で縛られているのは直ぐにわかるが、思想は目に見えないから縛られているのかいないのか、これはなかなかわかりにくい。自分の考えを持つためには、本を読んだり議論しなければならず、忙しい労働者には面倒に思われる。頭が真空になると、網の目のように張り巡らされたマスコミの情報がそのままに入ってくる。安全保障条約があるから日本は安全で、自由党は自由だから良く、独立したのだから「対米従属」はないだろうと思いこんでしまう。監獄が刑務所に名前が変わったからといって現実が変わるわけではなく、実態を変えなければ、少しも良くならない。名目や既成観念の眼鏡で現実を見てはだめで、現実をしっかり見ることが何より大切だ。再軍備が始まり、軍事基地が増えることだけを見れば、また戦争への道かと絶望的になる。だが、ひとつの勢力があればそれと対立するもうひとつの勢力があるもので、ノーベル物理学賞をもらった湯川秀樹(京都大学）のようには新聞に出ることはないが、チャップリンは平和国際賞をもらい、大山郁夫もスターリン平和賞を受け、ビキニ事件があってからは原爆反対の運動がひろがっている。杉並の主婦が始めた署名運動では区民四〇万中二四万人から署名が集まっている。インドシナ戦争もジュネーブで会議が開かれており、まもなく休戦協定が成立するだろう。日本と世界の平和の力は確実に大きくなっている。観念に流されず、現実を正しく見ること、これが働く者の物の見方・考え方の眼目だ……。

講演が終わってから二時間ばかり、古在は銀行労働者の質問に答え、職場の問題や悩みを聞き話し合った。翌日は松成が「現在の経済情勢——『デフレ』政策の背景と目的はなにか」について講演した。

古在が講義で話したように、ビキニ事件のあと原水爆禁止の声が国内外で大きく広がっていた。四月には一六ヵ国の海外代表を含めて世界平和者日本会議広島大会が、五月には婦人たちが発起して「原水爆禁止広島市民集会」が開催され、六月には杉並につづいて広島でも署名運動が開始された。七月には全国に広がる署名運動の一本化を目指して、吉野源三郎、西園寺公一らによって、原水爆禁止署名運動全国協議会の結成が呼びかけられ、八月の正式結成では代表委員に湯川秀樹や武谷三男（立教大教授）などが就任し、結成時点の署名数四四九万が、秋には一二九〇万、一二月には二〇〇八万に達した。かつてない運動の勢いだった。

その間も、女性会員が圧倒的に多い哲学サークルの若者たちは「いつもながら古在先生の親身な、かんで含める様なお話に耳を傾け、時間を忘れて九時近くまで」（『自由大学サークルニュース』第一七号）学び続けていた。秋には自由大学サークルの総会と二周年記念祭が開かれ、たたかう労働者に連帯しようと日鋼室蘭のストライキ労働者へのカンパや、生活のため出席できないサークル仲間の支援のために互助会発足などを確認した。古在はこうしたサークル員たちの自主的な活動を、学習面でも発揮できるように願った。あるサークル員の「古在先生へ」という投稿（『ニュース』第二〇号）に答えた古在の回答にそれが示されていた。投稿者は、哲学サークルの学習内容が、①漠然としていて、②討論が散漫、③私は生きた事件、社会の基本的知識、法則性を知りたい、と書いた。古在は、①漠然としていると感じたとき、なぜその場で問わないのか、私という講師には多くの欠陥があるが、一緒に考えるという唯一の長所を引き出して欲しい。②討論が散漫なら、ここに集中すべきと言って欲しい。③貴方は性急すぎる、基本的な知識は少しずつ身につけるべきで、それが使用のテキストに直接つながっていない問題なら、別の研究会に出席してでも探求する必要がある、と回答した。古在は、学ぶ者の自主性と主体性を、投稿者引いてはサークルの全員に厳しく求めた。

その晩秋、古在は前橋市の「創造文化の会」の講演会に招かれた。この会は、かつて高橋ゆうらが作った「赤城自由大学」の精神を引き継いで、新しく生まれた会である。古在は吉野源三郎、柘植秀臣の三人で、「平和への道」というテーマで講演した。夕方には高橋ゆうの実家で夕食をご馳走になりながら、中心になっていた青年たちの、どうすれば会が発展できるかという質問に答えた。古在にまとまった考えがあるわけではなかったが、北原文化クラブや哲学サークルのささやかな例を話して、青年たちを励ました。

平和委員会書記　一九五五年夏

一九五五年正月早々、甥の古在由秀が年始の挨拶にやって来た。戦時中父親（兄・由正）を亡くし貧しさのなかリンゴ箱を机にして勉強を続けた由秀は、東大理学部の天文学科を卒業し、二六歳になったいまは三鷹の東京天文台で助手を務めていた。由秀は世界でも珍しい天文力学を専攻して、最近は土星の運動理論をやっているらしく、惑星の軌道決定や予報位置の計算のことなどあれこれと話した。アメリカでは「電子計算機」というもので計算作業をしているのに、日本ではタイガー式の手回し計算機でやっているとか、近ごろやっと富士通が開発したリレー式計算機も、使用料が高くて年収の三倍ぐらいするから、いっそのこと天文台をやめて小惑星の計算を年百万円で請け負った方がいいかもしれない、年二回は計算できるなどと、冗談とも本気ともつかぬ話をして帰った。古在は一時期、学問を業とする先祖代々の古在家の職業も俺の代で途切れるのかと覚悟したことがあっただけに、由秀のそんな存在が密かな誇りでもあった。

しかし昨年の正月同様、古在は腰の神経痛が思わしくなく、一月はじめの『西洋人名辞典』の初仕事も、国労会館で臨時に開かれた平和擁護日本委員会の特別総会も自重して欠席した。平和（擁護日本）委員会では、原水爆禁止署名運動全国協議会が決定した、被爆一〇周年を記念するはじめての原水爆禁止世界大会開催や、日ソ国交回復、台湾問題などが話題になっており、一月の特別総会では、世界の平和運動に呼応して、国内での運動方向を討議・決定するはずだった。

古在は一月末になって『図書』二月号の巻頭随筆「孔子のことば」を岩波書店に届け、その足で平和（擁護）委員会の新事務所にたち寄った。書記局の仕事として、古在はこの年から平和委員会総務部と文化委員会の責任者となり、新たに発行する『おりぞん』（地平線）という雑誌の編集打ち合わせがあった。その数日前には、日ソ国交回復と憲法「改正」に意欲を示していた鳩山首相が衆議院を解散したばかりで、憲法と平和擁護が総選挙の大きな争点になりそうだった。分裂していた社会党の左右両派が統一のための決議をあげて、統一準備委員を選出するなど、古在にはやりようによってはおもしろい時勢がやって来るように思われ、『おりぞん』の発行にも意欲を感じていた。

古在は『世界』三月号の緊急特集「かく考えかく投票する」に、「日本民族と世界平和をまもれ」という短文を寄せ、「真に平和と独立とのためにたたかう諸政党を勝利させるならば、日本の前途には大きな光明がさしのぼるであろう」と書き、選挙の選択基準に、日米安全保障条約の撤廃と再軍備反対、憲法改悪策動の阻止、原水爆禁止と国際間の平和的共存の実現をあげた。古在は哲学サークルや北原文化クラブでも、学習会を終えると積極的に総選挙の話をした。鷺宮の婦人民主クラブ支部に招かれたときは、一六、七人の婦人たちをまえに、再軍備や原水爆禁止、憲法改悪問題などに触れ、話の最後に、よく吟味して買い物をするように、婦人の皆さんが選挙でも慎重に候補者を選んで投票すれば政治は動きますよ、と訴えた。

二月末の選挙結果は、社会党左派八九、右派六七、労農党四、ゼロだった共産党が二議席を確保した。民主党と自由党はあわせて二九七議席で、わずかではあったが革新派が議席の三分の一を占めることができ、さしあたっては鳩山首相が執着する憲法「改正」に歯止めをかけた形になった。古在はこの結果に「国民の力」を感じた。

文化委員会の仕事は高桑純夫も鶴田三千夫（旧唯研会員、技術史研究者）も手伝ってくれたが、二月の総選挙に続き、四月に中国で開かれるアジア諸国会議、六月のヘルシンキ世界平和大会のために、古在にはかなり忙しい春になった。古在はヘルシンキ世界平和集会などの準備もあり、古在が団長になる大山郁夫などとよく話し合い、高桑純夫には、元首相で社会党の片山哲に参加を打診するよう依頼したりした。

梅雨に入った六月、ヘルシンキから高桑の葉書が届いた。片山哲は参加できなかったが、高桑は予定どおり日本代表五二名の一員として、世界平和集会に参加していた。集会二日目に、安井郁《かおる》（のち原水協事務総長、法政大名誉教授）が「八月六日を、原子兵器の使用と原子戦の準備に抗議する日に」との決議案を提案し、高桑は片山哲のメッセージを読み上げた。そのあと高桑は、議長席で古在への葉書を書いた。短いものだが高桑の高揚感が伝わってきた。

「キュリーは第一日目に大演説をぶった。この人の顔の高雅さは写真ではわからない。ともかく二千七百人の集い。西独からは百七十人きている。明日は中国との交歓会がある筈。さよなら」。

ジョリオ＝キュリーの演説は、朝鮮とベトナムでの停戦が実現する一方、東南アジア条約機構（ＳＥＡＴＯ）ができるなど平和にとって新しい障害もあるが、「要するに、世論が政治を動かす積極的な力をもってきたのであって、力の均衡が（四大国外相会議などの）話し合いをさせているのではなく、平和勢力の力とその前進をみてとるべきである」と呼びかけていた。

このヘルシンキ世界平和集会では国による意見の違いもあったが、世界の平和共存に向けて共同に努力すること、周恩来・ネール首相の「平和五原則」を全世界に適用すること、また安井郁の提案を入れ、八月六日を原水爆禁止の国際デーとすることなどが確認された。

そのころ、スターリンの死を受けてソ連共産党のトップとなったフルシチョフは、世界的な平和擁護の動きと「雪解け」のなかで資本主義国との「平和共存」を掲げ、日本共産党もまた、分裂克服と方針転換にむけて動き出していた。所感派と国際派の双方が連携して五五年七月末に開かれた日本共産党第六回全国協議会は、とりあえず共産党の統一を回復し、これまでの家父長的な指導を改め、党内民主主義と集団指導体制をとることになった。伏せられていた書記長・徳田球一の死（五三年一〇月）は、このときはじめて公表された。極左冒険主義の方針がいまだに克服されていないとはいえ、古在はこの統一回復を喜び、美代はこれを機に不当に奪われていた党籍を回復することができた。

八月六日から三日間、広島で第一回原水爆禁止世界大会が開かれた。大会には海外代表を含めて全国から二千五百余名が参加し、原水爆禁止・原子戦争準備反対の運動と結合して、基地反対闘争と被爆者救援運動を進めることを確認した。この第一回世界大会の成功は、一〇年間苦しみ抜いてきた被爆者たちを激励したばかりでなく、思想・信条、保守や革新の別なくあらゆる階層を含んだ原水爆禁止日本協議会（日本原水協）を結成する大きな力になった。世界大会を終えた翌月一九日、署名運動全国協議会と世界大会日本準備会が統合される形で、日本原水協が結成された。事務総長には安井郁が就いた。

紫琴と枝盛　一九五五年秋

その秋、家永三郎（東京教育大教授）が古在のもとを訪ねてきた。家永の用件は、近く刊行予定の『革命思想の先駆者――植木枝盛の人と思想』（岩波新書）の口絵のために、清水紫琴と植木枝盛が一緒に撮った写真をお借りしたい、というものだった。

家永三郎が植木枝盛に注目して「植木枝盛の思想」（『日本歴史』第六一号）をはじめて発表したのは五三年六月である。しかしその論文は、枝盛の家族道徳論や社会問題・人生・世界観を中心にしたもので、枝盛の思想構造全体を把握したものではなかった。今回の著書はそれを補うばかりか、枝盛の日記を含む全業績を検討して、その思想と生涯を概観する、はじめての単行本である。家永はその研究過程で、古在の母・清水紫琴と植木枝盛に交流があったことも写真の存在も把握していた。

古在は快く、写真を提供した。写真は一八八九年（明治二二年）一月、大阪高麗橋中村で撮ったもので、イスに座った母紫琴の後ろに植木枝盛が立ち、その左に富永らくと石田たかとが写し出されていた。この色あせた写真は、母が死んだあと母の手箱のなかに古在が見つけたもので、裏には四人の名前と日付が記されていた。古在にとっては、母紫琴が植木枝盛と交際していたことをはじめて知った、記念すべき写真である。母は、古在が政治に関心を持ち始めたときに何度かは明治の歴史の話をしたが、自身の過去や植木枝盛のことはついぞ話題にしたことはなかった。

写真は、一二月半ばに刊行された家永の新著『革命思想の先駆者――植木枝盛の人と思想』の口絵をかざった。家永は「あとがき」で、「古在由重氏は珍しい写真をこの書物のために提供して下さった」と感謝の気持ちを表した。

それにしてもこの年は、母紫琴に縁のある年になった。古在は、雑誌『文学』（岩波書店）二月号の連載随筆「私と文学」（『著作集』③）に紫琴のことを書き、『黙移』と『明治初期の三女性』で紫琴を紹介した相馬黒光がその翌月に亡くなり、『図書』一二月号に「植木枝盛のこと」（『著作集』③）を書くことになった。

「私と文学」は二日間岩波書店に通って書いたが、「不満足な出来」になった。ロシア文学にはじめて接した一高の寄宿舎時代まではスムーズに書くことができたが、そのあとは窮するままに、評論や小説を書いた母清水紫琴のことに筆が流れた。塩田良平（国文学者）が戦中に書いた『明治女流作家』の紫琴評「彼女の作家としての消長経路は、そのまま明治の女性史の消極面をも現している」などの言葉を引用し、古在は母紫琴に「日本の婦人のみじめさ、明治以来の文学や思想の歴史のみじめさ」を見たと書き、末尾に、戦後ふるい壁がいくらかは壊されたが今再び巨大な壁が張りめぐらされるなか、その壁のもろさを見つけ、突き崩す知恵と勇気、光を強く投げかける文学をこそ期待する、と結んだ。この「私と文学」は、「不満足な出来」という自己評価だが、現実を鋭く踏まえた「文学」の登場を期待する、古在の正直な気持ちの表明だった。

古在は紫琴の死後しばらくたって、相馬黒光から母の話を聞く機会があった。だがそのときは、黒光が、真偽は不明だが紫琴と植木枝盛は「相思のあいだがらだったともつたえられて」いたと『黙移』に書いていたことについて、詳しい話を聞くことは出来なかった。知ってどうなることでもなかったが、戦後改めて話を聞きたいと思って黒光の住所を調べたこともあったが、機会を失ったまま黒光の訃報を知った。確認できなかったのが残念でならなかった。

古在は「植木枝盛のこと」でその黒光のことに触れながら、紫琴と植木枝盛が生き闘った自由民権運動の時代を「青年日本の激動期」と表現した。そして家永三郎の力作『革命思想の先駆者——植木枝盛の人と思想』が、あの時代にあって基本的人権や抵抗権、革命権を主張した枝盛の全貌に、はじめて光を与えることになったことを喜び、この新著が再び母紫琴への追憶を呼び覚ました、と素直に書いた。一八九二年（明治二五年）末、母紫琴は父由直と再婚し、枝盛は翌九三年秋、三六歳で死亡した。明治政府の弾圧の厚い壁に、自由民権の波はすでに、あとかたもなく引いていた。

スターリン批判　一九五六年

正月のある午後、自由大学哲学サークルの一二人が新年会にやって来た。席上、哲学サークルの責任者鈴木敏子は生真面目にも、一年間学んできた『唯物論と弁証法』の感想をみなに求めたが、まじめに答える者もいればさらりと話題を変える者もいて、一人ひとりの個性がでておもしろい話になった。火鉢で餅を焼いていた美代も途中から話に加わり、古在が青年期に味わった悩みやそれを克服したときの喜び、その後の入獄や激しい弾圧下の生活ぶりを話すと、美代は下獄した夫をもつ「主婦の強さ」を自分の体験を含めてさらりと話した。高三の由美子を筆頭にした五人の子どもたちも顔を出し、しるこを食べたり一緒に歌をうたったりしてにぎやかな新年会になった。二人の姉の肩ごしに、一番下の秀実が顔を出して恥ずかしそうに口を動かした。その秀実を見る古在の、父親としてのやさしい笑顔が、参加者には印象的だった。新年会は夕方の五時過ぎまで続いた。

古在はこの哲学サークルで、一年目は毛沢東の『文芸講話』、二年目はコンフォースの『唯物論と弁証法』を毎月二回講じてきたが、大学教師と「編集・著述業」とのかねあいで正直かなり負担を感じていて、三年目のこの年は断ろうと考えていた。しかしこうして働く青年たちの学習や人生への意欲、いきいきした姿に接すると、やはり断りきれなくなる。古在は少しでも負担を軽くするため、三月からは月二回の学習会を一回に減らし、会場を農協会館から自宅に移す条件で継続することにして、新たなテキストにエンゲルスの『空想から科学へ』を選んだ。哲学サークルが月一回になる話を聞いた高桑純夫は、古在に任せた申し訳なさから、時間をやりくりして月一回、福沢諭吉の『文明論之概略』を講じることにした。

その春古在のもとに国民金融公庫から、伊藤書店の連帯保証人として借金・利子・延滞料を支払えという、内容証明郵便が届いた。伊藤書店は朝鮮戦争が始まる前から経営状態が思わしくなく、古在は厳しい生活状況にかかわらずいくらか融通したこともあったが、もはや全く立ちゆかなくなったのである。古在は伊藤書店で編集長を務めた本間唯一や、戦前から唯研会員で書店にも縁のあった鶴田三千夫などと相談し、公庫本社にも東京支所にも足を運んだ。「時効にかかるのでは」との期待もあったが、二月になって、とりあえず六ヵ月間千円ずつを支払い、その後改めて話し合うことにした。少しばかりの収入増はあったが、高三を筆頭にした子ども五人の教育費がかさむ時期でもあり、連帯保証人の責任の重さを思い知った。

この年の内外の論壇は、いわゆる「スターリン批判」問題で持ちきりだった。フルシチョフは二月に開かれたソ連共産党第二〇回大会で、スターリン指導下で行われた民主主義と法秩序を無視した内外政策の誤りと、スターリンの恣意的で独断的な指導について、詳細な報告を行っていた。このスターリン批判後、六月にポーランドで反政府行動が激化（ポズナニ事件）したり、秋にはハンガリー事件が起こり、マルクス主義の思想と運動が試練に立たされていた。

たまたまソ連共産党の大会が終わった日の夜、河出書房『社会主義講座』の企画で一緒に仕事をしている佐藤昇や、吉田寿生、中西篤などがやって来て、明け方までスターリン批判の話になった。古在は熱を帯びたその議論を聞きながら、思うところがあった。……指導方法の誤りが幾つかのスターリンの理論にかかわっているのではないか。この問題がマルクス主義的な思想方法にどんな意味をもち、どんな教訓をもたらすかを徹底的に考えなければならない。進行中の『社会主義講座』で扱うのは無理にしても、吉野源三郎、粟田賢三らが企画し、丸山真男や清水幾太郎を入れてこの三月から準備が始まる『岩波現代思想講座』では、直接スターリン批判に言及しなくとも、この思想的問題には当然触れなければなるまい……。

古在が真正面からこの問題に向き合ったのは、七月半ばの『中央公論』（八月臨時増刊号）のための座談会「マルクス主義はどう発展するか」である。メンバーは鶴見俊輔（東工大助教授）、久野収（学習院大講師）で、四谷の福田旅館で行われたが、古在にとっては少し苦しい座談会になった。古在は、共産主義が資本主義に包囲され、殊に戦争のなかで組織や活動が多少軍事的性格を帯びるのは一つの勢いだろうが、戦後の今日では「人間」を大切にする本式の集団指導と民主制を発展させなければならないと話したが、鶴見俊輔にはスターリン批判はマルクス主義の根本的修正ではないかと詰め寄られ、守勢に立たされる恰好になった。それにもかかわらず古在が、「科学的精神」を「認識の一身上への具体化」として戸坂潤が論じたように、思想の内容とその論理だけでなく、マルクス主義は「思想の倫理」をもたなければならず、感情と情緒をもつ個人を省略してはならないと強調したことは、注目すべき論点であった。

古在はその夏、高田佳利を誘って、長者町に一週間ほど過ごした。高田は砂川軍事基地拡張反対闘争の支援に入った前年の秋、警官隊に頭部を乱打されて半年ほど寝込み、そのあとも後遺症ですぐれぬ日々をうつうつと過ごしていた。古在は、高田が戦中に少年飛行兵を志願し、戦後は左翼運動に関わって挫折したことを知っており、余りにロマン主義的な高田の生き方に危惧を感じていた。古在もここ数年来の腰の神経痛に加え、下が一〇〇上が一四〇の高血圧のほか、尿検査では糖がでる状態で好・不調の波が大きく、このころは頭痛と倦怠感に悩まされて、体重も五五キロを行ったり来たりしていた。古在は自由大学哲学サークルの『空想から科学へ』も夏の間はお休みにして、休養第一を心がけた。

高田は一週間ほどして東京に戻ったが、古在は八月末までゆっくり休養をとった。唯物論研究会などで戦中から一緒に活動してきた伊藤至郎の「新盆」で上総《かずさ》一ノ宮に行き、数人で裏山の墓を訪ねたりしたが、はじめて長崎で開かれた第二回原水爆禁止世界大会[6]も、恒例の戸坂潤の西瓜忌の墓参りも、この夏は欠席した。

長者町にはたくさんの友人知人が、やって来た。風間道太郎夫妻、中西篤夫妻、吉田寿生、佐藤昇、鷺宮の友人家族、そして美代と子どもたち。伊藤の「新盆」を終えたばかりの光子夫人は、野呂栄太郎の未亡人塩澤富美子をつれてやって来た。塩澤の名前は知っていたが、迂闊にも戦前古在が教鞭をとった東京女子大を中退していることをはじめて知った。岩波書店の岩波雄二郎は『岩波小辞典　哲学』の原稿催促をしたかったのだろうが、何も触れずに帰って行った。無言の催促のようで、かえって気になった。

秋になって古在は、『岩波現代思想講座』第四巻に予定外の論文を書くはめになった。当初の執筆予定者松村一人がどうしても書けないと言ってきたのだ。吉野、粟田と相談して執筆を引き受けたのは良かったが、スターリン批判を念頭に「マルクス主義の世界観」（『著作集』②所収）を短い時間でまとめるのは容易ではなかった。編集担当の緑川亨（のち岩波書店社長）とともに、お茶の水の駿台荘に幾日も缶詰にされ、悪戦苦闘した。古在の口述が滞るたびに、緑川の筆記の手も止まった。漸く缶詰状態から解放されたのは、一二月に入ってからとなった。

この論文の意図は、唯物論における人間の「意識的主体性」を強調することにあった。意識が存在を反映する二重の仕方、つまり「意識のそとの客観的な事物（客体）の反映」と「意識の所有者である人間的主体そのものの反映」を統一して考えること、つまり客体を反映するばかりでなく客体に能動的に立ち向かうことで、客体を正しく捉えることができ、変革も可能になるという点である。古在はこの論文を「マルクス・レーニン主義は、その論理性および政治性とともに、誠実な倫理性をわれわれに要求する」と結んだ。

その「マルクス主義の世界観」の口述筆記が終わった翌一二月九日、松尾隆急逝の電報を受け取り、古在は急いで早稲田の自宅に駆けつけた。

眠ったように穏やかな松尾の顔をみると、悲しみとともに悔しさがこみ上げてきた。最後に松尾を訪ねたのは、松村一人に替わって「マルクス主義の世界観」の執筆を決めた日の夜だった。その夜は急遽執筆を引き受けたテーマについて松尾の意見を聞いたが、それ以来執筆の多忙さに紛れて会うこともなく、論文脱稿の翌日に、心筋梗塞により満四九歳で亡くなったのだ。あとには夫人と中学三年生の息子、そして長崎にいる老母が残された。

思えば八年ほどの短い付き合いだが、年の差とは無関係に松尾とは全く「ウマ」があった。松尾はマルクスやレーニンの論文をピンセットでつつくような学風は大嫌いで、どんな場合でも自己の信念を貫き、権威に寄りかからず、恐れることもなかった。「五〇年問題」解決後、共産党の幹部が「間違ったにしても、弁証法的に発展して今は正しい所にいる」と言ったとき、松尾が「弁証法というのは、はじめから間違わなければいけないということはない」と切り返し、さらに「マルクスなどがそう言っているのなら、論文名と頁を教えて欲しい」と詰め寄ったのは、古在にも痛快だった。うっかりすれば弁証法は発見の論理ではなく、合理化の論理にすりかえる怠け者の論理になりかねない。松尾は話も講演も演説も実にうまく、一緒に活動した民科（民主主義科学者協会）、民擁同（民主主義擁護同盟）、日本平和委員会はもちろん、早稲田の民科哲学部会の帰途、松尾宅に寄って話し込むのが、古在の何よりの楽しみだった。

『アカハタ』は翌一〇日に写真入りで松尾の死を伝え、一二日の「学芸」欄に出隆の追悼文「松尾隆君」と古在の「松尾隆君の死を悼む」を載せた。出は「まっすぐな情熱の人、世話ずきな親切な男」「僕らの党が最も必要とするところの党内忠告者の一人」と書き、古在は、松尾が早稲田大学で多くの有能な青年たちを輩出したのは「ぴったり君の身についたマルクス主義の革命的な思想の力によるものだ」「死が君を平和の陣営からうばいさったのだ」「私たちは、君の一生の念願だった平和の大業を、君の面影を胸にいだきつつ、おしすめよう。君よ、やすらかに眠られよ」と結んだ。その後大隈小講堂で開かれた偲ぶ会で、松尾自身よく口にした「あらゆる瞬間を宝石のように生きぬけ」という言葉を古在は紹介し、松尾はその通りに生きたのだと、感慨深く語って別れを惜しんだ。

サークル衰微　一九五七年

一九五七年が明けると、さまざまな人がやって来た。自由大学サークル恒例の新年会には高桑純夫も顔を出し、岩手から上京した藤本正利は自ら飛び込んだ小繋部落の闘いの話をして帰った。イギリスから帰国したばかりの入交《いりまじり》氏は、苦労して突き止めかつ訪ねてくれたマクス・ピカートンの話をなつかしく聞かせてくれた。それらはいずれも往時を回想させると同時に、未来をも感じさせた。

厄介だったのは、名古屋大学赴任の相談にやって来た島田豊と平林康之の訪問だった。島田は旧制一高駒場寮の社会科学研究会のメンバーで、民科哲学部会で古在を知り、今は卒業間近の名大大学院生、平林は名大文学部の助手（哲学）である。

最初にこの話があったのは昨年の春、河出書房『社会主義講座』の編集会議で会った竹内良知（当時、名大助教授）からで、そのときは専修大学教授に就いてわずか二年のため断ったが、それでも島田豊は諦めず一度目は一人で、二度目の今回は平林と一緒にやって来たのだ。島田と平林は、ドイツ語の担当ではなく哲学科担当だからと、強く再考を求めた。確かに教えても余り手応えのないドイツ語の講義にはいささか飽きが来ていたし、九年間も続けてきた東京工業大学講師もそろそろ遠慮しようかという思いもあった。このところ「遅筆」の古在にしては珍しいことに、立て続けにマルクス主義哲学についての論文執筆の機会があり、哲学への新たな思いも強くなっていた。古在は若い二人に再考を約束した。

一月末になって『中央公論』の編集者橋本進がやって来た。橋本は松尾隆の門下生で大叔父の大山郁夫から古在の話を聞いていたばかりでなく、橋本自身マルクス主義哲学者としての古在に注目していた。橋本は、一旦中止になった『人民日報』論文「ふたたびプロレタリアート独裁についての歴史的経験」についての感想論文を急いで書いて欲しいと言った。古在はしばらく黙ったあと、スターリン批判問題を出発点に、その『人民日報』論文の中の「思想方式の問題」に限るならば、と応えた。すでに古在が「主体的契機の重要性」を強調した『世界』二月号の座談会「中国革命の思想と日本」（『著作集』②に古在発言のみ収録）も終わっていて、その条件が受け入れられるなら書ける自信があった。

『中央公論』三月号に古在の「『スターリン批判』の思想的意義――『人民日報』の新論文をよんで」（『著作集』②所収）が載った。一般にスターリンの誤りは三つ、当時のソ連をとりまく内外情勢、スターリン個人の性格的特質、そして制度的欠陥、この三つによるとされていたが、古在は客観的条件というのでは再発防止の方法がなく、個人の役割の過大評価はマルクス主義の歴史観に反し、制度的欠陥説もそれだけでは説得力をもたないとして、新たに思想的な条件、「思想方法の問題」を提起した。古在は、マルクス・レーニン主義の思想は完成した思想体系として扱われることが多いが、この体系が生活と闘争の場で働くには「実践との結合および対決をかくことができ」ず、「この両者の連結点にこそ、ほかならぬ思想方法の問題が」ある。またマルクス主義の思想は全人間的な重みを負うもので、「それは一片の論理性だけではなしに、ただしい感覚、意欲、情感につながり、実践につながる。そしてこの意味においては、それは正確な論理性だけではなく、また現実主義的な『政治性』だけではなしに、誠実な責任感にささえられた倫理性をもたなければならない」と主張した。先の論文「マルクス主義の世界観」で展開した「倫理性」の論点を、ここでも古在は強調した。

この時期、自由大学の各サークルには陰りが見え始めていた。すでに法律サークルは消滅し、経済学と経済史と二つあった経済学サークルは一つに統合、継続していた心理学、文学、歴史学サークルも平均参加者が一〇名に届かない状態で、講師陣の多くは一九三〇年代生まれの若手に替わっていた。しかし哲学サークルの若者たちだけは意気軒昂で、高桑の『文明論之概略』が終了してもほかの人をさがして月二回のペースは守ろうぜ、などと相談する元気さがあった。その熱意に古在も知恵をだし、六月からは古田光が農協会館を会場に『西洋哲学史』を講ずることになった。古田は満州から引き上げたあと、東京文理大(のち東京教育大、現筑波大)で務台理作に哲学を学んだ三二歳の青年教師である(のち横浜国立大、富山国際大学教授)。自由大学哲学サークルは、古在と古田の二つの講義で順調に進み、自由大学サークルが五周年を迎えたこの秋、哲学サークルは二九歳の青年今井文孝を責任者に選んだ。

今井文孝は、陸軍少将の父親の影響で朝霞の陸軍士官学校に入ったものの、その八月に敗戦となり、原宿の日本社会事業専門学校の研究科(履修一年)に入学後、学校の紹介で法務省事務官として東京拘置所の看守(刑務官)として働いていた。今井は働き始めてすぐ収監された三鷹事件の被告に接し、そのひょうひょうとして動じることのない人柄や言動から、彼らは犯罪者ではあり得ないと確信し、さらに松川事件の奇怪さを知るに及んで、社会・政治・歴史への関心をさらに強めたが、看守というのは「人間そのものを消耗」させるところで、今井は看守勤務が終わると、芝にあった日本中央労働学園に直行し、真理を学ぶことで「人間の渇」を癒やしていた。

ある日、同じ社会事業専門学校を卒業して刑務官を務めていた阿部夏代の妹・千代から、自由に学べるサークルがあるからと、四谷の心法寺に誘われた。そこでは古在という哲学の先生が『文芸講話』の話をしていた。今井は惹かれるものを強く感じたが、折り悪しくそのあとすぐ前橋刑務所に配置換えとなって、中央労働学園に通うことも自由大学哲学サークルで学ぶことも諦めなければならなかった。今井はその一年後の五五年秋、豊多摩刑務所に再配転となり、再び自由大学哲学サークルに通い始めていた。

それから二年、会場は農協会館からやがて鷺宮の古在の自宅に変わり、今井は哲学サークルの責任者に選ばれた。しかし各サークルの衰微にともなって、共同して作成するサークル誌『虹』も『自由大学サークルニュース』もそのころは途絶えがちになり、哲学サークルの責任者として今井が参加すべき「サークル運営委員会」も次第に開催されなくなった。淋しいかぎりだが、他のサークルが衰退していくなかでは、打つべき手もなかった。

こうして自由大学サークルは、青年たちの生活条件も学校制度も格段に向上するなか、古在がかかわる哲学サークルだけを例外に、翌年春にはすべてが消滅していった。

第12章　安保前後　一九五八〜六〇年

意欲　一九五八年春

古在にとって昨年は、一九三〇年代に『現代哲学』などを書いた時期には及ばないが、それでもよく論文を仕上げた年になった。年末も青梅の旅館で徹夜に近い幾日かをすごし、『思想』（一月号）のために「イデオロギーと思想方法」（『著作集』②所収）をまとめ上げた。そしてこの春も正月早々、初対面の猪木正道（京大教授、政治思想）、鈴木成高（早大教授、西洋史）、それに久野収との四人で「歴史悪をめぐって」（筑摩書房『講座現代倫理2』、マドラ出版『久野収対話史Ｉ』所収）の「共同討議」に参加した。しかし戦時中『世界史的立場と日本』で侵略戦争の必勝を「日本民族の道徳的生命力」の発現として説いた鈴木の多弁と無知は相変わらずで、活字にはならなかったが話題が松川事件に及んだとき、古在には稀なことだが、鈴木の無知と偏見に対して強く反論した。

新しいこの年も生活のためには、雑誌『世界』にアンドリュー・ロスの翻訳や『岩波小辞典　哲学』の項目執筆を続けなければならないが、今年も鈴木成高のような古い思想の復活を許さないためにも、現実の課題と関連させて「現代におけるマルクス主義哲学」についてしっかり考究し論文に仕上げようと決意した。

一月半ば名古屋大学赴任の件で、真下信一が上京してきた。今年は娘二人が早稲田大学に通うはずだから、家計が安定し哲学研究にも役立つ名大赴任は望むところだが、問題は専修大学との兼務が可能かどうかである。打診した専修大学側は、やはり心配したとおりの「兼務は無理」という素っ気ないもので、古在はすぐその旨を名古屋の真下と本田喜代治（名大教授、社会学）に速達で伝えた。名古屋では少し強引に「古在教授就任」を進めていたらしく、すぐに本田喜代治が上京し、三月になると真下と新村猛（言語学）が、木村国治専修大学長に一度会ってみたいとわざわざ上京して来た。その後も新村は再上京して専修大学長に返り咲いたばかりの小林良正を訪ねたが、事態は改善しなかった。古在は彼らの努力に恐縮した。

年初に決意した古在の研究意欲は本物だった。本間唯一、石原辰郎、松成義衛、中西篤や吉田寿生らと続けていた月例研究会のほかに、橋本進が呼びかけて始まった中央公論社での長洲一二や佐藤昇らとの研究会にプラスして、一月から新しく高桑純夫、古田光、土方和雄（のち名大教授、思想史）らと日本思想を中心にした新研究会を発足させた。古在はそのスタートに、『岩波現代思想講座』の丸山真男論文を遡上に乗せた。丸山論文におけるイデオロギー論は、国際的な階級性の見地が弱いように感じられたからだ。さらに古在は、鶴田三千夫や松成義衛、佐藤昇らと岩波新書の一冊として『現代のマルクス主義』（仮題）を刊行しようと、その編集のための打ち合わせも始め、三月にはおおよその構成も確認し合った。なにしろこの二月半ば、ここ三年間粟田賢三と共同編集してきた『岩波小辞典　哲学』の最後の原稿「近世哲学――西洋」を書き上げていたから、気分は楽になっていた。

あれこれ意欲が充満すると体調不良も時間のなさも気にならないもので、気忙しくはあっても、喫茶店や隣家のテレビばかりでなく蔵前まで出掛けて角力《すもう》を見たり、近所の碁会所「考える人」や岩波書店が会場の腐儒会で囲碁をやったり、覚え立てのビリヤードを楽しんだりと、自分でも驚くほど活動的になった。

ただその間苦しかったのは、義姉《あね》（由秀の母）澄江が一年ばかりの療養むなしく、癌で亡くなったことだ。三月一二日、古在は危篤と聞いて武蔵境の赤十字病院へ駆けつけ、酸素吸入で昏々と眠る義姉の顔を見て、兄由正が亡くなってからの二〇余年の労苦を思いやった。その翌日、義姉は息を引き取ったのだ。

そんな生活のなか、故松尾隆に誓った平和委員会の仕事は少し手薄になった。この七月にストックホルムで開かれる「軍縮と国際協力のための世界大会」への参加組織についても、吉野源三郎と都留重人に打診しただけで、吉野は都合がつかなかったが、都留が協力したいと答え、かろうじて平和委員会書記局員としての面目をたもつことができた。

義姉の葬儀が終わった三月半ば、柳田謙十郎が古在を訪ねてきた。柳田は、ソビエト科学アカデミーが日本の哲学者四名を五月の三週間ほど招待すると言ってきた、君に行って欲しい、と単刀直入に用向きを話した。柳田はそのメンバーとして、僕のほかに君と、務台（理作）、大井（正）君を考えている、明後日《あさって》にはソビエト大使館に返事しなければならず急いでいる、と付け加えた。

柳田は平和代表団の団長として訪ソした四年前（一九五四年）、ソ連の哲学研究所で日本の哲学を紹介する講演を二回行い、それが縁で親交の続いていたシャフナザーロワ女史の訳で前年（五七年）秋、柳田自身の観念論からマルクス主義哲学への移行を綴った『わが思想の遍歴』が刊行され、ソビエト哲学界で日本のマルクス主義哲学への関心が広がっていた。

古在はこの日は熱があり、あまり体調は優れなかったが、滅多にないチャンスだけにすぐ訪ソの決意を固めた。

その後、柳田が打診していた務台理作が駄目になり、替わりに古在が推薦した真下信一が応諾して、古在、柳田謙十郎、真下信一、大井正の打ち合わせが四月から始まった。訪ソは五月ではなく六月ごろになりそうだった。

訪ソ準備　一九五八年春夏

この春、古在は粟田賢三と『岩波小辞典　哲学』のゲラ（校正刷り）のやり取りを熱心に繰り返していた。訪ソが六月になれば、もうこれ以上岩波書店に迷惑をかけるわけにはいかないし、大月書店から話のあった『講座　現代マルクス主義』全三巻の刊行準備も急がなければならなかった。

五月半ば、長洲一二（横国大助教授、経済学）が書いた『現代マルクス主義』第一巻の「はしがき」ゲラが届いたが、文章表現が良くなく、なによりマルクス主義の把握自体に問題があった。古在は文章量が半分になるほどの大幅な削除・手直しを加え、大月書店に戻した。「現代マルクス主義」という言葉に、「オールド・ボルシェビキ」と言われる人たちは、教育勅語に「現代教育勅語」がないように「現代マルクス主義」などあるものか、と陰口を言ったが、古在は意に介さなかった。月末には『岩波小辞典　哲学』の最後の校正ゲラを戻し、これで心おきなく訪ソができると一安心した。

この間、招待側の科学アカデミーは、ソビエト国境までの旅費は自弁でと言ってきたり、招待者一名減などという話を出して来たりで、旅費の工面がむずかしく健康にも自信のない古在はそのたびに諦めかけたのだから、気がかりな仕事を首尾良く済ませ、後顧の憂いなく訪ソできるのがなによりうれしかった。

しかし六月訪ソも招待側が直前にキャンセル、延期となった。専修大学の小林良正学長が五万円の支出を決め、国際美術印刷を経営していた中西篤や佐多稲子などからは餞別が届けられ、送別囲碁会や新井薬師の「神谷バー」で歓送会が開かれたあとだけに、何ともばつが悪い。蔵原惟人から借りた旅行かばんもしばらくはお蔵入りで、時期が確定するまでは通常の生活に戻らなければならなかった。

六、七月はアンドリュー・ロスのアルジェリア問題の論文を『世界』に訳し、『新読書』という小雑誌の座談会「激動の中の社会主義」（井汲卓一、前野良、古在）に出たが、余り気乗りがしなかった。むしろ三つも続いた大学での講演会の方が張り合いがあった。学芸大では「思想の平和的共存」を話し、日本大学と山梨大学では「現代学生のありかた」「現代大学生の生きかた」という演題で、「現実」との関わりを二時間も話した。

聴衆も多く話もうまくいった。

七月末から一〇日間中野と品川の公会堂で、一一年ぶりに日本共産党第七回大会が開かれた。日本共産党は三年前の第六回全国協議会で分裂状態は克服していたものの、誤りの極左冒険主義の文書「五一年綱領」はまだ生きていた。今回の大会の目的はその「五一年綱領」を廃止し、「五〇年問題」の総括を含む政治報告と行動綱領、規約を採択し、新たな中央委員を選出して再スタートすることにあった。

古在はこの大会の準備過程で中央委員候補に推薦されていたが、手紙を送って名簿から削除してもらうことにした。古在に言わせれば、蔵原惟人がいうマルクス主義の理論活動の発展・充実は、中央委員会に入らずとも充分可能で、むしろ理論活動の前進は論理の問題であるとともに、何よりも現実への新鮮な感覚・感性こそ問題なはずだし、「すりきれた感性からは、どんなに論理が精密であっても、未来への光を照射する理論はうまれない」(「あたらしい現実への目」『前衛』一九五七年三月臨時増刊号、『著作集』②所収)。それに党は分裂状態を克服したとはいえまだ不安定で、もう少し様子を見定めたいし、娘二人の学費問題もあった。

しかし古在の辞退申し出にもかかわらず手続きがどんどん進められたため、古在は大会当日中野公会堂に守屋典郎(弁護士、経済学者)を訪ね、直接その意志を伝えた。古在はその一方で、大会に参加するためソ連共産党代表団の一員としてやってきた哲学者ミーチンの歓迎会(学士会館)で、松村一人や高桑純夫も参加するなか司会役をつとめた。

いつもの夏ならほとんどを長者町で過ごすのだが、訪ソがようやく九月上旬ときまり、この夏は自由大学哲学サークルのメンバーに中西篤、古田光、土方和雄を加えた三〇人弱と一緒に二泊しただけで東京に戻った。蕁麻疹が出たり、血圧が高かったりで、東大病院で検査を受ける必要もあった。

八月半ば、古在は高校二年生の直枝を連れて、東京で開かれていた第四回原水爆禁止世界大会の閉会総会に参加した。子どもの教育のつもりはあまりないが、今年のメーデーには中二の豊樹と小五の秀実を連れて行った。五千人近くが参加したこの原水禁世界大会の閉会総会では、渡辺千恵子（長崎原爆乙女の会）ら被爆者たちとエリコン陸揚げ拒否[1]を闘う横浜の労働者たちが一緒に壇上に上がった。この大会から際《きわ》だった労働者たちの参加に、古在は目を細めた。大会終了後の日比谷から新橋までの提灯行列にはその労働者たちと海外代表も加わり、沿道から盛んな拍手をあびた。その様子に直枝は驚き、古在は国際連帯のすばらしさを感じた。

九月に入ってすぐ古在、柳田、真下、大井の四人は、外務省に出向き旅券を受け取った。いよいよ待望の訪ソだが、その日も厳しい残暑の日で、古在は体調が心配になった。

ソビエト訪問　一九五八年秋

旅費負担や訪ソ時期でなんども気をもんだが、古在ら四人が「阿蘇」の三等寝台で九州の八幡に向かったのは、九月九日の夜である。東京駅では本間唯一、松成義衛、中西篤、婚約者を連れた甥の由秀など二〇名近く、名古屋駅では本田喜代治、藤野渉（名大助教授）、平林康之ら名古屋大学の教師と学生たちに見送られ、八幡に着いた。古在が九州に来たのは、病気になった兄由正の荷物を引き取りに門司に行った一九三五年以来のことである。

古在ら一行が、貨物船で八幡からナホトカへ、そこから汽車と車でウラジオストク、飛行機でハバロフスクに移動し、さらにジェット機に乗り継いで、モスクワ到着は、九月一六日の未明になった。

ほぼ一週間の長旅にもかかわらず、その日の午後からソビエトの哲学者たちとの交流が始まった。ソ連科学院哲学研究所では十数名の哲学者と、翌一七日はモスクワ大学、一八日は国立社会経済出版所、一九日は東洋学研究所、二一日はモスクワ放送局という具合にほぼ連日続いた。しかしこの訪ソの中心となる講演会は、二十数名のソ連哲学者たちがベネチアの国際哲学会議に出掛けていたため、彼らが帰国する月末に延期になっていた。

モスクワ大学ではソ連哲学の日本での影響や哲学研究者の生活条件が話題になったが、彼らの給与が日本の五倍以上と聞いて、古在らは驚いた。清貧を良しとしているわけではないが、それが日本の唯物論者たちの一つのエネルギーになっている、そう思うことにした。東洋学研究所では、柳田謙十郎が「日本文化──『貧と老』」を報告し古在もひとこと補足したが、万葉集を研究していたソ連の哲学者からは反駁もでるなど、人間的で率直な交流になった。モスクワ放送局では、日本向けの座談会として「モスクワの印象」を話した。

モスクワ滞在中は、連日の哲学交流の合間をぬってトレチャコフ美術館や国立モスクワ劇場で「白鳥の湖」を見たが、古在は重い疲れを感じていた。皆がレーニン記念館へ行った日やモスクワ郊外に遊んだときもホテルで休み、通訳付きで病院にも行った。レニングラード（現サンクトペテルブルク）行きは医師の許可があってようやく可能となり、二二日夜三人と一緒に一等寝台に乗り込むことができた。

二三日朝、レニングラード駅のホームに、ラードゥリ・ザトゥローフスキー教授など四人が古在らを迎えた。教授は三十年以上も日本思想を研究し明治期までの日本哲学、ことに安藤昌益や中江兆民に詳しく、ソ連で刊行されたばかりの『全世界哲学史』の「日本」の項を担当していた。教授は会うとすぐ「戸坂君はいまどうしているか」と聞いた。古在が「戸坂は戦争の終わりまぎわに獄中で死んだ」と答えると、教授は「あっ！」と低い声で叫び、暗然と目をつぶって落ちてくる涙をハンカチでしきりに拭いた。ザトゥローフスキー教授は、戦時中唯物論研究会が海外に送った『唯物論研究』を三冊ほど大切にもっていたが、敗戦前後の情報はほとんど伝わっていなかった。古在らは、戸坂の死を心から悼むソ連の唯物論哲学者に激しく心を揺さぶられた。その後の交流で古在らは、ザトゥローフスキー教授らの視点が、戦中の日本唯物論哲学の「理論水準の高低」ではなく、現実とどう闘っていたかに置かれていることを知ったが、それが何よりの励ましとなった。

レニングラード滞在は二八日までの六日間で、比較的ゆったり過ごすことができた。エルミタージュ美術館でルーベンスやダヴィンチの絵を見たり、百貨店で家族への土産を買ったり、レーニンが『国家と革命』を書

モスクワ東洋学研究所で発言する古在。右に大井正、左に真下真一、向かい側に柳田謙十郎（1958年９月19日）

いた「隠れ家」を見た。そのときは、ミーシン教授（レニングラード大学）から「革命の平和的発展の可能性」の話を聞いたりした。

レニングラードは、ほんの十数年前三年の間《あいだ》ドイツ軍に包囲占領され、何十万人もが餓死した街である。古在らが希望して実現したレニングラード歴史博物館訪問には、通訳のペトローワさんが同行した。ペトローワさん自身、ナチスが街を封鎖したとき夫を含む家族四人を餓死で失い、自らは戦線に出て闘った女性《ひと》だという。館内で、何月何日おばあちゃんが死んだ、何月何日おじちゃんが死んだと、次々に飢えのため死んでゆく祖父母、兄弟、両親のことを書いた一一歳の女の子ターニャの小さな紙切れのメモを説明しながら、ペトローワさんは涙を止めることができず、古在らもまた声をむせらせて一緒に泣いた。「ターニャの日記」は、母親が死んだ五月一三日、「サヴィチェワ家は死んだ／みんな死んだ／残ったのはターニャだけ」で終わっていた。

しかしレニングラードは、三年間防衛戦争を激しく闘ったためナチスに破壊つくされたのに、今は噴水を数十もつ噴水公園や、森、河、海などすべてが美しく再建されていた。祖国防衛の情熱が戦後の再建を可能にした、実に美しい街だった。

「風に落つ　楊貴妃桜　房のまま」　一九五八年秋

古在はレニングラード歴史博物館に行った日の午後、東洋学研究所で「一九三〇年代を中心とする日本哲学の歴史」と題する正味三〇分ほどの講演をペトローワ女史の通訳で行い、大井正は戦後の日本哲学史を語った。古在はまず、祖国防衛戦争を闘い抜きナチス軍を放逐したレニングラードの歴史を讃えたあと、本題に入った。カントやヘーゲルなどドイツ哲学の影響と西田哲学の特徴、そしてマルクス主義哲学の受容という一九二〇年代の日本の思想界を手短に説明し、戸坂潤らと一九三〇年代に築き上げた唯物論研究会の活動とその歴史的意義を、自分の体験、戸坂潤の獄死などを含めて話した。古在の講演に、ザトゥローフスキー教授は「戦争下の日本の思想が絵のように頭をめぐった」と感慨深げに話し、同席していた柳田謙十郎も真下信一も「よかった」と評価してくれた。古在自身手応えを感じる講演となった。

翌二八日の夜、レニングラードでの送別晩餐会が開かれた。和気藹々《あいあい》としたもので、日ソの哲学者たちがスクラムを組んで「インターナショナル」を歌った。スマートで謹厳な論理学者トガリョノフ教授も、スクラムの輪に入って参加者を驚かせた。会がはねて夜の一二時を回ったというのに、ソ連の関係者皆がレニングラード駅まで見送ってくれた。

モスクワに戻った翌三〇日から、延期されていた哲学研究所での二日間にわたるメインの講演会が始まった。ソビエト訪問の大きな目的の一つであるこの講演を通じ、二〇世紀の日本哲学を概観してもらうのが目的である。そのために、一日目に柳田謙十郎が日本哲学史の概観を、古在が一九三〇年代を中心にしたマルクス主義哲学を話し、二日目に真下信一が一九三〇年代から敗戦までの京都を中心にした日本哲学を、大井正が戦後の日本哲学を、講演することになっていた。講演会には、この夏訪日したばかりのミーチン教授をはじめ百名ほどのアカデミー関係者が集まった。

古在は「戦前、ことに三〇年代におけるマルクス主義哲学の研究と普及」と題して講演した。その焦点はレニングラードの講演と同様、唯物論研究会の歴史と活動、その意義についてである。講演のなかで引用する杉田久女《ひさじょ》の句「風に落つ　楊貴妃桜　房のまま」は、事前に通訳と打ち合わせて、古在がこの句に託す戸坂潤への気持ちを伝えておき、講演の場では用意した戸坂潤の写真をかざしながら、レニングラードの講演以上に熱を込めて話した。幾人かは目にハンカチをあてながら、古在の話に聞き入った。終わると、文字通り嵐のような拍手が長く続いた。そのあと、哲学研究所のペ・エヌ・フェドセーエフ所長が閉会の挨拶をのべた。「古在教授は、日本におけるマルクス主義哲学思想の発展と普及の基本的な段階を話され、きわめて重要な結論をのべました。マルクス主義の精神こそ人類の最良の思想と進歩と勝利とをめざす不屈の戦闘精神であるという教授のこの思想に、みなさんも同意されることとおもいます」「先駆的な思想の勝利のための闘いは、最大の犠牲、最大の緊張した努力、意志、知性を要求しました」「われわれはここにあらためて、日本人民の先駆的な哲学思想のための積極的な闘士たちに、熱烈なあいさつをいたします」。

閉会後、レニングラードからわざわざやって来たザトゥローフスキー教授が握手を求めてきた。古在は、教授の書斎に飾られていた中江兆民の写真を思い出し、講演でかざした戸坂潤の写真を記念として贈った。

モスクワでの哲学交流の山は越えた。古在は大きな達成感・満足感を感じたが、身体は正直だ。疲れのため咳と蕁麻疹がでてしまい、その夜楽しみにしていた演劇「アンナ・カレーニナ」は、シャフナザーロワ女史に伴われて中座せざるをえなかった。

翌一〇月一日、前日に比べ参加者は少なかったが、真下信一と大井正の講演も無事に終わった。帰国までには、ソ日友好協会や三日間のキエフ訪問の予定があったが、古在は七日予定のモスクワ大学での最後の講演を考えて、大事を取ってキエフ訪問は遠慮させてもらった。五日夜、キエフから帰った真下と大井は、遠慮のない質問がたくさん出て、モスクワ、レニングラードよりおもしろかったぞ、とその様子を話してくれた。古在もまた留守の間の出来事を話した。タシュケント作家会議に行く高倉テルの八年ぶりの来訪をうけたこと、モスクワ大学研究生の訪問・質問をうけて西田哲学の影響力や日本の修正主義について答えたこと、「農業博覧会」を見学したことなどなど……。

七日のモスクワ大学での講演は、限られた短い時間に、古在、柳田、真下三人が話すため、古在は先日の哲学研究所での講演を短く切りつめて話した。ただ最後に、先日のフェドセーエフ所長の閉会挨拶、「マルクス主義の精神こそ人類の最良の思想と進歩と勝利とをめざす不屈の戦闘精神である」という言葉を、ロシア語で付け加えた。

真下と大井、古在の三人で、トルストイの墓のあるヤースヤナ・ポリャーナを訪ねた九日の夜、哲学研究所から二〇余名が参加してモスクワでの送別会が開かれた。開放的で伸びやかな雰囲気に比較的口の重い古在が、珍しくテーブル・スピーチに立った。柳田は少し驚き心配もしたが、古在にしては一生に一度あるかないかというすばらしいスピーチとなった。

「私は戦前から唯物論哲学者として、労働者とともに戦争と天皇制に反対し、同時に革命ソビエトを守れと闘い続け、牢獄にも入った。そして今日ここに来て、その闘いが決して間違いでなかったことを改めて感じている。それにつけても、そのために友人の幾人かが倒れた。しかも大きな木には風が強くあたるように、最も信頼すべき、最もすぐれた哲学者たちが倒れていった。その大木《たいぼく》の中に私は戸坂潤の姿を思い出さずにはいられない。戸坂が今日われわれとともにここに来たならば、どんなにか喜んでくれたろう……」。涙を目に浮かべて語る古在に、参加者がともに泣いた。柳田も古在も、そして真下、大井も、民族と民族、国境を越えた人間同士の赤裸々な、心からの連帯を感じた瞬間だった。

翌一〇日古在ら四人はモスクワをたち、ヘルシンキ、ストックホルム、コペンハーゲン、アンカレッジと飛行機を乗り継ぐ長旅を終え、一〇月一二日の昼、羽田に戻った。美代や婚約者を連れた由秀、吉田寿生や中西篤夫妻らが、古在を迎えた。

訪ソ印象　一九五八年秋

日本の哲学とその歴史を講演するという訪ソの目的は、十二分に達成した。古在に印象深かったのは、ゆったりした市民生活のようすや、ソ連哲学界には実に多彩で魅力的な哲学者たちがいることだった。

公園でゆったり過ごす老人たちの姿。あれは物質的な安定と精神的な安定がなければできないものだろう。ソ連には帝国主義イデオロギーとの闘争を強調するかげで、ソビエト社会における内部矛盾の取り上げ方がまだ不十分という欠陥はあるにしても、大筋では安定した生活が市民にはあった。哲学研究の分野でも完成された学問組織があり、若い研究者も多く、専門テーマも自然弁証法とかブルジョア哲学批判とか、多岐に別れていた。

そうした哲学者たちとの交流も、何の気遣いもいらない「生な人間」との交流そのもので、祖国防衛戦争を闘ったペトローワ女史、戸坂の死を知って涙を流したザトゥローフスキー教授、同じく「歴史是無情的苦痛」と書いたモスクワ滞在の中国の哲学者楊興順などなど、いずれの哲学者もみな社会主義的な「豊かな人間」を感じさせる人々だった。日本では、必要以上に人の心の裏を考えるのが「生きる知恵」になっているが、彼らは恵まれた研究・生活条件のなかで肝心なことだけを考え、率直に感情を表現し、まったく気取ったところがなかった。単調に感じることはあるが、彼らの論文のかげにはそうした人間性が隠れていた。

またソビエト科学アカデミーが古在ら日本の唯物論哲学者を招待する背景には、彼らの新しい学問的状況があった。それは世界の哲学史をこれまでのように「西洋の眼」だけで見るのではなく、軽視されてきた「諸民族の哲学的遺産」を掘り起こそうとするソビエト哲学界の新しい動きである。日本の哲学的遺産はなにか？

それが彼らの大きな関心の一つになっていた。

その点では、古在にも一つの思いがあった。日本の哲学も長らく西洋哲学の模倣がかなりあったし、アジアを取り上げたヘーゲルでさえ、「アジア的停滞」という視点から、哲学の前史としてしか扱わなかった。ひるがえってわが日本では、戦前に三枝博音の日本思想史への反省や永田広志による日本思想史の開拓的な仕事はあったが、いずれも端緒に止まっていた。いわば日本の唯物論哲学にも、日本民族の哲学史、思想史に対する摂取や批判、継承という点で不足するものがあった。その反省もあって、戦後「唯研」再建の動きを何度か試みたが、戦後の混乱、雑誌刊行の困難などがあって、持続するものにはならなかった。まして今後の日本特有の課題を考えれば、われわれの思想が本当に日本の土から育つこと、日本の民衆の生活とつながること、いわば日本の土着性を保持しつつ伸びていかなければならないだろう……。

古在には、一つの疑問、社会主義国ソビエトのなかで戦闘的唯物論というものの性格がどういう形で発揮されていくのか、どういう形態で現れるのか、という疑問はのこったが、おおよそそんな印象をもって帰国した。

自由大学哲学サークルや北原文化クラブ、そのほか古在がかかわる二、三の研究会はもちろん、岩波書店や平凡社、大月書店や専修大学などに顔を出すたびに、興味深そうに聞いてくる友人たちの質問に答えて、そうしたソ連訪問の印象やソ連哲学界のあれこれを話した。公なものとしては、『読書人』のインタビューや雑誌『前衛』、『多喜二と百合子』での座談会発言や『図書』への寄稿[2]などがあった。

警職法　一九五八年秋

ソビエト訪問から帰ると、古在は久しぶりに畳の上での昼寝、夕方の銭湯、たまった新聞の切り抜きなどをゆっくり楽しんだ。訪ソ中は毎日六時間ぐらいの睡眠時間しかとれなかったが、生活問題から解放され栄養も行き届いていたためか、体重は意外にも減るどころか一キロぐらい増えていた。

一〇月二〇日、古在は上田耕一郎の父で教育評論家・上田庄三郎の通夜に顔を出した。古在にとって上田耕一郎は、五〇年代初めから、地域の平和・文化運動で行動を共にしている「若き友人」である。最近ではこの夏完結した『講座　現代マルクス主義』（全三巻　大月書店刊）の編集・著者会合でなんども同席していたこともあり、義理は欠きたくなかった。

中野区内で活動し東大経済学部を卒業したばかりの上田耕一郎が「学生区議」近藤正二と来訪したのは、五一年の梅雨時である。そのとき上田は「中野には知識人が多いので、全面講和の支持と、再軍備反対の声を中野から広げたい。知識人を結集するために力を貸して欲しい」と言った。その日は若手の経済学者佐藤昇が別用で来ていたが、古在はその場で快諾した。上田はその後結成された「中野懇談会」（京口元吉会長、黒田秀俊事務局長）の事務局で仕事をしたあと、中野懇談会を母体にした地域新聞「中野新報社」（大河内一男顧問）の記者に専念し、五六年には弟の不破哲三と共著で『戦後革命論争史』（大月書店）を刊行、今度の『講座　現代マルクス主義』には「『大衆社会』理論とマルクス主義」を執筆するなど、日本共産党の論客として注目をあびはじめていた。古在は、情に厚いこの新進気鋭の理論家に注目していた。

翌二一日、訪米を間近に控えた甥の由秀が、永井美音《みね》と結婚式をあげた。由秀はこの年、論文「土星系の天文常数」で学位をとったばかりで、これから四年ほどハーヴァード大学天文台などで研究を続けることになっていた。由秀にとっては両親のいない結婚式となったが、媒酌の宮地政司東京天文台長が、由秀の母が病中に読んだ歌二首を紹介した。古在はこの親子の長い間の生活の苦労を思い、こみあげてくるものがあった。

由秀の結婚式がすんだ夜、警職法反対の緊急学内集会の講師を紹介して欲しいと、三人の早稲田の学生が古在を訪ねてきた。

岸内閣はこの九月、アメリカ政府と安保条約改定で合意し、翌月から東京で改定交渉を開始、予想される国民の反撃に先手を打って一〇月八日、警察官職務執行法（警職法）改正案を国会に上程した。上程後岸首相は、アメリカNBC放送のインタビューに答えて「今や海外派兵のため憲法第九条を廃止するときがきた」と表明した。

勤評闘争のさなかに上程された警職法改正案は、令状なしに警察官の判断だけで逮捕できる治安立法で、マスコミも「デートもできない警職法」と批判し、国民は「オイコラ警察の復活」と感じて、大きな反対運動が広がっていた。

古在はすぐ、久野収、柳田謙十郎への紹介状を学生たちに持たせた。

月末に開かれた早稲田大学での警職法反対集会は、熱気を帯びた集会になった。古在が紹介した久野、柳田をはじめ、加藤勘十（社会党衆議院議員）、野村平爾（早大教授、労働法）、広津和郎（作家）、黒田秀俊（ジャーナリスト）らが講師陣に名を連ね、蔵原惟人や吉野源三郎のメッセージも紹介され、古在も一言発言に立った。古在は集会の帰途、大学近くの松尾隆夫人を訪ねた。警職法や集会の模様を話したが、なにより松尾亡き後の遺族の生活が心配だった。

その後古在は、専修大学教授会で警職法反対の意思表明をすべきだと訴えたり、請われて学徒援護会（のち日本育英会、現日本学生支援機構）の学生をまえに、警職法の問題点を講演したり、全銀連（全国銀行従業員組合連合会）の機関紙のために松成義衛と対談するなど、自分の条件をいかしてこの全国的な闘いに合流した。

全都道府県で組織された警職法反対国民会議には一千万人が結集し、ストを含む一一月五日の警職法反対国民統一行動には六〇〇万人が参加する大きな闘いになった（『社会・労働運動大年表』）。この日は、松川事件の無罪釈放を訴える宮城拘置所から東京までの「松川大行進」が都内入りし、日比谷野外音楽堂で中央集会が開かれた日でもあった。

さまざまな国民的な闘いが一つになって、結局警職法改正案は岸内閣が会期延長を強行したものの、国会は自然休会のまま、一一月末ついに審議未了・廃案となった。

名古屋大学　一九五九年春

二八年ぶりの大雪の正月、ペトローワ女史やザトゥローフスキー教授から年賀状が届いた。古在はさっそく返事を書いたあと、いそいそと碁会所「考える人」に出掛けた。訪ソ直前まで通い詰めた「考える人」での成績が一八勝九敗と善戦した結果、帰国後には名札が四級から三級に変わっていた。正月の初対局はもちろんだが、その名札を確かめるのが一番の楽しみである。なにしろ「哲学者の碁」というと「相当に強い」と誤解されるのだが、戦前には碁会所主人の小学二年の息子にさえ手玉にとられたほどで、腕はさほどでもない。が、昇級は素直に嬉しい出来事だった。

松の内が過ぎて、古在は岩波書店から新書二点を刊行する準備にかかった。一つは、「ここ数年の評論を集めた」もの（一九六〇年刊行の『思想とはなにか』に結実）、もう一つは『マルクス主義と現代』である。『思想とはなにか』は、いささかでも生活の窮状を印税収入で和らげようと、古在自身が苦し紛れに吉野源三郎に頼み込んだものだ。すぐオーケーがでたのは有り難かったが、来訪を重ねる編集者中島義勝（のち専務）に一年後に書く約束はしたもののそれから三年、納得できる文章ができないまま時間だけが経過した。元来古在は、引用や紹介の多いひたすら長いだけの文章よりも、本質的なものを見据え、吟味に吟味を重ねて、わかりやすく書くことを肝に銘じてきた。編集者・出版人には迷惑なのだろうが、下痢気味の文章をひたすら「生産」するより、真実の核をつかみ、書きたいことだけを書く、そうしたいと思うからこそ、他人の「遅筆」や「寡作」という評価はあまり気にならなかった。それは書くことへの構え、「精神のつくり」の問題に関わっていた。しかし遅れに遅れた『思想とはなにか』だけは、それに甘んじてはいられなかった。

古在には一九四七年から大切にしている「思索ノート　Ⅱ」があった。ハードカバーの大部のノートで、『人民評論』に数回随筆を書くことになったとき、用意したものだ。それ以来一〇年、「唯物論者になるまで」

や「ラッセルの逆説について」、「ゴーゴリの矛盾と破滅について」「蟻、大衆、国家」など、活字になったものもならなかったものも、思い浮かんだ書きたいテーマだけを書き付けてきた。今回古在は、そのノートに書きためてきたもの、すでに発表した随想に手を加えるもの、そして新たに書くものを含めて、新書一冊をまとめあげるつもりで、さっそく、敗戦直後『人民評論』に載せた「木馬三態」の続編として、新たに「木馬脱出」を書きはじめた。

もう一冊の『マルクス主義と現代』は、一年前に佐藤昇や鶴田三千夫、松成義衛らと構想したものだ。当初は週一で打ち合わせの集まりをもち、岩波書店からは緑川亨が担当に決まったものの、大月書店の『講座　現代マルクス主義』が進行していたことや古在のソビエト訪問もあり、次第に打ち合わせへの回数も減って、夏前には頓挫していた。

古在は「思索ノート　II」に一九項目の柱をたて、原稿準備のために各項目の要点を随時報告するかたちで、岩波書店の会議室を会場に意見交換を開始した。第一回は「マルクス主義は時代遅れか?」、第二回は「平和共存」、第三回は「窮乏化の問題」と「あたらしい技術、あたらしい経営方式」などと続いた。

そうした新書の準備と執筆を進めながら、古在は一月半ば阿佐ヶ谷に真下信一を訪ねた。用件は名古屋大学就任のことである。

もともと名古屋大学赴任の件は、戦後すぐ名古屋大学文学部に哲学講座を開設することにともなって就任話が古在、真下、高桑純夫に持ち込まれたが、古在と高桑の二人には民科の活動や哲学部会の運営のことがあり、真下信一だけが四八年秋から就任していた。その後、哲学講座充実のために古在の就任が望まれ、五六年から竹内良知や平林康之などが上京して要請を繰り返し、昨年からは真下をはじめ新村猛や本田喜代治なども古在のもとを訪ねて、名古屋大学の状況説明を繰り返していた。そのころ名古屋大学文学部では、五九年からの大学院設置にむけた教授陣の充実が求められていたが、西洋中世哲学を講じていた服部英次郎教授が他大学に転出する予定で、古在の一日も早い着任を望んでいた。

古在は、真下信一に着任する場合の条件を率直に話し、真下はすべてを了解してくれた。古在は専修大学に三月一杯での辞意を伝えたが、名古屋大学就任は了解されたものの、持ち時間を減らしたうえ講師として、引き続きドイツ語の教鞭を執ることになった。

古在が名古屋大学の真下信一や竹内良知らに迎えられたのは、五九年五月のことである。古在歓迎会が、愛知文化講堂レストランの一隅で質素に開かれた。鈴木正（のち市邨《いちむら》学園短期大学教授）が自己紹介をすると、古在は「狩野亮吉を書かれた人ですね」と言葉をかけた。そのときの鈴木の嬉しそうな笑顔が、古在には印象的だった。なにしろ一七歳の軍国少年鈴木正が「敗戦時の思想の崩壊」に遭遇したとき、古在の「教育の解放」や「明日の哲学」を読み、その思想の新鮮さに驚いて師範学校の答辞の下敷きにしたほどだから、その当人が眼前にいて、『思想の科学』に「狩野亮吉の思想」を書いていた自分を覚えていたのだから、感激はひとしおだった。

歓迎会が終わると、古在の特急「つばめ」や鈍行を使った名古屋通いと、大学構内にある二間だけの粗末な宿泊室泊りが始まった。

学内では日米安保条約に反対する学生の動きが活発になろうとしていた。三尾靖（のち赤旗編集局）も学生自治会の活動に忙殺されていたが、古在の講義だけには顔を出そうと思った。古在が初講義で「よく、○○問題にアプローチするなどと言うが、真理はそんな生易しいことではつかみとれない。それを覆っているものを押し広げ押し分けて進んでこそ、真理に近づくことができる」と言ったことが印象に残ったからだ。それにもかかわらず、三尾は学生運動に頭をつっこんだまま授業には余り出る機会がなかった。しかし古在のこの言葉は、後々まで強く心に残った。

古在は教授会には滅多に顔を出さなかったが、講義の前後に「小使い室」によく顔を出した。そこでの世間話が楽しく、「他の先生は挨拶もしてくれませんが、真下さんは別ですね」などという話を直接聞くと、「さもありなん」と嬉しくなった。情報源としての「小使い室」は、古在の「生きた教室」となった。

日本唯物論研究会　一九五九年六月～

しかしこのころも、年末調整の還付金さえありがたがる古在の窮乏生活は続いていた。蔵原惟人や美作《みまさか》太郎（新評論社社主）、本間唯一らと月一回集まる「出版の会」の新年会を開いているとき、古在は家にある古い仏像を思い出し、メンバーに見てもらった。蔵原は「古拙の特色が著しいから、一度専門家に見てもらうといい」と言い、みんなは『井戸の茶碗』（古典落語）のようにお金になればいいがね」と笑った。その数日後、松本正雄（文芸評論家）から、仏像は朝鮮のもので「開皇」という年号から、聖徳太子の時代のものと推測できる、と連絡があった。仏像の年代がはっきりしたのはよかったが、さてそれで肝心の金になるかどうかは全く不明で、落語のように運がめぐって来るのを期待するのは無理のようだった。

その新年会に顔をだせなかった本間唯一が、四月、四九歳で肝臓癌のために亡くなった。古在は数日前、虎の門病院に本間を見舞ったばかりだが、そのとき病床の本間からもらった論文「反宗教運動」の抜き刷りが、形見のようになった。

本間唯一は戦時中、大谷大学で戸坂潤に傾倒し、卒業後は僧侶として故郷の佐渡でセツルメント活動を行ったあと上京、一九三五年から唯物論研究会の事務局で活動したため、古在らと同じ日に治安維持法違反で逮捕・投獄される経歴をもっていた。敗戦後は古在と一緒に『人民評論』や『唯物論研究』『唯物論者』『戸坂潤選集』（全八巻、伊藤書店刊）の編集にたずさわり、伊藤書店廃業後は平凡社で編集の仕事を続けていた。

古在が最も残念に思うのは、『唯物論者』（学芸社）が経営的に立ちゆかなくなって、五二年秋に廃刊に追い込まれたことだ。左翼出版の退潮期のころで、有力だった富士出版社も辞退し、引き受ける版元を見つけることができなかった。

戦前の唯物論研究会を最後まで支え、戦後も唯物論普及のために奮闘し続けた同志が、昨春の新島繁（享年五六歳）に続き、また一人命を落とした。古在はあらためて、訪ソ時に大井正が盛んに強調していた唯物論研究会の再建を急ぐことを心に誓った。

すでにこの二月、札幌、名古屋、大阪についで、東京唯物論研究会が発足していた。中心は民科哲学部会の元役員の大井正、出隆、岡邦雄、柘植秀臣らで、東京唯研には百名近くが結集した。当時地方段階で唯物論研究会設立が一つの機運になっていたのは、民科が財政的な困難から五五年以降全国的な活動を停止し、民科哲学部会も同じ運命をたどったためであった。札幌では五四年ころから活動していた『唯物論』刊行会と唯物論哲学者連盟とが母体になり、大阪では民科大阪支部の哲学部会が、名古屋では名大の哲学研究室が中心になって五七、八年にかけてそれぞれ結成され、研究活動が継続されていた。そうしたなか東京では、東京唯研設立準備過程のなかで各地の唯物論研究団体によびかけて、全国組織を作ろうとの機運が生まれていた。

こうして一九五九年六月、札幌、東京、名古屋、大阪、それに松山と下関を加えた六地方の唯研の連絡機関として日本唯物論研究会が創設された。役員は東京から古在ら六名、札幌から岩崎允胤（北大教授）、名古屋から竹内良知（名大助教授）など一二名が選ばれ、委員長には出隆（当時名大講師）がついた。

六月末、安保改定阻止国民会議[3]の第三次行動が、全国一六四ヵ所で四〇〇万人が参加して、初の高揚を見せた。四月の第一次行動は日比谷での中央集会に七千人が参加しただけで、「安保は重い」と言われたものの、徐々に国民のなかに安保改定の危険性が理解され始めていた。婦人たちの間でも、第四回働く婦人の中央集会や、福島市で開かれた第五回日本母親大会、人権を守る婦人協議会が中心となった「安保改定阻止　母と娘の大集会」などをつうじて、反対運動が広がっていた。

知識人たちもまた、この安保闘争に積極的に参加しようとしていた。すでに三月には末川博や阿部知二、上

名古屋、真下家の門前にて。右からミーチン、ラードゥリ・ザトゥローフスキー、古在、竹内良知（1959年冬）

原専禄ら八六名が「安保条約改定反対の声明」を発表し、この七月には上原専禄や東京唯研の務台理作ら学者文化人たちが安保問題研究会をつくり、雑誌『世界』に共同討議「安保改定について」を発表した。さらに「核武装と海外派兵への道をひらく安保改定に反対」を掲げて広島で開催された第五回原水禁世界大会は、内外から一万人が参加して成功した。

古在は本間唯一の新盆のため八月半ば、佐渡にわたった。身は僧侶でありながら、無神論者・戦闘的唯物論者として、あたかも唯研の化身のように生きて斃れた本間唯一。性は温厚・篤実・寡黙、行は用意周到・不撓不屈。それにもかかわらず酒が入れば談論風発、バカヤロウと言いつつおけさを踊って見せる一面もあった。その本間と残されたハツ夫人の労をねぎらいながら、古在は墓前に日本唯物論研究会の発足を報告した。

初秋、古在は肺に穴があき空気がもれ出す「気胸」のため虎の門病院に入院した。新任地名古屋を往復しての講義、日本唯物論研究会の結成と活動、なかなか進まない『思想とはなにか』『マルクス主義と現代』の執筆・編集。それらが体に重くのしかかり、最悪の場合空気が心臓を圧迫して心停止になる危険があった。入院による休講や研究会欠席はやむを得ないにしても、前年の訪ソ招待に応えて、春から出隆や務台理作、桂寿一らと準備してきたソ連哲学者の日本招待準備の委員会に参加できないのが悔しかった。

一一月下旬、ミーチンやあのラードゥリ・ザトゥローフスキー教授をはじめとする四名のソ連哲学者代表団が来日した。入院はまだ続いていたが、古在は自分の最低の責任を果たすため、その代表団と一緒に開く講演会での講演要旨を、「思索ノート　II」にまとめ始めた。長い時間集中するのはまだ無理だが、なんとか講演会には講演準備も体調も間に合いそうだった。

講演会は東京唯物論研究会が主催しアカハタ編集局が後援する形で、一二月九日夜、東京八重洲の国鉄労働会館で開かれた。「マルクス『経済学批判』刊行百年、レーニン『唯物論と経験批判論』刊行五〇年を記念する哲学講演会」と銘打たれ、講演者は三人[4]で、古在は「レーニンと日本の唯物論」（『著作集』③所収）と題して講演した。そのあと体調がもどった古在は、真下信一、竹内良知とともに、ミーチンら代表団を名古屋大学に案内した。

日本唯物論研究会の機関誌『唯物論研究』（青木書店刊）が季刊誌として創刊されたのは、翌六〇年四月になった。

安保改定　一九六〇年

一九六〇年が明けた。古在は尿が濁っているなどまだ万全ではなかったが、一月半ばから、三ヵ月ほど休んだ専修大学と名古屋大学での講義に復帰した。しかし名古屋に加え専修大学の生田校舎に出掛けてドイツ語を教えるのはやはり肉体的にきつく、生田の碁仲間との別れは残念だが、小林良正学長の了解をえて生田での講義は年度内一杯でやめ、神田での哲学講義だけにしてもらうことにした。

とはいえ、由美子は卒業するが、重代に続き三女直枝も来春から早稲田大学（文学部東洋史科）に通うため、収入が減るのは避けなければならなかった。古在は寒川政光や湯川和夫など法政大学の知人に会い、ドイツ語の臨時講師として就職できないか、週に三講義で一万円ぐらいになれば有り難い、と率直に相談を持ちかけた。都内なら、身体の負担はいくらかは軽くなる、そう考えたのだ。

二月になって古在は、名古屋大学大学院設置の件で急に呼び出された。いつもの「つばめ」で名古屋に着くと、研究室で真下信一、藤野渉、竹内良知が待ち受けていた。今日から明日にかけて、設置審査のため文部省の役員が来るという。余り気が進まなかったが古在は三人と一緒に、視察に来る文部官僚を名古屋駅で迎えた。文部官僚が来るというので他大学の関係者が大勢迎えに来ていたが、古在にはまことに珍妙な光景に映った。

翌日、設置のための調査があった。しかし教授陣を補強しないと設置が無理なようで、古在は東京の務台理作に電話をかけ、非常勤講師になるよう依頼した。真下たちは夜の会合にも出て欲しいようだが、古在は官僚たちとの同席を敬遠して、夕方の汽車で帰京した。

帰京後、古在は暮れの講演「レーニンと日本の唯物論」の速記に手を入れて『前衛』編集部に渡し、務台理作を訪ねた。務台には名古屋大学院の講師就任を改めて頼み、あわせて安保改定反対のことで、「哲学者たちの声明」を出せないものかと相談した。すでに一月にはワシントンで新安保条約が調印され、いよいよ反対運動は正念場を迎えようとしていた。古在は地元中野でも、中野懇談会や近所の仲間たちと反対運動を進めていた。

その春古在は友人たちの力もあって法政大学にドイツ語講師の職を得、文部省の許可がおりて開設されたばかりの名古屋大学大学院の担当教授となった。

この新設された大学院修士課程に入った福田静夫（のち日本福祉大学教授）は中江兆民をテーマに、古在の指導を受けることになった。福田は古在から「大学院という一種の真空地帯で哲学という抽象的な学問をすることになるが、労働者に聞かれてもいつでも説明できるようにしておくように」と言葉をかけられた。福田は後になって、その言葉そのものが古在自身の学問態度であることを知った。

その間も安保条約反対運動は、地域共闘組織が二千となり、条約批准反対の一千万署名や国会請願運動として国民的高まりを見せ、全国に「アンポハンタイ！」の声が響いていた。古在もまたデモに直接参加する行動で、吉野源三郎は『世界』の編集を通じて、この国民的大運動に加わった。吉野は四月発売の『世界』（五月号）に、岸内閣に同調しない石橋湛山や三木武夫、河野一郎などの声明「保守党の前途を憂う――冷戦政策から平和共存政策へ」や清水幾太郎の「いまこそ国会へ」などを掲載して、国民を励ました。

しかし五月一九日夜、岸信介内閣は、国会周辺に数千人の警官隊と装甲車を配置し、国会内にも警官を導入したうえ、社共の全国会議員を排除して自民党単独で採決を強行した。国会史上例のないこの大暴挙に、その翌日から商店街の二四時間閉店ストや六百万人に近いゼネストが打たれ、さらに反対運動は勢いを増した。法政大学の同僚湯川和夫が暴行されて一時重態におちいったが、古在も村井康男も法政大学の隊列に加わり連日国会周辺に押し掛けた。そこでは労働者や知識人ばかりでなく、高校生も青年も、母親や中小企業の経営者たちも「アンポハンタイ！」と声をからした。古在はそのなかに「全浪連」や「一市民」というプラカードを掲げる予備校生や一組の夫妻をみつけ、組織動員ではなく自分たちの言葉と思想で参加するその行動に、戦後十数年のあいだの民主主義の成長を感じた。

しかしその騒然とした声にもかかわらず、六月一九日、安保改定条約は自然成立した。

藤田省三（法政大学専任講師、日本思想史）は強行採決後、思想の科学研究会評議員会に声明案「国会解散で民意を問え」を提出したが、竹内好や清水幾太郎らは「一種の革命が始まっている。声明案は傍観者的だ」と批判した。しかし論壇では自然成立後すぐに悲観的な敗北論や挫折論が支配的になり、政党や組織への不信感が広がっていった。

古在はこの安保闘争に、国民の敗北ではなく未来につながる力を感じた。「アメリカの大統領アイゼンハワーの日本訪問をやめさせ、首相の岸をともかくも退却させた人民のこのすばらしいエネルギーは、絶対にきえうせることはない。かならず、それはこねあげられた既成の事実をつきくずし、あたらしい明日への道をきりひらいてゆくだろう」（「思想とはなにか――安保闘争のなかから」、古在著『思想とはなにか』所収）。

『思想とはなにか』 一九六〇年秋

安保反対闘争に参加しながら、古在は前年決意して完成できなかった『思想とはなにか』の仕上げを急いだ。企画段階からすでに五年が経って、岩波の吉野にも編集者の中島義勝にも、もうこれ以上迷惑をかけるわけにはいかない。そう考えてすでに発表した「だれがだれを読むか」や「少年時代の英語のこと」に直しの筆を入れ、あらたに「思想と肉体」や鹿子木員信を題材にした「あるロマンチストの軌跡」を書き下ろした。

もともと古在には『思想とはなにか』を哲学の概論式・儀礼的に書くつもりはなかった。

……人間と生活のあるところ、思想はどこにでもあり、日々の判断や行動のうしろにはかならず一定の思想がひそんでいる。問題なのはできあがった思想あるいは思想体系ではなく、「思想すること」自体にある。「実践が提起する課題との対決、格闘、そしてこれをつうじてみずからの難路をきりひらき、みずからの展望をかちとってゆく作業——これをこそ思想とよぶのだろう」（はしがき）。講座ふうの概論ではなく、思想の剝製でもなく、いきた思想を自己の内部に鍛え上げていくことこそ必要なのだ……。

古在はそう考えて、一般的な主題に触れるところもあるにはあるが、多くは実際の事象や具体的な人間のうちに「思想」というものがにじみ出るような文章を、この本の中心にしようと思った。

巻頭に「思想とはなにか——安保闘争のなかから」を置いたのは、その確信があったからだ。それは安保闘争について古在が書いた唯一の文章ではあったが、安保闘争の問題を政論的に論ずるというより、「思想とはなにか」を考える糸口にしたいと思ったからだ。古在は安保をめぐる闘いの日々を政治的事件としてばかりでなく、一つの思想的事件と考えていた。

……なぜ労働者たちは窮乏も命の直接的な恐怖もないのに、処分も恐れずデモやストを続けたのか？ 女子高校生たちはなぜ学校の禁止令を犯して、その大人たちに「拍手」を贈るため国会周辺に行ったのか？ それは、国会で非民主的な行為が重ねられ、隣の韓国で反動的な李承晩政権が倒され、厚木基地所属の米スパイ機

U2がソ連で撃ち落とされたからなのか？　しかしそれらの事実には無関心を決め込むことも、現実逃避の態度をとることもできる。彼らを行動に駆り立てたもの、その主体的条件こそ、思想的背景ではないのか。新憲法による戦後の教育の力、その人権意識と平和意欲の成長、さらに基地闘争や松川裁判、勤評闘争や警職法、原水禁や平和運動などがもたらした、非人間的なものにたいする激情と抵抗の蓄積……。

「われわれの抵抗を持久の姿勢につよめるもの、われわれの激情に透徹した理知の目をあたえるもの――それが思想である」「勤労するすべての人間の生命、自由、幸福への道はこの激情から出発する。それらを約束する未来へのヴィジョンも、まさにここからのみうまれるだろう。このヴィジョンから、われわれの未来への正確な設計図が作成されなければならない。それに必要なのは冷厳な理知であり、科学の思考である。これによってのみ、たぎりたつ激情の火花はわれわれの進路をてらしだす照明となり、ひとつのたくましい思想となることができる。思想は――あつい心臓、つめたい頭脳を要求する」

古在はそのように、この巻頭論文を閉じた。広い国民のなかに生まれた意想外のエネルギー、力強い共感の連鎖。この共感と感激こそが、人間的思想の出発点だ。古在にとって、安保反対闘争は敗北どころか、共感と連帯、未来を感じさせる思想の勝利だった。

その思いを込めた『思想とはなにか』（岩波新書）は一九六〇年秋に刊行され、増刷が繰り返された。

右翼テロ　一九六〇年秋

一九六〇年代、国民的な運動が高揚したのは、日本だけではなかった。民族解放の波がアジアでもアフリカでも大きなうねりになり、五〇年代末のイラク革命やキューバ革命に続き、六〇年に入って、韓国では腐敗と弾圧を繰り返す李承晩政権が倒され、トルコでもメンデレス独裁政権がデモ渦巻くなか倒壊した。「アフリカの年」と言われたアフリカでは一九六〇年の一年だけで一七ヵ国が独立し、なおアルジェリア、コンゴ、アンゴラなどで独立闘争が闘われていた。

高まる安保反対運動のなかで、沖縄に足止めされたあげく訪日を断念した米大統領アイゼンハワーは、「私は失望せずにおれなかった。いかなる角度から見ても、これは共産主義者の勝利だった」とのちに回顧したが、アメリカを先頭とする資本主義国の植民地主義的政策は、民族解放の波と安保反対の国民的運動などによって大きな打撃を受けていた。しかし彼らとて、資本主義体制を維持するために、手をこまねいているわけではなかった。

安保条約が「自然成立」してほぼ一ヵ月後の六〇年七月一五日、国民的な反対運動に追いつめられた岸内閣は総辞職し、その四日後に池田勇人内閣が発足した。池田は国民的運動の高まりと怒りをまえに「低姿勢」を演じ、福祉国家をめざすと称して「所得倍増」政策を打ち出し、一一月の総選挙に臨んだ。

総選挙では財界が二〇億円もの資金をつぎ込んだ結果、自民党がわずかに票は減らしたものの一三議席増の二九六議席を獲得して過半数を維持し、社会党が二三、共産党が二議席を増やし、民社党だけが議席を減らして、終わった。安保闘争に示された国民の力は、そのまま国会の力関係を変えるには至らなかった。

その総選挙を前にした一〇月半ば、演説中の社会党委員長浅沼稲次郎が右翼少年山口二矢《おとや》に刺殺された。ヌマさんの愛称をもつ浅沼は普段から「アメリカ帝国主義は日中両国人民の敵」と述べていたが、この日は議会主義の擁護を訴えていた。逮捕された山口は取り調べのなかで、野坂参三（共産党議長）や日教組委員長小林武も殺《や》るつもりだったと言い、一人一殺を主張した右翼井上日召やヒトラーを尊敬しているとも言った。しかしマスコミは、この右翼の刺殺という直接的暴力を、国会行動やデモ・ストと同列視し、「左翼の暴力」と対置して論じた。

古在はマスコミの「異常な平衡感覚」を危惧しながら、安保闘争の余熱さめやらないこの時期の浅沼刺殺事件に、戦前からの系統をひく右翼的テロリズムの流れをはっきり認識した。それは安保反対運動さなかの六月にも、新劇人のデモ隊列へのトラック突入や社会党元委員長河上丈太郎への傷害事件があったときにも感じてはいたが、しかし今回もっとも驚いたのは、経団連会長石坂泰三が「あのような事件を起こした気持ちもわからないでもない」と白昼のテロを擁護したことだ。古在はこの財界トップの談話を知って、その数週間前に経営者団体・日経連が、進歩的な大学教授のリストを作って密かに各方面に配布し、この教授らに何らかの威圧を加えようとしたのを思い出した。浅沼刺殺事件を賞揚するかのような経団連会長の発言といい、マスコミの報道ぶりといい、威圧目的で教授リストを配る経済団体といい、古在はそこに根強いテロリズムの温床を感じ、高揚した安保闘争後の「政治的反動」を思いやった。

「嶋中事件」が起きたのはその数ヵ月後、六一年二月である。天皇一家の首がコロコロと落とされてゆく「夜中の夢」を描いた深沢七郎の小説「風流夢譚」(『中央公論』一二月号掲載)がきっかけで、右翼少年が嶋中社長宅を襲い、お手伝いさんを刺殺し、社長夫人に重傷を負わせた。中央公論社は「掲載不適当な作品」を公刊したと「お詫び」を発表し、深沢七郎は自身に及ぶだろう身の危険を避けるため、全国を転々とする放浪の旅に出た。そしてその冬、中央公論社は「天皇制特集号」を組んだ『思想の科学』誌を、右翼からの攻撃を恐れて発売停止・断裁廃棄処分にした(「思想の科学」事件)。「言論の自由」は、安保闘争からの度重なる右翼テロに、完全に萎縮した。

批評の精神　一九六〇年秋

「風流夢譚」掲載の一ヵ月まえ、『中央公論』(一一月号)が安保闘争に関連して、座談会「日本デモクラシーの思想と運動」を掲載した。参加者は鶴見俊輔、松本三之介(東京教育大、政治思想史)、久野収と古在の四人である。三人とも古在よりは一〇歳も二〇歳も若く、久野を除けば戦時中の「苦難な時代」を壮年としては体験していなかった。座談は、大正時代のデモクラシー運動の挫折や戦時中の抵抗運動、戦争を阻止できなかった自由主義者や共産主義者の責任問題など多岐にわたった。

古在が一番気になったのは、戦時中の唯物論研究会の衰退と反戦運動の統一未達を批判するときの三人の姿勢だった。久野は唯物論研究会からの知識人たちの「退却」は、唯研が共産党をサポートするような「主張の団体」になったからではないか、自主的な評論機関としてあるべきだったと言い、松本は無産政党の統一を言い続けた労農党の大山郁夫を共産党が無視したのは間違いだったと発言した。

古在が危惧したのは、発言者が当時の特殊な戦争状態や厳しい思想弾圧を充分に考慮していない点である。古在は、批判はそれらの全体的な条件を十分考慮したうえで、なおいくらかの是正の可能性はなかったのか、というふうに問題がたてられるべきもので、現在の時点から過去の欠陥を指摘・議論するだけでは、一種の観念的な理想論に陥り、現実を変革していく力にならないのではないかと、穏やかに反論した。

古在が、いつにない強い調子で反論したのは座談会の終盤、鶴見俊輔が国粋主義者の津久井竜雄に触れて「実にいいことを言っている」と評価したときである。「ぼくは反対ですね。やはりあなたは雑誌論文という形式に反映した限りだけで、物事を考えられているように思うのです」と言葉を一旦切ってから、津久井はいったいどういう思想上、実践上の態度をとっているのか、戦争に反対したのか支持したのか、そういう大きい観点から判断する必要があるのであって、そうすれば「いいことを言っている」ではなく、あなたももっと鋭く津久井と対立するのではないか、と付け加えた。

古在はちょうど一年前、東京唯物論研究会が主催した、来日したソ連の哲学者たちとの哲学講演会で、批評の精神について触れたことがあった(「レーニンと日本の唯物論」、『著作集』③)。古在はその講演で、内外の唯物論の歴史を語り、唯物論以外にどんな哲学・思想が、投獄や獄死をふくむ労苦と犠牲、「苦難の歴史」を通して獲得されたのかと問うて、次のように述べていた。

「過去のわが国におけるマルクス主義の歴史についてその移植性や教条主義などを指摘するのはよい。いや、ぜひともそれを大胆にやらなければならない。ただ必要なのは、マルクス主義にふさわしい方法によってそれをやりぬくことである。マルクス主義的批判の方法は、批判者みずからが闘争する者としての自己の姿勢をくずさぬことと同時に、批判の対象としての過去の思想をおなじく闘争の場およびその条件のもとでとらえることを要求する。もしそうであるならば、たとえ未熟にせよ戦争とファシズムに抗して前進した唯物論の歴史を、どうしてたんに欠陥と失敗との歴史、借りものと模倣との歴史としてかたずけることができよう？　もしわれわれがおよそ思想というものをそのいきた姿でつかもうとするならば、たんにピンセットのさきでそのさまつな論理の傷ぐちをつついてみるのではなく、それぞれの思想の生命、そのはたした役わり、それをとりまく複雑な思想の状況および思想の戦場をみきわめ、その成果と欠陥をつきとめなければならない」（『著作集』③、五七～八頁）。そこには戦時下を闘い抜き、戸坂潤らと日本の唯物論を鍛え上げてきた古在の自負と誇りがあった。

古在は鶴見を批判しながら、一年前の夏、思想問題研究会で「転向」について話したことも思い出した。そのときも、転向・非転向を「思考の型」として捉えてゆく鶴見の転向論については、賛成できないと述べたのだ。鶴見は共同労作『転向』（平凡社刊）で、非転向の型を「同一原理をつらぬいてゆく形式論理的なタイプ」、転向の型を「現実の変化に即応してゆく弁証法的な型」と「思考の型」だけで分けていたが、そこにはもっと大事な「生活的、階級的な利害」という観点が欠落していた（「『転向』について」、『著作集』⑥）。

古在は、安保条約批准に抗議して東京工業大学教授を辞めた働き盛りの鶴見俊輔に期待するからこそ、あえて反論し「批評の精神」とその観点を説いたのである。

第13章　分裂と共同と　一九六一～六六年

分裂の兆し　一九六一年

一九六〇年一一月初旬、古在の仲間たちが「一年早い還暦のつどい」を三越デパートの七階で開いてくれた。集まったのは、吉野源三郎、粟田賢三、村井康男など学生時代からの友人たち、風間道太郎などの囲碁仲間、そして自由大学サークルの若い人たちなど、五〇人あまりである。古在には「還暦のつどい」開催自体がありがたいことだが、そのとき参加者が話し、書いてくれた色紙は「おふざけ」も含めて、安保後の新たな時代と格闘していく元気を古在に与えてくれた。色紙には「一度でいいから四目で勝ちたい」とか「新たに在りて、古在あり、由って重し」「庶民のための人生哲学をどうぞお書きください」などとあった。

その翌月六日、「モスクワ声明」が発表された。モスクワ声明は、ロシア革命四三周年記念式典に参加した世界八一ヵ国の共産党・労働者党が三週間の討議をへて採択したもので、社会主義体制が人類発展の決定的な要因になりつつあること、アメリカ帝国主義が「世界反動の主柱」になっていること、またソ連共産党が引き続き「世界共産主義運動の一般に認められた前衛」であることなどを確認していた。

古在は三年前の「モスクワ宣言」との違いに注目した。それは「声明」への署名国が増えているばかりでなく、民主主義的な討議の一定の反映と、世界情勢の歴史的発展を背景にした理論的成果、とくに戦争と平和の問題が中心的問題になっている点だった。民主主義的な討議というのは、「声明」が三年前の「宣言」同様相変わらずソ連を国際共産主義運動の「前衛」としているものの、各国の共産党・労働者党がそれぞれ独立・平等であると謳っている点にそれが認められるし、「戦争と平和問題が中心になった」というのは、一つの体制となった社会主義、民族解放闘争、国際労働者階級の闘争、世界的な平和運動などによって戦争の不可避性が遠のき、そのうえで「声明」が「全般的かつ完全な軍縮の実現」を目標にかかげ、かつその手段として核実験と製造の禁止、軍事ブロックの解消、軍隊と軍備の大幅削減などをあげていたからだ。マルクスとエンゲルスなどわずかの共産主義者たちが『共産党宣言』を出して一世紀、それ以降今度の八一ヵ国の共産党・労働者党の「モスクワ声明」を生み出した現在までの人類社会の歴史の歩みをみれば、やはりマルクス主義の創造的変革の力を、古在は率直に感じざるをえなかった。古在は吉野の求めに応えて、そうした思いを、雑誌『世界』の「特集　モスクワ声明の提起するもの」（一九六一年二月号）に、「現代という時点の意味」としてまとめた。

しかし古在の思いとは別に、その後米ソ間の「冷戦」状態は深刻化し、東西緊張は高まりを見せた。「モスクワ声明」発表の一〇日後、アメリカの国務長官ハーターはNATO（北大西洋条約機構）理事会の秘密会で、これは社会主義陣営の新たな攻勢の開始だと発言し、「モスクワ声明」に示された世界八一ヵ国の共産党の団結を、西側諸国が大きな脅威と認識していることが明確になった。そして翌六一年一月、前年秋の大統領選挙で勝利した四三歳のジョン・F・ケネディが、アイゼンハワー大統領に替わって就任したが、ケネディは「冷戦政策」を継続し、NATO地上軍を二〇〇箇師団から三〇〇箇師団に増強、キューバ革命の中南米への影響を恐れて、四月にはわずか四日間で失敗したもののキューバ侵攻を強行し、アメリカの主戦場は「アジア、ラテンアメリカ、アフリカ及び中東である」ことを強調した。八月には東ドイツが東西ドイツを分断する「ベルリンの壁」の建設をはじめ、東西緊張は高まるばかりだった。

そうした東西緊張が高まるなか東京で開催された「軍備全廃促進をめざす第七回原水爆禁止世界大会」は、

その準備過程から大会決議草案をめぐって紛糾した。争点は、米仏の核実験再開準備と同じようにソ連の核実験再開をも許さないという、いわゆる「いかなる国の核実験」問題である。地婦連（全国地域婦人団体連絡協議会）は、決議草案はアメリカを平和の敵とみなし、反米反帝闘争に傾きすぎていると主張して、米仏の核実験禁止だけを明記する決議草案に、「ソ連も再開をくわだてている」と加筆修正するよう求めた。しかし決議は草案のまま大会で採択されたため、修正案を支持した総評・日青協（日本青年団協議会）・社会党が地婦連と共同で声明を出すに至った。その四団体の声明は、原水協の一部指導部が「イデオロギー的立場にたって非常に高いスローガンや闘争目標を日本原水協に押しつけ」、また満場一致の原則を顧みずに採択した現執行部を信任することはできず、原水協の体質改善を求める、としていた。

さらに、四団体が声明を出した翌八月一五日、「第一回核兵器禁止・平和建設国民大会」が東京都体育館で開催された。実行委員会主催ではあったが、中心になったのは民社党（民主社会党）と全労（全日本労働組合会議）で、民社党と全労は四団体より一足早く、前年の「軍備全廃をめざす第六回原水爆禁止世界大会」を目前にして、安保闘争をたたかった日本原水協は容共反米運動の一環になったとして「第二原水協」結成をアピールしていた。そして独自大会を開いたその秋、松下正寿（立教大総長）を議長に「核禁会議」（核兵器禁止・平和建設国民会議）を結成した。

こうして日本原水協に大同団結していた日本の原水禁運動は、東西冷戦が高まるなか、分裂の兆しをはらんで進もうとしていた。

新日本婦人の会　一九六二年

一九六二年の古在家の正月は、前年夏はじめて脚腰の痛みが腰椎変形症と診断されたこと以外、いつものように穏やかに迎えることができた。中学生の秀実（一四歳）は結婚したばかりの由美子の住む横浜の宮原家に遊びに行き、神経の違和を訴える直枝（一九歳）も元気を回復して、松本敏子が働くナウカ社にアルバイトに出掛けるようになっていた。豊樹（一八歳）は浪人生活を「楽しんでいる」し、重代（二三歳）もこの春は大学卒業を迎え社会人になる。還暦をすぎてなお、学生の子どもを三人かかえるのは容易ではないが、それでも名古屋大学に職をえてからは人並みの経済環境に恵まれるようになった。妻の美代はここ三年ばかり東京家庭裁判所の家事部調停委員を務めながら、婦人民主クラブ中央委員として、地域での活動にも精を出していた。

古在はいつもの正月のように自由大学サークルや中野懇談会の新年会に参加し、暮れに神田で求めたガラスの碁石の感触を確かめたりしていたが、ここ五年間よく通った碁会所「考える人」がこの春、閉鎖されることになった。残念なことだが、ともかくもこの五年間に古在を四級から二級の腕前にしてくれた碁会所だけに感謝しなければならなかった。その閉鎖以降、古在は大内兵衛や渡部義通、高倉テルら碁好きが集まる腐儒会によく顔を出すようになった。

一月半ばから、古在は仕事を再開した。丸山真男著『日本の思想』を材料にした名古屋大学でのゼミを月火でこなし、水曜日はフリーで、木金土は法政大学と専修大学の講義だった。大学の講義以外に、相変わらず『世界』のために雑誌『マンスリー・レビュー』の翻訳をしたり、ソ連哲学研究所の機関誌『哲学の諸問題』に掲載する論文整理・執筆の準備を森宏一と一緒に進めたりした。

そうしたなか、古在のもとに「思想の科学社」からアンケートが届いた。「思想の科学社」は、中央公論社が『思想の科学』の「天皇特集号」を断裁処分にしたあと、同誌を自主刊行しようと久野収や鶴見俊輔らが興した有限会社である。古在は談話のかたちでそのアンケート「『思想と科学』のプラスとマイナス」について答えた。

……戦中の『唯物論研究』がそうであったように、『思想の科学』が自主刊行されるのは思想運動としてぃよいよ本格的なものになったということだから、ぜひ困難を排して継続してほしい。しかしこれまで貴誌がとってきた多元主義の色彩で、一つの目標を達成しうるのかは疑問だ。一定の方向と目標をもたない思想運動に私は懐疑的で、敵対思想と闘うにはいいかげんな武器では困るし、リベラルそのものは運動目標にはなりえない。今度の事件は『思想の科学』の「思想上の問題」だったのだから、反民主主義の歯止めとなる「理論」提示を今後の貴誌に期待したい……。

鶴見俊輔たちへの古在のやや辛口の激励と期待は、なお続いていた。

その六二年の春、社会党が「日本婦人会議」を発足させた。安保闘争が収束したあと、一部知識人や活動家たちは敗北感に沈んだが、その一方で大きな運動のうねりを作った婦人たちの組織化が、政党を中心にしてひとつの流れになっていた。自民党は早くも六〇年秋、民生委員や教育委員を結集して「全日本婦人連盟」を組織し、翌六一年春には民社党が「日本婦人教室の会」を結成、日本共産党もその夏の第八回党大会で「すべての民主的婦人団体や婦人が全国的に統一していくための、単一の大衆的な全国的婦人組織の確立」を提起して、新組織結成の準備をすすめていた。

しかし古在にも美代にも、政党が主導してその系統ごとに婦人組織をつくることに疑問があった。なによりも日米両政府を追い込んだ安保闘争の成果をさらに発展させるためには、社会党と共産党それに民主勢力が協力共同し、諸階層が統一し団結することこそが求められているはずだ。しかも宮本百合子や佐多稲子らが一五年前に結成し、美代が中央委員を務める婦人民主クラブがいまなお全国的に活動を続けている。しかもその婦人民主クラブに対して日本共産党が行った申し入れも、納得できるものではなかった。それは、新組織の綱領は婦人民主クラブの綱領程度でいいが、婦人の大同団結のために婦人民主クラブがイニシアチブを発揮して発展解消し、そのうえで新組織の名称を考えて欲しい、というのだ。

……婦人の大同団結がなぜ婦人民主クラブの「発展解消」になるのか、クラブ程度の綱領でいいという認識は何を意味するのか、婦人民主クラブは大衆運動が分裂した「五〇年問題」の経験をふまえて、それ以降政党との関係を「自主的なもの」として運動を積み上げてきたのではないか、政党が主導して結成する組織はそのまったき影響下に置かれるのではないのか、まして政党系列別のように婦人組織をつくっていっては、逆に大同団結は遠のくのではないか……。

しかし美代らのそうした思いとは無関係に、全国の地方・地域では日本共産党による婦人民主クラブの個々の会員や役員への働きかけが始まり、そうした地方の状況に押されて、六二年初春に開かれた婦人民主クラブ中央委員会は「クラブの独自の役割をあくまで確立する」ことを決定したものの、その一方で「新組織に加わる人をも尊重し、友情と理解にたつ」という点も併せて確認した。この決定と確認によって、婦人民主クラブは大きな組織問題を抱えることになった。

その夏に開かれた「第八回原水爆禁止世界大会」は、前年よりもさらに分裂の危機を深めた。総評など四団体は原水禁運動の基本原則として「いかなる国の核実験にも反対」すること、またこの大会開催中に行ったソ連の核実験に抗議するよう求めたが、いずれも否決され、護憲連合（憲法擁護国民連合）や社青同（社会主義青年同盟）を含めた一一の団体が声明を出して退場する事態になった。その後、全日農（全日本農民組合連合会）と日本婦人会議を加えた「一三団体連絡会議」がつくられ、独自の運動を模索しはじめ、分裂の危機はいっそう深刻化した。

原水禁運動が困難に直面したその六二年秋、平塚らいてうや丸岡秀子ら六名を代表委員とする「新日本婦人の会」が発足した。

婦人民主クラブの多くの仲間たちは、原水禁運動の問題に加え、共産党の方針との板挟みにあって苦しみ、美代にも割り切れないものが残った。クラブ員の新組織への加入尊重という婦人民主クラブの方針もあり、「五〇年問題の再来」そのものではないにしても、なかなか複雑な事態となった。美代は婦人民主クラブに結集しつつ、しばらくは事態の成り行きを見守ることにしたが、日本共産党への信頼は大きく揺らぎ、不満が大きくなるのを押さえることができなかった。

著作集企画　一九六三年

分裂の危機にあった原水爆禁止運動は、年が明けてなお混迷を深めた。日本原水協は一旦、「いかなる国の核実験にも反対する」ことを容認する「原水爆禁止運動の統一と強化について」を決定したが、その決定をめぐって常任理事会に対立が生じ、担当理事が総辞職した。その結果、この年は三・一ビキニ被災焼津集会も中止される事態になった。ようやく六月になって、各地方の原水協代表が広島に集まり、日本原水協常任理事会の再開を要望した結果、危ぶまれた第九回原水爆禁止世界大会の準備がスタートすることになった。

しかし日本原水協は七月になって、再び新たな分裂の種を抱え込んだ。核禁止を求める国際世論におされた米英ソが部分的核実験停止条約に仮調印し、この評価をめぐって原水協内の各団体に対立が再燃したのだ。日本平和委員会は仮調印の時点で、「部分核停条約は平和運動の大きな成果」と声明を発表し、部分核停条約を支持した。しかし日本共産党は地下核実験を容認するものとして条約に反対し、共産党・総評・社会党の三者会談が何度も開かれたが、結局ミゾは最後まで埋まることがなかった。総評・社会党などは八月五日の第九回世界大会総会をボイコットし、翌六日独自に七千人を集めて「原水禁運動を守る国民大会」を開催した。原水禁世界大会の分裂は、決定的になった。

そのころ古在は、吉野源三郎が進める『岩波講座　現代1』「現代の問題性」に収録する論文「現代とはなにか」の執筆に汗を流していた。執筆者八人の多くは大学教授や哲学者だが、その一人に「日本共産党勤務員」上田耕一郎が含まれていた。大月書店刊の『講座　現代マルクス主義』で一緒に仕事をした上田耕一郎を吉野に推薦したのは古在だった。

『岩波講座　現代1』「現代の問題性」執筆のための研究会が岩波書店で何度も開かれ、そのつど吉野源三郎は鋭い問題意識をときおり開示しながら、司会を務めた。上田耕一郎にとっては立場の異なる人との理論的共同は緊張もするが、新鮮で刺激多いものだった。しかし上田論文「生活の問題――現代の生活における貧困の克服」は、「論旨合格・文章落第」という評価で、吉野は「論旨はいいが、マルクス主義者だけにつうずる用語・文章になっているので、書き直していただけないか」と率直に注文をつけた。古在も同じような意見を伝え、上田は「論旨合格」に安堵しつつ、文章の手直しに着手した。

著者全員が刊行を喜んだ八月、古在は上田耕一郎に会ったおりに、よけいなことかも知れないが、部分核停条約の賛否を原水禁運動の基調にするのは問題だが、条約そのものは平和委員会が言うように運動の成果ではないのか、と率直に自分の意見を上田に伝えた。名古屋大学教授に就任して以降、平和委員会の役員を辞していた古在だが、原水禁運動の分裂状況は深刻に受け止めていた。しかし上田はそのころ党中央委員会理論政策委員会に所属し、論文「部分核停とアメリカ帝国主義」(『前衛』一〇月号)を準備していて、基本的な論点に違いがあった。

『古在由重著作集』が勁草書房の企画として浮上したのはそのころである。勁草書房が刊行してきた『出隆著作集』が、「自伝」(第七巻)だけを残して完結に近づいていた。聞けば出隆の著作集出版は、出の経済上の窮状を見かねた教え子の飯島宗享(東洋大教授)や高田求(著述業)らの肝いりで始まり、そこそこの成功を収めていた。「窮状を見かねて」というのは古在にも当てはまるのだが、問題は著書と論文は出隆ほどには多くはなく、著作集としての分量が整うかどうかにあった。それに加え、吉野源三郎と粟田賢三の配慮で『思想とはなにか』に続く第二弾の新書刊行の計画を中断させたままなのも気になっていた。第二弾の新書は、六二年の初春に吉野と粟田の三人で熱海にある岩波の別邸惜櫟荘《せきれきそう》に一緒に泊まり込んだものの、遅筆がたたってそのままになっていた。

著作集のことを相談した古田光(横浜国立大助教授・思想史)や同僚の芝田進午(法政大助教授)、暉峻《てるおか》凌三

（フォイエルバッハ研究者）らは著作集刊行に大賛成したが、戦前の『現代哲学』や戦後すぐの随想や論文名は彼らにも簡単に浮かぶものの、それでも分量は三、四巻程度をこえなかった。著作集刊行は願ってもない話だが、古在には躊躇するものがあった。

古在が吹っ切れたのは、編集者が「哲学者の戦中日記はめずらしいですよ。入れましょう」と言ってからだ。日記を著作集に入れるのなら、「哲学的思索」に苦労した若いころの日記も何かの参考になるかも知れない、そうすれば分量は確保できる、そう思い直した。それからしばらくして、行方不明であった学生時代の日記も大学の卒論も戸棚の隅に発見し、結局「全五巻」「六四年秋からの刊行」と決定し、準備に入ることになった。

一一月九日、横浜市鶴見区の東海道線で列車の二重衝突事故があり（死者一六一人、鶴見事故）、戦前の唯物論研究会の創始者の一人、三枝博音が巻き込まれて亡くなった。その日は三井三池炭鉱の爆発事故で四五八人が犠牲になった日でもあった。

三枝博音は哲学界の西洋一辺倒に抗して、戦前は『日本哲学全書』一二巻を、戦後も『日本哲学思想全書』二〇巻を集大成し、三浦梅園や鎌田柳泓などを発掘・再評価する貴重な業績をあげていた。それだけでなく三枝は、民族の自由と世界の平和とを念願して活動も続けていた。

古在の記憶に鮮明に残るのは、そうした学問的業績とは別の三枝のさりげない友情だった。一〇年ほど前、三枝は、『日本の唯物論者』を書いて欲しいという一通の手紙をくれた。一冊の著書をまとめろというのは、古在の生活窮状を知った配慮のようで、三枝がどこで古在の窮状を知ったのか不思議だったが、美代は「あなたのぞうきんのような、つぎはぎだらけのズボンを見れば、誰にだってわかるでしょう」と言った。確かにそうだが、窮状を知っても誰もここまで配慮してくれるものではない。そう思うと、三枝の友情が心にしみた。しかし古在は三枝から手紙をもらう直前に『西洋人名辞典』の仕事にありついて定収の見込みがたったばかりで、テーマからすれば三枝の方が執筆者としては最適なことから、結局断ったのだ。三枝博音著『日本の唯物論者』はその手紙の三年後、五六年六月、英宝社から刊行された。

そんな友情があっただけに古在は三枝の事故死が無念でならず、横浜市立大学の大学葬では東京唯物論研究会を代表して、三枝の業績と彼を突然失った哀しみを語り追悼した。また一人、旧唯研の仲間が逝った。

「党員文化人」――一九六四年春

日本共産党は一九六一年夏の第八回大会で、前回大会から三年間継続討議してきた綱領草案を確定した。綱領はアメリカ帝国主義と日本独占資本の二つの敵に対し、民主主義革命をへて社会主義革命にすすむ道を示していた。綱領を確定した日本共産党はその後、機関紙『アカハタ』を八頁建てにして、党員・支持者を増やし、国会議員も地方議員も増やすなど増勢に転じていた。

しかし六二年から再燃していた中ソ論争をめぐって日本共産党は、六三年の春に決定した決議「全世界の共産党・労働者党はかたく団結しよう」がソ連を美化しているとして、その秋には新たに「国際共産主義運動にかんする諸問題についての決議」を採択し直すなど、国際問題での日本共産党の揺れと内部対立が起こっていた。

古在は激しくなる中ソの対立、党内の路線問題、原水禁運動の分裂に直面して、それらが与える、自分と周囲の仲間たちへの影響を深刻に考えはじめた。すでに六一年夏には、名古屋大学で美術論を講じていた同僚のひとり針生一郎（講師）や作家の大西巨人・安倍公房らが綱領草案への反対意見を党外に広め反党声明を出したとして、第八回大会を前に除名されていた。この五月の国会では志賀義雄が部分核停条約に賛成票を投じて除名処分をうけ、古在のもとにはソ連大使館から『北京の分裂主義者に反対する国際共産主義運動』というパンフレットなど三冊が届くありさまだった。

たった一つの条約が、国の内外で深刻な波紋を巻き起こしていた。古在の身近な友人たちの間にもこの事態に対するさまざまな評価が生まれ、春になって渡部義通や佐多稲子らから古在のもとに、共産党中央委員会に「要請書」を出そうという相談が持ち込まれた。渡部らは、「全世界の共産党・労働者党はかたく団結しよう」を一旦採択しておきながら、組織的検討も討議もなく指導部だけで中共路線に転換し、その後「国際共産主義運動にかんする諸問題についての決議」を採択し直すなどは指導部の専断に過ぎる、と主張していた。古在の思いは複雑だったが、要請書一つで事態は変わらないと要請書提出に反対したが、相談会には出て欲しいとの強い希望に、顔を出すことにした。古在が何度か出席した集まりには渡部義通、佐多稲子、佐藤忠良（彫刻家）、丸木位里・俊夫妻（画家）などの党員文化人がいたが、やはり「要請書」提出の反対意見は古在一人にとどまった。

六月はじめ共産党本部の関幸夫（教育宣伝部）から、渡部義通らの言動とあわせて、キリスト者平和の会代表としてプラハ国際会議に行く予定の飯島宗享の参加辞退も説得してくれと話があった。しかし古在は、ただ他人から頼まれたからと言って渡部や飯島の信念をひるがえすようなことはできない、と断った。数日後再来した関は「要請書署名の働きかけはなかったか？　中心メンバーは誰か？」と尋ねてきたが、古在は要請書に署名する意志はないが、密告者にはなりたくない、と応じた。同じような問答を二、三回繰り返したあと、関は「残念です」と言って帰っていった。その後年来の友人蔵原惟人（共産党幹部会員）もやって来たが、古在は部分核停条約の評価では党の多数意見とは違う、と明確に伝えた。蔵原と意見は違うのだが、この長年の親友とは話せば意志と思想は伝わりあうという思いは、この日も消えなかった。

渡部義通ら一二名の党員文化人が、「要請書」を共産党中央委員にむけて個別に送ったのは六月半ばである。『朝日新聞』は一八日付で、要請書の要旨と署名者を報じた。古在は直後の細胞会議で、森宏一、村田陽一（小林康彦、翻訳家）、鈴木正四（西洋史・愛知大教授）らと意見を交わしたが、署名に応じた出隆は顔を見せなかった。

名古屋大学でゲルツェン「科学におけるディレッタンティズム」の第一回講読が終わったところで、夏休みに入った。七月はじめの暑い日、古在は壺井繁治や村山知義ら五人で、宮本顕治（共産党書記長）に会った。荻窪の丹波屋（鰻屋）には蔵原も同席していた。参加者それぞれが文化部と党の文化政策に対して批判的な意見を出し、古在も思うところを率直に話した。ソ連に対する非難的言辞や四・一七スト中止決定は、独占資本を軽視する中国的な思考が強すぎ、党は「中国一辺倒」になってはいないか、流言・蜚語、修正主義者などの無用なレッテル貼りの根底にも同じような心性を感じる、大衆団体と党との関係では、このところの婦人団体との関係は行き過ぎではないか、などなどだった。宮本顕治は「自主独立」の立場を説明したうえ、党文化部を改善し、スト問題や『アカハタ』記事も是正していく、大衆団体も正しい方向へ進むだろうと応えた。渡部義通らの要請書署名問題は最後に話題になった。

夕方まで続いたこの会談の成果はすぐにはわからないが、雰囲気は古在にとって悪いものではなかった。その後、宮本顕治は文京公会堂での演説[1]で、経済闘争の軽視、善意の少数意見への官僚主義的扱い、見境のない修正主義者というレッテル貼りなどを戒めたうえ、自己批判の大切さに触れつつ、自主独立の立場を強調した。そして七月半ばに、四・一七スト中止の誤りを自己批判する幹部会声明を発表した。古在は、宮本演説にも幹部会声明にも正当で新規なものを感じ、会談したことを率直に喜んだ。

処分の秋　一九六四年秋

その夏は、明治一七年以来八〇年ぶりという暑さが続いた。古在は専修大学職員組合の碁会で箱根に行ったあと、七月末から二週間ほど薬持参で長者町に過ごした。二年前の夏と同じ耳下腺炎のためか、熱と股間に痛みがあり、尿にも血が混じることがあった。長者町には自由大学サークルの一五人が押し掛けてきたり、豊樹や美代も友人や仕事仲間を呼んだりしたが、古在は佐藤昌介著『洋学史研究序説』や戦争未亡人の手記『あの人は帰ってこなかった』などを読んで過ごした。平和運動の分裂状況があったため、未亡人たちの手記には特に深い印象をもった。

その間も、ソ連共産党が日本共産党を批判する書簡を『党生活』誌上に公表し、中国共産党は社会党訪中団に北方領土返還要求支持を表明、八月にはソ連共産党が提唱する世界共産党会議開催を手厳しく批判して、国際共産主義運動の分裂はさらに深刻になった。それは第一〇回原水爆禁止世界大会にも波及し、ソ連や英仏平和委員会などの海外代表三八名が国際会議場から退場して、広島・長崎・静岡三県連絡会議の主催する国際会議に参加する事態となった。八月二日にはそうした平和勢力の分裂・不団結の間隙をぬうように、ケネディ暗殺後就任したジョンソン米大統領は、トンキン湾で魚雷攻撃を受けたと称して北ベトナムを爆撃、ベトナム問題は新しい段階に突入していた。

事態は、古在の周辺にも及んできた。ナウカ社で解雇事件がおき、自由

長者町にて。自由大学サークル合宿で碁盤を囲む古田光と古在（1964 年夏）

大学サークルでは参加者の減少があった。

ソ連と関係の深いナウカ社の数人と松本敏子が、わざわざ長者町の古在を訪ねてきた。会社の方針にあわないという理由で、課長四人が解雇されたという。日ソ親善や学術交流、ソ連図書の販売のためには別の新しい組織が必要なのでは？　というナウカ社の人の話を聞き、古在は「これは、まず労働者の基本的な人権擁護をしっかり掲げて闘うべきで、共産党の政策や反ソ問題などは正面の問題ではないよ」と意見を述べた。その後帰京した松本敏子からは「ようやく労働組合にも解雇反対の機運が動き始めた」との連絡があって安心したが、九月初めの自由大学サークルの集まりは、常連の今井文孝、鈴木敏子など五人だけの寂しいものとなった。今

井の話では、メンバーの中に今後参加したくないという人が数人いるという。自由大学サークルを開始してすでに一〇年、その結びつきが「ゆがんだ政治」に切断され、人間的な関係にまで割り込んで来るのは恐ろしいことだった。

九月半ば、中野重治と神山茂夫（元衆議院議員）の文書「念のため」が古在のもとに届いた。二人はすでに「部分核停条約」賛成の立場のため三ヵ月間の権利停止処分を受けていたが、「念のため」は党幹部批判の記者会見を開いたときのもので、二人はその後すぐ除名処分となった。「要請書」に署名した渡部義通、佐多稲子、国分一太郎（児童文学者）、野間宏も何らかの処分を受けたと報道されていたから、古在の懸念はふくらむばかりだった。

そうした事態が続くなか、国際共産主義運動の複雑さから面倒なことも起こるだろうと、招待による訪ソを懸念していた森宏一が、九月末から一ヵ月間の訪ソを決断した。森宏一の観測では、日本共産党は世界共産党会議を前に「中共一辺倒」を止めたのではないかというのだ。九月中旬まで実施した日本共産党代表団のインドネシアと中国訪問で、インドネシアとの共同声明には世界共産党会議にふれず、中国共産党とは劉少奇や毛沢東と会っていながら共同声明さえ出さなかったではないか、というのが森の意見である。古在も一つの推測としてあり得ると思い、森の訪ソに賛成した。

森宏一のソ連滞在中の一〇月一五日、フルシチョフ首相が解任され、その翌日中国が初の核実験を行った。マスコミはフルシチョフ解任の「追い打ち」と騒いだが、古在は事態はまったく逆で、中国の核実験の事前情報が解任の時期を決定したのだろうと思った。中ソの対立はそこまで先鋭化していたが、解任と核実験は古在にもインパクトの大きいものだった。

その日国内でも一つの事件があった。渡部義通、国分一太郎、佐多稲子、出隆ら一二名が、「要請書」に続く日本共産党指導部批判の声明を出した。渡部ら一二名の声明は、六月の「要請書」が指摘した党中央の政治的偏向と官僚主義が破局的な段階に来ている、異なる意見を認めるとしながら志賀義雄、中野重治、神山茂夫らを除名処分にしたのはその偽りを示しており、党内民主主義は死に瀕している、と主張していた。

ついに彼らは決断せざるをえなかったのか……。古在は「ゆがんだ政治」がもたらした結果をあらためて恐ろしく感じた。

森宏一が訪ソから帰国した翌日、さっそく森宅で細胞会議が開かれた。出席は四人と少なかったが、出隆が指導部批判声明に加わったことが中心議題となった。古在も森も村田陽一も、出隆本人の自然離党に任せるべきだとの意見だが、共産党本部から出席した関幸夫には不満な結論となった。そのあとは雑談になって、森はソ連哲学界の懐かしい人々の近況を報告してくれた。古在が意外に思ったのは、ソ連哲学研究所の機関誌『哲学の諸問題』に掲載した論文集から、柳田謙十郎や三枝博音の論文が外されていたことである。柳田謙十郎をはじめてソ連に紹介したシャフナザーロワ女史は、ソ連哲学界の柳田への評価が変わってしまい元気がなかったというし、そういえばラードゥリ・ザトゥローフスキー教授は、古在に三枝博音批判を展開したことがあった。ソ連哲学界もなかなか厳しい世界だった。

一一月八日、松本慎一・尾崎秀実墓参の「双星会」が、六、七〇名の参加で盛大に行われた。二ヵ月ほど前に、『プラウダ』がリヒァルト・ゾルゲの功績をはじめて評価したが、日本共産党からは、前日のソ連大使館で開かれた「ロシア革命記念パーティー」と同じように、誰の出席もなかった。古在は「さもありなん」と思いつつその夜、七月に続く宮本顕治・蔵原惟人との二回目の会談に臨んだ。出席はほかに壺井繁治（詩人）、八田元夫（演出家）だけで、話題は当然共産党批判声明への署名者問題だった。古在らは慎重な対応を切望したが、すでに統制委員会は除名に動いていた。翌日古在らは宮本顕治書記長あての直訴状を速達で送り、翌々一〇日、村田陽一と一緒に出隆を訪ねた。出は「学問の立場からは党員であるべきなのに、そうでなくなるのがつらく、苦しいんじゃ。しかし正しい共産党のあり方を求めるのも自分の学問であり、自分の哲学なんだ」

と言った。古在には、忘れられない言葉となった。

しかしその二日後『アカハタ』は、渡部義通、国分一太郎、佐多稲子、出隆、野間宏ら「党員文化人」一〇名を除名したと報じた。

定年退職　一九六五年春

中ソ両党の対立と原水爆禁止運動の分裂、それらにともなう「党員文化人」たちの処分問題は、古在にとっても辛く苦しい問題だった。しかし古在は一人のコミュニストとして主体性を貫きながら、日常の仕事はたんたんとこなしていた。

ただスポーツ好きの古在には、一〇月一〇日から始まった東京オリンピックのときだけは例外だった。オリンピックを自分の目で見る、それが小学校時代にオリンピックに刺激されてスポーツを始めた古在の、半世紀も持ち続けた夢である。それを知っていた岩波雄二郎（岩波書店社長）が車を古在の家に回してくれ、一緒に国立競技場に向かった。背のない細いベンチに古在の腰は悲鳴をあげたが、開会式は実に印象深かった。それからは時間をやりくりしてのテレビ観戦、講義後の国立競技場通いを続けたが、ヘイズの一〇〇メートル決勝、終盤のマラソン、そして閉会式だけは、「休講」にしても観戦せずにはいられなかった。ヘイズは一〇秒ゼロのトップでゴールに飛び込み、マラソン折り返し地点でアベベと円谷《つぶらや》幸三の走りを間近に見、閉会式では色とりどりの光、花火に演出のすばらしさを感じた。九四ヵ国の若人の力は、平和のなかでこそ花開くものだった。

『古在由重著作集』の企画は大学時代の日記と卒論が見つかったあと、編者に古田光が座ってくれてからは比較的順調に進んだ。著作集は第一巻から順に『現代哲学と唯物論』『マルクス主義の思想と方法』『批評の精神』『思想形成の記録』『戦中日記』の全五巻と決まり、六四年秋から一ヵ月半ごとに一冊ずつを刊行することとなった。第一回配本予定の『批評の精神』（第三巻）のために、最後の論文「日本におけるマルクス主義哲学の研究と普及」を勁草書房にわたしたのは八月に入ってからであった。四年前ソ連哲学研究所の機関誌『哲学の諸問題』に掲載した論文を日本語に戻すのに意外に手間取ってしまった。論文をわたしたあとは、編者の古田光、改題を頼んだ芝田進午や暉峻凌三との打ち合わせを重ね、さらに宣伝リーフづくりにも知恵を出した。

宣伝リーフは「観音開き八頁」の立派なもので、古田光の「編者のことば」も大内兵衛や務台理作ら六名が寄せてくれた「推薦のことば」も、古在には気恥ずかしいぐらいのものだった。古田は「古在さんは不屈の思想家である」「現実に対するみずみずしい感覚」で「戦前から戦後にかけての激動期を最も誠実に生きぬいてきた」、その「古在さんの人と思想の全貌を紹介する」と編者らしく著作集のねらいを伝え、亀井勝一郎（文芸評論家）は著作集への期待を、一つは「暗黒の時代を、ひとりの知識人としていかに生きぬいてきたか」、その「古在氏自身の精神史の見事な結晶」をみること、二つは明治以来の哲学者のイメージを一変させ「民衆とともに考え歩もうとした」その「思索と実践の成果をみること」と書いていた。

古在は普及のことも考え、高桑純夫と一緒に銀座の図書普及協会に吉田庄蔵を訪ねた。吉田庄蔵は雑誌『潮流』を介した終戦直後からの知り合いで、『潮流』廃刊後は数年の雌伏をへて図書普及協会で巻き返しをはかって、今はそこそこに成功していた。吉田は昔話を懐かしんだあと、快く協力を約束してくれたが、肝心の第一回配本『批評の精神』は予定より半年ずれ込んで、六五年二月となった。

その少し前の一月二六日、名古屋大学文学部で「古在由重教授定年退職記念講演」が行われた。「講演」と銘打たれてはいたが、実質的には年度末の定年を前にした最終講義である。古在は若い学生たちを意識して、「哲学研究の回顧」と題して、一九三〇年代までの哲学界と、カント研究を経て自ら選び取った唯物論哲学とを語った。……カントの批判精神を学び、マルクス主義に到達し、満州事変とそれに続く一五年戦争を過ごした。唯物論哲学が、科学性と生活の問題、あるいはヒューマニズムの問題を内面的に結びつける哲学、真に豊かな哲学だからこそ、戦争の荒れ狂った一九三〇年代に私を支え、現在に至るまでこの唯物論哲学の立場に立っているのだ……、と。

古在は「講演」の終盤に『著作集全五巻』について触れ、「五巻」というのは多産ではないが、少しも恥ずかしいとは思わない、考えることを怠けて書くことだけに異常に勤勉になる人が多いなか、私は考えることを怠けていたわけではないのだからと、いつもの持論を展開した。というのも、前年秋教授会での選挙をへて文学部長に就任した真下信一が講演前の挨拶のなかで、人間の思想とあり方を教える古在著作集は五冊だけ、だが、若い世代にこそ読んで欲しい、と言ったからである。古在は最後に、教官・職員にお世話になった感謝を述べ、四月から市邨《いちむら》学園短期大学にお世話になり名古屋とはこれからも縁が続くので宜しくと、付け加えて最終講義を終えた。

市邨短期大学の教授就任は、前年秋に決まっていた。古在は名古屋大学退官後のことをその夏ごろから考えはじめ、せめて名古屋大学の時間数ぐらいはどこかの大学で確保したいと考えていた。哲学研究は在野でもできるが、古在にはまだ大学生の豊樹、高校生の秀実をかかえ、そのうえ直枝は入退院を繰り返し、入院費も一時は村井康男に用立ててもらったこともあった。古在は思いきって専修大学の小林良正学長に、講師ではなく教授復帰の道はないかと打診したが、小林の尽力にかかわらず教授就任は無理で「講師」待遇のままとなった。心配した真下信一と藤野渉が市邨短期大学とコンタクトを取り、人事担当者に引き合わせたり、秋には市邨学園長との会談に立ちあったりして、六五年四月からの教授就任が決まったのだ。持つべきは、やはり友である。

家永教科書裁判　一九六五年春

古在は一九六五年の春から、法政大学と専修大学の講師を兼務しながら、愛知県犬山市の市邨学園短期大学に月二日の割合で通い始めた。市邨短期大学は、名古屋女子商業高校を運営する学校法人市邨学園がこの四月から開設した学校で、商業経済科と家政科の二科だけのこじんまりした女子短大である。この新制短大には、六年前古在が名古屋大学に着任したとき、歓迎会で挨拶を交わした鈴木正も教諭の一人として採用されていた。

古在はオリンピックに合わせて開通した東海道新幹線で東京との間を往復したが、鈴木正の勧めもあってときどきは鈴木宅に泊まった。そんなときは哲学や思想史の話はもちろんだが、エスカレートを続けるベトナム戦争や日韓条約問題など、平和や政治をめぐる状況もよく話題になった。

アメリカが北ベトナム攻撃（北爆）を開始した六五年二月、国会では、第二次朝鮮戦争を想定する日米共同作戦「三矢研究」（一九六三年策定）が暴露された。ソ連領樺太まで占領するという「三矢研究」の内容や、私案とはいえ戦時体制を想定した「臨時国防基本法」までが極秘に創られていたことに、多くの国民が驚いた。すでに政府は、六二年から「二次防」（第二次防衛力整備計画）によって自衛隊のミサイル装備をすすめ、六三年には米原潜寄港受け入れを表明し、六四年秋には本土初の米原潜シードラゴン号の佐世保入港を許可していた。日米安保体制のもとで、日本がアメリカの世界戦略に固く組み込まれていくのが明らかだった。

ベトナム戦争をめぐっては平和を求める動きが、国の内外で強まっていた。日本では、アメリカの北爆、「ジェノサイド（民族みな殺し）戦争」開始を機に、ベトナム侵略戦争反対の声と平和運動が一気に広がった。それは、総評が一月に原水協から脱退し二月初めに原水爆禁止日本国民会議（原水禁）を結成して、原水禁運動の分裂がいよいよ組織分裂に及んで決定的になっていたが、そうした分裂の困難を乗り越えるような勢いだった。

四月末に、作家の小田実・開高健らが「ベトナムに平和を！　市民文化団体連合」（べ平連）[2]を結成し、五月には社・共両党と総評・中立労連が、中野好夫、日高六郎ら文化人五人の呼びかけに応えて、「ベトナム侵略反対国民共同行動の日」を六月九日に設定することで合意、さらにベトナム人民支援日本委員会が発足した。そして六月九日の「行動の日」（六・九国民統一行動）には、全国四三都道府県二〇〇箇所で集会とデモが行われ、東京では全国・中央両実行委員会[3]が「時差集会」を開催し、それぞれ挨拶を交換しあった。

古在と鈴木正は犬山で、そうした情勢のあれこれを語り合った。古在には、このいわゆる「一日共闘」が、これからの運動にいい影響を与えるような気がした。

その「一日共闘」の熱気がさめやらぬ六月一二日、家永三郎教授（東京教育大学）が、国の教科書検定に対して損害賠償請求訴訟を提起した。

すでに一〇年ほどまえから、政府与党は日本の再軍備にあわせて「偏向教科書キャンペーン」を展開し、教科書検定を強化していた。戦前の国定教科書による思想統制を思わせるこの行政に対し、良心的執筆者たちは苦しみ、日高六郎と長洲一二は抗議の意志を込めて「執筆辞退」を宣言したが（五六年秋）、家永三郎はたとえ苦しくとも少しでもいい教科書を子どもらに届けようと、執筆陣に踏みとどまっていた。しかしその後も政府与党は、六二年には防衛庁が「学校教育に対する要望」で青少年の「正しい国民的自覚」を求め、六四年には憲法調査会が改憲を多数意見とする最終報告をまとめ、六五年早々には「期待される人間像」の中間草案を発表するなど、軍国主義の「人づくり」政策を急いでいた。

そうしたなか、執筆陣に留まったものの家永が執筆した高校社会科教科書『新日本史』が六三年には不合格にされ、翌年には「条件付合格」処分となったため、家永は両処分を違憲・違法として、国を相手に提訴したのである（第一次訴訟）。この提訴は、手続き的・技術的な事情で損害賠償の形をとったが、教科書検定制度の違憲・違法性を問うものだけに、大きな波紋を呼んだ。

家永三郎は提訴の心境を次のように語った。いまの検定を黙認するのは研究者・教育者としての良心が許さない、賠償金百万円が目的ではない、訴訟は時間・労力・費用の点でロスが大きいが、損得を超えて正義のために闘わなければならない、戦中高校教師として戦場に出る教え子を見送ったが、そこに戦争責任を感じている、後悔は繰り返したくない、「だから戦争に関する挿絵が暗いからいけない、戦争の記述が暗黒すぎると指摘されると胸にグッとくるのです。もうがまんできないのです」（『毎日新聞』夕刊、六月一八日）。

古在は、抵抗の歴史を叙述するだけでなく自ら新しい歴史をつくるために歩もうとしている勇気、学問の自由ひいては民主主義を守ろうとする家永の強い意志に感動し、「あっぱれ！」とひさびさにすがすがしい思いがした。と同時に古在は、明治以来の学問の自由に対する権力の度重なる弾圧事件を思い出した。明治中期の「神道は祭天の古俗」として退職を迫られた久米邦武教授、戦時下には滝川幸辰の刑法学説、美濃部達吉の憲法学説、さらに津田左右吉の歴史学説などへの弾圧があった。すべては国民を戦争に「思想動員」するためだった。

しかし今回の家永裁判では受難者が完全に逆転している。家永は「不合格」の受難者ではあったが、今は政府・国家を告発する原告であり、その行動は学界や研究者の枠を超えて教育に関心をもつ国民の心を揺さぶり、すべての子どもを主役として社会の舞台に登場させようとする、画期的・歴史的なものだ。古在は家永支援を心に誓った。

八・一五国民集会　一九六五年夏〜秋

七月二七日吉野源三郎は本郷の学士会館で、木下順二、日高六郎と記者会見に臨んだ。敗戦から二〇年目のこの年、戦後はじめて民間が主体となって八月一五日に国民行動を起こそうと呼びかける記者会見である。

すでに政府は自衛隊を強化し、二年前からは天皇や国会議員、遺族参加のもとに「全国戦没者追悼式」を開き、六四年からは戦没者叙勲も開始して、国民の間にはあらためて軍国主義復活を懸念する声が高まっていた。エスカレートする北爆と沖縄や本土からの在日米軍の出撃が、さらに国民の戦争と平和への関心を高めていた。戦後一貫して『世界』で平和問題を重視してきた吉野には、台湾、韓国、南ベトナムのように分断された民族の一方とだけ国交をむすび、あまつさえアメリカの北爆を支持し、沖縄に巨大な核基地を許してアジアの軍事的緊張を高める日本政府の政策を許すことはできなかった。できればこの記念すべき日を、個人や団体が各自にもっともふさわしい方法でそれぞれの決意を表現しあう日にしたい、それが吉野の思いだった。記者会見では、日高六郎が「六・九国民統一行動よりもふくらんだものとして全国的にすすめたい」と抱負を語り、木下順二が阿部知二、家永三郎、久野収、中野好夫、野間宏、広津和郎ら呼びかけ人一六人による「訴え」を読み上げた。

八月一五日当日、東京で「八・一五記念国民集会」が開かれた。会場の九段会館は、参加者一三〇〇人が一、二階の座席を埋め尽くした。日高六郎、藤田省三（法政大助教授）が司会をつとめ、木下順二、藤井日達（日本山妙法寺）、浅野順一（牧師）、学生二人など、神を信じる者も信じない者も、戦争を体験した者もしない者も、それぞれにふさわしい形で平和の大切さを訴えた。

古在も一参加者として、会場に置かれたスタンドマイクの前に立って、二〇分ほどの話をした。敗戦間際の京都や家族の様子、戸坂潤の獄死と兄弟二人の病死と戦死、二度にわたる古在の投獄、そのときの密かな獄中メモなどなど……。

……当時私は、戦争への抵抗の効果を考える余裕はなく、やむにやまれぬ「特攻精神」で立ち上がったが、それに比べ今の平和擁護の力の大きさは夢のようだ。日清・日露戦争時は内村鑑三などごくわずか、一五年戦争では数万の戦争反対者がいたが、戦後はもはや数え切れないほどの巨大さになった。しかし熱湯から飛び出す蛙も徐々に熱せられれば気づかぬままに「のびてしまう」ように、日常への慣れは怖い。火事は熾《おこ》ったら消すのではなく、熾さないことが肝心で、「火の用心」という常々の微分の努力が積分されたときに、火事はそして戦争は防ぐことができる。私は若いときどう生きるかに悩んで哲学の道に進み、戦争という野蛮と非文化のなかでそれに反対し、民主主義を貫いてきたが、私のその人生は間違ってはいなかった。「いま、ここにわかい方々がたくさん、おなじ関心と決意と勇気をもってたちあがっておられるということ。まさにこのことにこそ、無限の希望を託するものであります」。古在は話をそう締めくくった。

「八・一五記念国民集会」の参加者の多くは、古在を含むそれぞれの発言に、心を動かされた。しかし古在が壇上からではなくフロアから発言したことには、理由があった。それは日本共産党が、集会呼びかけ人のなかに除名したばかりの野間宏など「反党的知識人」が入っているとして非協力の態度を明らかにし、当日は渋谷公会堂で「終戦二〇周年記念のつどい」を開催していたからだ。古在は党籍をもつ身ではあったが、内外の情勢と国民集会の意味、呼びかけた友人たちの努力と誠意を考え、「国民集会」に参加して発言することを選んだのだ。事情を知っていた日高六郎は古在の判断と勇気に感心し、吉野源三郎と丸山真男もまた、古在と同じようにフロアから発言した。

吉野は『世界』一〇月号に、「ドキュメント　八月十五日はまだ終わってはいない」として、この日の発言を速記録をもとに再現した。古在由重「二六年前の獄中メモを読んで」[4]、丸山真男「二十世紀最大のパラドックス」ほか九人の発言で、吉野は編集長という立場上、自身の発言[5]掲載は控えたが、年内一杯で二〇年務めてきた『世界』編集長を辞すことになっていた。吉野はその分思いを込めて編集後記を書いた。「この夏もまた、複数の原水爆禁止大会が開かれたが、ヴェトナム危機を前にして、新しい平和の論理をもとめる欲求は、これらの大会の内にも外にも、国民各層のあいだに急速に拡がっていこうとしている」「戦後二十年間、たえず脅かされ、そのつどあらためて顧みられてきた平和への視点が、二十年目の八月十五日を契機に、期せずして新しい意味を問われているようである」。

一〇月一〇日、家永三郎の教科書検定訴訟を支援する全国連絡会（全国連）が結成された。くしくもその日は、『古在由重著作集』第二巻「マルクス主義の思想と方法」（第三回配本）が刊行された日である。第三巻『批評の精神』が二月、第一巻『現代哲学と唯物論』が四月に出て、六月にはささやかな「出版記念会」がもたれたが、今度の第二巻は予定より四ヵ月遅れの刊行となった。遅れはしたものの、これでようやく一、二、三巻を上梓し、残りはかつての学生時代の日記『思想形成の記録』と戦時中の日記『戦中日記』の二巻を残すだけになった。しかしこの二巻は戦前と戦中の日記が中心になるだけに丁寧な背景説明が不可欠となる。既刊本三巻にそれぞれ解説を書いた古田光、芝田進午、暉峻凌三も同じ意見のため、古田と鶴田三千夫が聞き役になって、戦前の唯物論研究会やそのなかでの忘れがたい人々について、古在が話すことになった。ちょうど版元の勁草書房が出隆と古在の著作集に続いて、翌六六年から『戸坂潤全集』全五巻の刊行を決めていたので、戦争とファシズムの時代を少しでも語っておくのは、生き残った者の義務のようにも感じていた。

直枝事故死　一九六五年秋～六六年夏

その秋、友達同士だけが集まる、次女重代の簡素な「結婚を祝う会」があり、古在は会の終わりに父親としての挨拶をした。型どおりの挨拶は嫌で、素直な気持ちを言ったつもりだが、参加者には異様なものにうつった。「私は、夫への惰性的な奉仕に一生を捧げるような自分の娘は見たくありません。本質的にあわない相手と思ったら、無理や妥協は禁物で、早く離婚し自立すべきものです。そうでなければ、自分の一生を駄目にしてしまいます。奴隷的な一生だけはおくってくれるな、それが願いです」と話したのだ。女性への蔑視観は根深いものがあるが、社会制度が変わったからといってすぐに克服できるものでもない。女性の内部にひそむ奴隷根性も問題なのだ。そう思ってはいたが、結婚式に「離婚」の言葉は禁物で男性の拍手はまばらだったが、女性の拍手は意外に多かった。

短い挨拶では古在の考えを充分に伝えることはできず、男性の不評は当然かも知れない。古在は思う。結婚生活には、なにより互いの努力がいる。好きという感情だけでなく共通の生活目標が必要だし、女性の精神的隷属関係を生まない環境が不可欠だろう。家庭に入るのが悪いわけではないが、その場合でもいざというときに自分で食える技術と経験は必要だ。対等な夫婦として、互いの人間的成長や変化、二人の想像力や創造する力、そして努力がなければ、夫婦ともに停頓、退歩するのだ。最近の知識人は「主体性」などを強調するが、大事なのは「平等」であって、それは相互に相手の価値を認め合うことから始まり、人間の平等な参加によってこそ、歴史はつくられ、動くものではないのか、そうしてこそはじめて「主体性」の問題が出てくる……。

そうした思いは、明治時代の母親たちの境遇、そして六年前から家庭裁判所の調停委員をはじめた美代の姿を見ての、古在の実感でもあった。仕事による経済的なプラスより、美代の性格が一段と明るくなり、人間的な幅も広くなったような気がしていた。「祝う会」という気安さから、つい舌足らずな気持ちだけが出たが、後悔はなかった。

年が変わった六六年二月、戸坂潤の代表作「日本イデオロギー論」などを含む『戸坂潤全集』第二巻が刊行され、古在は三月、週刊『エコノミスト』（毎日新聞社）に「戦闘的唯物論者――『戸坂潤全集』刊行によせて」（『戦時下の唯物論者たち』所収）を書いた。古在はその一文で、ファシズムの野蛮と暴虐との戸坂潤の闘い、感傷をもたない明晰な論理と合理的な思想方法、「男ぼれ」するような寛容と剛毅さとユーモア、戸坂と三木清の獄死などを綴り、『戸坂潤全集』は「思想史研究家にとってだけでなく、ひろく年わかい人々にとっても大きな歴史的かつ指導的な意義をもつ」と紹介した。

その週刊『エコノミスト』が、ほぼ二年にわたるシリーズ「昭和経済史への証言」を終え「昭和思想史への証言」を六月から掲載しはじめた。そのシリーズのトップを飾ったのは古在と丸山真男との対談「一マルクス主義者の歩み」[6]だった。

丸山真男はかねてから、『エコノミスト』編集部の宮沢康朗に、古在との対談はやるべき価値があるとなんども強調していた。……あの戦時下に「学問」という事柄に第一義的に奉仕しようとした専門領域の人々の生き方は、もっと注目されるべき価値がある、まして古在は、学問的な歩みの自然な結果として哲学と科学と革命運動とが「三位一体」とされるマルクス主義の世界観に到達し、弾圧覚悟でそれを貫き、学問的良心と批判精神を持続させた。忘れてならないのは、学問的良心と批判精神を持続させるのになみなみならぬ決断と覚悟を必要とする時代と状況が、すぐ昨日の日本にはあったのだ。そのことを語ってもらう意味は大いにある……。

古在は私事を公にすること、まして個別的な決断が歴史を左右する政治家と違って、地味な哲学研究者の戦前の話に、どれほどの意味があるのか疑問だった。しかし二月になって丸山から懇切丁寧な手紙が届き、対談を引き受けることにした。丸山は「そんなにかたくるしいものでない、古在さんの『自伝』を引き出したいというのが、私のもともとの考えですから、のんびりとやろうではありませんか」と書いて、便箋二枚に一二項目の対談構想（プロット）を送ってきたのである。

そのプロットに沿った二人の対談は、大正時代の学生生活、社会問題への目覚め、運動との出会い、「三二年テーゼ」前後、『現代哲学』執筆前後、唯物論研究会のころ、留置場の思い出、太平洋戦争下の思想家たち、と進み、最後に総括的な、個人と集団の間、マルキシズムへの注文、で終わった。対談は『エコノミスト』六月一四日号から一〇回にわたって連載された。

そのころ『毎日新聞』の「今月の論調」を担当していた加藤周一（評論家）が、連載第九回「個人と集団の間」に注目し、なぜ古在が転向しなかったのかについての二人の対話を次のように論評した。

「古在由重氏は、丸山をして『そういう考え方は日本では希少価値だと思う』といわしめるような意見を述べている。それは、科学に対する確信とは、すべての科学的理論を仮説とみなすことを含めての確信だということ、及び『理論研究を志した以上、理論こそ私』であり『理論を大事にすることは、僕の場合には、私を大事にすることだ』ということである。私は丸山氏の『希少価値』説に賛成し、古在氏の意見を特記しておきたいと思う」（『毎日新聞』六六年八月二六日付夕刊）。紙幅は全く足りなかったが、「苦難な道」を選び取った古在の真摯な生き方を、加藤は少しでも紹介せずにはいられなかった。

だがこの『エコノミスト』連載中、大きな哀しみが古在一家を急襲した。三女直枝の水死である。法政大学の学生たちの「古在由重氏を囲む会」合宿中の出来事だった。

その年六六年の春、『思想とはなにか』（岩波新書）に啓発された法政大学のドイツ語クラスの学生たちが、「古在由重氏を囲む会」をつくった。古在は「自分の名を冠するこの奇妙な名の団体」と思ったが、集まって来るほとんどが語学クラスの学生たちだが、マルクス主義哲学を学びたいという意欲を強く感じ、古在は『フォイエルバッハ論』や「フォイエルバッハに関するテーゼ」の学習会を引き受けることにした。しばらくして学内公認団体としてサークル室も確保した学生たちは、哲学の学習ばかりでなく、学問や人生相談のような話も「囲む会」のテーマにのせるようになった。

そしてその夏、『中央公論』の編集者橋本進が家族全員で長者町の「古在別邸」を根城に海を楽しんだあと、「古在由重氏を囲む会」の合宿が四日間にわたって開かれた。「囲む会」の学生たちの願いがあって、古在は直枝と一緒に、最後の二日間だけ参加することにした。そのころ直枝は療養生活からすっかり回復し、お世話になった塩入病院の生活訓練の新施設（「村山レクリエーション療園」）への就職も決まって、この夏は見るからに元気であった。

七月五日、学習のあとの気分転換に、十数人が海辺に出た。泳ぎが不得手なのか半数は砂浜に残ったが、直枝は男子学生に交じって泳ぎ始めた。波間に見え隠れする砂浜と松の緑を沖から眺めるのは気分がよく、直枝は海も泳ぎも大好きだった。しかしその日は潮の速い日で、見る間に全員が沖に流され、浜辺は大騒ぎになった。浜辺に残った学生が助けを求めに走り、浮き輪やロープを投げ入れ、泳ぎの練達な近所の人が海に飛び込んだ。なんとか全員を砂浜に引き上げることはできたが、直枝だけが必死の人工呼吸も及ばず、息を引き取った。二四歳だった。

古在と家族の落胆は大きく、翌春に大学卒業を迎える豊樹はショックのあまり、翌日の公務員受験を見送りその後の就職活動にも身を入れることができなかった。学生たちもショックで、それからしばらくの間「古在由重氏を囲む会」は中断した。

古在は青山墓地の「古在家之墓」に新たに直枝の名を刻み、「七七日」を迎えてお世話になった塩入病院に寄付を贈った。しかし心の整理はなかなかつくものではなく、家にある直枝の写真さえ正視することができなかった。ただ一つできたのは、柳田泉（明治文学史家）ら知人が寄せてくれた歌と句を、小さく口ずさむことだけだった。「その祖父は海ずきなりきその孫も　海にして死す年や二十五」。「波たてよこ楝《おうち》の落花ながれゆく」（楝《おうち》は梅檀《せんだん》の古名）。

直枝の祖父由直もまた海が好きで、長者町に家を持った。その海で、直枝が死んだ……。古在の哀しみは、いつまでも消えなかった。

サルトル来日　一九六六年初秋

直枝が亡くなる一週間前、アメリカ軍がベトナム民主共和国の首都ハノイを爆撃し、その後も、国際法が禁ずる学校、病院、寺院にまで無差別攻撃を拡大した。ベトナム侵略を糾弾する声と運動がアメリカを含む全世界で広がり、徹底抗戦するベトナム人民の闘いはさらに強まった。しかし佐藤栄作内閣は「安保条約の義務」と称して、基地の提供、軍需物資の生産と輸送、南ベトナム傀儡《かいらい》政権への援助などをつづけ、アメリカの侵略戦争の共犯者となりつづけた。

古在は敗戦二一年目のこの夏も、友人二〇人ほどで、戸坂潤、永田広志、新島繁などの墓所をまわり（西瓜忌）、いつもの休憩所「石勝」で回顧談と最近の話題に花を咲かせた。大きな話題の一つは、先ごろ開かれた第一二回原水爆禁止世界大会のことだった。英米など一五ヵ国の代表が、大会に提出した「ソ連に支配される世界民青連の参加排除要求」を原水協が拒否したとして途中で大会を脱退し、移動した北京で集会を開いた（『平和運動二〇年運動史』大月書店）。中国とソ連の対立が、原水禁運動にそのまま持ち込まれていた。西瓜忌の参加者みなが、核戦争阻止と核兵器禁止、そして今はベトナム侵略戦争に反対する統一行動を強化すべき

西瓜忌（1963年8月9日）。石勝の前にて、右から大井正、森宏一、古在、後方に石原辰郎、高桑純夫、伊藤至郎夫人光子、子を抱く藤本（戸坂）月子、戸坂潤夫人イク、一人おいて伊豆公夫

平和運動が、中ソの対立でさらに混乱したことを口々に憂え、あらためて当面する最大の課題、ベトナム侵略反対運動の統一と強化を願った。

古在は西瓜忌から帰ると、『赤旗』[7]の求めに応じて「われわれの決意――戦後二一年目の八月一五日によせて」（『著作集』⑥）を書いた。

ちょうど一週間ほど前イギリスの老哲学者バートランド・ラッセル（九四歳）が、ベトナムでの戦争行為にかんして、この秋に[8]ジョンソン米大統領たちを戦犯裁判にかける国際法廷を開くと表明していた。ラッセルは、その呼びかけ文「人類の良心に」で、ホセ・マルティ（一九世紀キューバの文学者・革命家）の「犯罪を無関心に見まもっていることは、犯罪をおかすのと同断である」という言葉を引用し、「世界の世論と世界の行動が、あの途方もない残虐行為をやめさせなければならない」と訴えた。フランスの哲学者ジャン・ポール・サルトルがすぐこれに賛同し、この秋にはサルトル自身来日することを発表していた。

古在は「われわれの決意」で、ラッセルとサルトルの哲学上の立場はどうであれ、この二人には非人道的な人民虐殺と侵略行為を許さぬ叫びと「理性」のおさえがたい要求があると書き、そのうえで古在は、哲学者・文学者・科学者・技術者たちのこうした決意と行動がベトナム戦争反対の一点でつながりあい、さらに日本と世界の「労働者階級・勤労大衆の行動と結びつくことを切望する。このような広大な連帯なしには、この残虐な戦争をくいとめることはできない」とつづけた。「戦争反対一点での共同、労働者階級との結合」というのは、古在の「敗戦二一年目の八月一五日」の希望であり、決意でもあった。

九月一八日、サルトルとシモーヌ・ド・ボーヴォワール女史とが来日し、古在は二二日、サルトルのいう「日本講演『知識人の擁護』三部作」の二作目「知識人の役割」を日比谷公会堂で聞いた。古在より四歳若い六一歳のサルトルの講演は、熱がこもっていた。サルトルは、知識人は中産階級に属するとの認識のもと、知識人は支配階級の権力に抗することで支配階級に攻撃され、労働者階級からは運動の一時的挫折の責任があると断罪されて、孤独に追いやられる。フランスでもアルジェリア戦争時、知識人は孤独だった。「だが数の多少は問題ではない。知識人の任務は、万人のために自己の矛盾を生き、万人のために、急進主義にもとづいてその矛盾をのりこえることなのだ」「現在では、全世界における知識人の試金石がベトナム戦争である。これに反対することが知識人なのである」と語った。ボーヴォワールも「女性と創造的仕事」と題して講演したが、二人の講演は日本の文化人・知識人にとって刺激多いものとなった。古在はサルトルの言う知識人と労働者階級との関係論に不満はあったが、ベトナム問題こそ「知識人の試金石」という点は、世界と日本の知識人の課題を言い尽くしていると強く共感した。

サルトルらはその後も、京都での講演や総評提起の一〇・二一反戦平和ストライキへの支持表明、ベ平連主催の討論集会「ベトナム戦争と反戦の原理」への参加、知識人たちとの座談会をこなし、日本の知識人と反戦運動に大きな刺激をあたえて、一〇月半ばに帰国した。

国内でも学者・文化人たちの独自の反戦平和運動が、この夏から秋にかけて広がりを見せた。八月には江口朴郎（東大教授）ら一九人の呼びかけで第一回原水爆禁止科学者会議がもたれ、一〇月一三日には阿部知二や戒能通孝ら五人の呼びかけによる「一〇・二一反戦平和ストライキ」への「支持声明」が三五〇人の知識人の名で発表され、同じ一三日ラッセルの提案にこたえて「ベトナムにおける戦争犯罪調査日本委員会」（代表幹事海野普吉）が組織された。そしてスト前日には「ヴェトナム反戦スト支援国民集会」が九段会館で開かれ、吉野源三郎が挨拶で「ストライキの意義」[9]について語り、労働者たちを激励した。「一〇・二一ストライキ」当日には四八単産二一一万人が突入、九一単産三〇八万人が職場集会に参加、世界労連など世界各国の労働組合からは連帯メッセージが寄せられた。ベトナム反戦での共同の輪が、内外に大きく広がった。

　古在が最も喜んだのは、この労働者たちの一〇・二一反戦平和ストを、学者や文化人などベトナム反戦のための活動をつづけてきたすべての団体が支持し、大きくつつみ込んだことだ。このようなスト支援や侵略戦争反対の国民的共同のうねりと、国内外の労働者階級の運動と連帯とが大きくつながれば、人類史上はじめて、反戦平和の運動が現実の戦争をストップさせることができるかも知れない。そう古在は確信し、共同と連帯の未来に希望をふくらませた。

第14章　格闘する思想　一九六六〜六九年

文化大革命　一九六六年秋

一九六六年一〇月初旬『世界』一一月号が発売された。「中国文化大革命と日中問題」と銘打たれた「全面特集」の巻頭を飾る座談会「〈討論〉毛沢東思想とは何か」に、古在が参加していた。この夏から、「中国文化大革命」が世界の耳目を集め、同じ一一月号の中国特集は、『中央公論』『展望』『潮』などでも扱われ、雑誌界はいわば「中国月間」のような有様だった。

「プロレタリア文化大革命」そのものは一九六四年ごろから徐々に始まっていたが、文学を使って政治批判をしたとして呉晗（歴史家、北京副市長）・鄧拓（元人民日報社長）らを糾弾・批判する六五年秋を一つの山に、六六年六月の彭真失脚という政治的事件にまで発展し、この八月からは『毛沢東語録』を掲げた「紅衛兵」たちが街頭に繰り出していた。週刊誌が中国への蔑視観からか、紅衛兵運動を「ラッキョウ革命」「ジャリ革命」と冷笑する一方、知識人たちの間では「人類最初の世紀の大実験」（菊地昌典東大助教授）とか「前人未踏の大革命」（井上清京大教授）などと称賛する発言が相次いでいた。

しかし「〈討論〉毛沢東思想とは何か」では、安藤彦太郎（中国近代史）、野原四郎（東洋史）、野村浩一（中国政治思想史）三人の中国研究者が肯定的な発言をするなかで、一人哲学者として参加した古在は、先駆的で明確な批判を展開した。

野原四郎が、社会主義に向かう所有制の変革のなかで上部構造の変革を進めるのが現在の中国だと文化大革命を肯定し、安藤彦太郎と野村浩一とが毛沢東思想を世界の改造にいたる最高・正統なものと評価するなかで、古在は「毛沢東思想」には史的唯物論が欠如しており、「文化大革命」は実権者勢力間の一種の政治闘争だ、と指摘したのだ。彭真失脚以来、権力闘争との見方は一部にもあったが、古在の新機軸は、文化大革命の全貌がまだ見えないなか、その背後にある「毛沢東思想」の弱点とその絶対化に対して批判を加えた点にあった。


古在は、「中国の場合、社会主義という段階を認めず、共産主義への単線的な過度期だとする考えがあり」「社会主義、共産主義というものについての明確な理論と政策が不足している」、「『実事求是』という言葉は非常に尊重しますし、主観的能動性の意義の重大さもありうるけれども、物質的な条件が優先し、優位するということがなければ、史的唯物論というものは成り立たない」、「哲学のためには、諸科学の実証的な成果による媒介こそが非常に必要なの」だが「実証諸科学の成果というものを、充分に取り入れ、媒介していないというらみが、私にはどうしても残るのですね」と、一貫して「毛沢東思想」への疑問を主張した。また「権力闘争」との見方では、「『文化大革命』といわれるものが文字どおり『文化』中心なのかどうか、むしろ国内、国際の緊迫した状勢をひかえての党内の『実権者』の勢力との一種の政治闘争にほかならないのではないか」「文芸や演劇などの批判から始められたにはちがいないけれども『文化』というような旗印、いわば前奏曲にとらわれないことが必要です」「党や労働組合の指導者たちがまちがっているのならば、正規の党機関、組合組織、そのほか文化団体そのものの内部からの批判をするのが当然のことでなければならない」「中国の主張はやはり一面的な誇張という感じが、私には免れない」と語った。

こうした古在の発言を中嶋嶺雄（のち東京外国語大学学長）は新聞時評で「古在は、私のしるかぎりではこの討論においてはじめて『毛沢東思想』とその絶対化へのラディカルな批判を展開し」たと書いて注目した。

だが古在には、深く反省するところがあった。それはマルクスの理論を社会主義陣営そのものに適用して精密に分析する姿勢の欠如である。古在にとって、スターリン批判、ハンガリー事件、そして今度の中国の問題などは、いずれも予測できなかった。「社会主義国だから」という点だけでその前途や相互関係を信用するという、非現実的な信頼感に陥っていたのだ。今思えば、事件や問題の起こる数年前にはその兆候がいくつかはあり、思い当たることもあった。しかし非現実的な信頼感が分析する力を弱め、問題が累積してついに爆発してから驚くということを繰り返してきた。

……考えてみれば、今の「毛沢東思想」、「マルクス・レーニン主義の最高峰」と称する思想は、戦前から一九五〇年代半ばまでの毛沢東の思想とはかなり違った特殊なもので、「個人崇拝」などにしてもかつて毛沢東自身が否定したものだ。戦後は手近なスターリンや毛沢東の文献に飛びつき、そこからマルクス・レーニン主義を考えるという弱点が生まれ、彼らの文献の言葉にあっているかどうかだけが焦点にされた。しかし問題はマルクス主義の理論にあっているかどうかではなく、マルクス主義の原理が事物に照応しているかどうか、そのことこそ最後の基準にならなければならない。事物の真相は、人類が長い歴史の過程で獲得した理論や方法をすべて動員して事物の核心をこじあけなければ、見えてはこない。マルクス主義も科学である以上たえず前進しなければならず、公に存在する誰かの「思想」ではなく「思想する」というダイナミックな過程こそが求められている……。

それが中国の文化大革命に接したときの古在の反省と思いで、その思いが「文化大革命」への批判に結びつくことになった。

その秋、勁草書房の『戸坂潤全集』に続いて、岩波書店から『三木清全集』の刊行が始まり、三木と戸坂に関する二つの仕事が古在に回ってきた。古在はなにか因縁めいたものを感じながら、『三木清全集』第一巻の月報に「三木清をしのんで」を書き、法政大学学術講演会で「戸坂潤とその時代」（『戦時下の唯物論者たち』所収）と題する話をした。古在は二つの仕事を準備しながら、三木や戸坂なら中国の文化大革命や「毛沢東思想」をどう見てどう言うだろうかと思いながら、もう一方ではベトナム戦争に反対する力が内外で大きくなっていることを報告したい気持ちもあった。この反戦平和の力の大きさを、二人はどんなに喜ぶことか……。

古在ゼミ　一九六七年〜

その冬、全国大学院生協議会（全院協）の一二月中央集会が都立大学で開かれた。古在は院生たちが提供してくれた大きな資料をかかえて、「若い研究者のために」と題して演壇に立った。翌日には、法政大学での学術講演「戸坂潤とその時代」が控えてその準備もあったが、若い院生たちの思いには何をおいても応えてやりたかった。

講演依頼にやって来たのは、東大大学院で農業経済学を研究していた深井純一（のち立命館大学教授）である。深井は、安保闘争のあと自宅のある横浜で「本牧市民と学生の会」を組織し、そのころは研究の一環として長野県や福島県での農村調査を続けながら、全院協事務局長を務めるという行動派だった。だが今回の講演依頼には、複雑な思いがあった。深井には、足尾鉱毒事件のあった渡良瀬川と利根川が合流する板倉町の「農業青年大学」に毎月通って以来、古在由直の子息に会って見たいと思う反面、講演会のことではかつて依頼した講師が何の連絡もなしに姿を見せず、参集者に深々とお詫びして散会にした苦い経験があったからだ。

ところが驚いたことに、古在はすぐ快諾したうえ、「ぼくは最近の大学院生の実状を詳しくは知らないから、何人かの院生を誘って一度来てくれないか、いろいろ語り合ってみたいから」と提案した。深井は、古在の積極的で誠実な姿勢に、ほっと胸をなで下ろした。深井はさっそく東大、都立大、早稲田大などの院生代表をさそって古在宅に赴き、大学院生の生活や困難になりつつある「研究の自由」や就職難などを話した。何度か続いたその話し合いと講演会の打ち合わせが一段落したあと、深井は思い切って、定期的な院生のゼミを開いてもらえないかと、古在に提案した。深井は、一二月の講演会が終わったあとも、この誠実な古在先生のもとで引き続き学びたいと強く願っていた。古在は、深井のこの申し入れも、あっさり快諾した。

都立大院生の全院協理事中本昌年（のち富山大教授）も、古在に感じ入った一人である。講演会当日、控室として承諾を得ていた小場瀬卓三（仏文）人文学部長室に古在を案内して、その目の輝きに驚いた。小場瀬も古在もいわば同じ「社会派」だが、小場瀬の目が穏やかなのに比べ、古在の目は鋭くしかも生き生きしていた。これはディドロ研究を進める身と、研究を現実を切り開く力にしようとする実践者の違いなのだろうか。中本には小さくない驚きだった。

古在は講演の冒頭、政府の軍学共同という科学技術政策や『期待される人間像』と紀元節などのイデオロギー問題とが、院生の生活・研究に深く関わっていることを指摘し、細分化される科学技術の統一のためにしっかりした「科学の思想」をもつことを強調した。そのうえで古在は、要旨次のように話した。

……研究活動での自分の位置をたえず自覚するうえで、思想は地図のようなものだ。科学の全状況、社会の全状況をいつも念頭において、人間生活のなかで自分の科学研究がどんな位置づけをもつか、常に自覚され反省されなければならない。思想が真空状態では、支配している階級の思想がなんなく侵入してくる。核兵器やナパーム弾、その他の残虐な科学兵器の存在と使用が、自然科学者に根本問題への態度決定を迫っている。何のための科学か？　誰のための科学か？　アインシュタインもサルトルも、湯川秀樹も朝永《ともなが》振一郎（ノーベル物理学賞受賞者）も、同じ問題を提起している。その点明治時代の足尾鉱毒事件では、父由直、友人の農芸化学者そして学生たちの土壌分析、地道な科学分析が、農民と田中正造の一つの支えになった。明治百年を前にして「伝統」が声高に言われるが、人々の幸福と自由を創るこうした抵抗こそ引き継ぎ発展させる必要がある。抵抗しても、現実に存在する核兵器を否定し戦争反対を叫んでも、それは空想に過ぎない、現実を見ろという現実主義が今はやりだが、現実とはいつも矛盾を含み格闘し拮抗するものだ。支配者の造る現実ではなく、抵抗する現実の側に立って、新しい第三の現実を造る、その革命的現実主義の立場のなかからこそ、理想と展望が出てくるのではないか。ときには妥協もあろうが、その場合でも最後の目標を達成するための、初志を貫徹させるための妥協であって欲しい、そして最後の目標には非妥協でありたい……。

その日の古在の講演は、多くの共感を呼んだ。そして深井純一らが提案したゼミは、そうした院生を中心に、翌六七年から始まった。月一回、主に土曜日か日曜日、古在の自宅に集まる若き研究者たちのゼミは、「古在ゼミ」と呼ばれ、それから二〇余年継続した学際的なゼミとなった。スタートは『マルクス＝エンゲルス全集』第一巻（大月書店、一九五九年）の読書会からで、初期のメンバーには、深井純一、中本昌年、野原光（のち広島大学教授）、木下英夫（のち横浜国立大学教授）、岩淵慶一（のち立正大学教授）などがいた。

ゼミで発する古在の言葉は、院生たちにとって印象深く記憶に残った。第一巻に収められたマルクスの論文「プロイセンの最新の検閲訓令にたいする見解」のときには、「真理は抽象的であってはならず、具体的でなければならない。具体的ということは、人間に響くことであり、人間に訴えることだ。人間の根っこに繋がっていることだ」。また、有名な論文「ヘーゲル法哲学批判」を教材にしたときは、「ラディカルはラディックス(radix)、つまり根を語源にしている。根に繋がること、人間という根に繋がること、それがラディカルなんだ。ゲバ棒を振り回すことがラディカルではないんだ」「論証は、人に届くように、人に訴えるように論証しなければならない」という具合だった。

「古在ゼミ」の楽しみは、高いレベルの議論が一段落したあと、京都育ちの美代が用意してくれる手料理である。十数人の参加者のために、美代は大ぶりの器に、たくさんの種類の料理、おばんざい料理を出した。参加者はそれをご馳走になりながら、のびやかな雰囲気のなかで、議論にまつわるさまざまな問題やエピソードを再び話しあった。しなやかな対話の広がり、美代や参加者が提供する豊富な話題、古在の豪快な笑い声。自由闊達な雰囲気が、こころ楽しかった。

革新都政　一九六七年春

年が明けた一月末、第三一回総選挙があった。戦後はじめての定数増があったにもかかわらず、自民党は議席を減らし、得票率でもはじめて五〇%をわった。保守の漸減・革新の漸増は、前年夏からの一連の「黒い霧」[1]への国民の判断である。四月の一斉地方選挙が注目されていた。

東京では知事選にむけて準備が進んでいた。二月以来の成田知巳社会党書記長と宮本顕治共産党書記長との会談を踏まえて、大内兵衛らが奔走し、美濃部亮吉（東京教育大教授）に白羽の矢をたて、三月一一日には社共両党間で政策・組織協定が結ばれた。都民のあいだに、一挙に革新都政実現への期待が高まった。

三月一四日、「四〇年の学究生活をなげうって、新しい人生をえらぶ」（案内状）と決意した美濃部を励まそうと、「美濃部亮吉氏を激励する集い」が開かれ、古在も勇んで駆けつけた。会場の都市センターホールには二四〇人ほどの学者・文化人が詰めかけ、会場は喜びと熱気にあふれていた。

美濃部は、「青天の霹靂だったが、歴史の右旋回をおしとどめるために決意した。四年間牢獄にいたこと[2]を思えばなんとかなるだろうと飛鳥田（一雄）さんに言ったら、牢獄より辛いぞとたしなめられたが、もうやる以外にない」と挨拶した。

そのあと高峰秀子（女優）など一四人が激励の挨拶に立った。古在は最後の方に指名を受け、旧制高校時代の応援歌「たたかわんかな時いたる」を思いつつ、壇上にあがった。……美濃部さんの立候補の決意に正直感動した、戦後二〇年かかって、戦中苦難を味わった人がいま都知事になれる時代がきた、この二〇年の変化に希望を持ち、またとないチャンスに、組織は組織で個人は個人で大いに頑張ろうと、挨拶した。古在には、「紅衛兵」問題での反共攻撃が露骨になるだろうが、革新都政の道を首都で切り開くことができれば、安保闘争後から共産党が言ってきた「民主連合政府」への足がかりになるかもしれない、そういう思いもあった。

その二日後、大内兵衛、中野好夫、松本清張ら一三名の代表委員と、社会党・共産党・総評など一九団体を幹事団体とする「明るい革新都政をつくる会」が結成され、美濃部は「わたくしの姿勢」と「九つの公約」を発表した。

日本民主青年同盟（民青）の川上徹から、古在に電話があった。電話は、学生後援会として決起集会を開くのでぜひ挨拶して欲しいという要請だった。古在は、川上徹が六四年に全学連を再建してから二年間委員長を務めていたのは知っていたが、昨春から民青で学生担当を務めているのをその時はじめて知った。

九段会館は若い学生たちで一杯だった。古在は美濃部の人柄や選挙の意義、若い人への期待を語り終えると、「さて」と言って上着を脱ぎ、早稲田大学校歌「都の西北」を大声で歌い出した。川上徹は「ほかの大学の学生もいるのに」と思ったが、最後に「♪みのべ、みのべ、みのべ♪」と歌詞を変え「フレーフレー！　美・濃・部」とやったので合点がいった。会場は大湧きに湧いた。

「明るい会」結成の翌一七日から選挙運動が始まった。自民党・民社党推薦、核禁会議議長の松下正寿（元立教大総長）は「美濃部が当選すれば共産革命で東京は火の海になる」と見当違いの演説を繰り返し、美濃部陣営は「東京に青空を」「困っている中小企業、商店に無担保融資を」「数多くの保育所、託児所を」など具体的な政策を掲げ、「青空バッジ」と「美濃部スマイル」で都民の話題と支持を広げた。まれに見る接戦になったが、結果は美濃部が二二〇万票を獲得、松下に一四万票の差をつけて勝利し、首都東京にはじめて革新知事が誕生した。

古在は「明るい会」の結成当初、代表委員にこそならなかったが、岩波書店の吉野源三郎の部屋にほぼ毎日のように出かけ、常任代表委員の中野好夫を交えた三人で、知事選はもちろんのこと、ベトナム戦争反対など反戦平和運動のことを、我がことのように話し合った。この「岩波会談」は、美濃部当選後も続いた。古在におもしろかったのは、中野の「市民運動論」だった。中野は市民運動の理論や定義は知らないと言いつつも、独自の考えをもっていた。

中野に言わせれば、これまでの経験上、市民運動は生活上は損も犠牲もあるがそこを忍んでもあえてやらねばならない運動目的があること、総じて無党派市民の集まりで、職業的活動家による職業的活動ではない手弁当の運動であること、そして問題が起これば結集し問題が片付けば解散すること、そこに長所も短所もあるが、市民運動はそれでいい、というのだ。確かに中野自身、警職法反対運動のときには「改正反対文化人懇談会」で活動し、阻止し終えたあとには、安保改定阻止国民会議への会としての参加勧誘を断って、懇談会を解散してしまった。理由は、懇談会メンバーのすべてが安保改定反対とは限らない以上、組織を流用するわけにはいかない、A問題で結集できる人とB問題で集まれる人はおのずと違う、A問題とB問題を重ねれば、必ず破綻が起こりシコリが残る。問題ごとに集まり解決ごとに弛める、これが市民運動の要諦ではないか、というわけである。

だから、美濃部当選後「明るい会」が解散せずに、革新都政を支えるために必要な改組と新たな「会の目的と運営要綱」を決めて再発足したとき、中野は、四年間という長期間の市民運動にはいささかも甘い楽観は許されないだろう、と言ったのだ。

確かに個人で構成する市民運動と政党や労組という組織体との連携問題は、すでに原水禁運動で苦い経験があった。分裂は市民参加団体からではなく政党段階から生じ、今は原水協、原水禁、核禁会議と三つに別れて互いに敵視・攻撃しあう状態になっている。そこでは核兵器禁止そのものを願う市民層は「ツンボ桟敷」に置かれ、運動は露骨な政治的闘争の場となっている。中野自身一度は原水禁の結成に賛成しそこに期待もしたが、社会党・総評の路線が強力に入り込んで、今は原水協にも原水禁にも距離を置き関係をもたないようにしていた。その意味で市民運動は政党や団体と随時連携しながらも、緩衝の距離をおいた自主的立場を堅持しなければならない。それが中野の持論だった。さらに中野は、いつもの諧謔趣味で、「そろそろ、自分ら老骨どもへの排撃運動が起こり、四〇歳台の気鋭の若手が市民運動の主導をとって欲しいのだがね。年功序列の敬老思想は明日にでも『七里結界』と願いたいもんだ」と言った。七里四方に囲いを作って「魔障」を寄せ付けないことを願うと中野は言うが、さてはて「魔障のひとり」に古在も入れられて当惑したが、若手の登場は古在の願うところでもあった。

そうした中野の「市民運動論」はともかく、「明るい会」に参加する団体・個人に支えられ、多くの都民に期待されて、革新都政はスタートした。

ラッセル法廷　一九六七年初夏

都知事選挙が終わってまもなく、アメリカの戦争犯罪を裁く国際法廷「ラッセル法廷」が、五月二日から一〇日までストックホルムで開催された。日本からは陸井三郎（アメリカ研究所長、ベトナムにおける戦争犯罪調査日本委員会事務局長）、福島要一（日本学術会議会員、科学史）などが参加し、「ベトナム侵略の法的究明」と題する日本委員会の見解を表明し、現地ベトナムで入手した証拠物を示しながら、「民間目標の砲爆撃」と「堤防破壊」の実態、「農薬その他の兵器の科学的分析」などについて報告して、法廷審理に貢献した。

前年の暮れ、ベトナム戦争犯罪日本調査団のメンバーとして、陸井三郎、福島要一ら七人は国際調査団とともにハノイに入り、現地調査を終えていた。陸井らは北ベトナム七省、三五〇〇キロを走破して、主に民間人や民間施設への砲爆撃の実態をほぼ一ヵ月にわたって調査し、百人を超えるベトナムの人々から直接話を聞いた。それらの被害証言は、想像を超える残虐で過酷なものだった。それにもかかわらず印象的だったのは、なによりもベトナムの人々がみな生き生きとしていて個性的なことであった。それは戦時中の日本人とは全く異なるもので、陸井はそうした人々に会うたび、古在の言葉を思い出した。古在は陸井が出発するとき、武器の質や量ではなく、戦争そのものの性格、その確信がベトナムの人々の士気を高め、団結を固くしている、このなかにこそ不敗の秘密がある、と言っていたのだ。陸井は現地に立って、改めて古在の言う「ベトナムの人々の不敗」を確信し、ラッセル国際法廷に臨んでいた。

国際法廷開催には、さまざまな困難があった。当初開催地に予定したパリがドゴール大統領の拒否にあって変更になり、受け入れたスウェーデン政府にもアメリカ政府などから圧力がかかった。さらに、国際法廷は「解放戦線側の『暴力』を問題にしない」とか、「ベトナムの事態は内戦にすぎない」とか、「知識人の裁判ごっこだ」とか、あれこれ冷笑非難する向きが多かった。だが、裁判が被害者の正当防衛を裁くことなく加害者を裁くのは当然のことで、ナチスを裁いたあのニュールンベルク法廷が、ナチスに抵抗する側の活動を犯罪と考えなかったことと同じことである。またこの法廷は「裁判ごっこ」どころか、イデオロギー的にも多様な多くの法律家、物理学者、社会学者の参加をえ、さらに裁判にあたっての法理も激論のうえ確認されて始まり、反対尋問もあるという、正当で公正なものだった。この第一回法廷では、「合衆国は侵略行為をおかしたか」「純然たる民間目標にたいして砲爆撃が行われたか」の二項目にわたって審理された。審理では、戦後のアメリカ政府のインドシナ政策を歴史的に分析したアメリカの教授と弁護士さえ、「ベトナムで起こっている国際戦争は、民族の自決の原則にたいする暴力であり、それは国際法で禁止された侵略戦争である」と結論づけ、サルトルが行った論告もアメリカ政府を有罪とした。

国際法廷は、秋にコペンハーゲンで第二回法廷を予定し、あらたな審理項目として、「侵略基地としての沖縄」「補給基地としての日本の役割」を追加確認した。ベトナムにおける戦争犯罪調査日本委員会には、特別な奮闘が求められていた。

古在は、陸井ら関係者の熱意と内部調整の困難を知っていただけに国際法廷の成功を心から喜び、第二回国際法廷とは別個に「日本の役割」を独自に審理するこの夏の東京法廷（ベトナムにおけるアメリカの戦争犯罪と日本の協力・加担を告発する東京法廷）は、きわめて重要になると覚悟した。

七月、直枝の一周忌までにと準備してきた『おかしな娘　古在直枝遺稿集』ができあがり、古在は香典返しのつもりで直枝の同級生や塩入病院などの関係者たちに贈呈した。「古在由重編」となってはいたが、姉由美子の夫・宮原昭夫（のち芥川賞受賞・小説家）と森内俊雄（小説家）が、ノートなどに断片的に残されていた直枝の詩から四〇編ほどを選びまとめた詩集で、末尾には古在が書いた「直枝のこと」が収録されていた。佐多稲子はこの詩集について、「人間のこの書くという作業は、ひっそりとされたにしろ、その魂の燃焼が深いとき、書くという作業の重さに応えて美しいものを生むのだ」と評した（「書くという資質」『図書』一九六七年八月号）。

著作集出版記念会、小田急別館にて。右から古在、美代(1967年8月13日)

直枝の詩には、若者に特有な懐疑、迷い、はにかみ、あこがれ、ユーモアなどが、自由奔放に描かれていたが、その最後に編まれた詩「私の目には新しい未来が見えるのです」には、はずむような若々しい希望と決意が表現されていた。

…略…
さあ／その日に住むために／笑顔を怒りに変えよう／涙を憎悪にかえよう
親たちは子供等を捨てよ／子供等は父母を乗りこえよ
若者たちはその恋を／闘いのエネルギーに変えるのだ

幸福を／未来を／自分等の手で／奪いとるのだ

直枝の一周忌を終えたこの夏は、古在にとって忙しい夏になった。同じ七月に『古在由重著作集』第六巻[3]「戦中日記」（第四回配本）が刊行され、『図書新聞』や『日本読書新聞』の取材や小田急デパート別館で開かれた出版記念会に応じ、大きな講演を二つ、雑誌対談一つ[4]をこなしたうえ、「東京法廷」の法廷メンバーに選ばれ、その準備があった。

古在は時代の大きな変化を思わずにはいられなかった。……かつて戦争に反対して「被告」となったこの自分が、いま侵略戦争の犯罪者とその加担者を糾弾し、裁く側になった。その変化、逆転の大きさは明瞭だ。戦後二〇数年をへて、漸く時代はここまで来たのだ。戦時中から一貫して戦争に反対してきた者の義務として、そしてまた、人間にとって最も痛切な問題を追求すべき哲学者の任務として、この大役に全力をつくそう……。

そう決意したのだが、古在はそのころ体調を崩しがちで、「東京法廷」準備会への出席もとぎれとぎれになった。

東京法廷　一九六七年夏

東京法廷は八月二八日から三日間、千代田公会堂で開かれた。東京法廷では、五月のラッセル国際法廷がアメリカの行動を侵略犯罪と平和に反する戦争犯罪にあたると結論したことを前提に、アメリカが国際法と人道に反する兵器を使用しているかどうか、日本政府に加担や共犯の事実があるかどうかの二つが、主な審理課題となった。法廷には学者・文化人・市民のほかに、「外国人の参加は国益に反する」という外務省をおしきって外国代表三人が参加し、受付には初日から傍聴希望者数十名が並び、会場内は満席となった。

壇上には連日、古在などの法廷メンバー一七、八名がならび、むかって右端前方に証人席、その後方にスクリーンが置かれていた。一日目は現地調査を続けた科学者や医師などが証言にたち、ナパーム弾やリン弾などの使用兵器と農薬の分析を通じてその違法性・非人道性を究明し、二日目は弁護士や平和運動家たちが、在日米軍基地や特需の実態、運輸・医療・LST（上陸用艦艇）への人的協力など、政府と財界の加担ぶりを告発した。

古在は最終日の三日目にいわば主席検察官として、それまでの三六人の証言と提出された揺るがぬ証拠を踏まえて、熱のこもった二時間にわたる総括報告を行った。

古在はまず、法廷メンバーに選任されたときの感想を述べたあと、東京法廷の二つの課題を確認し、日本敗戦後のベトナム解放からフランスの九年間に及ぶ軍事行動とその後のジュネーブ協定、それを踏みにじるアメリカの南ベトナムへの軍事支援と侵略の歴史を振り返り、アメリカのベトナムにおける戦争犯罪が、「平和に対する犯罪」ばかりでなく、ベトナムの独立、主権、統一、自決権などの「民族基本権」に対する「侵略犯罪」であることを強調した。そして古在は、二日間の具体的な証言と証拠を例示しながら、アメリカによる残虐行為の非人道性は疑う余地がなく、日本の共犯責任は重大であり、かつ共犯の根拠が結局は安保条約にあることを強調し、最後に古在の考えと感想を述べた。

……アメリカは侵略の現実が惨《むご》たらしいからこそ、「自由のため」「民主主義のため」という旗印を掲げる。しかし日本への原子爆弾投下とベトナムでの「みな殺し的な新兵器」使用には、アメリカ帝国主義者たちのアジア人への蔑視、差別観がありはしないか。核兵器こそ使ってはいないが、新兵器の攻撃の質は「赤子も老人も病人もみな殺しにしなければ止《や》まないようなその性質、学校や教会や寺院や病院をも焼きつくさずにはおかないようなこの性質、この性質にむかってこそ、わたしたちは満身の怒りをこめて抗議しなければなりません」。自由と民主主義という旗印に新しい生命を甦らせるのは、労働者階級、新興諸民族、ここではベトナム民族にほかならず、この見地にたってこそ、アメリカ帝国主義とその共犯者をどこまでも糾弾し、ベトナム人民との友好かつ戦闘的な連帯を進めなければならない。侵略者たちはいつも「戦争哲学」を必要とする。ナチス・ドイツは「ゲルマン民族の優越性」を掲げ、日本は「大東亜共栄圏の建設」「東亜共同体の樹立」を掲げた。しかし侵入した強盗どもを追い払う側に、難しい理論や「哲学」は不要だし、ベトナム侵略戦争に反対する日本での取組み方法はいくつもある。軍事基地の撤去、原潜寄港阻止、兵器・物資の補給阻止、アメリカ人民への反戦平和の呼びかけなど、「そのほかあらゆる加担と協力の体制、そしてこれを推進する現政権の根幹をゆさぶり、それを打ち倒すこと。これこそ、さらに究極の重大な責務である」。この法廷の審判は、国家権力を背景にしたものではないが、世界人民の圧倒的な部分の揺るぎない審判にほかならない。「たまたまわたし自身はこれら無数の人民に属する一人の代表者として立ちました。わたしは、ここにアメリカ帝国主義の侵略戦争の犯罪性を十分に正確な証言、証拠にもとづいてきびしく糾弾し、それと同時に、ベトナム人民のあの英雄的な抵抗の正当性をゆるぎなく確信します。そしてこの確信をもってたたかう決意を、みなさんとともにわたしは表明したいと思います」。国家権力を背景としないこの法廷の執行力は、われわれ人民の側にあり、アメリカ軍の全面的な撤退とベトナム人民の民族自決権の達成、「ここにこそ〈人民による判決の執行〉の究極の目的はあるとわたしは信じます」……。

戦争犯罪への火を吐くような古在の断罪は、参加者の心を大きく揺さぶった。

実はこの総括報告役が決まったのは、古在が体調不良で欠席した準備会のときで、しかも開廷日時は迫っていた。「欠席裁判」のようにも感じたが、古在は腹を決め、周囲の人びとには「総括報告は自分の一生のしめくくりだ」と語り、「国際条例集」などを入手して報告の原稿づくりに没頭した。法廷が始まってからは寝る時間も惜しんで、その日のうちに証言と証拠を吟味検討し、原稿にまとめる作業を繰り返した。その奮闘ぶりは、古在が報告の途中で倒れはしまいかと皆が心配し、医師を控室に待機させるほどであった。

東京法廷は最後に、野村平爾が法廷メンバー全員の合意による「結論」として、アメリカ政府、日本政府、日本独占資本に対し「有罪」を宣言して、八月三〇日の夜に閉廷した。古在は東京法廷の成功をメンバーと喜びあった後、大きな達成感に充たされて美代とともに帰途についた。この法廷が、全世界とりわけベトナム人民と、日本での反戦運動の励ましになることを望みながら……。

「三派系全学連」一九六七年秋～

その秋、佐藤首相がベトナム侵略戦争反対の国民の声に挑戦するように、派兵国以外の首相としては初めて南ベトナムを訪問し、翌一一月にはアメリカに向かった。いずれもアメリカのベトナム侵略戦争を支援・加担するためだが、ジョンソン米大統領とは沖縄・小笠原返還問題も話し合われ、返還を「継続検討」とするという「日米共同声明」が発表された。

再建三周年を迎えた全学連はこの二回の佐藤外遊に対し抗議集会とデモで反対の意志を示したが、一年前に結成された「三派（反日共）系全学連」は実力阻止を叫んで羽田で機動隊と衝突し、京大生の死亡を含めて双方に多くの負傷者と逮捕者を出した（第一次、第二次羽田事件）。

全学連の機関紙『祖国と学問のために』はその冬、「再建三周年に期待する」と題して各界からの談話を載せた。古在は「三派系全学連」の羽田事件にふれて、「国家権力は決して甘くはない。統一戦線なしに『武力』で何かやろうと思っても問題になりません」、学生は理論を身につけ、労働者階級に寄与することが必要で、「冷静な理論、あつい心臓、その二つが結合した人間になること、そして全学連がそういう人間を沢山つくりだすことは将来にわたり重要です」という談話をよせた。

年があけた六八年一月半ば、アメリカの原子力空母エンタープライズがベトナム出撃のため佐世保に入港した。社共両党を含む全国・中央両実行委員会が年末の横須賀集会に続き、佐世保で「原子力艦隊寄港阻止大集会」を二回開き、あわせて六万五千人を結集して強く抗議したが、「三派系全学連」は「佐世保を第三の羽田に！」をスローガンに三度《みたび》機動隊と衝突する「市街戦」を演じた。

古在は、マスコミが「三派系全学連」の「市街戦」を報じても、両実行委員会・社共の統一行動を報じない姿勢にある種の政治的意図を感じた。発展をもたぬ散発的な衝突よりも、一週間にわたって続いた全国三二五ヵ所での市民と労働者の集会やデモ（参加二一万人余）こそ、報道に値する「持続する異議申し立て」のはずであった。

……札付きの指導者は別として、確かに「市街戦」に参加した学生たちにも政治上や生活上の不満はあるだろう。ただ彼らは不満のはけ口をそこに求めるだけで、自己の堅固な思想による行動というより、身を突き上げる激情によってのみ行動したのではないのか。このような行動の激発は労働者・市民の圧倒的な支持なしには、決して持続する力強い抵抗にはならない。そうするためにはどうしても市民との根深い連帯が必要であり、強大な政党と労働組合の力が不可欠で、そうして初めて敵の後手にまわらず、先手をとって独創的なイニシアチブが取れるのだろう。しかもそれは派手な行動というより、きわめて地味なもので、短距離走とはちがってマラソンのように、あるときは自己の力を蓄え、あるときは一定の走力で相手を抜き去り、しかし全走路を振り返れば全力疾走となっているような闘い方だ。今必要なのは、確かな展望に結びついた生きた思想を自分たちの内部に鍛え上げること、そうしなければ、敵を圧倒することはできない……。

古在がそんな思いを抱いていたころ、東京大学では医学部の学生たちが国会審議中の登録医制度反対の要求を掲げて無期限ストに入り、成田空港建設問題では反対同盟と「三派系全学連」の「共闘」が模索されていた。

学生ユネスコ連盟　一九六八年春

二月、古在は本郷の学士会館に向かった。日本仏教鑽仰《さんこう》会の特別講座で、「宗教とアヘン」と題する講演があった。古在は滅多にない機会だけに、「唯物論とは何か」を平易に話すつもりだったが、仏教徒だけを前にすると、いつもより緊張している自分を感じた。

……私は唯物論者だが、他の異なる意見もよく聞く方で、どんな意見からも好い点はくみ上げる方だ。弁証法的または史的唯物論が実存主義や分析哲学と違うのは、人びとの実践活動や生活に固く結びついていること、だからこそそれを原理とする国があり、実践する政党がある。

マルクスは人間の条件を「道具を作る動物」といった。机を作る場合プラトンやアリストテレスは、作るという実践の前に構図つまり観念が先にある（イデア論）と考えたが、唯物論は構図が必要なのは認めるが、そのイデアの出所を問題にする。生活条件とその歴史的発展段階から机（のような物）が必要となり、机の構図（イデア）が生まれる。観念論と唯物論とは、心が先か物が先かという抽象論ではなく、こんな素朴な現実生活から生まれたものだ。「人間が猿から進化したと主張するダーウィンの進化論はもってのほかだ」という議論もあるだろうが、唯物論は「実際がどうか」を問題にするのであって、「どちらに値うちがあるか」を問うものではない。マルクス自身、心の働きを除外したのではなく、生活にとってどちらが第一義的か第二義的かということなのだ。事実に即して考える場合、人間の意識は自然史のある一定段階から生まれたことは確かだ。つまり時間的にみても物が意識より先立つのであって、神の意志で世界がつくられたなどと考えないのが唯物論の立場である。しかし意識を排除しているのでないのは、前に言ったとおりだ。

マルクス以前は空想的社会主義も含めて、人間の歴史社会は人間の意志・目的によって左右されると考えていた。一八世紀になってロックが社会的環境を問題にしたが、当時は環境説を重視する余り、人間は全く受動的なものとされた。マルクスはこうした考えを直観的・観照的唯物論として排斥し、人間は環境をつくりかえるものであり、しかもそう意識する人間自身もやはり環境が生み出すものだと考えた。つまり資本主義社会が近代労働者階級を生み出すという事実から、当時の環境論を克服し、実践的唯物論を完成した。宗教とアヘンという問題もマルクスの実践的批判として見るべきで、人間生活の惨めさが理想像として全知全能の神をつくったが、その惨めな条件そのものを克服すること、つまり宗教発展の根本条件を不必要にすることが、マルクスの宗教に対する実践的批判なのだ。いま人間疎外とか孤立感が若い人を襲っているが、これは資本主義の矛盾の現れの一つだ。

私は唯物論の立場だが、ただそのことだけを特に誇りにしているわけではない。要は今日的な問題に如何に対処しているか、理論を実践の場にどう生かしているかだ。ラッセルやサルトルは観念論者だが、人類的な立場からアメリカ糾弾の法廷を開いた。どんな立場にあるかではなく、何を実行するかに意義があるのだと思う。私も哲学者の一人だが、「哲学で生きる」人は多いが、「哲学に生きる」人は少ない。私の生きがいは、学問を社会の数多くの矛盾にぶち当てて、たゆまず実践していくことである。そしてその具体化は、反戦運動をふくめて、生命を大切に護ってゆくことである……。

『仏教タイムス』はこの講演を、「物心不二を標榜する仏教徒にとって、その究極的な立場の相違はあるとしても、氏の象牙の塔にとどまらない実践的学問の主張は、なお多くの感銘と示唆を与えた」と報じた。

三月のある晩、東京ユネスコ学生連盟恒例の冬の榛名湖セミナーに参加していた真下信一から電話があった。古在は真下を説得して冬の榛名湖に行ってもらった経過があるだけに、文句でも言われるのかと一瞬緊張したが、真下は学生たちの熱心さや最終日に「ユネスコの歌」で見送られたことなどを話し、「感激した。紹介してもらって良かったよ。ありがとう」と礼を言った。古在は思わぬ展開に、昨冬からのユネスコ学生連盟との関わりを思った。

ちょうど一年前、東京ユネスコ学生連盟で活動している東京教育大の体育学部学生・寺島善一(のち明治大学商学部教授)から、全く予想もしない榛名湖セミナーの講師を依頼された。寺島は三年前、「スポーツマンのあり方」(『著作集』③所収)を読んで「感激した」と言って突然古在を訪ねてきたが、榛名湖セミナーの講師依頼も全く唐突な申し出で、古在が「ユネスコは、国連の手先じゃないか」と断ると、寺島はムキになって、各大学のユネスコ連盟の活動状況を説明しだした。「自分たちは、先生の言う『現実』からテーマを拾い上げて活動しています。先生、自分たちはユネスコ憲章にある『平和は心から』という観念論から出発しているんじゃないんです。教育大は家永教科書裁判支援、早稲田は沖縄問題、東京経済大は佐久の農村医療に取り組んでいます。先生が講演してくれれば、直枝さんの遺志を継いでくれる若者がたくさん出てくるはずです」。古在には最後のくだりが胸に刺さった。古在は少し考えるようにして「いつまでも滅入ってばかりいないで、若者のなかに入ってみるか」と言った。

ＯＫを出すまではテコでも動かないという寺島の気迫と熱意に押された格好だったが、榛名湖で学生たちの正義感あふれる討論を聞くうちに、古在はある感慨に突き上げられた。……戦時中反戦活動で逮捕されたとき、後に続く者は誰もいなかった。歴史は少数の前衛だけでは進まない。帝国主義論はわからなくとも「戦争はいやだ」と思う学生たち、理論からではなく現実から社会に接近しようとするこうした学生たちの存在が、やがて社会を動かす力になる。本で知った理論はすぐ捨てることはできるが、現実に接して胸を熱くすれば、それを間違いだと言って簡単に捨て去ることはできない。ユネスコで活動するこういう学生たちの存在が多ければ、やがて必ず力になる。これは歴史の教訓だろう……。

真下信一をこの年の榛名湖セミナーの講師に推薦したのは、そんな経過と経験があったからだ。真下もまた、東京ユネスコ学生連盟の学生たちに感激したのは、古在にとって歓迎すべきことであった。

ベトナム支援センター議長　一九六八年夏〜秋

この間も、古在のベトナム人民支援の活動は続いていた。ベトナムでは一月にテト攻勢があり、三月になってソンミ大虐殺事件が明らかになり、北緯二〇度以北の爆撃停止を発表するなどアメリカ政府は追い込まれていた。五月にはパリでアメリカと北ベトナムとの会談が始まろうとしていた。

古在は四月一六日、阿部知二、新村猛、小田実、日高六郎の五人とともに、「ベトナム反戦六月行動」を呼びかけた。当時ベトナム反戦の運動は国民の大きな関心事に高まっていたが、べ平連なども含めてそれぞれの団体・組織が独自に運動を進めていて、ベトナム情勢の進展にもかかわらず、一つの大きな力になりきれていなかった。古在が「六月行動」の呼びかけ人に加わったのは、日高の「なんとか全体がまとまって運動をしたい」という思いを共有していたからだ。

古在はこの呼びかけとは別に、学者・文化人の広い運動参加をめざして、務台理作らとともに「ベトナム人民を支援する学者・文化人」の募金運動も呼びかけた。松本清張や木下順二など二四〇人をこす人びとが募金に応じ、日本共産党の機関紙『赤旗』も、古在たちの記者会見を写真入りで報道した。

しかし六月になって日本共産党が「六月行動」に対して否定的な見方を打ち出し、「六月行動実行委員会」に参加していた東京労音やリアリズム写真集団などが「共闘の範囲や行動の形態が一致しない」として、実行委員会から脱退した。この事態に、実行委員会関係者たちの間に、古在が「呼びかけ人」から下りるのではないかとのうわさがたった。日高はすぐ古在に電話をかけた。日高は「呼びかけ人」になるよう古在に勧めはしたが、政党の規律問題で迷惑をかけてはならない、古在が下りるのもやむを得ない、と覚悟を決めていた。しかし古在は、「僕は下りないよ。僕は日高君から頼まれたのだ。君を信頼しているんだ。僕は下りない。いろんな人が忠告に来るよ」と言って、「わっはっは」と笑うだけだった。日高は「古在さんらしいな」と感心しながら、受話器を戻した。

六月一五日、「アメリカにベトナム戦争の即時全面中止を要求する六・一五集会」が全国七〇箇所で開催され、東京・大阪ではそれぞれ一万数千人が参加する行動となった。六月末には、美代が役員を務める婦人民主クラブが日本女性同盟などと一緒に「ベトナム反戦婦人のつどい」を開いた。また同じ六月、沖縄では秋の三大選挙[5]の勝利をめざして「明るい沖縄をつくる会」(革新共闘会議)が結成されるなど、統一した運動を進めようとする機運が広がっていた。

古在はここ数年、敗戦記念日に講演や随想を書いてきたが、この夏も「終戦二十三周年におもう」を『赤旗』に寄せた。副題には「人民多数の統一を」とあった。古在はベトナム戦争と平和の力について書いた後、戦時中自ら逮捕された経験と自由主義者も平和主義者もひとからげに弾圧された事実に触れた。

「そのときわたしはおもった。こちらこそ、つまり戦争反対の人民たちこそ、ひとまとめに大同団結しなければならなかったのだ、と」。当時戦争反対をになうべき共産党は弾圧によって壊滅していた、確かに運動の中心は必要だろう、しかし逆説的だが「中心だけでは実は中心にもなれない。すべてこれらは、ひろい人民大衆の統一あってのことではないのか?」「こちらこそ、ひとまとめの団結をかちとらねばならない。ねばりづよく、確信をこめて」。それが古在の、「八月十五日」の思いだった。

その二日後、長男・豊樹が大学院修士課程二年のまま、司書として働く平野路子という女性《ひと》と結婚した。

小学生のころ、豊樹は貧乏暮らしや「アカの子」と差別されるなか、現実をありのままに受け入れて、犬の「無二《むに》」や昆虫、植物を相手に成長し、中学では家計を助けるため江古田の「授産施設」に通って学費の足しにし、千葉大園芸学部をへて今は東大大学院で園芸環境工学を専攻して、園芸農家に役立とうとしていた。豊樹は、経済力の乏しい父を恨む気持ちよりも、むしろ「罪人の子、アカの子」から、原水禁運動が始まると一転してその活動歴がプラスに評価されるという、そうした世間や社会こそ疎ましいものと感じていた。だから、そんな社会的な評価に左右されるより、自分の行動と人生航路は自分で決めると覚悟して今日まで過ごしてきた。

古在は、そうした豊樹の思いをすべて理解していたわけではなかったが、その苦労の様子を知っていただけに、無条件に豊樹の成長とその結婚が嬉しかった。

九月二日、港区の日消ホールで「ベトナム民主共和国建国二十三周年記念、九・二連帯中央集会」が、社会・共産両党や労組など五二団体による集会実行委員会主催で開催された。集会では、国労や全港湾など交運共闘会議の軍需物資輸送拒否闘争や新日本婦人の会の「ベトナムの母と子のための一円募金」など、さまざまな闘争の報告や支援物資をベトナムに届けてきた特別報告などがあった。古在は、労働者たちの不屈の闘いと婦人たちの地をはう運動を、一語も逃すまいと聞き入った。

ベトナム侵略の基地と化した沖縄からは、米軍優先の沖縄を変えるため三大選挙に必ず勝利するとの決意表明もあったが、一〇・二一ストライキによって、米軍タンク車や航空燃料の輸送をストップさせ荷役拒否を決行した労働者たちの闘いは、記憶に残った。首切りを含む四六二名の処分を乗り越え、その一つひとつが戦争を押しとどめる力に直接結びつくという報告に、古在はあらためて歴史を動かす労働者たちの力を再確認した。

そのあと古在が「ベトナム戦争の世界史的意義」と題する記念講演を行い、古在は、なぜベトナム人民が勝利しつつあるのかと問い、人間の歴史上も戦史上も奇蹟ともいえる「人民の戦争」にこそ勝利の根源があり、人民こそが人間の歴史と豊かな明日を切り開くのだ、と呼びかけた。

集会があったその日、古在はベトナム人民支援中央センター議長として、新日本婦人の会の石井あや子代表委員らから、一千万円の目標を達成した募金目録を受け取った。古在は、竹筒貯金や農村での「ひとにぎりのお米運動」など創意をこらした婦人たちの運動に、交運関係の労働者たちへの敬愛と同じような尊い感情に襲われた。昨年夏の東京法廷から一年、ベトナム反戦とベトナム人民支援の課題は、確実に日本の最大の課題の一つとして全国に広がっていた。

『岩波講座』三論文　一九六八年冬

その冬、法政大学の「古在由重氏を囲む会」が、古在を講師に「公開講座　現代唯物論の基本課題」を企画した。

直枝の突然の死で一時活動を自粛した「囲む会」は翌六七年五月に再開し、哲学部会、農業問題部会などの部会を創設、田沼肇（法大教授・社会政策）をも顧問に迎えて、「教育の解放」や『スターリン批判』の思想的意義」などの古在論文や『空想から科学へ』などの古典の学習を続けていた。そのかたわら「囲む会」の学生たちは、七〇年の安保固定期限終了を前にして、全学連の統一行動や東大民主化闘争支援に積極的に参加していた。

公開講座開催のきっかけは、法政大学哲学科に唯物論講座がないうえに、「囲む会」哲学部会の学生たちが、古在のある指摘を重く受け止めていたからだ。古在はそのころ、「戦後弁証法が普及する一方、いまだに唯物論的な思想方法が根付いていない。革命理論としての弁証法は、あらためて客観的な現実を率直かつ冷厳にみきわめる唯物論の土台にすえられなければならない」と繰り返して指摘していたのだ。古在はその問題意識のもとに、真下信一とともに編集した『岩波講座　哲学』第二巻「現代の哲学」に「現代唯物論の基本課題」[6]をこの夏に発表していた。

公開講座は、そのエキスを講義してもらおうという企画で、冬休み気分に包まれた大学、難しそうなテーマにもかかわらず盛況で、六角校舎の教室には七八名が参加した。

論文「現代唯物論の基本課題」は、六七年秋の「試練に立つ哲学」（『岩波講座　哲学』第一巻「哲学の課題」所収）に続く論文で、その論文で古在は、哲学的には対立する流派のラッセルとサルトルが現下最大の問題となったベトナム侵略戦争にともに反対するのは、「人間の尊厳」をまもるという二人の「哲学ゆえに」一致したのだという点を強調した。そして今回の論文「現代唯物論の基本課題」では、それらを含む現代の哲学的課題に意欲的に答えようと五つの解明すべき問題を提起し、自ら回答する試みだった。

古在によれば解明すべき点は、一つ、唯物論と観念論の対立は哲学史の問題ではなく、生活そのものに根拠があること、二つ、史的唯物論のいう「物質的なもの」は自然科学が扱う「物質そのもの」とは違う「独自な性格」をもつこと、三つ、現資本主義社会で市民運動が生まれざるをえないその理由と意義そして役割、四つ、弁証法は対立する形而上学をどう批判的・理論的・実践的に徹底したのか、五つ、わが国でのマルクス主義成立の特質（プラスとマイナス）をその前史から解明すること、という五点である。

古在はこの論文でその一つひとつに回答を与えていったが、充分に解明しきれなかった点もあった。第三点では、これまでの階級闘争論では処理しきれない公害や自殺・環境汚染という「資本主義機構からの直撃弾」、資本からの「直接的毒気」が、「上部構造の乱射」いわば政治の無策に身をさらす住民や婦人たちの運動を盛んにしている点を強調したが、斬新な問題提起ではあったものの、自分でも文学的表現過ぎてやや消化不良を感じたし、第五点の課題は戦中の唯物論研究会時代から構想していたものだが紙幅少なく、これも不十分となった。

ただ、日本でのマルクス主義受容が革命学説としてとらえるのに急で、民主主義的な要素を充分うけついで展開できなかったという指摘は、かなり重要な指摘だという自負はあった。古在は、あらためて思想史的にみた「日本的なもの」のプラスとマイナス、「日本的なもの」の歴史的な推移過程をたどる必要を感じていた。

……伝統そのものにも、進歩的なものと保守的なものとは混じり合っているだろう。「日本精神」、「皇道主義」、大和魂《やまとだましい》、和魂《わこん》。「日本的なもの」を称していろいろな言い方がされてきたが、歴史的に見ればそれぞれに違いがあるはずだ。一九三〇年代以降から敗戦までの日本思想史は汚辱と屈辱にまみれ、「日本精神」「皇道主義」は名実ともに帝国主義になりおおせた侵略的帝国主義日本の、冒険主義的な戦争のためのスローガンだった。だが明治期の「大和魂」は、「日本精神」ほどに偽善的抽象的な思弁性はなく、自由民権を主敵とする反動そして欧化主義に反発する国粋主義的な面があったのではないか。夏目漱石が「東郷大将がやまとだましいをもっている。肴屋の銀さんもやまとだましいをもっている」と『わが輩は猫である』に書いたように、である。では幕末の「和魂」はどうか。

近代ヨーロッパの科学・技術に関心をよせた佐久間象山にせよ橋本左内にせよ、日本をうかがう列強に対抗しつつ、日本民族の独立性を堅持するという目的に、かれらの努力はむけられていた。その点でかれらの「和魂」には、日本民族の独立の精神とその気迫が明らかに見てとれる。さらにさかのぼれば、定義や教条という「名」によらず事実そのもの、「実」に迫った三浦梅園や、意識と身体とのつながりを指摘した点で唯物論的だった柳田柳泓《りゅうおう》もいる。江戸時代にあって、かれらの「和魂」には反封建的なものがあった。「日本精神」、「皇道主義」、大和魂、和魂。外見的な連続性にかかわらず、内容は時代によって大きく違っている……。

古在は、「試練に立つ哲学」「現代唯物論の基本課題」に続き、「和魂論ノート」をまとめる準備に入った。掲載予定の『岩波講座　哲学』第一八巻「日本の哲学」は、翌年五月の刊行予定になっていた。

「大学紛争」　一九六九年春

一九六九年の正月、「学問のすすめ」「新しい知識人像をめざして」と題した古在の随想と講演要旨が相次いで新聞[7]に掲載された。二つとも、七〇年代を目前にした若者たちへの古在のメッセージで、それは、「実践ぬきの学問はたんなる教養、かざりものにすぎず」、「思想」というものは「冷凍保存」を許さない、と同時に新しい知識人の役割は、社会の土台をなす労働者階級の解放に自己をささげるものでなければならない、というものである。いずれも戦中の弾圧と抑圧体制のなかで学び取り、学び取ったその「思想」を生き抜いてきた体験と、戦後一貫して平和と民主主義のために労働者と連帯してきた経験から言いうるメッセージだった。

一月半ば、衝撃的な事件が「未来の知識人たち」が学ぶはずの大学で起こった。「帝国主義大学の解体」を叫ぶ全共闘系の学生らが占拠する東大安田講堂が、八五〇〇人の機動隊との激しい攻防の末、封鎖解除された。医学部に端を発した東大紛争は、前年六月の機動隊導入を契機に全学に拡大し、秋からは開学以来空前の全学無期限ストに入って、紛争は長期化していた。年明けの七学部集会後の交渉で、ようやく全大学構成員の自治権を認める確認書が交わされたが、政府はこれに強く反発、封鎖を解除したあとは東大の入試中止を決定して社会に衝撃を与えた。

吉野源三郎は『世界』三月号の特集「試練に立つ大学の自治」に、手記「山本君にいいたかったこと」を寄せた。「山本君」とは東大全共闘会議議長山本義隆（のち科学史家）のことで、山本は三年ばかり数学の家庭教師として吉野の家に通っていたが、紛争激化の前年秋から姿を見せなくなっていた。吉野は医学部の紛争が全学の問題になったころから、その経過と学生たちの主張を山本義隆から聞き、理論的な問題を含めて何度か議論してきたが、逮捕状が出て山本が消息を絶ったため、誌上を通じて伝えるべきことを伝えようとした。それは「家族全体の友人」山本への親愛を込めたものだったが、仮借ないものでもあった。

「大衆から離れたところで若い活動家たちによって交わされる理論闘争は、ともすれば、どっちがラディカルな立場であるかの競争になる」「徹底的に革命的な理論や意識をもつことが、そのまま主体の形成と考えられやすい。ここから生まれる極左的傾向に対しては、大衆というフィードバックがないから、痛ましい失敗以外にそれを止めるものがない」。

「私は、山本君たちが民衆の立場から、東大というわが国で最大最高とされていた学問の府に対して、恐れるところなく加えた批判を尊重する」「しかし、このことは、この動機から展開された政治的行動を肯定することではない」「権力と対決せねばならぬというところまでは、思想の問題である。権力とどう対決するか、そこからが政治の問題である」「それは物質的な力に転化しなければならない。大衆に訴えて自らを証明し、大衆の運動に転化しなければならない。そして、山本君には、私の知る限り、この用意ができているとは思われないのである」「学生運動という地盤で、前衛党抜きで、前衛党の任務を引き受けながら、あえて権力と対決する――それは、どう見ても、若い物理学者の山本君の力に余る任務だと思われた。私の頭には日米安保条約の問題があった。日本を日米安保体制から離脱させようとするならば、政党や労組や一般の市民によって、どれだけ巨大な力の統一が必要か、また、そのような統一戦線が成立するためにどれだけ多くの、どれだけ根深い障碍が取り除かれねばならないか」。東大闘争が「およそこれに参加した人の誰もが欲しなかったような反対の結果に到達したということは、政治的行動が軽々しい賭けを許さないという、貴重な教訓である」。

「大学紛争」は東大ばかりでなく、全国に及んでいた。日大は二〇億円脱税問題、九大は大学構内への米軍機墜落事故、慶応大は米軍研究費の受け入れ、東京教育大は産学協同をめざす筑波移転問題をめぐって「紛争」が続いた。過激な学生たちは東大封鎖解除後も、お茶の水一帯の道路を封鎖して交通を麻痺させ（神田カルチエラタン）、立命館大学ではわだつみ像を破壊、さらに日大封鎖や京都大学本部占拠などを続けた。

こうしたなか政府は五月に大学立法（大学の運営にかんする臨時措置法）を国会に提出し、七月には東京教育大で家永三郎ら文学部の評議員が抗議の退場をするなか筑波移転を決定した。そして九月山本義隆は、吉野の思いを知ってか知らずか、議長に就任する予定だった全国全共闘連合の結成会場で逮捕された。

論考多産　一九六九年夏〜秋

七月上旬、美濃部革新都政下で初めての都議選が戦われ、自民党は都政奪還を目標になりふり構わぬ選挙戦を進めた。選挙期間中あちこちで「みのべ都政を守る会」「反レーニン・マルクス主義同盟」などを名乗る正体不明の怪文書が組織的に撒かれた。攻撃の対象は、社会党と共産党ばかりで、美濃部野党の自民党と公明党批判は全くなかった。

法律家や文化人たちが、『赤旗』の求めに応じて談話を寄せた。古在は「自主的判断をまどわせようとする都民への最大の侮辱」「正体をあばきだそう」と呼びかけ、吉野源三郎もまた「民主主義をむしばばい菌のような行為」「戦前の体験からいえば、流言飛語の背後には、非常に危険な政治的な動きを感じる」と語った。

そんななか投票日直前、古在のもとに、「不敬言動審査会」なるものから「出席通知書」が届いた。差出人は大日本殉皇会で、「貴下の日頃の不穏な言動に関し御尋ねしたい」と日時場所を指定し、出席しなければ「文書による抗議，勧告、警告、要請」ではすまないと、脅しをかけていた。古在は脅しの背景を考え警戒しながら、しかし日本共産党候補者の支援を続けた。

選挙結果は共産党が九議席から一八議席に倍増させたが、もう一つの美濃部与党・日本社会党は二一議席を減らし、自民党が第一党に復帰して、革新都政与党の基盤強化には至らなかった。古在は七〇年代を目前にして、右翼の蠢動、保守勢力の反撃がいっそう激しくなるのを予感した。

八月はじめ、この春から月一冊の割合で刊行してきた『講座　マルクス主義哲学』（青木書店刊、全五巻）が完結した。最終配本となったのは、古在が編集する「マルクス主義哲学の根本問題」（第一巻）だった。[8]

この企画の話があったとき古在は、この「講座」ではマルクス主義哲学の根本問題でありながらこれまで看過されてきた領域、たとえば「自然と人間」や倫理の問題、芸術の分野に踏み込んでみようと考えた。幸い編集委員は東京唯物論研究会のメンバーがほとんどで、この年はちょうど東京唯研創立一〇周年にもあたる年で、メンバーたちにとってもカが入る仕事だった。

第一巻の巻頭に置かれた古在の「マルクス主義哲学の基本的観点について」は、古在ゼミの岩淵慶一の質問に答える形で、理論内容そのものには余り立ち入らず、哲学の基本的なあり方だけを語ったものだが、この「講座」全体をリードする問題提起となっていた。そこで古在が特に強調したのは、現実と課題、課題と理論の党派性の問題であった。

古在はまず若いころのマルクス主義への接近を話した。そこでは、現実に結びつき現実から問題を受け取ることを強調して、「マルクス主義理論家には、とくに生々しい現実感覚、感受性が必要条件だ」と語り、そのうえで価値と党派性の問題を次のように指摘した。

……「人間は追究に値する真理をこそ追究する。もっと具体的にいえば、特定の階級は自己の階級にとってたいせつな真理を追究する。そこで、その『たいせつな』というところに、価値の問題がある」。たとえば人民解放の理論のように「同じ真理がある階級にとっては非常に貴重なものであると同時に、それに対立する階級にとってはきわめて危険なものである」。ベーコンやデカルトのような近世哲学の場合、人間が自然の諸力を支配することに高い価値を与えたが、戦争と恐慌のように自然力より社会力が人間を圧迫・抑圧する時代に、マルクス主義はそうした社会的な力・障害・強制を克服して、そこから人間を解放することに最大の価値を置いた。それがいわばマルクス主義の基礎であり、人間とその生活を圧迫・抑圧する社会的諸条件の変革、つまり「人間尊重の実現」にこそプロレタリアートの利益と党派性をみた。地動説のガリレイも進化論のダーウィンも宗教側と対立したが、真理自体に党派性があるのではなく、矛盾を解決しようとする課題そのものが党派的なのだ。現存する矛盾に痛みを感じるか享楽を感じるか、そこに党派性が現れる。その矛盾を捨て置けぬ階級だけが、それを課題として受け止め、理論的にも実践的にも真理に向かって進みうるのだ。真理をつかむ科学は「なんのために」「だれのために」が決定的に重要で、党派性の問題はここに集約される。マルクス主義哲学はこのプロレタリア的党派性を貫かねばならない……。

古在はそう話を展開したあと、資本主義国でも社会主義国でも最も重要な環は民主主義の徹底で、「たゆまずこの民主主義的精神を鍛え上げ、民主主義運動を貫徹すること」「自らの自律性と自主性をしっかり打ち立てること」を強調した。そして最後に「いろいろ困難はありながらも、必ず歴史は前進するという確信。これが私の根本的な楽天観の根底です」「これが私の哲学と行動の総決算ですよ」と結んだ。古在六八歳、熟思した一つの到達点だった。

第一巻「マルクス主義哲学の根本問題」では、そうした立場から課題が立てられ、それぞれマルクス主義との関連で芝田進午(法大教授)が「自然と人間」、藤野渉(名大教授)が「価値の問題」、湯川和夫(法大教授)が「倫理の問題」、村上嘉隆(東京唯研会員)が「芸術の位置」を積極的に論じた。それらは伝統的な権威によりかかるのでもなく、固定した境地に身をゆだねるのでもない、新しい探求となった。

古在はその秋、『前衛』誌上の哲学シンポジウム「マルクス主義哲学における倫理の諸問題」(六九年一一月号、七〇年一月号に分載)に出席し、さらに岩波文化講演会では「日本思想史の特質について」講演した(古在由重『哲学者の語り口』所収)。

六七年から六九年にかけてのこの時期は、『現代哲学』などを書いた一九三〇年代後半、「『スターリン批判』の思想的意義」などを発表した戦後の五〇年代後半につづく、古在なりの「論考多産」の時期となった。それらが古在の日本哲学会委員(全国区選出)の年に大部分重なったのは偶然としても、『岩波講座 哲学』の三論文、『前衛』での丸一年にわたる哲学シンポジウム、青木書店『講座 マルクス主義哲学』、公開講座・講演会活動など、哲学的思索と発表にかなり集中できたのは、ホテルに缶詰にされてもまだ仕上がらないという「遅筆常習犯」を克服したわけではなかったが、久々のことであった。

「多産」された論考の一つひとつは、古在哲学のエッセンスであり、時代と格闘してきた思想の精髄だった。

七〇年代へ　一九六九年秋

古在は、一九六九年一一月、「佐藤訪米に関する知識人の声明」に署名した。佐藤栄作首相があと半年後に迫る日米安保条約の固定期限切れを前に、自ら訪米して「日米共同声明」[9]を発表する直前だった。

すでに佐藤首相は、その春に愛知揆一外相をアメリカに派遣し、安保条約については固定期限終了後も自動延長し、沖縄返還については「安保条約のわく内での七二年中の施政権返還」という基本姿勢を示していたが、アメリカの最大の関心は政治的敗北著しいベトナム戦争にあった。そのためアメリカは、沖縄返還が基地機能の低下や出撃体制の制約、「核抜き」に結びつかない「保証」を日本政府に求め、最終的な交渉の結果は、米軍が緊急時に核持ち込みを要求した場合でも「事前協議制度に関する米国政府の立場」は害されないとの「合意」、いわゆる核持ち込み要求を拒否しない「事前協議制」、「核抜き・本土なみ返還」での合意に達していた。日本政府は佐藤訪米によって、終始秘密裏に進めてきた交渉を正式合意に持ち込もうとしていた。

中野好夫、家永三郎、日高六郎や古在を含む一五三名が連署したこの声明は、沖縄の人々に思いを寄せるように、伝えられる合意内容の危険性を指摘して次のように政府に抗議した。

……民主的国家の外交として秘密裏交渉は容認しがたく、伝えられる日米合意内容はこれまで以上に「自主的に冷戦の渦中に入り、米国の極東戦略の主要な一翼をになうことを確約する」もので、「これによって極東における緊張が一層高まることは、火を見るよりも明らかである」「今回の日米交渉によって踏み出される一歩は、まことに危険なる一歩といわねばならぬ」、のみならず沖縄には「基地は存続し、核兵器の撤去について何らの確約も与えられず、しかも基地からの米軍出動については事前協議による拒否が予め取りはずされているという。沖縄は依然として、アジアにおける中国およびソ連封じ込め、およびベトナム作戦の軍事的中心として残されているのである。それは、基地に蔽われ施政権を失っている現状を一刻も早く脱却したいという沖縄県民の切実な願いを裏切るものである。二十余年にわたる筆舌にあまる沖縄県民の苦難を思い、われわれは、日米安保体制の強化のために沖縄の返還をこのように歪曲することに対し、強く抗議せざるを得ない」……。

独立した国の主権を放棄し、沖縄県民の願いを切り捨てようとする佐藤内閣とアメリカ政府に抗議するこの声明は、多くの国民と沖縄県民の意志を明確に表明し、七〇年代初頭の課題をも示していた。

だが、「反体制」「自己否定」を声高に叫ぶ全共闘や反戦青年委員会の若者たちは、訪米前日から当日にかけて、銀座で火炎瓶を投げて通行人にケガを負わせ、蒲田駅前を火の海にして電車を一時ストップさせるなど「騒然とした実力阻止闘争」一本槍だった。それはこの佐藤訪米に対し、八〇単産・三七〇万人の労働者が統一行動やストライキで整然と抗議行動を展開していたのとは対照的な姿だった。

佐藤訪米に前後して、古在は『民主文学』の対談と全学連機関紙『祖国と学問のために』のインタビューに応じた。[10]『民主文学』での対談者は蔵原惟人、「祖国と学問のために」のインタビュアーは川上徹で、内容はいずれも「新左翼」の思想と民主主義、統一戦線の問題である。古在は蔵原との対談で、七〇年代の課題についてその思いを率直に語った。

……「反体制」とは言うものの、資本主義体制のなかでは一方に「体制」があり他方に「反体制」があるわけではなく、「反体制」というものが観念のうえではあり得ても、現実には一つの自己矛盾を含む一定の階級的体制しかありえない。現実の生活条件とのつながりを否定しがちな「反体制」や「自己否定」論は、それ故に無政府主義的な思想と行動に陥りやすく、そこから来る不満の盲目的な爆発は、「日経連」や保守政党・政府首脳部に代表される支配階級にとっては、なんの脅威でもないだろう。むしろ恵庭事件[11]の酪農家野崎兄弟や松川事件の無罪を勝ち取った広範な国民的運動、朝日訴訟大行進[12]、教育の自由を根本的に問う家永教科書裁判支援の国民的広がりこそ、権力にとっては脅威である。彼らは六〇年代後半から、「期待される人間像」答申、建国記念日制定、明治百年記念式典などを通じ、着々と思想的拠点の戦略的な配置を実現してきた。これから迎える七〇年代は、日米安保体制と沖縄返還そして彼らのイデオロギー攻勢のもとで、国民のなかに潜む民主主義的エネルギーをどう発揮していくのか、大いに問われることになるだろう。国民の動きと感覚をしっかり把握し、その民主主義的エネルギーを統一戦線に発展させることが、われわれには何よりも求められている。

しかも幅の広い統一戦線のなかで、だれがイニシアを発揮しヘゲモニーを持てるかは、実績の問題として国民の判断に任せられるべきだろう。統一戦線のなかで、どの組織が的確な見通しをもって献身的に闘うかが問題で、それがあれば自然にヘゲモニーが与えられ、国民が支持することになるだろう。決してヘゲモニーを得るために闘うのではない……。

古在は共産党幹部の蔵原には釈迦に説法のような気もしたが、ベトナム戦争を勝利に導きつつあるベトナム国内での統一戦線を思いつつ、対談の最後にそう強調した。ホー・チ・ミンという一人の指導者のなかに統一戦線と民主主義というものが鮮やかにあらわれている、村でも町でも軍隊内でも民主主義を貫き、ベトナムの人々と苦難をともにして勇敢に戦う、そのホー・チ・ミンの姿勢が人々の信頼を獲得し、結果としてヘゲモニーを発揮し得ているのではないか、それが古在の思いだった。

年末ぎりぎりに、公害・大学・沖縄・安保を争点にした総選挙があった。共産党は四議席を一四議席に伸ばしたが、社会党は五〇議席を失って九〇議席に後退、自民党は三〇〇議席を確保した。七〇年代のスタートを前に政治情勢は厳しいものとなった。

第15章　ベトナム支援　一九七〇〜七三年

杉本判決　一九七〇年夏

古在はこの春、レーニン生誕百年を記念する講演「レーニンと日本」を日ソ友好協会と名古屋大学で行ったが、東京外語大では全共闘の学生二十名ほどに演壇を包囲されて、講演を中断する事態を身をもって体験した。「自己否定」「反体制」「大学解体」を叫ぶ彼らの、ニヒリズムに通ずる危うさを改めて痛感した。彼らは集団で何かを破壊することはあっても、現実的な変化をおこす誠実さ、勇気を欠き、民主主義と統一戦線の力を知ることがない、一人であっても「国家権力」に立ち向かい、多くの国民の支持を受けて闘っている家永三郎の勇気を学んで欲しい、そう願わずにはおれなかった。

七月一七日、この日は第二次家永教科書裁判の判決の日である。東京地方裁判所は、徹夜組をふくめた八〇〇人の傍聴希望者の長蛇の列に囲まれていた。

古在は、高橋磌一、大江志乃夫（いずれも歴史学者）、大槻健（教育学者）らとともに傍聴席についた。午前一〇時、緊張で静まりかえった法廷に、杉本裁判長の声が響いた。「昭和四二年三月二九日付でした各検定不合格処分は、いずれもこれを取消す」。記者が脱兎のごとく法廷を飛び出し、窓ぎわの傍聴者が立ち上がって外に向かって両腕で大きな円を描いた。法廷内に聞こえる外からの拍手と歓声のなか、杉本裁判長の判決理由の声が続いた。「本件各検定不合格処分は憲法第二一条二項に違反し、同時に教育基本法一〇条に違反するといわざるを得ない」。

勝ったのだ、そう、勝ったのだ。古在は、裁判長の声が次第に遠くに退いていくような錯覚を覚えつつ、一つの鮮明な思いに満たされた。家永三郎という学者は、過去の歴史を叙述する歴史家であると同時に、現在の日本の歴史をたたかいぬく一人の学者であり、後世の歴史家たちによっても一個の勇気ある民主主義者として記録されるべき歴史家なのだ、と。一〇分あまりで、判決の言い渡しは終わった。三人の裁判官が退廷するのと同時に、それまで静まりかえっていた傍聴席から、われるような拍手が起こった。

判決報告集会が裁判所裏にある東京弁護士会館で予定されており、法廷内外の支援者たちの移動が始まった。会館に通ずる道は人並みで埋まっていたが、そこには判決を喜ぶ支援者ばかりでなく、開廷前に「戦闘的民族主義の旗の下、家永偏向教科書を許すな!」と叫び、支援団体の旗竿を乱暴にへし折った右翼学生たちが混じっていた。

杉本判決直後の東京地裁前にて、中央右、家永三郎、左、ベレー帽古在（1970 年 7 月 17 日）

右翼の動きは、第二次訴訟の結審が近づいた前年七月ごろからあわただしくなり、家永の自宅に脅迫状が届くようになった。「家永、貴様は赤色分子か。文部省にたてつくようなつまらぬことはやめろ。たたき殺すぞ」「すでに特攻隊員が家族をふくめ刺殺対象者として監視中だ。大学制度の破壊者は生かして置けぬ」。そればかりでなく、家永の本人尋問が行われた日は、「教科書を守る会」の右翼学生が騒ぎ出し、裁判所が妥協して傍聴席を右翼にも割り当てたため、法廷に一気に緊張が走った。

古在はそのことを思い出し、家永をかばうように身を寄せた。右翼の攻撃から家永を守る「楯」になる覚悟だった。干支《えと》一回り上の古在の行動に、家永は大いに恐縮し、感激した。家永は決してマルクス主義の立場にはなく、いわば古在とは「異質」の学者だが、民主主義を守るという基本線で、自分の行動を全面的に支持してくれるのがなにより嬉しかった。それは、家永が戦時下の知識人の動向を研究するなかで古在の『戦中日記』に出合い、一九四四年という極限状態のなかで冷静に歴史の動きを見通していた古在に感動したときを超えるものだった。民主主義のために身《からだ》をはる、それは誰にでもできることではなかった。東京弁護士会館講堂は文字通り立錐の余地がなく蒸し風呂のようだったが、各界代表の喜びにあふれた挨拶が続いた。

その日発表された「教科書検定訴訟を支援する全国連絡会」の声明は、判決が原告の主張を認めて不合格処分を取り消したことを評価し、「しかも判決は、教育権が国民に所在することを確認し、教育に対する国家権力の介入を厳にいましめると共に、広く教師の学問、教育の自由を認め、現教科書検定制度に違憲の疑いがあり、これが許されないものであることを明らかにした」と、判決の積極的な意義を明確にした。家永という一人の正義の勇気を支援する、幅広い国民的運動の大成果であった。

夜に開かれた九段会館での集会では、三階までぎっしり埋め尽くした支援者の万雷の拍手が家永三郎を迎えた。家永はまず支援に感謝し、「権利の侵害は、道理と精密な事実をもって権力と対決すれば勝利する可能性があり、自信を持って日本国憲法の精神をあくまで擁護し、しだいに骨抜きにされる憲法に新しい生命を吹き込むことで、危険な状況を克服しよう」(要旨)と呼びかけ、最後に「私たちの戦前世代の人間は、無力にして戦争を阻止することができず、多くの同世代の同胞を死地に追い込みました。こうした歴史をもう一度くり返すようなことが絶対にあってはなりません。皆さんとともに、力を合わせて憲法の平和主義、民主主義を守りぬき、そして日本国の無限の発展に努力したいと思います。この勝利を契機として、国民の皆さんとともに、私も驥尾《きび》に付して、憲法の精神の実現のためにいささか力を尽くしたいと思います。今後ともいっそうのご支援をお願いします」と結んだ。

拍手はしばらく鳴りやまなかった。古在もまた拍手を送りながら、同胞の数多くの犠牲を肩にになって、一種の「かたきうち」のように平和と民主主義を求め続けてきた戦後の自身の歩みと重ねながら、家永と同じようにその念願を果たして一生を終わりたいものだと心から思った。集会後、参加者たちは淡路公園までデモ行進し、喜びの長い一日を終えた。翌日の新聞『赤旗』は、右翼から家永を守ろうと身をよせるベレー帽姿の古在の写真を大きく掲載した。

杉本判決は、大きなショックを政府・与党に与えた。自民党幹事長田中角栄は「バカモンといいたい」と言い、文部省は全国の教育委員会に通達を出して学校現場への浸透を阻止しようとし、一週間後の二三日には、東京高裁に上告した。

だが夏から秋にかけて、全国各地で網の目のように報告集会がもたれ、一〇月には「教科書検定訴訟を支援する全国連絡会」の会員が一万人を突破した。民主主義を求める闘いは勢いを増した。

足尾行　一九七〇年夏

その八月、古在は本郷ふたき旅館で開かれた全国民主主義教育研究会（全民研）創立大会で、会長に選出された。

もともと古在は学校教育というものには、あまり関心がなかった。戦前の教育が皇国史観のイデオロギーであまりにも人間を縛りつけたため、その反発から「教育」と聞いただけで、いやな思いがした。しかし冷静に考えれば、それは愚かな思いというものである。皇国史観のイデオロギーなしには、日清も日露戦争もそして十五年戦争も起こし得なかった。それを考えれば、教育問題は現在と未来の、平和と民主主義に関わる大きな問題である。戦後すぐ「教育の解放」（『著作集』②所収）を書いたのは、人間の解放と教育の解放が一つのものと気づいたからではなかったか。そして今日、家永教科書裁判に「反射的に」協力してきたのは、あえて理屈をつければ、そんな思いがあったからだ。家永支援の研究者や教師はもちろん、父母や学生たちの行動一つひとつが、教育の持つ意味と重さを一層感じさせている。そしてまた思想というものがどんなにたどたどしくとも、そうした行動の積み重ねのうえに、堅実さも着実さも獲得しうるものなのだろう。そう思いをめぐらすと、全民研の会長就任を断る理由はなかった。今後は可能な限り、教育問題に関わっていくつもりだった。

同じ八月、古在は教育運動史研究会に呼ばれ「戦前における唯物論者の抵抗」(『戦時下の唯物論者たち』所収)と題して講演した。ちょうど一九七〇年は、新興教育研究所創立・日本教育労働者組合結成四〇周年で、古在は教育団体からの要請であり、テーマも唯研に関わるものだから、躊躇なく引き受けたのだ。古在はこの夏終わったばかりの「西瓜忌」の様子から話し始め、唯物論研究会にはいまなお引き継がれるべき戦闘的精神と問題提起があること、江戸・明治期の思想的伝統における進歩的要素の発掘と唯物論的な究明の努力が必要なことなどを強調した。

まだ暑さの残る八月末、古在の宿願だった足尾行きが実現した。

政府の高度成長政策とGNPの伸びを追う安全無視の独占資本によって、六〇年代後半から公害が大きな社会問題になっていた。熊本水俣病に続き六五年には新潟水俣病が発生し、六七年末には富山のイタイイタイ病や「四日市ぜんそく」などによる死者が、百名以上に達していた。そして「公害の原点」と言われた足尾鉱毒事件も、田中正造が帝国議会で取り上げてから七五年ぶりに再び議会で取り上げられるに至り、六八年になって古在は『東京新聞』の連載記事「父を語る」に登場し、父古在由直について語った。編集部がつけた見出しには「公害を手がけた先駆的学者」「足尾銅山の鉱毒に科学的な裏付け」とあった。

それ以来、若き父由直が心血を注いだ足尾の地を一度は訪ねたいと思っていたが、出不精の古在にはなかなか踏ん切りがつかず、日時だけが過ぎていた。今回は幸いなことに、唯研時代からの友人鶴田三千夫と岩波書店編集部の加藤亮三が二日間お供してくれることになって、ようやく実現したのだ。

古在らはまず小山市に版画家の小口《こぐち》一郎を訪ね、調査と構想十年という連作版画集『野に叫ぶ人々』『鉱毒に追われて——足尾鉱毒移民』の実作のいくつかを見た。ひさしい鉱毒に荒廃した田畑、そこで必死の闘いをくり返す人々の姿。壁に立てかけられた版画が、胸に迫った。栃木市では、足尾銅山史と加波山事件の研究者稲葉誠太郎を訪ね、そこではからずも宇井純（公害問題研究者、のち沖縄国際大学教授）と一緒になり、二人から銅山史について詳しい話を聞くことができた。

古在らはそこから銅山に向かった。ところどころ見え隠れする渡良瀬川。あらゆる緑を失い、あらゆる生命をうばわれて、「万物生きる色もなく」ただれた岩肌だけをさらす足尾の山々。緑化事業が開始されたとはいえ、古在は公害の「原点」とともに、公害の「終点」を見る思いだった。

……いまある大規模な公害も、たたかいなくば日本全土を足尾と同じような廃墟にしてしまうだろう。「義人」田中正造の一生、そして若き父由直の学者としての当然の行為。被害農民の長期の闘いは、絶対主義的天皇制のもとで敗北であったかもしれないが、しかしおよそ敗北を含むすべての闘争なしに、いつの日か達成されるべき決定的な勝利というものはない。敗北から学び取って今日の闘争に的確に生かし展開すること、このことによってのみ、過去の歴史の生命は生かされるのだろう……。

古在らはそんな思いと新しい勇気をえて、足尾をあとにした。その秋古在は、雑誌『前衛』編集部のインタビューに応じて「生命への直撃弾」のタイトルで公害問題を語り（『自由の精神』所収）、『世界』には「足尾鉱毒事件と古在由直」を寄稿した（『世界』一九七一年一月号、『人間讃歌』所収）。

高野長英　一九七〇年秋

その秋、古在は岩手県水沢に向かった。「和魂論ノート」（『岩波講座　哲学』第一八巻所収）を六九年春に書き終えてから、そこで論述した一人・高野長英の故郷、水沢市（現奥州市）をこの一年の間に三度も訪ねていた。一度目は昨夏岩手大学での講演の帰途、二度目はその秋一〇月、そして三度目は真冬の一二月、このときは美代も鶴田三千夫も一緒だった。いずれも長英の事跡を確認し、水沢の長英研究者と五代目の末孫《ばっそん》高野長経医師の話を聞くためで、旅行嫌いの古在を引きつける高野長英の引力はそれだけ強力だった。今度が四度目の訪問になる。

古在が長英の名を知ったのは、小学三年生の弟由信がガラス片のケガで真向かいの「高野医院」にかかったときである。高野長英の曾孫《ひまご》長運先生が一回ではガラス片を取りきれずに二回目の処置が必要になり、父由直が「長英はえらかったが、長運先生はヤブだなあ」と言った。古在には「ヤブ」という言葉より、滅多にほめることをしない父の「長英はえらかった」という言葉の方が強く印象に残った。その後古在は学生時代にそのヤブ先生、高野長運が著した名著『高野長英伝』を読んで感銘し、さらに哲学講師を務めていたときには長英にヨーロッパ哲学史を扱った「西洋学師ノ説」があるのを知ってさらに関心を深め、「蛮社の獄」に連座した長英の生涯と、戦時中弾圧下を懸命に生きた自分とを重ねあわせて、長英への思慕と尊敬の念を深めていった。

古在は、和魂という「日本的なもの」の思想史的推移の究明を試みた「和魂論ノート」で、ともに囚われの身となった二人の先駆者・渡辺崋山と高野長英の運命に簡潔に触れたが、「われわれは、〔自害した――筆者注〕崋山の悲劇的な最後に痛みをおぼえながらも、長英のうちにこそ、あらたな近代性と戦闘性をみないわけにはゆかない」と書いたように、古在の関心は半世紀近くも高野長英に置かれていた。

長英はなによりも臨床医であり医学者であったが、凶作を救うため「救荒二物考」を書き、京都地震では「泰西《ヨーロッパ》地震説」で自然現象を解明して近代科学の理論を紹介したように、長英の見識はその意味でまさしく百科全書的であった。しかし長英はただただ博識を求めたのではなく、まさに彼が直面した実践的な課題こそが、必然的に長英を百科全書的にした。脱獄後の数年にわたる長英の逃亡生活も、一身の断罪を恐れたというより

水沢市に高野長経氏を訪ねて（1970年11月2日）

時代の実践的課題に直結していた。潜行生活のなかでさえ医師「沢三伯」として治療にあたり、学問研究に精進し、すぐれた『三兵答古知機《タクチーキ》』を訳刊し、好学の士を集めて教育と啓発に力を入れた。徹底的な科学的精神の堅持と実践的な行動力をもった漢《おとこ》。幕末日本の歴史的課題を一身にうけとめた戦闘的で不屈な長英。古在は高野長英の魅力と価値を、そんなふうに感じていた。

この日一〇月三一日は、長英が幕府の捕吏たちに襲われて自殺した一二〇年目の命日であった。つめたい雨の日ではあったが、大安寺で墓前祭が行われ、そこでは「高野長英頌歌《しょうか》」が合唱された。そのあと古在は水沢市公会堂に向かい、記念講演会で「長英の魅力」を語った。

長英の生涯を追いながら古在がその講演で強調したのは、長英の学問への見事な執着と視野の広さである。実は青年古在が長英の魅力を最初に感じたのは、長英の極めて高い勉学への集中度だった。長英は「たえねばや　はてはいしをもうがつらん　かよわきつゆのちからなれども」（点滴石を穿《うが》つ）をオランダ語で書いて自分を励まし、獄中はもちろん脱獄・逃亡中さえ、学問も著述も教育実践をも続けた。しかも長英が「蛮社の獄」で崋山とともに捕えられたのは直接的には密告によったが、幕府が最も恐れたのは長英らによって切り開かれようとしていた近代科学の知識と世界史的な視野の広さにあった。それらが「尚歯《しょうし》会」という身分・職業にかかわらない、「処士横議」の戦闘的な一つの結社・サークルに及んだことが、封建制度を維持しようとする幕府権力を心底恐れさせた。長英は「蛮社遭厄小記」に書いたように、世界的な視野の広さ、そこから来る国民的民族的な新しい思想が、長英をして弾圧覚悟の艱難辛苦の道を歩ませた。しかも長英は「沢三伯」や「瑞皐《ずいこう》」と名乗ったが、「沢」も「瑞皐」

も水沢を意味するように、郷里と母親を心から愛する人間味もあわせもっていた。

古在は手短にそんな話をしたあと、短い講演を次のように結んだ。七〇年代に一歩踏み込んだ日本には、かならず大きな変化が起こらざるをえない。日本の進路が問題になるとき、「私は高野長英に学ばざるをえない。彼があくなき探求心と戦闘性でむさぼるように外国の知識を吸収しながら、常に自分の国、自分の民族というものを彼の意識の中心においていた。そのために実際超人的な人間離れした力を発揮して四七歳の生涯をおえた。そのことは、あらためて我々をむち打ち、励まし、我々を教えるものではないか」。

翌七一年の同じ日、古在は「水沢市立高野長英記念館」の完成式に招かれて出席した。五度目の水沢訪問であった。

徐兄弟救援　一九七一年春・秋

七一年春、一斉地方選挙が予定されていた。

美濃部都知事は六七年の初当選以来、福祉や公害、基地問題などで都民の生活を守るために様々な施策[1]を進め、多くの都民の間に支持を広げていた。古在が最も喜んだ実績の一つは、美濃部が私学審議会の意向に逆らってまで朝鮮大学校を学校法人として認可したことである。名古屋大大学院哲学科で学んだ金哲央《キムチョルアン》（のち朝鮮大学校教師）から、戦後なお続く朝鮮人への抑圧と差別の実態を聞いて心を痛め、中野好夫や吉野源三郎らとなんども話し合ってきた認可問題である。美濃部都政二期目は、こうしたこれまでの実績をさらに発展させなければならない。古在は、六七年秋に同じ名称のもとに改組再出発した持続的共闘組織「明るい革新都政をつくる会」の幹事として、この二期目の選挙戦に臨もうとしていた。

二月初め古在は全都から集まった婦人たちを前に、「明るい会」を代表して挨拶した。自民党は前警視総監の秦野章を擁して「秦野四兆円ビジョン」（東京緊急開発五ヵ年計画）を打ち出し、革新統一の美濃部陣営に挑もうとしていた。古在は挨拶のなかで、「明るい会」が解体されずに都民のための都政実現の核になっていることを喜んだ後、平和と民主主義をもとめる力が大きく成長していることを強調した。

……第二次人民戦線事件で逮捕された美濃部がその三〇数年後都知事になり、その後四年間めざましい実績を上げたのを、当時だれが想像できたか？　今も昔も変わらずに平和と民主主義に全力を挙げていた美濃部の境遇を一変させた力はなにか？　それは平坦な道のりではなかったが、国民の平和と民主主義を求める力の強まり、それを保障する統一戦線、そしてその半分を占める婦人の力ではなかったか。われわれには金力も財力もないが、相手陣営を圧倒しなければならない。「風よ、吹け！　嵐よ、来い！　人民の、そして婦人たちの無数の民主主義のたいまつをさらにあかあかと燃え広げ、残された二ヵ月間を全力投球しましょう」……。

「広場と青空」対「鉄とコンクリート」の闘いは、美濃部三六一万、秦野一九三万の圧勝に終わり、大阪でも革新統一候補の黒田了一が現職の左藤義詮知事に二万票の差で勝利した。保守政治への反撃の広まりだった。

同じ春、隣の韓国では大統領直接選挙が闘われていた。

長期独裁体制の確立をめざす朴正熙《パクチョンヒ》と、民主的政策と南北朝鮮の交流を訴える野党候補金大中《キムデジュン》が激しく競り合い、金大中は朴大統領三選阻止をめざす知識人たちや学生たちの運動によって広い支持を集め、善戦していた。しかし四月二〇日、韓国陸軍保安司令部は「学園浸透スパイ団事件」なるものをセンセーショナルに発表した。学生運動の拠点だったソウル大の日本からの留学生徐勝《ソスン》（大学院・社会学部）と弟の徐俊植《ソジュンシク》（法学部）らを「北のスパイ」と断定、各大学の連合戦線を結成して朴の三選阻止を進めたとして、国家保安法、反共法違反で起訴した。

在日韓国人二世の徐兄弟が逮捕されたのは、休みを京都の実家ですごした二人が新学期のため金浦空港に降り立った三月だったが、その逮捕は一ヵ月余も秘匿され、大統領選投票日の一週間前という絶妙のタイミングで発表された。朴正熙はこうした反共攻撃と不正選挙の結果、四月末に九五万票の僅差で辛勝し三選を果たした。明らかな政治的謀略だった。

徐勝は取り調べ中激しい拷問を受け、自身の自白を恐れ、監視の隙をぬすんで焼身自殺をはかった。一命は取り留めたものの体表の半分近くを焼き、顔面は第三度の火傷、右耳は融解、右瞼は拘縮、黒く焼け焦がれた手の指は癒着して指紋が消え、調書は昏睡中に足の指で捺印させられた。「裁判に行って初めて勝を見た時、すうと気が遠くなりました。ここで気絶したらあかん、気い、しっかり持たなかあかんと思ったりしてたけども、涙が出て涙が出て」「俊植は振返ったけど、勝は包帯でぐるぐる巻きで。手も包帯してるし。耳があらへん。そうして口なんか、こう、崩れて、無いんです」（呉己順「病床から祖国を想う」『朝を見ることなく』所収）。徐兄弟の母・呉己順《オギスン》がのちに語った、徐勝のすさまじい姿だった。

東京教育大学で徐勝のゼミを担当した暉峻《てるおか》衆三助教授（当時）はいち早く学内から救出運動を開始し、結成されたばかりの「徐君を守る東京教育大学同窓生の会」から、朴大統領への釈放嘆願書賛同署名が、古在のもとに送られてきた。事件発覚後一ヵ月経過したころである。

古在は、即座に支援を決意した。「戦前世代の一人として徐兄弟の事件にみられるようなひどい仕業をみすごすことができない」。程度のちがいはあっても、不法な弾圧を「多少なりとも経験しているからである」。これを許せば、日本の戦後民主主義ばかりか「自分における民主主義精神の死」だという強い思いが古在を突き上げていた。しかも古在には朝鮮への痛切な思い、若き日社会問題に目覚めるきっかけとなった関東大震災時の朝鮮人虐殺、入獄中の朝鮮人同房者・崔奉天《チエボンチヨン》との心の交歓、太閤秀吉の朝鮮侵略、日清・日露戦争以来の侵略行為、そして戦後の差別と抑圧、これらの反省と痛覚にも重なっていた。

荒々しいスピード裁判のすえ、一審で勝に死刑、俊植に懲役一五年の判決が下された一〇月、「徐君兄弟を救う会」が結成されると、古在は古希をこえる身ながら、周辺に事件と運動の状況を知らせ、要請文を作り、なんども集会に出席することをくり返した。古在は二、三年前から一層ひどい脚痛に悩まされていたが、自由大学サークルに通う「若き友人」梅津勝恵（編集者）には「痛いのは、命をとられるより問題じゃないからなぁ」ともらした。

この運動には、戦中の暗黒時代にはみることのできなかった多数の学生・若者たちの参加があった。古在は「戦後のわが国の民主主義は、やはりしっかりと大地に根をひろげつつある」と感じ、徐兄弟の極刑判決を覆すのに勇気を得る思いがした。

古在は一審判決後、大傍聴団の韓国派遣のカンパに応えたり、第二審の開始を理由にした勝の火傷治療打ち切りに対し、高桑純夫、粟田賢三ら哲学者六名で、朴大統領へ請願書を出すなど、事態の進展にみあった活動を続けた。秋には渡韓して徐勝に面会した画家の富山妙子の個展にもおもむいた。富山はリトグラフ「良心の捕囚」を制作し、その版画はアムネスティ日本支部の抗議要請はがきに採用されていた。

パリ世界集会　一九七二年二月

ベトナム侵略戦争を続けるアメリカはそのころ、南ベトナム民族解放戦線の反撃や世界の世論に包囲されて窮地に陥っていた。六九年からはアメリカとサイゴン政府、北ベトナムと南ベトナム民族解放戦線の四者によるパリ会談が始まっていたが、その年一月に就任したニクソン大統領は窮地脱出をめざして、さまざまな戦争エスカレーション策と大国融和策を進めた。たとえば六九年六月に樹立された南ベトナム共和国臨時革命政府に対応して、南ベトナム地上軍を徐々に撤退させながら、その一方でカンボジアに侵攻、七一年にはサイゴン政府軍をラオスにまで侵攻させて、戦争をインドシナ全域に拡大した。他方でニクソンは、中国・ソ連の了解のもといわば「大国型の解決方式」でこの戦争を収拾しようと、この春には中・ソへの訪問を発表して両国への接近をめざしていた。地上軍撤退と戦争拡大、大国接近などの二面政策をとるニクソンへの評価は内外で意見がわかれ、反帝統一戦線をくむべき社会主義諸国間に不団結が生じるなか、急を要するのは効果的な国際統一行動だった。

二月八日、古在は美代とともに羽田空港に向かった。この一一日からパリで開催される「インドシナ諸国人民の平和と独立のためのパリ世界集会」に、日本代表団四五名の団長として参加するためである。羽田には村井康男夫妻など友人たちと関係者が見送りに来ていた。

一月半ば、古在が議長を務めるベトナム人民支援センターが広範な団体を結集してパリ集会に参加しようと決めたが、古在はその団長を引き受けるかどうか迷っていた。特にこの一年両脚の痛みがひどく、センター議長の辞退意向を事務局に伝えていたほどである。出発一週間前に担当医師が麻酔注射でしのげると判断してパリ行きオーケーを出したのだが、それでもなお古在は躊躇しつづけた。最後の踏ん切りを付けたのは、代表団事務局長の吉田嘉清（当時、支援センター常任幹事、原水協事務局長）が最終打診に来たときの、美代の言葉である。「嘉清さんが呼んでいるんではないの、ベトナムが呼んでいるのよ。がまんして行きなさいよ」。

そんな経緯《いきさつ》の末ようやく決断したが、出発が近づくにつれ不安感が消えてゆくのが不思議だった。この一月にパリで開かれた集会の準備会合に参加してきたばかりの吉田嘉清はもちろん、脚痛対策もふくめて自由大学サークルの古い友人で病院勤務の今井文孝（中野勤医協検査センター事務長）が助力者として同行すること、旧知の平野義太郎（平和委員会会長）や陸井三郎、東ドイツ遊学中の芝田進午らの参加もあったからだ。

経由地のモスクワには時差の関係で同日夕刻に着いた。空港では古在が、集会に参加する南北ベトナムの代表に支援物資のトランジスターラジオなどを渡し、モスクワ放送のインタビューにも応じた。翌日はホテルで集会の報告準備を始めたが、連絡のついたシャフナザーロワ女史がやってきて、一四年ぶりの再会に話が尽きず、零下二〇度のなか無名戦士の墓やモスクワ市内を案内してくれるなど大いに歓待してくれた。だが、寒さは脚痛にそうとう堪《こた》えた。最後にシャフナザーロワは古在の『現代哲学』の翻訳出版のために序文と古在の写真を送るように依頼して帰っていった。いよいよ一、二年後には「和魂論ノート」と共に『現代哲学』がソ連

モスクワ市内にてシャフナザーロワ女史と（1972年2月）

で出版される、別れたあとそう思うと脚の痛みも忘れ、パリ集会の報告準備にも熱が入った。

パリ世界集会は二月一一日から三日間、ベルサイユ宮殿に隣接するベルサイユ大会堂で八四ヵ国・三二国際組織から一二〇〇人が参加して開催された。初日は氷雨のなかをベルサイユ駅から二〇分ほど歩いたが、旧知の「平和の友人たち」が暖かく迎えてくれた。会場に入ると、演壇には黄色いノン（菅笠）をかぶり銃をもったベトナムの婦人民兵の大きなイラストが掲げられていた。古在は一七人の議長団の一人として最前列の議長席に着いた。

「これ以上誰に何がいえるというのか、この戦争では、すべてがあまりにも明白であり、残虐であるので、新しくつけ加えることは何もない。獅子のように雄々しくたたかうインドシナの人民に、アメリカやそのほかの国でも同じようにたたかっている人々に、わたしがいえることはこれだけだ。わたしはあなたたちと共にいる、これまでもそうであったように、これからもそうであるように、わたしはあなたたちと共にいる、勝利と自由のその日まで」。

本会議は、パブロ・ピカソの詩のように美しいこのメッセージ朗読で始まり、フランスの平和団体代表が開会の辞を述べ、ラオス愛国戦線、南ベトナム共和国臨時革命政府など六団体からの基調報告が続いた。

その報告の一つ「反戦ベトナム帰還兵の会」の元米空軍曹長アル・ハバートの報告は、古在を圧倒した。彼は自ら参加したベトナム戦争が「殺りく」というただ一つの目的のためにアメリカの技術を総動員して進められていることを告発したあと、こう述べたのだ。「機械は脱走もしない。サボらない。麻薬も飲まない。そして何より帰国して、人道に反する犯罪を証言したり、勲章をつきかえして大統領を困らせたりはしない」「ニクソンは典型的な人種差別主義者で、『有色人種殺人機械』を信奉している」「戦争は終結するどころか、いまや最も重大なエスカレーションの過程にある」。その生々しさと迫力は、聞く者に身じろぐことさえ許さなかった。

「ニクソン、ファシスト、アッサーサン」　一九七二年二月

集会二日目の一二日は四つの分科会がもたれ、古在は第一分科会「政治委員会」に参加し、午後に発言の機会をえた。古在は、ベトナム人民支援が世界人民の崇高な任務であることを強調し、国際統一行動の強化を強く訴えた。

……インドシナ三国人民の英雄的なたたかいがアメリカ帝国主義を泥沼に突き落とし、勝利に向かって前進している今、「人びとはどのような決意をかため、どのような行動をとらなければならないか」「もしこのたたかいにおいて、われわれの行動が停滞するならば、世界史の輝かしい星の光は曇ることをまぬがれません」「インドシナ人民に代表されるこの英雄的なたたかいは、われわれ自身のたたかいであり、その勝利は全世界人民の勝利であります。われわれはこのように決意し、行動してきました」。ニクソン大統領はぎまんに満ちた八項目提案を示していますが、「みなさん。インドシナ問題の解決はただ一つ、アメリカ侵略者が全インドシナから完全に撤退し、戦争資材を撤去し、いっさいの侵略行為をやめること、かいらい政権の維持、育成を完全に停止し、インドシナ問題をインドシナ人民にまかせること、これ以外にはありません」。インドシナ人民の正義の立場を支持し、「ベトナム、ラオス、カンボジア人民と肩を並べて、インドシナにおける独立と平和のためにたたかうことは、全世界諸国の人民が当面する最大の責務です。私はこの世界集会が、世界各国人

民に、このことを強く訴えることを提案します」……。

古在はこのあと、アメリカのインドシナ侵略の重要な拠点とされている日本と沖縄の現状、それに対する日本のたたかいを紹介し、かつて野蛮な侵略戦争を行いアジアに計り知れない災禍をもたらした日本人民はもはや過去の人民ではなく、今は「みずからの責任によって立ちあがり、日本軍国主義の復活、強化に反対し、新たな闘争を前進させている」と報告した。そして最後に、「社会主義勢力、国際労働者階級、民族解放運動、平和を愛するすべての人びとは、いまこそ団結し、力を合わせてアメリカ帝国主義侵略者に決定的な打撃を与えなければなりません」と訴え、新たな国際統一行動を強化する具体的な方法を提案した。

まずそれぞれの国の条件に応じてインドシナ諸国人民にたいする政治的、物質的、精神的支援を急速に強化すること、インドシナ侵略に加担する諸国では、これを止めさせ、基地の撤去、軍事同盟廃棄のたたかいを前進させること、さらに生物・化学兵器、核兵器使用禁止の強力な統一行動を国際的に組織すること、この三点を提起し、「この集会がインドシナ諸国人民を支援する決議を採択するだけでなく、全世界で具体的な行動を飛躍的に発展させる出発点とならなければなりません。人間の尊厳を守り抜くための良心の炎で、インドシナ人民支援の全世界的行動を大きく前進させようではありませんか」と結んだ。

古在の発言にはなんども共感の拍手が送られ、会場のあちこちにその一語一語にうなずきながら注意深く聞き入る参加者の姿が見られた。

分科会では日本代表団の活躍が目立った。第二分科会「経済委員会」に出席した陸井三郎はトップを切って発言し、「経済援助」の形をとる侵略加担をあばき、森川金寿（弁護士、ベトナムにおける戦争犯罪調査日本委員会）は第三分科会「戦争の新しい諸側面、戦争犯罪」の起草委員会に参加し、異なる意見や消極的な意見の調整に努力した。そうした日本代表団の活躍に多くの外国の参加者から、「日本が総評を含めた統一代表団を編成して参加したことに注目している」とか「日本の代表は有効な発言を活発に行って、会議の成功をリードしてくれた」との声を、幾度もかけられた。

正式な会議日程が終わっても夜ごとに、アメリカやインドシナ三国の代表団との個別的な会談が続いた。古在は疲れを感じながらもすべての会談に出席し、そのたびに挨拶に立った。そこでは「いつの日か平和をかちとって、ふたたびよろこびあう機会が到来することを確信している」と握手と抱擁をかわして、今後の変わらぬ連帯を誓った。五回に及ぶこうした友情に満ちた個別会談は、正式の大集会とは違った意味で、古在に忘れられない印象を残した。

最終日の一三日、全体集会で瀬長亀次郎（日本平和委員会沖縄代表・沖縄人民党委員長）が特別報告に立った。瀬長は沖縄で核爆弾投下訓練が行われている写真を掲げながら、沖縄でのゲリラ戦の訓練やベトナムへの爆撃機の出撃の様子を報告し、沖縄返還協定によって日本全土をアメリカの侵略基地に組み込もうとする日米両政府を告発して、最後にインドシナ人民との連帯、反帝民主勢力の団結を訴えた。通訳を通した報告だったが、「亀さん」の素朴な人柄と熱意が伝わり、割れるような拍手が続いた。そして集会の最後に日本代表団の提案が実り、四月一日以降六週間を全世界の「国際連帯行動月間」とする一般決議とアピール「アメリカはインドシナから手をひけ」が採択された。

全日程が終了したあと、集会参加者にフランスの市民・労働者など二万人が加わる一大デモンストレーションが行われた。林立する赤旗と南ベトナム解放戦線の旗がレピュブリック広場を埋め尽くすなか、フランスの学生、労働者、婦人、そして第二次世界大戦のレジスタンスの闘士と思われる老人などさまざまな人びとが、「サリュート」（やあ！）「カマラード」（同志！）と声をかけ、拍手と握手で各国代表団を迎えた。古在ら日本代表団がデモコースに到着したとき、ベトナムのホアン・コクヴェト団長がすかさず日本の横断幕を最前列に立ててくれた。道路一杯に広がるフランスデモがすぐ始まった。

「ニクソン、ファシスト、アッサーサン（人殺し）」「リベルテ・プール・ランドシーヌ」（インドシナに自由を！）「ホー・ホー・ホー・チ・ミン！」。シュプレヒコールがパリの目抜き通りにこだまし、沿道から拍手がわく。日本山妙法寺の佐藤行通師のうちわ太鼓が響く。古在が後ろを振り向けば、数え切れない旗、ネッカチーフ、プラカードが揺れていた。感動的で力強いデモは、フランス革命の聖地バスチーユ広場まで続いた。「国際連帯」という言葉が、強烈に古在の胸を打った。

帰国の途は、ベトナム代表団と同じ飛行機になった。モスクワ空港での待機時間を利用して日本代表団との交歓会がもたれたが、古在の挨拶は日本代表団をあわてさせた。

……七〇歳を過ぎた私の身体はあまり元気ではない、「ただベトナム人民が闘っているから、私の健康は維持されているだけである。だから、もしベトナム人民が勝利してしまうと、私の身体は参ってしまうかもしれない」……。

金子徳好（日本機関紙協会事務局長）は、ハラハラしながらベトナム代表団の顔を見まわした。金子は「アメリカはベトナムから手をひけ」というゼッケンをつけて七年間も通勤し続けている「強心臓」を持っていたが、古在のジョークを交えた話がどう伝わるか、気が気ではなかった。

続けてベトナム代表団のコクヴェト団長が立ち上がった。「いや、ベトナム人民が勝利しても、古在さんの健康は保障できます。なぜならば、世界に帝国主義が存在している限り、古在さんのしごとはおわらないからです」。このユーモアたっぷりの挨拶に、みなホッとして、笑い、大きな拍手が湧いた。誰もが国際連帯の「きずな」を感じた。

大攻勢　一九七二年夏・秋

古在は帰国するとすぐ『赤旗』のインタビューに応じて成功したパリ世界集会を語り、さらに五月に入って、『国労文化』の隔月随想に「ベトナム人民の抵抗の教訓[2]」を書いた。

すでに、南ベトナム解放軍の大攻勢が火ぶたをきっていた。大攻勢は、パリ世界集会が決めた四月一日からの「国際連帯行動月間」に呼応するように始まり、南ベトナム各地で傀儡政府軍が敗走したため、ニクソンは「決定的な危機」にあわてふためき四月半ばから北爆を再開、五月になって北ベトナムの全港湾を機雷封鎖し、月末までの一〇日間ソ連を訪問した。しかし南ベトナムの情勢は、彼らにとって反転することはなかった。

……ベトナム人民はなぜ敗北しないのか。彼らは、太平洋戦争で日本軍を追放して北部に社会主義国家をつくり、戦後は日本軍と入れ替わったフランス軍をやぶり、いままたこうして世界最強のアメリカの大軍を窮地に追いつめている。四半世紀も続くこの不抜の力、奇跡ともいえるこの力は、いったいどこから来るのか。

「正義の戦争だから」だけでは説明にならない。過去には不正義の戦争が勝利をおさめ、正義はしばしば敗北した。なぜベトナムの「小民族」は、アメリカという「大国家」に勝利しつつあるのか。アメリカにとって「長距離遠征」の不利、ベトナム側の人民抵抗の歴史的伝統、地理的条件の活用、さらに世界の平和勢力の世論と社会主義諸国の物質的支援、米軍内部の厭戦気分や反戦行動の芽生え。どれも有力な要因だろう。しかし最後に見落とすわけにいかないのは、なんといってもベトナム人民の団結の力だろう。ボー・グエン・ザップ将軍が言うように、彼らは「すべての型の搾取階級の軍隊とはまったくちがって、わが軍と人民とのあいだや将校と兵士のあいだの精神的な関係は、意識の完全な統一をしめしている」。そう、勝利の要因はベトナム人民軍こそ「高度に発達した人民軍」だという点、その要件は訓練中も戦闘中も情況に応じて民主主義的な集会が徹底される点にあるのではないか……。

古在はそのように思いをつづって、『国労文化』という雑誌の性格を考え、「労働運動にとっても、貴重な教訓がそこからもたくさんひきだされるにちがいない」と結んだ。

七月初旬、「ベトナムにおける戦争犯罪調査日本委員会」の第五次調査にもとづいて二日間にわたる「インドシナにおけるニクソンの戦争犯罪、日本政府・財界の共犯を告発する東京集会」が開かれ、七月末には、原水爆禁止世界大会参加のため北ベトナム代表団が来日した。

世界大会が終わってからもコンツム団長（ハノイ総合大学長）とヒェー団員（ベトナム平和委員会）は、九月の初めまで日本に滞在し、沖縄を含めた各地を訪問して各界の人びとの熱烈な歓迎をうけた。古在もいくたびか席を共にしたが、なんといっても印象深いのは、彼らの不動の確信にみちた沈着さと、もの静かな言動だった。それは長期で困難な抵抗、激烈至難な戦争のなかで身につけた、ベトナム人民軍みなが持っているものに違いなかった。現地の映像で見る表情の明るさ、戦闘の休息中にもかかわらずゆっくり討論し、歓談し、歌をうたい、身なりをととのえる、まるで日常生活のような姿である。民主主義と統一の力、ここにこそベトナム人民の不敗の力があるのだろう。階級的な特質、政治的な訓練、歴史的な伝統、思想的な装備、これらはすべて軍隊の「士気」にかかわり、米兵には持ち得ない「質」なのではないか、「いきた哲学、いきた思想」、その有無が戦力の差になって現れている。ベトナム人民は必ず勝利する。古在がなんども確信してきたことだったが、このときも改めて感じた。

ベトナムで大攻勢が続く秋、唯物論研究会創立四〇周年を記念して『唯物論研究』第一巻が青木書店から復刻された。その月報には森宏一の「第一巻改題」、石原辰郎の「唯研初期のころのこと」、唯研事務局員だった平田小六の随想「内幸の事務所」と、当時の論文執筆者のペンネームが掲載されていた。古在はその復刻刊行会代表として、ちょうど一年半前、旧唯研メンバーたちと「座談会　唯物論研究会の活動」を行い、[3]それを機に創立四〇周年の記念として『唯物論研究』『學芸』七三冊の復刻刊行、その印税による「戸坂潤賞」創設を[4]決めた。それから一年ばかりが過ぎ、古在は復刻版刊行をようやく開始できたことに安堵した。

同じ秋古在は、唯研時代からの友人・故伊藤至郎の遺稿『鈴木雅之研究』の推薦文を『赤旗』に書いた（七二年一一月一一日付）。五五年に亡くなった伊藤至郎だが、光子夫人の宿願に、鶴田三千夫、江口十四一《とよいち》（青木書店編集長）が応え、東洋大工学部の若き研究者加藤智恵子と荒川紘（のちの静岡大教授）らの力も借りて刊行された本である。加藤智恵子と荒川紘はともに、伊藤至郎亡きあと東洋大教職員宿舎の管理人として働いていた光子夫人の世話を受けた縁があり、荒川の研究室が名義上の「刊行会」になっていた。

古在は推薦文のなかで、幕末から維新の激動期を生きた下総の国学者・思想家鈴木雅之と同じ比重で、伊藤至郎の「人と業績」を紹介した。鈴木雅之と同郷の伊藤至郎は、戦時中から鈴木の遺族と交際し、提供された遺稿類を全部調べ上げて敗戦一年前には執筆を終えていたこと、伊藤には専門の『数学方法論』や『日本科学史』ばかりでなく詩人・歌人として『鴎外論考』などの労作があることをも紹介して、自費出版ではあるが学校、図書館、研究所に是非そなえてほしいとつけ加えた。

『赤旗』に推薦文が掲載された二日後、日本列島改造論を掲げてこの夏自民党総裁・首相になった田中角栄が、国会を解散した。日本列島改造論とこの秋実現したばかりの日中国交回復で「田中人気」が消えないうちにという、党略私略による解散・総選挙である。古在が市邨短期大学の講義で名古屋に出向いたとき、田中美智子（日本福祉大助教授）から、一つの相談を受けた。田中は、日本共産党本部から「革新無所属」として立候補できないかと打診があったが、「党員なのに、それを隠すのはねー。欺瞞的でいやなの」というのだ。古在は田中の潔癖さを思いつつも、「革新勢力の前進のためには、余りこだわることではないね」と躊躇なく答えた。古在の一言だけが背を押したわけではないだろうが、結局、田中美智子は愛知一区から「無所属」で立候補した。

総選挙公示日の一一月二〇日、古在は珍しく新宿駅東口で日本共産党の応援演説にたった。愛知一区で田中美智子が頑張っているとの思いもあった。古在が乗った宣伝カーでは、野坂参三（議長）、宮本顕治（委員長）、東京一区の候補者紺野与次郎らが支持者に向かって手を振っていた。古在は、田中角栄が「決断と実行」と称してやろうとしているのは列島改造と第四次防衛力整備計画、ベトナム侵略加担ではないのか、戦前、戦中、戦後を生きた者として、戦争のその危険性を若い人たちに警告しておかなければならない、人も政党も何をしてきたか、何をしているかで判断しなければならない、日本共産党は五〇年間戦争に反対し民主主義を守って歩んできた、私はこの選挙で日本共産党の躍進と革新統一戦線の実現に期待している、と訴えた。選挙結果は、自民党、公明党、民社党が議席を減らし、社会党と共産党が議席を増やして、それぞれ一一八、三八の議席を獲得し、六九年末の「沖縄・安保総選挙」とは逆に、革新側の躍進となった。「無所属」の田中美智子は見事二位で当選し、国会では会派「日本共産党・革新共同」に属した。

パリ停戦協定　一九七三年初春

年が明けた。昨年はベトナム支援を軸にめまぐるしく過ぎ、年末には総選挙まで行われた。日本では革新側の前進があり、ベトナムでは一二月半ばに再開して世界を激怒させた激しい北爆が月末には停止に追い込まれ、年明け早々には一時中断していた当事四者のパリ会談が再開された。……事態は少しずつ解決に向って進んではいるが、なお様々な問題が新たに生まれてくるだろう、しかし今年もまた現実を直視し、現実とよくかみ合った思想の深化をはかり、大いに実践していこう……、年頭にあたって古在はそう決意していた。

一月二三日、キッシンジャー米大統領補佐官とレ・ドク・ト北ベトナム顧問との間でようやく「ベトナム停戦協定」の仮調印が行われた。この和平協定は、ベトナムの独立・主権・統一を認め、戦闘停止と軍隊撤退、拘留者の送還、国際管理監視委員会の設置、国際会議の開催などを定める九章からなる長文の協定だった。

古在は仮調印直後に開かれた『赤旗』（二六日付）の座談会「ベトナム停戦を考える」に出席し、上田耕一郎（当時、共産党外交政策委員長・赤旗編集局長）、岡倉古志郎（国際政治学者）と、それぞれの見方と思いを語り合った。共通した認識は、協定がベトナムと世界の人民がたたかい取った大勝利であること、それにもかかわらず社会主義国破壊と新植民地主義政策を放棄しないアメリカ政府の思惑がなお存在し、それに加担する日本政府と財界、不団結を続ける社会主義国が変わらなく在るという点だった。

その共通認識のうえに、古在がこの座談会で強調したのは、二つだった。一つは、協定は巨大な勝利の第一歩には違いないが、その完全な勝利の保証には非常に困難な政治闘争、場合によっては武力闘争も起こり得るから、それへの警戒と準備を怠ってはならないこと、もう一つは、支援運動の幅を広げる可能性がこれまで以上に大きく存在している、という点である。特に「支援運動の幅」の問題では、アメリカ国内の反戦行動や世界での支援活動、少額のカンパ、署名などの「微分的努力の積分」が画期的歴史的勝利に大きくものをいったことから、「大きな勝利を引き寄せたこの小さい努力の積み上げ」に確信をもてば、運動と支援の幅は確実に大きくなるという点を強調した。古在はその例として、一二月の北爆激化のあとの、一つの経験を次のように話した。

……一月九日の『朝日新聞』の小さなコラム「青鉛筆」に、一〇行ばかりの記事が載った。それは、撃墜したB52の金属材から作った指輪一万個がベトナムから支援センターに届き、支援センターが三百円以上の募金を寄せた人にその一個を差し上げるという内容の記事だ。そのあとの国民の反響がすごかった。支援センターの事務所にはすぐに、対応できないぐらいの電話、手紙があり、直接の訪問も続いた。手紙のなかには、親子が話し合いお年玉全部を贈るというものや、高校生だが将来の結婚指輪にしたいというのもあった。そうした手紙が二週間ほどで六千通にも達したが、それは広範な特に若い人びとの怒りと熱意と連帯の表れであり、労働組合や民主団体以外の、これまではあまり支援センターの視野になかった人びとだ。支援センターの力の及ばなかった広範な人びとには、これだけの潜在的な力がある。年末の総選挙に表れた国民の意思、そしてこの小さくも大きい経験。この経験を踏まえて幅広い支援運動を大きく広げて、完全な勝利を勝ち取りたい……。

一月二七日、アメリカ、北ベトナム、南ベトナム（傀儡政権）、南ベトナム共和国臨時革命政府の代表によって、「ベトナム停戦協定」が正式に調印された。この日を期して、停戦協定を完全履行させる、世界と日本の新たな闘いが始まった。

二月二〇日、古在は羽田空港に向かった。昨年のパリ世界集会同様躊躇はあったが、協定履行をめざすローマ世界集会（「ベトナムにかんする緊急国際集会」）成功のためには、例の脚痛は忍ばねばならなかった。昨年同様、今井文孝が同行してくれた。

出発前は事務的な準備・打ち合わせに加えて『世界』のための執筆[5]もあって、完全徹夜となった。それでも論文は完成せず、羽田への車中も書き継ぎ、アエロフロート機に乗り込む寸前にようやく書き終えた。昨年のパリ世界集会のときも『国労文化』への随筆「おわびの流行」は出発直前速達で投函したが、今回は見送りに来た美代に預け、直接岩波書店に届けてもらわねばならなかった。

翌二一日はモスクワ経由でローマに入る予定だったが、機材の都合で出発が遅れたため、南北ベトナム代表団との予定外の交歓会が空港ロビーで行われた。古在は団長としての挨拶を求められた。「パリでは、いつの日か勝利して再開しようと話したが、その日がこんなに早く来ようとは思わなかった。それだけに喜びは一入《ひとしお》だ。支援している日本のわれわれは、ベトナムの皆さんから逆に勇気をもらっている。それは小さい力も団結すれば大きな力にも勝つということです。日本代表団はその日本人の思いを背負って、ローマでも全力をふるいたい」。いつものように短い挨拶だが、心こもるものだった。

ローマ入りはその日の午後になった。昨年のパリ集会同様、福田邦夫（のち明大商学部教授、明大軍縮平和研究所所長）が迎えてくれた。福田は法政大大学院時代に松本健一（評論家）とともに古在の演習（ゼミ）をうけたあと、七〇年からパリで留学生活を送っていた。その福田が昨年のパリ集会に続き、再び案内役を買って出てくれた。古在にとっては「異国の地」の頼れる青年である。

その日福田が案内するカフェで今井文孝と三人で飲んだエスプレッソがおいしく、旅の疲れが消えていくようだった。

ローマ世界集会　一九七三年二月

その夜、労働者、科学者、法律家、医師、宗教家、被爆者など三八名の代表団会議が宿舎のホテル・カナダでもたれた。前日からの準備会議に出席していた金子満広（日本支援委員会常任幹事、日本共産党衆議院議員）は、他の国の代表団のなかにはパリ協定の不履行問題や戦争犯罪問題に触れたがらない国もあり、日本代表団の役割が重要になっていると報告した。日本代表団の打ち合わせ会議は、翌二二日午前にももたれた。

その二二日の午後、ホテル・ジョリで六五ヵ国・二二国際組織から約五百名が参加して本会議が始まった。開会挨拶やアーノルド・トインビー（英国の歴史家）などのメッセージ紹介に続き、南北ベトナム、カンボジア、ラオス、アメリカからの主要報告が夕方まで続き、休憩をはさんだ夜には、政治分科会、南ベトナムにおける民主的自由分科会、物質的援助と再建分科会の三分科会が開かれた。

古在は夕方の休憩時間にスペインの哲学教授二人に会った。古在を哲学者と知って会談を申し入れてきただけあって、ドイツ語で話す限界はあったが中世哲学史などの話も含めて大いに意気投合した。フランコ独裁政権下で「非合法」のベトナム支援活動を行い、同じく「非合法」でこの世界集会に参加した二人の哲学者だけに印象深いものだった。そのあと古在は、翌日の本会議で行う演説原稿作成のためホテルに帰った。わずか一〇分足らずの演説、原稿用紙にして五枚にすぎなかったがかなり手間取り、終えたのは演説当日の朝三時半を過ぎていた。

二三日午前、古在は英語通訳の立花誠逸とともに本会議場の演壇に立った。古在は「友人のみなさん」と日本語で語りかけ、まずベトナム人民の偉大な勝利をたたえ、無数の犠牲者に哀悼の意をささげたあと、今回の勝利を次のように位置づけた。「大国が小国を支配しうる時代は過ぎ去り、ここに人類史のあたらしい時代がはじまっています。このベトナム戦争こそは、この意味から、これまでの戦史に一つのコペルニクス的転回をもたらしたということができます。しかし、同時にまた、それは、これまでの反戦史上にもあたらしい活気をもたらしました。これまでの世界の反戦闘争の歴史のうえで、これほど大規模な反戦行動がおこったことはありません」。「ベトナム侵略最大の総合基地とされてきたわが国でも、労働者と市民たちの米軍航空燃料とM48重戦車の輸送阻止の闘争がありました。日本国内のあらゆる闘争はベトナム人民の英雄的な行動から大きな激励をうけて発展し、その勝利のあかしとしてパリ協定を実現しました」。しかしわれわれはアメリカ帝国主義がジュネーブ協定を無視した経過と、現在のアメリカ政府とサイゴン政権の協定違反の事実から、「この協定の完全実施を迫る闘争がどれ程重要であるかを知っています」

古在はそう指摘したあと、今後の闘争で求められる四つの課題、第一はパリ協定の完全実施、その違反への抗議運動の発展、南ベトナム政治犯の即時釈放とニクソンの戦争犯罪糾弾。第二にベトナム民主共和国と南ベトナム共和国臨時革命政府の承認・外交関係の樹立。第三にインドシナ全域、全アジアからの全米軍と米軍基地の撤退要求。第四はインドシナ人民支援の国際的統一行動の継続強化、を提起し、最後に古在は、ベトナム・インドシナ人民に対する支援のたたかいと日米軍事同盟廃棄とのたたかいを結合していっそう奮闘する、と表明して演説を終えた。

会場からの大きな拍手に包まれながら、古在はベトナム代表と壇上で堅く抱き合った。そのあと、南北ベトナムの代表と南ベトナムのチュー政権下の陸軍大佐、パリ在住の一人の知識人が登壇して肩を組んだ。この相互信頼と友愛の「民族和解和合」の姿に、参加者が総立ちになり、満場の拍手がやまなかった。感激の一瞬だった。

午後は、分科会になった。第一分科会では松尾喬（総評副議長）が、第二分科会では平野義太郎と芳沢弘明（弁護士、戦犯調査日本委員会）が、第三分科会では吉田嘉清がそれぞれ発言する予定になっていたが、古在はローマ市長の招待に応え、中濃教篤（日本宗教者平和協議会）と西村関一（日本ベトナム友好協会常任理事、社会党参議院議員）に「若き友人」今井文孝と福田邦夫を加え、五人でローマ市立美術館に向かった。各国から百名ほどが招待されていたが、主賓はいわばインドシナ三国代表で、古在はリラックスした気分で、すばらしい壁画や彫刻、高い天井を見つつ、ローマ市長や三国代表の挨拶などを聞いた。帰りに飲んだエスプレッソがやはり旨く、お代わりを繰り返した。

最終日の二四日は、昼過ぎまで本会議が開かれ、前日深夜まで続いた各分科会から提案された宣言や決議案六本が採択された。それらは「われわれはベトナムにかんするパリ協定の厳正履行を要求する」「われわれは南ベトナムの愛国者の即時釈放を要求する」「ベトナム・インドシナ人民支援運動を引き続き強化・発展させよう」「あすもきのうと同じように、ベトナムの大義は全人類の大義である」という言葉に集約された。当初懸念されていた協定履行や戦争犯罪追及への消極論が、本会議での古在演説や分科会の討議のなかで克服され、集会全体の意志として採択されたことに、古在も日本代表団も満足した。

長旅に続く会議の連続に疲れたのか、二歳上の櫛田ふき（婦団連会長）が古在の隣席で居眠りを始めた。気づいた古在が「バーサン、ローマまで来たのに、しょうがないねぇ」と言うと、地声が大きいせいか櫛田が目をさまして何かを言った。櫛田の声は聞こえなかったが、その様子を目撃した福田邦夫には二人の関係がおかしく、また好ましく思えた。

遅い昼食後、会場の一隅で再び南北のベトナム代表団、つづいてカンボジア代表団との懇談会があった。古在はここでも挨拶にたち、二つの世界大戦とベトナム戦争、三つの戦争を私は体験したが、もっとも長期の闘いになったベトナム戦争が世界戦争にならなかったのは、インドシナ人民の不屈の闘いと世界の民主勢力の闘いがあったからだ、それを目撃できたのは私の誇りであり確信だ、と形式張らない話をした。カンボジア代表団のチウン・ムン団長（文化相）は、パリ世界集会の団長だった弟チウン・プラシットから「ぜひローマでは日本代表団と会えと勧められた」と言って古在らを喜ばせ、カンボジア代表団とも友好あふれる交流となった。

古在はそのあと福田邦夫、今井文孝とローマ市街に出て、ヴァチカン宮殿を見たり繁華街で夕食をとったり、美代のためにイタリア特産の琥珀のブローチを買ったりして、少しの自由時間を楽しんだ。夜はイタリア労働総同盟（ＣＧＩＬ）会館で開かれるアメリカ代表団との懇談会が待っていた。アメリカ代表団の中心「平和と正義のための人民連合」には、「婦人は平和のために立ち上がる」という会、戦争のために税金を納めない会、インドシナ医療援助委員会、カナダへの亡命者の会、反戦ベトナム帰還兵の会など、多彩な団体が結集し、実に多様な運動を展開していた。古在は挨拶で、それらを知ったこと、実際に徴兵忌避者に会えた感激を語り、ベトナム民兵の士気とアメリカ兵の士気の落差を計算できなかったマクナマラ流「コンピュータ式合理主義」の失敗・敗北を指摘し、アメリカの民主主義は皆さんの力で必ずよみがえるだろうと話した。そのあと、日本代表団のまとめの会議が続き、深夜になってようやく古在は団長の任を終えることができた。

翌二五日、日本代表団はほぼ半々の帰国組と残留組に別れた。残留した長谷川正安（日本アジア・アフリカ連帯委員会（当時）、名古屋大学教授）や櫛田ふきら一六名は、アドリアーノ劇場で開かれた「インドシナ人民支援集会」に参加した。およそ二五〇〇人のイタリア市民が集まった集会では、ベトナムとイタリアの小旗が打ち振られ、「リベロ・ベトナム！」「リベロ・ラオス！」「カンボジァ！　リベロ」「ホー・ホー・ホー・チ・ミン」の歓声にあふれ、小学生から花束を受け取る南北ベトナム代表の涙が印象的だった。翌日長谷川正安ら七名は、停戦協定にもとづいて「ベトナム国際会議」が開かれるパリに赴いた。

帰国組の古在、今井文孝、吉田嘉清ら一〇数名は、モスクワ経由で帰国の途についた。うち七、八名が帰国便の都合がつかずにモスクワに一泊することになり、古在は昨年に続きシャフナザーロワ女史と再会した。古在は七〇歳の誕生日を迎えるシャフナザーロワに記念品を贈り、すでに送っておいたロシア語版『現代哲学』への序文訳を確認した。丁寧なよくできた訳文で、来年の刊行が楽しみだった。

二七日昼前羽田に着いた古在は、空港で記者会見に臨んでから自宅に戻った。美代に土産を渡し、久しぶりの畳に寝ころんだ。七一歳の身に睡眠時間四時間の毎日はきついものだったが、大任をおえた満足感と疲れが古在を静かな眠りに誘った。

若い力　一九七三年春・夏

帰国してすぐ、島田豊と監修している「若い世代と学問」（全四巻、日本青年出版社）の第一巻『生きることと学ぶこと』が刊行された。七〇年代に入って、若者たちが現代社会の歴史的課題に直面して「なにを学び、どう生きるか」を、著者たちの体験を織り交ぜてわかりやすく解くシリーズである。古在は四巻全部に短い「序にかえて」を寄せたが、この第一巻では例の『朝日新聞』「青鉛筆」への若い人たちの反響（四九五ページ）に触れ、そこに積極的なヒューマニズムの精神、非人間的なものへの怒り、憎しみ、良心のさけびを感じ、「ここに戦後の若い青春の世代へのおおきな期待と希望をおぼえずにはいられません」と書いた。

古在の若い世代への期待から発想された書物刊行はこれだけではなく、「かもしか文庫」シリーズ（新日本出版社）の刊行もあった。古在が「かもしか文庫」の編集長を迷わず引き受けたのは、来訪した編集者高野邦夫（のち八戸工大教授、日本教育史）が、このシリーズを吉野源三郎が戦時中編集したあの『少国民文庫』をモデルにしたい、と言ったからである。もう三年ほど前のことだが、古在はすぐ高野邦夫を岩波書店に案内して吉野に会わせ、真下信一や寿岳文章（英文学者）らを編集委員に巻き込んだ。古在を動かしたのは、ヒューマニズムと民主主義の精神、科学性にあふれた感動ある読みものを、若い世代に提供したいという一念である。その「かもしか文庫」シリーズは、『学問の花ひらいて――『蘭学事始』のなぞをさぐる』（加藤文三著）で昨年スタート、最終的には全一二巻になるシリーズで、今年は『戦争と人間のいのち』（来栖良夫著）など三点を出す予定になっており、古在にとってはこの時期大切にしたい仕事だった。

五月下旬、古在らの来日要請に応えて、フランス人青年アンドレ・マンラが来日した。来日前日には、友人のジャン・ピエル・デブリとの共著『わが告発』（新日本出版社）が刊行されていた。マンラは二七歳、デブリとともにフランスの徴兵を忌避して南ベトナムのダナンで語学教師をしていたが、チュー政権に囚われて二年半の監獄生活を余儀なくされた青年である。彼は昨年暮れの釈放以来、政治囚としての辛い体験を、国の内外で告発し、先のローマ世界集会の本会議でも報告して、満場を静かな感動に包み込んだ。今回の来日も囚人仲間の願いを背に、なお二〇万人とも三〇万人とも言われる政治囚の存在と監獄での拷問、殺害などを一つ残さず証言しようと、西ドイツ、カナダ、アメリカなどを回って、日本にやってきたのだ。

たまたま同じ時期に、『ヒューマニズムとマルクスの思想』を上梓したばかりのアメリカのマルクス主義哲学者H・L・パーソンズ教授が来日しており、古在はいい機会だと思い、この二人を引き合わせた。パーソンズ教授は単にヒューマニズムを観念的に説く学者ではなく、ベトナム侵略戦争を自国内で勇気をもって糾弾する戦闘的な学者である。古在が入った三人の話は、二時間にも及んだ。

マンラは、ベトナムの都市では生活も文化も破壊され、農村では農民にとって血肉にほかならない自然が致命的な破壊にあい、監獄では肉体的精神的拷問がひどく、そこではフランス植民地主義者から受け継ぎ、ナチスに学び、アメリカが新たに持ち込んだあらゆる手段が使われている、それでも囚人たちはその恐ろしい環境のなかでも「ほほえみ」を絶やさず、ある囚人の学生は「ニューヨークの自由の女神の灯は消えた。しかし、いつかベトナム人がその灯をともしてみせる」と言った、彼らは自分たちの民族の独立と自由のためだけではなく、人間と人類の自由と尊厳のためにもたたかっているのです、と語った。

パーソンズ教授は、アメリカ国内の反戦運動は南北ベトナム人民のたたかいから大きな激励を受けている、一般のアメリカ人は「ベトナム戦争は悪夢だったが、パリ協定締結で今はもう終わった。あとはベトナム人自身の問題だ」と考え、道徳的、哲学的、宗教的側面から抽象的に理解する面が強い、だがマンラの体験や拷問の状況は私にもショッキングだ、今大切なのは真相を広くアメリカ国民に知ってもらうことだ、と率直に語った。古在も持論を差し挟み、話は尽きず、感銘深い時間はあっという間に過ぎた。

マンラ青年はその後、東京から神戸までの諸都市であわただしい日程をこなし、「ぼくの日々はまるでランニングのようだ」と言いながら六月初旬、ふたたびヨーロッパに飛び立った。平和の力、民主主義の力、ヒューマニズムの力、若い世代の力に、古在は改めて感心し、期待した。

翌七月半ば、古在は九段会館で開かれた「南北ベトナム両訪日代表団歓迎中央集会」で挨拶した。いまや古在の確信にさえなっている「微分的行動の積分、コンピュータ式合理主義の敗北、世界初の反戦運動の戦争阻止実現」について語り、今後はアウシュビッツの如く収容されている大量の「政治犯」の釈放とベトナム復興支援に全力をあげよう、と訴えた。九段会館は六年前、「東京法廷」を開いた場所である。あれから六年、様々なたたかいと取り組みを経て、今は完全な勝利へ向けて、多少のジグザグはあるにしても歴史の逆転を許さないところまで来ている。ベトナム人民の歴史を「人類の歴史の星」とするため、最後の踏ん張りが求められている。古在はそう決意していた。

救援の知恵　一九七三年夏・秋

八月初め、古在と加藤周一との対談「知識人と現代」の『赤旗』連載が始まった(『思想のデュエット』所収)。対談はパリとローマ世界集会のことから始まり、戦前の反戦運動と現在の世界的反戦運動の力、明治以来の社会科学の弱点、知識人に不足する客観的な精神などに及んだ。古在と加藤が強調したのは、学問は細分化されるが生きた現実は細分化できないのだから、知識人はたえず事物や現象の全体を把握しようと努力しなければならない、という点であった。

そのさなかの八月八日、前韓国大統領候補・金大中《キムデジュン》がＫＣＩＡ(韓国中央情報部)によって東京のホテル・グランドパレスから拉致され、五日後、ソウルの自宅近くで発見される事件が起きた(金大中事件)。韓国では民主化闘争が高まった昨秋、朴正熙《パクチョンヒ》大統領が全土に非常戒厳令を発令、その暮れには憲法停止・国会解散のなかで、大統領に権限を集中させる「維新憲法」を制定、予防拘禁を合法化した「社会安全法」なども成立させて、民主化をもとめる人びとの人権弾圧を徹底していた。

　鶴見俊輔、青地晨、小田実ら七七人はすぐさま「金大中さんを助ける会」の結成を呼びかけ、超党派の国会議員やアムネスティ日本支部、宗教界が救援と再来日を求める原状回復運動に立ちあがった。しかし田中内閣は、白昼の拉致という日本の主権を侵す事件にもかかわらず、政治決着に動いた。

　古在は金大中救援運動を支持する一方、朴正熙の人権弾圧政策のもと、獄生活を送る徐勝《ソスン》・徐俊植《ソジュンシク》兄弟が気がかりだった。すでに韓国政府は、「徐君兄弟を救う会」渡韓団の一万四千人分の釈放嘆願書を金浦空港で没収する一方、再びスピード裁判を行い、徐俊植には七二年五月に懲役七年を、徐勝には七三年三月に無期懲役を確定させていた。古在は、韓国法務部に転向専担班（専門担当班）という拷問専門部署があることを知ってはいたが、『世界』連載の「韓国からの通信」などからは、息詰まるような韓国内の「孤独な、しかし誇り高い戦い」を知ることはできても、徐兄弟の情報は皆目つかめなかった。

　古在は徐兄弟を案じつつその間、吉野源三郎や粟田賢三が骨折ってくれた『人間讃歌』刊行の準備を進めていた。それは刊行途中の『古在由重著作集』を除くと、六〇年刊行の『思想とはなにか』以来の単行本だが、新たに書き下ろす予定はなく、すべてこれまで発表してきたものの収録を中心にしていた。父や母への追憶、幼い日への回想、ビカートンやピカソのこと、そしてベトナムを含む理論的なものの講演筆記など、テーマは多様だが、この本でひそかに貫きたいと思ったのは、「人間的なものへの愛着、非人間的なものへの反発、憤激」である。およそ人間的なものは、非人間的なものとの格闘なしには獲得できない、そう思うからで、それゆえに編集者の賛同を得るのに時間はかかったが、書名を「人間讃歌」とした。

　ようやく『人間讃歌』が校正段階まで来たその暮れ、徐俊植が獄内で自殺をはかった。徐俊植は、担当官が「徐俊植の背骨がはずされていた」と表現するほどの激しい拷問を受け、その苦しさに耐えかねてガラス破片で手首を切った。幸い一命は取り止めたものの、家族の悲しみと徐兄弟が置かれている事態は深刻だった。京都嵐山からわざわざ上京し、そのことを知らせてくれた末弟の徐京植《ソキョンシク》（のち東京経済大教授）に、古在はかける言葉がなかった。

……なんとかこじ開けた面会で息子への激しい拷問と自殺未遂を知った母呉己順《オギスン》の驚きと落胆、それを聞いた弟徐京植の嘆きと怒り、それは想像できないほど深く激しいものだろう、しかし命を失わせては、救援活動さえない。政治犯へのむごい拷問をどうすれば防げるのか……。

古在は怒りと悲しみに沈みながら、救援のための方法・方策を考えないではいられなかった。まずは刑務所での実情をつぶさに調査すること、そしてそれを日本はもちろん国際的な問題として世界に訴えていくこと、なんなら自分自身が韓国に出向いてそれをやり遂げようかと、真剣に考えた。

しかしそうするには二つの障害があった。一つは古在の健康問題であり、もう一つは韓国の反共法である。ここ数年、腰椎変形症から来る脚痛はいよいよひどくなっていた。椅子にすわっていても寝ていても、両足はたえず胯間からつま先まで痛み続けて止むときがなかった。国立療養センターで週二回、針に電流をながす「良導絡」治療も一時的に痛みが和らぐ程度だった。そのうえ韓国には反共法という法律があり、韓国での面会や実情調査はおろか、古在のような日本共産党員の入国を認めないことは明瞭だった。

古在は思案を重ね、ローマ世界集会で一緒だった参議院議員の西村関一に、その仕事を頼むのが最適だと確信した。西村関一は、牧師で日本社会党員、キリスト教議員連盟の会長でありアムネスティ日本支部の役員、そしてなにより任侠肌の男でもあった。

彼なら、必ず応えてくれる……、古在はそう徐京植を勇気づけ、すぐに「救う会」の担当者と相談を開始した。

第16章　統一模索　一九七四～七五年

『人間讃歌』　一九七四年初春

伊勢に帰省していた中西五州（全日自労委員長）から松坂肉が届いた正月、古在は松本清張の『昭和史発掘』や『ゴッホの手紙』などを読み、比較的のんびり過ごした。仕事が珍しく集中した暮れへの、自分なりの骨休のつもりである。暮れには長時間に及んだ『季刊　科学と思想』の鼎談や『世界』と『国労文化』への原稿も順調に進んだうえ、『日本の科学者』の座談会や労音のインタビュー速記[1]も、年末ぎりぎりになったが無事編集者にゲラを戻すことができた。昨年はベトナム支援と徐兄弟救援にも時間と力をさいたが、今年はこの勢いのまま、積極的に執筆などの仕事を引き受けるつもりだ。

一月末、古在は座談会「一革命家のプロフィル――岩田義道の生と死」（季刊誌『現代と思想』第一五号）に出席した。岩田が虐殺されてすでに四二年経つが、その全生涯を浮き彫りにしたものはまだなく、青木書店の江口十四一と相談していた企画がようやく実現した。「非合法活動」下の岩田をかくまった村井康男のほか、岩田の生誕地愛知から鈴木正と加藤義信（岩田義道研究会）の二人が出席した。

古在はこの座談会で、ちょうど一年前偶然古本屋で発見された東京地方裁判所検事局の複写文書「マルクスの弁証法私見」を読んで、内容から見て岩田義道の書いたものと確信したことや、古在と岩田の接触・交流などを話したが、古在が興味深く聞いたのは、岩田を直接知る六〇余人への加藤義信の聞き取り調査である。その中には尺八がうまかったというエピソードもあったが、聞き取りに応じた誰もが一様に岩田をほめたたえたという。その事実に古在は改めて、革命家としての岩田義道の素養とその豊かな人間性を再確認した。

座談会が終わった翌日、『人間讃歌』が岩波書店から刊行された。扉にはこの本の主題を示すために、マクシム・ゴーリキーの言葉、「花。われわれは愛情をこめて／それをそだてる。／人間は？　人間はその／あらゆる見ぐるしさにもかかわらず／地上最高のものである」を置いた。

その日の午後、古在は岩波書店に出かけ吉野源三郎と粟田賢三に会った。二人の話では、発売当日から取次の引き合いが好調で、刷り本のまま取り置いた分もすぐ製本にかかる、初刷りの四千部はすぐ出るだろう、という。これからの売れ行きに期待しつつ、古在は献本リストをつくり、三人で久しぶりの雑談を夕方まで楽しんだ。

二月半ば、画家永井潔の書評が『赤旗』に載った。永井は「これは古在由重という一人の人間がどうして形成されたかという由来書であるとともに、哲学そのものの由来書にもなっている」「わかりやすいなだらかな叙述の随所に、はっとさせられる鋭い指摘がちりばめられている」「哲学臭くない哲学の書」と書いていた。永井の書評は古在にとって嬉しいものだった。永井はおそらく末尾に収録した講演「哲学と現実」をさしてだろう、「哲学、思想、実生活、の三者の本来的つながりを明らかにすることによって、哲学をだれにでも手の届く身近にまで引き寄せている。それはまさに今日的渇望に適切にこたえるものといってよかろう」と書いてくれたのだ。満遍ない目配りのうえ、古在が強調したい一つのポイントを、しっかり押さえてくれていた。

『人間讃歌』は吉野と粟田が言ったように思いのほか好調だった。近所の弘武堂でも一〇冊が売れ、『週刊サンケイ』さえも「碩学の味わい深い、読んで身になる随筆集」と紹介する注目度で、二月下旬には重版も決まった。自由大学サークルが仲間うちに呼びかけた「出版を祝う会」にも予定の倍近い四〇人が集まり、高桑純夫、古田光、田口富久治（明治大学教授、政治学）も顔を出してくれた。祝う会では、テーブル・スピーチのほか、一昨年のパリ世界集会のスライドも映され、心温まるものとなった。

二月末、西友に勤める末息子・秀実が、由秀夫妻を媒酌人に、清水美枝子との結婚式を挙げた。中野駅近くの勤労青少年会館に四〇人ほどが集まるささやかな披露宴だったが、古在も美代も、子どもみなが家庭をもったことを心から喜んだ。

「良心の囚人」　一九七四年春

四冊を刊行したあと約七年間中断していた『古在由重著作集』の編集が、この春からようやく動き出すことになった。卒論「カント認識論における目的の概念」の原稿紛失のため、一時は版元との関係を絶とうかとも考えたが、三月になって正式な謝罪があり、さらに当初の企画になかった関東大震災以降一九二九年までの日記刊行も提案された。

「月報」などでなんどか予告してきた卒論を欠くのは惜しいが、古在は「思想形成の記録」（『著作集』④、⑤）の二冊それぞれに、鶴田三千夫、古田光との鼎談を入れることにし、とりあえず関東大震災までのゲラ出しを急ぐよう担当者に依頼した。

三月半ば、古在ゼミの栗原清一（のちクリロン化成（株）代表取締役）ら工学系の院生七名が来訪した。栗原らは、四月に予定している「現代技術セミナー」の創立にあたって、技術者の現代的課題と役割について、ぜひ古在の見解を聞きたいと言った。古在は二時間に及ぶ院生たちとのやりとりのなかで、技術者が専門性を生かすうえでの価値基準をどこに置くのか、生産力の増大を資本の利益ではなく人間の全面的発達にどう結びつけるのか、労働者と連帯してその目標にどう接近するのかなど、技術者の社会的役割を明確にすることを強調した。

古在とのやりとりをメモしながら栗原たちが新鮮に感じたのは、中岡哲郎（大阪経済大教授・技術史）や芝田進午の技術哲学の欠落を指摘した点だった。古在は、芝田氏は体系の整合性、原理の一貫性の追究に急なあまり、技術者・科学者が何をなすべきか、どうすべきかを欠落させていると指摘し、「例え論旨が支離滅裂であっても、現在の世界が提起している問題に眼を向けた方がよい。そうしないと原理に反する現実がはねのけられてしまう危険がある。中岡氏は逆に個別課題にのめり込んでいる」「自己の置かれている立場の自覚と、そのうえで人間・労働者共通の目標に向かってどう進むのかという思想の確立、それが当面必要ではないか」と言ったのである。

栗原たちは、古在との二時間にわたるやりとりのあと、四月の創立総会での講演を依頼して、雨上がりの舗道に出た。未開拓の分野に挑戦するのだという上気した気分に、春の風が心地よかった。

市邨学園短期大学の卒業式前日、古在は尾張一宮《いちのみや》に向かった。この一月の『現代と思想』の座談会以来、岩田義道の墓があり高野長英の逃亡先ともなった一宮市を一度は訪問したいと思っていたところ、幸いにも岩田義道研究会の加藤義信、鈴木正、山口玲子の三人が同道してくれることになった。山口玲子は、古在が名古屋大学に赴任する前に名大文学部を卒業し、東海テレビで仕事をしたあとフリーの脚本家・ライターとなり、今は古在の母・清水紫琴の綿密な調査を進めていた。

古在らはまず、高野長英を二ヵ月間かくまった一宮市の医師・小澤家を確認した。古在は小澤家のご当主にも会って話を聞きたかったが休診日のために遠慮し、近くの北方中学校にまわった。そこには長英手植えの記念樹「バクチの木」が移し替えられていた。古在は「バクチの木」はオランダ語に由来すると思っていたが、樹皮が絶えずはがれ落ちるため「負けて裸になる博打」に由来するのを知って、逃亡中の長英はどんな思いでこの木を選んだのだろうと考えた。そのあと近くにある共同墓地に岩田義道の墓を訪ね、花を手向けた。墓は、水におぼれたところを岩田に助けられた石工の手になるもので、野坂参三（日本共産党議長）の碑文も刻まれていた。

その日は寒い日で暖かい夕食をとってから、名古屋の山口玲子夫妻のマンションに向かった。その一室で古在は、紫琴の父・清水貞幹の書や資料を朝方まで読み続け、そのまま山口宅に泊まった。山口宅での資料読みは、市邨短大での講義日を利用してその後も何度か続いた。

その間古在は年初の決意にたがわず、講演、対談、執筆に忙しく働いた。講演は京都府庁の土曜講座で「現代と哲学」を語り、四月には名大生協の新入生歓迎「哲学の夕べ」で「新しい知識人の自己形成について」熱弁をふるった。対談は三月末に彫刻家高田博厚と、四月初めには家永三郎と続き、[2]その後はそれらの速記訂正に追われた。執筆では新聞原稿や『国労文化』のために「ヨーゼフ・ディーツゲン」「着眼大局、着手小局」などを書き、五月中旬には、シャフナザーロワが二年間骨折ってくれたロシヤ語訳『現代哲学／和魂論ノート』がようやく刊行され、『今日のソ連邦』にその紹介記事が載った。

五月中旬、『朝日新聞』「論壇」に西村関一の「徐俊植《ソジュンシク》君のこと——韓国の獄房での拷問を訴える」が掲載された。古在の依頼をきっかけに、「徐君兄弟を救う会」の正式要請を受けた西村関一は、韓国のキリスト教関係団体からの招待という形でこの春ようやく渡韓し、五月三日に徐俊植との四〇分間の面会をはたしていた。「徐俊植君のこと」は、その面会の様子と拷問の実態を広く国民に知ってもらうための投稿であった。

光州《クァンジュ》「矯導所」（刑務所のこと）の所長は西村に対して「徐俊植は若く思想が未熟だから特別に面倒を見ています」と言い訳し、面会には所長をはじめ幹部が五、六人、さらにKCIA全羅南道の対共分室課長が立ち会った。徐俊植は手錠なしの青い囚人服で所長室に入ってきた。顔色は青白かったが元気そうだった。簡単な挨拶のあと、西村は「古在さん、森川君、北原君からも君に会うようにとくれぐれもいわれました。ここには所長など偉い人が沢山いるが遠慮なくありのままに話してください」と促した。徐は所長の「やめろ！　やめろ！」という韓国語の制止を何度も振り切って、拷問の様子を話した。

「所内ではひどい拷問とテロが行われたのです。自分だけでなくすべての非転向政治犯に対して拷問を加えました。拷問は看守ではなく、所内の凶悪犯人にやらせるのです。冬の寒い日〔零下一〇数度にもなる――筆者註〕、まっ裸にされロープで縛られ水をかけられ、戸外に放り出されました。ヤカンに四杯もの水をむりやり飲ませられ、ぶくぶくになった腹を踏みつけるなどの拷問です。拷問とテロが余りにも激しかったので私は耐えきれずに自殺を図りました。しかし私は転向しなかった。なぜなら自分と兄だけでの問題ではなく、これは全体の問題だからです」。

西村は徐の手をとって、「君たち兄弟は国際アムネスティに『良心の囚人』として登録されている。火をもってしても、水をもってしても、いかなるものをもってしても、人間の尊厳をおかすことは出来ないのだということを覚えてくれるように」と励まして別れた。徐はにっこり笑い、しっかりした足取りで獄房へ帰って行った。

西村は会見の記憶が薄れないように、帰途の飛行機のなかで、矯導所側の発言や制止も含めて会見メモを丁寧に整理し、帰国後すぐ「救う会速報」として関係者に配布し、その後『朝日新聞』「論壇」に投稿した。西村の「徐俊植君のこと」は内外で、大きな反響をよんだ。

古在は五月二三日、西村とともに衆議院第二議員会館で記者会見を行い、「徐兄弟の救援は全政治犯の釈放につながるものだ」と強調した。この記者会見にあわせるようにこの日、映画監督の山田洋次や俳優米倉斉加年《まさかね》らも賛同した「拷問の即時中止を求める」緊急アピールや、六政党政派がいわば超党派で「拷問・虐待の即時停止を閣下に要望する」とした朴大統領宛の「日本国国会議員の声明」が発表された。アムネスティ日本支部も国際的世論の高揚によって、韓国の政治犯救援運動に取り組むとの見解を出し、「良心の囚人」徐兄弟の救援運動は国際的にいっそう広がりを見せようとしていた。古在は西村関一の面会要請が大きな力になったのを心から喜んだ。

高津判決　一九七四年七月

七月五日、この二〇数年来親しく接してきた務台理作（元東京文理大（のち東京教育大、現筑波大）学長）が亡くなった。務台は戦前西田幾多郎門下にありながら、獄死した戸坂潤を理性的な学者として注目していたヒューマニズムの哲学者で、日本が「逆コース」を歩み始めた五〇年代ごろから真理と平和、民主主義の守り手となり、七〇歳で安保闘争、七〇代半ばでベトナム反戦闘争に参加した哲学界の長老だった。

ちょうど亡くなったその日は、古在が加藤周一と「日本の思想と文化」（『科学と思想』第一四号）について対談した日で、古在は翌六日に務台の自宅に足を運び、七日には密葬にも参加して火葬場まで見送り、一一日の告別式では弔辞を読んだ。古在は、温顔な務台が「あの戦争中にぼくなどなんにもせずに……」とつぶやいたときのきびしい表情、「ぼくは信州のどん百姓だから」という飾り気のない庶民性、重量感にあふれた不退転の風格などを、家永三郎の言葉も紹介しながら語った。家永は『朝日新聞』（七月一〇日付夕刊）で、「青壮年時代には急進思想家、老年時代には保守的床屋政談家という知識人の実例のあまりに多い日本で、博士のような老年期の思想的前進は、やはり特筆に値するところといわなければなるまい。日本はまた一つの貴重な良心を失った」と、務台の死を悼んでいた。

七月一六日、古在は東京地方裁判所で第一次家永教科書裁判の判決を聴いた。高津環裁判長は、家永の損害賠償請求金額一八七万円余に対し、「被告は原告に対し金一〇万円を支払え」と明示したが、その判決理由は四年前の杉本判決（第二次訴訟）を逆転させ、「教科書検定制度は合憲」「学習指導要領は違法ではない」、つまり教育内容への国家の権力的介入をほぼ全面的に認めた。慰謝料支払い命令に一瞬喜びの歓声をあげた法廷外の支援者たちも、その判決理由にすぐ怒りの声をあげた。家永は杉本判決のときもそうだったように、この高津判決でも冷静に裁判長の口もとを見つめていた。

家永は、判決後すぐ東京弁護士会館で記者会見に臨み、その心境を自作の短歌二首で示した。「あかねさす日はかげれども最後《いやはて》の　法廷《さばき》をたのむ心くもらず」「かちまけは　さもあらばあれたましいの　自由をもとめわれはたたかう」。そのうえで家永は「想像を絶した判決だ。それでも教科書検定のひどさを認めたところもあり、控訴して文部省追及に生かしたい」と闘志を燃やした。

古在は高津判決の欺瞞性を強く感じた。……高津はまるで歴史家か教育者のように個々の検定意見を吟味し、そこにいくつかの過失があるから一〇万円の慰謝料を払えと命じたが、これは裁判の「公正さ」を装う身ぶりにすぎない。最大のポイントは教科書検定の合憲性を宣言したことで、そのことによって国民の教育権をうばい、政府筋の役人どもが教育の内容にまで介入する権限を許そうとしている。なにより文部省が改訂と削除を命じたのは、戦争の悲惨さ、平和擁護の主張、基本的人権の強調にかかわるところなのだ。一〇万円の慰謝料命令、学習指導要領の法的拘束力を認めなかった点、検定制度の不備の指摘など、今後の活動に生かしうる点は生かすべきだが、高津判決の本質はなんといっても「検定合憲」にあるのだ……。

記者会見のあとすぐ、東京弁護士会館講堂で報告集会が開かれた。古在は高津判決への怒りを述べ、「勇気をもってたたかい最後の勝利を勝ち取ろう」と挨拶した。集会が終わると参加者三〇〇名は東京駅までデモ行進したが、古在はデモを見送り、家永や弁護士たちとの判決文の検討会に参加した。夜は父母・教師・労働者八〇〇人が参加して「判決報告中央集会」が日本青年館で開かれたが、古在は強い疲れを感じて、検討会からそのまま帰宅の途についた。

駅の売店で買った週刊誌は、終わったばかりの参議院選を特集していた。この選挙では、公害、石油のヤミカルテル、トイレットペーパーさえ急騰させた「狂乱物価」などに怒りが集中して、参議院は議席差六の「保革伯仲」になった。日本共産党は七二年暮れの総選挙で三八議席をえて前進したのに続き、当選数を三年前の参院選挙比で倍化させる一三議席を獲得、古在は上田耕一郎・内藤功事務所を訪問し、当選を祝したばかりだった。

古在はその週刊誌を読みながら、保守側の敗北は「狂乱物価」や公害だけではなく、教育問題にもあったのではないかと思った。田中首相は「徳やせ知恵ぶとり」だから、「教育勅語」の精神を復活しろ、「君が代」を歌わせろ、教師にその精神を宣誓させろと演説して歩き、春闘で全一日のストライキを打った日教組関連の千ヵ所を家宅捜査させ、二万人近くの教師から事情を聞き、槇枝元文委員長を逮捕さえした。あまつさえ首相は「明治以来の教育なしに、あの戦争は不可能だった」とも言った。

……教育のもつ役割の重要性は彼らも承知だ。戦争の苦難と悲惨を讃美するのか拒否するのか。首相は讃美したが、国民は選挙でそれを拒否したのだ。必ずや子を持つ親は、高津判決への批判を理解してくれるに違いない……。古在はそう思いつつ、都立家政駅から自宅に急いだ。

翌日の多くの新聞は高津判決を批判し、検定制度の改善を求めた。

「理知のふるまい」　一九七四年夏

月が改まった。古在は八月二日から東京で始まった第二〇回原水爆禁止世界大会の国際予備会議に出席したあと、本会議に出席するため、はじめて被爆地広島に降り立った。古在には、ここ十年来分裂してきた原水禁運動を統一させるチャンスがようやく巡ってきたという実感があった。

昨年は「社会主義国の核実験は防衛のため」として中ソの核保有とその実験を容認してきた日本共産党が、すべての国の核実験に反対し核兵器全面禁止の立場に変わった[3]ことをきっかけに、原水禁科学者会議や日本被爆者団体協議会が、昨夏のそれぞれの大会で「運動統一の必要」を確認していたが、今年の三・一ビキニデー前後には、原水協・原水禁双方の会議でさまざまな色合いの「統一議論」が活発になっていた。さらに春以降には、インド初の地下核実験に続き、フランス、中国、ソ連、そして米英共同での核実験が大気圏でも地下でも続けられ、こうした「核狂乱」といわれる事態に、「核兵器全面禁止の国際協定」を求める世論が大きくなり、原水協は「核兵器完全禁止署名」を提案しつつあった。

古在自身、ひと月ばかり前に荻窪駅前の喫茶店で、草野信男（原水協代表委員）、吉田嘉清（同事務局長）、高桑純夫（原水禁事務局長）をまじえ、核と平和問題、運動統一について懇談し、その十日ばかりあとには吉野源三郎も入れて再び話し合っていた。そのとき吉野は「運動家の論理ではなく、国民の論理での運動」を強調し、高桑は原発も核兵器も含めた「核絶対否定」を主張したが、一致したのは、今後は根本的に運動の思想方法、考え方をあらたにして、それぞれの立場で原水禁運動の統一にむけて努力するということであった。

古在は世界大会期間中の半日を、一三ヵ国の外国代表たちと一緒に原爆記念館と原爆病院を訪れた。患者との面会も原爆死をとげた人びとの遺品も、参加者の胸を激しくゆさぶり、古在もまた重藤文夫院長の長い間の苦労に尊敬の念を禁じ得なかった。ムルロワ環礁でフランスの核実験に遭遇したミクロネシアとポリネシアの代表が医師に症状の特徴を聞き、熱心にノートしているのが印象に残った。古在は広島体育館の本会議で一万人の参加者をまえにベトナム人民支援日本委員会を代表して挨拶し、最終日の「インドシナ分科会」でも二〇分ほどのスピーチを行った。夜の文化集会では、ダーク・ダックスが美しいハーモニーを聞かせ、バリトン歌手佐藤光政も平和への思いを歌声にのせた。すべての会場が熱っぽい雰囲気だった。高桑純夫ら原水禁主催の「被爆二九周年原水禁大会」も同じ広島体育館で開かれたはずだが、ここ一、二年のうちに原水協、原水禁両組織の統一した世界大会が持てるに違いない、と古在は確信した。『朝日新聞』は「核拡散へ危機感くっきり」「高まった運動統一論」と、この年の「禁」「協」二つの大会の特徴を報じた。

広島行きの疲れのため八月九日の西瓜忌は休んだが、翌々日は小中校教師の夏期研究会で講演するため上野駅から群馬県の渋川に向かった。お盆まえのためか切符は前橋までしか取れず、前橋から渋川までは車となった。古在はそれを幸いに、途中で二〇余年ぶりに故高橋ゆうの実家に立ち寄った。時間がなく玄関先の立ち話だけとなったが、なつかしいお母さんは八四歳でなお元気だった。

双林寺の本堂で開かれた「夏期中毛総学習集会」には、七、八〇人の先生たちが集まっていた。依頼された講演趣旨は「教師の役割、教育の条件」であるが、古在はタイトルを「現代を生きる教師と思想」として、暑い夏・寺の本堂という条件を考え、自分の経験を中心に気楽でざっくばらんな話をした。

……つい先日六〇歳半ばになった帝国女子専門学校の卒業生七、八名が私を招待してくれた。どうせ孫の話ぐらいだろうと出かけたら、いきなりベトナム人民支援の話でびっくりしたが、もっと驚いたのは当時全員が逮捕され、その経験からか、社会的、政治的な関心を持ち続けていることだ。ここに来る途中立ち寄った高橋ゆうもそういう学生の一人だったが、最近の学生たちは、古在という教師を求めるのではなく単位を求めてくるだけだ。いま教師をやれと言われれば大学ではなく、非常に柔らかい子どもたちに体当たりして相手を形作り、自分もまた形作られていく、そういう教育の真髄の場に立ちたい。小中学校時代の先生に影響を受けたのは、やる以上は全力をあげろ、やらねばならぬことは他人がためらうことでもやれ、という二つだ。子どもが一番感じ打たれるのは言葉より振る舞いであって、情熱とか誠実とかそういうことに非常に打たれる。だから人間にとって何が大事かという価値観を根本にもって、そのうえで事態を科学的に、人間をリアルに見ることが必要になる。民主主義の問題でも定義をあれこれ言うより、他人を馬鹿にしないこと、他人も自分も、つまり人間すべての尊厳を大切にすることではないだろうか。高浜虚子に「白牡丹といふといへども紅ほのか」という句があるが、白ぼたんを白と思うのは観念的把握で、紅が内部にある。事物とのふれあいがなければ真実は見えないもので、人間も同じことだ。教育は高いところから低いところに流し込むことだけではない。未分化、未熟とはいえ子どものなかには全人的、全人間的なものがある。教育にとって大切なのは、そこから教師自身が栄養分をとって、教師自身が固まらないように成長することだ……。

渋川からの帰り、混雑する列車のなかで、話が断片的・経験的にすぎ、おそらく期待されていた「教師聖職論」にも触れるべきだったか、と思った。……六月の堀尾輝久《4》（教育学者）との対談で言ったように、「聖」

でない労働・職業を前提に、それとの差違を強調する「教師聖職」という言葉は自分にはなじまないが、いま必要なのは、「人間形成」という特殊な内容と性質をもつ教育を担いかつ労働者階級に属する教育労働者が、一人の知識人としてその「理知の力」を子どもと社会全体のなかでどう発揮するのか、そういう自覚と実践こそが大切なのだ。教師としてのトータルな「理知のふるまい」、それこそがいま期待され求められている……。
そんなことも少しは加えるべきだったなと反省しつつ、混雑のため「腰掛け用に」とリュックサックを貸してくれた学生さんに礼を言い、古在は夜遅く上野駅に降りた。

「どさまわりの旅」　一九七四年秋

庭に小さいプレハブの書庫を建て始めた九月末、「新日本新書発刊一〇周年記念出版」の一冊として『自由の精神』が刊行された。ここ一〇年ほどのあいだに『国労文化』などに発表した随筆や短文二二本を集めたものだが、『人間讃歌』に続き同じ年に二冊の本を出すのは初めての経験だった。

この随筆・短文集について、丸岡秀子（評論家）は「古在哲学は、こんなにも生活的であたたかく、冷たい論理もやさしく濾過されて、読者をひきよせる」と書き、田口富久治もまた「人間とその哲学ないし思想がこれほどまでにぴったりと一致あるいは統一されている人を、評者は他には知らない」と書いた。[5]『自由の精神』には「生活者としての切実な問題が同時に哲学者にとっても切実な問題」という古在の特質が、よく表れていた。

『自由の精神』が評判になり始めた一〇月初旬、名古屋の福田静夫から、真下信一が心臓発作で入院し面会謝絶の絶対安静状態だと電話があった。九月半ばに一回目の発作を起こしていたため、古在は祈るような気持ちになった。この年は親しい友人知人たち、山本有三、梅本克巳、弟由信の無二の親友雪山慶正、務台理作、平野義太郎夫人などの逝去が続いただけに、二日後に再び福田からの電話で「重症の狭心症だが、心配はな

1978年晩秋のどさまわりの旅、伊豆（下田、蓮台寺温泉など）にて。右から村井康男、岩崎久代、荒川紘（顔のみ）、その前に松本敏子、伊藤光子、美代、古在、鶴田三千夫、一番前に江口十四一

い」との連絡が入るまでは、不安でならなかった。一安心した古在はその数日後、一時は断念しようと思った恒例の「どさまわりの旅」に出た。

旅行嫌いの古在が、「旅」と称して小旅行を楽しむようになったのは、旧唯研と「京浜労働者グループ」を中心にした四年前の忘年会がきっかけになった。誰かが「暖かくなったら、みんなで旅行をしませんか」と提案し、翌七一年は古在が古希を迎える年でもあったので衆議一決した。青木書店の江口十四一が幹事役を引き受け、旧唯研グループの鶴田三千夫、京浜労働者グループの吉田寿生らに、村井康男夫妻や松本敏子、のちには伊藤光子や荒川紘、自由大学サークルの岩崎久代など若い人も参加するようになった。一行は年代もばらばら、そのうえ酒で騒ぐわけでなし、テレビでスポーツ観戦して論評したり、囲碁将棋やトランプを楽しんだり、政治・経済、思想・文化の問題を論じ合うなど、はた目には奇妙な一団に写ったようで、「どんな団体か？」とよく質問された。そんなとき古在が「旅役者の一座」と答えたことがあって、それ以来仲間うちでは「どさまわりの旅」と呼ぶようになった。

春と秋年二回の「旅」の楽しみは、なんといっても古在のウィットに富んだ含蓄ある話術に接し、みなであれこれ談笑することだった。ブラックホールが話題になったときは、古在が「黒いと暗いはどう違うんだ。なぜ、ダークと言わずにブラックというのか」などと言って、参加者の脳を活性化させるのだ。七回目になる今回の旅先は奥蓼科の明治温泉で、一座一一名の旅はいつものように楽しいものになった。

一〇月末、ヘビー級世界チャンピオン、ジョージ・フォアマンとムハマド・アリ戦を、古在はこの春購入したカラーテレビで観戦した。アリはフォアマンに打たせるだけ打たせ、彼我の力を充分に計測した五回あたりから猛然と反撃・攻勢に出て、八回には大方の予想をくつがえして、強烈な右ストレートをアゴに決めてフォアマンからダウンを奪った。ベトナム戦争に反対し徴兵を拒否してタイトルを剥奪された三年間のブランクを感じさせない見事な勝利だった。古在が唸ったのはアリの勝利はもちろんだが、「このつぎの試合は?」と問う報道陣へのアリの答えである。「まだわからない。ただ、はっきりいま言えるのは、まだ自分にはアメリカ政府とたたかって黒人を解放する大試合がまちかまえていることだ」。二週間前の長嶋茂雄の引退も美しかったが、アリはもっと輝いていた。

古在は数日後、吉野源三郎著『同時代のこと――ヴェトナム戦争をわすれるな』(岩波新書)の書評を『赤旗』のために書き上げた。『同時代のこと』は、吉野がここ七、八年の間にベトナム戦争の動態や歴史的意義を究明した雑誌論文を集めたものである。

古在は書評の冒頭、手軽な新書ではあるがページを開けば「ただちにヘビー級の労作だということがわかる」、野球で言えば剛速球であり「球質はおもい。ひとつひとつの投球が読者の胸にずしんとひびく」と書いた。プロ野球界での長嶋引退、アリ勝利のボクシング戦の余韻を残したままペンを取ったかのようだが、古在は新聞紙面という限られた紙幅のなかでも、ベトナム人民の長い闘争の究極目標を追求した吉野の時代認識を、古在にはあまり見られない硬質な筆致で紹介した。

……「同時代のこと」という主題で、なぜ吉野はベトナム戦争を中心課題にしたのか？　現代の歴史を解決する急所は、無数の事件から全体構造に決定的影響をおよぼす事件に着目・接近することだ。吉野は「序にかえて」で、青年時代にジョン・リード『世界をゆるがした十日間』に多大なシグナルをうけ、一九二〇年代後半の吉野自身の生き方を決定した経験を書いている。吉野は、ロシア革命という劇的な諸事件、世界史的事件の真相の理解によって、この時点から自覚的・実践的な「同時代者」となり、一九三〇年代の長期の戦争とファシズムの時代を抵抗の中に生きてきた。この書の重量感はその苦闘からわき出ているが、こう見てくれば、吉野が「同時代のこと」として、戦後世界史の重点であるベトナム戦争に立ち向かうのは不思議ではない。吉野見解の集約は、ベトナム人民の倫理的・人間的な究極目標を追求した終章「一粒の麦」にある。圧巻なこの章、この書の迫力は、若い世代の胸に貴重なものを打ち込むにちがいない……。

一一月下旬、古在は静岡県立金谷高等学校で、八百人の生徒をまえに「読書のすすめ」を話した。古在ゼミの岩淵慶一に依頼された講演だが、予定時間を勘違いして二時間も話したのは大失敗だった。それでも高校生たちは終始興味深そうに聞き入っていたのだから頼もしい限りだった。そのあと古在は名古屋駅で福田静夫と待ち合わせて藤野渉（名古屋大教授・哲学）を見舞い、多治見市の福田の家に泊まった。恵那山の見える多治見市は、戦後すぐ参議院選挙に立候補した松本慎一に同伴して来た[6]懐かしい土地だ。その夜は、松本のあれこれが思いだされ、翌日の市邨学園短期大学創立一〇周年の記念講演も頭をよぎり、脚の痛みはないのだが浅い眠りになった。

市邨学園短大での講演のあとも、古在の忙しさは年末まで続いた。ベトナム人民支援委員会では国際会議の東京開催が議題になったり、原水協を中心にした国連・アメリカ訪問団の報告集会に参加する一方、都の民生局福祉研修所で「民主主義について」、全学連の一二月集会では「ファシズムの中の青春」などの講演が続き、さらにいくつかの原稿執筆に苦しみ続けた。ようやく下旬になってすべての仕事から解放され、二泊三日の下田への旅を鶴田三千夫と楽しみ、一年を締めくくった。この年は、対談に講演にそして執筆にと、大いに働き抜いた一年となった。

難航知事選　一九七五年初春

元日、年賀状の束を見、来客が帰ったあと、年末に苦しんで書いた原稿の一つ「友愛について」（『赤旗日曜版』一月五日号）をあらためて読んだ。

古在はその随想で、「自由・平等・友愛」を旗じるしにしたフランス革命後、「自由・平等」は一つの制度として生き続けたが、「友愛」はなぜゆるみ消えたのか、復活させるものは何かと問い、マルクスとエンゲルス、レーニンとゴーリキー、カストロとベトナム人民との友情を紹介した。そしてつぎのように続けた。

……「個人のあいだにせよ、諸国人民のあいだにせよ、それらはすべて真に人間的な怒りと人生の哀歓を知るプロレタリア的友愛の、プロレタリア・ヒューマニズムの発露である。この力なしには、あらゆる社会変革も人間変革もついになしとげられないだろう」「カサカサした相互不信の土のうえでは、力づよい統一や団結はありえない。たんに組織の決議、決定、規則だけではこの友愛はそだたない。相互の信義に基づく行動のなかでのみ、それは成長する」、その友愛をこそ大切にしよう……。

それは、長い人民の闘いの歴史と最近の生きた現実を見据えての、そしてまた当面する原水禁運動統一への古在の「真実」の思いであった。

一月中旬、昨夏からの古在の懸念が現実になり、四月の都知事選をめぐって社共統一が崩壊しそうな事態が一段と深刻化した。問題は美濃部知事の同和対策である。

すでに兵庫県では七三年以来、部落解放同盟の指導部が同和予算の私物化をねらって、学校教育と行政に暴力的な圧力をかけ、東京でも昨七四年夏、部落解放同盟が都庁の民生局を占拠して、都の応急生活資金貸出しを解放同盟の「研修」受講者にだけに限定する、いわゆる窓口一本化などの不当な六項目要求をのませ、美濃部都知事もこれを追認して同和行政をゆがめていた。

古在が年末に民生局で「民主主義について」講演したのはこの同和問題がからんでいた。「橋のない川」を「差別映画」として貸出し禁止にしたような、憲法と民主主義に反する不公平な行政は、革新都政の政策協定にも反し、なにより革新都政を根本からゆがめている。

古在は一刻も早い「明るい革新都政をつくる会」の幹事会開催が必要だと感じた。深刻な事態が明らかになったその日、古在はすぐに岩波書店の会議室を借り、中野好夫、野村平爾、松本清張に連絡して、翌二〇日緊急に集まってもらった。誰もが事態を憂慮していた。その場で幹事会開催を要望する緊急アピールを作り上げ、その場からの電話で承諾をえた市川房枝と吉野源三郎を署名者に加え、六名連名の緊急アピールとして、翌日明るい会の事務所に届けた。

しかし明るい会幹事会の開催日はなかなか決まらなかった。すでに社会党は、部落解放同盟支持を決定し、大阪では解放同盟の圧力に屈しない黒田了一府知事の推薦拒否を決めて対立候補まで準備していた。東京では日本共産党が、一月半ばに美濃部都知事と会談した折に提出した一〇項目の質問への回答を待っている状態だった。回答次第では統一崩壊が決定的になるなか、古在は社会党を支える国労の意見を聞く必要を感じ、再び中野、野村、松本の三人と旧知の国労東京地本の役員に声をかけ、一月下旬中野好夫宅に集まってもらった。国労も革新統一の継続を望んでおり、この会談でも統一維持に最大限の努力を払うことになった。

ようやく二月三日、厚生年金会館で幹事会が開かれ、席上美濃部都知事の秘書が共産党の質問状に対する都知事の回答書を示した。古在には回答内容が具体的ではなく、取りようによっては不公正な同和行政の現状を肯定するようにも思えたが、幹事会は激しい口論にもならず、継続再開だけを決めて散会になった。決裂しなかったのが、唯一の成果であった。

翌々日、古在は幹事会で議長を務めた中野好夫に岩波書店で会い、「美濃部都知事と共産党宮本委員長とにそれぞれ会い、これまで話し合ってきたことを申し入れて欲しい」と伝えた。同じ思いの中野はすぐ、野村平爾、市川房枝ら五名に中林貞男（日本生協連会長）を加え、八日に「同和行政を公正な立場で解決する」よう美濃部都知事に申し入れ、その足で代々木に回り宮本委員長と懇談した。宮本はその場で「前向きに、そして慎重に検討したい」と答え、美濃部は一一日に再訪した中野たちに、「お申し入れの趣旨に全く一致しております」と賛意を示し、文書に署名までした。その日古在は、中野からその旨の電話をうけ、かすかな希望をもった。

翌日の明るい会幹事会もまた、中野たちの申し入れ内容で事態の解決をはかることを、社共を含む全員一致で確認した。しかし二月一六日、美濃部は「共産党との友誼関係が回復しない」として突如三選不出馬を表明した。事態は一挙に混乱し、古在も中野もさらにハードな渦に巻き込まれることになった。

それから約一ヵ月後の三月一一日午後、赤坂プリンスホテルで、社会党成田知巳委員長、共産党宮本顕治委員長、総評市川誠議長、中野好夫、野村平爾五名の会談が行われた。一〇時間に及ぶ会談の結果、ようやく五者協定が成立した。そこでは、社共統一戦線が不可欠であること、問題の同和事業の資金貸し付けは都の所管で実務的趣旨説明で実施すること、同和行政の公正な執行のため三選後「同和問題懇談会」を設置し解決にあたること、という三項目が確認された。翌一二日明るい会と美濃部知事とが「五者協定」に合意したが、美濃部の三選出馬表明は、告示三日まえの三月一七日までずれこんだ。

ともかくも、古在たちの綱渡りが終わった。

ベトナム解放　一九七五年四月

知事選投票日の前日、『毎日新聞』は「紙上舌戦　手ごたえあった！　各参謀に聞く」と題し、「石原陣営」、

「松下陣営」、「みのべ陣営」各代表にその勝算を聞いた。古在は「みのべ陣営」を代表して、美濃部の出馬表明の遅れ、都民の冷静さなどから手放しで楽観してはいない、「事実、苦しい闘いである。情勢は切迫している。しかし、最後には、みのべが勝利するだろう。そう信ずるに足るだけの都民の意識は高く『革新の構造』は定着している」と語った。そうは言ったものの、この選挙期間中「参謀」としての心配が一度として消えたことはなかった。

翌四月一三日、東京で美濃部が勝ち、大阪では黒田了一、神奈川県では長洲一二が知事に当選した。満面の笑みを浮かべる美濃部、バンザイの声、やまない拍手、そして握手。古在は、この日はじめて全力疾走から解放された爽快感と達成感をえたが、明るい会の事務所を出たとたん疲れがどっと押し寄せて来た。

この春の一斉地方選挙では、二七日の後半戦の首長選挙を合わせると全国で三七の自治体で革新統一候補が勝利した。その結果、全国の革新自治体は二〇五に増え、そこに暮らす住民は四七〇〇万人にもなった。古在のいう「革新の構造」は、確かに定着しようとしていた。

四月二一日、古在は一斉地方選後半戦の最中ではあったが、鶴田三千夫と二泊三日の「疲れ癒しの旅」に出た。めざすは、福島県の勿来《なこそ》の関《せき》である。勿来の関は、戦時中政治犯として一年半ほど囚われていたときに留置場を出る「居あき」(家人在宅中に盗み取る泥棒)に、「おれも仕事で全国をあちこちあるき回ったが、あそこだけは天下の絶景だぜ。二度と顔をあわせることもあるまいが、きっといつかは行ってみな」と勧められたところで、鶴田は「泥棒との約束ですか?」と言いつつ、旅の手配をしてくれた。

桜を期待して行ったものの山桜は散り始め、八重桜には早すぎ、海からの風はまだ冷たかった。関跡の石碑に「吹く風をな来の関と思へども　道もせに散る山桜かな」と源義家の歌が刻んであったが、道も狭いほどに散り敷く桜はすでになく、「居あき」を信じてやってきたのに「天下の絶景」も期待が大きすぎたようだった。

鶴田三千夫と雑談していたその夜、家人に行き先を聞いたと朝日新聞社会部から電話があった。「サイゴンのチュー大統領の辞任をご存知ですか?」びっくりする古在に記者はさらに追い打ちをかけた。「あすの朝刊に間にあわせたいので、ひとことご感想を」

ベトナム情勢は一月頭から緊迫していた。その下旬に開かれた「パリ協定二周年記念」の集会で挨拶したときも切迫した情勢の話はしたが、これほどまで早くチュー政権が瓦解するとは思わなかった。古在はとまどいながらも、一瞬間《ま》をおいて感想を伝えた。

翌日の『朝日新聞』は「チュー辞任に、こう考える」として「ベトナム人民支援日本委員会議長、哲学者、古在由重さん」の談話を掲載した。「くるべきものがきたという感じだが、チュー辞任は予想より早かった。まだ、抗戦するというが、これは、もろいものだろう。これで、パリ協定を実行に移す条件が生まれるだろう。そして、アメリカの地位が低下、失墜し、アジア、アフリカ諸国に大きな影響が出るだろう。ベトナム戦争を世界戦争でなく、局地戦争にとどめさせたのはベトナム人民の力だが、国際的な反戦、平和の力も影響したと思う。とくに、核兵器が用いられなかったのは、世界の民衆の平和への力が増大したためだ。大げさかもしれないが、人民の歴史上、国際的な反戦運動が初めて実現したといえる」(全文)。「世界反戦の誕生、そしてその勝利!」これが古在の率直な思いだった。古在の電話が終わると、鶴田は「どぶねずみ　ふみつぶされて　チューとなき」と戯《ざ》れながら湯を浴びにいった。なにか楽しい気分だった。

その後一〇日間、ベトナム情勢はさらにあわただしく動いた。そして四月三〇日、チューを継いだミン政権があっと言う間に無条件降伏してサイゴンが陥落し、ついに全ベトナムが解放された。くしくもこの日はあのヒトラーがベルリン陥落をまえに自殺した日と同じである。四月二一日から三〇日までの一〇日間は、まさに「世界をゆるがした十日間」であった。

古在は「思想の言葉」(『思想』七五年七月号)にこう書いた。「ベトナム戦争の三〇年の歴史。ベトナム人民の完全勝利の現実。戦前日本の暗黒の日々をふりかえっても、万感、胸にせまるものがある。世界人民の歴史の前進のすばらしさ！　ベトナム戦争は壮大な叙事詩である。あらゆる非人間的な野獣行為にたいする不屈な抵抗と闘争。ただここにのみ、詩はある。人間性があり、芸術や文化の母胎もある」。そして末尾に、ベトナムの指導者のひとりレ・ドク・トの、ホーチミン・ルートを南下してサイゴンに迫るときの詩を紹介した。「わきおこる嵐、おしよせる激流のように／解放軍の四部隊が六方から突入する……わが軍は進撃した、勇敢に、そして堂々と／真紅の旗が独立宮殿にかかげられた／群衆はよろこびにあふれ、歓呼の声をあげる／人波がいつまでもおしよせる／トラックの、砲車のうえで兵士たちがほほえみ／つみとったばかりの花束をうけとる／ああ、この一瞬／よろこびはかぎりなく、涙は頬をつたう……」。

「涙は頬をつたう……」。それは、この一〇年間ベトナム支援に奔走した古在も同じだった。しかしその余韻に浸る時間もなく、古在は新聞雑誌の座談会やインタビュー、執筆に応えなければならなかった。[7]

三浦梅園　一九七五年五月

古在は五月初め、美代、鶴田三千夫夫妻、古在ゼミの小川晴久（当時東京女子大助教授）夫妻と神戸から別府行きの船に乗った。江戸時代の思想家三浦梅園の『玄語』完成二百年にあわせて、梅園の生誕地・大分県国東《くにさき》半島の安岐町で発足する「梅園学会」に出席するためである。

古在が三浦梅園に関心をもったのは戦時中のことで、戦意高揚のために「日本精神」の名のもとに日本の哲学的遺産がゆがめられたのがきっかけである。それから四〇年余、古在が日本思想史上ひきつけられたのは、主に高野長英、安藤昌益、三浦梅園といういずれも江戸時代の先駆的な思想家、理論家たちである。もっとも専門的にこの三人を考究考察してきたわけではなかったが、今回は小川晴久の誘いをうけて、学会発足に立ち会い、梅園邸を訪ねることにしたのだ。

古在にとっての三浦梅園は、地動説を唱えたコペルニクスあるいは若い時代のフィヒテやシェリングそしてヘーゲルと同じように、革命的思想家ではなかったにせよ、なんと言っても思想方法の革命、考え方の革命を実現した思想家である。それは同時代の革命的思想家安藤昌益の思想方法が「直耕直織」に象徴されるように農民的・農耕的なのに比べ、梅園の思想方法が技術的・工学的・実験的であり、しかもその包括的な「方法的自覚」が鮮明な点に梅園の思想上の躍進点があった。梅園のいう「反観合一」は自然をあるがままに見る認識方法で、習性や「泥《なず》み」、偏見や固定観念を排して事物を客観的に洞察しようという批判精神そのものである。天地を「一大疑団」と見なくてはならないとも言った梅園のこの批判精神こそ、科学的精神の重要な側面であり、そこにこそ梅園の魅力があった。

古在がさらに魅力に感じるのは、梅園が抽象的な法則性に目を向けていただけでなく、客観的な偶然性にも目を向けていたことである。

梅園は、あらゆる習気を排し天地の真相を見届けるとき、「条理」という言葉を法則性というような意味で使ったが、梅園の新しさは、条理が複数的・複合的で、「理は分《わか》れて条理あり」(『玄語』)というように展開性を含むと考えていた。しかも梅園は、条理の展開と実現には「機《はずみ》」とか「勢《いきおい》」とか「力」という諸契機が介在し、その結果が「跡」となって現れる、とそれを囲碁にたとえて主張した(『玄語』)。碁力は潜在的に決まっているようだが、対局中の「機」「勢」によってその潜在力が具体的な形になり、棋譜(「跡」)となって決着する。つまり条理は、真空の中を透明に展開していくのではなく、いろいろな契機が働く過程のなかで、自らを貫いていく。自然法則というものも理想的な条件で考えられた抽象的なもので、現実的には周囲の条件、状況あるいは違ったレベルの介入によって、曲がりくねりながら貫く……。

古在は船のなかでそんな感想的梅園観を披瀝して鶴田と小川らを楽しませながら、翌朝別府港で下船した。五月四日、安岐町の三浦梅園旧邸で開かれた「梅園学会創会」では、出席した三〇人ばかりをまえに田口正治(大分大学名誉教授)が「『玄語』稿本を中心に」と題した講演を行い、古在もまた「私にとっての三浦梅園」

と題してその梅園観を語った。「武道の達人」を思わせる古在の鋭い眼光に驚いた地元の梅園研究家白井淳三郎は、古在がいきなり『梅園全集』は難解で、眠れぬ夜にそれを読むと熟睡できると言ったので、哲学者がそんなことを言うのかと二度びっくりした。しかし話が進むうちに、はじめて哲学とその哲学に対する姿勢に触れて、新鮮な思いを味わい「さすがだ」と思った。

湯布院などに宿をとった五泊六日の今回の旅は、辛島詢士（医師）など現地の人びとの親切な案内もあり、梅園を郷土で研究するいわば「専門家」を前にした講演も含めて、実に楽しいものとなった。古在は旧梅園邸に懐かしさを感じて時を忘れて庭を散策したし、梅園の掛け軸「人生莫恨無人識　幽谷深山華自紅」（人生恨むなかれ人識《し》るなきを、幽谷深山、華《はな》おのずから紅《くれない》なり）も梅園の心意気を示したものとして印象に残った。そして何より、梅園に関心を抱いて四〇年余、小なりとはいえ、今後学会として研究が進んでいく楽しみがあった。

統一流産　一九七五年夏

七月末、全民研第六回大会が昨年に続き愛知県の犬山市で開かれた。昨年は真下信一がメインの講演を行い、古在は分科会に出席して閉会挨拶をしただけだが、全民研会長として大会に出席することだけは続けていた。なにしろ大会参加の楽しみは、夜の交流会で現場の先生たちと歓談することにあった。この日も交流会で先生たちのにぎやかな話に刺激をもらい、『人間讃歌』やこの四月に刊行した加藤周一や家永三郎らとの対談集『思想のデュエット――古在由重対話集』（新日本出版社）も話題になりサインを求められるなど、楽しい時間を過ごすことができた。

侵略戦争・敗戦三〇年、被爆三〇周年という節目の八月が迫ってきた。

昨夏から高まっていた原水禁運動の統一への動きは、静岡での統一集会「三・一被爆国民の広場」の開催に続き、六月末からは総評と日本平和委員会の呼びかけで、社共両党を含む「原水禁統一問題懇談会」[8]が継続して開かれ、「今年こそ統一実現か」と多くの国民が期待した。

しかし七月半ばになっても「統一問題懇談会」への原水協、原水禁の参加問題をめぐって折り合いがつかず、土壇場の七月末に座長の安恒良一（総評幹事）と熊倉啓安（平和委員会副理事長）とが「統一合意の六項目私案」を提案したが、その「私案」をめぐる社共両党と総評とのトップ会談も八月一日には決裂となった。ネックは「いかなる国問題」の総括や統一の課題、「妨害勢力の排除」問題などで、意見は平行線をたどり、結局この年も統一は流産した。

古在は昨夏と同じように原水協主催の「第二一回原水爆禁止世界大会」に参加して挨拶もしたが、心は穏やかではなかった。ただ昨年夏から吉野源三郎たちと準備してきた七月の「核兵器禁止をねがう科学者フォーラム」と八月の「被爆三〇年広島国際フォーラム」が内外の著名な科学者たちの参加で成功したことが、統一への大きなステップにつながるはずだという確信は揺るがなかった。これまで九回開いてきた「原水爆禁止科学者会議」を発展させた「核兵器禁止をねがう科学者フォーラム」は、「声明」で「核兵器禁止をめざすすべての運動が一致協力」することを呼びかけ、内外の二〇〇余人の科学者・宗教者が参加した「広島国際フォーラム」は「どのような核兵器をどのように使用しても、それは国際法においても犯罪であり、人類に対する犯罪である」と宣言し、国連にその国際協定の促進を求めていた。

問題は国内での「統一の条件」にあった。古在はロッキード社の元ミサイル設計主任ロバート・C・オールドリジ、国際平和ビューロー会長ショーン・マクブライト、ノーベル平和賞受賞者ノエル・ベーカー卿、南ベトナム共和国臨時革命政府代表の発言を聞きながら、やはり「統一の条件」が頭を離れず、さまざまな思いが去来した。

……加藤周一は「いかなる国の核実験にも反対」を運動理念とする社会党と原水禁側を「悲願派」と言い、

「労働者の国の核と資本家の国の核とを同一視しては平和の敵を見失う」とする共産党と原水協側を「政策派」と言ったが、問題は、その「平和の敵」を見据えながらどう国民の「悲願」に近づくのか、「核兵器全面禁止の国際協定締結」という誰もが賛成する課題実現への「道行き・手続き」をどう示すかにあった。

実際のところ地べたに密着して進む日本の運動が二つに分かれていては、核兵器廃絶の課題さえ国際的には説得力をもたないだろう。「統一への道行き」はすぐに答えが出せるようなものではないが、吉野源三郎が昨年の夏強調していた「運動家の論理に立たず、国民の論理に立つ」ということを考えれば、「運動家」という専門家だけの目やエネルギーではなく、もっと全体の人間生活からわき出る「民衆の馬力」に接近する必要があるのかも知れない。研究者にはいわゆる「専門バカ」と言われる人びとがいるが、運動分野での「狭さ」「専門バカ」もあってはなるまい……。

広島から帰京した古在は、昨秋の病から復帰した真下信一と「反共主義と侵略戦争を語る」(『赤旗』八月一六日付)と題した対談に出た。同時代をともに生き、闘い、投獄された二人の対談は、阿吽《あうん》の呼吸で進んだ。古在が敗戦の日を京都で迎えた話をすれば、真下はその京都で特高課長から呼び出され「真下君、とうとう君たちに負けたよ」と言われたと応じ、天皇制の教育、反共教育なしには侵略戦争は不可能だった、共産主義運動が最初に弾圧されるのはファシズムにとって手強い敵だからだと古在が言えば、真下が「時の政治権力は侵略戦争前にはかならず共産党を弾圧する」と言う具合である。

紙上対談のため多くは語れなかったが、二人の結論は「侵略戦争の道を掃き清める反共主義を打ち破るには、民主主義の旗のもとに国民の良識とエネルギーを結集した国民的な革新統一が不可欠だ」という点にあった。ベトナム反戦闘争では中ソの対立があって不十分だったとはいえ国際統一戦線が偉大な勝利をもたらし、先ごろは地方段階での革新統一が進み、国政段階ではこの七月に、「民主連合政府綱領」を提案していた日本共産党と創価学会との「創共協定」、新しいファシズムの未然防止協力が発表されていた。

しかし、「創共協定」発表翌日から協定を換骨奪胎させる動きが強まり、せっかく成った地方での革新統一も同和問題などで社共両党間にきしみが出ていた。それらは統一という事業の難しさを示していたが、核兵器廃絶のためには「統一」を断念するわけにはいかなかった。

ベトナム総括　一九七五年秋～冬

九月三日、ベトナム民主共和国独立三〇周年とベトナムの解放を記念して、「学術フォーラム・ベトナム戦争」が神田の学士会館で開かれた。ベトナム戦争が学問分野に提起したものを検討しようという試みである。この日は陸井三郎、芝田進午、畑田重夫（国際政治評論家）など六人が報告を行うため一人二〇分のもち時間ではあったが、古在がトップを切って「ベトナム戦争の哲学的意義」と題して発言した。古在にとっては「いくつかの感想」という題が最もふさわしいが、「学術フォーラム」という性格を考えた主催者側が要望したタイトルだった。古在にとっては「哲学的意義」というのも、「人間にとっての意義」というのも全く同じで、古在はタイトルは気にせず、次のように問題を提起した。

……「正義は勝つ」という歴史の必然は真空のなかでなめらかに展開するものでなく、現実の歴史的過程は多大な犠牲をともなう苛烈な過程だ。ベトナム戦争について追究すべき第一は、その道程の細部の追究であり、第二にはその世界史的意義を、同時代の世界政治の全構造と、過去から現在にかけての世界史のなかで究明することが大切だろう。誤解を恐れずに言えば、同時代の政治構造は資本主義体制と社会主義体制との対立・矛盾であり、体制をこえた「超大国」とその他の国々の対立ではない。その意味でベトナム戦争は世界最大の資本主義国としてのアメリカ帝国主義と社会主義を旗標《はたじるし》にする全ベトナム民族との武力的な衝突であり、世界史的にいえば、第一次大戦が帝国主義間の植民地再分割の戦争、第二次大戦は複雑な面はあるが民主主義とファシズムとの闘争であり、ソルジェニーツィンが言う第三次世界戦争としてのベトナム戦争の基本的な性格は、帝国主義と社会主義との革命戦争である。同時にその国際的支援は帝国主義戦争反対の意味を帯び、それは「第一次の世界反戦」と言うべきものだ。また戦争犯罪の問題では、ニュルンベルク法廷、極東法廷（東京裁判）が戦争終結直後に行われたのに比し、人民レベルではあるがラッセル法廷・東京法廷が戦争のさなかに行われ、過去としての「アウシュビッツを忘れるな」ではなく、大量の政治犯の拷問と虐殺という現行犯を暴露し即時釈放を迫ったのも特徴的だ。確かに今後もベトナム戦争の犯罪者たちは法的には裁かれないかも知れないが、主犯のアメリカ・従犯の日本政府の責任追及をやめてはならず、あらゆる戦争の芽を摘むことがあのラッセル法廷・東京法廷の継続になる。

さらに追究したいのは、軍隊における士気の問題だ。アメリカ軍の撤退の要因の一つに士気があったことは確かだ。軍隊内の麻薬流行、厭戦、抗命、脱走、本国内での徴兵忌避、徴兵令状の焼却、帰還兵の反戦デモ。戦争における士気、道徳的力量の問題、人間の意識の要素、ひいては教育のもつ意味は重要だと思う。私は自由と独立のためにたたかう人民の力を正しく認識し評価することが大切だと思う……。

古在にとっては即席の感想のようなものではあったが、一つの総括的意見だった。

その秋一一月、『著作集』第五巻『思想形成の記録Ⅱ』が刊行され、『古在由重著作集』全六巻が一〇年をかけてようやく完結した。春の第四巻『思想形成の記録Ⅰ』のときは、「ベトナム解放記念」とあわせた出版記念会が「古在由重先生を囲む会」として開かれたが、今回は開催の打診を丁寧にお断りした。あのときは、ベトナム解放と八年ぶりの著作集刊行ということもあり、関係者と近しい読者への責任を感じていたが、今回は『著作集』全六巻が一応完結したものの、別巻の継続刊行がまだ残っていたからだ。

それにしても完結まで一〇年を要したのは、版元での「原稿紛失」があったとはいえ、主にはベトナム人民支援の多忙さと健康問題のためであった。版元は、この間の編集過程で新たに見つかった東京女子大講師時代の日記（一九二九年まで）や講義ノート、「ヒンドゥー教と仏教」の翻訳などを別巻[9]として刊行するというのだが、正直古在にはあまり自信がなかった。ベトナム解放は実現したが国の再建支援はこれからだし、原水禁運動の統一問題があるうえ、なにより健康が許すかどうかが問題だった。

年末ぎりぎりの一二月二九日、『赤旗』読書欄に、福田静夫（当時日本福祉大助教授）の書評「知恵と良心の結晶」が掲載された。福田は第三巻所収の「父の追憶」や「村のかじや」などに忘れがたい印象をもったこと、第六巻の「戦中日記」に時代と格闘し不屈に生き抜く古在の息づかいを感じたことなどに触れ、全六巻の『著作集』そのものが「日本のマルクス主義哲学が歴史の試練のなかで獲得してきた知的ならびに道徳的な高い権威の、いまひとつのみごとな証しである。それはいわば、一人のマルクス主義哲学者の形をかりた日本人民の知恵と良心の結晶である」と書いた。

その書評が掲載された日、小林良正が七七歳で逝去した。小林良正は古在と同じように戦前二度検挙され、その後は服部之総とともに花王石鹸の嘱託として働き、戦後は民科の自由大学建設運動に参加し、専修大に復帰して学長を務めたマルクス主義経済学者である。古在と小林は五〇年代半ばから一〇数年、二人の勤務先・専修大学で顔をあわせ、七〇年初めの一年半ほどは同じ脚痛に苦しむ「ペインフレンド」として、週に一度日大病院に通った三つ歳上の「痛友」である。小林も野球好きだがアンチ巨人で、待合室や電話でよく「巨人」を話題にした仲であった。

「マルクス主義の本道に精進してきたカーディナル（cardinal）講座派」と自称する小林は、この一、二年雑誌『経済』に連載した「日本資本主義論争の回顧」の上梓を強く望んで、この夏には「はしがき」を書き終えて刊行を待つばかりだった。侵略戦争も絶対主義天皇制も「身をもって」経験している者として、明治維新とそれに続く日本資本主義形成にかんする労農派との論争と彼らの誤りを、若い青年層に伝えておきたいとの小林の一念から来る学術的な「回顧」だった。「私は、あくまで『カーディナル講座』派として、及ばざるを恐れながらも、マルクス・レーニン主義の本道を、ただまっしぐらに進むことをもって終わるであろう」。そう締めくくられた「はしがき」には、小林の一徹さがよく表れていた。

古在は、その一徹さの反面「万葉集」を愛好し歌をよむ小林の一面を思い出しながら、論争史のような「力」のいる仕事を、脚の痛みに耐えつつやり遂げる小林の強い意志に頭がさがった。

小林の遺著『日本資本主義論争の回顧』は、平野義太郎の「故小林良正博士を憶う」なども収録して、翌年四月、白石書店から刊行された。

第17章　再統一へ　一九七六〜七七年

「春日質問」　一九七六年春

一九七六年一月九日、ベトナム民主共和国からチャン・ドク・ツエ臨時駐日大使が羽田空港に到着した。政府間の公式ルートではあったが、古在は脚の痛みにかかわらず芝田進午と一緒に羽田まで出かけた。……パリ会談から四年、いや一九四五年の八月革命、五四年のディエンビエンフー攻略、六八年のテト攻勢、そして昨春一〇日間の嵐のような進撃と解放。「現代史のドラマ」「世界史の一大叙事詩」といわれる歴史は、ようやく今ここまで前進したのだ……。それが、群衆の背後から一行八名を迎えた古在の思いだった。一行を出迎えたあと、古在は芝田と空港内のレストランでゆっくりお茶を飲んだ。なにやら七〇年代後半も、ジグザグの道はあろうが、新しい歴史を呼び込めるような気がした。

しかし一月末、春日一幸民社党委員長が国会の代表質問でいわゆる「共産党スパイ査問事件」を取り上げる事件が起きた。古在は、雑誌『経済』三月号のために小林良正の追悼文「わが痛友」(『哲学者の語り口』所収)を渡し、ベトナム大使館開設の挨拶にやってきたツエ臨時大使から撃墜したB52の残骸を納めたガラスケースを記念品として受け取ったばかりだったが、その安らいだ気分が一遍に吹き飛んだ。

「春日質問」は『文藝春秋』一月号の立花隆「日本共産党の研究」の蒸し返しにすぎないが、古在には、歴史的にも法的にも決着済みの戦時中の「宮本顕治の治安維持法等被告事件」をわざわざ国会で取り上げるのは、稀代の悪法「治安維持法」を前提とする裁判問題に政府が介入して三権分立を突き崩すだけでなく、なにより民主主義の根本を犯し日本を戦前に復帰させる危険な策動のように思えた。

……「治安維持法」によって日本の政治、民主主義、基本的人権がいかに侵害され、日本全体がどれほど深く「暗い谷間」に突き落とされたか。共産主義者も、社会主義者も、自由主義者もそして宗教者も、およそ戦争に反対し、平和を求め、民主主義と基本的人権を守ろうとした者は、誰もがこの法によって検挙され、暗黒裁判にかけられ、筆舌につくしがたい恐るべき犠牲がもたらされたことか。そしてまたいかにおびただしい朝鮮や中国の人びとを殺し、苦しめ、連行して重労働を課したのか。これは一党一派の問題ではなく、民主主義の基本を根底からゆるがす重大問題ではないか……。

古在はすぐ中野好夫と電話で話し合い、吉野源三郎と一緒に対応の仕方を相談した。三人の相談はすぐまとまり、当面中野区在住の学者・文化人の賛同を募って急いでアピールを出すことになった。古在が文案を用意し、三人手分けして電話をかけた。

二月七日、古在は松田解子（作家）らとともに中野区役所で「共産党スパイ査問に名をかりた黒い策謀を阻止し、民主主義を守りましょう」という区民向けのアピールを発表した。一週間ばかりの短期間にもかかわらず、区内在住の横山正彦（東大教授）、花沢徳衛（俳優）、向坂逸郎（経済学者）、風早八十二（弁護士）、藤田省三（政治思想学者）、風間完（画家）など五一名が名を連ねた。民主主義を守る力は、健在だった。

二月上旬、ロッキード事件が発覚した。ロッキード社の旅客機トライスター売り込みのため、日本の政財界に工作資金三〇億円がわたり、やがて田中角栄元首相などが逮捕される大疑獄事件の始まりであった。

古在は自由大学サークルで宮本百合子没後二五年を記念して思い出を語ったり、古在ゼミではゼミ参加者の集団労作『知識人と現代』の刊行を検討しながら、ロッキード事件では、三・八国民大集会[1]の呼びかけ人を引き受ける一方、テレビの国会喚問中継を見続けた。古在の興味は事件の真相もさることながら、陳述する関係者の表情にあった。悪い意味で「東大法科出身の典型」を感じさせる若狭得治全日空社長、技術者としての誇りと実直さを覗かせる大庭哲夫前全日空社長、CIA要員か公安調査官を思わせるナメクジのような鬼俊良ロッキード日本支社支配人などが特に印象的だった。テレビを見ながら古在は、世論の力と検察側の自己運動から、この事件は意外にはやく田中角栄の逮捕まで進むかも知れないと思った。

三月半ば、古在は市邨学園短期大学の最後の卒業式に出た。すでに一年前の正月、大学側から退職を打診され辞意は固めていたが、同僚の説得で一年間だけ延長してきた。しかしこの一月には最後の講義と教師たちによる送別会も終えていたから、最後の卒業式といってもそう深い感慨も湧かなかった。ただこの一一年間、新幹線のストなどで二度休講しただけで、我ながらよく勤め上げたものだという思いの方が強かった。思えば戦中から現在まで、かなりの断絶はあったが半世紀のあいだの教師生活は、すぐれた教師ではなかったにしても、かといって怠け者の教師でもなかった。現在の女子短大生に学問への高い意欲を感じるのはまれだが、この市邨短期大学の教職で生活的にはだいぶ助けられたから、その点は大いに感謝しなければならない。今後は親密な連帯感と学ぶ意欲の強い「自由大学サークル」や「古在ゼミ」、そしてこの四月開講の第二期「マルクス主義研究セミナー」などで、「教師生活」を全うしよう……。正直そんな思いだった。

マルクス主義研究セミナー　一九七六年初夏

マルクス主義研究セミナーは、法政大学を前年依願退職した芝田進午（当時社会学部長）が始めた有料の公開自主セミナーである。

学生問題に苦慮して退職したとはいえ四〇代半ばの芝田に、教育と研究、平和運動にかける情熱が失われているわけではなかった。芝田の考えでは、今日ほど、どの国民にも自主的・批判的に思考する能力が求めら

マルクス主義研究セミナーで、古在とゲスト講師にむかえた吉野源三郎（1976年5月26日）

れる時はなく、学歴や職業がどうであれ社会科学的な見方を身につけることが大事な時はなかった。労働者もふくめて真の知識人を養成したい、旧唯物論研究会の戸坂潤や永田広志、古在由重、そしてグラムシの理論的到達を研究し、マルクス主義の通説をも批判的に検討したい、そういう芝田の強い思いが出発させたセミナーだった。第一期の昨七五年は、『マルクス主義研究入門』（青木書店刊）を主なテキストに、六月から一一月までの水曜日の夜全一五回、千駄ヶ谷の生協会館で開き、一〇代から五〇代まで八〇名余りが参加した。平行して毎週土曜日、「研究者養成コース」（上級ゼミ）を新宿の東京土建会館で開いた。

芝田から古在にセミナーへの正式な参加要請があったのは、二月のことである。芝田は、第一期セミナーの参加者アンケートで講師要望第一位となった先生に主宰者としてぜひ加わって欲しい、わずかだが手当もだせると懇願した。その後の相談で、第二期は四月から七月まで、各一三回の水曜コース「哲学史講義」を古在が、土曜コース「マルクス主義の人間論」を芝田が担当し、「研究者養成コース」では秋までの全一五回を『経済学・哲学手稿』のドイツ語原典講読、ゼミ、論文指導を二人で行うことにした。

古在は「受講生募集案内」に、「哲学史の講義といっても、できるだけ現在のわれわれの理論的かつ実践的な問題意識につなげてやるつもりです」「いろいろな時代の哲学的潮流の特徴をもあきらかにするだけでなく、講義一回ごとにそれにふさわしい古典的文献（ただし文庫版一さつ程度の）を精読していただく機会をつくるのが一つの目標です」「わたしにとっても最初の試みとして全力をあげてみます」と書いて、全一三回の講義内容を示した。そこにはゲスト講師として、五月に吉野源三郎「同時代の問題[2]」、六月に真下信一「歴史哲学について」も告示されていた。

四月一四日から古在の講義が始まり、第一回目は「哲学と哲学史」と題して古在の哲学観と哲学史観を話した。テキストは自分の『著作集第一巻』「現代哲学と唯物論」で、参考文献にはレーニンの『哲学ノート』をあげた。一三〇人ばかりの聴講生には、なじみの岩崎久代（自由大学・編集者）、梅津勝恵（自由大学・草土文化）、久保文《ふみ》（翻訳家）、大枝秀一（古在ゼミ・法政大講師）、木下英夫（古在ゼミ・獨協大講師）、芝田進午の姿も見えた。このころは脚痛もひどくなって眠りの浅い日が続き、睡眠導入剤ブロバリンの使用頻度も増えて体調の悪い日が続いていたが、この日は体調もよく講義も割合にうまくいった。帰途、芝田や木下、大枝たちとコーヒーを飲みながら雑談するうち、このセミナーは自分の勉強にもなりそうな気がした。

その開講前後に、市邨短大を退職をした古在の生活を心配する青木書店の江口十四一編集長から、「生活支援」の申し出があった。古在にはありがたい話だが、わずかとはいえ市邨短大の退職金、マルクス主義研究セミナーの手当、新たに社会思想社で始まる『現代マルクス・レーニン主義事典』の編集・執筆の仕事もあり、辞退することにした。江口は「懸案ということにしましょう」といって、第三回戸坂潤賞の応募論文などの話をして帰った。

粟田賢三、真下信一と戸坂潤賞の選考を終え、園芸大国・オランダ留学を終えた豊樹（当時千葉大大学院助手）の帰国をまって、五月下旬、古在はＮＨＫからの仕事をかねて、退職記念ともいうべき別府、天草、長崎をめぐる旅に出た。メンバーは美代に加え、鶴田三千夫夫妻と九州で合流する小川晴久夫妻、岩崎久代の七名である。古在は脚痛がひどく新幹線は途中から、神戸出航の「むらさき丸」もグリーン席にせざるを得ない状態だったが、夕日にきらめく波を見ると痛みもいくぶん和らいだ。その日は湯布院に泊まった。

翌朝別府で小川ら三人と合流して観光バスで阿蘇に向かい、火口など大自然の威力を間近に見、翌日は列車で熊本駅、そこから観光バスで天草に渡った。列車での碁の勝負がつかず、小川と古在は碁盤をずらさぬよう降りて、乗客にも清掃のおじさんにも大笑いされる一幕があった。天草では天草四郎の住居跡を見、うまい刺身を堪能したあと、本渡《ほんど》（現天草市）の殉教公園に向かった。公園からは島原の雲仙岳が望め、古在は大きく深呼吸した。そこでみた天草四郎の立像、記念館にある隠れキリシタンの遺品は特に印象深かった。その日はフェリーで茂木《もぎ》にわたり、長崎市内のホテルに入った。長崎ではローマ世界集会で一緒だった宮本圭子（長崎放送勤務）に案内され、シーボルト旧邸、出島の唐人屋敷、原爆資料館などを見て、夜遅く湯布院に戻った。宿舎・亀之井荘には、梅園学会創会で一緒だった辛島詢士、高橋正和とともにＮＨＫの記者が待っており、博学で有名な地元の「エンサイ先生《エンサイクロペディア》」を交えて夕食をとった。翌日はこの旅の目的の一つ、大分市長との会談とＮＨＫの取材が待っていた。

翌五月三一日、古在が辛島と高橋とともに大分市長佐藤益美と共楽亭で会食しながら懇談したのは、幕末・明治期の本草学者賀久飛霞《かくひか》の文化遺産が散逸しないよう申し入れるためである。別室で食事をとっていた美代たち六人は、古在たちの大きな笑い声に、話がうまくいっているのを知った。あとで聞けば、佐藤市長は葉山峻（当時藤沢市長）の知人という。遠い縁とはいえ、葉山は古在の戦前の教え子・村上ふゆ子の息子で、古在の娘由美子とは早稲田大学文学部の同窓生で、九州に来てそんな葉山の知人に会うとはまさに奇遇だった。そのあと古在は、初夏に咲く泰山木（モクレン科）の白い花の香り豊かな辛島宅に移動して、ＮＨＫのために三浦梅園について二時間ほどのインタビュー取材に応じた。ＮＨＫは二時間の話を一五分に編集し、梅園邸や「人生莫恨《じんせいうらむなかれ》…」の掛け軸などを映像化して、十日ばかりあとに九州地方を中心に放映することになっていた。翌一日《ついたち》、家裁の仕事があった美代と小川夫人は陸路帰京し、鶴田夫妻は友人宅に向かったが、古在は迷っていた旧梅園邸行きを決め、小川晴久と一緒にＮＨＫの梅園邸撮影に立ち会った。やはり一五分とはいえ撮影が気になっていた。

その日の夜、古在と小川は別府港を出て、六月二日新神戸から東京に戻った。その夜は「マルクス主義研究セミナー」の開催日だが、「ゲスト講師・真下信一」に講義を替わってもらっていたので、まっすぐ自宅に戻ることができた。楽しくも実に忙しい一週間の旅で、あまり脚痛に苦しまなかったのが不思議だった。

ルーマニア療養　一九七六年夏

九州の旅から帰りいつもの生活が始まると、足の痛みも浅い睡眠もすぐに戻った。それでも古在は、自由大学サークルと古在ゼミ、春先からあらたに始めた水曜日の「マルクス主義研究セミナー」と金曜日の『現代マルクス・レーニン主義事典』の仕事を休むことなく続けた。『事典』の仕事は駿河台のホテルに一日缶詰になって項目執筆する、力のいる仕事だ。そのうえ、六月初旬には東京で開かれた第二回梅園学会で「三浦梅園と科学的精神」を特別講演し、七月に入ってマルクス主義研究セミナーが主催した「アメリカ独立二百周年記念講演会」で「アメリカ建国の意義」を語り、その下旬には婦人研究者の地位向上のために開かれた「婦人研究者問題――東日本シンポジウム」で研究者一一〇名を前に講演した。しかし何もない日は極力在宅してマッサージを頼むなど、休養するのを旨とした。

七月二三日、巨人の王貞治が七〇〇号ホーマーを達成した。王は「一本のつぎは二本、二本のつぎが三本……。その積み重ねでした。踏むべきものを踏まずに、いきなりなにかが生まれるものではありません」と語ったが、古在はその言葉に思わず膝をたたいた。何年か前に、ある人から「そろそろライフワークを」と言われ、「何歳になったらライフワークができる、そんなもんじゃない。一日一日の研究の積み重ね、それがボクのライフワークだよ」と応えたことがあった。結果にいたる起伏の過程、その努力のプロセスこそが尊いのだ。学者の世界も野球の世界も、業績だけを気にしてわき見ばかりしていては駄目なのだ。王はこうも言った。「壁の向こうには明日がある。苦しさに負け逃げ出してしまっては明日にはたどりつけない」。しかし王の実績とその言葉に元気は出るものの、脚の痛みは古在の気力と行動を制限し、七月下旬からの「全民研」全国集会も参加費分を寄付して、欠席する状態になった。

その欠席を伝えた日、日本共産党の西沢富夫（日本共産党常任幹部会委員）から、ルーマニアでの脚痛治療について連絡があった。西沢は、ルーマニアの検討結果では現地の治療によって痛み軽減の可能性があるということだから行ってみてはどうか、と言った。

この話は、この一月にソ連哲学研究所のウクライシェフ所長からの招待を断った折りに、党側から持ち出されていた。招待状を受け取ったとき、古在は一党員の義務として中央委員会に訪ソの可否を打診したが、予想どおり「訪ソ不適切」の結論だった。一九六四年以来、部分核停条約と志賀義雄「日本のこえ」[3]グループへのソ連共産党の支援をめぐって、日ソ両党間の断絶が続いているのを知っていたから、古在はさして驚かなかった。

ルーマニア訪問治療の提案は、その結論に対する配慮なのかも知れない……、古在は美代と相談し多少の出費はあるが、その配慮と痛み軽減の可能性にかけてみようと思い、数日後応諾の返事をした。

出発が八月一一日と決まり気ぜわしくなるなか、古在は八月一日都立大で開かれた全国学生ユネスコ連盟のシンポジウムで挨拶したあと、第二二回原水爆禁止世界大会国際予備会議に参加するため学士会館に向かった。

この年の平和・原水禁運動は、アメリカではジョーン・バエズらの提唱による「アメリカ建国二〇〇年記念軍縮と社会正義のためのアメリカ大陸横断平和行進」が一月からほぼ一年をかけて行進を続ける一方、日本国内では前年夏の統一交渉決裂がもたらした組織間の相互不信も解消されず、前年統一したばかりの三・一ビキニデーが再び分裂開催に戻っていた。さらに六月になって九州玄海原発で放射能漏れの事故があり、スウェーデン環境センターが原子力発電の危険性を警告するなか、原子力発電を含む「核エネルギー全面否定」に傾く原水禁と、核兵器全面禁止にむけて国連主催の「国際シンポジウム」実現など国際行動に重点を置く原水協との路線の違いが目立ち始め、中央段階では統一協議の場さえもてずに、八月六日、九日を迎えようとしていた。古在は五月ごろから、佐藤行通（原水協国際部長）、久保文（同国際部員・翻訳家）と一緒に岩波書店に吉野源三郎をなんども訪ねていたが、絡みねじれた「禁・協」二つの毛玉を解くカギはなかなか見つからなかった。

ルーマニア訪問を控えた古在が短時間でも国際予備会議に顔を出そうと思ったのは、昨年に続いて元ミサイル設計主任ロバート・C・オールドリジの報告を聞きたいと思ったからだ。オールドリジは『世界』二月号に「核拒否への決断――ある良心の葛藤」を寄せ、「核兵器の力の均衡こそ平和維持の条件」と信じて仕事に打ち込んできた彼を、核否定に急転回させた娘との対話を紹介していた。それは、オールドリジの「冷戦構造の対立の中では、力の均衡すなわち核開発はやむを得ない」という主張に、娘から「それはただ現状を合理化するための弁明だ。現状変革こそ必要なとき、だれかがそれをはじめる勇気を持たなければならない」と強烈に反論され、「この一言が胸に突き刺さり」「人生をやりなおす」覚悟をきめた、という趣旨であった。古在はここに今日の知識人が置かれた状況とその進むべき路が示されていると共感し、ミサイル専門家オールドリジの哲学と思想が、若い娘の「哲学・思想」によって与えられた衝撃に共振して、社会的歴史的な全現実にむかって開かれたことに大きな意味を感じていた。

オールドリジは今回の国際予備会議で「ロッキードのぎまん性は海外でのスキャンダルですべておわったわけではない……ロッキード社の製造する核兵器は軍縮会議を不毛なものにしている」と抗議し、非暴力の直接行動を訴えた。

古在はその日、彼の決断と熱意に感じ入りながら、会場の冷房に耐えきれず夕刻には自宅に戻った。オールドリジの人生は「彼の哲学」と「娘の哲学」とのぶつかり合いで急転回したが、原水爆禁止運動統一の転回には、王の言う「一歩一歩の努力」がさらに求められているように、古在には思えた。

八月一一日、古在と美代は、江口十四一や今井文孝らに見送られて羽田を発ち、その日はモスクワに一泊した。美代は雲海の雄大さや蛇行するオビ川の光に感嘆したが、モスクワでの通関手続きのトラブルやホテルのトイレ故障には大いにとまどい、古在は古在でブロバリンを服用したが眠りの浅いまま翌朝を迎えた。その昼に到着したブカレストのオトペニ空港では、西沢富夫、国際部の緒方靖夫（のち党副委員長）、同・居波保夫（通訳担当）、赤旗特派員の大沼作人（のち赤旗外信部長）、ルーマニア共産党から国際部のプロテア・ゲオルゲ、ダン・ディミトリスクが迎えてくれた。

さっそくその日の夕方から、共産党中央委員会の診療所で二人の血圧や心電図などをとる簡単な診察があり、その翌日は眼科と胃の透視検査、三日目の一四日には八〇歳を超えるアナ・アスラン病院長の診察を受けた。この女性博士は「ジェロヴィタール」という薬剤の発案者として名が知られ、国内外から診察申し込みが殺到するほどの人気にかかわらず、風貌は「魔女」そのものである。彼女の診察結果は、美代は無病、古在はリューマチによる神経鈍化はあるが、そのほかは良好というものだった。それからの二、三日間は市内見学などをして自由にすごした。

一六日の夕方、ブカレスト空港に近いサナトリウム「オトペニ老人サナトリウム」に移ると、二人部屋の静かな一室があてがわれた。そこには立派なサロン風の食堂や広い庭があり、各国の金持ちらしい老人たちがゆったりと食事や散策を楽しんでいた。翌日から女医ドクトル・トモの検査と治療が始まった。物理療法、マッサージ、電気療法、ジェロヴィタールの注射、数日後にはイルガピリンの注射が加わり、血圧は一四〇から八五で安定、脚はときどき痛みが来るものの次第に小さくなった。回診した「魔女」アスラン病院長も、顔色がだいぶ良くなったと言って部屋を出ていった。サナトリウムでは夕食後ときどきではあるが、「魔女」の講話があった。

治療と散歩、昼寝と読書、食堂での外国人とのおしゃべり。その繰り返しの日々にときどきは、アントワープに帰るベルギー人夫妻との別れや、チャウシェスク大統領を中心にした解放記念日の軍隊と労働者たちの行進、大沼夫人差し入れの梅干し入りのおにぎりに大喜びするような、半月あまりの静かなサナトリウム生活が続いた。ドクトル・トモが古在の退院・帰国許可を出したのは、八月下旬だった。

出発の前日、古在と美代は通訳の居波保夫とともに、ブカレストの革命博物館に入った。そこには一九三〇年代の人民戦線運動や一九四〇年までのルーマニア共産党と人民の闘争の歴史が展示されていた。古在は、一九三〇年代にルーマニアでこそなかったが、スペイン人民戦線に相当額のカンパをマクス・ビカートンを通じて密かに送ったことを思い出しながら、日本と違ってルーマニアには統一戦線運動があったことに感激した。

出発の朝、ドクトル・トモが最後の局所注射をうち、赤いカーネーションと薬それに英文の処方箋をくれ、そのあと記念撮影をして、一九日間の入院生活のすべてを終えた。古在は空港に向かう途中、迎えに来たディミトリスクと一緒にベトナム大使館に立ち寄って一時間ほど懇談し、夕方オトペニ空港を飛び立った。

国際シンポ準備　一九七六年秋・冬

モスクワに一泊し、羽田についた九月五日、自宅で待っていた重代と孫の史生の四人で蕎麦を食べ、自分のベッドに横になった。ようやく落ち着いた気分だった。翌日から美代は家裁に出かけ、古在もまた日常の仕事に戻った。それぞれに来訪する江口十四一や鶴田三千夫、大枝秀一らに、土産のゲオルゲスクの絵「村のむすめ」などを渡し、古在ゼミ、自由大学サークル、マルクス主義セミナー（第三期）などを再開した。

しかしルーマニアから帰国したその秋は、一旦和らいだ脚痛がぶり返して再び睡眠薬を処方されるなど、古在の意気はなかなかあがらなかった。一〇月半ばに高野長経逝去の知らせがあっても葬儀には出向けず長文の弔電だけですませ、ベトナムからのせっかくの招待も辞退、そして一〇月下旬からは、国立療養センターの鎌尾みち子医師が院長を務める八王子の「めじろ台はり灸療院」（目白台鍼灸院）に片道二時間かけて新たに通い始めた。

そんな脚痛を抱えたままの秋と冬だったが、ルーマニアに発つ直前の七月末に日本共産党が出した「自由と民主主義の宣言」と原水禁運動の統一問題には、強弱はあれ意識的にかかわるようにした。

一〇月に『宮本顕治公判記録』が刊行され、一一月初旬、古在は「『宮本顕治公判記録』その内容と意義」という座談会[4]に出席した。『公判記録』は、春先の「春日質問」を当時の客観的な事実そのもので反論するばかりか、自由と民主主義が焼き尽くされた戦時下でも消えることのなかった知性と良心の灯を示していた。古在は『公判記録』を読んだとき、「スパイ査問事件」とは少し違うけれど、大森銀行強盗事件直後の岩田義道の言葉を思い出した。岩田はたまたま顔を合わせた古在に、「やはりスパイがいるな、強盗事件は党の方針とはまったくちがうものだ」と言ったが、そう言ったその月に、岩田はスパイの手引きで検挙され虐殺された。あの一九三〇年代は、歴史への科学的かつ理論的確信そして人間的な誠実さと同時に、敵に対する非妥協的な厳しさとが問われた時代だ。それらをあわせもった宮本顕治の『公判記録』は、当時の共産党の情勢判断と方針、闘争を具体的に証言したもので、いわばあの戦時下で「自由と民主主義」を守る闘いの証しの一つとなっていた。古在はその意味で、日本共産党の「自由と民主主義の宣言」とこの『公判記録』とは、一つのつながりをもって読まなければならないと考えていた。

そのような思いを座談会で語った数日後、古在は京都嵐山の徐兄弟の両親を訪ね、その足で「名古屋哲学セミナー」が主催する「学習大講演会　現代における民主主義と自由」に参加した。名古屋哲学セミナーは、青年たちの強い希望でこの春に発足したばかりで、真下信一と吉田千秋（のち岐阜大学教授・哲学）が常任講師を務めていた。古在は、病気がちの真下信一が一二月に控えた総選挙をまえに大胆な企画を立てたことに驚き、真下たちを励ますうえでも講演テーマの重要性からも講師を積極的に引き受けた。東別院青少年会館には四五〇名ほどが集まり、三菱樹脂事件[5]の高野達男の「良心の自由をまもって」や古在の「思想の自由と人間の問題」を熱心に聞いた。

さらに名古屋から帰った古在は、『自由・民主主義と日本共産党』（共産党出版局刊）の書評を『赤旗』のために書いた。その末尾に、古在は思いをこめた。……自由民権運動以来「一世紀以上にわたる日本人民の革命的伝統の起伏と屈折を、そしてそれにもかかわらぬ頑強な連続と前進と飛躍との歴史をおもわずにはいられない。自由と民主主義は不滅である」。

しかし古在は一一月半ばころから脚の激しい痛みが戻り、原水禁運動統一に向けた直接的な行動にはなかなか参加できなかった。脚痛を心配した原水協の草野信男や吉田嘉清、久保文が「超音波器機購入のために」と多額のカンパを届けてくれた機会に統一問題を話し合い、原水禁の高桑純夫とはなんどか電話で相談しただけで過ぎた。

その秋、国外では度重なる米ソ仏中の核実験、エラノ・ゲイ元機長らによる原爆投下ショーなどが続き、そうした動きに国内では原水爆禁止運動統一にむけた新たな動きが三度《みたび》始まり、国際社会や国連にむけた運動も高揚しようとしていた。原水協がこの春ワルトハイム国連事務総長に「被爆の実相を世界に伝える国連主催の国際シンポジウム開催」を要望、六月には第五福竜丸展示館が東京夢の島に開館、一〇月になって総評と共産党の定期協議で年内統一にむけてメドをつけることで合意、半ばには原水協が呼びかけた「核兵器完全禁止国連要請国民代表団」三〇人がニューヨークに渡って、「被爆の実相を世界に伝える国連主催のシンポジウムを広島、長崎で開催すること」や、「核兵器使用禁止国際条約を締結すること」などを直接要請し、アメラシンゲ国連総会議長には広島・長崎の写真集や被爆瓦などを贈った。

二年前からの統一にむけた国内外での活動は無駄ではなかった。一二月初めになって、国際平和ビューローや世界平和評議会などのＮＧＯ軍縮特別委員会参加団体がジュネーブで懇談会を開き、翌七七年の夏にＮＧＯ主催で国際シンポジウムを広島と長崎で開くことを決定した。この決定を受けて一二月一八日、四谷の主婦会館で「被爆の実相とその後遺・被爆者の実情に関する国際シンポジウムのための日本準備委員会」が結成された。呼びかけ人には古在をはじめ、吉野源三郎、飯島宗一広島大学長、具島兼三郎長崎大学長、加藤周一など科学者、宗教家、知識人、作家など各界の代表的人物を網羅し、さらに個人参加の形ではあったが、原水協の草野信男代表委員や原水禁の高桑純夫事務局長などが加わり、その顔ぶれは、二〇年ほど前の第一回原水爆禁止世界大会時の呼びかけ人を思わせる多彩さとなった。

「結成のつどい」では、アムネスティ日本支部理事長に就任したばかりの西村関一が「願わくば運動がひとつにならんことを。シンポジウムがそのエポックになることを望む」と発言すると、ひときわ大きく激しい拍手が起こった。『朝日新聞』は「会場を包んでいたのはシンポジウムを成功させたいという熱気とともに、分裂している原水爆禁止運動の統一をのぞむ空気だった」と報じた。古在は脚痛のうえ風邪もあって結成総会には参加できなかったが、「長い分裂にようやく統一への足がかりを作ることができた。この国際シンポジウムを必ず成功させ、なんとしても統一を実現させなければならない」と強く思った。一二月初めの総選挙で共産党は一九議席へ議席を後退させたが、それを払いのける快挙だった。

アピール発起　一九七七年一月

この五月で七六歳を迎える古在は、ひとたばの年賀状に目を通しながら、ふと自分の長寿を思った。二〇世紀の四分の三を生きるなどとはまったく考えてもみなかったが、チャンスが巡ってきた今年こそ原水禁運動統一のために大いに努力しようとあらためて決意した。

芝田進午、大枝秀一からマルクス主義研究セミナー第三期の会計報告を聞いた一月七日、古在は岩波書店に向かった。この夏に開く国際シンポジウムの性格づけとその準備方法を、吉野源三郎、佐藤行通、久保文と下相談するためである。

しかし吉野は三人の顔を見ると、「国際シンポの代表幹事を降りたい」と言って、三人を驚かせた。国際シンポ日本準備委員会の代表幹事には吉野、上代たの（元日本女子大学長）など七名が、事務局代表には田沼肇ら四名が選ばれていたが、吉野に言わせれば、「病弱の身はさしおくにしても、国際シンポの成功には原水協と原水禁との力が欠かせない。にもかかわらず両組織の正式代表が同席を拒否し、シンポ成功の重要な条件『分裂の克服』と『両組織の統一問題』が進展していないではないか。この夏の国際シンポと来年六月開催の国連軍縮特別総会の二つは、今後の核兵器廃絶の運動に大きな影響をおよぼす。その絶好のチャンスに、シンポジウムに参加する世界の多数の代表者に対し、日本の運動が二つに分裂し抗争している姿を見せる訳にはいかない。世界にも全国民にもこの『理解できない不自然な事態』はこのさい解消されなければならない。それにもかかわらず、その必死の努力も見通しも、まったくないではないか」というのだ。

代表幹事を辞めたいというのは驚きだったが、古在には吉野の国際シンポジウム成功と原水禁運動統一への願いは十分に理解できた。いやまったく同じ意見、同じ気持ちと言ってよかった。昨年暮れ、総評と共産党が原水禁運動の統一問題を話し合い、この一月中旬に二回目の会談が合意されてはいたが、その会談が延期になるような状況が現にあった。

数日後、古在は自宅に吉野と上田耕一郎（共産党幹部会副委員長）を招いた。吉野に代表される統一への思いを上田に直接伝え、少しでも事態を前に進めたいと考えたのだ。吉野源三郎は核問題をめぐる国際・国内情勢と運動の方向について五時間も熱弁をふるい、上田は十分に理解を示したようで、古在は吉野の説教調の熱弁に、小林勇（岩波書店元会長）が冗談で命名した吉野の戒名「説教院殿世界情勢憂慮大居士」を思い出した。その理路整然としたドイツ的熱弁で、シンポジウムの成功と統一問題がいい方向に向かっていけば、「説教院殿世界情勢憂慮大居士」もありがたいものだ……。

一月半ばの三日間、一二〇ヵ国から二千人が集まり「平和勢力世界フォーラム」がモスクワで開かれた。古在は、「世界フォーラム」での討議が、この夏の国際シンポジウムや原水禁運動の統一に少しでもいい影響をもたらすことを願いながら、その成り行きに注目した。新聞報道を読む限り、吉田嘉清や佐藤行通ら日本代表団の活躍はめざましかった。その結果「世界フォーラム」は最終日に、吉田ら日本代表団が提起した「核兵器使用禁止国際条約案」への支持を表明した。この条約案は、田畑茂二郎（京大名誉教授）ら日本の国際法学者七名が作成し、昨夏の第二二回原水禁世界大会で採択されたもので、「核兵器使用は人類に対する犯罪」とする民間による異色の国際条約案である。それが世界の平和勢力から支持されたのは画期的なことで、古在は国連本体もこの国際条約化を無視することはできないだろうと思った。さらに吉田ら原水協の要請に対して、ソ連平和委員会が原水協主催の原水禁世界大会と国際シンポジウムへの参加検討を表明したことも前進面で、ソ連からの参加が実現すれば、部分核停条約問題での対立以来一四年ぶりの参加となるから、統一問題への直接的な影響はわからないにしても、核兵器禁止運動への大きなテコになるのは明らかだった。

大寒をすぎた二四日、古在はいつもの佐藤行通と久保文に加え、原水協の草野信男と原水禁の高桑純夫をさそって岩波書店に吉野を訪ねた。吉野は数日前の電話で、上田耕一郎からいい情報をえたのか「万事、希望の方向だ」と明るい声を出していたから、この日は古在が考えた一つの腹案、国際シンポジウムの成功にむけた「アピール発表」を提起しようと考えていた。関係団体の足並みがそろわないなか、大同団結を呼びかけてはどうかと提起したところ、案ずるより産むが易しで、アピール発表の提起には吉野を含めて全員が賛成し、その文案作成や呼びかけ人の組織などすべてが古在の仕事になった。仕事は増えるが、古在の気持ちは明るかった。

古在はすぐ中野好夫、三宅泰雄（日本学術会議原子力特別委員会委員長）、猿橋勝子（地球科学者）などに打診し、三一日に再び岩波書店で「アピール発表」の相談会をもった。その間、共産党委員長宮本顕治が「総評とのトップ会談で核兵器全面禁止などで一致点が確認されれば統一は可能」と記者会見で述べ、その日のうちに金子満広書記局次長が来訪して古在にその記者会見の内容を直接伝えた。確かに「万事、希望の方向」だった。古在は国立医療センターへの週一回の通院をパスして、アピール文案作成に専念し、五、六度も書き直して二日後にようやく完成させた。そこには「禁」も「協」もなく、「統一」という言葉もさけて、選び抜いた言葉は「連帯」の二文字であった。

しかし吉野は約束した日の電話で、「今日は会えない。できればアピールの呼びかけ人をおりたい」と言い出した。古在は「一五分でもいい、読み上げるから不十分な点を指摘してくれないか」と粘り、吉野は「つらいなー」と二、三度言ったが、吉野は最後まで消極的だった。古在は受話器を置くと、吉野への湧きあがる怒りと落胆を押さえることができなかった。皆の前での約束をわずか二日間で再びくつがえすことも、「公式にではなく、友人として助力してもいい」との言葉も、まったく腹立たしかった。古在は、長年の友人を充分に客観視できないまま、感情の波に激しく揺さぶられた。

しかし同時に、いまは個人的な怒りに囚われず、なんとかして計画の実現をはからなければならないと、冷静な思いも一方で湧いた。吉野の心境に変化がなく、アピール呼びかけを拒絶し続けるなら、全体の計画を変更し別の道を考えなければならないが、それもまた簡単なことではない……。古在は、吉野説得の方法をあれこれ考え始めたが、その翌日、吉野の方から「きみたちの大将に会ったよ」と思いがけない電話があった。吉野の声の調子に変化を感じた古在は「吉野に会っても、絶対に『勝手にしろ』とは言わない」、そう自分に言い聞かせ、その日のうちに吉野を訪ねてアピール草案を見せることにした。

しかし苦心して仕上げた古在のアピール草案は、やはり吉野の酷評を受けた。「こんな長いもの、誰も読みはしないよ。だいたい『なりません』が多すぎる」。それは古在の堪忍袋にかなり我慢を強いるものだった。「吉野が断ったから、やむなく自分が書いた。書けば酷評する。なら初めから吉野が書けばいいのだ」。古在はそう思ったが、その気持ちをグッと抑えて「そうか、そうか」と吉野の言うに任せた。結局最後は吉野自身が

「加筆する」と言って、アピール草案を持ち帰った。会う前の決意どおりに堪忍袋を抑えきった自分が、我ながら誇らしかった。その夜古在は、事態を心配してやってきた吉田嘉清と久保文に事《こと》の顛末を話し、ホッとした気分で夕食をともにした。

古在が吉野からアピール成文を受け取ったのは、それから三日後の二月七日だった。

五氏アピール　一九七七年二月

古在はアピール草案に苦労しながら、その間「ヒンドゥー教と仏教」の出版打ち合わせ、徐兄弟の長兄徐《ソ》（福田）善雄《スンウン》との初対面、岡野俊一郎（日本体育協会理事）との対談「スポーツと人生」（『文化評論』七七年三月号）などをこなし、日ソ両共産党の関係修復の動きにも注意を払った。両党間でこじれていた「日本のこえ」問題で、近々両党の予備会談が開かれる予定のうえ、予備会談を行うのが古在旧知の二人、日本側は西沢富夫副委員長、ソ連側はフェドセーエフ中央委員である。

一月下旬、モスクワでの予備会談から帰国した西沢副委員長が記者会見し、「なお若干の問題が残っているので、近く東京で予備的な話し合いを行う。双方が誠実にこの問題に対処すれば、解決できると考えている」と述べた。古在は「日ソ共産党の関係改善／近く東京会談で結論」とする『朝日新聞』を切り抜き、『赤旗』の詳細な記事とともにノートに丁寧に貼り付けた。さきの日本原水協とソ連平和委員会との一四年ぶりの会談に続いて、両党関係が正常化すれば、原水禁運動の統一にとっても一つの環境整備になる、そんな思いだった。

古在は吉野からアピール成文を受けとるとすぐ印刷の手配をして、アピール本文とその付属文書の発送を佐藤行通と久保文に頼み、新村猛、西村関一、陸井三郎には幾度か電話をかけてアピールにまつわる経過を伝え、助力を依頼した。特に新村猛には、「国際シンポジウム」の呼びかけ人に加わり、アピール発表の記者会見にも同席するよう頼んだ。だれもが協力的だった。

二一日午後、古在は久保文とともに、アピール発表の記者会見のため神田の学士会館に向かった。ようやくこの日は、ここ一ヵ月半の努力が報われる日だ。呼びかけ人五人のうち出席したのは、三宅泰雄と吉野源三郎、スリランカ滞在中の藤井日達（日本山妙法寺山主）の代理林達聲、それにアピール事務局の顧問格として同席した新村猛の四名で、上代たの（元日本女子大学長）と中野好夫は都合がつかず欠席となった。古在は会見場の片隅に座り、大勢の記者たちに目をやった。

吉野らがこの日発表したのは、「広島・長崎アピール　被爆の実相究明のための国際シンポジウムを前にして」と「核廃絶をめざす運動とその展望」という付属文書の二つだった（五氏アピール）。「広島・長崎アピール」では、国際シンポジウムの重要な意義を強調したうえ、「これまで、核兵器に対する反対運動を無視するかのように、とどまるところを知らずに高まって来た核軍拡競争を、今こそくいとめるために、平和を求める日本のあらゆる個人・団体・諸組織が、過去の行きがかりを乗り越え、この成功のために力をひとつに合わせること」を訴え、付属文書は「今日第一に必要なことは、いうまでもなく、核禁止を要求するわが国内のあらゆる平和勢力の連帯と団結です。共通の目標をもちながら、これらの組織や団体が分裂し、分散しているのはまことに残念です」「どのように困難であるにせよ、ほかならぬこの日本において諸団体の広範囲の団結、誠意にみちた相互の連帯が実現されることこそ、私たちの念願です」「心から私たちはわが国の平和勢力の大同団結を訴えます」と呼びかけていた。

記者会見は一時間半も続いた。その時間の長さは、統一への国民の願いが記者たちの熱意に表れていると、古在には感じられた。まずは今日までの仕事が成功した証で、古在はほっとしたが、長い記者会見を終えた吉野が激しく咳き込むのが気になった。ここ五、六年ほど、吉野は喘息や肺気腫といった持病がすすみ、健康が優れなかった。古在はそれを承知で吉野の力を借りたが、無理をさせたすぎたかと、いささか心配になった。

翌日午後、同じ学士会館で「国際シンポジウム」呼びかけ人会議が開かれた。この呼びかけ人会議では、国際準備委員会の一〇日間に及ぶ調査活動と三日間の国際シンポを支えることを前提に、日本準備委員会の独自の企画案（三千人規模の調査員による被爆者調査、広島、長崎での大衆集会など）が報告され、最後に呼びかけ人に新村猛や福島要一など五人の追加も確認された。

吉野は疲れのためこの日は欠席したが、西村関一や高桑純夫、三宅泰雄など三〇人ほどが出席していた。古在はその吉野を慮《おもんぱか》って、「統一という問題が、いま日程にのぼっている。そして五氏アピールが出た。五氏が呼びかけたのだが、実は世間一般が呼びかけているのだ」と発言した。そのあとも心からの発言が続き、実に気持ちのいい会議になった。

その後、日本原水協が二月下旬になって、サブタイトルを「原水禁運動の国民的統一実現のために」としたこの夏の第二三回原水禁世界大会への「暫定議案」を発表し、原水禁もまた「すべての原水禁運動と組織が統一した運動をつくりあげよう」とする三・一アピールを採択した。

古在たちの努力と「五氏アピール」によって、統一への機運がいよいよ大きなうねりになろうとしていた。

『知識人と現代』　一九七七年春

「古在ゼミ」は三月初め、一月末に出版した『知識人と現代――研究者の記録』（青木書店）の合評会、相互批判の会を開いた。古在ほか一五名の執筆者を中心にした合評会で、二月の刊行記念会には名古屋から鈴木正が顔をだし、今回の合評会には京都からゼミの発起人だった深井純一が参加した。

この『知識人と現代――研究者の記録』は、二年前の「古在ゼミ」のおり、これまでの研究成果をまとめて論文集を出そうと話題になったのがきっかけである。『季刊　科学と思想』（新日本出版社）の編集部にいた大枝秀一が「古在ゼミ」に参加するようになり、青木書店の江口十四一編集長が出版を確約してから俄然弾みがつき、輪番で原稿草案を発表してゼミ仲間の吟味を受けるなどして、準備は順調に進んだ。当初は七六年初春に原稿を完成して、夏には刊行というスケジュールだったが、半年も刊行が延びたのは、古在が書く「序にかえて」の原稿完成が遅れたためであった。阪南大講師の深井耀子などは締め切り日にわざわざ京都から上京して古在に原稿を預け、ゼミでの原稿吟味も五月までにはすべて終えていた。しかし古在は努力してもなかなか完成させることができず、ようやく昨年夏のルーマニア治療に旅立つ直前に口述し終え、ようやくこの一月に刊行となった。

古在は、若い研究者たちへの期待をこめた「序にかえて」で、原水爆禁止世界大会にやってきたアメリカの宇宙工学技術者オールドリジの転身を紹介しながら、現代の知識人に求められる思想・哲学をわかりやすく論じた。その序文に続く論文には、「私の個人史とマルクス主義」（田口富久治）があれば、「思想と良心」（木下英夫）という思想のモラル論もあり、「農業危機と地域開発」（深井純一）があれば、「高校教師としての思想史研究」（太田哲男）という教育実践や「科学・技術者の現代像を求めて」（栗原清一、筆名新道道隆）という科学者像もあり、実に多彩な内容にみちていた。「客員ゼミ生」の田口富久治や芝田進午のものを含めていずれの論文も、若い研究者たちが今日とるべき姿勢が多方面から展開されていて、考えた以上の意欲と力感にみちた労作がそろっていた。

三月七日、『赤旗』に田中一（北海道大学教授・物理学）の書評が掲載された。古在と田中とは、四年前に山形県月山で開かれた「若手研究者の夏の学校」に一緒に招待され、その冬には真下信一を入れた鼎談「現代における科学・思想・人間」（『科学と思想』第一二号掲載）を行って以来のつきあいがあった。

田中は「「心の課題」をふかめる」と題したこの書評で、研究者には外から飛び込んでくる課題もあるが、自分の人生を位置づけるような「心の課題」があり、収録された一五の論文からはその精神と情熱が伝わり、「一つ一つの論文を『ウン』『ウン』とうなずいて読み進み、最後のページを閉じたときマルクス主義の豊かな創造に対する期待感があふれてくる」と書いた。的を射た田中の書評は、古在にもうれしいものだった。

思えば「古在ゼミ」を開始してちょうど一〇年、よく努力し、よく続いたものだ。『マルクス・エンゲルス全集』の講読から開始したこのゼミも、数年後には参加者が交替で自分の関心テーマをレポートして討議するという形に変わったし、ゼミメンバーも、当時激しくなった大学紛争・大学封鎖などで学問研究を断ち切られ、その飢餓感をもつ多彩な分野の院生の参加が増える一方、講師として各地の大学・学校に赴任する者もいて、固定したものではなかった。ゼミ世話役も七〇年に立命館大に赴任した深井純一から在京の小川晴久に替わり、七四年秋に「ベトナム問題」を特別報告した陸井三郎はその年から、「ゼミ忘年会常任出席委員」となった。そして今は、ゼミメンバーは二〇名近くになり、木下英夫（獨協大講師）、太田哲男（東京教育大附属高校教諭）、栗原清一（技術者・応用化学）の三人が世話役を務め、湿質コピーの「青焼き」で「古在ゼミつうしん」を出していた。

ゼミの発表テーマも、「民主集中制とユーゴ的自主管理」（瀬戸明）、「戸坂潤の教育思想」（田中孝彦）、「地域開発と住民運動」（野原光）、「技術の進歩と労働の問題」（栗原清一）、「市民社会観の歴史的考察」（平野英一）、「ルカーチの芸術論」（鷲山恭彦）など、実に多様な分野に及んでいた。もちろん、ときどきだが古在も報告し、美代もまた若い研究者に伍して、「家事労働と婦人問題」や「財産共有制」などについてレポートした。

ゼミ生にとっての楽しみは、美代の手料理はもちろんのこと、レポート前後の古在が発する片言隻語にキラリとした警句、箴言を発見することである。それはいつものゼミ討論での論理的なコメントとは違って、かえって刺激多く記憶に残るのだ。

「民主的な組織に入っている人が必ずしも民主的な人間ではない」「広津和郎や家永三郎などはコミュニストではないが、あれだけたたかっている。しかし当のコミュニストはやらない。スリ切れてしまっている」「理論とは実践しなければ意味がない」。

『友愛について』（随筆）で意識したのは、反官僚主義、反セクト主義で、官僚主義と友愛とは敵対・矛盾するものだ」「自己批判は要求されてやるものではない。自己批判は倫理的にいえば謙虚であることだ。批判は同時に自己批判になっているときに有効である」「まちがいをまちがいと言えるゆとりがあった方がいい」「すぐれた研究者は努力だけではダメで、眼のつけどころ、感性がなければならない」「農民にも説明できるようにすること、国民にどう役立つかを常に考えること」「理論には党派性がない。問題に党派性がある」「マルクスがレーニンが、こういっていると言うのではなく、現実がこういっていると言うべきである」「第一義的に引用されるべきは現実である」「私はことばというものを信じない。行動を見る」「非人間的な姿に慣れっこにならないためには、どうすればよいか。シンプルでヤングな精神をいつまでももちつづけること。何にでも驚く、何にでも感動する。これが若々しいことであり、ヒューマンなことだ」

そんな片言隻語を、ゼミ生はメモにとったり記憶に残したりして、ときどき「古在語録」を反芻した。

統一迷走　一九七七年三月〜

三月一七日、金子満広（共産党書記局次長）から古在に電話があった。午前中の共産党と総評との定期協議で、「原水爆禁止運動の組織統一が、急転直下合意した」という。「ようやく一四年間の難問が解決する。もはや逆転はないだろう。今後はより広い統一に向かって力を注がなければならない。五氏アピールが政党と大きな労働団体を動かしたのだ」。それが古在の率直な思いだった。数日前に新村猛と総評を訪問して幹部不在のため挨拶こそできなかったが、そうした努力も力になったのだろう。古在はすぐ陸井三郎に電話し、夜には偶然かさなった自由大学サークルの席上、コニャックを開けて乾杯した。心の底から嬉しかった。

その日の『朝日新聞』夕刊は「原水禁運動を統一／総評・共産　新組織作り合意」のタイトルで、「過去のいきがかりを乗り越え、より高い見地に立ってより広い階層の人々を結集する新しい統一組織体をつくる」という二者の合意内容を伝えた。

古在は翌日、名古屋駅で鈴木正と合流して別府に赴いた。今回の一週間余の旅は、三浦梅園や高野長英に縁のあった毛利空桑《くうそう》や武谷元立《たけやげんりゅう》、村上玄水[6]などについて、地元の研究者からの聞き取りや文献閲覧の機会を得るためである。古在は、いつものように地元の梅園研究者辛島詢士、高橋正和をはじめ、毛利空桑記念館館主や『大分合同新聞』記者から多くの「新発見・新知見・新資料」を得たが、江口十四一などが原水禁運動の「統一合意」後の情報を電話してくると、落ち着かない気持ちをもてあました。

古在は帰京すると、不在中の新聞に目を通し必要な記事を切り抜いた。「原水禁運動の統一機運を喜ぶ」という主婦の投書や「原水協と統一し開催／今夏の世界大会／原水禁も合意」などは、特に嬉しい記事だ。「世間も統一を支持している」、古在は心安らぐ思いで、選抜高校野球や北の湖の全勝優勝をテレビ観戦した。体調は悪くなかった。

四月はじめ、「松本慎一伝を書くための取材だ」と言って、風間道太郎が連絡なしにやってきた。風間は昨春法政大学出版局から新装版の『尾崎秀実伝』を出していた。風間は、この春から『尾崎秀実著作集』（全五巻、勁草書房）の刊行が始まったこともあり、この際松本慎一の伝記をまとめておきたいと言った。古在は突然の来訪ではあったが、『尾崎秀実伝』に加えて尾崎と親交篤《あつ》かった松本の伝記が成るのならと、取材に応じた。この秋は松本慎一逝って、ちょうど三〇年が経つ年でもあった。

その後古在は、『田中正造全集』月報（岩波書店）のために、田中正造の生き証人・黒沢酉蔵を安房郡丸山町に訪ねたり、マルクス主義研究セミナー（第四期＝七七年春期）の打ち合わせや国際学会のために来日したオトペニ・サナトリウムの「魔女」アスラン病院長に面会したりと、やや統一問題から離れた日々を送っていたが、四月半ばをすぎると、佐藤行通や久保文をはじめ、金子満広や立木洋（共産党統一戦線部長代理）の来訪が続き、吉野源三郎、中野好夫、新村猛などとの電話回数が急に増え始めた。

統一問題の当事者原水禁のなかでは組織統一の合意に異論が続出し、統一問題に暗雲がかかり始めていた。「原水禁の一加盟団体の総評が、他の団体に事前に協議することなく、共産党と『新しい統一組織体』をつくるとの合意事項に調印したことに、社会党、広島、長崎県労評などから批判が出」ていると、『朝日新聞』はその背景を解説していた。四月末には、『読売新聞』が「原水禁大会／今夏も分裂／核認識ズレ」とタイトルし、「核拡散防止問題、原子力発電所の問題など核に対する認識にまだ差がある。メーンの大会については、一緒に開くことはできない」との原水禁側の認識を報じ、原水協も「統一大会が実現すれば、日程の変更もある」と表明しつつも、「準備の都合上」という理由で独自の世界大会日程を発表した。

組織統一問題はおろか統一大会さえ危ぶまれる事態に、古在は新たな方策の必要を強く感じた。古在はすぐに、新村猛や吉田嘉清、久保文などと連絡をとり、夕食に熊倉啓安や草野信男らを招待して、意見交換を開始した。

「革新都政一〇周年記念の会」があった五月七日、古在は「記念の会」を途中から抜け出して名古屋から上京した新村猛と落ち合って、善福寺の中野好夫宅に赴いた。新村は「国際シンポを支持し推進する愛知県準備委員会」を結成すべく、前日に愛知で準備会議を開いたばかりで、そこには核禁会議や原水禁、被爆者の会の地元役員、牧師や僧侶、それに高桑純夫（原水禁事務局長）が「愛知大教授」の肩書きで参加していた。「国際シンポ」を成功させ統一をめざす動きは長野県をはじめ地方にも波及し、新村もまた足下の愛知そして東京と、統一めざして情熱的に東奔西走していた。

その日中野は「いろいろ困難はあるが、唯一の被爆国で運動が三つに別れているのは誠にみっともない。一挙に統一できればそれにこしたことはないが、この際ゆるい関係でもよいから、各団体一体となって国際シンポと世界大会を成功させる必要がある」と持論を語った。古在と新村は、シンポと大会の成功は当然だが、「組織統一」はシンポと大会の成功をもっとも確実にするものだから、諦めずに追求する必要がある、当事者の「禁」と「協」とを同一のテーブルにつかせたい、と強調した。いっときの議論のすえ中野は、二人が提起した「五氏アピール」に続く「統一を願う新たなアピール」の発表と統一準備会の早期発足に賛同した。

しかしこの日、総評と広島・長崎・静岡三県の原水禁組織との協議では、「早期統一断念、一日共闘方式での世界大会」が確認されていた。この「禁」「協」の一日共闘方式は、「分裂の固定化につながる」として原水協が反対している方式である。原水禁運動の当事者たちは、五氏アピールにある「過去の行きがかりを乗り越え」「力をひとつに合わせる」という「大義」にはなかなか立てず、迷走を続けた。

その一週間後、新村猛は古在・中野会談の内容にそって、赤坂のホテルで記者会見に臨んだ。その席上新村は、先の「五氏アピール」の賛同は各界から一一七六人（七三団体を含む）になったとその名簿を公表し、新たに五氏連名の「原水禁の統一大会実現を願う」という趣旨の声明を発表した。そのうえで新村は「社会党、共産党、総評、原水協、原水禁のほか、中立的な地婦連、日青協などの団体、幅広い文化人と統一問題について協議し、具体的なあっせん案を今月下旬をめどにまとめ、統一大会と組織統一のための準備会を発足させる」と語った。ともに同席を拒否している原水禁・原水協を含めた協議という点が、この記者会見の最も新しい点だった。

その翌一四日、古在は国民平和大行進の出発会場、第五福竜丸記念館まえであいさつした。古在はベトナム戦争の勝利にふれながら、この夏の世界大会の統一開催は至上命令で、「決して前進目標と射撃目標とを取り違えてはならない」と大きな声を野天に響かせた。

電撃合意　一九七七年初夏

五月一八日夜、マルクス主義研究セミナーを終えた古在は、原水禁代表委員の森滝市郎が広島から上京していると聞いて、タクシーを飛ばして丸の内ホテルに向かった。部屋では森滝と草野信男、吉田嘉清、佐藤行通が顔を合わせていたが、古在にはその場の雰囲気がすぐには飲み込めなかった。ほどなくして、森滝市郎が「組織統一合意」の決心を、その会談の場で固めたことがわかった。古在と森滝とは戦後まもなく学習院から一緒にデモ行進して以来の再会だったが、その急転回の英断に、いずれからともなく肩を抱き合った。

前日古在は吉野源三郎に会ったが、その帰り道、同道した久保文と佐藤行通に「今日は俺の誕生日だ。なにかいいことが起こるぞ」と言ったが、こんなに早く真実になるとは思わなかった。当事者たちが直接顔をあわせたのが、互いの信頼関係につながったのかも知れない。「七六歳の誕生日の贈り物！」。古在は心の底から感謝したい気持ちだった。合意を発表することとなった明日五月一九日は、くしくもホー・チ・ミンの誕生日でもあった。

国民平和行進の出発会場、第五福竜丸記念館前であいさつする古在
（1977年5月14日）

翌一九日午後、岩波書店に森滝市郎、草野信男、三宅泰雄、新村猛、吉野源三郎、中野好夫、吉田嘉清、佐藤行通、久保文、古在らが集まって合意書が作成され、夜七時半から、港区の日本女子会館で記者会見が開かれた。古在は如水会館で開かれる「写真集『ベトナム解放戦争』記念出版会」（ベトナムに写真集を贈る運動委員会刊）があって参加できなかったが、電撃の統一合意発表だった。

森滝市郎（原水禁代表委員）と草野信男（原水協理事長）名の合意書には、五点の合意内容と三つのメモが付記されていた。「一、今年八月の大会は統一世界大会として開催する。二、国連軍縮特別総会にむけて、統一代表団をおくる。三、年内をめどに、国民的統一の組織を実現する。四、以上の目的を達成するために、（中略）統一実行委員会をつくる。五、（略）」という合意内容、そしてメモは「一、禁協が随時連絡協議を行う。二、原発問題の討議の場を大会のなかに必ず設ける。三、統一実行委員会結成まで、世話人・相談役を次の方々にお願いする」（要旨）というもので、世話人は新村猛・森滝市郎・草野信男・高桑純夫・吉田嘉清、相談役は「五氏アピール」の五人、上代たの・中野好夫・藤井日達・三宅泰雄・吉野源三郎となっていた。

五月二〇日の朝刊各紙は「合意」を一面トップで報じたが、どの新聞も「統一へのレールは敷かれたとしても、その前途は決して平らかではあるまい」（『毎日新聞』社説）という論調だった。確かに、合意を受けて開かれた核禁会議の全国代表者会議は「統一に同調しない」ことを確認し、原水禁の全国委員会さえ「森滝代表委員が突っ走り過ぎた」とか「合意は頭ごなしだ」という批判が出て大いに紛糾した末、やっと合意が認められる有様だった。

しかし古在は、原水禁事務局や全逓・全電通の幹部たちも多くの団体・関係者の統一歓迎の声を無視はできまい、いくつかの問題はまだ残るだろうが大きな山は越えたのだ、と確信していた。

古在は数日後、心おきなく「春のどさまわりの旅」に出た。箱根・仙石原の旅館で、袂に入れた下着を探し回るという珍事を起こしたものの、「五氏アピール」後の別府行きも電撃合意後の今回の旅も、いつもどおり楽しむことができた。

六月一三日午後、古在は自宅の書庫で新たに見つけた父由直の足尾鉱毒に関する原稿と田中正造の『義人全集』（栗原彦三郎編、中外新論社、一九二五年）を岩波書店に届けてから、学士会館に向かった。合意書にある「原水爆禁止統一実行委員会」がいよいよ結成されるのだ。この間古在は、「世話人・相談役」の人々と頻繁に連絡を取るばかりか、「世話人・相談役」の会議（拡大世話人会）には可能なかぎり顔を出した。古在は正式メンバーではないため開会前には必ず退席するのだが、メンバーの人々と意見を交わしかつ会議内容を掌握するのは、統一に努力してきた自分の義務のように感じていた。会場に顔を出せないときは、新村猛の宿舎に赴いて報告を聞いた。吉野源三郎が原水禁の内部事情に苦しむ高桑純夫を情理をつくして励ましたことも、中野好夫が市川房枝から統一実行委員会への参加の同意を得たことも、古在はそこで知った。

統一実行委員会の結成には各界・各団体から五〇名弱が参加し、古在は初対面の田中里子（地婦連事務局長）や朝日新聞記者の岩垂弘と挨拶を交わした。田中は戦時中風船爆弾製造に動員された反省から平和運動に参加するようになり、岩垂は「民衆の視点、立場から歴史を見る知識人」としてベトナム支援以来の古在に注目し、統一をめぐる動きを取材している記者だった。

結成会議では、目的を「五・一九合意」の三項目とし、機構は実行委員会とその下の幹事会、統一実行委員はこの日の結成会議に参加した全員とすること、さらに具体的作業にあたる幹事一九名と、「一致点にもとづいて運営する」ことなどが決定された。古在は五時間も続く会議の冷房にすっかり冷え切って、帰り途《みち》に陸井三郎と一緒に近所の「出雲そば」でそばがきを食べた。陸井自身統一をめざして随分苦労を重ねていたが、その陸井が「古在さん、正月以来の奔走が、よくここまで来ましたね。ご苦労でした」とねぎらってくれた。それは、まだまだ先があるにしても、心暖まるありがたい言葉だった。

古在はその後、自由大学サークルやマルクス主義研究セミナーで「統一問題についての経過」「ベトナム戦争と原水禁運動」などのテーマで報告し、参議院選挙を控えた六月末に開かれた「共産党を支援する学者・研究者の会」では、二百人の参加者をまえに「原水禁運動の統一と知識人の役割」と題した記念講演を行った。

それらの報告・講演が重なるころ、安堵のせいか梅雨の季節のせいか、激しい脚痛が古在をふたたび襲うようになった。目白台鍼灸院への通院が週二、三回に増えたが、それでも古在は統一実行委員会には欠かさず出席し、実行委員としての責任は果たし続けた。統一に頑強に反対し続けた池山重朗が原水禁事務局次長を辞任して社民連から参議院選挙に出馬すると聞いたときは、ついに彼の抵抗が尽き事態は好転するかと思ったが、七月初旬になってもなお統一実行委員会は、統一世界大会の日程さえ決定できず、その時はさすがに焦りを感じた。七月半ばになってようやく新村猛私案が実行委員会で確認されたが、「ハラハラ、ドキドキ」の状況はなかなか改善しなかった。「禁」「協」の激しい意見の対立に、日青協と地婦連の代表が「私たちも出席しているんですよ」とたしなめる場面はその後も続いた。

そうした状態のなかでも、松本敏子宅で開かれた半世紀ぶりの東京女子大のクラス会に顔を出し、戸坂潤の墓の改修を江口十四一や鶴田三千夫と相談したり、美代と二人で映画「八甲田山」を見たり、六月二二日に亡くなった松村一人（享年七一歳）の告別式で会った柘植秀臣、渡部義通と久しぶりに話す機会を得たりすると、古在はようやく日常生活に戻った落ち着いた気分になった。仕事の面も同じだった。社会思想社の『現代マルクス・レーニン主義事典』の項目執筆は「古在ゼミ」の木下英夫に補佐してもらいながら、仕事場の「山の上ホテル」通いを続け、八月刊行予定の母紫琴の伝記『泣いて愛する姉妹に告ぐ——古在紫琴の生涯』（山口玲子著、草土文化）の序文原稿を穴をあけずに編集者の梅津勝恵に渡すことができた。さらに戸坂潤著『日本イデオロギー論』（岩波文庫）の「解説」（『戦時下の唯物論者たち』所収）も朝三時までかかって書き終え、締切りぎりぎりではあったが美代に届けてもらった。それらは、「遅筆改善？」を思わせるほどの仕事ぶりであった。

これで統一世界大会と国際シンポジウムが成功し、年内に原水協・原水禁に替わる原水禁運動の新しい統一組織が結成されれば、大願成就だった。

統一世界大会　一九七七年夏

七月三一日から三日間、国連NGO主催の「国際シンポジウム」が広島の医師会館で始まり、日本を含む二三ヵ国から三〇〇人が参加した。「原爆の医学的影響」「核兵器の廃絶と放射能からの人類の防護」など四つの分科会が設けられ、最終日の八月二日にはノーベル平和賞受賞者ノエル・ベーカー卿がアピールを朗読、「H

IBAKUSYA」（ヒバクシャ）を世界共通の言葉として広めることを確認した。

翌三、四日は、原水禁統一実行委員会が主催する「一九七七年原水禁世界大会国際会議」が開かれ、これまでにない三〇ヵ国一四国際組織から海外代表一一六名を含む三五〇人が参加、続く五、六日の統一世界大会には九千人収容の広島県立体育館に内外から一万三千人が集まった。会場外にあふれた人々は、暑い日差しにかかわらず、場内から流れるスピーカーに熱心に耳を傾け、ベトナム代表が不慣れな日本語で「団結、団結、大団結！　勝利、勝利、大勝利！」と演説を結んだときは、会場の外でも熱狂的な拍手がしばらくやむことがなかった。最終日のアピールも満場一致だった。「広島、長崎の被爆者の体験を人類がわがものとしないかぎり、人類はほろびる以外ありません。人類の未来にむかって、わたしたちはいまこそ責任を持つべきです。核兵器は人間が作り、人間が操作しているものです。だからこそ、人間みずからがたちあがることで、完全禁止と全面的軍縮の決断をくださなければなりません」「手をとりあい、はげましあい、あらゆる力をふりしぼって、あすへの道をきりひらくために」。

もっともすべてが順調に運んだわけではなかった。新村猛代表幹事が行う基調報告さえ徹夜してもまとまらず開会一時間前にようやく妥協が成立したり、参加章バッジの配分でもめたり、会場では大会規定に反する横断幕を掲げた青年グループに「帰れ！帰れ！」の合唱が起きたり、議論に隔たりのある「核絶対否定」とか「原発反対」のゼッケンも数多く見られた。スローガンに「核否定がない」と一部の外国代表は統一大会に参加せず、五日には原水禁が独自に「被爆三二周年原水禁大会」を開いた。そこでは高桑純夫事務局長が「核の軍事利用に反対するとともに、平和利用にも反対し、核絶対否定の立場を貫く」「統一大会もあり参加者は複雑な気持ちだろうが、統一大会はあくまでも共同行動の一つだ。『いかなる核にも反対』は譲れない基本原則だ」と報告した。

……確かに多くの問題はあった。だが今回の統一大会が一四年間の分裂大会に終止符をうち、来年の国連軍縮特別総会に統一代表団を送り出す条件を作り、多くの団体・個人をつつみこむ新たな国民的組織をうみだす機動力となったことは確かだ。なにより嬉しいのは、核兵器廃絶を願う世界と国民の、統一運動に対する期待と支持がどんなに大きいものか、統一に元気づけられて参加した若者・婦人がどんなに多かったか、改めて明確になったことだ。統一は「禁」「協」の分裂で運動から去っていった人々を再結集し、新たな参加者を増やした。それははっきりしている。同時に、その結集が核兵器禁止の切実性と緊急性を内外にアピールする力にもなった。統一自体が自己目的ではないにしても、この力をさらに大きく強め、日本の侵略戦争敗北とベトナム国民の勝利に続いて、核兵器廃絶の達成をもこの目で見たい……、古在は心の底からそう思った。

この「国際シンポ」そして統一世界大会を通して、古在ははじめてノエル・ベーカー卿の思想と人柄を知った。ベーカーが言った「ヒバクシャ」という響き、そして古在との会話で言った「平和とスポーツは一体」という言葉が心にしみた。

ロビーで一休みしていたベーカーに、古在が声をかけた。「六〇年前のオリンピックであなたを知りました。そのあなたと平和集会で会えるとは思いもしませんでした」。ベーカーは応えた。「平和とスポーツとは一体なのだから」と。平和とスポーツとは一体。第一次世界大戦で兵役を拒否し、外交官として国際連盟の創設に尽力し、そして一九二〇年のアントワープ・オリンピック一五〇〇メートルで銀メダルを取り、ラッセルの核軍縮キャンペーン（CND）の協力者、そういうベーカーにしてはじめて言える言葉であった。

しかし、古在は脚痛が消えず、長崎行きはあきらめて七日の夜東京に戻った。

……考えてみれば、核兵器禁止・廃絶の運動は、社・共とか「禁」・「協」の枠をこえて、はるかに大きな国民的・国際的課題だ。「いかなる国」問題で分裂は始まったが、いまは一〇数年前とは比較にならないほど、核保有国が増え、巡航ミサイル、中性子爆弾などの核開発も進んでいる。キッシンジャー（元米大統領補佐官・国務長官）さえ認めるように、天文学的スピードと量で核軍備競争が進められている。帝国主義国であろうが社会主義国であろうが、地球から核兵器は全廃しなければならない。「禁」「協」どちらが正しいかという問いに興味はない。専門的に運動にたずさわる当事者たちは、その特殊な世界から世間を見るのではなく、普通一般の世間の目から自分たちの活動を見直すことが必要なのだ。普通の人の顔、気持ち、考え方、つまり世間から見て、今なにをやるべきかが最大の問題なのだ。しかも運動のなかで癖のついた専門活動家の「歩き方」に世間を合わせるのでなく、世間の方に専門活動家の「歩き方」を合わせなければならない。何か特定の集団に忠誠であるというのではなく、「現実」に忠誠であることこそ重要なのだ。もちろん原発の問題も棚上げにはできないが、イデオロギーやスローガンで動くのではなく、今必要なのは、科学者が正確な情報を広く提供し、多様な市民との相当に緻密な議論と交流だ。民衆の気持ちがわかり、同時に民衆でもあるような科学者、研究者が必要なのだ……。

古在はそんな趣旨のことを、お盆過ぎにセットされた座談会で話した。相手が旧知の北川隆吉（法政大教授・社会学）と陸井三郎、会場が自宅、統一大会成功という条件が、古在を少し饒舌にした（『日本の科学者』七七年一一月号「原水爆禁止運動の新たな高揚にむけて」）。

組織統一越年　一九七七年冬

古在が序文を書き上げてから一ヵ月余がたった八月はじめ、山口玲子著『泣いて愛する姉妹に告ぐ――古在紫琴の生涯』が草土文化から刊行された。

母・紫琴については、戦前から相馬黒光などが紹介し、戦後もまた六〇年代後半から七〇年代前半にかけて村上信彦（女性史研究家）による大部な『明治女性史』全四巻（理論社）や明治文学史研究のなかで再び光があてられ、広く知られるようになったが、これほどまでに記述内容の広さ、正確さ、周到さをもった著作はなかった。古在はなんどか山口玲子と会って母についての資料を一緒に見たことはあったが、母の生涯がこうも克明に描き出されるとは夢にも思わなかった。この本が今後、明治期の文学史や女性解放史に関心ある人びとに役立つなら、紫琴の子としてこれに勝る喜びはなかった。古在は、一〇年にわたって苦労を重ねた著者の山口玲子、行き場のなかったこの本の刊行に骨を折った編集担当の梅津勝恵に、心からの感謝の意を伝えたかった。またそのほかの協力者たち、巌本善治宛の母の手紙と三通の葉書を贈呈してくれた岡野他家夫（書誌学者）や、『国労文化』の縁から母方の系譜調べに力を貸してくれた鈴木勧（国労中執）などにも礼を言わねばならなかった。

　思えば昨年から今年にかけては、母ばかりではなく父由直も広く話題になった。昨年の夏には丸岡秀子がシリーズ「心を打った男たち」（『日本経済新聞』[7]）で由直を取り上げ、秋には田村紀雄（当時東京経済大学助教授）からインタビュー[8]を受けた。丸岡秀子の焦点は、由直が自由と生命力に富んだ精神で、夫婦平等を先駆的に実践し、かつ足尾鉱毒に立ち向かった「おのれ独りをおそれる」思想にあり、田村のインタビューの狙いは、科学者として「不偏の見識」で足尾鉱毒を分析した由直像にあった。丸岡に貸しておいた紫琴宛の由直の手紙[9]が戻った今年の春には由直の原稿を新たに発見し、七月には、江口十四一が電通の三木という人から聞いたという、父母二人の「ちょっといい話」もあった。それは三木が母からなんども聞かされた彼の亡兄の話で、その三木の亡兄が五、六歳のころ、由直を乗せた車にひかれそうになり、車高の高さのため無傷ではあったが、由直は車を降りてその子を胸に抱いていたわり、その後も紫琴が幾たびか三木家を訪ねて礼をつくしたという話であった。

　母紫琴の伝記といい、父由直の生き方といい、古在はそうした折々の話に両親のなつかしい面影を思い出さずにはいられなかった。

　この年の「秋のどさまわりの旅」は、寸又峡温泉への旅となった。宿にした翠紅苑の鹿鍋に村井康男などは「うまい！　旨い」を連発し、翌日は金嬉老が立て籠もった「ふじみや」を見て、三日目にはミニ鉄道に乗るいつもの愉快な旅となった。しかし今回は大切な常連の一人、戦前の労苦を共にした吉田寿生が旅に出るひと月前、六〇代半ばで亡くなっていた。

古在は一〇歳ほど若い吉田の死が残念でならなかったが、吉田が戦前の「京浜労働者グループ」の活動を手記にまとめていたのが、せめてもの慰めとなった。古在は昨春、自宅を会場にした電機労連の若者たちの月一回の学習会に吉田を招待し、「京浜労働者グループ事件」などの戦前の活動を話してもらったが、吉田の話はみなが熱心に耳を傾けるいい話だった。吉田はそれをきっかけに、その夏に半生記『歳月めぐりて』をまとめあげた。それは戦前の若き労働者たちの反戦活動、時代との苦闘がいきいきとつづられたもので、貴重な歴史的証言となった。反戦・平和のたたかいは、どんな時代もまっすぐに求めなければならない大切な課題だということを、見事に語りつくしていた。

旅から帰った翌一一月、翌年五月の国連軍縮総会にむけて「国連に核兵器完全禁止を要請する署名運動推進連絡会議」が東京で結成された。連絡会議には、原水禁世界大会統一実行委員会に加わらなかった核禁会議とそれを支える同盟（全日本労働総同盟）も参加し、原水禁運動は文字通り大同団結して、いっそうの広がりを見せようとしていた。すでに原水禁世界大会統一実行委員会は、国連軍縮総会にむけて、①原爆の脅威と被爆者の苦しみを世界に伝える、②核兵器使用は人道に反する犯罪として禁止、③核兵器全面禁止条約の早期締結、を内容とする三五〇〇万署名を呼びかけていた。五月の「電撃合意」の第一項「統一世界大会開催」はすでに実現し、この連絡会議の発足で、第二項「国連軍縮特別総会への統一代表団派遣」の見通しもついた。残るは一つ、第三項の「年内めどの統一組織実現」だが、これは簡単ではなかった。

一一月はじめ、統一実行委員会のなかに「組織問題検討小委員会」が設置されたが、「新組織は既存組織をふくむ連合体」という原水禁の主張と「既存組織解散のうえの新組織結成」を主張する原水協との意見が対立したまま歩み寄りはなく、翌年以降に持ち越しとなった。原水協側には、原水禁は「いかなる国」問題を契機に原水協を脱退した「分裂組織」だという認識があり、原水禁側には、原水協は「いかなる国」問題での反省が足りないとの認識があった。相互の不信、諍《いさか》いの溝は深かった。

だがこの年一九七七年は、統一にむけて大きな実績をつくった画期的な年で、古在には大きな意味のある年となった。

第18章　反核のどよめき　一九七八〜八二年

保安監護処分　一九七八年春

　正月七日の昼前、古在は高田馬場駅近くのレストラン「大都会」に向かった。全国委員会を終えた全民研（全国民主主義教育研究会）の役員一〇数名が「新年の古在先生を囲む会」を開いた。古在は全民研創立以来十年近く会長を務めていたが、ここ一、二年は脚痛などで体調が整わず、年一回の夏の大会にもなかなか参加できずに心苦しく感じていた。古在ははじめの挨拶で、会長として充分尽力できていないことを詫びたが、フルコースの馳走が出た懇談では質問にも答えながら、出席した何回かの大会のこと、ベトナム戦争のこと、戦中と敗戦直後の共同生活のこと、最近の体調のことなどを、ざっくばらんに話した。参加者にとって、古在の熱のこもった「名調子」はおもしろく、日の傾くのが惜しいほどだった。古在にとっては、みなが健康を気遣ってくれ、空席になっている副会長席を規約どおりに埋めることになったことが何よりありがたかった。脚痛のうえに任務過重気味の古在は、気分が少し楽になった。

　二月二一日、古在は四谷駅を降り、喫茶店「皈《ばん》」の扉を開けた。「皈」は、古在、真下他共著『いのちある言葉』（童心社）を担当した元編集者中村章子が母親と共同で開店した喫茶店で、中村はこの「皈」を拠点に、コンサートや展覧会などの文化的催しを企画し、昨年からは真下信一の学習会「真下先生の会」を開いていた。

古在はこの日、体調がすぐれない真下のピンチヒッターで、これにはむげに断れない訳があった。

出版社を退職した中村章子から、「版」での学習会講師の依頼を受けたとき、古在は真下信一を推薦、持病をかかえる真下は引き受けたものの、一年も経たないこの春にはとうとう胆嚢摘出手術を受けるような状態になっていた。しかも、古在に高校生向けの「日本の思想家たち」を話してもらってそれを本にするという中村の希望を退けて、「多摩美術大の学長をやめ、週一回名古屋から講義に上京してくる真下ならやってくれるよ」と、真下を強く推薦した。自由大学サークルと古在ゼミ、電機労連の学習会に加え、さらに定期的な学習会を持つのは負担が大きく、原水禁統一問題も緒についたばかりだから、という当時の理由に嘘はなかったが、持病もちの真下に無理をさせたかなという反省もあったから、その代役程度は当然のことであった。

中村章子から真下の代役依頼を受けた古在は、中村のかつての「日本の思想家たち」の企画も考慮して、ピンチヒッターとして当面「日本近代思想を築いた人々――三浦梅園」を始めることにした。その日「版」には、「真下先生の会」のメンバーや中村から声がかかった川上徹（のち同時代社代表）ほか一〇数人が、テキストの『三浦梅園集』（三枝博音編、岩波文庫）をもって集まっていた。これが「古在先生の会」のちの「版の会」のスタートとなった。

四月半ば、古在は西村関一、東海林勤（牧師）とともに記者会見に臨み、準備してきたアピール「徐俊植《ソジュンシク》氏の『刑期満了』を目前にして」を発表した。一ヵ月後の五月二七日、徐勝《ソスン》の弟徐俊植は懲役七年の満期を全州《ジョンジュ》矯導所（刑務所）で迎えようとしていたが、釈放されないことが懸念されていた。

韓国の独裁政治とファシズムは依然として荒れ狂い、七四年には詩人金芝河《キムジハ》らを軍事裁判にかけて死刑を含む重罪に処し、翌七五年には、韓国の治安維持法とも言うべき「社会安全法」を制定した。「社会安全法」は非転向の政治犯を「反共精神が確立した」と当局が認めるまで、つまり完全転向するまで半永久的に拘禁することを可能にした治安立法である。古在にとっては戦前の治安維持法が隣国で復活したようなもので、断じて許せるものではなかった。三月末に訪韓し徐俊植との面会を試みた山田昭次（当時立教大教授）らの「渡韓報告」では、応対した担当官は家族以外の面会を拒否し、「徐俊植は共産主義者だ。個人的見解だが、転向しない限り、社会安全法を適用されるだろう」と語っていたという。刑期満了者への初適用が、拷問にも屈せず非転向を貫いている徐俊植を襲おうとしていた。

　粟田賢三や佐多稲子、中野好夫など七六名が署名し、古在らが記者会見で発表したアピールは、「何ものによっても思想・信条の自由は侵されてはなら」ず、「民衆が抑圧的な政治権力に対してたたかい、社会を変革しようとすることは権利として認められるべきもの」であるとして、徐俊植のすみやかな釈放を求めていた。その記者会見のあと開かれた「徐俊植氏への社会安全法適用阻止集会」（国労会館）では、スライド「徐兄弟事件の七年」が上映され、古在はアピール賛同者を代表して挨拶した。時間がなく短い挨拶となったが、古在は、徐兄弟支援のきっかけとその思い、関東大震災以来の日本と朝鮮そして朝鮮人との関わり、獄中での崔奉《チェボン》天《チョン》との出会いを語り、最後に「微力弱体ながらも運動の末端に連なる」と決意を述べた。集会には首都圏の救う会メンバー一五〇名が参加していた。

　満期当日、東京では「徐俊植氏を無条件に釈放せよ！　五・二七集会」（六本木・檜町公園）が開かれ、韓国では期待と不安が入り交じったまま、徐兄弟の友人たちと母・呉己順《オギスン》、妹徐英実《ソヨンシル》が、払暁の全州矯導所を訪れていた。しかし、徐俊植を移送する猛スピードの護送車とすれ違っただけで、母妹二人は、どこに護送されたのかを聞き出すのに二時間もねばらなければならなかった。保安監護処分となった徐俊植は、全州矯導所から三時間かかる大田《テジョン》矯導所に送られていた。二人はそこでようやく三分間の面会を果たした。徐俊植は釈放に備えて伸ばしてきた髪を再び丸坊主にされていたが、それでも母と妹にむかって「これからはあせらんとね、ゴムのように弾力をもって生きていきましょう」と気丈に話した。しかし母妹二人の落胆は大きかった。

　古在の落胆もまた大きかったが、逆に「ピンチヒッターではないが、それ以上の集中力で、真剣勝負に挑もう」という気力も湧いた。

緊急アピール　一九七八年夏

五月下旬、三五〇〇万という目標には達しなかったものの、約二千万（一八六九万）名、二〇トンにも及ぶ署名用紙とともに、五〇二人の日本代表団（国連に核兵器完全禁止を要請する国民代表団）が、ニューヨークにむけて出発した。二日ほど遅れて「子どもたちに世界に！　被爆の記録を贈る会」（松浦総三〈ジャーナリスト〉代表）の三〇人ほどが、できたばかりの写真集『広島・長崎――原子爆弾の記録』（英語版）を抱えて、ニューヨークに入った。およそ四〇日にわたって、初の国連軍縮特別総会（ＳＳＤＩ）が開かれるのだ。日本代表団はそれからおよそ二週間にわたって、国連軍縮総会の傍聴、国連への署名提出、米政府・議会への要請、アメリカの市民団体との対話集会、デモ行進など、実に多彩な行動を展開し、大きな手ごたえを感じて六月初旬に帰国した。誰もがこの統一の力、国民代表団の成功は、この夏の原水禁世界大会の統一につながるものと信じた。

しかし事態はそう簡単ではなかった。七八年の世界大会に向けてこの春から動きはあったが、原水禁は昨年と同様「被爆三三周年原水禁世界大会」という独自大会開催を決定していたし、原水協は「五・一九合意」に基づく「新統一組織づくり」を再提唱するばかりだった。国連軍縮総会国民代表団の報告集会がもたれた七月一日、統一実行委員会の代表幹事新村猛は枠を広げた新しい統一実行委員会発足を呼びかけたが、その翌日の広島での講演では「夏の大会の見通しは混沌としている」と話すような状態に陥っていた。「禁」「協」という二つの「原水禁運動の専門家集団」の歩み寄りは、依然として難しかった。

この膠着状態を打開したのは、昨年統一大会が実現したことによって運動に再結集してきた市民団体だった。地婦連（大友よふ会長）、日青協（柳本嘉昭会長）、生協連（中林貞男会長）、日本被団協（行宗一《ゆきむねはじめ》代表委員）、日本宗教者連絡会議の五団体は「もう待てない」として七月五日に大会実行委員会結成を呼びかけ、その五日後には賛同する四一団体・九個人で「大会を開催する実行委員会」を結成して、原水禁運動の原点を明確にするため大会名を「七八核兵器完全禁止・被爆者援護世界大会」とすることを決めた。原水協はこの実行委員会主催の世界大会に全面協力の態度をとったが、独自大会開催を決定していた原水禁は、「個人・加盟団体ごとに対応する」と決めるにとどまった。しかし七月二五日、広島の原水禁運動三団体（原水禁・原水協・核禁会議）の代表が個人資格で参加するという形で現地実行委員会が結成され、なんとか七月末ぎりぎりになって、統一世界大会の準備が整うことになった。被団協の行宗一は、『朝日新聞』のインタビューに、昨年の国際シンポジウム、今年の国連軍縮総会への取り組みの経過から「原水禁運動が党派から離れ、私ども民衆の手にかえってきた。運動の統一というよりは新しい大衆運動として生きかえったのだ」と語った（八月一日夕刊）。しかし同じ二五日、長崎の現地実行委員会は地元五団体が離脱して空中分解し、長崎での統一大会開催は危機に瀕した。

古在は、昨年の統一大会で原水禁・原水協の接着剤の役割を見事に果たした市民団体の力を信じ、昨年ほどの目立った動きをして来なかったが、この長崎の事態を看過することはできなかった。すぐに高桑純夫（原水禁事務局長）、草野信男（原水協代表委員）、新村猛（統一実行委員会代表幹事）らと連絡をとり、中野好夫（評論家）宅を訪ねるなどして、事態打開に動いた。

八月一日、神田の日本教育会館で「七八核兵器完全禁止・被爆者援護世界大会」の国際会議が二日間の日程で開幕した。大会にはなじみのオールドリジ、特別参加の国連広報局課長など海外代表三九人を含む五五〇人が参加した。古在はその初日の会議終了後、中野、新村とともに記者会見に臨み、行き詰まった長崎大会を関係者の努力で打開しようと呼びかける「緊急アピール」を読み上げた。統一実行委員会の代表委員に名を連ねてはいても、表立ったことを一切控えてきた古在には珍しいことに、「ボクは声が大きいから」とアピール朗読を買って出た。「全国および長崎のすべての関係団体・個人が思想信条をこえ、これまでの行きがかりを乗りこえ、小異をすてて大同につくよう訴えます」。会見場に凛と響くその声に、古在の思いがあふれていた。

この緊急アピールには、古在が直接相談した高桑純夫、草野信男、中野好夫、新村猛、吉野源三郎のほか、大友よふ、具島兼三郎、藤井日達、三宅泰雄など一六名が名を連ね、記者会見では、翌日から田中里子地婦連事務局長と新井則久総評常任幹事、森賢一平和委員会事務局長が現地入りして現地関係者と協議することも発表された。

こうして六日には広島で、九日には長崎で、統一実行委員会主催の「七八核兵器完全禁止・被爆者援護世界大会」が成功裏に開かれ、その秋には統一実行委員会そのものが役割を終えたとして解散した。

しかし前年に続き統一大会は実現したものの、合意事項「組織統一」はまったく進展せず、原水禁が五日に開いた独自大会では「核エネルギーは軍事利用も平和利用も人類の生存を脅かす」と強調したことが、古在にはなお気がかりだった。原水爆禁止運動の原点にそれはなじむのか、いまその要求で運動は統一できるのか……。

古在レポート　一九七八年秋

「八月は六日《むいか》、九日《ここのか》、一五日《じゅうごにち》」。いつもの暑い夏、原爆忌と西瓜忌、敗戦記念日が過ぎ、古在ゼミが再開した。『知識人と現代』刊行後も参加者に多少の異同はあるもののこの一一年間、八月と忘年会の一二月を除いて毎月下旬の日曜日には欠かさずに継続してきた。古在ゼミの創立メンバーの一人、京都の深井純一は日程の都合がつけば顔を出し、他日に上京する機会があれば鷺宮の古在宅を訪ねた。ときには土産にした筍《たけのこ》を美代が料理して馳走になり、時間があれば伸びすぎた生け垣を剪定し、書棚をつくる大工仕事もした。美代は、古在がなにも言わぬまま筍料理を全部平らげると「古在はなにを作っても、ただ口に入れるだけ。おいしいと言ってくれたことがないの。まったく張り合いがないのよ」と愚痴をこぼし、書棚を作ったときは「書斎に誰も入れたことがないのに、深井さんを入れて書棚まで作ってもらうなんて」と驚いた様子だった。

九月になって、古在が実に久しぶりにゼミの報告を買って出た。「統一の諸相について——連帯の条件と形態」というタイトルである。買って出たこのレポートには実は前段があった。

七月に閉講したマルクス主義研究セミナー（第六期）は「現代の課題とマルクス主義」をテーマに、ゲスト講師四人を含めて「核兵器廃絶の課題にマルクス主義はいかにこたえるか」を中心にした一三齣の講義があった。古在は第一講義「核兵器廃絶のために」と第七講義「統一戦線の原理」を担当したが、なんとか二年続きの統一世界大会が終わった今、その二つの講義をもう一度整理しておきたいというのが古在の意図であった。この日、韓国留学中の小川晴久、京都の深井は参加できなかったが、美代のほか、木下英夫、太田哲男、平野英一、鷲山恭彦などの常連七名に加え、名古屋から鈴木正が参加した。

古在は一一項目にわたるレジュメを配り、核兵器廃絶の統一戦線には知事選などの統一選挙とは違うレベル・規模の統一が必要だが、その理解・おさえが不十分だ、と切り出し、戦前の反ファシズム統一戦線の経験を語った。

……統一戦線の必要をはじめて理解したのは戦前のディミトロフ報告だが、統一戦線が民主主義と有機的に結びついていること、統一戦線が単なる戦術ではなく戦略的なものであると知って、大きな衝撃を受けた。社会民主党主要打撃論的なそれまでの闘いの内容や形態がこれからは違ったものになる、そう感じた。民主主義の問題でも、ブルジョア民主主義は悪でプロレタリア民主主義こそ本物という大正期の理解に以前から違和感はあったが、ディミトロフ報告に出合って両者に断絶や飛躍があるものの連続面があることを再確認した。その民主主義の連続・継続という確信が、マルクス主義に接近した大きな要因だった。議会制度という民主主義さえ破壊するファシズム、それに対して民主主義を中核にすえた統一戦線が、あの時代に提起された。民主主義と統一戦線とが絡みあっている点が最大のポイントであるが、現在闘う側に、実際の活動のなかで民主主義を貫いているかどうか、問題は残っている……。

古在はそのあと鹿子木員信に魅せられた脱線話をして、再びテーマに戻った。

……共同行動は一時的なもので、統一行動はもう少し緊密な連帯を条件とする。そこでは共同目標を定めて組織間で行動を一《いっ》にするが、統一戦線はこれより遙かに持続性をもったものだ。統一選挙は統一戦線につながるものを含むが、まだ統一行動の範疇といえる。ただ支持率が自民党多数・社共少数のなかでも、統一して多数を取れるのは、社共を積極的には支持できないが、社会党とも一緒にやってくれる共産党、共産党とも一緒にやってくれる社会党、そういう「統一と連帯」を支持して投票する人が多数いるということだ。これは忘れてはならない。

核兵器禁止署名が二千万と聞いてアメリカ人は驚いたが、これは日本国民の大きな財産だ。運動のプロは当初一千万と見ていたが、目標三五〇〇万は市民団体が言い出した。結局運動のプロには運動慣れ・署名ずれがあって目標達成とはならなかったが、短期間で二千万を集め得たのは、統一した喜びをバックにした市民団体の新鮮な熱意が大きかったからだ。その意味でこの署名には、分裂しないで統一してやってくれという願いも込められていたと思う。この経験はこれからの運動の展望、行動様式、組織形態の大本になるはずだ。

五〇年代に、アインシュタインがラッセルの呼びかけに応えて、その死の一週間前に核兵器廃絶に署名して以来、ゲッチンゲン宣言[1]などに見るように自然科学者の役割は大きいが、運動の馬力は知識人・科学者にあるのではなく、あくまで労働者を先頭とする勤労大衆・市民にある。

私は四〇年前の『現代哲学』で、現代の観念論は科学主義的観念論と「生の観念論」に分かれ、分かれ方はますます激しくなると書いたが、科学主義的観念論者ラッセルと「生の哲学」のサルトルがなぜベトナム戦争反対で一致したのか。「思想信条の違いをこえて」とよく言うが、見逃せないのは二人の「共通なもの」「共通なものがあることによって」という点だ。二人のような高度な知識人を結びつけたもの、それはヒューマニズムではなかったか。ラッセルは核戦争反対の基準を「コモン・センス」（常識）に置き、それを'sense of human values' と言い換えている。Common というのは決して算術的平均ではなく、トーマス・ペイン[2]はそれを「誰にもわかる真理」と言った。レ・ジュアン（元ベトナム労働党第一書記）はベトナム戦争の勝利を、革命的ヒューマニズム revolutionary humanism と人間の知性 human intelligence の勝利と言ったが、戦争に抗して平和を求める「常識」は、人間の根幹に触れるもの、自明のもの、「識る」というよりセンスに重きを置いたもので、市民社会の普通の人なら誰でも持っている。その人間の尊厳や全価値に関わっているということが、人間を突き動かすのだ。

だから「統一」と言葉や理論で言うのはたやすいが、しかし実際は、ひどく生臭いものだ。そこに飛び込む決意があるか、理屈を言って遠ざかるのか、地道に追求するのか障害をみて諦めるのか、その違いは大きい。戦中、心ある宗教者も戦争とファシズムに反対したが、反対する側は組織的連携もなくバラバラなのに、支配者側は一つにまとまって、こちらを一網打尽にした。今は宗教者との対話があり、自民党支持者の多い地婦連が核兵器廃絶に立ち上がった。それは、社共、「禁」「協」だけが闘っているよりもはるかに大きい打撃を支配者側に与えているはずだ。

統一戦線は相違を棚上げにするのではない。人間はいろいろな考えをもって生きている。「これ一筋」で一貫するのは稀だ。共通のところが一点あれば、それを追求する。そうすればますます共通点が広がり、仮に目的が達成されれば、また次の目標に連なっていくような統一の仕方、連帯のあり方が、いま要請されていると思う……。

長い報告のあと、いくつかの質問と多様な討論があった。「組織エゴ」の問題、「社民主要打撃論」の克服問題、憲法改正発議阻止の「三分の一確保問題」などの討論を聞き、古在はレポートが現実の統一問題に肉薄していく契機になったことに手応えを感じていた。

そのひと月後、古在が六〇年代から関わってきたベトナム人民支援センター常任委員会が「役割終了」を確認して、解散した。正式決定前に共産党本部から浅見善吉(科学技術部長)など担当者三人が古在を訪ねてきて、支援センターはベトナム戦争勝利でその中心任務を終えたとして解散の「意向」を説明したが、古在には納得できなかった。

大衆団体の解散を、一つの政党が決定する筋合いはない。しかもベトナムの完全解放からまだ三年、戦争の生々しい傷跡は全国各地に残り、二年連続の旱ばつのあとこの秋には三五年ぶりという空前の大洪水被害に見舞われている。「統一した新しい国・ベトナム民主共和国建設の前途はまだまだ多難だ。ベトナム戦争を勝利に導いた国内外の統一した支援の力は、いまなお必要なのではないか」、それが古在の思いだった。

納得いかない古在に、金子満広書記局次長から「一度説明したい」との話があったが、党の意向が変わるはずもないので、古在は「もうわかっているので、ご足労には及ばない」と応えた。一九六四年の原水禁運動の分裂以来、ベトナム人民支援運動に全力をあげ、ここ四、五年は原水禁運動の再統一に力を尽くし、「統一の力」もベトナムの窮状も知っているだけに、古在の不満と落胆は大きかった。

革新退潮　一九七九年春・夏

この正月は全逓のストが予定されていたため、古在は元日に大内兵衛、上代たの、大分の辛島詢士、京都の徐弟妹《きょうだい》などに電話で新年の挨拶をした。電話では、春の知事選をまえに、美濃部都知事誕生に腐心してきた大内兵衛の心の痛みがよくわかった。美濃部四選不出馬表明(七七年九月)のあと、立候補を決意した太田薫(元総評議長)の推薦を社会党が渋っていた。

全逓のストが中止され五月雨式に届く年賀状が途絶えた一月半ば、都知事候補に公明党・民社党が鈴木俊一

（元自治省事務次官・東京都副知事）を推薦、自民党がそれに同調することになって、ようやく社会党が太田薫推薦を決定した。知事選は二ヵ月後に迫っていた。

しかし、太田薫が統一候補になったものの楽観は許されなかった。政界では美濃部不出馬表明の一年もまえから、社公民（社会党・公明党・民社党）路線の推進、自民党と野党の部分連合提起（大平正芳自民党幹事長）など、「社共（社会党・共産党）統一つぶし」の動きが続き、昨春には二八年間続いた京都の蜷川革新府政が、昨年暮れには一〇年続いた沖縄革新県政が、幕を閉じていた。革新統一を推進してきた成田知巳に替わって一昨年暮れに社会党委員長となった飛鳥田一雄は、早くから名乗りを上げて総評が推薦を決めていた太田薫の立候補を「つぶす」ために一時は後藤喜八郎武蔵野市長を担ぎ出すなど、「社共統一」ではなく社公民路線に重点を置いていた。そのうえさらに、美濃部知事自身が太田革新統一候補を支援せず、「革新自治体は一つの清算の時期にきている」として「等距離・中立」を宣言していた。

政治状況の不利は誰の目にもあきらかだったが、古在にはもう一つ悲しむべきことがあった。「明るい革新都政をつくる会」幹事として一緒に活動してきた野村平爾が、一月下旬に不帰の人となった（享年七六歳）。美濃部の「四選不出馬」表明後も、革新都政の継続をめざして一緒に努力してきたが、美濃部の「等距離・中立」宣言を野村の墓前に報告することになるとは考えもしなかった。野村は若いころ極東オリンピックに中距離選手として出場したことがあったが、こうなった以上、野村のスピードには及ばないが、全力で選挙期間を駆け抜けなければならない。古在はそんな思いで、告示日を迎えた。

しかし選挙では、刃物をもった右翼が共産党委員長を襲おうとし（未遂）、太田薫は投石されて負傷した。さらに「等距離・中立」を宣言した美濃部知事は、「明るい会」の二度の申し入れに回答しないまま、みずから「逃避行」と称して小笠原の父島に渡り、再び「地方自治段階において保守・革新という色分けは意味がない」と同行記者に語り、革新統一をのぞむ人々を落胆させた。

選挙結果は、鈴木一九〇万、太田一五四万、浮動票をねらった麻生良方九一万票で、結局革新都政は一二年で幕を閉じた。古在は、財界が革新つぶし・保革一騎打ちの目くらましに担いだ麻生良方にしてやられた悔しさはあったが、鈴木の票が過半を超えなかったことに再起のわずかな可能性をみたいと思った。

だが「革新」の退潮は、国内だけではなかった。五月にはイギリスで労働党に替わって保守党のサッチャー政権が誕生し、フランス共産党は社会党批判を強め、「第三の道」を提起したばかりのイタリア共産党は六月の総選挙で戦後初の後退を喫した。

古在はこの二月中旬から始まった一ヵ月にわたる中国軍のベトナム侵攻を思わずにはいられなかった。それは五〇年代のハンガリー事件よりも大規模な武力行使で、大きな社会主義国中国が小さな社会主義国ベトナムに軍事侵攻する事態は、ハンガリー事件以上の衝撃を世界に与え、戦争を阻止するはずの社会主義国でも戦争を起こすのかと、マルクス主義ひいては「革新」に期待していた人々を大いに落胆させ、保守陣営を勢いづかせた。

古在は思う。……社会主義が誕生しても民族と国境問題は依然残るが、同時に社会主義を実現したプロレタリアートは民族抑圧を排除する可能性を作り出すはずだった。この可能性は、レーニンが言ったように、住民の〝共感〟に応じた国家境界の決定、民族分離の自由をも含めて、「あらゆる分野で民主主義を完全に実行する場合にのみ、《のみ》だ！　現実性に転化する」（レーニン「自決に関する討論の総括」）。つまり今度の問題も、社会主義の経済的土台ができても国家制度などの上部構造が十分に民主主義的でないこと、つまり人民の主権が保障し切れていないことから来ているのではないか、それがないからこそ民族主義、大国主義、覇権主義というものが生まれるのではないか。鄧小平（中国副首相）などは昨秋の日本政府との会談で、北方四島の武力奪取や核武装を促し、有事立法反対の運動を批判したが、いま必要なのは二つ、ある特定の社会主義国を本尊とするのではなく、逆に本尊と思われる国の歴史と実情にマルクス主義的分析を加えなければならないこと。そしてなによりもわれわれ自身が、マルクス主義者みずからが、現実のなかで理論を鍛え上げ、抑えつけられた圧倒的多数の人々を解放するために、多数者の民主主義を実践で徹底させなければならないこと。たとえ退潮はあったとしても、革新統一はそのためのぐらなければならない重要な事業なのだ……。

古在がそんな思いに駆られていた六月半ば、戦前からの友・高桑純夫の「お別れの会」が開かれた(七九年五月死去、七五歳)。戦争末期に憲兵隊につかまり、戦後は民科活動や原水禁運動で苦楽を共にしてきた仲だ。原水禁運動では意見や所属する「禁」「協」の違いはあったが、古在は高桑にいかに苦労があろうが原水禁事務局長の要職を辞めぬよう言い続け、長い努力の末にようやく二年前、幅広い統一と連帯を再び切り開いて来た。高桑は二月中旬の突然の大喀血で病床に伏したが、その見舞いの折の高桑の言葉が古在には忘れられなかった。「個々の意見、個々の行動のスタイルが違っても、それに不満をぶつけるのではなく、相手は自分たちのやらないことをやってくれているという気持ち、相互の信頼と寛容が必要なんだ。おれの一生も大したことはなかったが、平和運動に打ち込んできたことに悔いはない」。古在より二歳若い高桑純夫の、この時期の死が大いに悔やまれた。

哲学者と碁　一九七九年夏〜冬

高桑純夫に続くように、敗戦記念日の八月一五日、徐兄弟救援と原水禁運動でともに闘ってきた西村関一が胃癌のため七九歳で亡くなった。くしくもこの日は、韓国の人々にとっては日本による植民地支配が終わった特別な日(光復節)であり、民族の分断と独裁政治の暗雲を払いのけ、統一・独立・民主主義を実現する決意の日でもあった。

古在は八月末の告別式に、大津市の市民会館に出向いた。徐兄弟支援ではあまり力を出せない自分に替わって西村は東奔西走し、西村をつうじて多くのキリスト者たちや若い世代の人々を知り、彼らに励まされてもきた。古在は車中、西村の遺稿となった『世界』八月号の「徐俊植《ソジュンシク》君への手紙」を読んだ。「君は民族のために真理と愛《アガペ》のために今も苦難をたえ忍び、栄光を望んで苦難に打ち勝っている。徐俊植君、どんな悪法でも君を永久に拘束しつづけることはできない。〝良心の囚人〟徐俊植君よ、世界の良識は必ず君を現在の死の苦しみからすくうであろう」。短い手紙の末尾は、徐俊植を励ますようにそう結ばれていた。

会う約束をしていた徐兄弟の母・呉己順《オギスン》は、告別式に顔を見せなかった。古在はこの間ときどきは京都に住む徐一家を訪ね、呉己順や夫の徐承春《ソスンチュン》、弟・徐京植《ソキョンシク》、妹・徐英実《ソヨンシル》ら家族を励まし、一緒に嵐山の保津川に舟を浮かべるなど、「支援」というよりフランクな付きあいをしてきた。呉は呉で古在の脚の痛みを知っていて、渡韓のたびに朝鮮人参を土産に持ち帰って送り届けてくれた。呉己順に会えたなら、獄中の徐兄弟の様子を聞き、朝鮮人参のお礼も言うつもりだったが、体調を崩したという呉己順が気になった。

九月半ば、作家の稲沢潤子と右遠俊郎がやってきた。同人誌『群狼』にこの八月（第一三号）から連載されている右遠との対談「人生問答・民主主義者の歩道」を録音するためである。右遠はかねがね、古在の衰えを知らぬベトナム支援や原水禁などの社会的活動に敬意をもっていたが、それよりなにより一字一句をゆるがせにせず、しかも体系的な哲学論はもちろん、歴史の推移、社会の矛盾、はてはスポーツに及ぶまで、人生の機微を簡潔平明に綴る古在の文章に大きな魅力を感じていた。それが昨年の夏、同人の稲沢潤子から「互いに、思想潔癖・堅固、碁・スポーツ好き」だからと古在を紹介され、会えば、その「老骨矍鑠《かくしゃく》・豪放恬澹《てんたん》な実践的哲学者」の軽妙潤沢な語り口に、さらに魅力を感じた。その初対面からしばらくして、稲沢が企画した「対談人生問答」を、古在も右遠も気楽な話ならばと引き受けたのだ。

「人生問答」とは言いながら、テーマらしいテーマも決めない出たとこ勝負の「対談」で、すぎた脱線は稲沢と編集長の志賀岑雄が整理して、はじめて雑誌掲載[3]が成り立っていた。むしろ古在と右遠の真剣勝負は、対談を終えたあとの囲碁対局だった。右遠は免状三段、多くの場合古在が五子を置いての勝負だが、古在に「哲学者の理性」が働く場合はともかく、「運動家の戦闘性」が働くと軍配はほとんど右遠に上がった。このときばかりは「さすがの哲学者」も、子どものように口惜しがった。右遠にはそれがまた大きな楽しみだった。

クリスマス前の寒い夜、古在に思いがけない来客があった。三浦梅園研究のため来日したニュージーランドの哲学教授ローズマリ・マーサー女史が、小川晴久に案内されてやってきた。マーサー女史は夫の勤務の関係で三年間日本に滞在したおり、『日本伝統資料集』の英訳を読んで日本思想史に興味をもち、今は難解な梅園の原典にも目を通すことができる女性研究者である。古在は話すうちに、マーサー女史の哲学的世界観が「分析哲学」に近いようにも感じたが、女史の話が思弁的でも訓詁学的でもないのに魅力を感じ、そこに梅園の「反観合一」をうけいれる素地があるように思えた。

そのマーサー女史が昨年古在が書いた短い随想「三浦梅園と囲碁」(『毎日新聞』夕刊、一九七八年六月二〇日)まで読んでいるのに、古在は驚いた。その文章は、梅園という哲学者を紹介した後、門弟に囲碁を禁じた梅園が実は囲碁好きだったという古在の推理をつづった短文である。古在は、たしかに梅園は門弟たちへのいましめとして「囲碁などにふけるなかれ」と諭《さと》してはいるが、梅園の亡父は囲碁を好み、『玄語』などの梅園の文章には碁の運びの引例がたびたびあり、理論そのもののなかにも囲碁の思想が組み込まれている、という自分の推理を紹介し、その短文の末尾を、「少壮の一梅園研究者」に、冗談半分「作業服でも着て、縁の下を探してみないか。碁石の二つや三つはみつかるかもしれない」と言ったところ、その研究者が三浦家の土蔵から碁盤を見つけ出し、鑑定者が江戸時代のものと推定した、その推定だけで私は「満足している」と結んでいた。

三人の会話は、梅園や安藤昌益の話から、「哲学者の碁」の話に及び、「少壮の一梅園研究者」が実は小川晴久自身だったことや、マーサー女史の夫君が碁好きで家に碁盤があることなどに広がり、なかなか尽きることがなかった。

古在はこの初秋、NHK文化シリーズ「人と思想」（ラジオ第二）で「三浦梅園」を一時間ほど語ったが、八〇年代をまえに三浦梅園が国内外に少しずつ知られていくのが嬉しかった。

モスクワ五輪　一九八〇年春

八〇年代が開けた。この正月も、古在は田中里子など幾人かの知人に「声の年賀状」を届けた。「声の年賀状」と言っても「田中さん、おめでとう、ワァッ、ハァッ、ハァッ、電話年賀状だよ」と挨拶して四方山話をするのだが、脚の悪い古在のこの当時の一つの楽しみとなっていた。しかし今年の政界は、昨秋からの激動がいよいよ本格化しそうだった。

昨年一〇月には消費税導入を争点にした総選挙で自民党が惨敗、社会党・公明党・共産党が議席を増やし、野党各党は「連合の時代」と期待を高めた。一一月半ばには総評と公明党の定期協議が始まり、槇枝元文総評議長は共産党抜きの政権構想を鮮明にし、富塚三夫総評事務局長は国際自由労連幹部と会談して加盟の意向を表明し、労働戦線の再編問題も浮上した。一方国外では、一一月にイランでアメリカ大使館が占拠され、一二月末にはソ連がアフガニスタンに軍事侵攻、対抗するカーター米大統領はパキスタンへの軍事援助を強化する一方、輸出禁止・制限などの対ソ強硬措置を実施して、「新冷戦時代」が始まろうとしていた。

そして松の内がすぎた一月一〇日、「社会党と公明党との連合政権についての合意」、いわゆる社公合意が発表された。合意は日米安保条約と自衛隊の容認とともに「現状では、共産党を政権協議の対象としない」と明記したもので、『毎日新聞』は「社会党はついに、ルビコン河をわたった」と解説（一月一一日）、共産党は「社会党の歴史的右転落」としてこれを強く批判し、一月下旬には、労働戦線の右翼的再編に反対していた統一労組懇（統一戦線促進労働組合懇談会）が、「ナショナルセンターのありかた懇談会」を発足させた。

古在はこうした新聞記事を切り抜きながら、「右転落」という突き放した言い方に、違和感を覚えた。「一部幹部が」というならまだわかるが、現場で闘い続ける多数の勤労者党員をも含めて言うのなら問題がある、そんな思いが残った。いずれにしろ歴史には一進一退がつきもので、迎えたばかりの八〇年代はきびしい時代になるだろう、と気を引き締めた。

二月初め、古在は『原水協通信』の特集「八〇年代――原水爆禁止運動への提言」に短文を寄せた。一月には広島県原水禁が八〇年の世界大会を広島開催とせず東京に一本化することを提起、広島県原水協はこれを批判して広島開催を呼びかける声明を出し、両組織の角逐がこの年も始まっていた。古在はその短文で日本原水協の責任にふれつつ、「政治や労働運動の領域にいくつかの分裂がみられつつあるが、今こそ、せめて核兵器廃絶という人類の大事業においては統一の堅持および発展が絶対に必要であるということを忘れてはならない」と訴えた。

情勢の厳しさは、さらに思わぬ分野に及んだ。大平内閣がソ連のアフガン侵略を口実に、七月開催のオリンピック・モスクワ大会のボイコットに動いた。アメリカ政府の意向を受け入れた日本政府は二月と四月に「政府見解」を発表し、選手派遣費の国庫補助打ち切り、公務員と大企業選手の派遣制限という「人質作戦」など、誰の目にも露骨すぎる政治介入に走った。それは戦時中、東条内閣が大日本体育協会をつぶして大日本体育会という統制団体をつくって以来の大がかりな政治介入だが、戦時中とは違って、日本オリンピック委員会（JOC）は「原則参加」を表明し「良心的抵抗」を続けていた。

古在は、二度目の政府見解が出された四月末に中野好夫と相談し、ボイコット反対のアピールを発表し、日本体育協会に届けることにした。幸いなことに裏方を、寺島善一明大商学部助教授が担当してくれた。学生ユネスコ連盟で活動し体育学を専攻した寺島は、全国スポーツ祭典や新興国スポーツ祭典（GANEFO）にもかかわるその道の専門家で、古在と中野にとっては貴重な援軍となった。古在は賛同者への連絡を寺島に手伝ってもらい、アピール文案をまとめ始めたが、中野と相談した数日後に大内兵衛がなくなり（享年九一歳）、葬儀や追悼文執筆と重なって、苦しい作業になった。

五月一九日、日本青年館で記者会見が開かれた。古在起案のアピールは明快だった。「スポーツは疑いもなく人間文化のひとつであって、自由かつ自発的な人間表現であり、これは基本的人権に属するものです。したがって今度の参加問題にあたっても、その結論はこの場合の主体としての民間の代表組織（IOCならびに各国NOC）の自主的な決定にまかすべきです。そしてそれ以外の力に左右されてはならず、政府としてももちろんこの点を無条件に尊重すべきです。モスクワ大会については、すでにIOCがその場所と会期を決定しています。けっして特定の国家が主催するものではないということを思い起こしましょう」。

賛同者には、古在、中野のほか、大田堯《たかし》（教育学者）、藤原審爾（作家）、丸岡秀子、それに歌手の淡谷のり子が名を連ねた。淡谷は「歌手はリサイタルのために猛練習をする。スポーツ選手もオリンピックめざして鍛錬してきたはず。それを権力の力で抑えつけられるのは他人事とは思えない。歌手がリサイタルを抑えつけられるのと同じだから」と語って、賛同者に加わった。

記者会見後、古在は日本体育協会（体協）にアピールを届けたが、旧知の岡野俊一郎（JOC総務主事）はあいにく不在で、鈴木専務理事が応対した。

しかしその五日後の国別参加登録（ナショナル・エントリー）最終日、政府はなお参加意志を崩さないJOCを屈服させるために、伊東正義官房長官を体協の臨時理事会に送って「参加反対」決議を強行採決させ、その体協の決議をもってJOCを屈服させて、モスクワ・オリンピック不参加を正式に決定させた。

自民党政府は、参加予定選手とオリンピックを愛する多くの国民を落胆させ、スポーツ史に大きな汚点を残したが、古在たちのアピールは、スポーツ文化の固有の価値を高らかに宣言し、かつ多くの国民に訴えた点で貴重なものとなった。

オモニの死　一九八〇年夏

古在たちがオリンピック問題のアピールを出した五月一九日、衆議院が解散した。三日前に、自民党非主流派六九人が「反乱」を起こして国会を欠席したため、社会党が提出した大平内閣不信任案が可決され、大平首相は史上初の衆参同時選挙を選択した。

古在はその不信任可決を、春の「どさまわりの旅」先赤城温泉ホテルで知り、激動する八〇年の始まりを再び感じた。昨秋の「どさまわりの旅」では、朴正熙大統領暗殺のニュースが飛び込み、赤倉温泉の静かな宿でかんかんがくがくの議論をしたが、この夜もまた、鶴田三千夫、村井康男、江口十四一、松本敏子などほぼ常連メンバー一〇名のにぎやかな国政談義となった。そして旅の最終日一八日には、韓国の光州《クァンジュ》蜂起のニュースを聞いた。内外とも激動の情勢だった。

韓国では不況、インフレが国民生活を圧迫し続け、朴大統領の独裁強圧的「維新体制」にもかかわらず、労働者や学生そして「民主人士」の運動が高まっていた。昨七九年一〇月の朴大統領射殺事件は、釜山《プサン》と馬山《マサン》の一六日間の市民蜂起の最中に起こり、自らつくったＫＣＩＡの手による事件だったが、あとを継いだ全斗煥《チョンドゥファン》国軍保安司令官は、光州《クァンジュ》蜂起に対し二千人ともいわれる学生市民の大量殺戮をもって鎮圧し、批判勢力を駆逐する「政治風土刷新法」や言論機関を国家の統制下に置く「言論基本法」などの法規を次々に成立させ、軍事政権の維持をはかっていた。古在は大邱矯導所、清州保安監護所に囚われている徐勝《ソスン》・徐俊植《ソジュンシク》の兄弟が気がかりだった。

オリンピック問題のアピールを出した翌朝、古在宅の電話が鳴った。京都の徐京植《ソキョンシク》からと知ったとたん、呉《オ》己順《ギスン》のことだと直感した。呉は昨年の暮れに再入院し、さほど心配はないとの連絡があったが、不安は的中した。「母が突然に……」。いつも沈着な徐京植の声がうわずっていた。

呉己順は再発したガンのため五九歳で「朝を見ることなく」死去した。「早よ治って会いに行かにゃ」が最後の言葉となり、『世界』四月号のインタビュー「病床から祖国を想う」が遺言のようになった。「こんなひどい目に遭おうとなにしようと、人を裏切るような人間になってほしゅうないと。そして、どんなひどい目にあわされても、朝鮮人は朝鮮人やさかいねえ。出てからでも、朝鮮にはそっぽをむかんと、勉強して、真っすぐ生きていって欲しい。なかなか出られへんけど（笑）」。にじみ出る呉の、人間としての心の美しさと強さに、古在は打たれた。オモニの死……。

呉は息子二人が不当逮捕・投獄されてから、九年の間に六〇回余も海を渡り、面会の記帳のために文字通り五十の手習いでハングル文字を覚えた。京都の自宅には鉛筆をなめなめ書いた自分の名前、住所などがぎっしり書き込まれた一冊のノートが遺品として残った。

古在は先約のため葬儀には参列できず、弔電を送った。「カナシイオシラセヲウカガッテ、ミナサマトトモニ、ムネヲシメキラレルオモイデス。シカシミナサマドウゾオスコヤカニ。ライゲツニハウカガウツモリデス」。古在はそのあと、弔電では伝わりにくかろうと思って使わなかった言葉「世界一のお母さん《オモニ》」を表題にした追悼文を送った。

京都嵐山の徐一家を弔問した六月下旬の日曜日は、衆参同時選挙の投票日だった。選挙序盤に大平首相が急死し、同情票もあって自民党が圧勝して衆参両院で安定多数となった。社会党など野党が構想した「連合政権構想」は半年で潰《つい》え、「社公合意」は名存実亡の「死に体」になった。元首相の田中角栄は選挙最大の成果は社会党が現実政治に接近したことと言い、ライシャワー元駐日大使は「飛鳥田委員長が日米安保体制も実質上支持する政策に転じたこと」と評価した。共産党は「革新への保守の攻勢」という点をとらえて、この時期を、朝鮮戦争時に継ぐ「戦後第二の反動攻勢の時期」と呼んだ。

しかしそうした流れに逆らうように、原水禁運動では統一維持のための努力が続いていた。選挙中ではあったが田沼肇らの学者グループが統一を訴えるアピールを出し、六月末には原水禁、原水協、地婦連など市民団体が、世界大会準備委員会をスタートさせた。七月になって、原水禁の独自大会を分裂主義と批判していた原水協が四年ぶりに独自大会開催を決める動きはあったが、七月一〇日には広島実行委員会も発足し、この年も統一世界大会が開かれることになった。

その日、古在は善福寺の中野好夫宅に向かった。吉田嘉清が刊行を予定している『わが戦後行動』（新興出版社、一九八〇年）に収録する座談会「原水爆禁止運動と吉田君」[6]が予定されていた。古在、中野、吉田に草野信男が加わる座談会は、七七年の再統一からの三年間を率直に振り返るものとなった。七五年の「広島フォーラム」が七七年の「国際シンポジウム」につながり、五氏アピールが統一の環境作りに大いに寄与したこと、分裂のため運動から去った団体や市民が再統一によって運動と大会に戻り、その後市民団体が統一維持の前面に立ったこと、政治的・社会的条件が最悪ななか今年も統一大会を維持でき、さらに「人類の生き残りの一大運動」にしなければならないことなどが語り尽くされた。古在は、五氏アピールの苦労話、新村猛への参加要請、高桑純夫の死などを語りつつ、改めて統一自体が目的ではないにしても統一できなければ充分な力は発揮できない、激しく対立する労働戦線の動きはマイナス要因だが、日本でも世界でも他に例のない唯一の統一大会は守り続けなければならないと強調した。

翌日午後古在は上田耕一郎を誘って、統一大会準備の状況報告をかねて、宿痾の肺気腫で伏せっている吉野源三郎を見舞った。吉野は報告を聞き少し安心したようで、「この状態だから何もできないが、原水禁運動だけは何か役立ちたい。原水禁運動は人びとが自分を自らの手で救う運動だから」と言った。古在は吉野の病状を考え早めに退散しようと思っていたが、吉野は上田という論客が来たことを幸いに、息の苦しいまま三時間もあれこれと話し続けた。資本主義の危機、レーニンの革命論、戦前の運動の思想史的意義から犠牲者のこと、そして現況からの「認識の立ち後れ」問題や社会党・共産党に対する注文、知識人と統一戦線をめぐる問題など、実に多岐にわたった。上田は八〇歳を過ぎた吉野の話に、老人の回顧談とは違う新鮮な刺激を受け、古在もまた吉野の息切れを気遣いつつ、この「説教院殿世界情勢憂慮大居士」の尽きぬ意見と存念につきあった。

しかしこの夏の世界大会は七七年以来四回目の統一大会とはなったが、依然として核禁会議は参加せず、原水禁と原水協の確執もあって基調報告のないままの大会となった。そして秋にはいつものように、世界大会準備委員会が解散し、懸案の組織統一問題も先送りされた。

ソ連療養　一九八〇年秋

八月末、『東京新聞』の「私の一冊」のために林達夫訳のベルグソンの『笑い』にまつわる話を書いて一息ついているところへ、ソ連科学アカデミーからの招待状をもって森宏一がやってきた。この秋ひと月ほど、森宏一・きみ子夫妻と一緒に、療養をかねて古在夫妻をも招待するというのだ。

このところ脚の痛みがひどく、毎週一回八王子目白台での鍼治療のほかに、週一、二回は中野駅前にできた「総合鍼療所」で、東洋医学を学んだゴールドリングという米人（日本名、夏樹芽々）からも鍼灸治療を受ける状態だったから、古在の気持ちはすぐに動いた。

秋のソ連は寒くはあろうが、これからなら第一一期「マルクス主義研究セミナー」の日程は調整がつくし、川上徹が「同時代社」創立にあわせて企画し、すでに講師を約束している「現代文化ゼミナール」も出発前の日程だから問題はなかった。古在はすぐに眼鏡を新調し、石井写真館で写真を撮り、ソ連大使館や共産党本部に出向いて、渡航の準備を進めた。

一〇月一日夕方、コズロフスキー、シャフナザーロワ女史のほか哲学研究所の関係者二名が、モスクワのシェレメチェボ空港に古在・森夫妻を迎え、ソ連科学アカデミーの宿舎に案内された。翌日から、古在の簡単な診察、ソ連科学アカデミーや哲学研究所への挨拶などがあったが、三日夜からのレニングラードへの四日間の旅は、森宏一が貧血を起こしたため、古在と美代だけの旅になった。

美代はネバ河畔のホテルを根城に、コズロフスキーの案内でエルミタージュ美術館やロシア博物館、プーシキンの家などをめぐり、観光を十分楽しんだが、古在はレニングラード大学の哲学科教授たちとの懇談などがあり、観光はロシア革命でレーニンが指揮をとった旧参謀本部とデカブリスト広場だけになった。楽しみにしていたサーカス見物も脚の痛みで中座し、痛み止めの注射を施してもらわねばならなかった。唯一嬉しかったのは、ザトゥローフスキー教授とペトローワさんとの二一年ぶりの再会だった。涙を流して再会を喜んだザトゥローフスキー教授に『思想のデュエット』を渡し、戦後日本の唯物論研究の話などし、ラードゥリ夫人は日本の歌を歌って歓迎してくれた。ペトローワは一五年も前から半身不随の身で、顔は病的な赤みを帯びていたが、精神は非常に明晰で、フロシキとフンドシを間違えた話などを快活に話してくれた。

モスクワに戻った二日後、古在の宿舎に「プログレス」(出版社)の編集者がやって来た。シャフナザーロワが翻訳している戸坂潤の『日本イデオロギー論』への序文を、帰国前に書いて欲しい、稿料は帰国前に支払うという。療養のための滞在であり、充分な資料も持ち合わせていないため躊躇《ためらい》はあったが、シャフナザーロワと戸坂潤、そして日ソの哲学交流のために、その場で引き受けた。トレチャコフ美術館やレーニン博物館行きなどを楽しむ美代と森夫妻がうらやましかった。

一〇月一一日、古在と森両夫妻は、宿舎から車で三〇分ほどのウスコエ・サナトリウムに入った。静かな郊外にあるウスコエ・サナトリウムは、昔大地主の別荘でロシア革命のあと地主が亡命したため、今は学者たちのための保養所として利用されていた。戦前にはバーナード・ショーが、戦後にはパステルナークもやって来た保養所で、パステルナークはこの保養所で、ナチの空爆目標になるからと切り倒された菩提樹(リパ)の若木が成長しているのを見て、「リパの七月の花」という詩を書いた。そんな話をしてくれたシャフナザーロワもまた、この保養所に別の部屋を取った。

翌日から採血・採尿などの検査があり、主治医タチアーナと神経専門医の診察があった。古在のベットは板敷きとされ、マッサージと腰浴を毎日施され、散歩には車いすを使った。ときどき、ソ連の哲学者たちが見舞いがてらにやって来た。ミーチンは広島での世界大会で分裂騒ぎに巻き込まれて一晩閉じこめられた話をして帰り、五万人近い哲学者組織の会長コンスタンチーノは静かに笑うだけだったが、その夫人は、中国駐在大使ユージンのウサギ取りや狩りの話をして、古在をなごませた。美代は、シャフナザーロワとお茶を飲んだり買い物に出たり、エカテリーナ女帝が再建したザゴルスク寺院や「チェホフの家」に行くなど、思いがけない旅を心から楽しんだ。

そんな日々を過ごすなか、次第に古在の脚の痛みも和らぎ、車いすなしで散歩も楽しめるようになった。どこまでも続く黄色に染まったモスクワ郊外の林が美しかった。

ある夜、シャフナザーロワが『日本イデオロギー論』に関する疑問を古在に聞いた。岩波文庫の原書を広げ、宇多天皇が藤原基経に言ったという「卿者社稷之臣、非朕之臣」、古典を無批判に引用する例として戸坂が指摘した「権藤翁における南淵書や、神道家の国学古典」とはそれぞれ何を指すか、という疑問である。古在は正確を期すため、帰国後返答することを約した。そのあとシャフナザーロワは自分の人生に話を移した。貧しさのため中学進学にも苦労し日本語も独学で学んだが、哲学研究所の今の東洋部長の評価は低く、古在と丸山真男の対談「一哲学徒の苦難の道」もすでに翻訳済みだが出版するチャンスがない、柳田謙十郎の『わが思想の遍歴』は五万部も売れたのに、と嘆いた。きびしい眼差しと態度が、古在にも美代にも印象的だった。古在が『日本イデオロギー論』の第一編の三「『常識』の分析」を再読し、序文を書き始めたのはその夜からである。美代が清書した原稿用紙二枚分を見て、シャフナザーロワは「小さい、小さい」と言った。

結局、序文は完成しないまま、二週間予定のウスコエ・サナトリウム滞在はあっと言う間に過ぎた。森夫妻がレニングラードへの小さな旅から戻って休む間もなくキエフに旅立った翌二四日、サナトリウムを去る日が来た。タチアーナ医師の最後の診察を受け、世話になった図書館員やマッサージ師にペンダントを贈り、記念帳に言葉を残してから、モスクワ市内のアカデミー宿舎に戻った。

宿舎での生活は通訳がなく食事さえ戸惑うありさまだったが、美代はクスコボ宮殿観光やパレス劇場でのバレー「ドンキホーテ」を楽しみ、古在は美代と一緒に「チェホフの家」を訪ねた後は、序文執筆に集中した。体も気持ちも調子がよく、東京では不可能なスピードで仕事がはかどり、帰国前には約束どおり書き上げる見通しもついた。その旨の挨拶に行った「プログレス」で、日本語の達者な研究者を新たに紹介された。古在の「西田哲学の社会的性格」を翻訳出版するという極東研究所主任研究員キリル・チェレフコだった。キリルは初対面にもかかわらず、いくつかの質問を古在にぶつけてきた。

シャフナザーロワに完成稿二五枚を渡して、ようやく肩の荷を下ろしたのは、学者グループによるお別れの晩餐会が開かれた二九日だった。その翌三〇日、晩餐会の疲れと余韻、いくらかの治療効果と一仕事を終えた解放感を感じながら、森夫妻とともにモスクワを発った。

「まだ間に合う」 一九八〇年冬

帰国すると、待っていたように青木書店の江口十四一が秋の「どさまわりの旅」、伊豆・城ヶ崎海岸行きの相談にやってきた。古在は江口に土産を渡すと美代と行った「チェホフの家」の話をした。「チェホフと交友のあったトルストイの写真と一緒に、日本の『桜の園』や『三姉妹』のポスターと滝沢修、奈良岡朋子の写真が展示されていたのはいいんだが、東山千栄子がなかったんだよ」と不満を漏らし、美代に聞いたプーシキン博物館での話もつけ加えた。「博物館には各国が出版したプーシキンの本が陳列されていたらしいが、日本のは岩波文庫の二冊があるだけで、実に貧弱だったようだ」とこれまた残念がった。そんな話のあとようやく古在は、脚はサナトリウムの治療効果か心配したほど痛まないので、「どさまわりの旅」は予定どおり行かせてもらうよ、と江口を安心させた。

その翌日、王貞治が引退した。……本塁打は八六八本で途絶えはしたが、自分の限界をはっきり自覚した見事な決断、見事な引き際だ。巨人軍の全盛はON（王と長嶋）で始まりONで終わったが、今後王には大きい立場から野球界全体を見やって欲しい、と古在は思った。

一二月に入って、この年最後の「かもしか文庫」の聞き取りに、新日本出版社の編集者田中四郎がやって来た。古在が七〇年代初めから編集にかかわって来た「かもしか文庫」は、五年前に一〇冊を刊行したところで中断したままだったが、この春田中四郎がやって来て、古在と真下信一の残り二冊を是非進めて欲しい、なんとしても全一二巻を完成させたいと懇願した。古在は原水禁運動の統一問題で余裕がなく、真下は多摩美大の学長を退いたものの病気がちのため、しばらく頓挫していたシリーズである。古在は意を決して、「世界大会後の九月以降、聞き取りなら」という条件で、少年時代の印象深い先生と青年期の友人たちの話を、未来を担う少年少女たちに向かって語っていくことにした。

そんな経過で、古在の『教室から消えた先生』と真下信一の『君たちは人間だ』の制作が始まったが、中村常三先生を語るのも今回がようやく三回目で、予定している秋山武太郎先生や三木清、戸坂潤に話が到達するには、もっと回数を増やし調子を上げなければならなかった。

一二月半ば、古在は出版労連（日本出版労働組合連合会）の職業技術講座に招かれ、「出版活動の社会的意義」について講演した。テーマから言えば長年出版界にいた吉野源三郎の方がふさわしいだろうが、吉野は自宅に酸素ボンベを置く身のため、古在は「代打」のつもりで「書き手と読み手」という立場から出版文化への感想を語った。

……僕は容易に書けないという「便秘症」だが、いま出版界は下痢症状に見える。書くべき内容がなくとも「書く技術」だけ、しかも内容がこなれないままの不消化状態で、次から次に本が出てくる。著者は注文生産的に頼まれてから、はじめて考え、そして書き、三年も経てば力尽きて退陣する。まるで使い捨てのタレント並だ。「便秘症」も良くはないが、「下痢症」も出版界にはよくない。出版労働は「労働」には違いないが、「精神的な生産」という特徴がある。労働組合の立場からいえば、生活・労働条件の改善と同時に、労働の内容・出版物の内容への要求がなければならない。田中角栄は「明治の教育なしに、日本は大きな戦争を何度もできなかっただろう」と言ったが、この場合の教育とは、学校教育ばかりでなく教科書も含めた出版物全体を指している。今のように高度に発達した資本主義のもとでは社会的変革の条件として、文化状況の変革、教育・出版活動などの変革が先行条件になる。今、戦争とファシズムへ向かう流れが強まっているが、そのなかでの活字離れは危険な兆候だ。真空状態の頭は、特定の思想を注入するには好条件だからだ。しかしこの流れに効果的な批判、効果的な打撃を与える仕事は、まだ間に合う。権力側はまだ、教科書以外には直接的な干渉をできずにいる。憲法で保障させた基本的人権の一つである「出版の自由」を、内容のある、読んで精神が豊かになり、物を見る目が啓発されて鋭くなる、そういう出版物にしてこそ「出版の自由」ではないのか。企業意識で閉鎖的にならず、生活条件改善や平和と民主主義の問題だけでなく、人間の内面にまでくい込む強い連帯、出版物の生産での連帯への意欲と努力をこそ、僕は期待したい。出版状況をよくすることは、再び暗黒の時代に戻らず、よりよき未来を築く道だ。努力次第で、まだ間に合うはずだ……。

吉野逝く　一九八一年春

新年の新聞各紙は、七九年のサッチャー政権の誕生、八〇年同時選挙での自民党の圧勝、そして超タカ派レーガン政権の発足などをとらえて、「保守化の時代」と書いた。確かにレーガンは大統領就任演説で「ソ連の脅威」に対する「集団的防衛努力の強化」を強調して新構想「同時多発戦略」を打ち出し、鈴木善幸内閣はアジアでの日本の政治的役割発揮を強調する「鈴木ドクトリン」を発表した。四月には米原潜ジョージワシントンが貨物船日昇丸を沈没させたまま当て逃げし、五月の鈴木・レーガン会談では日米の「同盟関係」をはじめて確認、一層の防衛努力を約束し、五月半ばには秋田沖で一〇年ぶりの日米海上合同演習を実施した。世界も日本も「保守化」と戦争への道に突き進もうとしていた。

古在が傘寿《さんじゅ》を迎えた日の翌五月一八日、日本への核持ち込みが明確になり、「非核三原則」の嘘が暴露されて鈴木内閣をあわてさせた。元駐日大使ライシャワーが、「米艦の日本への核持ち込みや通過は問題にならない、との口頭了解が一九六〇年安保改定時にあった」「口頭合意は現在も有効」「核積載の米艦船と航空機は現在も核を積載したまま日本に寄港、領海を通過している」と、共同通信と『毎日新聞』のインタビューに応えた。

すでに一月、一九八一年世界大会の準備委員会が発足していたが、ライシャワーのこの発言で日本の反核世論がさらに高まった。広島の原爆慰霊碑前では、地元の原水禁と原水協がはじめて統一の座り込みを行い、日本原水協は非核三原則の法制化をもとめて全国一斉の抗議集会を呼びかけた。

そうしたなか反核運動に情熱を注いできた吉野源三郎が、五月二三日の朝、八二歳の生涯を閉じた。古在は吉野の病状が重いのを知って上田耕一郎にも連絡はしていたが、こうも早く哀しみが訪れるとは思わなかった。

古在は名状しがたい思いにとらわれた。六〇年間親友として付き合い、いままた原水禁運動が新たな段階を迎えようとしているとき、せめてもう少し生きていて欲しかった……。青年時代に情熱的に語ったロシア革命と『世界をゆるがした十日間』、編集長時代『世界』で貫いた平和と民主主義への不動の指針、原水禁運動の大同団結への七五年以来の強い思い、そして終生やめなかった哲学の原理的探求。戦中戦後刻々に発展する時代の課題にいつも適切な正論を堅持し、ときには行動した勇気……。せめてもう少し生きていて欲しかった……。それが古在の率直な思いだった。翌日古在はなお心が乱れるなか、『朝日新聞』に追悼文を書いた（「吉野源三郎を悼む　真の意味のジャーナリスト」五月二五日付夕刊）。

密葬の二五日、智重子夫人と長男源太郎ら遺族に許されて、古在は粟田賢三とともに火葬場に赴き、最後の対面をした。ためらいつつやや遠方から見た吉野の顔は、平素の緊張した面影が消え、実に穏やかだった。その顔は「やれるだけのことはやった。自分の道を生き抜いたよ。あとは若い世代に」と言っているようにも見え、古在の重苦しい気持ちは吹っ切れた。粟田と骨揚げをして外に出ると、空は五月晴れだった。

その三日後「こんなものがみつかったよ」と、村井康男が吉野の古い手紙を届けてくれた[7]。それは吉野が近衛野砲兵連隊の兵営から村井に書き送った、大学ノート四五枚に細かい字でつづられた五〇余年も前の手紙であった。日記風の手紙は「今日ひさしぶりで重（木村重三郎）と古在の家であつた。粟田も来てくれた……」と始まり、兵舎の様子、乗馬や行軍のこと、人生観や哲学理論の思索まで、実に多岐にわたっていた。古在はその日のうちに、手紙全部を読んだ。末尾のプロメテウスと吉野とのファンタジックな対話が、強烈な印象として残った。そこには時代と格闘する吉野の覚悟、人生を生き抜く決意が書き留められていた。

……人間のために主神ゼウスから火を盗んで鉄の鎖につながれたゼネラール（将軍）プロメテウスに戦闘目的を尋ねられ、吉野が「敵を圧倒殲滅するにあります」と応えると、「よし、それを銘記し給《たま》へ。我々の戦は、完全に敵を足下に踏み蹂《にじ》り去る迄《まで》は、断じて終はらないのだ。……戦つて、戦つて、戦ひ抜くのだ。戦ふべき相手が失くなるまで」「此の沃野で現在戦つてゐる者は、総て死ななければなるまい。……君にはその勇気があるかね」。吉野が応えずにいると、プロメテウスは「此《こ》の戦闘綱要を見給へ」と新訳聖書を出して、「約翰第十二章第二十四を見給へ」と言った。「其処にはかう書いてあった。『誠に実に爾曹《なんともがら》に告げん。一粒の麦もし地に落ちて、死なずば、唯一つにてあらん。死なば、多くの実を結ぶべし』」……。

そして吉野の手紙の最末尾には「大切なのは、機会が来ても攻勢に出られない様な、無気力と無実力に陥らない事だ。第一、敵に木端微塵に粉砕されても降参はし度《た》くないからね」と結ばれていた。吉野の一生はその決意どおり、人間の尊厳を守るために平和と民主主義の敵に抗い、果敢に闘い続けた見事な一生であった。

五月三〇日、吉野の告別式が信濃町千日谷会堂で行われた。古在は、葬儀委員長の緑川亨に続き、一語一語吉野に語りかけるように弔辞を読んだ。吉野との出会い、村井が届けてくれた吉野の手紙のこと、『君たちはどう生きるか』に表れた心の優しさ……。最後に古在は、吉野が病床にあってもなお念願していた核兵器廃絶達成の決意を、吉野の遺影に誓った。「わが吉野源三郎君よ。ここに一粒の麦は地におちました。しかし、かならずや数しれぬ実がむすばれるにちがいありません」。それが生涯の親友であり畏友である吉野に語りかける、最後の言葉だった。

古在のあと霊前に進み出た中野好夫もまた、「かならずあなたの志をつぐ」と弔辞をむすんだ。葬儀に参列した誰しもが、同じ思いであった。

「忘れまいぞ『核』」——一九八一年初夏

告別式の帰途、古在、中野好夫、久保文、陸井三郎、中林貞男（日本生協連会長）ら十数人が、近くの喫茶店に入った。話題は故人の思い出話から、当然のように核持ち込みと核廃絶問題になり、核問題の勉強会「忘れまいぞ『核』問題討論会」を始めることになった。原水禁運動にかかわっていることから皆それぞれに「専門家」のように見られているが、ライシャワー発言や非核三原則の見直しという時局問題もあり、核持ち込みの現状や中性子爆弾の危険性、世界の軍備・軍縮問題など、もっと深めておくべき問題は多かった。「忘れまいぞ『核』」という名称は、「日本人は一過性で忘れっぽい」という自戒の意味を込めたもので、みな勉強会開始で意見が一致し、呼びかけ人の人選も話題になった。

話が一段落すると、中野好夫が突然「ボクは今年から平和行進に参加する」と宣言して、周囲をあわてさせた。すでに平和行進は五月上旬に夢の島を出発していた。「気持ちはわかります。でもそのお歳では無理です。おやめください」。大方がそう言った。だが七七歳の中野は、頑としてこの忠告を受け入れようとしなかった。古在は中野と一緒に歩いてみるのも面白いと思ったが、中野より高齢でそのうえ脚が悪いのでは諦める以外になかった。だが、頑固な中野だ、言い出したら必ず歩くだろう、古在には確信に近いものがあった。

翌六月半ば、中林貞男、中野好夫など五人の呼びかけで第一回「忘れまいぞ『核』問題討論会」が渋谷の全国婦人会館で開かれ、古在は木下英夫、陸井三郎とともに参加した。問題提起にたった福島新吾（専修大・日本平和学会会長）は、隠されていた核持ち込みをライシャワーが今明らかにしたのは、日本の「非核三原則」を崩して戦域核を日本に配備するためではないかと述べ、服部学（立教大学教授・物理学）は、「非核二原則」とか「非核二・五原則」とかの議論が通用しそうだが、「持たず、作らず、持ち込ませず」のどれか一つでも崩れたら、それは「非核」ではなくなる、この点をしっかり押さえることが大事だ、と指摘した。

その後活発な討論になった。陸井は「核の傘」という言葉の歴史を話した後、「唯一の被爆国」があるなら「唯一の加害国」もあるわけで、被害国政府は加害国政府に「持ち込むな」ぐらいは言うべきだ、と発言した。また現場の活動家たちからは若者たちの無関心や運動が思うように広まらない悩みも出され、さらに討論は熱を帯びた。木下英夫が横須賀どぶ板通り商店街の人々がもつ「生活の重さ」という客観的条件への配慮を指摘すると、古在は同じ横須賀の労働者一七〇人が空母ミッドウェーへの荷役を拒否した事実を述べ、田中里子が一個の人間として「運動する覚悟」を強調した。中野好夫は、署名運動やチラシ配布に反応が良くないのはよくあることで落胆するには及ばない、何事も知ることが力になるのだから少数での勉強会を根気よく続け、感情に知識をプラスして進むほかない、と参加者を励ました。

その五日後、古在は第七回梅園学会に出席するため、小川晴久、稲沢潤子と大分に向かった。大分での開催は三年ぶりで、前会長田口正治が亡くなったあと、古在は会長ではなく代表委員ならと、梅園学会の代表委員を引き受けていた。小川は学会事務局を切り盛りし、稲沢は古在の依頼を受けての同行だった。「たまには仕事を離れての旅もいいのでは？　一緒に行ってもらえれば心強い」と電話で依頼され、稲沢は梅園をほとんど読んだことはなかったが快諾した。二月に刊行した『涙より美しいもの』（大月書店）の印税も入り、『群狼』

対談で世話になっている名大時代からの恩師の頼みでもあり、「脚痛・高齢」も気懸かりだった。

途中古在らは、名古屋で藤野渉を見舞い、京都では一周忌の呉己順《オギスン》の墓参りをすませた。

大分に着いた夜「古在由重先生を囲む会」が開かれ、若い人を含めて六〇人弱が集まった。会場には、英文冊子「私にとっての三浦梅園」と、製本が終わったばかりの『三浦梅園伝』（三浦頼義著、草土文化）が置かれていた。英文冊子は梅園の海外紹介用に同名の古在講演（『梅園学会報』創刊号掲載）をマーサー女史が訳したもの、『三浦梅園伝』は少年少女向けに地元の教育委員会が発行していたものを、古在がその内容とできばえに惚れ込んで東京の出版社に持ち込んだもので、この梅園学会の総会に間に合わせるために、挿絵の永井潔も編集者の梅津勝恵も、そして解説「知られざる傑作」を急いで書きあげた古在自身も、大奮闘して間に合わせたものだ。

古在は学会二日目に一時間ほど「梅園の魅力」を記念講演したが、前夜の「囲む会」の方に熱気を感じた。梅園に興味をもったいきさつ、安藤昌益との違い、「天地を師」とする梅園の特徴と「反観合一」、人間を見るときの「推観」など、ざっくばらんな話と質問を受けての対話が好評だった。翌日、学会会場で、「面白かった」「哲学が身近になった」などの感想がよせられ、入会者もあったと聞き、嬉しさが倍加した。

東京に戻って数日後、古在は「平和の悲願／七七歳初行進／中野好夫さん」「炎天下、一六キロ歩き通す／最後尾を黙々／カンパに感激」という見出しの『朝日新聞』の記事（六月三〇日付）を読んだ。掲載写真には、白いハンチングをかぶり片手に傘をもった中野と、上着を左手で抱え込み右手で折畳み傘をもって歩く新村猛が写っていた。記事は、車を止めてカンパを出すタクシー運転手や幼児を背負った母親の行進に中野が痛く感動したこと、新村猛が午後から参加したことなどを紹介し、末尾は記者質問への中野の応答、「来年どうするかって？　ボクは、きっと、死んどるよ」と結ばれていた。大津市から京都山科区までを歩ききった中野の様子とくたびれ模様がストレートに伝わる記事で、古在は、そうしてまでも吉野の遺志を引き継ごうとする中野の決意を、讃えずにはいられなかった。

「署名について」　一九八一年秋

八月三日、芝田進午（当時広島大教授）らが呼びかけた「ノーモア・ヒロシマ・コンサート」が東京で開かれた。夏にむかって核廃絶の声はいっそう高まり、このコンサートも昨年の東京・広島の二ヵ所から全国一一ヵ所に広がって、東京公演では、一〇歳の時長崎で被爆した美輪明宏（歌手）も参加して歌を披露した。

そして八月六日、その日に前後して原水禁も原水協も独自に大会をもったが、五回目になる統一大会「一九八一年原水爆禁止・被爆者援護ヒロシマ集会」が広島体育館で開かれ、翌年六月の第二回国連軍縮特別総会（SSDⅡ）に向けて、それぞれの参加団体が運動をさらに強化することを確認した。この日、超党派の国会議員でつくる国際軍縮促進議員連盟の代表や鈴木善幸首相も参加して開かれた平和式典では、荒木武広島市長が「ひとたび核戦争が勃発すれば、人類が絶滅することは明らかである。もはや核兵器で安全を保障することはできない。核兵器の廃絶こそが安全を保障し、平和への道に通じることを人類は悟らなければならない」と平和宣言を読み上げた。日本での反核運動は政界と地方自治体をも巻き込む力を持ち始めていた。

だがレーガン米大統領は八月はじめ、中性子爆弾[8]の生産開始を決定し、ソ連のブレジネフ書記長も九月に入って、中性子爆弾生産の用意があることを表明した。一〇月に入ると西ドイツではNATOの核配備をめぐって、首都ボンで三〇万人の反核デモが起き、さらに戦域核兵器の登場によって、ヨーロッパが「ヒロシマ」同様「ユーロシマ」となるという危機感がヨーロッパ全体を覆い、一〇万、二〇万のデモの波がアムステルダム、ロンドン、パリ、ローマと次々に広がった。核廃絶、反核の声が全欧を埋め尽くそうとしていた。

一〇月末、「『核のカサ』と核戦争危機を考える」と題する第四回「忘れまいぞ『核』問題討論会」が開かれた。「忘れまいぞ『核』」討論会は、核危機が高まるなか回を重ねるごとに参加者が増え、この日はシンポジウム形式で、古在と中野好夫、陸井三郎、小出昭一郎（東京大学教授）四人が正面に並んだ。小出は物理学の専門家として「科学者の責任」について話し、陸井は「中性子爆弾を必要とする政治」を問題にしたが、中野と古在は運動にかかわって、それぞれの思いを話した。

古在は、「ボクは哲学者と呼ばれるが、わかりやすい話しかできない、というよりむずかしい話をする能力がない」と笑わせてから、本題「署名について」を語りはじめた。

……たくさんの署名があり、今は署名が習慣のようになっている。三年前第一回国連軍縮総会に向けた署名を数寄屋橋で集めたことがあったが、高校生に「どんな役に立つのか」と質問され、街頭ということもあり十分応えきれなかった。署名のことを考えると、ボクが経験した戦争がすぐ思い浮かぶ。なぜ大人たちは戦争を止められなかったのか？　若い人のその疑問は当然だ。当時は弾圧法規があって、戦争反対は逮捕覚悟の「非合法活動」しかできず、大きくはならなかった。しかし今は核戦争に反対する行動を公然と行える。ボクの世代とはまったく違う。

署名は戦後になって再び可能になった。江戸時代には血判状があり、明治中期までは国会開設を要求する請願という形の署名があったが、明治憲法ができ天皇制国家になって請願が許されなくなった。現憲法に「署名」という文言はないが、国民は請願権をもつと書いてある。再びと言ったのはそういう意味だが、請願と言っても平身低頭で懇願するのではない。自治体、政府、国連に要求を表明し提出する、いわば「要求の伝達」だ。国連への署名も、国連の力にもたれ込んで反核運動をしようというのではなく、軍縮特別総会をチャンスととらえた主体的な行動だ。個人として、個の意思として、平和のために決意を固め、名を書き、その意思を外に表す。署名はデモや平和行進と本質的にはなんら違わず、デモンストレーションつまり要求の「あかし」、世論のあかしだ。朝鮮戦争の時は「ストックホルム・アピール」による五億の署名が一つの世論となってトルーマン米大統領に原爆使用を断念させ、その数年後のベトナム・ディエンビエンフーの戦いでは、国際世論が核攻撃を含む全面戦争を押しとどめた。個の意思が大集合・大結集した世論は、歴史を動かすほどに大きい力を持っている。

潜伏している意思を表に出す署名は、だから簡単なものほどいい。中学生が立ったまま読んで理解できるものがいい。その意味で署名内容は、署名させる立場からあれこれつけ加えるのではなく、署名する立場から考えなければならない。核戦争をやめるには核をなくす、これは誰にでもわかる常識だ。バートランド・ラッセルはコモン・センスの名において核は否定されなければならないと強調したが、コモン・センスとは「人間的価値」のセンスのことだ。

ボクはいつも楽天的だが、核廃絶と全面軍縮の署名運動の展望についても楽天的だ。目標三千万は夢みたいな話だというが、「しかしこの夢は現実になるとボクはひそかに思っています。ボク自身もやりますので、一緒にやってください。心からのお願いです」。

古在は話をそう結んで、大きな拍手をうけた。

……アジア・太平洋戦争もベトナム侵略戦争も、自分の予想通り敗北した。核戦争準備も敗北させなければならない。微分の力が積分されれば、わかりやすい署名で世界世論を結集できれば、必ず核廃絶は勝利する……。戦争をくぐり抜け、青年期から一貫して平和と民主主義のために生き抜いてきた古在の、それが確信であった。

そして翌一一月半ば、古在、中野、中林貞男ら一〇人の呼びかけに応え、原水禁、原水協、総評など二七団体と七〇人の学者文化人が参加して、「第二回国連軍縮特別総会に核兵器完全禁止と軍縮を要請する国民署名運動推進連絡会議」（略称「国民署名運動連絡会」）が発足した。

古在はさっそく自宅の門塀にポスターを貼り、ビニール袋にいれた署名用紙をぶら下げた。「忘れまいぞ『核』」討論会では、「ボク自身もやりますので」とは言ったものの、医者からは腰椎の負担になる外出や原稿執筆は避けるように言われており、街頭に立つことも署名集めに歩くこともできず、これが古在にできる「唯一の署名活動」である。しかしぶら下げただけの「古在の署名活動」にも、近所の人や通行人が意外なほど応じてくれた。「あなたの声を署名にこめて」の文字と武器を二つに折ったイラストのポスターもよく、反核運動の波に新しい質が見えるように、古在には思えた。

『草の根はどよめく』　一九八二年春

担当医の「活動・執筆制限」のアドバイスはあるが、核問題と口述原稿だけは別である。

一月下旬の第七回「忘れまいぞ『核』」討論会でも、古在は「反核運動の新しい波」を感じた。この日は鴨武彦（早稲田大学・国際政治）が「国際政治と軍備・軍縮問題」について話し、佐藤行通や中野好夫、陸井三郎らが質問・発言するいささか専門的な内容になったが、司会者に催促された高校生とおぼしき二人が、こう発言した。「高校生ではありません。中学三年生です。新聞を見て参加しました。ぼくたちは二一世紀をになう者です。核兵器や核戦争はぼくたちにとって切実です。戦争がおこれば、真っ先に引きずり出されるのはぼくたちです。これからは中学生にも高校生にもアピールする方法でやってください」。

古在は、専門の研究者や活動家たちに混じってもなんら臆することなく発言する中学生たちに、驚きかつ感動した。二〇代後半になってはじめて社会問題に目覚めた自分と比較して、なんと頼もしいことか。戦争を憎み平和を愛して、この間微力を尽くしてきたが、今はこの若者たちにそのバトンを渡すことができる、そして私も命の尽きるまで走り続けるのだ……。古在には、まったく新鮮な感動だった。

その三日後、古在は「日曜クラブ」の懇談会に招かれ、反核運動について話した。「日曜クラブ」は、風見章や西園寺公一らが世話人となって三〇年前に発足した自由な著名人たちのクラブで、「時々の重要テーマについて講師を呼んで話を聞く」ことを唯一の目的にし、最近では一般の人が自由に参加できる懇談会を月一回のペースで開いていた。古在は松本慎一や尾崎秀実を通して戦前から風見と西園寺を知っていたし、テーマが反核だけに、このときも「活動制限」にもかかわらず講演を快諾した。

古在はこの講演で、欧米での反核運動の著しい高まり、先の中学生の話や署名運動の広がり、「草の根《グラース・ルーツ》」の語源と「コモン・センス」、歴史のなかにおける楽観論と悲観論、現実主義などについて、二時間にわたって熱弁をふるった。質問時間をいれれば三時間にも及ぶ「重労働」になったが、質問の活発さに大きな手ごたえを感じた。

古在が「日曜クラブ」で講演した日、「国民署名運動連絡会」が、国連軍縮総会にむけた三千万署名活動を東京各地で大々的に繰り広げた。反核の草の根運動は、この正月から瞬く間に全国に広がり、軍拡一色の政治にブレーキを掛けようとしていた。二月には公明・民社・新自由クラブ・社民連が反核・軍縮運動での共同歩調を確認、「米国の核の傘は危険」という竹岡勝美元防衛庁官房長の投稿が新聞に掲載され、三月にはアメリカ議会の議員一三七人によって「反核共同決議」が提案された。来日中のイタリア大統領は「広島と長崎はわれわれ自身の問題だ」「兵器庫を空にし、穀物倉庫を満たそうではないか」と国会で演説し、ほぼ二ヵ月間で準備された「平和のためのヒロシマ行動」には二〇万人の市民が参加した。地方自治体では反核決議が次々に採択され、焦った鈴木首相が「反核決議が反米にならないよう」と釘を刺すほどの勢いとなった。

四月はじめ、古在は運動の到達状況を知ろうと「国民署名運動連絡会」事務局に電話した。そのとき古在は偶然にも、一人の小学生と電話で話すことになった。受話器をとった事務局の久保文が「ちょっとまって！少年がいま署名簿をもってきたから」というので、すぐ電話を替わってもらった。この春水戸の中学に入学するというその少年は、社会科で原爆投下を学び、『ガラスのうさぎ』（高木敏子著、金の星社）も読んで「戦争はいやだ」と思った、事務局に手紙を書いて署名用紙をもらい、クラスの友達や先生にも署名をしてもらった、春休みで東京のじいちゃんの家に来たついでに署名を届け、事務局の手伝いもやりたい、と話してくれた。

古在は「えらいんだね。頑張ったね」と言いつつ、胸が熱くなった。七〇歳も違う少年がこんなにもやってくれる、運動に年の差なんてない、あとを頼むぞ、そんな思いがこみ上げてきた。

……「核戦争をなくすには核廃絶」という「コモン・センス」、その「センス」を「アクション」にまで展開すること、その重要性を「日曜クラブ」の講演でも強調したが、いま小学生がそれを見事にやりきっている。時に人は「理論水準」などを問題にするが、そんな知識量の競い合いよりももっと重要なのは、身構え、たたかう姿勢ではないのか。これまでの微々たる運動の努力は、政治的というよりその倫理的な性質が小学生を含む多くの人々をとらえたのだ。戦前の天皇制になびいた「民草」はいまや「核のない世界」をつかみ取る「草の根」として、強く、広く、奥深く根を張り、どよめいている。その「どよめき」が、いま世界を動かそうとしている……。

そんな思いを込めた古在著『草の根はどよめく』（築地書館）が発売されたのは、その年の五月二三日、四〇万数千人が参加した空前の首都反核集会、「核兵器廃絶と軍縮をすすめる八二年平和のための東京行動」の日である。「日曜クラブ」の講演に痛く感動した編集者の強い勧めに、運動に少しでも役立つならと考えた結果の、古在にはまったく珍しい「緊急出版」だった。七章のうちの第一章「草の根はどよめく」だけが書き下ろしで、あとは「日曜クラブ」と「忘れまいぞ『核』問題討論会」での講演を収録した結果、読みやすい本になった。

中野好夫が簡潔な推薦文を寄せた。「八十歳というこの老哲学者が反核を語る切々たる情熱には、心から頭の下る思いがする。息づかいまで聞こえそうである」「問題の深い本質が、実に平明な生きた人間の言葉で述べられているのだ。おそらく著者は、特に若い世代に読まれることを望んでいるのだと思う。どうか応えてあげてほしい。私の願いでもある」。『赤旗』はもちろん、『東京新聞』『北海道新聞』『信濃毎日新聞』などが好意的に書評を載せた。

日本が梅雨を迎えた六月上旬、ニューヨークでは一ヵ月余にわたる第二回国連軍縮特別総会が開幕した。アメリカでも反核の声は高まり、開幕前日にはジョーン・バエズや盲目の歌手スティービー・ワンダーなどが、ロサンゼルス近郊に一三万人を集めて「反核コンサート」を開いたが、巡航ミサイル配備を急ぐレーガン政権は、「移民帰化法」を楯に「共産党系グループ」へのビザ発給を拒否して、日本原水協を中心にした約三百人の入国を拒んだ。それにもかかわらず、世界各国の市民代表など約四千人が国連本部周辺に集まり、一〇日には日欧九ヵ国で集められた反核署名一億四百万人分（日本分は約八千万人分）がデクエヤル国連事務総長に手渡された。そして一二日には世界各国代表を含む百万人の「反核」デモが、日本と世界の「草の根のどよめき」となって、ニューヨークを覆い尽くした。

「唯研」五〇年　一九八二年秋

古在は六月半ば、『草の根はどよめく』を無事上梓し「国民署名運動」も一つの山を越したのを期に、いつもの「どさまわりの旅」にでた。常連の村井康男が動脈瘤のため不参加となったが、今回はブルートレイン「出雲」を使った城崎温泉への遠出の旅である。

翌朝城崎駅を乗り越すハプニングもあったが、志賀直哉のゆかりの宿「三木屋」でのんびりすごし、翌日は豊岡の古在本家に古在ふゆ子を久しぶりに訪ね、満開の花菖蒲園で抹茶の接待をうけた。求められて、豊岡に帰された大石内蔵助の妻にちなみ、「雨の豊岡　涙にぬれて　別れ惜しむか花菖蒲」という歌を贈った。

七月一〇日に閉会した国連軍縮総会では、核不使用決議案が米ソ対立のため表決にもかけられず、「世界軍縮キャンペーン」だけがようやく決まったが、日本では八月の原水禁世界大会にむけて、運動はさらに広がった。労働組合や婦人団体はもちろん、市民による10《テン》フィート運動[9]、「反核・日本の音楽家たち」による邦楽・クラシック・ポピュラーの三日間連続コンサートなど、音楽家、ジャーナリスト、放送作家、文学者などあらゆる分野での取組みが、全国各地で展開された。そうした大きな反核運動の高まりのなか、「原水爆禁止八二年世界大会」には過去最高の三万人が広島中区の中央公園に集まり、さらに三〇〇人もの犠牲者を出した長崎集中豪雨のため開催さえ危ぶまれた「長崎のひろば」も、三〇〇〇人参加のもと無事に終わった。

古在はこの夏も、草の根の大きな力を再認識した。高校野球では甲子園球場に「反核・平和」の幟《のぼり》がはじめて立ったこと、本島等長崎市長が平和宣言のなかで、参列した鈴木首相に対して核廃絶の先頭に立つことを求め、「長崎を最後の被爆地に」と訴えた。

九月末、この一年半余り編集者に語り継いできた『教室から消えた先生』（新日本出版社）がようやく刊行された。この本で古在は、心に今も生き続けている小学時代の中村常三先生、中学時代の秋山武太郎先生、若くして獄死した戸坂潤と三木清、さらに昨春亡くなった生涯の親友・吉野源三郎の思想と生き方について、やさしく語った。古在の思いは、ありていに言えば、未知への期待と不安のなかで自立しようとしている中・高生たちに、人生の理想や目的を媒介にした友情と連帯のすばらしさを伝えることにあった。

……苦しいときは励まし合い、楽しいことは喜び合い、間違えば忠告し、正しいと信じたら勇気を出しあって実行する、家庭、学校、友人たちのなかでこそ人は成長する、生きる時代は違っても、人間にとって一番大切な姿勢・生き方を少しでも学び取って欲しい……。

それがうまく伝わったかどうかはともかく、古在にはもう一つの思いが重なった本でもあった。それは、唯物論研究会創立五〇年という記念すべきこの秋に、戦時下の息苦しい時代を勇気とユーモアをもって生き抜いた人間戸坂潤とその思想を、少ないスペースとはいえ若い人たちに向って紹介できたことだ。唯研創立四〇周年のときは、雑誌『唯物論研究』を復刻するという大きな仕事を成し遂げ、今度の節目では、春にNHK第二ラジオ放送の「文化シリーズ　人と思想」で戸坂潤について話をし、年内ギリギリの刊行になりそうだが、『戦時下の唯物論者たち』（青木書店）をまとめる機会を得た。もっとも『戦時下の唯物論者たち』は、既発表の論文とこれまでの座談・講演会が中心で、読者初見となるのは、まもなく用意しなければならない「はじめに」と、二年前にモスクワのウスコエ・サナトリウムで書いた戸坂著『日本イデオロギー論』の「ロシア語版への序文」だけだが、それでも戸坂と唯物論研究会に関して古在が書いたすべてのものが収録される、記念すべき本であった。

その「はじめに」を書き上げた一一月下旬、古在は招かれて中野高円寺の松本敏子宅を訪れた。その日は松本慎一が亡くなって三六回忌にあたる日で、敏子と裕子・慎二・礼二の三姉弟と古在・村井康男夫妻だけの、ごく親しい者の集まりだった。

松本慎一については、古在の「人生の師」として『教室から消えた先生』に収録することも一時考えたが、風間道太郎が取材をすすめて昨年上梓した『暗い夜の記念——戦中日暦《ひごよみ》』（未来社）に収録した「松本慎一について」以上の材料はなく、時間もスペースにも余裕がないため結局諦めたが、やはり心残りではあった。そんな思いのまま松本宅を訪れたが、三五年もたてば余り感傷的な話もなく、古在らはそれぞれの近況や反核運動の高まり、数日前の新聞記事「総裁選　中曽根康弘圧勝　明日組閣」などの話題が一段落すると、男たちは囲碁対局を楽しみ、女たちはなお茶飲み話と政治談義に花を咲かせた。

第19章　除籍前後　一九八三〜八七年

往復書簡　一九八三年春

古在と真下信一との往復書簡が、一月中旬から三回にわたって『赤旗』[1]に連載された。ひと月に一往復のペースではあったが、「日本の進路選択が鋭く問われる年」に、「どのように人民の歴史づくりに参加するか」、二人の哲学者からその示唆を得ようという企画である。

昨年は反核運動が盛り上がる一方で、「侵略」を「進出」と書き換える教科書検定の強化や、人事院勧告凍結など臨調路線[2]が進んだが、明けたばかりの一九八三年も、容易ならぬ年になりそうだった。昨秋組閣を終えた中曽根首相は、一月中旬のレーガン大統領との会談で「日米関係は運命共同体」と表明し、『ワシントン・ポスト』との会見では「全日本列島を不沈空母」にし、「四つの海峡を完全に支配」(四海峡封鎖)すると語った。さらに初の施政方針演説では「戦後史の大きな転換点」を強調して「戦後政治の総決算」を唱え、軍事大国化、福祉切り捨て、改憲姿勢を明確にした。

真下信一は古在より五つ若い七六歳だが、五年前の胆嚢摘出以来ずっと体調がすぐれず、この正月も入院生活の身ではあったが、三通の古在宛手紙は意気軒昂だった。

……情勢の暗い方に目が向きがちだが、反戦活動で投獄された一九三〇年代と比較すれば、反戦平和の声は大きく、二年前に結成された全国革新懇[3]に四五〇万人が結集しているように革新統一を望む声は健在だ。書斎からだけでは変化と発展は見えず、運動に身を置き自由のために闘うからこそ、幸福なのだ。中曽根は盛んに「国」を強調するが、「不沈空母」という国・軍艦には子ども・老人・身障者は無用になる。かつて教育勅語が出されたとき、哲学者の井上哲次郎は「国家の役に立たぬ者は死人も同然」と解説したが、中曽根の「国」はそこにつながる。進行中の地方選挙では反共主義の演説がまかり通っているが、反共主義はただちに侵略戦争弁護論になり、その克服は他の国々以上に日本ではより深く戦争と平和、民主主義の問題にかかわる。「共産主義者、自由主義者」への弾圧・排除は、国民に「主義、思想はこわい」と思いこませた。思想というのは、虚実、美醜、正不正という価値判断が体系化された人間の考え方のことだから、思想なしに人はまともに生きることはできない。反共主義から民衆を解き放つことは、民衆自身が自分で考えることを知り、生きがいを創造し、日本に民主主義を根付かせ、世界の平和に貢献する道だ。今度の地方選挙で、反共主義者たちに敗北の苦みを味わわせようではないか……。

腰椎変形症の脚痛に耐える八一歳の古在もまた、ユーモアを交えつつ意欲あふれる返信を書いた。

……きみの言うように、平和勢力の力は一九三〇年代とまったく違う。ぼくらはあの時代、わずかに残された文化と思想の分野で微力な抵抗を試みたにすぎない。当時重要なのは理論水準よりも闘う身構えだった。いま軍国主義は進行しているが、まだ戦争は起こっておらずファシズムの支配もなく、反核運動ではハイティーンが歴史を作る主役になろうとしている。だが、敵にエラーがあっても革新の側に得点能力がない限り、政治的な成果をあげることはできない。過去には「天皇のため、国のため」という教育のもとに戦争に突き進み、他民族にもたいへんな残虐を加えたが、中曽根は再び戦前の教育に若者たちを引き戻そうとしている。その教育による理性抜きの知性・インテリジェンスが、知性から知能、そして情報から諜報に堕落・転化し、軍事・技術研究にだけ動員されれば、それはこれまでの歴史になかった最悪の「知能犯」になりかねない。その意味で現代のいわゆる知識人たちも、現実の力によって危険にさらされている。

確かにいまぼくたちは、一つの歴史的転換点に立っている。だから絶体絶命の局面に立たされた戦没学生の無念、わだつみの声を絶対に忘れてならない。若い人を含む反戦・平和のどよめきは、戦後三八年の歴史は無駄ではなかったことを実感させる。東京ではいま「鉄とコンクリートのマイタウン」構想を進め、庶民の福祉と生活を奪ってきた鈴木俊一知事に対し、革新統一の松岡英夫（元毎日新聞論説委員・政治評論家）さんが、「投票箱を平和箱に」と奮闘している。保守陣営からの圧力や妨害はあるが、この選挙で平和と民主主義の声を可能なかぎり集中・拡大させたい。その努力は必ず将来の勝利に結びつくものだ……。

しかし地方選挙の結果は二人の思いに反して、福岡で社会・共産・革自連推薦の奥田八二《はちじ》知事が誕生したものの、東京の松岡英夫も大阪の亀田得治も善戦及ばず、革新都・府政の奪還は実現できなかった。

この知事選挙では、立候補を望まれた都留重人が不出馬を表明した一月以来、古在は中野好夫と多くは電話で意思疎通をはかり、三月には脚痛をこらえてなんどか中野宅に足を運んだ。中野は、「国民署名運動連絡会」に寄せられた三千通の手紙のいくつかを収録する『戦争はいやだ――五歳から八八歳までの声』（同時代社）の「前書き」執筆が迫っていたにもかかわらず、候補者選びをなにをさておいても優先した。まもなく飛鳥田社会党・不破共産党両委員長会談で、中野が一〇年ほど前に「人間雑話」のタイトルで対談した松岡英夫推薦が合意され、候補者中心のブリッジ方式で「平和と革新都民連合」が発足したのは三月中旬、投票日までには一ヵ月もない時期だった。

一年前の八二年一月、社会党が一方的に「明るい革新都政をつくる会」の解散を決めたことが力の結集を遅らせ弱めた形で、自民・公明・民社推薦の鈴木俊一が二三五万票、社会・共産推薦の松岡英夫一四八万票という結果をみて、古在は「革新側の得点能力」の不足と、国民・都民の政治への関心の弱さが気になった。「軍事大国化」が進行するにもかかわらず、東京の投票率は四七％にとどまり、半数の有権者が投票権を放棄していた。

編集者たち　一九八三年春〜夏

四月七日、六〇年来の苦楽を共にしてきた友人村井康男が、八一歳の誕生日前日に亡くなった。動脈瘤の手術をさけて前年から対症療法を選んでいたが、二月に入院先で肺炎をおこしてから気力も体力も衰え、傍らにいた家族さえ気づかなかったほどの静かな死であった。昨秋の松本慎一三六回忌での外出が、村井最後の遠出となった。

吉野源三郎の能弁とはちがい、村井はまったく寡黙なたちで、二年前の「どさまわりの旅」で岳温泉に向ったとき、車窓に見える初夏の虹に古在が「きれいだなあ」と言っても、「にじ消えて　山なみはるか　汽車の窓」と詠んでも、「ふむ」を繰り返すだけだった。寡黙な誠実さ、粘り強さ、無類のやさしさを残して、村井は逝った。「彼一語　我一語　秋深みかも」。古在は村上鬼城の句こそ彼にふさわしいと思ったが、葬儀当日はひどい脚の痛みのため、美代に替わってもらった。

五月七日、「東京―広島―長崎平和大行進」の「東京―広島」コースが夢の島公園の第五福竜丸展示館前から出発した。この夏の行進は、世界大会準備委員会がはじめて主催する二〇年ぶりの統一した平和行進となり、例年にない一五〇〇人がスタートを切った。

その数日後、古在待望の『紫琴全集』（全一巻、草土文化）が、『泣いて愛する姉妹に告ぐ』の著者・山口玲子の協力のもとに刊行された。活字で組まれた菊判六百頁を超える本を手に取ると、「夜明け前」の道を傷つきながら生きぬいた母紫琴のいのちの重さが伝わり、子として一つの仕事をやり遂げた満足感があった。同時に、明治期の文学や女性解放史に関心をもつ人々にこの全集を役立てて欲しい、そう願わずにはいられなかった。

二年前の八一年秋、横浜で「自由民権百年全国集会」が開かれるのを前に、戦後の早い時期から紫琴を紹介してきた武田清子（国際基督大教授・思想史）が「自由民権百年と女性」を『毎日新聞』に寄せ、写真入りで「若いころの清水紫琴」を紹介するなど、自由民権百年を機に紫琴への関心が再び高まっていた。今年八三年二月の、女性問題研究者・小林登美枝と古在との対談集『愛と自立――紫琴・らいてう・百合子を語る』（大月書店）の刊行も、やはり自由民権百年が一つのきっかけだった。

……清水紫琴、平塚らいてう、宮本百合子の生き活動した時代は、明治の自由民権期、大正デモクラシー期、反ファシズムと民主主義の昭和時代で、その時代の違いゆえに三女性の個性も異なるのだが、共通しているのは、三人のそれぞれの評論と作品が波乱にみちた自身の生き方から湧きだしたこと、かつ明治以来百年の女性解放史の走路をそれぞれ疾走したことである……。大月書店の編集者・首藤邦夫から『愛と自立』の企画意図を聞いたとき、一も二もなく応諾したのはそんな思いがあったからで、そのとき以来、母紫琴の全集を出せないものかと、古在の思いがふくらんだ。宮本百合子にはすでに大部な全集（新日本出版社）があり、『平塚らいてう著作集』（大月書店）もまもなく刊行される。ならば、母紫琴の全作品・全評論をまとめたいと思うのは、子として自然の人情というものだった。

それにしても古在の希望を聞いた草土文化の編集者・梅津勝恵が、社内を苦労して説得し、『紫琴全集』刊行にこぎ着けたのだから、編集者たちの大いなる努力は実にありがたいものだ。『教室から消えた先生』でも、編集者の田中四郎は古在の談話をまとめ上げただけでなく、中村常三先生の生家やご子息を訪ねてその記録を取ってくれたし、『愛と自立』の首藤邦夫はその日の対談が終わると、ほとんど毎回古在楽しみの囲碁にもつきあってくれた。まして『紫琴全集』の梅津勝恵には、自由大学サークルの仲間という気安さもあってこの間、『泣いて愛する姉妹に告ぐ』『三浦梅園伝』と随分世話になった。青木書店の江口十四一などは、『唯物論研究』復刻に骨を折り、最近では『戦時下の唯物論者たち』を担当したばかりでなく、もう二〇回以上の「どさまわりの旅」を切り盛りしてくれている。古在は編集者たちの公私にわたる労苦に、「もっと売り上げに貢献できればいいのだが」と思いつつ、心から感謝せずにはいられなかった。

六月下旬、二年前から宣言通りに平和行進を続けてきた中野好夫が、この夏は吉田嘉清、久保文と一緒に、雨のなかを岐阜県大垣市から滋賀県に引き継がれる関ヶ原町まで歩いた。中野は毎回行進そのものを楽しんでいるようで、関ヶ原にさしかかると近づく山々を指して、関ヶ原合戦で敗走する島津軍の道筋を逐一説明した。久保文は高齢の中野が心配で昨年から同行していたが、中野との行進は毎回愉快な話が聞けるので、それが楽しみでもあった。去年は大部の『蘆花徳冨健次郎』(筑摩書房)を出した中野にむかって、「青年時代、蘆花に会ったのですか」と聞いたところ、それへの中野の返事がおもしろかった。「あんな怖いおっさんに? 会いたいと思ったこともなかったなあ……」と中野が言った。「毒舌家」「荒法師」「僧兵」などと畏れられる中野好夫にも、怖い存在はあるのだ! その新発見に、久保は欣喜して踊りたい気分になった。そのことがあったからではないが、久保はそれを機に、高齢の中野が歩くかぎり同行しようと決意していた。

しかし七月に平和行進が大阪に入ると、統一労組懇が掲げた団体旗をめぐって大阪総評が反発し、原水協はその加盟団体の統一労組懇を排除するものとして強く抗議する一幕があった。そのため数日間の大阪市内の行進は、原水協と原水禁とが分裂して行進したり行進自体を休止したりしたが、七月五日に開かれた世界大会準備委員会作業部会が、大阪府下では準備会加盟団体以外ののぼりや横断幕を規制することをを打ち出し、統一労組懇や新日本婦人の会など約二〇団体の団体旗がその翌日から掲げられない事態になった。背景には労働戦線をめぐる総評と統一労組懇との対立があった。

古在は、統一した平和行進が大きな問題を抱えたことを危惧したが、この夏も海外の一六〇人を含む五〇〇〇人が参加した「原水禁八三年世界大会国際会議」に出席したあと、山ノ内で開かれた保育問題研究会全国大会で講演するなど、いつもの夏より活動的にすごした。

暗雲　一九八四年春

年が改まり、春の節句をすぎた三月七日、古在は、赤坂にある憲政記念館に向った。「第一回総選挙で当選した異色の政治家たち——田中正造・河野広中・植木枝盛特別展」が開かれており、第一回総選挙で当選した三百人の中からこの三人が選ばれたことに、古在はある重味を感じていた。この三人の「同時代人」はそれぞれたどった足跡はちがうものの、大局的にみて自由と民権のために身を挺してたたかった点で一致していた。父由直と関係のあった田中正造は足尾鉱毒被害農民の救済に生涯をかけ、普選運動を推進した河野広中は福島事件で国事犯となり、植木枝盛は民権派の理論家として革命権や婦人参政権を盛り込んだ憲法案を起草して三五歳で生涯を閉じた政治家である。

植木枝盛と母紫琴が一緒に撮った写真、遺品や書簡など数百点の展示品は、この三人の情熱と行動力とを鮮やかに物語っていた。幸徳秋水が起草し田中正造がわずかに手を入れた天皇への直訴状、河野広中の「南遊日誌」「天無二日　地無二王」と印した河野の羽織、枝盛の日記「無天雑録」や書状。古在は、それらの展示品に刻み込まれている日本人民の生活とたたかい、その一つひとつをじっくり見てまわった。

……公害第一号と言われる足尾鉱毒にせよ、福島県令の無謀な開発事業への抵抗にせよ、民主主義のために人民の抵抗権・革命権を高らかに謳ったことにせよ、それらはいずれも百年前の「歴史的事実」というだけではなく、今日のわれわれに突きつけられている問題と同じではないか。多数を誇る与党のもと、公害と乱開発、政治変革の権利を圧殺する政党法や憲法改悪、軍備拡大などにどう対処するのか。大きくなりつつある国民の力、その統一した力がのびてこそ、この三人の貴重な歴史的側面を生かすことになるのではないか……。

ひとすじ縄ではいかない歴史や運動の屈折を感じながらも、古在はこの特別展をみて、気の引き締まる思いがした。この年一九八四年は、国会開設をめざした自由党が解党し、秩父事件が弾圧されて百年目にあたるが、「新たな人民の歴史をしっかり作り上げよ」、彼ら三人がそう訴えているようでならなかった。

三月末、日本青年館で「一九八四年原水禁世界大会準備委員会」が発足し、この年も統一した世界大会への準備がスタートした。古在はこの年も中野好夫、新村猛らとともに、大会準備委員会の個人代表委員となった。しかし、スタートから一週間もたたない四月上旬、『赤旗』紙上に論文「統一の路線と分裂の路線――原水禁運動三十年の経験と教訓」が二日間にわたって発表され、関係者に強いとまどいを生んだ。論文は、七七年に原水禁・原水協が「組織統一」で合意したものの、いまなお統一できずに分裂が続いているのは、六三年以来「分裂の論理」に固執してその合意をホゴにする勢力があるからで、それが原水禁運動統一の最大の障害になっているとして、総評と原水禁を真正面から批判していた。日本共産党には、昨年のように原水協に加盟する統一労組懇などの団体旗が排除されるような事態がこのまま進めば、原水禁運動が安保条約を容認する社会党・総評路線の枠のなかに組み込まれ、変質していくのではないかという危惧があった。

論文掲載の数日後、総評会館で第一回準備委員会運営委員会が開かれた。佐々木計三事務局長（日青協）が提案した「六月中の反トマホーク行動」に反対はなく、さらに前年に続く「準備委員会主催の統一平和行進」も決定したが、原口和原水禁事務局長（総評）が『赤旗』論文について「分裂主義とはなにごとか。これは準備会の問題でもある」と発言し、座長の田中里子（地婦連事務局長）が「この時期のこの論文は大変遺憾だ」と応じた。

古在は、田中議長の「この時期のこの論文」という点では、同じような思いだった。

……確かに七七年合意の「組織統一」は実現していないが、保守的な人々をも会員にもつ地婦連、日青協、生協連などの市民団体も、そしてまた個人代表委員たちも、知恵を出して統一世界大会を守り抜いてきた。しかも統一による反核運動の大きな盛り上がりにつれて、原水禁を分裂組織と断じ「分裂組織との共闘はありえない」としてきた原水協自身、八〇年代に入ってからは従来の態度をゆるめ、「組織統一の合意」をやや棚上げした形で独自に世界大会を開く一方、「限定的・選択的な共同」つまり統一世界大会の成功を追求してきたはずであった。その力が、二年前のヒロシマ行動、東京行動を成功させ、第二回国連軍縮特別総会にむけた八千万人の署名達成という空前の運動を作ったのではなかったか。核兵器廃絶から一歩踏み込んだ「核巡航ミサイルトマホーク配備」反対の統一行動が準備されはじめた今、なぜこの論文なのか……。

古在にも大きな疑問があった。考えられるのは、昨年秋の準備委員会作業部会が「組織統一」に替わる共闘強化拡大案として「原水爆禁止運動連絡委員会」結成を提案したとき、原水協常任理事会の会議で日本平和委員会や広島、長崎両県の原水協が賛意を示したものの、日本共産党を代表する常任理事が「これでは禁と協の無限定な共同行動を許すことになり、反核運動が安保・自衛隊容認の禁・総評路線に組み込まれ、組織統一が不可能になる」と反対したことだ。その結果、「原水爆禁止運動連絡委員会」は沙汰止みとなり、「組織統一合意」は六年経っても前進のないまま、八三年準備委員会はいつものように解散となっていた。

この論文は、共闘のあり方、この間とってきた「限定的・選択的な共同」からの、党方針の変更のシグナルなのだろうか？　古在には、高まる反核運動という「新たな人民の歴史」に襲いかかる一つの暗雲のように思われ、気分が晴れなかった。

暗雲は五月に入って、反トマホーク行動と団体旗問題を抱えてさらに大きくなった。五月上旬の第二回運営委員会は反トマホーク統一集会の六月下旬開催を決定したが、その半ばに開かれた原水協全国理事会（最高決議機関）では、「賛成しない」ことが確認された。日本共産党から出席した全国理事が「レーガン会談で石橋社会党委員長はトマホーク配備撤回を要求しなかった。その党が入る集会が真の撤回集会になるのか」と発言し、その意見が大勢を占めたわけではなかったが、その影響が強く出た形となった。さらにその三日後の平和行進のスタート集会では、総評側から「宣伝カーの目の前の東京統一労組懇の旗を降ろせ」と要求が出され、「団体旗自粛」問題をめぐってこの年は行進初日から混乱が生じた。

その「団体旗」をめぐる問題は準備委員会作業部会でもめていたが、四月末になって市民団体が仲介した結果、原水協側は「団体旗は原則自由」との立場をとりつつも、口頭の形ではあったが「自粛徹底に各団体が責任を負う」ことを了解していた。その結果準備委員会は、「広範な市民の参加を得やすい雰囲気を作り出すため、相互理解の精神にたち、十分な配慮を払ったものにする」（第四項）、「政党名を表示した参加は厳に慎む」（第九項）など一一項目の「行進の実施要綱」を五月上旬に確認した。しかも五月半ばに開かれた先の原水協全国理事会は、第九項の改善を求めることにしたものの、その他の問題点は今後改善の努力を続けることとして「実施要綱」を満場一致で確認し、草野信男・吉田嘉清を含む役員人事もほぼ従来通りの体制を確認した。

そして行進スタート当日、総評や原水禁、市民団体は団体旗を自粛してスローガン入りの幟《のぼり》を使用したが、原水協の加盟団体は横断幕を先頭に統一労組懇や各単産が団体旗を掲げ、共産党は参加者がタスキ掛けのうえ政党旗も掲げた。「労組懇の旗を下ろせ」という要求にはそうした経過があったが、『赤旗』はその翌日から、「憲法の精神からも団体旗は自由だ」とするキャンペーンを開始し、新たな論文「原水禁運動の根本問題――いまなぜ歴史的解明が必要か」（五月二〇日付）で、原水禁との持続的共闘は日米安保条約容認の総評路線に席を譲るものだと論陣を張った。

解任　一九八四年初夏

五月末に開かれた第三回運営委員会は、激論になった。提案された六・二四反トマホーク集会問題では、応じられないという原水協に、すでに合意事項になっていたではないかとの反論がぶつけられ、団体旗問題にかかわって強く出された「表現の自由」論をめぐっては、沼田稲次郎（元都立大総長）が「権力による制限ではないから憲法違反とはいえない。運動を広げるためのセルフ・コントロールだ」とたしなめる場面もあった。だが翌日、原水協加盟団体を中心にした平和行進実行委員会は「団体旗自粛」の破棄通告を決定し、六月初め準備委員会にその旨を通告した。

この第三回運営委員会以降、反トマホーク集会と団体旗問題での混乱は、原水協を代表して運営委員会に出席している吉田嘉清（原水協代表理事）と森賢一（平和委員会事務局長）にすべての責任がある、彼らは総評路線に屈服したという流れが、原水協の中でできあがろうとしていた。

古在は第一回運営委員会以降、いつものブロック注射、鍼灸治療のほかに、中野共立病院への入院や小尾医院への通院を余儀なくされ、運営委員会に参加できなかったが、都心に出るときは日本青年館に置かれた事務局を訪ねて、関係者から会議や取り組み状況を聞くことは続けていた。その間、暗雲の広がりはこの二ヵ月間で、空を覆い尽くす勢いになっていた。

六月一日、森賢一は日本平和委員会の全国大会直前の委員会で、突然辞意を表明した。森によれば、今朝共産党本部から呼び出しを受けて出向いたところ、「三つの責めを負う」として辞任を求められた、と言うのだ。「三つの責め」とは、世界大会準備委員会に関連して、森が前年持続的共闘組織（「原水爆禁止運動連絡委員会」のこと）作りに賛成したこと、反トマホーク集会開催に賛成したこと、団体旗自粛に条件付きながら賛成したことという三点である。

その報告に、日本平和委員会会長の小笠原英三郎（静岡大名誉教授）も、理事長の長谷川正安（名古屋大教授）も、余りにも唐突かつ理不尽な事態に胸がふるえた。長谷川正安は「これが通るなら、平和委員会は大衆団体でも民主団体でもない。責任をもてないので私も辞任する」、小笠原英三郎もまた「準備委員会代表委員として森君と一緒に行動してきた。森君が責任を問われるなら、私も同じ責任を問われる。辞任したい」と、異口同音に抗議の辞意を表明し、岩崎允胤（一橋大教授・哲学）もそれに続いた。特に小笠原には、新村猛に懇願して名古屋からわざわざ森賢一を事務局長に迎え、以来七年間一緒に平和委員会代表として世界大会準備委員会運営委員会に出席していただけに、森君は一度も平和委員会組織の決定に反した行動は取っていない、辞任を迫られる理由はない、という確信があった。

小笠原、長谷川、森のスリートップの辞意表明のまま翌二日から始まった平和委員会全国大会は、民主主義と人権の見地からも三人の辞任は決定できず、この三人を除く理事だけを決め、六月半ばの新理事会でようやく、会長空席のまま理事長福山英夫（前副理事長）、事務局長宇藤義隆（前事務局次長）を選任した。関係者誰もが、次は原水協かと危ぶんだ。

六月半ば、第四回準備委員会運営委員会が日本青年館で開かれ、事態を憂慮した古在もまた脚痛にたえながら出席した。別れの挨拶にたった小笠原英三郎は目に涙を浮かべ、森賢一は「この間統一の事業に加えてもらい誇りに思う」と静かに頭を下げた。佐々木準備委員会事務局長が「六月はじめ原水協代表理事の吉田嘉清氏と田沼肇氏とが（団体旗）自粛破棄の通告文書を持参した」と報告したあと、前回に続く激論が始まった。森賢一に替わって出席した宇藤義隆が「自粛同意破棄」と「反トマホーク集会の取り消し要求」を出し、新日本婦人の会の委員などもその後に続いた。やがて吉田嘉清が発言した。吉田は田沼肇代表理事と一緒に破棄通告文書を届けた一人だが、「共闘の信義上破棄通告という形ではなく、準備委員会のなかで改善の努力をしたうえ、それでも合意されない場合にだけ『不拘束』を表明すべきだったのではないか」という反省をもっていた。吉田はその反省もあって、破棄通告団体、合意尊重の団体、反対の団体などさまざまあるが、平和行進の成功は共通の願いだから、梯団の組み方などに工夫をこらして行進するしかないと発言し、さらに激論は夜一〇時まで続いた。古在は発言しない苦しさと長時間座臥する苦しさに耐えて、激論を聞いていたが、翌日の『赤旗』は「平和行進の団体旗問題で　吉田氏が重大発言」と報じた。

その数日後、原水協常任理事会開催日の朝、共産党の担当役員が吉田の家を訪れ「党の決定」を伝えようとしたが、吉田は拒否して会わなかった。常任理事会の直前吉田は、その「党の決定」が代表理事辞任であることを知らされたが、常任理事会は代表理事吉田嘉清の責任追及の場になった。

しかし吉田嘉清は「共産党の決定は大衆団体への介入で、党こそ規約違反ではないか」と主張し、すでに離党届を出していた代表委員の草野信男、さらに同・佐久間澄（広島大名誉教授）、国際部長・佐藤行通、国際部員・久保文などが吉田を支持し、畑敏雄代表委員（前群馬大学長）も「原水協はこんなはずではなかった」と声をふるわせた。

結局この日は「党決定」[4]による辞任要求の強まりはあったものの、吉田が辞意表明を強く拒否したため決定はできず、赤松宏一事務局長はなおも人事を左右できる全国理事会招集を提起した。しかし当日出席した招集権をもつ代表委員四名全員（草野、小笠原、佐久間、畑）は、その招集に反対した。

それにもかかわらず赤松事務局長は翌二二日、その四名を含む九代表委員名[5]で六月末の全国理事会の開催通知を発送した。原水協会則第一四条には「全国理事会の招集は、代表委員が行う」とあり、代表委員の了解を欠く会則違反の招集通知だった。

草野信男らは翌二三日急遽会則一五条に基づいて代表委員会を開き、出席した五名と欠席した小佐々八郎の了解を得て、その日のうちに、草野信男、江口朴郎、小笠原英三郎、小佐々《こささ》八郎、佐久間澄、畑敏雄の六代表委員連名の「全国理事会開催通知無効」を指摘する文書「第五三回全国理事会について」を全理事に送った。この代表委員会に出席できなかった櫛田ふき、細野友晋は、会議への欠席をはばかって文書に署名こそしなかったが、開催通知への本人名無断使用を遺憾とし、文書「第五三回全国理事会について」の趣旨にも賛成だと応えた。草野信男は残る唯一の代表委員、早坂四郎には病気療養中のためあえて連絡を差し控えたが、こうして九名のうち八名の意志は「全国理事会招集無効」の意見であった。

しかし六月末の第五三回全国理事会（最高決議機関）は強行され、会則を変更して代表委員制そのものを廃止、あらたに代表理事五名を選出した。制度廃止にともなって草野信男ら九代表委員は全員役職を失い、現行代表理事三名のうち山口勇子、田沼肇は留任したが、吉田嘉清の名はなく、新たに金子毅（日高教委員長）、佐藤祐（全商連事務局長）、石井あや子（新婦人会長）が代表理事となった。ひと月前の五月の全国理事会で選任されたばかりの代表委員・代表理事一二名のうち一〇名が解任となる、異常きわまる事態となった。

「古在発言」一九八四年夏

七月一〇日、第五回運営委員会が開かれた。事前に原水協から世界大会準備委員会に対して原水協の代表委員を金子毅、赤松宏一に変更する旨の通知があったが、吉田嘉清もまた「原水協全国理事会は違法・無効で、原水協代表は交代していない」とする書簡を送り、当日は草野信男とともに運営委員会に参加した。原水協代表のダブルブッキングに、会場は緊張につつまれた。

第五回運営委員会は、病気でやせ細った中野好夫代表委員の挨拶で始まった。中野の挨拶は、二百年前難航していたアメリカ連邦憲法制定時のフランクリンの発言を紹介するところから始まった。それはフランクリンが、「絶対的に正しいと思ったことも、あとで変えざるを得ない経験を何度もしてきた。もしこの憲法会議が失敗に終われば、失敗を待っている敵、エネミーズがたくさんいるのだから、自分には不満だが、草案には賛成する。よく運用すれば独裁政府に陥るのを防ぐことができるであろう」と言って、連邦憲法成立に導いた話である。中野は最後に、「内に『不沈空母』という敵、外には太平洋と日本海を越えた向こうにも、この運動が混乱して決裂・失敗するのを待っている敵、エネミーズがあるということを忘れないで頂きたい」と挨拶を結んだ。

少し上品すぎると古在は思ったが、しかし病気をおして参加した中野好夫の思いだけはよく伝わった。それにもかかわらず運営委員会は冒頭から、原水協の代表権、吉田・草野か金子・赤松かをめぐって激しく衝突した。服部学からは「準備委員会合意を尊重する人、それを破棄できるという人。どちらを認めるかは準備委員会の判断だ」、紀平悌子（婦人有権者同盟会長）からは「平和運動は人権に基づく信頼関係を大切にしている。こうなると人間としておつきあいできない」というような発言が続いた。田中里子議長から発言を許された吉田嘉清は「招集権を持つ代表委員の承諾なしに全国理事会が強行され、会則を改正して私や九人の代表委員を放逐した。いってみればクーデターです。原水協は分裂したんです」。吉田が発言を終えるとすぐ赤松宏一が反論した。「これは原水協内部の問題だ。発言を許可した田中議長に責任を取っていただかねばならない。吉田さんの退場を求める」。そのときだった。冷房のため膝掛けをしていた古在が見かねたように立ちあがり、田中議長に「吉田君を退場させる前に、まず僕を退場させてくれ。吉田君とだいたい同じ考えだから」と言った。古在の発言と退場に、会場は静まり返った。

ふだん余り発言しない古在だが、この日は統一の大切さを発言するつもりで心の準備はしていた。「主義者だけでなくクリスチャンも天理教も弾圧された戦中の経験から、抑圧する側は統一を畏れてひとからげに捉えて弾圧する。火事という緊急事態に消化器の持ち方が悪いと言って、論争をしかける者はいない」などと、小異を捨てて大道につく喩《たと》えをあれこれ考えては来たが、あまりの紛糾ぶりにとっさに出た発言であった。「吉田君と同じ考え」というのは、統一重視と政党による大衆団体への介入をさすつもりだが、古在は退場してから自分の発言の理不尽さに気づいて、会議のあと「暴言だったね」と関屋綾子（元日本ＹＷＣＡ会長）に言ったが、「お気持ちだけは、端的に出ていました」と慰められた。決定的な場面で出る「古在の地金」、正義のための一瞬の決断と行動であった。

この一〇日の第五回運営委員会では代表権をめぐる紛糾だけでなく、「核兵器完全禁止に向けて」という分科会討議のテーマでももめ続けた。原水協の代表は「『に向けて』は、完全禁止を遠い将来の目標に追いやってしまう。レーガンの思うつぼだ」と主張した。二一年前は「いかなる」の四文字で分裂したが、今度は「に向けて」の四文字かと危ぶむ声があったが、何も決まらずこの日は夜一一時をすぎて終わった。翌日の『赤旗』は「原水協代表を詐称し、草野、吉田が妨害／金子、赤松氏らが厳しく退席要求」と報じ、『毎日新聞』は「原水協の内紛、世界大会準備委に／『統一どうなる』いらだつ市民団体」と伝えた。

古在は出席を控えたが、その三日後に再開した運営委員会でも原水協の代表権をめぐる「禁」「協」の対立はさらにエスカレートし、ヤジと怒号が飛び交う混乱のなか、田中里子議長が「会議打ち切りと代表委員・市民団体による調整」を宣して散会した。翌一四日の『赤旗』一面トップは、「田中議長が横暴な議事運営／原水協の代表交代に干渉」との見出しで、世界大会準備委員会が原水協の内部問題に干渉したと大きく報じ、一七日には原水協も「準備委員会の内部干渉」を批判する「国民へのアピール」を出した。

もはや次回に決定した二〇日の準備委員会運営委員会が決裂すれば、間近に迫った統一世界大会は確実に開催不能になり、この一〇年間にも及ぶ統一の努力、統一の力による運動の高揚すべてが過去のものになりかねない。市民団体や関係者は、その打開策に向けた最後の努力を開始した。

一九日夜、市民団体が苦悩しながらも結論を出した。原水協の代表権で「禁」「協」がなお揉め続けるなら、市民団体独自で統一世界大会を開く、と。中林貞男（日本生協連会長）と田中里子、紀平悌子らはその会議後すぐ、中野好夫宅を訪ねてその旨を伝えた。田中には、中野が微笑んだように思えた。

同じころ、浜松町で準備委員会関係者の会議が開かれていた。席上草野信男は「打開のため、役員を辞任してもいいが、身柄を長老にあずけよう」と提案し、参加していた吉田嘉清、畑敏雄、佐藤行通、陸井三郎などからも異論が出ず、そのまま会議が終わった。しかし陸井は、会議で反対はしなかったものの不満そうにしていた吉田嘉清が気になって、押しかけていたマスコミが帰ったのを見計らってから、改めて草野に電話で「辞任の意」を再確認した。

夜半になって、古在宅の電話が鳴った。陸井三郎は、「自宅にマスコミが来ていて、連絡が遅くなりました。打開策として、草野さん嘉清さんとも原水協の役員は別として、準備委員会の役員は辞職するというか、辞任することになりました。草野さんは、理由は一身上の都合でいい、とも言っています」と話した。古在は中野好夫にも電話を入れるように頼んでから、陸井の話をふまえて一つのメモを作った。それから古在は中野に電話を入れ、翌二〇日に岩波書店の役員室をかりて二人だけで落ち合うことにした。

運営委員会当日の二〇日、古在は岩波書店で中野に会うと「こういうものをもらった」とメモを出したが、目を通してしばらく考え込んだ中野は「俺が読むよ」と言って、自ら短い文書を作った。そのあと二人は会場の池之端文化センターに向った。

会場に草野信男と吉田嘉清の姿はなかったが、この日も冒頭から「代表権先議か、大会準備先議か」をめぐって、市民団体・原水禁と原水協とがぶつかり合った。やがて、古在の隣に座った中野好夫が手を挙げ、「昨夜、第三者を通じて、草野氏は代表委員を、吉田氏からは運営委員を自発的にやめるとの意思表示があった。私を信用して欲しい」と前置きし、驚き静まり返った会場を見渡してから、「原水禁運動の統一と世界大会の成功を願い辞任する」と予め用意してきた文書を読み上げた。

この瞬間、瀬戸際まできていた分裂の危機が回避された。市民団体の独自大会開催の決意と草野、吉田の辞任意向を同じ夜に掌握したのは中野好夫だけだが、「長老」中野好夫の判断は、市民団体の独自大会開催の決意を退け、草野、吉田がみずから身を引く形で、分裂の危機を回避するというものであった。古在はこれで分裂は回避できると安堵しつつ、文書をポケットにしまい込む中野好夫のやせ細った腕が気になった。

その夜のニュースで、自分自身の「辞任」を知った吉田嘉清は、自分が書きもしない「辞表」を読み上げられたことに不満が残り、草野信男は「ああ、やっぱりそうなったか」と、事の成り行きを冷静に受け止めた。

こうしてこの年も統一世界大会はなんとか開かれたが、古在は疲労と脚痛から国際会議に一日出席しただけで、この夏を終えた。

除籍通知　一九八四年秋

なんとか分裂回避にこぎ着けた古在は、その三日後の七月二三日、離党届けを出した。もはやこの党・日本共産党に留まる気持ちはなかった。自由な討論の機会を保障せず、上部の決定の実践だけを迫り、従わなければ排除するような現在の党に、これ以上自分をあわせることはできなかった。しかも平和委員会に続く今回の原水協への介入で、それらの運動にかかわってきた多くの親しい学者・知識人が運動組織を去り、この間大きな力をつけた市民団体にも波風と不信感だけを広げる結果になった。原水爆禁止・核兵器廃絶という国民的・人類的課題を、一つの党組織の枠内の運動に押し止めれば、運動は幅を狭め、形骸化するだけで、そのことは六三年以来の分裂が証明したのではなかったか。その克服のためにこの一〇年間、さまざまな矛盾や困難はあったが、多くの学者・知識人の力そして日青協や日本生協連、地婦連の参加もえて、「どよめき」に似た国民的運動を築き、国連をも動かしてきたのではないか。平和委員会の森君にも原水協の吉田君にも、指摘されればわずかの甘さはあったかもしれない。しかし二人は、それぞれの役員会、執行機関の決定に反して行動したわけではなく、反トマホーク集会も一度は合意し、団体旗自粛も条件付きながら一旦は受け入れたものだ。それを「右転落した社会党」「準政党化した総評」に「無原則的に譲歩、追随」したというのは、事実をゆがめ過ぎている。まして大衆団体役員の「辞任の決定」や「解任」は、明確な党の介入だろう。党がさまざまな意向をもち、それを関係者に伝えるのはいいとして、少なくともそれ以降は、大衆団体の民主主義と自主性を重んじるべきではないのか。多様な運動のなかでの人間的なつながりと交わりだけが、「友愛」だけが、統一した運動を強め、広げる力なのだから……。

弾圧の厳しい戦時下に入党して二度の投獄にあい、戦後すぐ平和活動を開始して四〇年、その平和運動に生涯をかけてきた八三歳の古在にとって、反戦の先頭に立ってきた日本共産党を離れるのは、苦渋をともなうものである。しかし、戦後の民科時代の体験、五〇年の党分裂問題、六三年の原水禁運動の分裂と翌年の「党員文化人除名」時のとまどい、そしてベトナム人民支援センター解散の理不尽と今回の原水禁運動への露骨な介入……、さらに小さい事件をあげれば、納得しがたい「党決定」はいくつもあった。そのたびに耐え、自分なりの改善の道をさぐり、我慢もして来たが、もはや限界に達していた。

そう思いをめぐらし、離党の意志を固めつつあった六月末から七月はじめにかけて、上田耕一郎と蔵原惟人がなんどか古在の家にやって来た。しかしかれらの事情説明を聞き、かなりな時間意見交換したが、親しい同志そして長い間の友人とはいえ、党本部の中枢にいて党決定に縛られている彼らとの溝が埋まることはなかった。ただ、上田耕一郎が「今年の三・一ビキニデーは統一の方向で常任幹部会が一定整理したが、金子書記局長がアンドロポフ（ソ連共産党書記長）の国葬から帰国したあと、ひっくり返った」「長い目で、党を見て欲しい」と言ったのが、せめてもの友情の証のように思えた。

離党届を出して二〇日ばかり経った八月半ば、関幸夫が「もっと上の人が会いたいと言っている」と伝えてきたが、古在は、「同じことの繰り返しになる。面倒だからやめよう」と謝絶した。その後しばらくして、どこから情報を得たのか、警視庁公安部の警部補伊藤某が「いろいろ教えてもらいたい」と菓子折をもって古在を訪ねてきた。玄関に出た美代は名刺だけを取って、追い返した。公安もマスコミもその後なんどもやって来たが、「話すことはない」と面会を拒絶し続けた。

一〇月一九日夕方、関幸夫と他の中央委員との来訪があった。九月半ばに「党中央の意向を伝えたい」と一度連絡があり、党中央の「口上書」を読み上げられたが、古在は「すべて済んだこと」とその電話に応じていた。この日は、「離党届」をすんなり承認するわけにはいかないとして、関らはわざわざ「除籍通知書」[6]を持参した。

そのころ古在は緑内障による目のかすみがひどく、「除籍通知書」は美代が替わって読んでくれた。除籍理由そのものは、総評などに「譲歩・追随・追従」した吉田嘉清を、古在が「党決定」に反して擁護した点にあるようだった。その理由はともかくも、事態の経過を含めた長文の「除籍通知書」は、離党届け受理後の党中央の対応経過、かつての古在の二論文を引用した揶揄・嘲弄的断定、除名処分にした吉田嘉清の「思いあがった〝領地主義〟」、古在の「とんでもない誤解をただしておく」としてあげた「五〇年問題」と「中央委員推薦問題」（三八二ページ）、さらに「ベトナム人民支援センター問題」（五八〇ページ）など、論点が多岐にわたり、それらすべてが古在の除籍理由や党員としての「資格欠如」に結びつけられていた。

美代は、「除籍通知書」が古在のかつての論文「唯物論者になるまで」（『著作集』⑤所収）と「マルクス主義の世界観」（同②所収）を引用したあと、古在の「弁証法的唯物論はまがいもの」と言い、「敗北の論理」に屈した「猿の論理」だとの表現に出合うと、「なによ、これ」と絶句した。古在もまたこの「通知書」を起案したある人物を想像しながら、その品位を疑いたくなったが、この「除籍処分」について、今後一切愚痴も批判も口外すまい、自分の品位は堕とすまいと決意した。

それから二週間ほどたった一一月上旬、「除籍処分」の後を追うように、東京都日本共産党後援会から代表委員解任の通告が届いた。

哲学塾のトロフィー　一九八四年春〜秋

古在は、世界大会準備委員会に大きな混乱をもたらした原水協代表理事の解任問題、そして離党・除籍処分に心煩わせながらも、自宅での自由大学サークル、古在ゼミ、会場が自宅外の版の会など五つの「塾」[7]をほぼ休むことなく続けていた。教育の専門家ではないと思ってはいるが、工学的に部品を組み立てるよりも米作りのように農耕的に生育を助けることが性にあい、歴史の変革期に多くの先駆者たちを輩出したシーボルトの長崎鳴滝塾、吉田松陰の松下村塾、緒方洪庵の適塾ではないが、それらの庶民教育としての「塾精神」に通じているようにも思えたからだ。上は七〇代の人から下は高校生までの「塾生」はまた、生きた現実と人生を教えてくれる古在の「生きた教師」たちでもあった。

春先の自由大学サークルで、元刑務官だった今井文孝が「吉村昭の『破獄』について」を報告したが、古在には刺激的であった。もともと丹念な事実調べに基づく吉村昭の歴史小説には以前から興味があって、『毎日新聞』(夕刊)連載中の「長英逃亡」も愛読していたが、昨秋単行本になった『破獄』(岩波書店)も『世界』連載時から興味をもって読んでいた。『破獄』は戦中戦後、四度も脱獄に成功した男・佐久間清太郎(仮名)を主人公にした小説だが、佐久間は二・二六事件の年に第一回目の脱獄を実行し、空襲による移監、食糧難、網走での過酷な処置への反抗心から、再収監されては脱獄を繰り返した男である。吉村昭は脱獄囚の視点を通じて戦時下と敗戦を見つめ直そうとしたようだが、強靭な意志と計画性をもつ脱獄囚佐久間清太郎と歴史との緊張関係が、戦中二度収監された古在にはより強烈に伝わって来た。

今井文孝の報告は、府中刑務官時代に先輩刑務官から聞いた「ヤモリのように天上まではい上がった」ことや「舌《ベロ》の下にヤスリを隠した」などの佐久間の脱獄方法や、精悍で周辺を威圧する不敵な面構えなどにも及んだ。報告で古在が注目したのは、今井が「ひとりの人間の知恵と意志が国家権力あげての制圧をも打ち破」ったが、「彼に脱獄意欲を消滅させたのは、戦後の行刑制度の民主化とそれを踏まえた所内での待遇改善にある」という指摘だ。それは「人間の強さ」と同時に反抗心を弱めた「制度のあり方」を考えさせるもので、人間を考えるうえでの一つの重要な視角を教えられたように思えた。

同じ春、毎回古典をテーマにしてきた「版の会」は、六周年を迎えた。古典といっても大抵は短いもの、しかも古在が扱える思想や思想史を中心にしたものだが、いつも二、三〇人が参加して、古在の概要説明とポイント解説のあと、参加者が意見と感想を出し合うという形で、これまで四〇点ほどの古典を読みこなしてきた。『三浦梅園集』に触発されたタクシー労働者がわざわざ大分の「梅園邸」を訪ねたり、『崋山・長英論集』のあとには数人の労働者が崋山の閉居地・愛知県田原市を訪れたりするほど参加者たちは熱心で、古在自身やり甲斐のある「塾」の一つだった。

そのころ古在は脚痛のためどこに行くのもタクシーを使っていたが、初夏のある夜、版の会を終えるといつになく若い参加者の多くが外まで見送りに出てくれた。タクシー運転手は同窓会後の恩師見送りと勘違いしたようで、「定例の勉強会」という話に驚き、「あんな親しげな見送りはめったに見られないシーンですね。こんな殺風景な世の中なのに」と甚《いた》く感心した様子である。古在は、「ん、今夜は六周年の記念とかでトロフィーをもらってね」と言ったあと、膝上に置いたトロフィーの箱にあらためて手を添え、幸福な気分になった。三〇センチほどのトロフィーには上部に紅白のリボンがかけられ、その台には「哲学塾の信頼と充実のために」と刻まれていた。

六月になって古在は、六〇年代に書いた「岩波講座・哲学」の三論文を集めた『和魂論ノート』（岩波書店）を上梓した。わずかでも古在の印税収入の手助けになり、同時に古在のすぐれた哲学論考を多くの人が味読できるようにと、岩波書店が配慮した出版である。「岩波講座」発表後、政治や経済の変化にともなって思想や哲学分野にも著しい変化はあったが、敗戦直後の『現代哲学』の再版同様、各論文の主題とその基本的な見方に訂正の必要はなく、三論文にはいっさい手を入れずに、簡潔な「そえがき」三本と「あとがき」を書き下ろしただけではあったが、原水協問題の大渦を迎える前に、その原稿を渡せたのが不幸中の幸いであった。あの渦中での執筆は到底無理で、刊行遅れは免れなかったろう。

その『和魂論ノート』を再読した「古在ゼミ」の鈴木正は、単なる文献主義ではなく、「現実から提起される問題を積極的に捉え、哲学者としてその理論的解明に乗り出す」という古在の姿勢がこの本に一貫していると、改めて感じた。鈴木は古在が「和魂論ノート」を書き始めたころ、古在に同行した旅先高知でその原稿を読ませてもらったが、そのときも「日本らしさ」「日本的経営」を強調する日経連文書を古在が渉猟し、その一つの思想的対抗としてこの論文が書き出されていることに、古在らしさを感じたものだった。鈴木は再度『和魂論ノート』を読み直し、「本来の和魂はただ、民主主義の貫徹と世界平和のためにたたかう日本人民のがわにある」という結論部分に、現実と切り結んで「非人間的なもの」からの解放を願う古在の真骨頂を強く感じ、鈴木はその秋、「古在由重の『和魂論ノート』について」を書いた（『社会科学論集』三八号）。

日本共産党から「除籍通知書」が届いた一〇月、古在は遠山茂樹（歴史学者）の来訪を受けた。一一月末に開かれる「自由民権百年第二回全国集会」で、自由民権活動家・清水紫琴の遺族として、全体集会で挨拶して欲しいと、遠山は言った。古在は、遺族という立場なら話しやすいし、遠山とは家永教科書裁判以来特に親密になっていたこともあり、その場で快諾した。

当日、会場となった早稲田大学の大隈記念講堂で、たくさんの遺族が紹介された後、古在は司会の小池喜孝（民衆史家）に紹介されて、マイクの前に立った。古在は母紫琴の若い時代の民権活動、父由直との結婚、福田英子の『妾《わらは》の半生涯』での非難、臨終時の「世の中、そう簡単には変わらぬ」発言などを紹介し、「それは民権運動にかかわった母の万感の思いだったでしょうが、それにもかかわらず、たとえ一歩でも歴史が進むなら、老いたりといえども、ひとりの遺族として、母と父のバトンを受け取って、次の若い世代へ移すささやかな存在になりたいと願って、いままで長いあいだ生きてまいりました」と挨拶した。

戦時中の入党、投獄、戦後の平和運動、そしてこの夏の除籍……。古在は母のことを語りながら、簡単に変わらぬ歴史に全力で挑戦してきた自分を重ね、古在自身もまた万感の思いが募った。

真下・中野逝く　一九八五年初春

元日の朝、古在は美代の用意してくれた「病人食」をベッドのうえでとった。年末に古在ゼミや「どさまわりの旅」などの忘年会が続いたせいか、下痢が止まらず下血もあって、中野共立病院に入院し、正月三が日だけの帰宅が許されていた。

八三歳という年齢や除籍という「事件」もあって誰もが病状を心配し、由美子、重代、豊樹、秀実ら家族はもちろん鶴田三千夫、江口十四一、綜合鍼灸所の夏樹芽々、あげくは高齢の粟田賢三まで見舞いにやって来た。粟田が来たとき、古在は点滴のためか少し元気を取り戻していたが、声が小さいのか耳が遠いのか、美代の「通訳」でようやく二人の会話が成り立つような状態だった。美代の目には、古在より粟田の方が随分老け込んだように見えた。

病院に一旦もどった古在は、一月九日退院を許された。その日古在は、京都から見舞いにやって来た深井純一が帰ったあと、久しぶりに真下信一に電話を入れた。真下も再手術のため前年秋から入院を余儀なくされており、急性大腸炎の自分よりよほど重篤で、ずっと気になっていた。ほぼ一〇年間真下が力を入れてきた名古屋哲学セミナーでの講義も、昨年五月の例会「学問について」が最後だと聞いていたから、自分の退院を聞けば少しは励ましになるだろうと思ってのことだった。しかし電話は通じず、心配はさらに募った。

それから十日ばかりたった一九日、古在は同じ鷺宮に住む緑川亨の車で中野好夫の見舞いに出かけた。まだ古在の体調も完全ではなかったが、病状思わしくない中野が古在に会いたがっていると聞いたからだ。退院後初めての外出が病気見舞いとあってか、気が重そうにしている古在を心配して美代も同道した。病室には「面会謝絶」の札がかかっていたが、三人は中野夫妻の希望で入室を許された。中野は点滴の最中だったが、思いのほか顔色はよく、古在はいくらか気持ちが軽くなって、二〇分ほど中野の話を聞き、雑談した。陸井三郎や久保文、原水禁運動の話も出たが、病状について中野が言った「こうなったら持久戦ですな……、まあ勝てんとはおもうけど」との重い一語には返す言葉がみつからず、そっと手を握って別れた。古在は帰途、「ぼくは、こういうのには弱いんだ」と、誰にともなくぽつりと言った。古在は重い疲れを感じ、新年初のこの日の「版の会」を休んだ。

二月九日、案じていた真下信一の悲報が届いた。多治見の福田静夫から意識混濁状態だと連絡があってから、一週間ばかり後のことだ。覚悟していたとはいえ、古在の落胆は激しく、美代は声のかけようがなかった。「ウスチーノヴィッチ・チェルネンコ、いいぞ」などと電話でふざけあえる友はもういない。気を落として連絡の電話をかける古在の姿が、美代には痛々しかった。二日後に名古屋で行われた密葬には、岩波書店の加藤亮三と一緒に、美代が古在の代理で出席した。

真下信一と古在が初めて対面したのは敗戦直後である。真下が戦時下にあって反ファシズムの雑誌『世界文化』を新村猛らと京都で創刊し、『唯物論研究』に秋田徹の筆名で「哲学の真理性と党派性」を寄せたのも、そして古在より前に戸坂潤と三木清と親交していたことも戦後になってはじめて知ったが、その初対面の真下が「これからは、とむらい合戦だ」とつぶやいたのが強く古在の印象に残った。確かに真下のそれからの戦後は、戸坂・三木獄死への私怨によるというのではなく、戦争そのものを葬る「とむらい合戦」として、平和と民主主義のために生涯をささげることになった。その心意気は、一般に「社会参加」「政治参加」と訳されるサルトルの用語「アンガージュマン」を、真下が「はたしあい」と訳したことにも表われていた。単に「参加」するのではなく、そこに命をかけるほどの覚悟で参加するという意味を込めただけでなく、真下は自分の生き方として戦時下にあってもそして戦後も、時代とアンガージュマン、「はたしあい」、格闘してきたのだ。思えば真下は、そうした強い意志・心意気ばかりでなく、みずみずしい心、ういういしい感性の持ち主でもあった。五八年の訪ソの秋、ヤースヤナ・ポリャーナのトルストイの墓に行ったときは、「若いころ、トルストイに世話になったんでね」と涙ぐみながら菩提樹の葉を拾い、大事そうに胸に抱えた姿が忘れられなかった。

友を失い悄然とした日々を送る古在に追い打ちをかけるかのように、二月二〇日早朝、中野好夫の訃報が届いた。古在はすぐ緑川亨の車で善福寺の中野邸にかけつけた。見慣れた応接間はすっかり片付けられ、白木の棺だけが置かれていた。古在は一枝の花をささげて中野の遺影に黙礼し、遺族の利子(ノンフィクション作家)と言葉を交わした。中野の長女・利子と古在の次女・重代とは女学校時代からの友人だった。

古在は二二日の密葬に参加し、三日後に「中野好夫さんをしのぶ」(『世界』四月号、『哲学者の語り口』所収)を書き上げ、翌月一二日には青山斎場で弔辞を読み上げた。フラフラして読み上げた古在を案じて、葬儀に一緒に参列した重代が、その夜電話をかけてきた。

古在が中野好夫と親しくつきあい始めたのは敗戦直後、『世界』編集長吉野源三郎を介してだが、頻繁に会い、腹蔵なく語りあい、そして行動したのは、六七年の美濃部亮吉を擁立した都知事選挙からである。岩波書店の「吉野の部屋」や司馬江漢の銅版画が掛かる中野邸の応接間で、都政はもちろん内外の出来事や文学・歴史に及ぶ談笑を随分かわしてきた。中野は英文学者でありながら日本の文学にも絵画にも造詣が深いうえ、古在がなにより瞠目したのは内外の歴史的課題を真正面から受け止めた、中野の幾多の言論と行動だった。それは、敗戦直後の「戦犯アンケート」に、戦時中何の行動も起こさなかったことをもって自ら「戦犯 中野好夫」と書いてからの、中野の「生き方」そのものであった。講和条約、憲法問題、安保条約、ベトナム戦争、沖縄返還、教育政策などあげればきりがないが、およそ戦後の平和と民主主義の安危にかかわるもので、彼の関心を引かないものはなかった。

しかし、七七年以来昨年までの原水禁運動の再統一・大同団結の活動が、中野との最後の仕事になってしまった。終始中野は、この困難な活動の中心的な象徴として、紛糾する世界大会準備委員会のなかではスウィフトの風刺精神やフランクリンの弾力的精神を例に出し、「究極の目標実現のための一時的な相互妥協の道」を暗示し、直言してきた。それればかりでなく吉野源三郎の慰霊に誓ったように、昨年までの四年間高齢ながら一回も欠かさずに平和行進に参加してきた。それは僧兵の「行」のようにも思える強い意志だった。

その中野が、今は亡い。「わが師落つ」、古在より二歳若い中野好夫だが、それが古在の実感だった。古在は雑誌『英語青年』(一九八五年七月)の「中野好夫氏追悼」に「中野好夫——わが師、わが友」を寄せた。

スポーツと平和　一九八五年

この一月は、入院とその後の養生もあって自由大学サークル、版の会は休んだが、二月からすべての「古在塾」を再開した。古在の気力も次第に戻り、庭のプレハブの書庫から『マルクス＝エンゲルス全集』と『レーニン全集』を八畳間に移動した。移動はほとんどが美代の仕事になったが、八三歳になってもなお八〇冊を超える全集を見直そうという古在の気力に、美代はあきれ、そして脱帽した。

自由大学サークルの二月は「自由の問題」、三月は「明治初期の徴兵制と軍事思想」のレポートがあり、四月は取材でソ連から帰った梅津勝恵が「訪ソ報告」を行った。三月初旬のチェルネンコの死によってゴルバチョフがソ連共産党書記長に就任し、その時期にソ連に滞在した梅津の報告は、新生「ソ連」の高揚感、息吹を感じさせた。気になっていたシャフナザーロワ女史も元気で、ソ日協会の会長を引き受けているというし、古在が梅津に託した長い手紙と美代が贈った博多織りの財布に、シャフナザーロワは満面の微笑を浮かべたようだ。

古在は五月の自由大学サークルで、三月のレポートに続く「民権家の防衛構想」を聞いて、いままでにない刺激を受けた。報告者は福沢諭吉の日清戦争時の時事論を多数引用し、大方の「諭吉びいき」は「諭吉の強硬論・侵略論」を看過している、諭吉の大問題は侵略的国権主義と啓蒙的民権主義の分裂にある、と言った。古在は丸山真男の福沢諭吉観同様、いろいろ限界はあっても福沢諭吉を「典型的な市民的自由主義」者とみていたから、新たな視点が現われたかと思った。古在はさっそく六月の自由大学で福田英子著『妾《わらは》の半生涯』を参考に母紫琴と自由民権運動を考え、七月の版の会には、報告者が「諭吉びいき」の一人にあげた藤田省三を呼ぶことにした。

その七月の版の会のテキストには、講談社学術文庫としてこの春に刊行された福沢諭吉の『丁丑《ていちゅう》公論・瘦我慢《やせがまん》の説』を選んだ。「丁丑公論」は西南戦争の賊軍の首魁《しゅかい》とされた西郷隆盛を明治政府の専制主義への抵抗者として擁護し、「瘦我慢の説」は元幕僚でありながら明治新政府の官途についた勝海舟と榎本武揚の出処進退を批判したものである。この日は主に古在が質問し、藤田が答えるという形[8]で進んだが、二時間をこえる対談形式の講義の最後に、藤田は「出処進退が明確で愚痴を言わない古在さんは痩我慢のほうで、吉野源三郎先生に似てますね」とオチまで付けた。それは、夏の暑さに思わず「暑い」と言って娘さんに笑われた吉野が「暑い。暑くて、気持ちがいい」と痩我慢を言った話だが、藤田のオチは「除籍」のことを暗に言っていると、古在は思った。そう思いつつ、藤田が説く「福沢諭吉の西郷論」や「抵抗精神の評価」、勝・榎本批判の独自性などについては、改めて福沢諭吉の複眼的で多面的な批判精神を感じ、やはり「諭吉評価」は一筋縄ではいかないことを痛感した。

この夏、被爆四〇周年にあたる原水禁世界大会が、昨年に続きなんとか統一を保ち、世界大会「ヒロシマのひろば」として開かれた。しかし参加者は昨年から半減して一万人、大会にいたる過程も大会の内容も、混乱だけが目立つものとなった。調停役の中野好夫や藤井日達はもはや故人となり、七月に入ってさえ原水禁・原水協の対立が解けないうえ市民団体も動きが取れず、大会実行委員会の構成をめぐって紛糾が続いた。ようやく七月末になって個人代表委員制も取れないまま、一部にあった反対・保留意見を押し切って、見切り発車のように一八団体で「原水爆禁止世界大会実行委員会」が構成されたが、原水禁・総評の大半が国際会議を欠席し、世界大会「ヒロシマのひろば」では宣言案もまとまらずに「よびかけ」の採択に止まり、長崎大会ではマイクが切られてそのまま閉会になるなど、「傷だらけの統一大会」となった。

それらの様子を新聞で読みながら、古在は「もはや統一した世界大会は無理かもしれない」と思った。「弔い合戦、はたしあい」のように命をかけてきた再統一の努力が、ここで断ち切られるかと思うと、無念でならなかった。

八月末の午後、ロンドン大学の体育学教授ドナルド・アンソニが半ズボンの気楽な格好で、寺島善一明大教授に付き添われてやって来た。アンソニは、ノーベル平和賞を受賞し反核運動を続けて三年前に亡くなったノエル・ベーカー卿の補佐役を三〇年間もつとめ、古在も卿を敬愛して二年前の八三年から「ノエル・ベーカー卿を偲び、スポーツと平和を語るつどい」を開いている関係でかねてから文通があり、寺島教授はその「スポーツと平和を語る会」の世話人の一人であった。

アンソニは若いころハンマー投げのイギリス記録保持者だっただけに筋骨たくましかったが、陽気なジョークをなんども飛ばし、古在と美代と寺島を楽しい談笑に引きずり込み、夕刻名残惜しそうに帰っていった。もっとも肝心の用件、ノエル・ベーカー卿を記念するブロンズのレリーフを広島に設置したいという相談だけは忘れることがなかった。レリーフは卿の肖像と、まさに今テープを切らんとする三人のランナーの姿が配され、"Man of Sport - Man of Peace"(スポーツの人、平和の人)と刻まれ、ロンドン、広島のほか卿の故郷に設置するという話であった。古在はもちろん、広島設置に協力することを約束した。

古在がノエル・ベーカー卿への敬愛の念を深めたのは、一九七七年の「国際シンポジウム」の会場ではじめて言葉を交わしてからだが、その後もベーカー卿とは原水禁大会でなんどか顔を合わせた。最後の来日は一九八〇年、古在が「ボイコット反対の訴え」を出したモスクワ・オリンピックのときで、そのときベーカー卿は、オリンピック大会を中座してわざわざ原水禁世界大会に駆けつけ、原爆小石を日本の少年から受け取るとやさしく微笑んだ。そして八月六日の閉会総会の日、ベーカー卿が最後に登壇して挨拶をした。何人かの冗長な挨拶のため、鳩を飛ばす時間が迫っていて、一〇分の持ち時間にかかわらず、司会者が「三分以内で」と注文した。ベーカー卿は嫌な顔ひとつせず、登壇すると「みなさん、これから私の言うことを繰り返してください。No More Hiroshimas!(参加者も唱和)No more War!(参加者も唱和)」と主導して、涼しい顔で降壇した。そのときベーカーは司会者にウインクして、"Within Three Minutes!"(三分以内!)と言った。

古在はこの飾らぬ、ウィットに富んだ平和の闘士、三年前「スポーツと平和とは一体だから」と古在に言ったノエル・ベーカーの人柄と不動の信念をみて、あらためて感動した。

そのベーカー卿が九二歳で亡くなった翌八三年一二月、古在は中野好夫、大島鎌吉(ベルリン・オリンピック三段跳び銅メダリスト)、川本信正(スポーツ評論家)らと「ノエル・ベーカー卿を偲び、スポーツと平和を語るつどい」を開いたが、二回目の昨年は、呼びかけ人・賛同者に古在、中林貞男、草野信男などが名を連ねているとして、新体連関係者が出席しない事態になった。原水協問題と除籍処分が直接尾を引いていたが、古在は毎年一二月のこの「つどい」は続けていくつもりだった。なによりも、「平和のおかげでスポーツが」ではなく、「スポーツを通じて平和を」というベーカー卿の信条をこの日本でも広げたいと思うのだ。

ハレー彗星　一九八五年暮~八六年初春

一二月初旬、ラグビー愛好家の野坂昭如(作家)を呼んだ第三回の「ノエル・ベーカー卿を偲び、スポーツと平和を語るつどい」を終えると、古在は周期七六年でめぐってくるハレー彗星の出現が気になり出した。ソ連の人工衛星が打ち上げられた五七年秋、古在は随筆「星への記憶」(『人間讃歌』所収)で「あと三〇年たてば、ふたたびあのハレーすい星がわれわれの頭上に回帰してくるにちがいない。まるで地球上になにごともなかったかのように」と書いたが、まもなく二度目のめぐり会いのチャンスがやってくるのだ。見事に長い尾をひくハレー彗星を九歳で見たとき、息子の長寿を願って母が言った「重さん、もしあんたが長生きすればもう一度このほうき星がみられるよ。八十六までいきていさえすればね」という言葉どおり、なんとか戦火もくぐり戦後も無事今日まで生き抜いて、まもなく再びめぐり会えると思うと、感慨一入《ひとしお》である。

一二月半ば、遅れていた秋の「どさまわりの旅」にかこつけ、ハレー彗星観測のポイント探しをかねて、いつもの仲間たちと伊豆に出かけた。初日は今井浜の湯につかり、翌日は下田の爪木崎にまわり三分咲きの水仙を見、最終日に伊豆高原にまわって、観測ポイントとして東急ホテルを予約して、東京に戻った。三月の観測が楽しみだった。

一二月下旬の晩、数日前の古在ゼミで「武器の発展とSDI」の話をした陸井三郎が弁護士の渡辺卓郎と一緒にやって来た。かねてから渡辺弁護士に約束していた「書」を、いよいよ古在が書くのである。

渡辺卓郎は、ベトナムでの戦争犯罪を裁いた「東京法廷」や「パリ世界集会」にも参加した弁護士で、三年ほど前に古在家の借地契約更新料の相談にのったことがあった。その件は、地主が囲碁仲間のため互譲の精神で円満に解決したが、陸井三郎の仲立ちで弁護士報酬の代わりに古在が「書」を書くことになっていた。それから三年の間、美代が墨をすって「早く書いてあげて、楽になりなさいよ」と勧めても、古在は「言葉がみつからなくて」と苦しむばかりで、一向に書く気配がなかった。その古在がようやく決心したらしく、陸井と渡辺は正月用のエビや花などを土産に、師走にかかわらずやって来たのだ。

古在は「筆の字は書いたことがない」などと言いながら、ペンをもつ手つきのまま半紙に「思想、哲学、人間、冷凍保存」「ベトナム、日本、仏像」などと筆馴らしした後、陸井、渡辺、美代の三人が見守るなか、裁ち落しの画仙紙に「思想は冷凍保存をゆるさない　一九八五年一二月二五日　古在由重」と、一気に書き上げた。陸井と渡辺にはその言葉が「古在思想の圧縮」のように思えたが、古在はその字が気にいらなかったらしく「下手だな」と言うと、いきなり捨てようとした。とっさに陸井が「先生、これはこのままにして、もう一度書いてください」と古在の手を押さえた。陸井が新しい画仙紙を広げると、古在は今度はやや小さめに同じ言葉を書き、「これで、いいか」と言った。

古在は約束の「書」ができると肩の荷が下りたのか、リラックスした様子で渡辺卓郎のために「ベトナムと日本をつなぐ古仏像」と書いた。七七年の夏、渡辺が古美術店で偶然見つけた美しい鐘をベトナムに返還する運動が起き、仏教界なども共感して、その暮れに増上寺で打鐘法要を行ったことに由来する言葉である。さらにそのあと二人の希望に応じて「人間讃歌」「長英礼讃」と「色紙」にマジックペンで書き、古在は興がのったらしく日本語で「まちがえればこそ人間的である」と書いてラテン語を添え、「哲学が人間するのでなく人間が哲学するのだ」と今度はドイツ語をそえた。結局この日、古在は七点の書を書き、美代にも陸井、渡辺にも、暮れの楽しい一夜になった。

明けて正月五日、古在は思わぬほど早くハレー彗星を見る機会に恵まれた。甥の古在由秀が三鷹の東京天文台長を務めていた関係で、家族と友人たちに見学の便宜をはかってくれた。

正月休みで閑散とした構内はとっぷりと日が暮れ、風も冷たい夜だった。古在は懐中電灯をたよりに天体望遠鏡まで進み、はやる気持ちで二六インチの望遠鏡をのぞき込んだ。しかし望遠鏡の中心に写るハレー彗星には、まだ「尾」はなく、ほのかに浮かんだ銀白のメダルのような星だけが見えた。それでもその星は古在を引きつけ、母の言葉「長生きすれば……」を思い出させた。長生して二度目のハレー彗星。寒くはあったが、心温まる一夜になった。

肝心の三月、「春のどさまわりの旅」一行一九名が、予約していた伊豆高原の東急ホテルに行ったものの、その日は雨風《あめかぜ》が強く観測自体諦めざるを得ない状態になった。石廊崎にむかった最終日の夜半も全員起き出して再挑戦したが、土星・火星は確認できるもののハレー彗星を見ることはできず、早暁四時には諦めて、みな布団をかぶった。

目的未達成の「どさまわりの旅」から帰宅した古在は、由秀天文台長にもらったマーク・トウェインの最後の願いを読み返した。「わたしは一八三五年にハレー彗星とともに世にでてきた。来年それはまたやってくる。わたしはそれとともに世をさりたいとおもう。もしハレー彗星をまたずに世をさるとすればわが一生の一大痛恨事になる」。マーク・トウェインは一九一〇年、古在が九歳で見た同じハレー彗星をみて亡くなったが、古在もまたマーク・トウェイン同様「ハレー彗星を二度見た男」となった幸せをかみしめた。

「版の会」八周年　一九八六年春〜八七年春

古在は二月半ば、『図書』四月号のために「『ハレー』ふたたび」（『コーヒータイムの哲学塾』所収）をまとめた。最近はめっきり原稿依頼も減ったが、それでも原稿に苦労するのはいつも同じだ。今回も美代が夜中までの口述筆記に何度もつきあって、ようやく完成させた。

だが今回は、口述した翌朝になっても、舌にザラザラする感じ消えなかった。その感じが二ヵ月も続くため、古在は四月半ば中野共立病院で検査を受け、一週間後に胃カメラをのんだ。フィルムを見ながら医師は「多少問題があるようだ。病理検査の結果を待とう」と言った。その言葉に、古在も美代も胃ガンを疑い、重苦しい気分になった。美代はここ半年ほど膝に水がたまる一方、膀胱炎にも苦労していたが、それでもまだ七〇代半ば、絵や園芸の趣味も家事もすべてを楽しんでやっているが、古在はまもなく八五歳、この歳になって癌などは思いもよらないことである。五月連休は、二年前に『碁の心　人の心』（大月書店）を出し「なぜ黒と白か古在由重の章」を書いた右遠俊郎と碁を打っても、巨人・阪神戦をテレビで見ても、なかなか気分は晴れなかった。

幸いにも、胃ガンは杞憂だった。連休明けに医師が出した最終結論は、「異型上皮」というもので、今後半年に一度検査を受ければいいということになった。古在はかなり覚悟して医師を訪ねただけに、なんとなく覆い被さったものが一挙に取り払われたような爽快な気分になった。美代も安心して、そのまま野方に買い物に出かけた。五月一七日、古在は脚痛と視力の弱さをかかえながらも、無事満八五歳の誕生日を迎えた。

それからしばらくして、病状を心配し気をもんでいた鶴田三千夫、中西篤ら「どさまわり」の仲間たちが、予定通り二週間のスペインの旅に出た。出発前に旅仲間たちは病気見舞いとして、天保年間に窮民救済のため柏崎陣屋を襲撃・自刃した国学者の『生田萬《いくたよろず》全集』（冬至書房）を贈った。古在が自分の癌を疑って購入予約をキャンセルしていた全集だけに、その配慮が嬉しかった。彼らの善意に応えるためにも少しでも脚痛を和らげ、「古在塾」を可能なかぎり続けたいと心から思った。この二、三年、八王子の目白台鍼灸院通いをいつも車で送り迎えしている中西篤はスペインへの旅で不在だが、古在は痛みをこらえながら電車を乗り継ぎ通い続けた。

「古在塾」の一つ、「版の会」がこの春八周年を迎えた。六周年のときは、参加者たちから感謝のトロフィーを贈られたが、今度は逆に古在の方から何か気の利いたことができないものかと考え、「版の会」のメンバーであり「同時代社」代表である川上徹に「川上さん、八周年を記念する本をみんなで作りませんか」と提案した。川上が「メンバー全員というのがいいですね」と応じると、古在は「みんなに印税をもらう体験をさせてあげたいんだ」と言って、零細出版社社長を驚かせた。

古在の提案は大方のメンバーの賛成をえて、すぐ準備が始まった。本のメインは、メンバーが書く「読書体験のなかで出合った感動的な言葉と、感想コメント」、いわば「いのちある言葉集」だが、これまで「版の会」で取り上げてきた八〇冊の本を中心に選択すれば、そう難しい作業ではない。その「いのちある言葉」に古在のいくつかのエッセイ、八周年記念行事として予定している「加藤周一さんをかこんで」、さらに資料として八〇冊の「テキスト一覧」などを掲載すれば、立派な本ができる。

その八周年記念行事「加藤周一さんをかこんで」は、九月末に開かれた。この日の「版の会」は、加藤と古在の話を中心に参加者の質問・意見をまじえた気楽な座談で、話題は中曽根首相の差別発言から、アメリカと日本との「保守主義」の違いや大学生の読書離れ、読書論と批判精神、シェークスピア演劇「コリオレイナス」やスポーツと将棋の話まで、多岐にわたった。最後には中江兆民の『三酔人経綸問答』よろしく、酒を飲みながらの楽しい座談になった。加藤周一が隣席の川上徹に「ぼくはね、いろいろなことをやったりするとき、古在さんが何と言うかな、どう思うだろうな、といつも思うんですよ。古在さんに恥ずかしく思われることはしたくないからね」と言った。古在に対する加藤周一の敬愛の念がストレートに伝わる言葉だった。

一一月半ばの夜、川上徹がいつものように酒をぶら下げ、「加藤周一さんをかこんで」のゲラをもってやって来た。「酒持参」は川上の古在訪問時の「許された」慣例だが、古在が飲むわけではなかった。だがこの日

1987年春の「版の会」にて。右から、吉田傑俊、鶴田三千夫、古在

は話が一段落すると、「ぼくにもちょっと」と古在がコップを出した。川上が驚きながら注ぐ酒を、古在はにっこりと飲んで「うめえーなぁー」とつぶやいた。それは酒好きでもなかなか出てこない感歎の声音《こわね》だ。座談のゲラを受け取り、美代も含めた議論の末に書名を『コーヒータイムの哲学塾』と決めたことが、古在の気分を開放させたようだ。本来父譲りの酒豪なのだが意識して酒を断っている、そんな思いが川上にふっと湧いた一瞬だった。

年が明けて八七年一月末の夜、暮れから体調を崩していた粟田賢三の危篤の知らせを受け、古在は美代とともに緑川亨の車で厚生年金病院に駆けつけた。もともと心臓が悪くニトログリセリンを持ち歩いているのは知っていたが、八寿夫人の話では、原因は数年前に発見された肺ガンではなく無熱性肺炎だという。医師の手当はなお続いていたが粟田の意識は戻らず、三人は気がかりではあったが一時間ほどして病院を辞した。

翌朝「危篤を脱した」との連絡があり、古在は安心して「別府マラソン」の中継を見ることができた。しかし安心したのもつかの間、古在ゼミが一段落した二月八日夕方、再び「危篤」の知らせが飛び込み、古在はすぐ病院に駆けつけたが、到着寸前に粟田は霊安室に移されていた。八年前に高桑純夫を失って以来、ここ数年で村井康男、吉野源三郎、真下信一、中野好夫など親密な友人たちが次々と不帰の客となった。粟田との交遊は旧制一高時代から七〇年も続いたが、「人間の一生とはこんなものなのか」と思わずにはいられなかった。「終末」というものを、古在はつくづくと感じた。

『コーヒータイムの哲学塾』は三月上旬、同時代社から刊行された。帯には「古在由重とマラソン読書会」「都会の片隅の喫茶店で、中学生から主婦、サラリーマン、大学生たちが、毎月一度の読者会を八年間つづけた。とりあげたテキストが八〇冊。メンバーたちが本からぬきだした珠玉の『言葉』の数かずは、さわやかな人間讃歌だ」とあった。

過去六回二四年間続いた都知事選での社共共闘が完全に崩れ、「革新都政再建をめざす各界連絡会」の要請をうけて立候補した畑田重夫（国際政治学者）を破って、鈴木俊一が三選を果たしたが、その四月半ばの夜、喫茶店「版」で『コーヒータイムの哲学塾』の出版記念会が開かれた。「世界がぜんたい幸福にならないうちは、個人の幸福はありえない」という宮沢賢治の言葉を選んだ高校生も、「教えるとは希望をかたること／学ぶとは、誠実を胸にきざむこと」というルイ・アラゴンの言葉をあげた高校教員も、そして「生命を生み出す母親は／生命を育て／生命を守ることを望みます」というギリシャの詩人ペリディスの一句を選び出した主婦も、自ら選びコメントを書いた「いのちある言葉」を読み返し、だれもみな満面の笑みを浮かべていた。歌や俳句の披露、フルート独奏などが続いた後、古在は張りのある声で「荒城の月」を歌い、「読書離れにあえて逆らい、本を読み続けることが大切だ。こうした会が方々にできれば、日本は変わる」と出版記念会の最後をしめくくった。外に出ると、春の夜気が香しかった。

「記録する会」　一九八七年初夏〜秋

梅雨に入ると、古在の脚の痛みが激しくなった。昨年の秋から開始した神経ブロック治療も、回数を増やしてはいるものの余り効果はなく、急場しのぎに蒸しタオルをあてても痛みが引かない。これまで余り欠かしたことのない目白台での鍼治療さえ休むことが多くなった。美代は美代で、矢島産婦人科の子宮癌検査で「白」をもらったものの、膀胱炎の薬のせいでよくダルさを訴えるようになり、水をぬいた膝の筋力強化のためと称してたまに友人たちとハイキングに出かけるものの、疲れの抜けない日々が多くなっていた。

七月下旬、そんな美代ではあったが、午前中に掃除をすませ、中野まで買い物に出かけた。この日は、四月に初めて開いた「記録する会」の二回目の集まりがあり、「八四年の原水禁問題」の関係者、陸井三郎、草野信男、小笠原英三郎、田中里子、中林貞男らがやってくるのだ。

古在が共産党を除籍された八四年、そして翌八五年の原水禁世界大会はかろうじて「統一世界大会」の面目はたもったが、昨八六年夏の原水禁大会は、被団協や生協連、地婦連、日青協など市民一〇団体が懸命に原水禁・原水協との調整を試みたが成功せず、大会は結局三つに分裂した。調整に努力した市民団体は、行きがかり上「禁」にも「協」にも参加するわけにはいかず、やむなく「国際平和年八六市民平和大集会」を広島で開き、再分裂が決定的になっていた。

古在は「八四年問題」について、日中出版から『原水協で何がおこったか』（一九八四年）や『亀裂　反核運動シンドローム』（八六年）が出ているのは知っていたが、さほど記録することに意味を感じているわけではなかった。しかし年月の経過とともに、後世の人は「記録」を頼りに真相を想像するしか手がなく、しかも活字化されたものが必ずしも正しいとは限らない、そう考えると、やはり活字化の可能性が少しでもあるのなら、当事者たちが直接語っておくことも必要なのではないか、まして将来連帯すべき運動が求められる時、その参考にもなるだろう、と考え直すようになっていた。関係者に年内三、四回集まってもらえれば、七五年の

「広島フォーラム」から七七年の「国際シンポジウム」と統一世界大会の成功、そしてその後の経過と八四年問題の本質まで解明できるのではないか、古在はそう考えたのだ。

この日、吉田嘉清と森賢一は欠席したが、四月の一回目と同様、陸井三郎が司会役を務め、今回は八四年問題の背景が話題になった。「八四年問題」は、団体旗自粛、トマホーク集会、持続的共闘組織結成という三問題に起因すると一般的に考えられているが、この日の「記録する会」で出された大方の意見は、それはあくまできっかけの一つで、真の背景は、六三年の原水禁運動分裂後、一貫して原水協をコントロールし続けてきた日本共産党が、当時の状況ではその立場を失いかねない、コントロールできなくなると判断した点にあるのではないか、という点だった。具体的には、草野信男や吉田嘉清ら原水協指導部が七七年の「統一世界大会」前後から積極的に進めてきた独自の国際活動が内外に根を張り拡大したこと、八三年秋一旦合意した持続的共闘組織「原水爆禁止運動連絡委員会」が実現すれば、共産党の影響力が強い地方原水協の弱体化を招くと危惧したこと、つまり日本共産党の手のひらから原水禁運動がはみ出していくことを阻止したかったのではないか、ということである。

この日は、中林貞男から昨八六年の「調整」の苦労話やそれさえも断念した今年八七年の経過の話も出て、最後は古在宅に公安警察が菓子折をもって情報入手にやって来た話になった。古在は美代に向って「食ったかい?」と聞き、美代の「もらわないわよ」との返事に、参加者みなが笑い、この日の「記録する会」は終わった。

「統一世界大会」が完全に消え、市民団体がどうにか「平和のつどい」を東京で開催した八七年の夏が過ぎ、秋本番となった一〇月半ば、「版の会」に、FM東京が取材に入った。この日のテキストはジョン・リードの『世界をゆるがした十日間』だが、青地というディレクターは「版の会」の生い立ちをリスナーに説明してから、読書会の模様をはさんで参加者へのインタビューを行った。高校生も六四歳の参加者も、一人では読み切れない古典をみんなで読み、世代をこえて話し合える楽しさを語ったが、その高校生を連れてきた女性教師は、「生徒はきちんと読んでくるんですが、私はただ一生懸命来るだけ。古在先生自身『生きた化石』とおっしゃるんですが、その人生経験豊かな哲学者の話を伺えるのが、一番の魅力ですから」と語った。最後に読書会開催の意図をたずねられた古在は、「活字離れの時代に、読書のきっかけになってくれればと思ってね。それに私の精神の老化防止にいいのですよ」と応えた。八六歳の古在にとって読書を通じた若い人との対話は、文字通り精神の若返りで、自由大学サークルともどもこの時期の最大の楽しみだった。

暮れぎりぎりになって、粟田八寿から毛筆のお礼の手紙が届いた。ようやく一〇月末、東邦大学に献体した粟田賢三の「お骨揚げ」が終わり、九ヵ月ぶりに三〇年慣れ親しんだ書斎に「お骨」が戻り、この一二月上旬には静岡の富士霊園に無事に埋骨したという。この間古在は、喘息で職を持てぬご子息との二人だけの暮らしとなった八寿夫人にたびたび電話をかけ励ましたが、年内の埋骨を終えた八寿夫人も、これでようやく新しい気持ちで新年を迎えることができると思うと、ほっとした気分だった。

終　章　哀しみと追悼と　一九八八〜二〇〇〇年

美代の死　一九八八年

古在は数年ぶりに年末までに年賀状を書き終え、ゆったりした気分で八八年の正月を迎えた。いつものように豊樹一家、重代一家がやって来て、この元日はすき焼き鍋を囲みながら、孫たちの大学生活や大学受験、昨年暮れのレーガン、ゴルバチョフ米ソ両首脳によるＩＮＦ全廃条約調印や大韓航空機事件などが話題になった。今年も無病とはいかないが、家族みな息災のうちにすごしたいものだと思った。

松の内が明けると、古在は和田春樹著『私の見たペレストロイカ』（岩波新書）やゴルバチョフ演説など、ペレストロイカに関する資料を読み始めた。一月の自由大学サークルと「版の会」で、ペレストロイカについて報告する予定があった。

スターリンを批判し自由化・「雪解け」を進めたフルシチョフが解任され、そのあとブレジネフの一七年間に及ぶ長期政権下で再び官僚主義がはびこったが、三年前のゴルバチョフの登場で本格化するペレストロイカが世間の耳目をあつめていた。古在が注目するのは、情報公開＝グラスノスチのもとに、ゴルバチョフが社会主義国のなかで民主主義を拡大しようとするのは、一つの政策というより、ソ連という大きな国の進むべき「政治の道、進路」を指し示している点であった。ペレストロイカは、ミハルコフの映画『黒い瞳』のように芸術の分野で真っ先に現われていたが、根本的には政治、経済、社会そして日常生活に及ぶ「立て直し」なのだから、その改革の内容一つひとつを吟味検証し、なにが前進しどこが停滞しているか、せっかちにならずに注視していく必要があった。古在はそんな思いを抱きながら、報告の準備を進めた。

その間美代は割に元気だったが、セーターを編み続けたせいか肩がきつくて首も回せず、小尾医院で注射を打ったり、矢島産婦人科では尿の血液検査をするなど、病院通いを続けていた。五一回目の結婚記念日を迎えた四月、美代は腹部エコーの結果を受けて、新宿中落合にある聖母病院泌尿器科で再検査を受け、五月連休明けにはとうとう「三週間の入院」を言い渡された。美代にとって、東京女子大の同窓会や近所仲間のハイキングに参加できないのは仕方ないとして、一番心配なのは入院中一人残される古在のことだった。家事は全く不得意なうえ、この一七日には八七歳の誕生日を迎える。美代は小平の団地に住む重代と近くに住む中西政子、それに高齢者事業団には家事援助をお願いし、中野区の老人福祉課には給食の手配を頼んだあと、聖母病院のCTスキャンのフィルムを持参して、慶応大学病院への入院手続きをとった。しかしベッドに空きはなく、美代の入院は五月二七日になった。六月に入って連日検査が続き、検査のない日は六階の四人部屋で、向田邦子作品の朗読を聞いたり、ファンである広島戦の野球中継を聞いてすごした。

腫瘍摘出手術は、六月二三日に実施された。一時快癒の兆しを見せていた美代であったが、七月末に感染症から腎臓・膵臓の機能不全を起こし、突然危篤状態におちいった。連絡を受けた古在はタクシーで病院に駆け、集中治療室で眠る美代のベッド柵につかまり、「来たよ」とひとこと言って、しばらく美代の顔をじっと見ていた。

帰りの車の中では、気を失ったようにくずれおれる古在を、付き添った菊池優美子（近くに住む「自由大学サークル」参加者）が支えた。美代は二、三日して、奇跡的に持ち直し意識もいくぶん回復したが、その後は一進一退を続けた。

美代の容態が悪化した七月末、古在はその強いストレスから緑内障の発作を起こし、及川孝に付き添われて、日曜救急眼科を開いていた東京女子医大にタクシーで飛び込んだ。自宅で二日間も我慢強く辛抱した古在の眼は、きわめて危険な状態だった。点滴と投薬を受けてなんとか切り抜けた古在は「目が見えてもしようがない」と弱音をはいた。

古在を気遣って、家族はもちろん岩崎久代や菊池優美子など自由大学サークルの仲間や「どさまわり」の江口十四一のほかに、吉田嘉清、近藤正二（中野区議）、町田（旧姓・松本）裕子・松本礼二姉弟、岩波雄二郎、緑川亨、中島義勝（岩波書店）など、多くの友人知人が古在を訪ねて来た。見舞いと家事援助のためだが、古在は自分でやれる食事の後片付けだけは、誰にも手を出させなかった。

八月初め、徐英実《ソヨンシル》が泊まりがけで京都からやって来た。兄の徐俊植《ソジュンシク》がこの五月二五日にようやく釈放され、そのお礼と古在見舞いのためである。

古在が救援活動を続けてきた徐俊植は七八年に刑期満了を迎えたが、「社会安全法」という予防拘禁制度のもとその非転向を理由に、満期後一〇年間も不当に拘束され続けていた。しかし韓国で高まる民主化運動に押され、新軍事政権といわれた盧泰愚《ノテウ》政権ではあったが、九月開催のソウル・オリンピックを控えて一定の民主的ポーズを国際的に示すために、兄弟の一人徐俊植を釈放した。古在は二一日に新聞各紙が徐俊植釈放の可能性を報じるとすぐ、「大韓民国法務部長官丁海昌《チョンヘチャン》貴下」宛に、「誤りなく釈放せよ」との要望書を出した。美代入院前のあわただしいなか手書きで準備した要望書には、たった二日間という短期間にもかかわらず、山田洋次（映画監督）や寿岳文章（英文学者）・章子（言語学者）父娘など二一名が名を連ねた。

古在は徐英実に、見舞いの礼と要望書提出など国内の救援運動のことを話し、徐英実は兄徐俊植の出獄したときの様子を語った。徐俊植は「オモニ、私は出てきました。一点の恥もなく……」と出獄後のインタビューに応え、一七年間も矯導所（刑務所）に通い続けた多くの日本人と古在らの釈放運動に感謝して、それらの行動は「将来のわが民族と日本民族との真の和解の時代のための貴い努力だ」と語ったという。両民族の和解、そのためにこそ一日も早い徐勝《ソスン》の釈放を、古在は願わずにいられなかった。

古在は八月中旬から美代と同じ慶応大学病院に入院し、緑内障の手術を受けた。古在の病室は、一進一退を続ける美代の階下にあった。古在は緑内障が少し落ち着くと、「及川さん、上に行こう」とよく及川孝を誘って、美代を見舞った。及川は、古在が「今日は顔色がよかったね」とか「昨日より元気がなかったね」と自分の眼のことより美代夫人を気遣う姿に、古在の思いやりを感じた。それが「夫婦入院」の唯一の楽しみだったのかもしれない。古在は八月三〇日、余り視野は回復しなかったが、無事退院することができた。だがそれから二〇日ばかりあと、美代は再び危篤状態に陥り、九月二九日午前一〇時、腎不全のため永眠した。享年七六歳だった。

訃報が新聞で伝えられた一〇月一日、告別式が中野区の了然《りょうねん》寺会館で行われた。

「遺言」　一九八八年秋〜八九年夏

戦中、戦後の五〇年余、苦楽を共にしてきた美代が逝った。家裁の調停委員を務めながら家事のすべてはもちろん、四季折々の草花を育て、低山歩きと墨絵を楽しみ、古在の口述筆記を手伝い、健康を気づかってくれた美代が、とうとう逝った。古在の落ち込み、落胆、憔悴ぶりは激しく、美代が書いた円空仏の墨絵が掛かる居間兼応接間で、巌窟王のように一人だけで脚の痛みに顔をゆがめるか、遠い目をする日が多くなった。家族をはじめ今井文孝、及川孝、江口十四一、菊池優美子、阿部千代など「古在塾」のメンバーたちが、心配し、気遣い、生活支援に入った。古在は誰にともなく「ボク自身、どんなにもろい人間だったか」「自分の哲学は美代の死に対しては無力だった」「美代にとってはひどい夫だったのではないか。ボクとの結婚によって、力を発揮できなかったのではないか」などと、弱音と悔いを口にした。

一一月半ば、青山墓地に納骨をすませて、しばらく休んでいた「古在塾」を再開した。しかし年内の「版の会」、自由大学サークルとも古在が話題を提供することはなく、二一年間継続してきた古在ゼミは、九月末に「モダニズムとポストモダニズム」を予告したまま、再開されることはなかった。古在ゼミの参加者の多くはすでに大学に職を得て専門講座を受けもつ者が多く、もはや古在には緑内障をおして専門書を読みこなし、彼ら専門家の報告を聞き論ずる意欲がわかなかった。右眼は失明に近く、残された左眼も視力は微弱で、新聞の大きな見出しがようやく読める状態であった。しかし、労働者と主婦、若者たちを中心にした「塾」だけは、なんとか続けようと思うのだった。

一一月末、筑摩書房の湯原法史と岩波書店の緑川亨がやって来た。湯原は学生時代に学生ユネスコ連盟の活動を通じて古在を知り、筑摩書房に入ったあと古在の「自伝」または「回想録」出版のために、藤田省三や鶴田三千夫を介して古在から五、六度聞き取りのためにテープ録音を試みていた。しかしなかなか形にならないうえ他の企画が本格化したため、岩波書店の緑川に「自伝」実現への協力を求めた。緑川もまた一人の出版人として、古在の生涯を貫く思想、その強靭なヒューマニストとしての感性、行動の持続力などを、現在と未来の読者に残す意味と責任は考えていた。美代夫人を亡くした今、孤独な時間と空間に身を置き脚痛と闘っている古在が「自伝」か「回想録」に取り組むのは、心身の健康にもいいだろうと考え、納骨が済むのをまっての訪問となった。

古在は一つの条件「書くのではなくテープ録音し、大きい字の速記に手を入れる。聞き手は及川孝」を出して、湯原と緑川の提案を承諾した。「自伝のようなもの」の録音は、翌一二月から始まった。

一九八九年の正月はいつものように家族がやって来たが、喪中とあって年賀状はすくなかった。昨秋すでに友人知人に「欠礼」の挨拶文を送っていたから当然のことだが、一抹の寂しさはあった。だがこの正月は、美代の不在が一番こたえた。

一月七日、昨秋の吐血以来秋祭りや運動会の「自粛」が続くなか、古在より一ヵ月年長の天皇裕仁が逝った。かつて戦争阻止の活動のために投獄された身として、同年《おないどし》の「大日本帝国の君主」、侵略戦争を推進した戦犯裕仁より少しでも長生きしたいと、古在は密かに思っていたが、現実がそうなっても特別の感慨は湧かなかった。ただ明治、大正期に青春を送り、その後は民主主義者としてマルクス主義を選び取り、生き抜いてきた戦中・戦後の、その昭和時代が終わったのは確かだった。次はどんな時代を作りうるか、古在の関心は未来に向った。

「大喪の礼」が終わり、新たに消費税が導入された四月、中国では学生たちが天安門広場を舞台に「封建・独裁主義打倒」を掲げて胡耀邦（元中国共産党主席、改革派）追悼デモを開始し、ポーランドでは非合法下にあったワレサ率いる自主管理労組「連帯」が六年半ぶりに合法化された。

世界は新たな民主化の波を迎えようとしていたが、古在の変形腰椎症からくる脚痛、緑内障による視力減退は相変わらずで、目白台での鍼治療、鹿野眼科通院は続いていた。目白台への通院は、鍼灸院の近くに住む吉田傑俊《まさとし》（法政大教授）の家に寄り囲碁対局する楽しみがあった。ここ三年ほど古在ゼミに通った吉田傑俊もまた妻が癌で入院しており、妻不在の一人暮らしがいっそう二人を親しくさせた。さらに六月半ば、よろめいて石油ストーブに尻餅をついて臀部にやけどを負い、藤沢医院への通院も加わるようになった。ストーブが倒れなかったのが不幸中の幸いだった。

古在はこのころになると、週二日はヘルパーの援助をうけ、木・土・日を重代が通い、残りの日を及川孝や今井文孝、阿部千代や菊池優美子などが交替で身の回りの面倒をみた。豊樹の妻・路子も小さい子どもと勤務をかかえながら、土・日を中心に月二、三回は松戸からやって来て、きびきびと働いた。藤沢住まいの由美子は五月連休などは顔を出せるが、そう頻繁に鷺宮に通うことはできず、その分由美子と重代は感謝の気持ちをこめて、今井文孝を古在の「長男」、及川孝を「次男」と呼びあっていた。しかし、夏になっても古在は自分の書斎には入らなかった。入れば、美代が「あなた、お昼できたわよ」と呼びかけに来るのが思いだされて、辛くなるのだ。

八月半ばの『ジャパン・タイムズ』に古在の紹介記事が掲載された。"Aging scholar keeps up antiwar fight／Jailed during era of military rule, he still stands for freedom, globalism."（反戦をたたかう老学者／戦時中投獄され、今なお自由と国際主義のためにたたかう）。記事全体は戦前の古在の闘いを中心にしていたが、注目すべきは最後のパラグラフにこめた古在のメッセージである。記事は簡潔にまとめていたが、古在はこうインタビューに答えていた。「現在の日本は、東南アジア諸国をはじめアフリカも中南米も含めたいわゆる第三世界の人間社会と自然に対して、膨大な収奪を行っている。その破壊行為の上に立っているのが現在の日本の姿である。したがって私は反戦の運動を生涯にわたって続けてきた者として、この問題を放っておくわけにはいかない」。古在にとって、経済侵略による人間社会と自然の破壊は、収奪と破壊と殺戮の軍事的侵略と同じものであった。すでに八八歳になった「老学者・老哲学者」にとって、もはやその行動を起こすことは困難だったが、未来に託された大きな課題として次世代に贈る「遺言」でもあった。

最期　一九八九年秋〜九〇年三月

世界は激動のなかにあった。中国では六月に胡耀邦追悼デモをきっかけにした民主化運動を戦車で圧しつぶす天安門事件が起き、ポーランドでは上下両院の選挙で「連帯」が圧勝して「連帯」主導の内閣が発足した。国内では自民党が大敗北を喫した夏の参議院選挙をへて新たに海部俊樹内閣がスタートし、秋に入ると労働戦線は連合と全労連に再編された。そして東ドイツでは天安門事件で中国当局を支持したホーネッカー書記長が解任され、三週間後の一一月九日、東西ドイツを分断していたベルリンの壁が崩れた。

一一月末になって、『毎日新聞』が『プラウダ』掲載のゴルバチョフ論文「社会主義思想と革命的ペレストロイカ」の要約を紹介した。古在はこの間のソ連のペレストロイカ、中国の天安門事件、東欧の激動を考えるうえで、必読の論文だと思い、陸井三郎に要約でなく全文の入手を頼んだ。しかし「国際政治評論家」の陸井でも、そう簡単には手に入りそうもなかった。

秋になっても古在の臀部のやけど治療は続き、約束した「自伝のようなもの」の録音は一年経ってもなかなか進まなかった。聞き役の及川孝は、囲碁対局などで古在の気持ちをほぐそうとしたが、古在はあまり気の進まない「自伝」を語るより、対局ばかりを楽しんだ。及川は思案のすえに、その埋め合わせとして「版の会」の例会で青年期を過ごした大正デモクラシー、「非合法活動」を強いられた「戦時下の唯物論者たち」などを順次話してもらうことにした。ちょうど「版の会」は、内外情勢にからんで天皇制問題やリクルート事件などをテーマに毎回ゲストを招いていたが、一一月の加藤周一「世界の動きと日本」まで、企画がとぎれていたから一石二鳥の企画だった。

だが及川のこの思惑も、九月、一〇月の二回だけで終わった。古在自身が言う「すさまじい痛み」「気が狂うほどの痛み」が襲いはじめていた。頼りの重代は世話疲れのためぎっくり腰になり、通院付き添いも他《ほか》の人に依頼することが続いた。年末ギリギリには、旧制一高時代以来の友・篠田英雄が亡くなり(享年九二歳)、古在は「とうとうみんな死んじゃったな。篠田まで死んでしまった」と深いため息をつき、肩を落とした。

年末から年始にかけて由美子が手伝いのために泊まり込み、年賀の挨拶に及川や今井、太田哲男や吉田傑俊、芝寛や吉田嘉清、草野信男などたくさんの友人たちがやって来た。話題は古在の健康状態もあったが、天安門事件、東欧の激動、ペレストロイカ、そして官僚主義などについての方が多かった。「人間の顔をした社会主義」への古在の関心は、高まることはあっても衰えることはなかった。

二月はじめ、村井福子から「大嘗祭《だいじょうさい》を国の行事にし、国費を使用することに反対する署名」が届いた。古在はすぐ電話をかけ「眼が悪いから、自筆でなく代筆でよいか」と確認し、「脚がひどく痛むんだ」と一言いって、近況を報告した。それからしばらくして、陸井が「先生、遅くなりました」と言って、『今日のソ連邦』一月号の折り込み付録にあったゴルバチョフ論文の全訳文の拡大コピーを届けてくれた。古在はすっかり痩せ自力で立ち上がるのもひと苦労だったが、この正月に新調した眼鏡をかけて電気スタンドをたぐり寄せ、鉛筆で線を引きながら読んだ。

結局ペレストロイカが問題にし、改革しようとしているのは官僚主義のように思えた。民衆の側からみて、官僚は形式主義的で冷たく、独立した自主的個人というより、人形然として、仮面をかぶった人間として、上意を金科玉条にしてひたすら振る舞う。つまり本当の素顔、人間の顔を見せないために、民衆側もまた人間として接する気持ちをもたないのだ。だからその対極にある「人間の顔をした社会主義」は、豊かな人間性をもった、「友愛」のある個人の集合体でなければならない。フランス革命以来忘れ去られている「友愛」は、思いやりがなくては何もできない。それは社会・経済・政治に対する見方が一致したとか統一戦線とかいって、スローガンをかかげて「団結ガンバロー」で終わることではない。ともに同じ対象を見て、共有する感情を持つことができるかどうかが肝要なのだ。「友愛にみちた、官僚的でない社会主義」、それがペレストロイカがめざす中心点ではないか。

古在はおおよそそんな感想をもったが、「官僚主義を、マルクス主義で解明して止揚する」、そのことは今後の大きな課題のように思われた。

二月半ば、古在が脚の激痛に耐えていると、いつものように及川孝が「自伝聞き取り」のためやって来た。この日古在は、囲碁をやるでもなく「自伝」を語るのでもなく、ペレストロイカと官僚主義について持論を話し始めた。及川はテープレコーダーを回したが、痛みに耐えつつ語る古在の症状が気になって仕方がなかった。

翌日陸井と今井が来訪し、痛みを抑えるため中野共立病院への入院を勧めた。古在は「痛みがとれても入院したのではしようがない」と嫌がったが、翌日の再説得にしぶしぶながら一時入院を承諾した。しかし硬膜外ブロックによって痛みが和らぐと、古在は「約束だから」と言って四日後には退院してしまった。退院の際モルヒネ服用も勧められたが、「意識がみだれるぐらいなら、ボクは痛みで失神する方を選ぶよ」と、モルヒネ服用を拒絶した。

三月三日、久保文から大きな文字の手紙が届いた。久保は痛みのため二月の「版の会」を休んだ古在が気になっていた。長年古在が支援してきた無期懲役の徐勝《ソスン》が二月二八日、減刑となって釈放され、手紙にはその釈放の喜びとあわせて、見舞いと慰めの言葉がつづられていた。その夜、古在は久保に電話をかけた。「手紙ありがとう。久しぶりに自分の片目で字を読むことができた。ああいう字だと読めるんだ。しかし体はしんどいんだ。入院して久しぶりに痛みが薄らいだと思ったら、今は全くもとどおり、激痛で家の中をはいずり回っているんだ」。久保には気になる電話だった。

その二日後の五日昼、古在は意識障害を起こし全身状態悪化のまま、中野共立病院に緊急入院した。酸素吸入、点滴、導尿などの処置でなんとか血圧と体温が戻り、夕方には家族と会話もできるほどに回復した。

しかし翌三月六日朝、血圧降下などの急変が古在を襲い、午前一〇時二二分、古在は死去した。享年八八歳、美代が逝って一年五ヵ月が経っていた。

告別と追悼と　一九九〇年春〜秋

つぎの日、多くの全国紙、地方紙が、写真入りで古在の死を伝えた。『毎日新聞』は「唯物論哲学者、平和運動を理論指導／古在由重さん死去」、『読売新聞』も「反戦の哲学者、古在由重氏死去」と見出しをうち、反戦平和・民主主義のために理論的にも実践的にも先頭に立った古在の死を伝えた。『中日新聞』は一面のコラム欄「中日春秋」でも古在の死を伝え、末尾をこう結んだ。……▽スターリン批判当時、古在さんはフルシチョフを支持し「社会主義の中に民主主義を」と強調。「思想は歴史とともに動く。反核運動には感性も重要。革命勢力は人間を大切にする本式の集団指導と民主制をめざせ」とも説いていた。三十余年前に、である▽最後の自由大学は、ソ連共産党新綱領草案「人間的で民主的な……」が報道された二日後のことだ。まるで古在哲学を具現したような草案とあって、その妥当性を、史的唯物論から説き起こし、感動的に解説したという。〝最後の授業〟。塾生しか聞けなかったのは惜しい気もする……と。

だが、古在が戦前から五〇年余籍を置いた日本共産党の機関紙『赤旗』だけは、古在の死を一行も報じなかった。

三月八日、中野区の福寿院西光殿で告別式が行われ、五百人余が参列した。遺影の右に、古在が愛したパブロ・ピカソの平和のハト、武器を足で押さえたハトの絵がかかげられていた。今井文孝の「病状報告」、江口十四一の「略歴報告」のあと、緑川亨（岩波書店社長）、鶴田三千夫、葉山峻（藤沢市長）、芝田進午、藤田省三などが「お別れの言葉」を述べ、古在の人柄と思想、交友の思い出などをエピソードを交えて話した。ベトナム人民支援に象徴される「実践性とヒューマニズム」、日本と世界の現実との思想的格闘、三〇歳台の名著『現代哲学』『唯物論と唯物論史』、六〇歳台の『人間讃歌』「和魂論ノート」、それらによって日本の唯物論哲学を世界的水準まで引き上げた実績、そして「天性の楽天家」「豪快な笑い声」などなど、「日本哲学界の巨星墜《お》つの感」を、それぞれの言葉で語った。弔電には、病気安静中の丸山真男、古在を「勇気ある義人」と評した加藤周一、「唯物論と反戦を貫く見事な生涯」と語った久野収、「卒然と君の死を告ぐる　朝刊の記事うらめしく　ひとり吾泣く」と詠んだ寿岳文章など、個人と多くの団体からの弔電が紹介され、最後に喪主・古在豊樹が「お礼のことば」を述べた。

『赤旗』が古在の死を報じなかったことが波紋をひろげた。党内外から多くの疑問の声が続き、金子満広書記局長による報告「古在由重氏の死亡の報道に関して」という異例の記事がでたのは、ようやく五月下旬になってから、しかも中央委員会での発言報告要旨であった。その趣旨は、除籍の事実があるのに報道するのは『赤旗』読者をあざむくことになり」、報道すれば除籍の事実に触れざるをえず「死者に鞭打つことになる」というもので、その大半は「古在由重氏への通知書」いわゆる「除籍通知書」のオウム返しだった。ただ末尾に「古在氏は、わが党にたいする新しい攻撃態度をとることはありませんでした」と結ばれていたのが人目を引いた。「党批判を口外しない」という古在の決意は、共産党幹部も認めるほどに見事に実践されていた。

だが七月に入ると、その除籍通知書全文と編集部の「公表にあたって」が『「赤旗」評論特集版』に掲載され、それ以降約二年間、吉田嘉清を支持した「規律違反」、党幹部との話し合いさえを拒否した「不誠実な態度」などとする古在批判キャンペーンが続いた[1]。

九月半ば、家永三郎、加藤周一など[2]が呼びかけた「古在由重先生追悼のつどい」が、九段会館で開かれた。遺影と花だけの簡素な会場を、参加者が三階席まで埋め尽し、座席のない人は通路階段に座り込んだ。司会は今井文孝（第一部）、江口十四一（第二部）がつとめ、「追悼のつどい」は古田光が古在の業績とその意味を紹介して始まった。「両親とも親しかった古在先生は、ドジで愉快な方でもあった」という寿岳章子に続いて、友人知人のスピーチや海外からのメッセージ、古在の生前の声がテープで紹介され、生涯にわたる多彩な活動とそこに一貫する強靭な精神が浮き彫りにされた。特に印象深かったのは、釈放されたばかりの徐勝《ソスン》の弟徐《ソ》京植《キョンシク》と藤田省三の言葉だった。徐は「一九年間親身な友人として力を注ぎ、先生の提案で拷問の実態を世界に明らかにできた。日本の非転向者が韓国の非転向者に手を差しのべた。『正しいことは実際に行われてこそ正しい』という先生は、意気軒昂の人、勇気凛々の人でした」と語り、藤田省三は「先生は、苦痛に耐えている人間、自然を含む現実からのうめきに深く共感し、そこから苦痛をもたらしているものへの批判が生まれた」「苦痛を背負った場所から送信される言葉や事実を信号として読み取り、今日の日本の経済帝国主義に抵抗すること、それなくしては主体性を回復することはできまい」と、古在の「遺言」を藤田流の言葉に置き換えて参加者に呼びかけた。

「追悼のつどい」は、第一部の終わりに"We Shall Overcome"を全員合唱し、第二部は時間を大幅に延長する熱気のまま、最後に古在豊樹の「お礼のことば」、緑川亨の「閉会の挨拶」ですべてを閉じた。文字通り、呼びかけ文にあった「先生の生き方、学問、思索、精神を想起し、それらが今日において持つ意味を語り合う場」となった。

古在文庫　一九九〇年〜二〇〇〇年

そのころ、六月に有志で立ち上げた「古在由重蔵書保存委員会」の今井文孝と及川孝が、精力的に古在の蔵書、文書の整理にあたっていた。高円寺に借りた事務所には、生活のための「売り飛ばし処分」を免れた蔵書二万点をはじめ、非図書資料を入れた地検御用達の段ボール七二個、未刊の翻訳原稿『ヒンドゥー教と仏教』二千枚、書簡三千四百点、それに研究ノートやカードが多数運び込まれていた。遺族の無条件の了解に加え、加藤周一と古田光の推薦によって、「片山哲文庫」や「羽仁五郎文庫」の所蔵実績がある藤沢市が、「古在文庫」としてその一切を引き受けることになり、この秋からは作業にいっそう馬力がかかっていた。藤田省三、鶴田三千夫、江口十四一が顧問格の「蔵書保存委員会」の整理方針の特徴は、古在が自宅に残した一切のもの、空襲による消失や散逸を免れた小学時代の作文、成績表、戦前の東京女子大での講義録、日記・手帳、箸袋に遺されたメモなどを含め、特定の価値判断をせずに一切合切を整理保存することにあった。

加藤周一は、藤沢市長宛の「推薦書」に、「古在由重氏は近代日本における代表者の一人です。太平洋戦争の前、戦中、戦後を一貫して、偉大な人間であり、唯物論哲学者としておそらく最も深い影響を人々にあたえました。古在由重研究は今後も長く行われるべきものであり、また事実行われるでしょう。そのために蔵書・

資料が一括して保存され、誰にも利用できる状態におかれることは、決定的に重要です。しかもその蔵書のなかには、今日容易に得難いものも含まれていて、資料的価値が高いと考えます」と書き、同じく推薦書を書いた古田光は「新カント派を突破して唯物論哲学に到達する思想の流れがよくわかるだろう。この世代のマルクス主義者の蔵書が完全に残っている例は少なく、貴重な文庫になると思う」と期待していた。

事務所と整理作業は、藤沢市の財政負担と今井文孝と及川孝の熱意が支えていた。はた目には気の遠くなるような作業だが、蔵書と資料類を「宝の山」と呼び「これからどんな発見があることか」と、二人はむしろ楽しげに見えた。及川は五年ほど前に狭心症を再発させて冠動脈形成手術を受けたが、加藤周一が言う「日本における唯物論普及の第一人者」の全資料に触れ、整理できることに幸福を感じ、今井は「社会主義が問われる今だからこそ、先生の思想、業績、全人格を遺《のこ》したい」という思いに支えられていた。

その作業と平行するように「追悼集」刊行の声が起こった。ほどなく藤田省三、太田哲男、今井、及川など六名からなる編集委員会が発足し、一周忌に遠くない時期の刊行めざして準備が始まった。戦前・戦中、戦後の軌跡、哲学塾のこと、思想と身辺のことを軸に原稿を依頼し、可能な限り詳細な「著作年表」と「年譜」作成もめざした。

こうして一周忌に遅れること四ヵ月、一九九一年の七月半ば、『二十世紀日本の抵抗者　古在由重　人・行動・思想』が同時代社から刊行された。口絵には数枚の写真とともに「思想は冷凍保存をゆるさない」の書が置かれ、巻頭には吉野源三郎の古在評「大丈夫の風格をもつ哲学者」（七二年筆）が収録され、ゆかりある六〇名ほどの味わい深い文章がそれに続いた。末尾には予定通り、太田哲男作成の「年譜」、及川孝作成の詳細な「著作年表」が付された。

追いかけるように一二月になって、古在ゼミのメンバーを中心執筆者に『転形期の思想——古在由重記念論文集』（梓出版社）が刊行された。東欧に激動が走り、マルクス主義と社会主義が再考されるなか、壮年に達した古在ゼミの執筆者たちが、古在が自らに課していた「現実（現代）との格闘」に真剣勝負で挑んだ論文集である。古在論として「第一部　古在由重のコモンセンス」、現代論として「第二部　市民的精神と現代」の二本柱で構成し、それぞれ五論文ずつが収録されていた。

古在逝って二年、一九九二年三月七日、有志二三五人の募金による「古在由重先生の碑」の除幕式が、あたりに沈丁花の香りがただよう青山霊園の古在家墓所で行われた。参加者五〇人余の黙祷のあと、孫の古在由春（豊樹氏の次男）、鶴田三千夫ら四人が除幕した碑は四尺に満たない根布川石《ねぶかわいし》で、そこには古在の書「思想は冷凍保存をゆるさない」が、その筆跡のまま刻まれていた。

碑の建立計画には「古在思想にふさわしくない」との反対論もあったが、挨拶にたった陸井三郎は「例の大きな声で呵々大笑され、『またこんなことをしたか』と言うだけで、怒られることもないだろう」と挨拶した。献花のあと、高田佳利、荒川紘、池戴基《チジェキ》（在日朝鮮人科学技術協会）、鎌尾みち子（めじろ台はり灸療院長）など参会者が、在りし日の古在の思い出をそれぞれに語った。

その間も今井文孝と及川孝は、週三日の割で高円寺の事務所に通い続けた。ときどき阿部千代、浅川武男（阪の会）、川上徹、古在由秀、重代などが顔を出し、作業を手伝った。今井と及川は誰かが顔を出せば、手を休めてお茶を出したり食事を出した。北海道出身の及川はジャガイモ料理と鮭汁が得意で、作ることが気分転換にもなったし、蔵書整理の「新発見」を来訪者に話すのも楽しみだった。

古在は生活上やむなく「処分」もしたが基本的には書物を大切にし、戦時中疎開させた本はすべて油紙でカバーされていた。また原典・古典を第一義と考え、一八、九世紀の本が三〇〇冊以上、外書もドイツ語、英語、ロシア語など六千冊近くにのぼった。飛行機や木馬、ハレー彗星や数学書、江戸期の洋学・洋学者など、関心あるテーマは徹底的に収集されていた。

今井と及川が総てを整理し、「古在文庫」とその目録（四分冊、総頁一九二四頁）を藤沢市に納めたのは一九九七年三月だった。書籍二万冊弱、雑誌四千冊強。新聞切り抜き、ノート・カード類、日記・手帳、書簡、写真、カセット・テープなど非図書資料四万点弱。古在家、父由直、母紫琴関係など五百点余。膨大な「古在図書」である。ただ極東レコードを出したときの槍「ジャベリン」は秩父宮記念スポーツ博物館に、父由直の東大総長時代の資料は、東大史史料室に寄贈した。

藤沢市が新たに建設した湘南大庭市民図書館に、古在由重文庫が開設・公開されたのは、それから三年後の二〇〇〇年四月二八日である。

こうして不屈のヒューマニスト、民主主義者にしてマルクス主義者、戦後の平和運動を牽引した古在由重の人、思想、行動の、そのすべてが後世に残された。

（完）

注記

戦前編

第1章

1 一八七七（明治一〇）年創立の東京大学は、一八八六（明治一九）年帝国大学に名称を変更、医科大学、法科大学、農科大学などの「分科大学制」に改組した。一八九七（明治三〇）年東京帝国大学となり、一九一九（大正八）年から学部制をとった。

2 古在由直は元治元（一八六四）年一二月二〇日京都生まれ、当時三六歳。清水豊子は明治元（一八六八）年一月一一日岡山県生まれ、当時三三歳。

3 『女学雑誌』――一八八五年から一九〇四年（第五二六号）まで刊行された日本初の本格的女性雑誌。女性の地位向上など社会改良的な記事・論文・小説等を掲載し、文学、思想、ジャーナリズム界に大きな影響を与えた。豊子は一時主筆兼編集責任者を務めた。

4 景山（福田）英子は自著『妾（わらは）の半生涯』の第一二章「重井の変心」第四節「泉富子」（「重井」は大井憲太郎、「泉富子」は清水豊子のこと）で、この一件を「恋のライバル」「三角関係」として描き、豊子を「幻術をもて首尾よく農学博士の令室となりすまし」、息子家邦を浮き世の風に晒す「邪慳（じゃけん）非道の鬼」として描いた。

5 田中正造は清水謙吉の死にあたって、謙吉を「真性の被害民及国家の大恩人」といい、生前は「公職を帯ぶるの故」「姓名をだも語ら」なかったが、由直とともに鉱毒を分析した「已往の美徳を賞賛する」と悼んだ（『田中正造全集』⑯、明治三六年の田中書簡）。

6 操行――平素の行い。甲乙丙丁戊の五段階で評価した。

7 旧制高校の高等科（三年制）は、履修する第一外国語により、甲類（英語）、乙類（ドイツ語）、丙類（フランス語）に分けられていた。

8 一九二〇年二月に文部省は、一九二一年から高等学校の学年始期を従来の九月から四月に改める指示を出し、その結果、古在らの二年生在籍期間が一九二〇年秋から二一年春までの半年間に短縮され、その春三年生になっていた。

第2章

1 『古在由重著作集』④、⑤に「思想形成の記録」として、一九二一年九月から二四年三月までの日記が収録されている。日記自体は、「非合法活動」に入る一九二九年一〇月一一日まで間断なく書き続けられた。

2　ブルーノ（一五四八〜一六〇〇年）はルネサンス期のイタリアの哲学者。

　カント（一七二四〜一八〇四年）はドイツの哲学者で、批判哲学を確立した近世哲学の祖。ドイツ哲学の一時期を画したカント哲学は、経験諸学派から批判を受けて一時下火になったが、F・A・ランゲらの「カントに帰れ」の声に、カントの批判主義を基礎にして、新カント学派が生まれた。新カント学派には、文化科学や歴史科学を基礎付けた西南ドイツ学派と自然科学に結びつくマールブルク学派がある。西南ドイツ学派はヴィンデルバント（一八四八〜一九一五年）、リッケルト（一八六三〜一九三六年）に代表され、マールブルク学派はドイツのコーエン（一八四二〜一九一八年）、ナトルプ（一八五四〜一九二四年）、カッシーラー（一八七四〜一九四五年）などに代表された。のちに新カント派に対抗して独墺学派（ブレンターノ派）が生まれた（注15、第3章注14参照）。

　桑木厳翼（一八七四〜一九四六年）は、大正期の指導的哲学者。新カント派の立場からファナティズムには懐疑的な自由主義者。

3　「帝大運動会」――一八八六（明治一九）年に設立された、いわば今の大学体育会。「帝大運動会」は一九二〇年には学友会組織になるなど変遷を重ねたが、創設当時から秋季陸上競技会を主催していた。秋の「一高の優勝」は秋季陸上競技会でのものと思われる。

4　デカルト（一五九六〜一六五〇年）は、フランスの哲学者で近世合理主義哲学の祖。ロック（一六三二〜一七〇四年）はイギリス経験論の代表的哲学者。西田幾多郎（一八七〇〜一九四五年）は近代日本の代表的哲学者、「無」の哲学を説く観念論哲学の権威。田辺元（一八八五〜一九六二年）は、新カント学派の影響から『科学概論』を著したが、「田辺哲学」は本質的には西田哲学と対立しない。

5　ジェームズ（一八四二〜一九一〇年）――アメリカの哲学者。

6　バークリー（一六八五〜一七五三年）は、イギリスの経験論哲学者。デイヴィッド・ヒューム（一七一一〜一七七六年）は、経験論哲学者ロックの影響を受けたイギリスの哲学者。

7　鹿子木員信（一八八四〜一九四九年）は、のち九州帝国大教授。ドイツ理想主義を基盤にプラトンやカントを論じたが、戦時中ファナティックな立場からファシズムに走り、「大日本言論報国会」事務総長となった。プラトン（前四二七〜前三四七年）は、ソクラテスに師事した古代ギリシャの哲学者。

8　大島正徳（一八八〇〜一九四七年）は、ドイツ哲学主流の中、英米哲学を講じ、国際主義の立場をとった。

9　フィヒテ（一七六二〜一八一四年）――青年時代フランス革命に感激したドイツの哲学者。

10　西さんは、長者町の農民で、古在宅や森鴎外の鴎荘、鴎外の友人賀古鶴所（かこ・つるど）の家事の世話をしていた。

11　大杉栄（一八八五〜一九二三年）は、社会主義運動に参加した無政府主義者、関東大震災時に憲兵隊に検挙され殺害された。片山潜（一八五九〜一九三三年）は共産主義者で社会運動家、主著に『我社会主義』『自伝』がある。

12 カントには、第一批判、第二批判、第三批判と呼ばれる『純粋理性批判』、『実践理性批判』、『判断力批判』がある。『純粋理性批判』は大部の著作で、Ⅰ超越論的原理論（第一部門＝超越論的感性論、第二部門＝超越論的論理学）、Ⅱ超越論的方法論からなり、Ⅰの第二部門はさらに、序論、第一部超越論的分析論、第二部超越論的弁証論に別れる。

13 レーニン（一八七〇〜一九二四年）――ロシアのマルクス主義運動の理論と実践双方の指導者で、一九一七年ロシア革命を達成した。

14 フッサール（一八五九〜一九三八年）――ドイツの観念論哲学者。実存哲学をはじめとする現代哲学に影響を与えた。

15 ラスク（一八七五〜一九一五年）は、ドイツの哲学者で西南ドイツ学派の最後の人。ボルツァーノ（一七八一〜一八四八年）は、ドイツ観念論に反対するチェコの哲学者。ボルツァーノやフッサールの独墺学派（ブレンターノ学派とも言われる）は、現象学、実証主義に大きな影響を与え、新カント学派に対抗する力になった。

16 フォールレンダー（一八六〇〜一九二八年）は、マールブルク学派に属するドイツの哲学者、一九世紀末にドイツでおこった修正社会主義の哲学的代表者。後述するが古在・粟田・吉野はフォールレンダー著『西洋哲学史』を共訳した。シェリング（一七七五〜一八五四年）は、ドイツの哲学者で自然哲学を論じ、ヘーゲルと親交を持った。ヘーゲル（一七七〇〜一八三一年）は、ドイツの哲学者。現実を自己否定から総合へと展開する絶対者の自己実現の過程（弁証法）として捉え、マルクス主義哲学に影響を与えた。

17 ハインリヒ・バルトは不詳。ミュンスターベルク（一八六三〜一九一六年）は、ドイツ生まれの、新カント学派のアメリカの哲学者。

18 クローナー（一八八四〜一九七四年）は西南ドイツ学派から出発し、ヘーゲルを研究したドイツの哲学者。メッサー（一八六七〜一九三七年）はドイツの心理学者・哲学者。プランク（一八五八〜一九四七年）はドイツの理論物理学者。

19 「古在日記」には、古在の五段階等級は「第二乙種」と「補充兵歩兵（第一乙）」と二つの記述があるが、ここでは検査当日の本人の記述「第二乙種」をとった。

20 九月一日の関東大地震はマグニチュード七・九、死者九万人、負傷者一〇万人、破壊消失戸数六八万戸。二日の房総地震はマグニチュード七・四だったが、安房郡の死傷者三千人余、全壊家屋一万強。長者町では前日より強震に感じられた。

21 ライプニッツ（一六四六〜一七一六年）は、ドイツの哲学者、数学者、物理学者。ジンメル（一八五八〜一九一八年）は、ドイツの哲学者、社会学者。ブヘナウ（一八七九〜一九四六年）

は、新カント学派のドイツの哲学者。

22 虎の門事件――一九二三年一二月二七日、国会の開院式にむかう摂政宮（のちの昭和天皇裕仁）を難波大助が狙撃した事件。

第3章

1 ストウリンドベルグ――スウェーデンの劇作家ストリンドベリ（一八四九～一九一二年）のこと。

2 河上肇（一八七九～一九四六年）――マルクス主義経済学の研究と啓蒙に専心し、一九二八年京都帝大を追われ、日本共産党の運動に従事し投獄された。主著は『資本論入門』『貧乏物語』『自叙伝』など。

3 ファイヒンガー（一八五二～一九三三年）――雑誌『カント研究』などで新カント学派の普及につくしたドイツの哲学者。

4 バウフ（一八七七～一九四二年）――数学と自然科学から出発し、特に論理学と認識論に関心を持った新カント学派のドイツの哲学者。

5 シタードレル（一八五〇～一九一〇年）――コーエンから影響を受けたマールブルク学派のドイツの哲学者。

6 ロッツェ（一八一七～一八八一年）――西南ドイツ学派の思想の先駆をなしたドイツの哲学者。

7 一九二三年一一月『思想』第二五号に、「篠田英」の署名で「一つの経験」を書いた。

8 ラインホールト（一七五八～一八二三年）は、カント哲学の普及と発展に尽くしたドイツの哲学者。マイモン（一七五三～一八〇〇年）は、ポーランド生まれのユダヤ人で、ドイツの哲学者。

9 ゾルゲ事件――世界平和と戦争拡大阻止のため活動していたドイツ人ゾルゲと尾崎秀実らが、日本政府の機密情報をソ連に通報したとして、一九四一年一〇月に逮捕された事件。二人は四四年一一月七日、ロシア革命記念日に死刑に処された。

10 ハルトマン（一八八二～一九五〇年）――フッサールの影響でマールブルク学派に反対し、実在論的立場に転じたドイツの哲学者。

11 ヘルバルト（一七七六～一八四一年）――心理学と倫理学を基礎として体系的な教育学を組織したドイツの哲学者。

12 ショーペンハウアー（一七八八～一八六〇年）――ドイツの哲学者で主意説と厭世家の代表者。

13 ツィーグラー（Ziegler）――ドイツの哲学者。二人おり、Leopold（一八八一～一九五八年）は生の哲学者、Theobald（一八四六～一九一八年）は倫理学及び倫理学史を研究したシュトラスブルク大教授。現時点ではどちらのツィーグラーの何を訳したか判明しない。

14 ブレンターノ（一八三八～一九一七年）――オーストラリアの哲学者・心理学者、ボルツァーノとともに独墺学派の祖。

15 シティルネル（一八〇六～一八五六年）は、フォイエルバッハを超えようとしたドイツの無支配主義者。ニーチェ

（一八四四〜一九〇〇年）は、ドイツの哲学者。

16 一九二八年三月一五日、日本共産党、日本労働組合評議会、全日本無産青年同盟などの活動家千六百余人が検挙された大弾圧事件。志賀義雄は古在と一高の同期で、のち共産党幹部。続いて翌二九年四月一六日、千名にのぼる活動家が検挙される四・一六弾圧事件があった。

17 新人会は解散決議後も停学処分を受けつつ活動を継続し、一九二九年「新人会解体に関する声明書」を出して一一年間の活動の幕を閉じた。七生社は一九三二年の血盟団事件に関与したあとも細々と存続し、一九四二年に解散した（『東京大学百年史』通巻二）。

18 ゲッツ・フォン・ベルリヒンゲン（一四八〇〜一五六二年）――ドイツの騎士で農民戦争の指導者。

19 ハイデッガー（一八八九〜一九七六年）――ドイツの哲学者で、実存主義を内容とする存在論を説いた。

20 レッシング（一七二九〜一七八一年）――ドイツの劇作家・批評家・思想家で、ドイツ啓蒙思想の代表的存在。神学批判の形で鋭く封建的イデオロギーとたたかい、信仰の自由、人格の独立、人類の進歩を主張した。

21 出版労働組合テーゼ――一九二五年秋、渡辺政之輔らが出版職場での指導体制の確立をめざして提起した、「A一般の情勢、B従来の戦術、C今後の方針」からなる全面的な綱領。

22 『戦旗』――ナップ（全日本無産者芸術連盟）の機関誌。プロレタリア文化運動を推進した雑誌で、小林多喜二『一九二八年三月十五日』『蟹工船』などを掲載した。三一年末、弾圧により発行停止になった。

第4章

1 女子寮はモダニズム建築を得意とするアントニン・レーモンドの設計による九棟の一つで、二〇〇七年に解体された。

2 野呂栄太郎（一九〇〇〜一九三四年）――『日本資本主義発達史講座』を監修した経済学者。三三年一一月検挙、翌年二月に獄死した。

3 宮崎滔天（一八七一〜一九二二年）――自由民権運動に参加し、その後孫文と深く交わり、中国の辛亥革命を支援した。

4 コミンテルン――レーニンらの指導の下に一九一九年モスクワに創立した世界各国共産党の国際組織、第三インターナショナルの略称。

5 『第二無産者新聞』――発行禁止処分を受けた日本共産党の合法機関紙『無産者新聞』の後継紙（一九二九年九月〜三二年三月）。

6 共産党技術部――戦前、「非合法化」された共産党の活動を技術・資金面で支えるために置かれた部署。

7 カール・レヴィット――一九二八年マールブルク大講師、三五年ナチの迫害で来日し、東北帝大文学部講師、福島高商ドイツ語講師を務め、四一年渡米。五二年帰国してハイデルベルク大哲学教授となった。

8 小林勇（一九〇三〜一九八一年）――一時岩波書店を離れたが、三四年に岩波に復帰して専務などを歴任した。三木清との親交は深い。

9 プロレタリア科学研究所――一九二九年一〇月、「諸科学のマルクス主義的研究・発表を目的」に発足。月刊誌のほか、季刊誌『プロレタリア科学研究』、機関紙『われらの科学』などを発行、三二年ころから弾圧によって活動が困難になり、三四年正式に解散した。

10 共産党シンパサイザー事件――一九三〇年二月中旬から開始された四・一六事件に次ぐ三度目の大弾圧事件で、千五百人が検挙された。三木清に資金提供を依頼した小川信一は「大河内敏子子爵の令息」大河内信威で、蔵原惟人や秋田雨雀と国際文化研究所（機関誌『国際文化』）を創設した。

11 菅谿太――一九一〇年、東京・本郷区（現文京区）生まれ。一九三一年三月学習院高等科を経て、東京帝大法学部独法科に入学、三四年三月卒業。古在と親交を結び、唯物論研究会などで活動。検挙後、裁判控訴中の一九四二年八月召集され、四五年七月ビルマ戦線で戦死した。

12 ヌーラン逮捕からの一連の事件には、スパイM（本名・飯塚盈延（みちのぶ））と三船留吉とが関与した（風間丈吉『「非常時」共産党』）。

13 のちの宮本百合子の話として、「この二人がゆっくり食事をしたただ一度のひとときだったのだそうです」と古在は語っている（『赤旗日曜版』一九八〇年一月二〇日付）。

14 唯物論研究会は一九三二年一〇月二三日発足。会費五〇銭、初年会員一一六名、翌年には二五九名と倍加したが、それ以後は弾圧のため次第に会員が減少した。しかし機関紙誌が与えた労働者・学生への影響は大きかった。三八年一一月弾圧により消滅した。

15 京大滝川事件――自由主義思想を理由に滝川幸辰京大法学部教授が免官され、法学部全教授三九人が辞表を提出して抵抗した。

16 この文章は古在検挙のときに散逸したが、残った一部が『古在由重著作集』⑥に掲載されている。

17 澄江と姑豊子の会話や清水家邦の述懐などは、古在由重の甥・古在由秀（国立天文台長）氏の覚え書きによる。

18 この「書簡」は、戦後菅谿太氏のご遺族から古在に渡されたもので、今井文孝氏（古在由重蔵書保存委員会）より閲覧の便宜を得た。

19 大森ギャング事件――一九三二年一〇月六日、スパイMの手引きで、共産党員三人が川崎第百銀行大森支店にピストルで押し入り、現金三万一七七五円を強奪した事件。

第5章

1 高校尋常科――旧制高校七年制の前期、現在の中学校にあたる。

2　一九六一年秋、古在がソ連科学アカデミー哲学研究所に送った研究経歴メモによる。

3　『カトリック大辞典』——独逸ヘンデル書肆・上智大学共編として、冨山房から全五巻が刊行された（一九四〇～六〇年で完結）。

4　塙作楽『岩波物語』（審美社）によれば、粟田は吉野源三郎入社（一九三七年八月）の一年前としている。

5　『古在由重著作集』①収録の「唯物論と唯物論史」の第二章「唯物論一般の原則（その史的解明）」がこの論文にあたる。

6　研究会は三二年秋の結成から三八年はじめの解散までに、六四七回開催された（渋谷一夫『イル・サジアトーレ』三八号、二〇〇九年）。

7　『唯研ニュース』一九三六年四月一五日号では、一墨岡邦雄、二墨戸坂潤、三墨森宏一などと紹介されている。『唯研ニュース』はその後継紙『ダイジェスト』ともども、二〇一二年二月、不二出版から復刻されている。

8　それらを採録して『日本イデオロギー論』『思想としての文学』『思想と風俗』『世界の一環としての日本』などが刊行された。

9　「初期唯物論の形成」として『古在由重著作集』①に収録。ギリシャ哲学をソクラテスに代表させる通説に対し、デモクリトスに代表される唯物論の優位性を主張した。なお後述の『現代哲学』を含んだ三著作について、王守華は「これらの著作は「唯研時期」の日本唯物論哲学の理論の高峰を構成しており、当時の日本のみならず、当時の世界においても国際的な高い水準にあった」と評価する（『戦後日本の哲学者』農文協）。

10　昭和研究会——変化著しい内外の情勢に対応するため、「朝野の全知能と経験」を総動員して「真の国策樹立に当たるべき研究機関」（設立趣意）とされ、官僚、実業界、学界、評論界などの指導的立場の人間が左右を含めて参加した。三木清も常任委員の一人となった。

11　西安事件——張学良率いる東北軍が、共産軍討伐のため西安に滞在していた蒋介石を監禁した事件。その結果、中国共産党の内戦停止・挙国抗日の要求が通り、国共合作が成立、抗日民族統一戦線が結成された。

12　カルナップ（一八九一～一九七〇年）——ドイツの哲学者。ナチズムから逃れて一九三五年に渡米し、シカゴ大学などで教鞭をとった。

13　七人は戸坂、岡のほか、宮本百合子（入籍は三四年一二月、宮本の筆名採用は三七年一〇月）、中野重治、鈴木安蔵、堀真琴、林要。

14　以来古在の労働者との学習活動は、戦後の「北原文化クラブ」や「自由大学サークル」、「版の会」など、八八歳で亡くなるまで続けられた。「京浜労働者グループ」は、その第一歩だった。

15　ディミトロフ報告――一九三五年のコミンテルン第七回大会で採択された「ファシズムの攻勢およびファシズムに反対する労働者階級の統一のための闘争における共産主義インタナショナルの任務」。社会民主主義をファシズムと同列視した「社会ファシズム論」の克服、統一戦線論の発展、各国共産党の自主性の重視をうたった画期的な報告で、フランス、スペインでの人民戦線政府の樹立を促した。

16　科学的な中国観を伝えるために戦中に刊行された岩波新書の中国関係書は、尾崎秀実『現代支那論』、松本慎一（橘樸名を借用）『中華民国三十年史』、小椋広勝『上海』など一九冊に及んだ。

17　この二冊は、当時「学藝発行所」の事務を手伝っていた志村不二夫少年が官憲から守って、出所した刈田新七の手に渡したようだが、疎開、転居、戦争の混乱のためか、現存は確認されていない（「唯物論研究復刻版月報」17）。

第6章

1　レクラム版――ドイツのアントン・フィリップ・レクラム（一八〇七～一八九六年）が創設し、後年岩波文庫の模範となった『レクラム世界文庫』。世界のすぐれた文学・哲学などの著作を小型本に収めた。

2　思想犯保護観察法が一九三六年公布・施行。治安維持法違反の罪で執行猶予または不起訴となった者を保護司の監督下において、その行動を監視し、再犯防止、転向の促進をはかった。観察期間は二年ごとの更新制。

3　片岡政治はその後特高第一係長となり、『日本共産党史（戦前）』（公安調査庁刊）を著した。

4　「所謂学生グループ事件（唯物論研究会系）」として、一九四〇年一〇月末までに学生二七名が検挙された。

5　ジョン・アトモンソン・ホブソン（一八五七～一九四〇年）――イギリスの経済学者。その『帝国主義論』はレーニンに影響を与えた。

6　当時の八五〇円は、現在の八五万円にあたる。三九年の白米一〇キロが三円二五銭（『値段史年表』朝日新聞社）、〇八年「こしひかり」一〇キロの店頭価格が三二五〇円から推量。

7　『はるかな国とおい昔』――古在が初めて拘置所で読んだこの本は、W・H・ハドソン作で、訳者は寿岳しづ。戦後の寿岳文章・しづ夫妻と古在との交流は、これが機縁になった。

8　湯は熱湯に近く湯船に入るのは無理で、湯をすくって水でうすめる行水のようなものだった。収監者が多いための措置で、しかも一人五分と決められていた。収監者たちはこの熱い風呂を「地獄の釜」と呼んだ。

9　安東義雄は戦後四六年に理研柏崎で労組を結成、五〇年にレッド・パージで解雇されたあと、日本共産党の北陸地方委員や中越地区委員長、六三年からは両目（左目は拷問で視力を失い、右目は宣伝中に負傷）の不自由をおして「白杖と奥さんの手をたよりに」(『長岡民報』一九八一年九月一日付) 長岡市議を務め、八一年に慢性腎不全のため七六歳で死去した。

10 新たな予防拘禁制度——この制度によって、太平洋戦争開始翌日、宮本百合子など四百名が「予防拘禁」された。

11 藤田省三「戦後精神史序説」第八回 (『世界』九八年一〇月号)。

12 『沼田秀郷——水彩画と回想録』(光陽出版社、二〇〇三年) では、「五月、病気保釈」となっているが、古在日記の日付に拠った。

13 通常『思想月報』は内務省警保局保安課の事件報告と日誌を主体とする月次報告だが、「研究資料」として手記や上申書を掲載した。掲載にあたっては、たいがい警保局保安課の「まえがき」がついた。

14 一九三六年一一月、日独防共協定が締結され、この協定にイタリアが翌三七年一一月に参加した。

15 後述する一九四三年三月提出の上申書冒頭にその旨の記述があるが、今のところ、現物は確認できていない。

第7章

1 これらの書簡は、戦後すぐ松本慎一らの手によって、七三通を収録した『愛情はふる星のごとく』(世界評論社) として刊行され、ベストセラーになった。『尾崎秀実著作集』④には二四三通が収録されている。現在は一二六通を収録した、岩波現代文庫が入手しやすい。

2 満鉄事件——一九四二年九月と四三年六月の二度にわたって、満鉄調査部の堀江邑一など合計四四名 (部員・嘱託) が「赤色運動」容疑で検挙された事件。事件後、満鉄の調査能力は著しく低下した (草柳大蔵『実録・満鉄調査部』下巻、朝日新聞社)。

3 西園寺公一 (一九〇六〜一九九三年) ——元老西園寺公望の孫で政治家。一九三六年に太平洋問題調査会のヨセミテ会議に尾崎秀実とともに出席、その後三九年に日本国際問題調査会を設立、近衛内閣のブレーンとして月二回ほどの「朝飯会」でも尾崎と一緒だった。ゾルゲ事件に連座し四二年三月に逮捕され、四三年一一月に懲役一年六ヵ月・執行猶予二年の判決を受けた。

4 尾崎の上申書は、この判決前のものと死刑判決後の一九四四年二月のもの、二通がある (『尾崎秀実　ゾルゲ事件　上申書』岩波現代文庫)。

5 『古在由重著作集』⑥『戦中日記』に収録されている。

6 『思いだすこと忘れえぬひと』(同時代社、一九八一年) で、古在は、なんの放送か記憶にないと語っている (発言は一九八一年夏)。

7 ほとんどの戸坂年譜が三月棄却と記しているが、古在「戦中日記」には、三月八日が延期になったあと、四月八日の項に大審院上告棄却が記されている。また、松本慎一「尾崎・戸坂・

三木　死とその前後」（『世界評論』一九四八年二月）にも四月とあるので、これらに従った。
8　高桑純夫「思想の自由について」（『偉大なる愛情』育生社弘道閣、所収）、同「戸坂さんの晩年」（『唯物論研究』復刻版月報一一号）、森宏一「戸坂潤の晩年」（『戸坂潤全集』④、勁草書房刊、月報三）等を参照した。
9　「こもだれ」とは、あらく織った蓆（むしろ）を家の出入り口に下げたもの、また、その粗末な小屋のこと。
10　戦中の受刑者処遇は不詳。一九九五年までは作業内容により五等食のランク付け（主食）があり、現在はＡＢＣの三種、立位作業がＡ食（約一六〇〇カロリー）、居室外作業がＢ食、居室内生活者がＣ食（一二〇〇カロリー）とされている。
11　松本慎一「尾崎・戸坂・三木　死とその前後」による。
12　戦時中、刑務所職員不足を補うため、受刑者を戒護補助に当てる「特別警備員制度」（略称、特警員）があった。
13　光成秀子『戸坂潤と私』晩聲社、一九七七年。

第8章
1　一九四五年九月、巣鴨の東京拘置所が戦犯の収容所に決まったため、中西功・三洋兄弟、神山茂夫などの収監者たちは、編笠、手錠、腰縄の姿のまま徒歩行進で豊多摩刑務所に移動させられていた。
2　中西三洋『治安維持法下の青春』（光陽出版社）第五章、による。
3　古在はほかに、『思潮』に羽仁五郎との対談「新文化発足の省察」（一九四六年二月号）、「明日の哲学」（同三月号）、『評論』に「あらたな世界観」（同二月号）、『国民の科学』に「科学的精神と新日本の建設」（同三月号）を書いた。松本慎一の『人民評論』掲載論文は、本文記載のほかに「戦争犯罪人の問題」（四五年一二月号）、「暴力革命から平和革命へ」（四六年五月号）、「綱領としての憲法」（同六月号）などである。
4　「民主統一戦線形成の楔（くさび）」をめざして四五年一二月に創刊されたばかりの『人民』の廃刊は、野坂参三が中国から帰国して民主統一戦線の機運が高揚すると、「使命は本号をもって一段落」「次号からは労働者・農民勤労者のための大衆雑誌」をめざすとしたため。

戦後編

第9章
1　会長に小倉金之助、副会長に細川嘉六・大内兵衛、名誉会員に河上肇、津田左右吉が選出・承認された。
2　一九四六年の上級公務員初任給は五四〇円、一九四八年はインフレもあり一月で二三〇〇円、一二月で四八六三円だった（前掲『値段史年表』）。
3　店主の岩波茂雄は一九四六年四月死去、吉野は四六年末に任期切れで委員長を退き、塙が後任の委員長になった。

4　毎日新聞社の読書世論調査の「よいと思った本・ベスト一〇」では、一九四七年一位、四八年二位、四九年九位となっている（『読書世論調査三〇年――戦後日本人の心の軌跡』毎日新聞社、一九七七年）。

5　コミンフォルム――アメリカの封じ込め政策に対抗して、各国共産党が一九四七年、連絡、情報交換、活動調整のために設立した機関。

6　ここに列挙した候補者のうち、松本慎一、岡邦雄、堀江邑一以外は、全員当選した。

7　五つの論文は、「現代における認識論の意義」（『古在由重著作集』②所収）、「論理学と認識論」（『同』②）、「ドイツ古典哲学の二重性について」（『同』③）、「西田哲学の社会的性格」（『同』②）、「ヒューマニズムの発展」（『同』②）である。

8　随想は、「言葉のかなたへ」（七月号）、「転向の生物学」（八月号）、「木馬三態」（九月号）の三本。

9　この座談会は「唯物論研究会の足跡」として、再刊『唯物論研究』（唯物論研究所編、三笠書房刊）第一集を飾った。

10　武昌挙兵――一九一一年一〇月、武昌の兵士と孫文指導の同盟会などが蜂起し、辛亥革命のきっかけになった反乱。反乱により一六省が清から独立、翌年一月に中華民国臨時政府樹立に至った。武昌起義、武昌起事ともいわれる。

11　この報告は、『世界観の研究』（河出書房、一九四九年刊）所収の古在筆「唯物論の前進のために――アレクサンドロフ『西洋哲学史』の批判――A・A・ジュダーノフについての解説」に生かされた。

12　『真相』の一九四八・四九年の「総目次」には、古在の記事・論文または「松本慎一」「教職追放」の記事は見いだせなかった。

13　この論文は、四七年秋「戸坂潤追悼記念・現代哲学講演会」で古在が講演した「現代哲学の任務」。

14　この講演の速記をもとに一九四九年一〇月、ナウカ講座（全二八巻、編集代表伊豆公夫）の一冊として古在著『史的唯物論』が刊行された。

第10章

1　エム・ベ・ミーチン（一九〇一～八七年）――ソ連の哲学者、『マルクス主義の旗の下に』編集長。

2　平和綱領――戦争宣伝・ファシズム反対、軍事同盟反対、単独講和反対などの要求を、わかりやすい表現で八項目にまとめたもの。

3　帰京時期については『おかしな娘――古在直枝遺稿集』（一九六七年刊）の「古在直枝略歴」には「一九五〇年五月　東京にかえる」とあるが、ここは古在重代さんの書簡回答（〇八年一一月）によった。五〇年初めの古在日記にも「家族同居」をうかがわせる記述が多々ある。

4　ちなみに四九年夏の講師は、赤岩栄、宮田重雄、中島健蔵、平山芦江、阿部真之助、古在由重、高桑純夫の七人だった。

5 大山郁夫、大内兵衛、末川博、小倉金之助、末広厳太郎、今井喜美夫、羽仁五郎、出隆の八名。

6 別冊付録「三つの声明」――「ユネスコ発表八社会科学者の声明」「戦争と平和に関する日本の科学者の声明」「講和問題についての声明」と「補足　講和問題の論点」からなり、日本文と英文が掲載されていた。

7 一九五〇年二月二七日に発足した「平和を守る会」は、同年九月に平和擁護日本委員会（会長大山郁夫、書記長平野義太郎）に発展的に改組し、五六年六月五日の臨時総会で日本平和委員会と改称、その秋には書記局が廃止された（『社会・労働運動大年表』労働旬報社）。

8 ストックホルム・アピール――一九五〇年三月、ストックホルムで開催された平和擁護世界大会委員会総会で決定されたアピール。その内容は、原子兵器の絶対禁止、使用は人類に対する犯罪、使用政府は戦争犯罪人というものだった。

9 一九五一年当時、大卒の国家公務員上級試験合格者の、諸手当を含まない初任基本給は五五〇〇円だった（『値段史年表』）。

第11章

1 一九五二年一月に第三巻「弁証法的唯物論」を刊行後、四月に第一巻「哲学史」、七月に「マルクス主義哲学の発展」、一〇月に「ソヴェト哲学の発展」を出し、最終の第五巻「史的唯物論」は五三年一月刊行予定となっていた。

2 内灘闘争――石川県内灘村の米軍試射場接収・訓練（一九五二～五七年）への反対運動で、全国から労働者・学生が支援に入った。

3 山村工作隊――共産党の「所感派」が反米武装闘争のため一九五一年に組織。ほかに中核自衛隊を組織したが、五五年に極左冒険主義として自己批判した。

4 ディエンビエンフーの戦い――一九五四年五月、ラオス国境に近いベトナム、ディエンビエンフーの攻防でフランス軍が陥落。七月のジュネーブ協定（インドシナ休戦協定）調印に至った。

5 ローゼンバーグ夫妻――一九五〇年、米国でマッカーシズムが荒れ狂うなか、ソ連に核情報を漏洩したとしてスパイ容疑で逮捕、国際的な助命嘆願運動が起こったが、一九五三年死刑に処された（ローゼンバーグ事件）。

6 西瓜忌――戸坂潤の命日八月九日に、多磨霊園に埋葬されている旧唯研関係の物故者（戸坂潤、相川春喜、松本慎一、新島繁、永田広志）に花を手向け、「石勝」で西瓜を食しながら懇談する会。現在も関係者が継続している。

第12章

1 日本核武装の第一歩として、誘導弾ミサイル・エリコンが八月一七日に陸揚げされようとしたが、反対闘争で予定の横浜港から横須賀港に変更され、七日後に陸揚げされた。

2 『前衛』一九五九年一月号「座談会　ソビエト哲学の現状」（古在、柳田、岡正芳編集長）、『多喜二と百合子』（多喜二・百合子研究会発行・発売岩崎書店）一九五八年一二月号「ソビエト哲学界のことなど」（対談＝古在、蔵原、司会＝松本正雄、この座談会は「ソ連の哲学界」として岩波新書『思想とはなにか』に所収）、『図書』一九五八年一二月号「レーニングラードの日本学者」（『古在由重著作集』⑥所収）。

3 安保改定阻止国民会議――一九五八年一一月に警職法改正案を葬った国民は、社会党や総評、原水爆禁止日本協議会や日本平和委員会など一三団体の呼びかけで、五九年三月に安保改定阻止国民会議を結成した。

4 古在のほかは、エム・ベ・ミーチンが「マルクス主義とレーニン」、ア・エフ・オクーロフ（哲学研究所機関誌『哲学の諸問題』編集長）が「レーニンと現代修正主義」と題して講演し、三講演とも『前衛』六〇年四月臨時増刊号「思想・文化のたたかい」に収録された。

5 ここに記載した「だれがだれを読むか」、「思想と肉体」、「あるロマンチストの軌跡」は『思想とはなにか』に、「少年時代の英語のこと」は、その後刊行された『古在由重著作集』③に収録された。

第13章

1 一九六四年七月九日の日本共産党創立四十二周年記念中央集会での演説。演題は「わが党の革命的伝統と現在の進路」。

2 べ平連はその後、名称から「文化団体」を削除し、月一回の定例デモ、徹夜ティーチ・イン、脱走米兵への援助など、ユニークな活動を展開した。

3 一九六四年夏、米原子力潜水艦寄港阻止をめざし、佐世保、横須賀で社共・総評が共闘を組んだが、秋になって総評が中心になり「原子力潜水艦寄港阻止全国実行委員会」を結成、その結成を受けて共産党と民主団体が「米原潜寄港阻止・インドシナ軍事侵略反対・安保反対国民会議再開要求中央実行委員会」（翌六五年冬、安保反対・諸要求貫徹中央実行委員会に改称）を結成した。その両実行委員会のこと。

4 『古在由重著作集』⑥「戦中日記」に、「敗戦の日」として収録された。

5 この日の吉野源三郎の発言は、『同時代のこと』（岩波新書、一九七四年）に「終戦の意義とヴェトナム戦争――八・一五記念国民集会に臨んで」として収録された。

6 のちに『昭和思想史への証言』（毎日新聞社）などへの単行本収録の際、「一哲学徒の苦難の道」と改題された。『一哲学徒の苦難の道』（岩波現代文庫）、『暗き時代の抵抗者たち』（同時代社）などに収録されている。

7 日本共産党機関紙『アカハタ』は、一九六六年二月より『赤旗』に改められた。

8　実際の第一回法廷は、翌一九六七年五月にずれ込み、同年秋第二回国際法廷がコペンハーゲンで開かれた。

9　挨拶全文は「ヴェトナム反戦ストライキの意義」として、吉野源三郎『同時代のこと』（岩波新書）に収録された。

第14章

1　「黒い霧」――田中角栄衆議院決算委員長の恐喝詐欺、国有林不正払い下げ、共和製糖への水増し融資、荒船運輸相の深谷市での急行停車など、政治腐敗を示す一連の事件が相次ぎ、「黒い霧」と言われた。

2　美濃部亮吉（一九〇四〜八四年）は、一九三八年二月の第二次人民戦線事件で、大内兵衛らとともに逮捕、投獄された。

3　当初一巻本で予定された「思想形成の記録」を二巻に増やすことになり、『古在由重著作集』は全六巻となった。

4　第六回教育科学研究会全国大会記念講演「今日における学問・文化・教育の歴史的な意味」（「わたしのなかの教師像」として『自由の精神』（新日本新書）に収録）、第二回原水禁科学者会議特別講演「原水爆禁止と科学者の任務」（『前衛』一九六七年一〇月号）、古田光との対談「社会変革と知識人のモラル」（『現代の眼』六七年一〇月号）。

5　秋の三大選挙――一九六八年秋の、「琉球政府」主席選挙、立法院議員選挙、那覇市長選挙を総称。この三つの選挙では、屋良朝苗主席など祖国復帰をめざす革新勢力が勝利した。

6　『岩波講座　哲学』は全一八巻。古在はこの『講座』に上記論文のほかに、「試練に立つ哲学」（第一巻「哲学の課題」）、「和魂論ノート」（第一八巻「日本の哲学」）を書いた。

7　「学問のすすめ」（『民主青年新聞』一九六九年一月一日号）、「新しい知識人像をめざして」（『赤旗』一九六九年一月五日号）。

8　ちなみに第二巻は「哲学と政治」、第三巻「現代科学と唯物論」、第四巻「現代の観念論哲学」、第五巻「現代日本における思想対立」だった。

9　一九六〇年に改定した新安保条約第一〇条は、条約の効力と終了手続きを定め、一〇年間（七〇年六月まで）の固定期間終了後、日米政府のどちらか一方の通告によって廃棄できるとしている。佐藤内閣は「廃棄」ではなく、自動延長を選択した。

10　『民主文学』の対談は「七〇年・思想と文化の課題」として一九七〇年一月号に、『祖国と学問のために』インタビューは「統一戦線と自己変革の課題」として一二月一〇日、一七日号に、それぞれ掲載された。

11　恵庭事件――自衛隊の射撃、爆音等で酪農被害を受けた野崎兄弟が、自衛隊の電話線を切断した結果起訴され、裁判は「平和憲法裁判」として注目された。判決は憲法判断を避けたまま無罪とし、検察の不控訴により確定した（一九六七年三月）。

12　結核患者朝日茂が月六百円の生活保護費は憲法二五条に違反するとして起こした裁判闘争を支援するため、岡山、福岡などから東京に向けて行進が実施された。朝日訴訟一〇年間のうちで三回行われ、自治体交渉などで成果を上げた。

第15章

1 無認可保育所助成や児童手当創設、七〇歳以上の老人医療無料化、朝鮮大学校の学校法人認可、公害研究所と公害局の設置、都公害防止条例の施行、立川基地返還・跡地利用や王子野戦病院早期移転などを実施、のちに「八のゼロと一〇の初めて」と称される実績をつくった。

2 『赤旗』一九七二年二月一九日付「五大陸の戦闘的連帯／パリ世界集会／日本代表団長古在さんに聞く」。『国労文化』五月号の「ベトナム人民の抵抗の教訓」は「小民族の大勝利」と改題されて『自由の精神』(新日本新書)に収録された。

3 出席者は古在、石原辰郎、森宏一、伊豆公夫、真下信一の五人、司会は江口十四一、収録は『現代と思想』第三号(青木書店刊、一九七一年三月)。のち『戦時下の唯物論者たち』(青木書店、一九八二年一二月)にも収録された。

4 復刻版は第一巻が『唯物論研究』創刊号から第五号まで、第二巻が六号から一〇号までという形で、第一八巻と別巻(総目次など)で刊行され、一九七五年に終了。戸坂潤賞は七四年から実施された。

5 「パリ協定の完全履行をめざして」『世界』一九七三年四月号。古在著『人間讃歌』(岩波書店刊)に「パリ協定の貫徹をめざして」として収録。

第16章

1 「巻頭鼎談　現代における科学・思想・人間」は『季刊　科学と思想』第一三号(一九七四年四月)、『世界』は「敗戦直後の記憶から」(二月号)、『国労文化』は「繁栄の夢」(一月号)、日本科学者会議の座談会は「日本の科学の未来と科学者の責任」(『日本の科学者』第七三号、七四年二月)、労音インタビューは「文化・芸術・音楽と民主主義」として『月刊労音』七四年三月号に、それぞれ掲載された。

2 高田博厚との対談「芸術・思想・人間」は『赤旗』五月七日から二六日まで一三回連載され、家永三郎との対談「現代を生きる学問と思想」は『現代と思想』六月号に掲載された。それぞれ「人間と芸術」、「研究者としての抵抗と連帯」と改題され、『思想のデュエット』(新日本出版社、一九七五年)に収録された。

3 一九七三年七月五日、宮本顕治共産党委員長が国会内でその旨の記者会見を行った。

4 「教育を支える思想」(『教育』第三〇五号、一九七四年八月)、『思想のデュエット』に収録。

5 丸岡秀子「生活的あたたかさ」(『赤旗』一九七四年一一月四日付)、田口富久治「生きてきた歴史への証言」(『朝日ジャーナル』第一六巻四八号、七四年一一月二九日)。

6 市邨学園短期大学創立一〇周年記念公開講演会(一一月

三〇日、愛知会館、二五〇名）では、古在が「自由の精神」、藤田省三が「維新の精神」、多田道太郎が「日本文化について」講演した（『社会科学論集』第一七・一八合併号、市邨短大社会科学研究会、一九七五年三月）。

7　『赤旗』（一九七五年五月二日付）座談会「南ベトナム解放の意義を考える」、『祖国と学問のために』（五月二一日付）インタビュー「ベトナム人民の勝利から学ぶもの」、『国労文化』六月号「ベトナム人民の勝利」、『民主主義教育』夏季号（第二一号）インタビュー「ベトナムの勝利を語る」。

8　懇談会は上記四団体のほか、中立労連、日本科学者会議、オブザーバーとして日本被団協の七団体で構成された。

9　一九七五年一〇月の『著作集月報』「編集部だより」ではその旨が予告されていたが、刊行は実現しなかった。ただ『ヒンドゥー教と仏教』は、刊行委員会が募金をつのり二〇〇九年一一月に大月書店から刊行された。未刊行の日記（一九二九年まで）、講義ノートなどは、藤沢市湘南大庭市民図書館に保管されている。

第17章

1　三・八国民大集会——総評、平和委員会、社会党・共産党など六者の協議、三三氏の呼びかけで、事件発覚一ヵ月余の三月八日夜、明治公園を会場に「ロッキード事件徹底追及、自民党の金権腐敗政治糾弾三・八国民大集会」が開かれ、三万八千人が参加、ロッキード疑獄への国民の怒りが強く示された。

2　吉野の講義はのちに「思想のリアリティと同時代」として、『社会科学研究年報　第七号』（社会科学研究セミナー編、一九八三年）に、吉野の「遺稿」として収録された。

3　『日本のこえ』——一九六四年の部分核停条約評価をめぐり日本共産党を除名された志賀義雄らが発行する機関紙。ソ連共産党機関紙プラウダが『日本のこえ』を称賛したため、両党関係が悪化していた。

4　『公判記録』は一九七六年一〇月に新日本出版社が刊行。座談会出席者は古在のほか、上田誠吉（自由法曹団団長）、塩田庄兵衛（立命館大教授・歴史学）で、座談会は『赤旗』一九七六年一一月一二、一三日付に掲載された。

5　三菱樹脂事件——学生運動の経験を隠したとして、三菱樹脂の本採用を拒否された高野が、労働契約関係存在確認をもとめる裁判を起こし、一〇年後の一九七三年一二月、原告勝訴の二審判決差し戻しを勝ち取った。

6　毛利空桑は江戸明治期の儒学者・教育家、武谷元立は江戸後期の医師、村上玄水は江戸後期の藩医、蘭学者。

7　『日本経済新聞』夕刊に、「古在由直」として三回連載（一九七六年七月二六〜二八日付）された。

8　「農芸化学者・古在由直の役割」（聞き手＝田村紀雄）『季刊田中正造研究』四巻所収（一九七七年二月、伝統と現代社）。

9　この手紙は「〈未発表〉青春書簡——父・由直から母・紫

琴へ」として、古在の前文とともに『図書』一九八二年一、二月号に掲載され、のち『紫琴全集　全一巻』（草土文化、一九八三年）にも収録された。

第18章

1　ゲッチンゲン宣言——一九五七年四月、一八名の物理学者がゲッチンゲン大学で出した核兵器製造不参加の宣言。翌月湯川秀樹など日本の科学者二五名が全面支持の声明を発表した。

2　トーマス・ペイン（一七三七〜一八〇九年）——アメリカ独立宣言に影響を与えたイギリス生まれの急進政治論者。著書に『コモン・センス』などがある。

3　この対談は『群狼』第一三号から一八号まで掲載され、一九八一年八月に『思いだすこと　忘れえぬひと』（同時代社）として刊行された。

4　論文「社公合意の意味するもの」、不破書記局長インタビュー「社会党の歴史的右転落の焦点」（『赤旗』一九八〇年一月二〇日〜二二日付）など。

5　統一労組懇——特定政党支持の義務づけと、大企業労組中心の労働戦線の右翼的再編に反対し、階級的ナショナルセンターの確立をめざして一九七四年に結成され、八九年全労連の結成時点で解散した（組織人員一五〇万人）。

6　一九八〇年七月一〇日座談会実施、八月上旬刊行の緊急出版のため、各自校正の時間的余裕がなく、発言は匿名のまま収録された。

7　吉野源三郎「若き日の手紙——一九二六年、軍隊から」として、『世界』一九八一年八月号に収録された。同号には、古在由重、中野好夫、都留重人の追悼文と丸山真男の『君たちはどう生きるか』をめぐる回想」も収録された。

8　中性子線の被曝によって、建造物の破壊より、人間の殺傷能力を高めた核兵器の一種。「きれいな核兵器」などと言われた。

9　テン・フィート運動——アメリカ公文書館に眠っていた被爆直後の広島・長崎の映像などを、10フィートを単位にした市民カンパで入手し、反核・平和の記録映画（「にんげんをかえせ」など三本）を制作、上映した運動。

第19章

1　真下信一の書簡は『赤旗』一月一六日、二月二〇日、三月二九日付に、古在の返信は一月二三日、三月六日、四月一〇日付に掲載された。

2　臨調路線——八一年三月に発足した臨時行政調査会（土光臨調）が八三年三月の解散までに、行政改革だけでなく財政と福祉のあり方、国鉄の分割民営化、七一の特殊法人の整理合理化などを答申した。その財界主導の行革路線のこと。

3　全国革新懇——一九八〇年一月の社公合意後、日本共産党の呼びかけで八一年五月に結成された「平和・民主主義・革新統一をすすめる全国懇話会」の略称。

4　『朝日新聞』（七月二〇日付、「危機に立つ反核」第二回）によれば、六月二〇日夜原水協関係党員が集められ、席上「責任を取って代表理事を辞任すること」との決定が伝えられた、としている。

5　草野信男（元東大教授）、江口朴郎（津田塾大教授）、小笠原英三郎（静岡大名誉教授）、櫛田ふき（婦団連会長）、小佐々八郎（長崎被災協名誉会長）、佐久間澄（広島大名誉教授）、畑敏雄（前群馬大学長）、早坂四郎、細井友晋（立本寺管長）。

6　この一〇月一七日付の通知書は古在の死亡（一九九〇年三月六日）後、前文「古在由重氏への通知書の公表にあたって」とともに、「古在由重氏への通知書」として、『「赤旗」評論特集版』の一九九〇年七月九日号にはじめて公表された。

7　日本ジャーナリスト会議機関紙『ジャーナリスト』一九八四年二月二五日号掲載の古在筆「ジャーナリストへの提言」による。上記三つのほかは、読友会（金融労働者の会）、古在塾（七四年ころからのソニーの労働者との月一回の会合、のち電機労連・食品労連の人々も合流）と思われるが、確認はとれていない。

8　この日の講義は「福沢の思想のおもしろさ――『丁丑公論・瘠我慢の説』をめぐって」として、のちに『未来をひらく教育』（全民研発行、一九八七年夏号・秋号）に分載された。

9　七月の衆参同時選挙で自民党が圧勝し、中曽根は、日本は知的水準が高いが黒人などの多いアメリカは非常に低い、日本女性はネクタイの色に興味はもっても話の中身に関心はない、「すっからかん」などと発言、問題となった。

終章

1　「今日の原水禁運動の発展とかつての変質活動とのたたかいの意義――古在問題での党攻撃に関連して」（『赤旗』一九九〇年八月一八、一九日付）、「ソ連覇権主義にすりよった志賀義雄、吉田嘉清らの早くからのあきれた追随ぶり」（『赤旗』一九九二年一二月一二、一三日付）、「吉田嘉清は原水禁運動の妨害者」（『赤旗』一二月二六日）、「吉田嘉清と一部知識人」（『赤旗』一二月三一日）など。

2　呼びかけ人は、家永、加藤のほかに、川本信正、久野収、寿岳章子、徐京植、田中里子、遠山茂樹、永井潔（のちに辞退）、古田光、緑川亨の一一名。

古在由重主要著作一覧

著書

『古代哲学史』〈唯物論全書〉、三笠書房、一九三六年
『唯物論通史』〈唯物論全書〉、三笠書房、一九三六年
『現代哲学』〈唯物論全書〉、三笠書房、一九三七年
『思想の進路』〈人民群書〉、伊藤書店、一九四七年
『唯物論史序説』伊藤書店、一九四七年
『五つの省察』日本評論社、一九四八年
『史的唯物論』〈ナウカ講座〉、ナウカ社、一九四九年
『思想とはなにか』岩波新書、一九六〇年
『古在由重著作集』勁草書房
　『第一巻　現代哲学と唯物論』一九六五年
　『第二巻　マルクス主義の思想と方法』一九六五年
　『第三巻　批評の精神』一九六五年
　『第四巻　思想形成の記録Ⅰ』一九七五年
　『第五巻　思想形成の記録Ⅱ』一九七五年
　『第六巻　戦中日記』一九六七年
『人間讃歌』岩波書店、一九七四年
『自由の精神』新日本新書、一九七四年
『いのちある言葉』（真下信一らと共著）、童心社、一九七五年
『教室から消えた先生』〈かもしか文庫〉、新日本出版社、一九八二年
『戦時下の唯物論者たち』青木書店、一九八二年
『草の根はどよめく』築地書館、一九八二年
『和魂論ノート』岩波書店、一九八四年
『哲学者の語り口』鈴木正編、勁草書房、一九九二年

対談などの著作

『日本マルクス主義哲学の方法と課題1』新日本出版社、一九六九年
『若い世代と学問　Ⅰ　生きることと学ぶこと』日本青年出版社、一九七三年
『思想のデュエット』新日本出版社、一九七五年
『スポーツとヒューマニズム』新日本体育連盟、一九七六年
『思いだすこと　忘れえぬひと』同時代社、一九八一年
『愛と自立——紫琴・らいてう・百合子を語る』大月書店、一九八三年
『コーヒータイムの哲学塾』同時代社、一九八七年
『古在由重講演・座談記録』藤沢市総合市民図書館、一九九七年
『暗き時代の抵抗者たち』太田哲男編、同時代社、二〇〇一年

翻訳書

ブルーノ・バウフ『カントと現代の哲学的課題』岩波書店、一九

二八年
カール・フォールレンデル『西洋哲学史』第三巻　岩波書店、一九三一年（第一巻――粟田賢三訳、一九二九年、第二巻――吉野源三郎との共訳、一九三五年）
マルクス、エンゲルス『ドイツ・イデオロギー』岩波文庫、一九五六年
マックス・ヴェーバー『ヒンドゥー教と仏教』大月書店、二〇〇九年

及川孝氏作成の詳細な「古在由重著作年表」が、『古在由重人・行動・思想』（同時代社、一九九一年）に収められている。参考にされたい。

参考文献（前掲「古在由重主要著作一覧」記載の文献をのぞく）

古在由重論文

「民主主義の現代的使命」、『自由評論』一九四六年一月
「あらたな世界観へ」、『評論』河出書房、一九四六年二月
「科学的精神と新日本の建設」『国民の科学』新小説社、一九四六年三月
「言葉のかなたへ」、『人民評論』一九四七年七月
「木馬三態」、『人民評論』一九四七年九月
「三人への回想――三木・戸坂・松本」、『革新』一九四八年三月
「現代哲学の任務」、『唯物論研究』第二集、三笠書房、一九四八年五月
「今こそ卑屈な沈黙を捨てよう」、『世界』一九五一年一〇月
「平和と独立の努力」、『世界』一九五二年一月
「友情について――古在由重先生の哲学塾」、『自由大学サークルニュース』一四号、一九五四年五月
「文化クラブの話」、『文庫』岩波文庫の会、一九五五年新春号
「日本民族と世界平和を守れ」、『世界』一九五五年三月
「松尾隆君の死を悼む」、『アカハタ』一九五六年一二月一〇日付
「現代という時点の意味」、『世界』一九六一年二月
「現代とはなにか」、『岩波講座　現代1』一九六三年

「哲学研究の回顧」、『名大評論』一九六五年五月第一〇号、一九六六年一月第一一号
「満身の怒りをこめて糾弾する」、『前衛』日本共産党出版局、一九六七年一一月
「冷静な理論とあつい心臓を」、『祖国と学問のために』全日本学生自治会総連合、一九六七年一二月一五日
「最近の情勢と知識人の責任」、『読書の友』一九六八年二月一九日
「唯物論とはなにか」、『仏教タイムス』日本仏教讃仰会、一九六八年三月三〇日
「共通の生活目標をもって」、『月刊ほるぷ』一九六八年五月
「高野長英について」於水沢市、一九七〇年一〇月三一日、藤沢市湘南大庭市民図書館所蔵原稿
「伊藤至郎著『鈴木雅之研究』 維新期のうもれた思想家」、『赤旗』一九七二年一一月一一日付
「先駆者の道」、『「三枝博音著作集」月報4』中央公論社、一九七二年一二月
「ひとつのあいさつ」、『母のひろば』第一二二号、一九七四年七月
「現代を生きる教師と思想」、群馬県教職員組合発行『文化労働』一九七四年一一月
「友愛について」、『赤旗日曜版』一九七五年一月五日付
「ベトナム戦争の哲学的意義」、『現代と思想』青木書店、第二二号、一九七五年一一月
「私にとっての三浦梅園」、『梅園学会報』第一号、一九七六年五月
「天皇の世紀――二〇世紀の『喜寿』を生きて」、『毎日新聞』夕刊、一九七七年四月二八日付
「三浦梅園と科学的精神」、『梅園学会報』第二号、一九七七年六月
「不動の出発としての八月 統一こそ〝不可能〟をも可能に」、『赤旗』一九七七年八月一六日付
「徐兄弟を救え！」、『国労文化』一九七八年五・六月合併号
「三浦梅園と囲碁」、『毎日新聞』夕刊、一九七八年六月二〇日付
「社会主義を考える 古在由重氏に聞く」、『毎日新聞』夕刊、一九七九年四月九、一〇日付
「吉野源三郎を悼む 真の意味のジャーナリスト」、『朝日新聞』夕刊、一九八一年五月二五日付
「いまならば まだ遅くはない」、『出版レポート'81』第二〇号、一九八一年七月
「反核・平和 私の発言 第一回古在由重 人類の存亡に生涯かけて」、『しんぶん赤旗』一九八二年四月四日付
「ジャーナリストへの提言」、『ジャーナリスト』ＪＣＪ、一九八四年二月二五日号
「中野好夫――わが師、わが友」、『英語青年』一九八五年七月
「風に落つ 楊貴妃桜 房のまま」、『信州白樺』銀河書房、一九

八五年一〇月
「福沢の思想のおもしろさ――『丁丑公論・瘠我慢の説』をめぐって」、『未来をひらく教育』全民研、一九八七年夏号・秋号

古在座談会など

「恒久平和は可能か（座談会）」松本慎一他、『人民評論』一九四六年二月
「唯物論研究会の足跡」岡邦雄他、『唯物論研究』第一集、一九四七年一〇月
「座談会　恐怖から共存へ」丸山真男他、『世界』一九五三年五月
「マルクス主義はどう発展するか」鶴見俊輔他、『中央公論』一九五六年八月臨増
「歴史悪をめぐって」久野収他、『講座現代倫理』第二巻（悪について）、筑摩書房、一九五八年
「座談会　ソビエト哲学の現状」柳田謙十郎他、『前衛』一九五九年一月
「座談会――安保反対運動にあらわれた思想」松村一人他、『多喜二と百合子』一九六〇年八・九月
「日本デモクラシーの思想と運動」鶴見俊輔他、『中央公論』一九六〇年一一月
「〈討論〉毛沢東思想とは何か」野原四郎他、『世界』一九六六年一一月
「対談　七〇年・思想と文化の課題」蔵原惟人、『民主文学』一九七〇年一月
「ベトナム停戦を考える」上田耕一郎他、『赤旗』一九七三年一月二六日
鼎談「哲学におけるベトナム」アンドレ・マンラ他、『未来』一九七三年一〇月
「座談会　一革命家のプロフィール　岩田義道の生と死」『現代と思想』一九七四年三月
「座談会　戦後の平和の課題と科学者運動」草野信男他、『日本の科学者』一九七四年一一月
「反共主義と侵略戦争を語る」真下信一、『赤旗』一九七五年八月一六日付
「『宮本顕治公判記録』その内容と意義」塩田庄兵衛他、『赤旗』一九七六年一一月一二日、一三日
「原水爆禁止運動の新たな高揚にむけて」陸井三郎他、『日本の科学者』一九七七年二月

回想・追想

『回想の三木清』三一書房版、一九四八年
古在由重・堀江邑一編『偉大なる愛情――尾崎秀実・松本慎一の回想』育生社弘道閣、一九四九年
尾崎秀樹編『回想の尾崎秀実』勁草書房、一九七九年
『回想の戸坂潤』勁草書房版、一九七九年
出かず子編『回想　出隆』回想出隆刊行会、岩波ブックセンター

信山社、一九八二年
村井福子編『村井康男遺文集　天上大風』村井康男遺文集刊行会、一九八四年
『古在由重先生をしのぶよすがに』印刷・製本（株）同時代社、一九九〇年（推定）
『古在由重――人・行動・思想』同編集委員会編、同時代社、一九九一年
『古在由重先生の碑』古在由重先生の碑をつくる会、一九九二年
『記念誌　徳田球一』徳田球一顕彰記念事業期成会、教育史料出版会、二〇〇〇年
芝田進午さんを偲ぶ会編『芝田進午の世界――核・バイオ時代の哲学をもとめて』桐書房、二〇〇二年
『「古在由重先生をしのぶ集い」の記録』同時代社、二〇〇三年
『追想　及川孝』刊行世話人会、二〇〇三年
『動中静有の人――上田耕一郎さんとの思い出集』集古洞銀の鈴記念館編、東銀座出版社、二〇一一年

著作

安藤圓秀編纂『古在由直博士』古在博士傳記編纂会、一九三八年
尾崎秀実『愛情はふる星のごとく』世界評論社（大月書店版）、一九四六年
『唯物論研究』第一号（一九四七年一〇月）~第三号（一九四八年九月）、三笠書房
宮川透『三木清』〈近代日本の思想家9〉東大出版会、一九五八年
遠山茂樹・今井清一・藤原彰『〈新版〉昭和史』岩波新書、一九五九年
平林康之『戸坂潤』〈近代日本の思想家10〉東大出版会、一九六〇年、新装版二〇〇七年
出隆『出隆著作集』第七巻「自伝」勁草書房、一九六三年
石井花子『人間ゾルゲ』勁草書房、一九六七年
『講座　マルクス主義哲学』第一巻、青木書店、一九六七年
古在直枝『おかしな娘――遺稿詩集』古在由重編（私家版）、一九六七年
『戸坂潤全集』（第一巻―第五巻）、勁草書房、一九六六―一九六七年（別巻一九七九年）
婦人民主クラブ二十年史編纂委員会編『航路二十年――婦人民主クラブの記録』一九六七年
ベトナムにおける戦争犯罪調査日本委員会編『ラッセル法廷』人文書院、一九六七年
ベトナムにおける戦争犯罪調査日本委員会編『ジェノサイド――民族みなごろし戦争』青木書店、一九六七年
吉野源三郎編『原点――「戦後」とその問題点』復初文庫（評論社版）、一九七〇年
中西功『死の壁の中から』岩波新書、一九七一年
藤井松一・大江志乃夫『戦後日本の歴史』（上・下）青木書店、

一九七〇年・七一年
『天皇の世紀 18』「企画院事件」読売新聞社、一九七二年
中西功『戦後民主変革期の諸問題』校倉書房、一九七二年
鹿野政直編『足尾鉱毒事件研究』三一書房、一九七四年
T・K生『韓国からの通信』、『世界』編集部編、岩波新書、一九七四年
吉野源三郎『同時代のこと』岩波新書、一九七四年
渡部義通『思想と学問の自伝』河出書房新社、一九七四年
久野収『三〇年代の思想家たち』岩波書店、一九七五年
『松岡英夫対談 歴史と現在』田畑書店、一九七五年
山崎謙『紅き道への標べ――わが心の生い立ち』たいまつ社、一九七五年
『唯物論研究復刻版月報』1（一九七二年一一月）～18（一九七五年九月）、青木書店
家永三郎『植木枝盛研究』岩波書店、一九七六年（六刷）
小林良正『日本資本主義論争の回顧』白石書店、一九七六年
山辺健太郎『社会主義運動半生記』岩波新書、一九七六年
伊井弥四郎『回想の二・一スト』新日本出版社、一九七七年
奥平康弘『治安維持法小史』筑摩書房、一九七七年
教科書検定訴訟を支援する全国連絡会編『家永教科書裁判十年史』草土文化、一九七七年
古在由重編『知識人と現代――研究者の記録』青木書店、一九七七年
光成秀子『戸坂潤と私』晩聲社、一九七七年
山口玲子『泣いて愛する姉妹に告ぐ――古在紫琴の生涯』草土文化、一九七七年
呉己順さん追悼文集刊行委員会編・刊『朝を見ることなく――徐兄弟の母呉己順さんの生涯』一九八〇年
柘植秀臣『民科と私――戦後一科学者の歩み』勁草書房、一九八〇年
吉田嘉清『わが戦後行動――いま原水爆禁止は』新興出版社、一九八〇年
風間道太郎『暗い夜の記念――戦中日暦（ひごよみ）』未来社、一九八一年
徐京植編訳『徐兄弟――獄中からの手紙』岩波新書、一九八一年
中嶋嶺雄『北京烈烈 下 転換する中国』筑摩書房、一九八一年
陸井三郎・服部学編『核で核は防げるか』三省堂、一九八二年
草柳大蔵『実録・満鉄調査部』（下）、朝日文庫、一九八三年
古在紫琴『紫琴全集 全一巻』古在由重編、草土文化、一九八三年
吉田初恵『歳月めぐりて――吉田寿生遺稿集』一九八三年
古在由秀『天文学者のノート』文藝春秋、一九八四年
吉田嘉清『原水協で何がおこったか――吉田嘉清が語る』日中出版、一九八四年
自由民権百年全国集会実行委員会編『自由民権と現代』三省堂、一九八五年
福島鋳郎編著『新版 戦後雑誌発掘』洋泉社、一九八五年

山田洸『戦後の思想家たち』花伝社、一九八五年
社会運動史的に記録する会編『獄中の昭和史——豊多摩刑務所』青木書店、一九八六年
反核研究会（代表上田裕一）『亀裂——反核運動シンドローム』日中出版、一九八六年
小林勇『遠いあし音・人はさびしき』筑摩書房、一九八七年
鈴木正『思想史の横顔』勁草書房、一九八七年
有働正治『革新都政史論』新日本文庫、一九八九年
「季刊・唯物論研究」編集部編『証言・唯物論研究会事件と天皇制』新泉社、一九八九年
吉野源三郎『職業としての編集者』岩波新書、一九八九年
塙作楽『岩波物語——私の戦後史』審美社、一九九〇年
小川晴久ほか編『転形期の思想——古在由重記念論文集』梓出版社、一九九一年
『陸井三郎先生に聞く』［聞き手］河村望・油井大三郎・上杉忍、東京大学アメリカ研究資料センター、一九九一年
小林勇『惜櫟荘主人——一つの岩波茂雄伝』講談社学芸文庫、一九九三年
高木和男『踏み開いた峠道——葉山又三郎とふゆ子の記録』菜根出版、一九九三年
風間道太郎『尾崎秀実伝』法政大学出版局（改装版）、一九九五年
宮沢康朗構成・編、『夏樹芽々が聞いた個人史』綜合医療研究所、一九九五年
吉野源三郎『平和への意志——『世界』編集後記一九四六—五五年』岩波書店、一九九五年
吉野源三郎『「戦後」への訣別——『世界』編集後記一九五六—六〇年』岩波書店、一九九五年
渡辺卓郎『古在由重先生の書』（私家版、非売限定二〇部）、一九九五年
『藤田省三著作集』第二巻、みすず書房、一九九七年
家永教科書訴訟弁護団編『家永教科書裁判』日本評論社、一九九八年
横山和雄『日本の出版印刷労働運動——戦前・戦中編』出版ニュース社、一九九八年
徐京植『過ぎ去らない人々』影書房、二〇〇一年
中西三洋『治安維持法下の青春』光陽出版社、二〇〇二年
太田哲男ほか編『治安維持法下に生きて——高沖陽造の証言』影書房、二〇〇三年
尾崎秀実『ゾルゲ事件上申書』岩波現代文庫、二〇〇三年
杉浦富美子『三枚の表彰状』東銀座出版、二〇〇三年
『沼田秀郷——水彩画と回想録』光陽出版社、二〇〇三年
『宮本百合子全集』第二九巻、新日本出版社、二〇〇三年
岩垂弘『「核」に立ち向かった人びと』日本図書センター、二〇〇五年
荒川紘『教養教育の時代と私』石榴舎、二〇〇七年
尾崎庄太郎『われ、一粒の麦となりて』桐原書店、二〇〇七年

古在豊樹『「幸せの種」はきっと見つかる』祥伝社、二〇〇八年
鶴見俊輔『期待と回想――語り下ろし伝』朝日文庫、二〇〇八年
岩垂弘『核なき世界へ』同時代社、二〇一〇年
近藤正二『二十世紀に生きた記録――私と中野区』（株）ぎょうせい、二〇一一年

論文・論考・発言

松本慎一「尾崎・戸坂・三木――死とその前後」、『世界評論』一九四八年二月
全学連中央執行委員会声明「全日本の平和擁護者に訴える！」（一九五一年三月）、『資料戦後学生運動2』三一書房、一九六九年
古在美代「わたしのねがい」、『教師生活』一九五三年七月
出隆「日本唯物論研究会の創設」、『唯物論研究』季刊第一号、青木書店、一九六〇年四月
壺井繁治「岸辺を打つ人」、『多喜二と百合子』第七〇号、一九六一年三月
鈴木正「古在先生と私」古在由重著作集月報4所収、一九六七年六月
中野好夫「市民運動のあり方一考」、『世界』一九六七年七月
佐多稲子「書くという資質」、『図書』一九六七年八月
福島要一「東京法廷をおわって」、『文化評論』新日本出版社、一九六七年一一月
「哲学研究室」、『名古屋大学文学部二〇年の歩み』一九六八年一一月
吉野源三郎「山本君にいいたかったこと」、『世界』一九六九年三月
中西三洋「戦時下の非合法活動――京浜グループ事件」、『歴史評論』一九七二年一一月
稲垣真美「キリスト者とコミュニスト」、『図書』一九七三年二月
村井康男「岩田義道のこと」、『歴史文学』第三号、一九七五年夏季号
オールドリジ「核拒否への決断――ある良心の葛藤」、『世界』一九七六年二月
熊沢喜久雄「古在由直博士と足尾銅山鉱毒事件」、『肥料科学』第三号、一九八〇年
「ドキュメント吉野源三郎」、『みすず』一九八一年六月、みすず書房
上田耕一郎「『高貴な激情』と吉野さん」、『文化評論』一九八一年八月号、新日本出版社
今井文孝「脱獄囚Sのこと」、『図書』一九八四年六月
岩垂弘「活字離れをよそに、マラソン読者会」、『朝日ジャーナル』一九八七年五月二九日号
吉野源三郎「赤版時代――編集者の思い出」、『岩波新書の五〇年』、岩波新書別冊、一九八八年
福田静夫「名古屋大学時代の古在先生」、『季刊　思想と現代』一九九〇年七月、小平唯物論研究協会

久保文「中野好夫、古在由重先生たちの思い出」、『ぴーす・ぴあ』（平和事務所）、一九九二年夏〜九四年夏
大窪満「職場に反戦の火はきえず」、『不屈』神奈川版、一九九六年特別号第六号
中島義勝「戦争の中の岩波新書」、『日本出版史料　3』日本エディタースクール出版部、一九九七年。のち『岩波新書の歩み』中島義勝私家版（二〇一二年）に収録
藤田省三「戦後精神史序説」第八回、『世界』一九九八年一〇月
渋谷一夫「唯物論研究会の歴史」、『イル・サジアトーレ』第三二号（二〇〇三年）〜三八号（二〇〇九年）
高橋在也「戦時下知識人の『家内文化』」、『唯物論研究年報』第一四号、二〇〇九年
森川貞夫他「『スポーツと平和』をめぐる実践的理論的課題」、『日本体育大学紀要』三九巻二号、二〇一〇年
嶋田誠三「自由への道」、『風の街』第三〇号（二〇〇八年一一月）〜三二号（二〇一〇年一月）、あかしあ書房（群馬県藤岡市）

冊子・パンフ類

『つどい』第九号、塩入病院つどい編集部編、一九六六年
都政調査会『都政』、一九六七年
「法政大学　古在由重を囲む会　第六回総会議案」一九七〇年
日本ベトナム友好協会編『世界はニクソンを糾弾する』、一九七二年
パリ世界集会統一日本代表団事務局編・刊『インドシナ諸国人民の平和と独立のためのパリ世界集会（第二集）』一九七二年
ローマ世界集会統一日本代表団編『ベトナムにかんする緊急国際会議　第一集、第二集』、一九七三年
『年誌　ベトナム戦争』岩波書店（『世界』一九七三年四月号附録）
『現代技術セミナーニュース』特別号、一九七四年一一月
自由大学サークル史をつくる会『自由大学サークル史――ある時代のある青春』一九九三年

年鑑・事典・資料集

『近代日本総合年表』岩波書店、一九六八年
法政大学大原社会問題研究所編『日本労働年鑑』第三九集、労働旬報社、一九六八年
日本平和委員会編『平和運動二〇年運動史』大月書店、一九六九年
日本平和委員会編『平和運動二〇年記念論文集』大月書店、一九六九年
日本平和委員会編『平和運動二〇年資料集』大月書店、一九六九年
『哲学事典』監修林達夫他、平凡社、一九七一年
東京地方労働組合評議会編『戦後東京労働運動史――東京地評の二五年』労働旬報社、一九八〇年
『続・現代史資料（6）軍事警察――憲兵と軍法会議』みすず書房、

一九八二年
日本共産党中央委員会出版局『日本共産党の六十年　付＝党史年表』、一九八二年
『東京大学百年史』通史第一、二巻、部局史第二巻、東京大学出版会、一九八四年～八七年
法政大学大原社会問題研究所編『社会・労働運動大年表［新版］』労働旬報社、一九九五年
『年表ヒロシマ――核時代五〇年の記録』中国新聞社、一九九五年

藤沢市湘南大庭市民図書館所蔵資料
古在由重日記、古在手帳、獄中からの古在書簡、美代夫人宛の四五年古在書簡、古在の原稿・カード
古在家資料、美代日記・手帳
『特高月報』写し、刑事記録・聴取書
マルクス主義研究セミナー資料
『徐君兄弟を救うために』各号（徐君兄弟を救う会編）
『自由大学サークルニュース』各号
『大分梅園研究会ニュース』第二号（一九八一年五月）、第三号（同六月）

新聞記事ほか
「平和の悲願　七七歳初行進　中野好夫さん」、『朝日新聞』一九八一年六月三〇日付
「危機に立つ反核」（連載記事）、『朝日新聞』一九八四年七月一九日～二三日付
「古在由重氏への通知書の公表にあたって」『「赤旗」評論特集版』一九九〇年七月九日付
「千人が哲学者しのぶ／古在由重氏追悼の集い」、『神戸新聞』一九九〇年九月二六日付
その他『朝日新聞』『毎日新聞』『読売新聞』『中日新聞』『中国新聞』『赤旗』（『アカハタ』）などの記事

その他
吉野源三郎筆「或る転向者の書翰」一九三三年
「ドキュメント　八月一五日はまだ終わっていない」、『世界』一九六五年一〇月
古在由秀氏覚書き
深井純一氏・「古在ゼミ」参加者の手記、平野英一・小川晴久両氏の「古在ゼミ」ノート
ローマ世界集会時の今井文孝氏メモ
「旅役者（別名・どさまわり）あしあと」（江口十四一メモ）、一九八四年（推定）
原水爆禁止世界大会準備委員会関係者の座談会「記録の会」速記メモ、一九八七年

解説——古在哲学入門——

中村　行秀

岩倉博さんの個人誌『でくのぺん』で書き継がれてきた異色の古在由重伝「ある軌跡——古在由重と仲間たち」が完結した。六年半の歳月と二一冊の分量となった文字通りの労作である。完結が近づくにつれて、読者会員のあいだから「ぜひ出版して、多くの人びとに読んでもらいたい」との声があがったのは必然だった。「古在由重と仲間たち」と題されているとはいえ、本書『ある哲学者の軌跡』は、戦争と革命の二〇世紀を生きた日本の良心ともいうべき多くの知識人・労働者の思想と運動を活写して、われわれが二一世紀に受け継がなければならない貴重な課題と教訓を示してくれているからである。哲学者・古在の哲学的著作についても、本書はそれらの執筆の事情と共に、内容についても適切な紹介が随所に散りばめられているのであるが、古在哲学の全体像をまとまった形でとの編集者の依頼を受けて、本書の愛読者の一人としてその任を引き受けることになった。

すでに五〇年をこえる哲学研究・教育者としての活動のなかで、わたしは古在から多くのことを学んできた。大学に哲学教師としての職を得たのは一九七〇年代の初めだったが、いわゆる「一般教育」科目の「哲学」としてどのような講義をすべきかについては確信がなく、ただ自分が大学・大学院で受けてきた「羅列的解説本位の学校哲学」(務台理作)にはしたくないという決意だけがあった。そのとき、古在由重・島田豊の監修による『若い世代と学問』(一九七三年刊)に出会えたことは幸運だった。

その本のなかで、「大学ではどんな講義がおこなわれてきましたか」という島田の問いに、古在は自分の大学時代をふりかえり、哲学科の主任だった桑木厳翼がフランス唯物論やガリレイやジョルダーノ・ブルーノなど当時の授業としては珍しい問題をとりあげるリベラルな哲学者だったことを評価しながらも、その授業にほとんど感銘を受けなかったと、次のように語っている……

「というのは、感銘をあたえるようなやり方では、それらはのべられなかったからでしょう。つまり、語り手のがわに怒りがないのですね」

つづけて、当時の日本では、関東大震災や大杉栄らの虐殺や社会主義者の検挙や銃殺があり、治安維持法が制定されるなどの状況だったのに……

「これらの眼前の事件とはまったく無関係に講義はおこなわれ、しかも歴史上の受難者たちの事件はすべて単に遠い昔のエピソードみたいにしかかたられなかったのです。ぼくたちの目の前のなまの現実とのかかわりは、そこですべてたちきられていたのです」[1]

この短い回想のなかに、古在哲学の本質が、哲学者としての古在の本領が、語られている。以下では、限られた紙数ではあるが、それを明らかにしたい。

哲学と生活

このような桑木への批判は、戦前に書かれて多くの人びとが古在の名著と評する『現代哲学』ですでに展開されていた。そこで古在は、現代の観念論哲学が「激化する現実生活の諸矛盾からの逃避のために」積極的に「観想および遊戯として哲学」を唱道することを指摘し、「日本の代表的な哲学者である桑木厳翼氏の哲学観」

として、桑木の著書からの引用からなる長い註を加えている。次の文章はその一部である。

「思想も論理的遊戯になって来なければ精錬したる思想ではないといいたい。……哲学の真面目は寧ろ遊戯たるところにある。遊戯があれば有る程哲学の真を現わしたものであると云って宜い。実際生活などと言って居るのは未だ哲学の三昧に入ったものではないと云う訳になって来る」[2]

古在は大学に入ってすぐこうした哲学に違和感を覚え、失望し、それと対決する方向で自らの哲学を鍛えていった。そのようにして形成された古在哲学の結論は、指導教授・桑木とは真逆の「生活者として痛切な問題が、哲学にとっても痛切な問題である」という哲学観だった。

「そもそも人間にとってもっとも痛切な問題こそ、哲学にとってもまた痛切な問題ではなかったのか？」[3]

「わたしたちの現実的生活そのものがわたしたちにむかって切実につきつけてくる問題――これがおよそもっとも根源的なものといわなければなりません。……思想にとっての課題は、もともとは生活の現実からつきだされてくるものです」[4]

「とくにマルクス主義哲学の場合に、ただ哲学者にとってのみ切実であって、生活者にとっては切実ではないという問題はない」[5]

大学入学後、古在がアカデミズム哲学の流れのなかで哲学研究者を目指して、カント、新カント派を中心にした勉学の努力の姿は本書の第2章に詳しいが、他方では、入学から二、三ヵ月で気づいたとして、次のように語っている……

「一般に、学校の授業はたんに型どおりの知識範囲の拡大にとどまるということ、多くの場合、教職の座に安住する先生たちからの知識の伝達にすぎないこと、どのようにわれわれは人生を生きるべきかなどということにはかかわりがないこと、そんな期待を自分たちがいだいていたのは幻想にすぎなかったということ、これらのことをぼくたちはようやくさとりました」[6]

後に、古在が「暗中模索の過程」だったと表現した入学後の「一〇年間の青年期」は、哲学研究にかんするこうした葛藤との闘いの時代だった。古在がこの苦闘をくぐり抜けて「生活の現実が提起する問題こそ哲学の最重要課題である」という哲学観に達するのは一九二〇年代の後半（二七、八歳）、マルクス主義哲学との出合いを通してだった。その出合いについてこう述懐している……

「この時期までは、マルクス主義というものがよもや自分のやっている哲学研究にかかわってくるなどとはおもってもいませんでした。……しかしながら、わたしもレーニンをよみ、とくにプレハーノフの著作をよむことによってそういう見かたはまちがいだったことに気がつきはじめました、おそまきながら。それまでわたしはソ連の教程などをみてもそれほど感心はしなかったのです。……ついで、三〇年代にちかい、一九二八年ごろでしたか、『マルクス＝エンゲルス・アルヒーフ』というドイツ版の紀要に、『ドイツ・イデオロギー』のうちの最初の主要な部分がはじめて多少ともまとまった形で発表されたのを知り、くりかえしてこれをよみ、なおさらびっくりしたのでした[7]」

ここでは、古在哲学の出発点としてのマルクス主義哲学とは、ここで「ソ連の教程」といわれているスターリンによって歪曲されたいわゆる「マルクス・レーニン主義哲学[8]」ではなく、マルクスとエンゲルスによる「史的唯物論」の確立を内容とする『ドイツ・イデオロギー』だったことに注目したい。哲学の対象・課題は「生活」（とくに生活の「切実さ」「苦痛」）だという古在哲学の基本的観点は、「意識は意識された存在以外のなにものかでありうるためしはなく、そして人間たちの存在とは彼らの現実的生活過程のことである」「哲学者たちは世界をただ、さまざまに解釈してきただけである。肝腎なのはそれを変えることである」というマルクス＝エンゲルスの基本的命題から導出されたものだった。以後、古在の著作と活動にこの観点がみごとに貫かれていることは、本書に詳しい。

革命的現実主義

古在にとって「生活の現実」こそが哲学の第一義的な対象・課題だとするなら、その生活の現実とかかわっていく哲学の姿勢・方法——古在が好むことばでは「思想方法」——の特徴は「革命的現実主義」という概念で表現される。それは理論と実践の結びつきについての古在の主張でもある。

「マルクス主義哲学の方法すなわち唯物論的弁証法の基本観点をわたしたちの生活の現実にかかわらせてみれば、それは革命的現実主義になる」[9]

「革命的現実主義」の立場は、戦後日本の講和条約締結の問題めぐって、アメリカとの単独講和をすすめる勢力が主張するいわゆる「現実主義」に反対して、「全面講和」を主張する古在らが「真の現実主義」とはなにかという問題として、条約締結の一ヵ月前に古在自身が編集人となって発刊された『唯物論者』の創刊号の巻頭論文で提起された（本書、第10章）。そこで古在は、「全面講和は日本人の理想としては結構だが、できもしない理想をもてあそぶのはやめて、きびしい現実を直視すべきだ」という当時の新聞や雑誌の主論調であった単独講和論の「現実」認識の誤りを、弁証法の見地からきびしく批判している。

よく知られているように、弁証法の基本的な見地は、すべてのものごと・できごとは運動・発展の過程として存在し、その運動・発展の原動力はものごと・できごとの内部に存在する「矛盾」だととらえる。「単独講和もやむを得ない」「自衛のための再軍備も仕方がない」という「現実論」者の誤りは、現実の一面しか見ずに、しかもその一面のみを誇張し、変わらないもののように固定化していること、つまり、真の現実であるその「矛盾」をとらえていないということである。

「われわれの現実はつねに二つの矛盾する力の闘争、ふるいものとあたらしいものとの、ほろびゆくものとうまれでるものとの闘争である。今日の政治的現実についていうならば、それはなによりもまず帝国主義者の戦争勢力と勤労人民の平和勢力との対立、抗争である。

たしかに、世界の隅々においてたえず侵略をたくらみ軍備をひろげている戦争勢力も、一つの現実にはちがいない。いや、それはきわめて強力なものであって、あたかも現実の全貌をおおうかのようにみえるだろう。しかしこの現実は、それが自己をつよめようとすればするほど、他方においてこれに反逆する別の現実をうみださざるをえない。……わたしたちは、第二次大戦後における世界人民の平和意欲、平和闘争、平和組織がすでに人類のこれまでの歴史には到底みられないほどの幅と底力をもって日々に発展しつつあることを知っている。……これもまた、戦争準備の拡大とおなじくらいに明白な現実ではないのか？　いやそれにもまさって、一つの力づよい現実ではないのか？」[10]

現実における「滅びゆくもの」と「生まれ出るもの」の闘争をつかんで、それがまだいかに小さな力であったにしても、「生まれ出るもの」の側に「自己の身を置く」ことが革命的現実主義の態度・思想方法だというこの立場は、同時に、現実を「批判的にみる」ことを意味していると古在はいう。「批判」の原義は「分ける」であり、分けることによる「古いもの」の否定と「新しいもの」の肯定を通しての「新しい現実」の創造を意味するからである。また、この立場では、「理想と現実はべつ」という両者を切り離す見地は誤りで、「理想は現実から生み出される」のである。

「わたしたちの理想は、矛盾と闘争をはらむ現実そのものの胎内からみちびきだされねばならない。これこそ現実そのものの革命的な把握である」[11]

古在と親交のあった真下信一は、「人間が思想を自分のものとしてもつとは、それによって生きるコーズ cause をもつことである」[12]といっている。古在にとって、革命的現実主義はそのコーズ（大義）であった。

認識論批判

以上のように古在はマルクスやエンゲルスの史的唯物論に学びながら、自己の思想を鍛えていったのであるが、その思想形成の過程でつねに彼らがなぜそのような科学的理論の創造に取り組んだのかという問題意識をもっていた。

「史的唯物論というのはいうまでもなく一つの科学的な理論です。しかしこの科学的理論が前提とするものはなにかといえば、やはり、なぜマルクスやエンゲルスたちがこういう問題を自己の課題としたか、というところへさかのぼらざるをえない。そうするとそれは、なま身の人間としてマルクスやエンゲルスがこの世の中をこのままでは放っておけない、そのままにしてはおけないというところからきているにちがいない。……かれらはまるごとの人間として苦悩し、情感し、意欲した。そういう生きた人間としてそれを解決せずにはいられなかった。たんに考える人間としてのみ、やりきれないのではなかったのです[13]」

古在は、青年の時代から晩年に至るまで、「認識論」に深い関心をもっていたが、それは、従来型の認識論――マルクス・レーニン主義をふくめて――では、哲学の課題解決に役立たないという批判的立場からであった。右の引用では、その立場が率直に語られている。

西洋哲学の伝統における「認識論」は、感覚・知覚・表象・思考などの「認識」の源泉・構造・発展を究明する哲学理論として展開されてきた。しかしそれでは、「なま身の人間」の「生活」問題とのかかわりを解明できない、というのが古在の批判である。

「世の中をこのままでは放っておけない」という意識は、世の中のさまざまな対象をありのままにとらえる働きである「認識」と、その対象にどのように関わっていくかの働きである「感情」とが不可分に結びついている。感情のともなわない認識、認識のともなわない感情はありえない。それなのに、「認識論」は両者を切り離している。

「一般にマルクス主義の反映論、模写論としてとりあげられているもの。これはおもに知的認識の方面です。……けれども、人間はただ考えるばかりでない。喜び、悲しみ、怒り、楽しみ——喜怒哀楽などということがあります。これにはもちろんそれぞれの対象がなければならない。したがって、そこにも認識的、知的な要素がとうぜんありはするけれども、それを対象とするわれわれ主体のがわでのいろいろな感動、この感情の諸形態がある。こういうものの本質、役割はさらにはっきりさせなければなりません[14]」

古在によれば、マルクス主義哲学はこのような一面的な反映論を克服していて、認識と感情の本質と役割を唯物論的な「反映論」で解明しているという。

「弁証法的唯物論は人間の意識（認識、意欲、感情など）の展開過程における実践の決定的な役わりをみとめるとともに、その反映論をはるかにふかめた。この見地からみれば、『反映する』ということのうちには、実は二重の仕方がふくまれている。すなわち、ひとつは意識のそとの客観的な事物の反映であり、もうひとつは意識の所有者である人間的主体そのものの反映である。……もし意識による反映の二重の仕方の有機的なからみあいを正確につかまないならば、一般に情念や評価や価値意識の本質、したがってまた芸術や倫理の諸問題はけっして解決されないであろう[15]」

ここで「この見地からみれば」と断ってはいるが、「二重の仕方の反映」という概念は古在自身の見解であろう。いずれにしても、「反映論」を「感情」にまで拡げないと、唯物論哲学の課題である「生活の現実」を解明できないというのが古在の主張である。

なぜなら、ただ「認識」だけで組み立てられるのは科学的な「理論」である。哲学はたんなる理論ではなく、革命的現実主義の立場で現実の生活実践にかかわり、生活を変えていく「思想」でなければならないからである。

「たんに理性ばかりではなくて、もえるような情念がなければ、ほんとうに『思想』の名にあたいしない。

しばしば『理論と実践との統一』ということがいわれます。しかし、この両者は無媒介に直結するのではありません。それを媒介するつよい情念、ふかい熱情があって、はじめて理論と実践との統一は可能です。ただそれによってのみ理論はひろげられ、ふかめられる。また情熱もまた確実な光明にてらしだされるでしょう」[16]

だから……

「思想は――あつい心臓、つめたい頭脳を要求する」[17]

この命題に古在哲学のエッセンスが詰まっている。そして、哲学者古在の人生の「軌跡」が凝縮されている。そのことを、本書に描かれた古在の生涯が証明している。くりかえしになるが、「思想を持つ」とは「思想を生きる」ことなのだから。

以上、古在哲学の「骨格」の素描をこころみた。これに肉づけし血を通わせて古在哲学をその全体像として把握するために、本書は大きな助けになるのだが、それとともに、古在の著作――とくにエッセイ、対談の諸著作――の味読をおすすめしたい。古在哲学の大きな魅力と迫力は、その練り上げられたことば遣いと語り口にあるのである。[18]

1 古在由重・島田豊監修『若い世代と学問』I〈生きること学ぶこと〉、日本青年出版社、一九七三年、七九ページ。
2 『現代哲学』、『古在由重著作集』①、二〇ページ。
3 「試練にたつ哲学」、『和魂論ノート』岩波書店、一九八四年、一六一ページ。
4 「日本思想史の特質について」、古在由重『哲学者の語り口』鈴木正編、勁草書房、一九九二年、二六ページ。
5 前掲「試練にたつ哲学」、一八一ページ。
6 前掲『若い世代と学問』I、七七ページ。

7 『戦時下の唯物論者たち』青木書店、一九八二年、四四〜四五ページ。

8 いわゆる「マルクス・レーニン主義哲学」の「教程」類の問題点については、後藤道夫・中西新太郎・中村行秀「マルクス主義教科書の再検討」（東京唯物論研究会編『マルクス主義思想――どこからどこへ』時潮社、一九九四年所収）を参考にされたい。

9 「わが哲学談義」、前掲『古在由重――哲学者の語り口』、六五ページ。

10 「革命的現実主義の立場」、『古在由重著作集』②、二二二〜二二三ページ。なお古在は、「革命的現実主義」は自分の用語だと思っていたが、すでに一九三五年に第七回コミンテルン大会の報告でディミトロフがすでに使っていたことを後で知った、と述べている（「哲学と現実」『人間讃歌』岩波書店、一九七四年、三四〇ページ）

11 同前、二二六ページ。

12 真下信一「歴史と証言」、『真下信一著作集』⑤、青木書店、一九〇ページ。

13 『シンポジウム　日本マルクス主義哲学の方法と課題　1』新日本出版社、一九六九年、一〇一―一〇二ページ。

14 同前、一四一ページ。

15 「マルクス主義の世界観」、『古在由重著作集』②、三一三〜三一四ページ。

16 前掲「日本思想史の特質について」、三五ページ。

17 『思想とはなにか』岩波新書、一九六〇年、一七ページ。

18 この短い「解説」で古在の文章を太字（ゴチック体）で記したのは、少しでもその魅力と迫力を感じていただきたいと考えたからである。

（千葉短期大学名誉教授・哲学／意識論）

あとがき

筆者は古在由重氏の晩年、数年に過ぎないとはいえ、毎月一回古在宅で開かれていた「古在塾」のひとつ「自由大学サークル」に参加した一人である。

＊

この書の執筆に挑戦しようと思いたったのは、私家版小冊子『でくのぺん』（年四回発行）で続けていた司馬遼太郎批判に一区切りつけた、二〇〇六年春である（『異評　司馬遼太郎』草の根出版会刊、二〇〇六年二月）。資料読みなどの準備を経て、「ノート　ある哲学者の軌跡」の連載を開始したのは、その一年後の〇七年春（のち「ある軌跡――古在由重と仲間たち」に改題）。非力故に、構想から完結まで六年余りを要したが、ようやくこの夏、『でくのぺん』第四九号で完結を迎えた。連載した『でくのぺん』は二一冊となった。

その連載に手を加えた（構成、章・節タイトルなど）のが、本書『ある哲学者の軌跡――古在由重と仲間たち』である。

＊

この書をまとめあげるには、戦後古在氏と長年の親交を結んだ今井文孝、故及川孝両氏が心血を注いで整理し、藤沢市湘南大庭市民図書館が所蔵する「古在由重文庫」の存在なしには不可能だった。「文庫」には古在氏の蔵書はもちろん原稿メモ、講義テープ、日記・手帳、書簡、新聞スクラップ、写真類まで、古在氏がかかわったほとんどの文書・資料が整理保存されている。

さらにその今井文孝氏と「自由大学サークル」の長年のメンバー梅津勝恵氏が近くにおり、その友人である元高校教師の重田敞弘氏、長田正一氏を加えて、〇六年五月から月一回「古在研究会」（ちょうど七〇回）を持てたことが大きな力になった。

行文の多くは、その「古在由重文庫」、関係者の著作・随想・文章、そして多くの方々からの聞き取りなどに拠ったが、文中にある「古在の思いや感懐・感慨」は、古在日記・随筆・論文の梗概から、筆者の責任で表現したものである。

＊

『でくのぺん』連載への削除・加筆などを終えて一書にまとめ上げた今、少なくない不安が私を捉えている。資料の見落としはないか、時代と格闘し続けた古在由重氏の思想・人柄・行動、そして仲間たちのそれらを充分に伝え切れたか？　記述に誤りはないか……。

しかしその一方で、「ノート」的に連載し始めたものがこうして一書になり、古在由重氏とその仲間たちの軌跡を後世に伝えうることに、大きな喜びと満足も感じている。

特に、古在由重氏とその仲間たちが平和と民主主義のために一貫して追求してきた「統一のたたかい」「連帯」が、原発再稼働反対などの運動のなかで、新たな装いのもと大きな広がりを見せている時期に上梓できたことが、その思いをいっそう強くしている。彼ら先人たちの努力と、原発ゼロ、脱原発を求める未来の人々の接点がここには確実にある。古在氏とその仲間たちを知る人も知らない人も、二〇世紀を民主主義者、ヒューマニストとして生きぬいた彼らの軌跡から、学びうることは多いはずである。改めて、日本の未来をになう多くの人々に、この書を手にとって欲しいと思うゆえんでもある。

ただこの書が「記録された事実」を尊重したため、ご迷惑をおかけする方々も居られるやも知れない。その場合も、どうぞ本書にこめた意図をご賢察のうえ、ご寛恕をいただければ幸いである。

＊

最後に、多くの方々に感謝を申し上げなければならない。今井文孝氏の貴重な資料提供、「古在研究会」メンバーの意見、資料検索や本書に掲載した写真の提供その他、「古在由重文庫」を所蔵する藤沢市湘南大庭市民図書館の方々の数々のご協力、資料提供・聞き取り・取材協力を頂いた古在氏ゆかりの方々、『でくのぺん』読者のみなさんの励まし、読者の一人として花伝社への紹介の労をとっていただいたうえ「解説」を寄せていただいた中村行秀氏、出版事情の厳しいなか刊行を決断した花伝社社長平田勝氏、その編集作業を担った柴田章氏、貴重な写真を提供していただいた町田裕子さん、江口輝子さん、校正を買って出た山本恵子さん、この本を装丁していただいた坂口顯氏、そして本書刊行委員会の呼びかけに応じて資金的なご協力をいただいた数多くの方々。これらの方々のご協力なしには、この書を上梓することは不可能だった。

紙幅の都合で、ご協力いただいたこれら多くの方々のお名前を列記できないことをお詫びしつつ、末尾に、執筆中に千葉県市川市から転居した山梨県北杜市の、それぞれの地で諸活動を担いながらも筆者に時間的余裕を与えてくれた仲間たちとわが妻通子、印刷・製本・流通にたずさわった人々に、お礼と大いなる感謝の意を表したい。

二〇一二年秋

岩倉　博

岩倉博（いわくら・ひろし）

1947年、宮城県角田市生まれ。1970年、福島大学経済学部卒業。鉄鋼業、印刷業の事業所に勤務し、労働組合の活動に従事。1995年、東京地方労働組合総連合（東京労連）事務局に入局、2003年まで事務局長。08年まで東京地方労働組合評議会（東京地評）書記。1988年から私家版冊子『でくのぺん』を執筆・刊行。山梨県北杜市在住。
著書
『異評　司馬遼太郎』草の根出版会、2006年
編著
『陽光きらめいて――民主経営労組40年のあゆみ』光陽出版社、1992年
『国際労働基準で日本を変える――ＩＬＯ活用ガイドブック』大月書店、1998年

ある哲学者の軌跡――古在由重と仲間たち

2012年11月10日　初版第1刷発行

著者 ――岩倉　博
発行者 ――平田　勝
発行 ――花伝社
発売 ――共栄書房
〒101-0065　東京都千代田区西神田2-5-11　出版輸送ビル2F
電話　03-3263-3813
FAX　03-3239-8272
E-mail　kadensha@muf.biglobe.ne.jp
URL　http://kadensha.net
振替 ――00140-6-59661
装幀 ――坂口　顯
印刷・製本 ―シナノ印刷株式会社

ISBN978-4-7634-0649-1 C3023

古在由重関連年表

年齢は、その年の誕生日（5月17日）以降の古在由重の満年齢。

西暦年（年齢）	事　柄
1892	12月、古在由直・清水豊子結婚。その後由直は5年間（1895〜1900）欧州留学、豊子は清水紫琴として評論・小説などを発表。
1901（0歳）	5月17日、古在由重、その次男として、駒場の農科大学官舎にて生まれる。
1908（7歳）	4月、豊多摩郡滝野川村立滝野川尋常高等小学校入学。
1913（12歳）	秋、担任の中村常三先生の解職に反対し、「ストライキ」実施。
1914（13歳）	4月、私立京北中学校入学。数学に興味、飛行機に熱中。
1919（18歳）	9月、第一高等学校理科甲類入学（1922.3卒業）。寮生に粟田賢三、篠田英雄など。
1920（19歳）	9月、父由直、東京帝国大学総長就任（〜1928.12）。秋、本郷区真砂町に転居。
1921（20歳）	2月、由直、脳溢血（右足不自由に）。春、インターカレッジ槍投げ44.4mで優勝。
1922（21歳）	4月、東京帝国大学文学部哲学科入学、主任教授桑木厳翼。 5月、徴兵検査で第二乙種合格。12月、小石川区駕籠町に転居。
1923（22歳）	9月、千葉県夷隅郡長者町三軒屋で、父由直と関東大震災に遭遇。社会問題に目覚める。
1924（23歳）	1月、「青木堂」にて吉野源三郎を知る。仲間に村井康男、粟田賢三、木村重三郎など。
1925（24歳）	3月、東大卒業。卒論「カント認識論に於ける目的の概念」。4月、東大大学院入学（1927.3退学）。吉野、粟田とフォールレンダー『西洋哲学史』翻訳開始。 7月、「好読会」に参加。このころ松本慎一を知る。 12月、吉野源三郎、近衛野砲兵連隊入営（〜1927.3）。
1926（25歳）	5月、東洋協会大学講師（ドイツ語担当）就任。 7月、『西洋哲学史』第3巻訳了（訂正後、1931.5刊行）。 秋、帝国女子専門学校講師就任（哲学概論）。
1927（26歳）	2月、篠田英雄らと講読会（デカルト、ヘーゲル、ゲーテなど）開始（1929.4終焉）。
1929（28歳）	4月、東京女子大学講師就任（倫理学）、高橋ゆうら学生の逮捕に遭遇。
1930（29歳）	春、古在、実践活動に参加。夏、吉野源三郎逮捕（日ならず釈放）。 秋、プラトン・アリストテレス協会で知った三木清を慰問。のち戸坂潤も協会に参加。
1931（30歳）	6月、ヌーラン事件の関連で松本慎一（すぐ釈放）と予備役召集中の吉野源三郎逮捕（32.12釈放）。このころ、『赤旗』に外国語文献の翻訳協力、資金提供。岩田義道と親交。 秋、一高講師マクス・ビカートンと親交。
1932（31歳）	3月、東京女子大学講師辞任。6月、山本有三の紹介で、明治大学文芸科講師就任。 秋、戸坂潤ら唯物論研究会設立するも、古在参加せず、『赤旗』に翻訳協力。 11月、岩田義道逮捕・虐殺さる。村井康男・福子夫妻逮捕。

1933（32 歳）	6 月 23 日、治安維持法違反で逮捕（1 度目）全教職を失う。7 月 21 日パラチフスのため勾留停止・釈放。 7 月 31 日、母豊子、脳溢血で死去（63 歳）。暮に吉野が菅谿太へ「転向」書簡を送る。
1934（33 歳）	1 月、松本慎一・敏子夫妻逮捕、同じ頃、粟田賢三・てる子夫妻も逮捕。 3 月、マクス・ビカートン逮捕。 6 月 18 日、父由直、脳溢血で死亡（69 歳）。古在、秋〜翌春、長者町で静養。 このころ、日本共産党に入党。吉野源三郎「日本少国民文庫」編集に従事。
1935（34 歳）	春より『カトリック大辞典』の編集に従事、『唯物論研究』に論文寄稿。 このころ、松原宏名で『唯物論通史』（唯物論全書）執筆。菅谿太らと『日本資本主義分析』研究会開催。9 月、東京女子大卒の田中美代と再会。
1936（35 歳）	1 月、松本慎一出所歓迎会。『唯物論通史』（唯物論全書）刊行。唯物論研究会の正式会員に。11 月、幹事となる。
1937（36 歳）	4 月 3 日、田中美代（25 歳）と結婚。 このころ、松本慎一らと「時事問題研究会」開催、尾崎秀実を講師に呼ぶ。 9 月、『現代哲学』（唯物論全書）刊行。10 月、長女由美子誕生。
1938（37 歳）	2 月 12 日、唯物論研究会解散声明。『学藝』に継承。 4 月、「京浜労働者グループ」の講師要請を受諾。 このころ、三木清らと『現代哲学事典』の編集。 10 月、豊島区駒込に転居。11 月、次女重代誕生。 11 月 29 日、「京浜労働者グループ」「唯物論研究会」事件で逮捕（2 度目）。
1939（38 歳）	3 月、巣鴨署で取り調べ開始。密かに「獄中メモ」を博徒に託して自宅に届ける。 秋、14 通の聴取書を取られ、手記「現在の心境と将来の方針」提出（偽装転向書）。
1940（39 歳）	4 月 5 日、検事が東京刑事地裁に「予審請求書」提出。翌日、巣鴨拘置所に移監。秋の本格的な予審を経て、11 月 9 日、皇紀 2600 年に併せ、保釈。吉野源三郎が迎える。
1941（40 歳）	春より、『カトリック大辞典』の編集に再び従事しつつ、公判準備。 10 月 15 日、尾崎秀実逮捕（ゾルゲ事件）。翌日、高橋ゆうの通報で知る。 10 月 22 日、古在、上申書提出（『思想月報』第 96 号掲載）、29 日、公判開始。 11 月 26 日、第 2 回公判で懲役 4 年の求刑。 12 月 26 日、一審判決、懲役 2 年（未決勾留 150 日参入）。直ちに控訴。
1942（41 歳）	1 月、三木清徴用（〜 42.12 フィリピン）、送別会開く。2 月、三女直枝誕生。 このころ、クラウス神父の勧めで『ヒンドゥー教と仏教』の翻訳を進める。
1943（42 歳）	3 月、中野区鷺宮に転居。5 月 25 日、東京控訴院判決、懲役 2 年執行猶予 5 年。上訴せず確定、保護観察処分に。 7 月、松本慎一が橘樸名で『中華民国三十年史』、8 月、『西洋の追放』刊行。 9 月、長男豊樹誕生。 9 月 29 日、尾崎秀実に死刑判決。松本慎一と弁護士依頼など救援活動に尽力。 秋、『カトリック大辞典』編纂所を解雇。
1944（43 歳）	3 月より大日本回教協会調査部に勤務（敗戦直前退職）。 4 月、尾崎秀実、大審院で死刑確定。戸坂潤、懲役 3 年確定、9 月 1 日東京拘置所に収監（のち長野刑務所移監）。 8 月 7 日、家族 5 人を長者町に疎開させる（45 年春、京都日野に移る）。 11 月 7 日、尾崎秀実、死刑執行。

1945（44歳）	3月、三木清逮捕（高倉テル脱走幇助容疑）。 5月25日、空襲にて、鷺宮古在宅も被害。 6月10日、兄由正死去（53歳）。8月9日、戸坂潤（44歳）長野刑務所にて獄死。 8月15日、京都にて敗戦の「玉音放送」を聞く。 9月26日、三木清、豊多摩刑務所にて獄死（48歳）。 10月10日、政治犯釈放。鷺宮の古在宅に多数寄留、家族は長者町へ。 このころ、府中「自立会」で志賀義雄らと統一戦線で議論。民科結成や『人民評論』創刊準備に奔走。 12月、吉野源三郎ら『世界』創刊（46年1月号）。古在、日本共産党に入党申請（46.2、入党決定通知）。
1946（45歳）	1月12日、民科設立、常任幹事に。新雑誌『思潮』『人民評論』等に執筆。 4月、松本慎一ら印刷出版労組結成（書記長に）。高橋ゆう「赤城自由大学」で活躍。 9月、松本慎一編集による尾崎秀実『愛情はふる星のごとく』刊行、ベストセラーに。
1947（46歳）	4月、松本慎一、参議院選に立候補。古在、応援のため愛知・滋賀・岐阜・京都遊説。 6月、次男秀実誕生（9歳の由美子を筆頭に、3女2男の父に）。 9月、弟由信の戦死（南シナ海で1944.9.27、33歳）を知る。 10月、戸坂潤追悼記念講演会（明治大学）で「現代哲学の任務」講演。恩師中村常三に邂逅。 このころ、近藤正二ら学生の要請で、北原文化クラブの講師活動開始。 秋、松本慎一、『西洋の追放』により「教職追放」、11月26日急逝（46歳）。 このころ、新『唯物論研究』創刊（1950.2第7集で停止）。吉野、『世界』で平和擁護の論陣。
1948（47歳）	年初より高熱続き、5月急性肺炎に。体調不良は年末まで続く。 8月、民擁同準備会（正式結成49.7.2）に、民科代表として参加。 10月、高橋ゆうの偲ぶ会（8.7死去、36歳）に吉野と参加。 11月、松本慎一、尾崎秀実の合同追悼会「双星会」始まる。
1949（48歳）	1月、総選挙で千葉4区の共産党候補の応援演説。共産党35議席を獲得。 4月25日、平和擁護日本大会に参加。平和を守る会結成を決議。 6月、家族が長者町より鷺宮に戻り、5年ぶりに全家族そろう。 10月、日本哲学会発足、委員に。 このころ民科幹事会、民科大学（のち自由大学に名称変更）設立決議。
1950（49歳）	2月、平和を守る会結成（日本平和委員会の前身）。その書記局員としてストックホルム・アピール署名に取り組む。 6月、朝鮮戦争・レッドパージの弾圧を機に、共産党、「所感派」「国際派」に分裂。古在、一時「国際派」の会議に参加。 秋、自由大学構想、資金集まらず困難に。地方の「自由大学講座」開設に力点移す。
1951（50歳）	1月、宮本百合子の葬儀（1.21死去）を、夫婦で手伝う。 春、日本平和委員会が「平和懇談会」「日本委員会」に分裂。 春、一斉地方選挙。北原文化クラブの学生近藤正二が区議に当選、都知事選挙では出隆を支援。「所感派」は社会党の加藤勘十推薦。 7月、『唯物論研究』の後継誌として、雑誌『唯物論者』創刊（～52.10第14号で停止）。
1952（51歳）	秋、地方の「自由大学講座」の衰微に、各講座ごとの「自由大学サークル」が始まる。
1953（52歳）	4月、民科早稲田班哲学部会の講師活動で及川孝を、早大教授松尾隆宅で吉田嘉清を知る。

1954（53 歳）	4 月、専修大学商学部教授就任。 5 月、護憲連で多忙の高桑純夫に替わり、自由大学哲学サークルを担当（56.2〜自宅開催）。
1955（54 歳）	1 月、平和委員会書記局文化委員会責任者に。 秋、家永三郎の来訪で母の写真提供。母紫琴を思い、随想寄稿。
1956（55 歳）	夏、高田佳利らと長者町ですごす。12 月 9 日松尾隆急逝（49 歳）。
1957（56 歳）	スターリン批判の関連論文などを執筆。
1958（57 歳）	春、自由大学サークルは、哲学サークルのみとなった。 7 月、日本共産党第 7 回大会で中央委員候補に推されるも、辞退。 8 月、第 4 回原水禁世界大会に参加。 9 〜 10 月、真下信一らとソビエト訪問、哲学者と交流。戦前の唯研活動を報告。
1959（58 歳）	4 月、本間唯一死去（49 歳）。5 月、名古屋大学文学部教授（〜 65.3）、翌年、新設の大学院教授就任。 6 月、日本唯物論研究会創設（会長出隆）、役員となる。
1960（59 歳）	春、法政大学ドイツ語講師に。村井康男などと安保闘争に参加。 秋、『思想とはなにか』刊行。
1961（60 歳）	夏、「いかなる国の核実験」をめぐり原水禁大会紛糾。夏、腰椎変形症の診断下る。
1962（61 歳）	秋、新日本婦人の会発足。美代夫人は引き続き婦人民主クラブ役員として活動継続。
1963（62 歳）	夏、部分核停条約めぐり、総評・社会党が第 9 回原水禁大会をボイコット、分裂が決定的に。 このころ、『古在由重著作集』（勁草書房）刊行企画が浮上、準備に入る。
1964（63 歳）	6 月、共産党の国際路線をめぐり、渡部義通、出隆など党中央への要請文提出、古在は署名せず。 10 月、東京オリンピック開催（10 〜 24 日）。開会式、マラソン、閉会式などを観戦。
1965（64 歳）	1 月、名大定年退職記念講演「哲学研究の回顧」。4 月、市邨学園短期大学教授就任（〜 76.3）。 5 月、ベトナム人民支援日本委員会発足、代表委員に。 6 月、家永第 1 次教科書裁判提訴、支援開始。 8 月、「8.15 記念国民集会」でフロアから発言。 秋、次女の結婚式で、夫婦平等、女性自立の挨拶。
1966（65 歳）	6 月から週刊『エコノミスト』に、丸山真男との対談「一哲学徒の苦難の道」（改題）掲載（全 10 回）。 7 月 5 日、法大「古在由重氏を囲む会」の長者町合宿中、三女直枝が水死（24 歳）。 秋、『世界』11 月号「〈討論〉毛沢東思想とは何か」で、文化大革命、毛沢東思想の絶対化を批判。 12 月、全院協 12 月集会で「若い研究者のために」講演、これを契機に 67 年から「古在ゼミ」始まる。
1967（66 歳）	3 月「美濃部氏を激励する集い」で挨拶。「明るい革新都政をつくる会」結成、のち（68 年）会の幹事に。 8 月、ベトナム侵略・加担を告発する「東京法廷」で主席検察官として総括報告（2 時間）。

1968（67歳）	2月、日本仏教鑽仰会の特別講座で「宗教とアヘン」講演、「唯物論とは何か」を説く。 3月、学生ユネスコ連盟榛名湖セミナー参加を真下信一に推奨、真下より感激の電話を受ける。 このころ、『岩波講座哲学』に「試練に立つ哲学」「和魂論ノート」など三論文を執筆。
1969（68歳）	夏、革新都政下初の都議選も、与党強化ならず。『講座　マルクス主義哲学』（青木書店）全5巻編集・完結。
1970（69歳）	7月、「教科書検定は憲法違反」の杉本判決。右翼から家永をかばう「楯」となる。 夏、創立された全民研の会長を引き受ける。念願の足尾行き実現。 10月、「和魂論ノート」執筆後高野長英に魅せられ、4度目の水沢訪問、「長英の魅力」を講演。
1971（70歳）	春、美濃部都知事再選を果たす。韓国政府、徐勝・徐俊植兄弟を反共法違反で逮捕、古在救援活動へ。
1972（71歳）	2月、パリ世界集会に日本団団長として参加。分科会報告、個別会談の挨拶など活躍。 秋、刊行会代表として、唯研創立40周年記念『唯物論研究』『學芸』の復刻刊行開始。
1973（72歳）	2月、ローマ世界集会に、再び団長として参加。南北ベトナム、カンボジア、アメリカ代表団などと交流。 春、若い世代向けの「かもしか文庫」などを編集・刊行し、仏の徴兵忌避青年マンラを迎える。 秋、徐俊植自殺未遂の報に接し、国際世論喚起のため西村関一に訪韓・調査を依頼。
1974（73歳）	3月、現代技術セミナー準備の院生のために、科学者・技術者の社会的役割を説く。 6～7月、原水禁運動の統一に向け、荻窪などで原水協草野・吉田、原水禁高桑、吉野源三郎と会談。 8月、第20回原水禁大会参加、初めて被爆地広島を訪問。秋、「どさまわりの旅」で奥蓼科へ。
1975（74歳）	春、同和問題で難航する都知事選に、中野好夫らと積極的な調整、美濃部3選実現。 4月、旅先の勿来で、ベトナム解放を聞く。 5月、三浦梅園学会発足に参加、国東半島安岐町へ。 夏、吉野らと準備した「被爆30年広島フォーラム」成功するも、原水禁統一問題は社共間などで決裂。 9月、「学術フォーラム・ベトナム戦争」で、国際的支援を「第1次の世界反戦」と位置づける報告。11月、10年かけて『古在由重著作集』全6巻完結。
1976（75歳）	2月、国会で取り上げられた「共産党スパイ査問事件」につき、民主主義擁護の緊急アピール発表。 4月、芝田進午主宰のマルクス主義研究セミナーで講師活動を開始。 このころ、変形腰椎症からくる脚痛が常態化。王700号ホーマーに、努力の尊さ再確認。 夏、脚痛治療のため、3週間ほどルーマニア滞在（8.11出発～9.5帰国）。 秋、共産党の「自由と民主主義の宣言」（7月）を契機に、講演、書評、座談会など続く。 12月、古在・吉野、加藤周一らの呼びかけで「被爆の実相―国際シンポ」日本実行委員会結成。

1977（76 歳）	1 月、幾度も消極的になる吉野源三郎を説得し、国際シンポに向けたアピール案を起草。 2 月、吉野ら五氏による「広島・長崎アピール」記者会見。古在は会場の片隅で見守る。 3 月、共産党・総評「原水禁運動の組織統一」合意。 5 月、原水禁・原水協トップ統一合意発表。 夏、国連 NGO 主催「国際シンポ」、統一世界大会が成功。組織統一は実現せず。
1978（77 歳）	2 月、喫茶店「版」での真下信一の学習会を引き継ぐ（「版の会」のスタート）。 夏、長崎統一大会開催が危機に瀕し、「緊急アピール」を読み上げ発表、統一大会になる。 秋、古在ゼミで「統一の諸相について」を報告。「相違を留保し、共通点ひとつで」を強調。
1979（78 歳）	4 月、都知事選で太田薫候補敗れ、12 年間の革新都政に幕。 この年、ともに活動してきた原水禁の高桑純夫事務局長（5 月、75 歳）、徐兄弟救援会の西村関一（8 月、79 歳）死去。
1980（79 歳）	5 月、中野好夫、淡谷のり子らと、モスクワ・オリンピック「ボイコット反対」のアピール発表。 秋、森宏一夫妻とともに訪ソ。現地で戸坂『日本イデオロギー論』ロシア語版に序文を書く。
1981（80 歳）	5 月、60 年来の親友・吉野源三郎死去（82 歳）。中野好夫と共に、霊前に核兵器廃絶達成を誓う。6 月半ばから「忘れまいぞ『核』討論会」開始。 夏、中野好夫（77 歳）が平和行進初参加。
1982（81 歳）	5 月、核廃絶運動が草の根のように広がるなか、『草の根はどよめく』刊行。 6 月、反核署名集約 8 千万に。 唯研 50 年の秋に、『戦時下の唯物論者たち』刊行。松本慎一 36 回忌を行う。
1983（82 歳）	春、革新都政奪還の統一地方選挙のさなか、学生時代からの友人村井康男死去（80 歳）。 夏、20 年ぶりに統一平和行進実現するも、大阪などで団体旗携帯をめぐって紛糾。
1984（83 歳）	4 月、「総評と原水禁は運動統一の妨害者」とする『赤旗』論文発表。統一準備会紛糾。 6 月、共産党の要求で、森賢一平和委員会事務局長辞任。理事長、会長とも抗議辞任。 会則違反の原水協全国理事会で、代表委員制（草野ら 9 名）廃止と吉田代表理事解任を強行。 7 月 10 日、原水協代表をめぐり紛糾する運営委員会で、古在「吉田退場前に、まず僕を」と発言、退場。 7 月 20 日の運営委員会で中野好夫が草野、吉田の辞任を伝え、統一大会維持へ。 10 月、古在の離党届（7 月 23 日提出）に対し、共産党より除籍処分の「通知書」届く。
1985（84 歳）	2 月、ともに時代と格闘してきた真下信一（9 日、78 歳）と中野好夫（20 日、81 歳）死去。 夏、原水禁大会は混乱の統一大会に（統一大会の最後）。ベーカー卿の補佐役アンソニ来訪。 12 月、「思想は冷凍保存をゆるさない」「人間讃歌」「長英礼讃」など 7 点の書を残す。
1986（85 歳）	1 月、周期 76 年のハレー彗星を観測。2 度見る長生の喜びを感じる。 秋、「版の会」8 周年記念に『コーヒータイムの哲学塾』を企画、加藤周一を招いて対談。

1987（86歳）	2月、70年来の友人粟田賢三死去（86歳）、「終末」というものを感じる。 この年、「84年問題」を記録するため原水禁運動関係者が4回にわたり古在宅で会合。
1988（87歳）	5月、美代、慶応大学に入院。古在そのストレスで緑内障発作、8月、手術のため同病院に入院（8.13～30）。 9月29日、美代、腎不全のため76歳で死去。10月1日、了然寺会館で告別式。
1989（88歳）	夏、英字新聞インタビューで、経済侵略による人間社会と環境破壊を告発、次代の課題として提起。
1990	初春、ここ1年試みた自伝のための録音、激しい脚痛のため中断。一方、ペレストロイカを考え続ける。 3月6日、緊急入院した中野共立病院で心不全のため死亡、享年88歳。3月8日告別式。
没後	
1990	7月9日、古在の死を報道しなった『赤旗』が、その「赤旗評論版」で「除籍通知書」を公表。 9月14日、加藤周一らの呼びかけで「古在由重先生追悼のつどい」（九段会館）開催。
1991	7月15日、藤田省三らによる追悼集『古在由重―人・行動・思想』（同時代社）刊行。
1992	3月7日、青山霊園で有志による「古在由重先生の碑」除幕式。
1997	3月、蔵書保存委員会による「古在文庫」目録4冊が完成、藤沢市に寄贈される。
2000	4月28日、藤沢市湘南大庭市民図書館に「古在由重文庫」が開設・公開される。
2001	12月16日、古在生誕百周年「古在由重先生をしのぶ集い」開催。

人名索引

あ

い

う

え

お

か

き

く

け

こ

さ

し

す

つ

て

と

な

に

ぬ

の

は

ひ